TABLEAUX

Des principaux peuples de l'Europe, de l'Asie, de l'Afrique et de l'Amérique,

Représentés avec leur figure caractéristique, d'après leurs variétés physiques, chacun dans son costume et attitude; entourés des productions du climat; et encadrés d'un arabesque, composé des différens attributs propres au pays;

Accompagnés d'un livre d'explication, qui rend compte de leurs mœurs, coutumes, usages, religion et commerce, etc. etc.

Les dessins sont faits d'après nature, et la gravure est exécutée par le citoyen MALBESTE, l'un des premiers artistes de Paris.

Programme.

RIEN ne doit être plus intéressant pour l'homme que l'homme lui-même, et, immédiatement après lui, son habitation. Sans parler maintenant de la philosophie, avec quel plaisir l'œil de la simple curiosité ne se promène-t-il pas sur le globe et n'examine-t-il pas les variétés dont la nature s'est plu à marquer les climats et les hommes? L'œil du philosophe vient après, et la nature est interrogée sur ses secrets. Si l'intérêt, et quelquefois l'amour des sciences, font entreprendre de longs voyages, la curiosité seule suffit pour en faire lire les relations; cette curiosité n'est point vaine, elle nous fait connaître les différentes richesses du monde et les rapports qui existent entre les peuples. Tel est le principe et le résultat de l'étude de l'Univers.

Sans doute, on sentira facilement l'avantage des tableaux que nous offrons: c'est le monde entier que nous présentons à l'œil dans un cadre étroit et agréable. Là, sont tous les peuples avec leurs traits caractéristiques, et l'habillement que le climat ou l'habitude leur fait porter ; au moyen de nos tableaux, un instant suffira pour prendre une idée de l'Univers ; mais, qu'on le remarque bien, cette idée sera ineffaçable ; la figure, l'habillement, toute la physionomie enfin de l'étranger qui se sera offert à notre vue, restera pour la vie dans la mémoire.

Qu'on juge par-là de quelle utilité ces tableaux seront pour l'étude d'une science qu'il n'est pas permis d'ignorer, parce qu'elle est la base de toutes les autres. Ici, l'on ne retrouve plus cette sécheresse, cette aridité rebutante des géographies qu'il faut cependant étudier ; c'est un amusement dont le résultat est aussi utile.

Placés dans les cabinets ou les sallons dont ils peuvent faire un ornement agréable, ces tableaux (1), qui sont au nombre de quatre, et dont les bordures sont de superbes arabesques représentant les attributs des différentes parties du monde, n'auront besoin que d'être vus pour inspirer le désir de s'instruire. Un numéro, placé au bas de chaque peuple, renvoie à la description qui se trouve dans le livre d'explication, et la curiosité y porte naturellement aussitôt. Ainsi, par cet attrait, tout est mis à profit pour l'instruction : *Le desir naît, et l'impression reste.*

Nous devons cependant dire qu'en réunissant, dans un même cadre, les différens peuples d'une partie du monde, nous avons cru devoir ne pas nous astreindre à les placer par suite dans un ordre géographique, afin de rendre plus pittoresque et plus piquante cette réunion de tous les habitans de la terre. Ainsi, dans le tableau de l'Asie, par exemple, le kamtschadale qui vit au milieu des neiges et porte un habit de fourrures ou de peau de poisson, se trouve presqu'à côté de l'habitant de la Mecque, placé sous la zone torride, et qui porte une longue robe d'étoffe. Ce rapprochement fait sur-le-champ saisir à l'esprit les différentes latitudes de l'Asie, et l'imagination traverse en un clin-d'œil l'espace qu'il y a entre l'Arabie presque brûlée et les sombres et froides régions de la Sibérie.

Quant à ce que nous n'avons mis qu'une certaine quantité de costumes sous les yeux, la raison en est toute simple, c'est que le nombre entier en eût été interminable. Sans aller chercher les nombreuses peuplades de la Tartarie, ni celles de l'Amérique, si variées,

---

(1) Ils sont gravés par le citoyen Malbeste, dont le talent est connu et dont les ouvrages se voient dans les collections les plus soignées.

et que l'on peut cependant reconnaître à quelques traits caractéristiques ; dans un seul Etat, dans la France, par exemple, quelle variété ne s'y trouve pas d'un département à l'autre, même d'une condition à une condition ? Quelle différence considérable n'existe pas pour les habitudes, les mœurs, le costume, pour tout enfin, entre le riche habitant de Paris et l'ouvrier qui habite la même ville ; entre celui-ci et le bas-breton couvert, dans l'hiver, d'une peau velue et semblable au lapon engourdi, ou l'habitant des Landes coëffé d'une barète plate et grimpé sur ses longues échasses ? Il faudrait des volumes et plusieurs tableaux rien que pour la France ; il en faudrait autant pour chacun des empires de la terre ; qu'on réfléchisse où cela conduirait. Nous doutons fort que la curiosité la plus insatiable ne fût pas effrayée à la vue des dépenses qu'il faudrait faire. Il nous suffit d'avoir choisi les peuples les plus marquans, ceux aux mœurs et aux costumes desquels on peut rapporter les mœurs et les costumes des autres.

Nous croyons qu'il est inutile de faire remarquer l'ordre que l'on a mis dans les historiques pour aider à la mémoire ; nous avons pris la marche que nous avons cru la plus sûre, et ces historiques sont beaucoup plus étendus que tout ce que l'on trouve à ce sujet dans les géographies ; nous n'insisterons point, non plus, sur l'utilité du tableau de la division générale de chaque partie du monde que nous joignons à chaque tableau. Ainsi l'on voit réunis, dans un même ouvrage, la peinture exacte des peuples, la description de leurs mœurs et la situation de leur pays.

Enfin, nous terminerons en observant que cet ouvrage est le fruit de plus de vingt-cinq ans de travaux et de voyages.

Presque tous les dessins ont été faits sur les lieux mêmes ou pris dans des sources dont on ne peut douter de la véracité. Sans doute, on nous saura quelque gré d'avoir osé former cette entreprise dans un moment où presque toutes échouent. Le zèle du bien public nous a seul soutenu ; et nous n'avons, en quelque sorte, commencé que d'après les encouragemens que nous ont donné plusieurs pères de famille respectables et nombre d'instituteurs éclairés, qui ont senti l'importance du service que nous rendions à l'éducation. Puissions-nous effectivement, n'avoir pas travaillé en vain !

Conditions de la livraison de cet ouvrage.

LE premier tableau est au jour. Il traite des peuples de l'Asie.

Les trois autres tableaux seront livrés dans le cours d'environ quatre mois, un toutes les quatre décades.

Ces quatre tableaux, imprimés en un beau noir bistré, accompagnés chacun de leur volume d'explications, coûteront, pris à Paris, 50 francs pour les personnes qui s'inscriront, et qui paieront 20 fr. en recevant le premier tableau.

Les autres 30 fr. se paieront, à raison de 10 fr., en recevant chacun des trois autres tableaux.

Les quatre tableaux, une fois terminés, coûteront 72 fr. pour ceux qui ne se seront pas fait inscrire.

Les personnes qui les voudront coloriés, paieront les quatre tableaux 96 fr.: savoir, 36 fr. en recevant le premier, et 20 fr. en recevant chacun des trois autres.

Ceux qui ne se seront pas fait inscrire, les paieront 120 fr.

Le prix des quatre tableaux coloriés ne paraîtra point, sans doute, exorbitant aux personnes qui se donneront la peine d'examiner l'exécution de cet ouvrage; le plus grand soin y a été apporté, et l'on n'a rien confié qu'à des artistes habiles en ce genre. La perfection des gravures n'est pas le seul mérite de cette entreprise, l'exécution typographique lui donnera un nouveau prix.

On suivra scrupuleusement, pour les épreuves, l'ordre des inscriptions; et les acquéreurs sont priés de donner leurs noms, qualités et demeures, afin que l'on puisse en imprimer la liste à la fin de l'ouvrage.

NOTA. Les tableaux de l'Afrique et de l'Amérique sont moins grands que ceux de l'Europe et de l'Asie, vu qu'il existe dans ces deux parties du globe moins de variétés.

Quoique nous donnions l'Asie la première, on sera libre, lorsque l'ouvrage sera complet, de réunir ces quatre parties comme on le jugera à propos.

Il faut adresser les lettres et l'argent, francs de port, au citoyen SAINT-SAUVEUR, rue Coquéron, maison de France.

L'on peut aussi souscrire à Bordeaux, chez la citoyenne SAINT-SAUVEUR, où l'on trouvera cet ouvrage.

La souscription n'est ouverte que pour deux mois seulement, à commencer du 20 messidor an 6.

TABLEAUX

des principaux peuples

DE L'EUROPE,

DE L'ASIE, DE L'AFRIQUE, DE L'AMÉRIQUE;

et les découvertes

DES CAPITAINES COOK, LA PÉROUSE, etc. etc.

TABLEAUX
des
PRINCIPAUX PEUPLES
DE L'EUROPE,
DE L'ASIE, DE L'AFRIQUE, DE L'AMÉRIQUE;
et les découvertes
DES CAPITAINES COOK, LA PÉROUSE, etc. etc.

Représentés avec leur figure caractéristique, d'après leurs variétés physiques, chacun dans son costume, et peints avec les couleurs qui leur sont usitées.

Chacun de ces cinq Tableaux est accompagné d'un Livre d'explication, qui rend compte des mœurs, coutumes, usages, religion et commerce de chaque peuple.

Par JACQUES GRASSET-SAINT-SAUVEUR, ancien Vice-consul de France en Hongrie et dans le Levant.

À PARIS,
Chez l'Auteur, rue Coquéron, maison de France, derrière la Poste aux lettres.
À BORDEAUX,
Chez la citoyenne SAINT-SAUVEUR, sous le péristile de la grande Comédie.
Et chez les principaux Libraires de Paris et des Départemens.

AN VI DE LA RÉPUBLIQUE FRANÇAISE.

DISCOURS PRÉLIMINAIRE.

JE ne chercherai point à démontrer l'utilité et les avantages qu'on peut retirer de mes Tableaux : ils forment une collection complette, exacte et vraie des principaux peuples de l'Univers, depuis l'Indien nomade, jusqu'aux citadins des principales villes de l'Europe, chacun dans ses habillemens civils. — Il sera toujours piquant pour l'homme qui veut s'éclairer, de voir passer devant lui tous les différens peuples existans avec leur phisionomie *caractéristique*. Au moyen de mes Tableaux, d'un coup-d'œil on distingue une nation de sa voisine ; l'on voit l'habit court et léger des français, contraster avec les larges vêtemens des suisses, des hollandais ; et cette manière de faire le portrait de chaque peuple, est, je pense, la plus ressemblante et la plus pittoresque.

On aime à voir ce dont on parle ; on se plaît à connaître les goûts, les habitudes, la façon de vivre, de penser de ses alliés, de ses ennemis mêmes, et de tous ceux avec qui on a quelque relation. Avec notre collection, les jeunes gens seront en état de connaître au premier abord les individus de toutes couleurs et de tous climats qu'ils rencontreront sur les ports de mer, ou dans les lieux publics consacrés au commerce et aux arts, et le voyageur renouera connaissance avec l'habitant qu'il a vu dans les diverses contrées qu'il aura parcourues : ils se trouveront tout familiarisés avec les costumes plus ou moins étrangers, dont la diversité et la bizarrerie font ouvrir les yeux du peuple. Les différentes nations, alors mieux connues, ne nous paraîtront plus des barbares dont le premier aspect avait quelque chose de repoussant ou de trop singulier pour nos mœurs.

Les spéculations des compagnies de négocians ne peuvent avoir d'autre base que les relations qu'on leur apporte des pays où ils veulent établir des comptoirs. Ils doivent connaître les marchandises, les étoffes qui conviennent à chaque contrée en particulier. Médiateur entre les nations, c'est le voyageur qui leur sert de lien commun : c'est lui qui leur fournit des motifs réciproques pour s'estimer, s'aimer et se rapprocher.

Mes tableaux, outre l'avantage de faire l'ornement des cabinets et des plus beaux sallons, ont un autre but d'utilité; ils facilitent l'étude de l'histoire et de la géographie dont ils font disparaître la sécheresse et la monotonie, et qu'ils rendent vivantes pour ainsi dire, et une récréation instructive.

Attirés par cet appât, les jeunes personnes des deux sexes feront des progrès rapides dans une science qu'on rougirait d'ignorer aujourd'hui. A la vue des costumes des principaux peuples de l'Univers, fidèlement représentés, la foule des noms étrangers, qui viennent se ranger si difficilement dans la mémoire, s'y fixera à jamais, et acquerra de l'intérêt et de l'agrément. Accompagné d'objets propres à frapper les yeux et l'imagination, le jeune élève deviendra plus attentif à la position de tel ou tel peuple sur la carte; et tout en paraissant ne s'être amusé qu'à voir des figures, il aura fait le tour du globe, et pourra s'en rendre compte en tems et lieu.

Enfin, de quelle ressource cette collection ne sera-t-elle pas pour ceux qui embrassent la carrière du théâtre? On gémit, et avec raison, de voir les costumes, partie si essentielle à l'art dragmatique, négligés au point où ils le sont aujourd'hui.

L'ouvrage est entièrement terminé, et forme cinq Tableaux, EUROPE, ASIE, AFRIQUE et AMÉRIQUE; le cinquième contient les découvertes des capitaines COOK, WILSON et LA PÉROUSE.

Les cinq Tableaux coûtent $\begin{cases} \text{en noir.} \dots\dots\dots 72^{\text{francs.}} \\ \text{en couleurs.} \dots\dots 120 \end{cases}$

Chaque Tableau est accompagné d'un volume d'explication.

N. B. Un enfant âgé de neuf ans a appris par cœur l'histoire de chacun des peuples qui composent le tableau de l'Asie.

Il a mis quarante jours à cette étude, et a tellement raisonné chaque figure, au moyen du livre d'explication, qu'il répond à toutes les questions qu'on peut lui faire relativement aux peuples de cette partie du monde.

En quatre mois cet enfant pourra raisonner par principe sur l'histoire et la géographie du globe entier.

Je demande à présent combien d'années on mettrait pour apprendre pareille chose à une personne même plus âgée que l'enfant que je cite, et qui n'aurait pas le secours de mes Tableaux?

Quoique je puisse répondre de la fidélité de mon travail, il est possible que j'aie fait quelques omissions ; mais elles seront peu sensibles et très-faciles à rectifier.

Jusqu'à ce jour les Voyages et les Découvertes des capitaines Cook, Wilson, la Pérouse, etc., n'ont été dans les mains que des gens riches, et encore ils sont peu connus, vu que les acquéreurs de ces ouvrages les lisent peu, dans la crainte d'abîmer les gravures dont ils sont remplis.

Je ne crains même pas d'avancer qu'ils sont inconnus de plus des trois quarts des lecteurs, qui ne peuvent se les procurer par la chèreté de ces éditions.

On me saura donc quelque gré d'avoir réuni dans un seul tableau tous les peuples sauvages qui ont été visités par ces habiles marins ; et, à l'aide de ce tableau, les enfans mêmes n'ignoreront plus les mœurs des habitans des nombreuses îles de la mer du Sud.

Description

des principaux peuples

de l'Europe.

G + 337.
A.

DESCRIPTION
des
PRINCIPAUX PEUPLES
DE L'EUROPE,

CONTENANT le détail de leurs mœurs, coutumes, usages, habillemens, fêtes, mariages, supplices, funérailles, etc.

Accompagnée d'un tableau représentant les différens peuples de cette partie du monde, chacun dans le costume et l'attitude qui lui est propre ; entouré des productions du climat, etc. etc.

Et encadré d'un arabesque composé des différens attributs propres au pays.

Par JACQUES GRASSET-SAINT-SAUVEUR, ancien Vice-consul de France en Hongrie et dans le Levant.

À PARIS,

Chez l'Auteur, rue Coquéron, maison de France, derrière la Poste aux lettres.

à Bordeaux,

Chez la citoyenne SAINT-SAUVEUR, sous le péristile de la grande Comédie.

Et chez les principaux Libraires de Paris et des Départemens.

AN VI DE LA RÉPUBLIQUE FRANÇAISE.

L'EUROPE.

SI l'histoire nous montre l'Asie comme la mère des arts, la source des lumières, il y a long-tems que sa gloire est passée ; l'Europe, sa fille en ce point, lui a succédée, et a laissé, loin derrière elle, l'éclat de la gloire dont on lui a donné le germe. Les antiques forêts et les peuples barbares qui les habitaient, ont disparu. Des villes puissantes, dout le commerce n'a que la terre pour bornes, se sont élevées en leurs places ; des peuples polis et savans les habitent ; et les arts, les lumières, la philosophie, ont créé, avec les siècles, un nouveau monde, qui, grâces à nos découvertes, conservera long-tems ses avantages. Ce siècle-ci, qui s'achève, nous promet, sans doute, de nouveaux évènemens, des évènemens qui se feront sentir sur tout le globe. L'Europe attend ses nouveaux destins. Le dix-huitième siècle a été un trop grand foyer de lumières pour que leur effet ne soit pas considérable ; les antiques opinions vont changer ; les passions changeront en même-tems de but ; les idées se rectifieront peut-être ; mais, quelles qu'elles soient, elles ne peuvent rester au point où elles sont parvenues. L'histoire marquera que c'est à la France qu'est dû cette révolution, qui, de quelque œil qu'on la considère, causera toujours de l'admiration, et distinguera cet empire du reste de l'Univers.

L'histoire et la mythologie se disputent la gloire d'avoir imposé un nom à cette partie du monde. Nous laisserons aux oisifs le soin de rechercher l'étymologie du nom *Europe*. Depuis que les lumières sont passées de son côté, on lui donne le premier rang dans la division de la terre.

Au nord, l'Europe a pour frontières des mers de glaces. Au sud, elle est bornée par la Méditerranée et le détroit de Gibraltar ; là, elle touche à l'Afrique. A l'est, elle est séparée de l'Asie par la Mer-noire, le fleuve du Don et des montagnes. Enfin, l'Océan la borne à l'ouest.

Ses mesures sont : Mille cinquante lieues, ou trois mille pas géométriques de longueur, depuis l'extrémité de la province Dwina, en Russie, jusqu'au cap Saint-Vincent, en Portugal ;

Huit cens lieues seulement en largeur, depuis le cap Matapan, en Morée, jusqu'au Nord-Cap, en Norwége ;

Plus de quatre mille cinq cens lieues de côtes sur la mer de l'Océan ; sept cens sur la Baltique ; trois mille sur la Méditerranée ;

Trois cent cinquante-six mille lieues carrées forment son étendue, tant en continent qu'en îles.

Les géographes, pour masquer un peu la sécheresse de leurs descriptions, se peignent l'Europe sous la forme d'un dragon, dont la tête, placée à l'occident, est représentée par l'Espagne, ayant ses deux aïles étendues de part et d'autres, l'une vers le midi, c'est l'Italie, et l'autre au septentrion ou le Danemarck.

Le plus grand jour artificiel de l'année, en Europe, est d'environ quatorze heures vingt minutes, au cap Ténaria, dans la Morée ; mais, au nord, à cause des aurores boréales, qui ne sont que des réverbérations de la lumière du soleil, il n'y a presque point de nuit pendant un espace de l'année de deux mois, vingt-deux jours, sept heures.

L'Europe est toute dans la zone tempérée septentrionale, excepté quelques terres de son extrémité nord, qui appartiennent à la zone glaciale.

Les principaux fleuves qui arrosent et vivifient l'Europe, sont en plus grande quantité que dans aucune autre partie de l'Univers. On y compte le Danube, le Rhin, le Rhône, la Garonne, la Loire, la Seine, le Tibre, le Pô, l'Escaut, le Guadalguevir, le Tage, le Tanaïs ou Volga et le Don. Le plus considérable est le Danube.

Les plus hautes montagnes sont les Alpes, les Pyrénées, l'Apennin, le mont Hecla, le Gibel.

Nous diviserons l'Europe en cinq parties. L'Europe septentrionale, qui comprend la Norwége, la Suède, la Russie;

L'Europe centrale, qui renferme la France, l'Allemagne et la Pologne;

L'Europe méridionale, qui donne l'Italie et la Turquie;

L'Europe orientale est toute occupée par la Russie;

Le Portugal, l'Espagne et les trois Angleterre appartiennent à l'Europe occidentale.

Quant à ses îles, les deux mers qui conscrivent l'Europe, en baignent plus de trois cens, parmi lesquelles on distingue l'Islande, au nord dans l'Océan; dans les mêmes eaux de l'ouest l'Irlande, l'Ecosse et l'Angleterre proprement dit.

A l'est de l'Espagne, dans la Méditerranée, se trouvent, en pleine mer, Maïorque et Minorque, la Corse et la Sardaigne. Au midi, sont la Sicile, Malte, Candie, Négrepont, et toutes les îles qui forment l'archipel de la Grèce.

Quant à la politique, selon nos diplomates vulgaires, on compte trois empires : Russie, Allemagne et Turquie; huit royaumes, la Grande-Bretagne, le Danemarck, la Suède, la Prusse, le Portugal, l'Espagne, la Sardaigne, Naples et Sicile.

Une grande république, la France; plusieurs autres, maintenant ses alliées. Un duché formant un état, la Toscane.

Quant aux cultes, celui du christianisme y domine, en se ramifiant à l'infini. Les religions mosaïque et mahométane y sont exercées.

L'Europe ne produit d'hommes que d'une seule couleur. On assure que le nom qu'elle porte est Phénicien d'origine, *Uroppa*, et signifie *visage blanc*.

L'Europe, dit Montesquieu, est la plus petite partie du monde, et la première en puissance.

Dans les tems primitifs, l'Europe n'était connu que sous le nom de la *Celtique*. On appelait les habitans celtes ou celtibériens. Le nord fourmillait tellement d'hommes, qu'on l'appelait la fabrique de l'espèce humaine. De-là ces colonies forcées, ces invasions subites, qui ressemblaient à des torrens dévastateurs.

En Amérique, sur mille femmes en couche, il en meure à-peu-près une. En Europe, sur cent femmes en couche, il en meurt plus d'une. Cependant notre ancien continent est fort peuplé; le continent moderne est un désert relativement à son étendue; mais la fécondité des chinoises surpasse celle des européens.

Du tems de Jules-César, il y avait en Europe, particuliérement en France, et dans l'Allemagne, plusieurs espèces d'animaux qui ne s'y trouvent plus aujourd'hui.

L'Europe est la mère de tous les arts, de toutes les sciences; c'est la patrie des grands hommes. Elle a conquis l'Amérique, et la tient sous son joug avec autant de facilité que l'empire Romain tenait la Corse et la Sardaigne. Si, à tout cela, on ajoute les conquêtes que les européens ont faites en Afrique et en Asie, alors il faut convenir que les européens surpassent les autres nations par leur bravoure autant que par leurs connaissances et leur philosophie. L'Europe est le seul pays du monde où l'on trouve des physiciens et des astronomes.

Depuis Cadix jusqu'à Joddo, depuis Goa jusqu'à Pétersbourg, l'Europe renferme plus de grandes villes qu'il n'y a de villages en Amérique. L'Allemagne seule a, sans comparaison, plus de villes connues (deux mille trois cens) qu'il n'y a de bourgades au Nouveau-Monde.

Pourtant il faut parler à charge et à décharge, cette Europe, si savante, si policée, a vu un tems, et c'était le onzième siècle, où la pratique de se faire la barbe et de la laisser croître, donna lieu à une guerre qui coûta la vie à trois millions d'hommes. Il est vrai que le théâtre de ces horreurs était en France, la patrie adoptive de toutes les modes, tant politiques que d'autres.

Mais depuis long-tems l'Europe n'adopte plus de modes bizarres. La coutume de se percer les oreilles, qui y est presque générale, nous vient des romains, qui l'avaient prise aux africains et aux maures. Les impératrices romaines portaient des anneaux dans leurs oreilles.

Les deux langues les plus répandues en Europe, et qu'il est presque honteux de ne pas savoir, sont la latine et la française.

L'histoire des trois autres Mondes n'a rien à comparer à l'Europe, si l'on considère l'immensité de ses ressources matérielles et industrielles.

L'Europe a toujours été plus peuplée, à proportion de son etendue, que les autres parties du monde.

Nous ne connaissons, en Europe, depuis l'établissement des colonies grecques et phéniciennes, que quatre grandes révolutions politiques.

La première, l'invasion des romains.

La seconde, l'inondation des barbares qui détruisirent la puissance romaine.

La troisième, les conquêtes de Charlemagne.

La quatrième, l'irruption des normands.

Dans toutes ces crises, et aujourd'hui plus que jamais, les européens ont montré un fond de raison, ont déployé une masse de lumière qui les fait placer au-dessus des nations de l'Asie, qui se prétendent encore les fils aînés de la nature.

En Asie, les nations sont opposées aux nations du fort au faible. Les peuples guerriers, braves et actifs, touchent immédiatement à des peuples efféminés, paresseux et timides. Il faut donc que l'un soit conquis et l'autre conquérant. En Europe, au contraire, les nations sont opposées du fort au fort; celles qui se touchent ont à-peu-près le même courage. C'est la grande raison de la faiblesse de l'Asie et de la force de l'Europe, de la liberté de l'Europe et de la servitude de l'Asie ; et cette belle cause n'avait pas encore été remarquée avant Montesquieu. C'est ce qui fait qu'en Asie, il n'arrive jamais que la liberté augmente, au lieu qu'en Europe elle augmente ou diminue selon les circonstances.

Malgré l'élégance, le goût et la recherche que les européens mettent dans leurs habitudes journalières, ils sont loin d'atteindre aux soins de propreté que les orientaux prodiguent dans les moindres actions de leur vie. Il est vrai de dire que le climat asiatique et africain exige qu'on se soigne davantage que sous la température européenne.

L'Europe conservera long-tems cette prééminence que les grecs et les romains lui ont acquise sur l'Asie et l'Afrique.

PRINCIPALES VARIÉTÉS

NATURELLES ET FACTICES

DE L'ESPÈCE HUMAINE EN EUROPE.

Les grecs de la Turquie d'Europe, au septentrion, sont fort blancs ; au midi, fort bruns. Leurs femmes ont les plus beaux cheveux du monde. Celles qui passent pour belles ont de gros yeux et le sourcil fort élevé : elles conservent encore ce profil grec, c'est-à-dire cette ligne droite que le front et le nez devaient tracer pour constituer jadis, dans Athènes, une beauté accomplie.

Les napolitains, les siciliens, les corses, les sardes, les espagnols sont plus basanés que les français, les anglais, les allemands, les moldaves, les polonais, les danois, et les suédois.

En Espagne les femmes sont un peu brunes, mais elles ont les yeux plus brillans ; les hommes, assez petits et maigres, ont la taille fine, la tête assez belle, de beaux yeux, les dents bien rangées, et le tein jaune. Aux environs de la Bidassoa, les oreilles sont d'une grandeur hors de toute proportion. Les hommes à chevelure noire ou brune deviennent rares en Angleterre, en Flandres, en Hollande et en Allemagne. Les habitans de la Gothie en Suède, sont de haute taille, ont les cheveux lisses, blonds-argentés, et l'iris de l'œil bleuâtre.

Les finnois ont le corps musculeux et charnu, les cheveux d'un blond-jaune et longs, l'iris de l'œil jaune-foncé.

Les danois ont le teint vif et coloré. Ils sont de haute stature. Leurs femmes sont blanches et assez bien faites.

En Moscovie on a les cheveux blancs ou blonds.

N. 1 et 2. France.

N.os 1 et 2. La France.

Situation.

LA France est bornée, au nord, par la Manche et la Hollande; à l'est, par l'Allemagne, la Suisse et les Alpes; au sud, par la Méditerranée et les Pyrennées; et, à l'ouest, par l'Océan.

Température, montagnes, rivières, productions et commerce.

Placée au milieu de la zone tempérée septentrionale, la France jouit d'un air pur et tempéré. Dans les plus longs jours de l'année, le soleil s'y lève à trois heures cinquante-sept minutes et se couche à huit. Encadrée par les Alpes, la Méditerranée, les Pyrennées et l'Océan, son terroir offre le spectacle agréable d'une culture soignée, coupée par nombre de rivières et diversifiée par plusieurs montagnes, quantité de collines, de belles vallées, et de vastes plaines. Les principales montagnes sont les Alpes, les Pyrennées, les Vosges, le Mont-Jura, les Cévennes, les montagnes d'Auvergne; ses rivières remarquables, sont, la Seine, la Loire, la Garonne, qui se jettent dans, l'Océan au couchant, et le Rhône, qui a son embouchure dans la Méditerranée.

La nature et les soins des hommes ont fait, de la France, le pays le plus délicieux de l'Europe. Toutes les productions indigènes de cette partie du monde s'y trouvent en abondance, et, après avoir pourvu à la consommation intérieure, refluent, par les voies du commerce, chez l'étranger. Ses montagnes ne sont point désertes; ses plaines sont couvertes de moissons, et ses côteaux sont plantés de vignes qui valent plus que des mines d'or; de nombreux troupeaux paissent dans ses marais et ses paccages; ses côtes sont poissonneuses; sa population nombreuse par-tout et bien distribuée; toutes les ressources de l'industrie y sont ouvertes; toutes les espérances de la nature peuvent s'y former. La soie et la meilleure huile d'Europe se trouvent en abondance dans ses contrées méridionales. L'eau-de-vie, le sel, la cire, le gibier, le miel, le safran, etc. etc., rien ne lui manque; bois de chauffage, bois de construction, tout se réunit pour animer son commerce et le favoriser. Le fer, le plomb, le cuivre, le charbon se trouvent aussi dans son sein; et les paillettes d'or que l'on recueille sur les bords de plusieurs de ses rivières, annoncent assez qu'elle possède aussi des mines de ce métal. La pierre, le plâtre, la chaux s'y trouvent également pour les plus belles bâtisses, ainsi que le marbre, sur-tout dans la Provence, les contrées voisines et les Pyrennées. Toutes les espèces d'animaux que l'on voit dans le reste de l'Europe y existent, à l'exception de l'élan et du buffle, qui on les vastes forêts de l'ancienne Gaule.

B

Quant aux plantes, nous avons, à cet égard, tout ce que nous pourrions désirer de l'étranger. On trouve les simples les plus rares sur le Mont-d'Or, en Auvergne. Le romarin, le serpolet, le tamarin, la marjolaine, le genet, si commun sur les montagnes de la Provence, exhalent les plus douces odeurs, et, en animant l'imagination par les sens, donnent l'idée d'un nouvel Eden.

Tandis que des montagnes immenses défendent la France de plusieurs côtés, les deux mers lui ouvrent ailleurs, pour le commerce, les routes de toutes les parties du monde. Que de ports, de places fortes et de commerce ne comptent-elles pas sur le canal de la Manche et sur l'Océan, depuis l'Escaut jusqu'à l'Adour! et sur la Méditerranée, depuis Perpignan, jusqu'à Antibes!

Avec tant d'avantages, et cette heureuse activité qui créé après la nature, il serait impossible que le commerce ne fût point florissant en France ; mais il n'y fleurit pas seulement, comme dans certains États, où il y a quelques grandes places de commerce, tandis que le reste languit ; tous les départemens sont en activité, par-tout il y a des manufactures ou des établissemens favorables au commerce. Des routes commodes traversent la France dans tous les sens ; les rivières communiquent, d'une province à l'autre, l'industrie et les besoins des hommes ; des canaux ont été creusés pour unir les deux mers ; et les postes, établies de distance en distance, transportent rapidement et sûrement le voyageur d'une frontière à la frontière opposée.

Enfin la France est peut-être le pays où la nature et l'industrie se sont mieux entendues pour le bonheur de l'homme : trouvons-nous heureux d'être nés dans son sein!

Origine.

Sa situation entre les deux mers, les ressources immenses de son sol, le caractère entreprenant de ses habitans, semblent l'avoir destinée, de tout tems, à jouer un grand rôle dans l'Univers. Encore sauvages et inconnus au sein de leurs forêts, les gaulois avaient déjà porté au loin la terreur de leurs armes, fait, à main armée, des émigrations considérables, bâti plusieurs villes en Italie, en Germanie, et fondé des Etats dans une partie de l'Asie (1). Ennemis de la contrainte, ils vécurent, en quelque sorte, en république, ne regardant leurs rois et leurs princes que comme les chefs qu'ils plaçaient à leur tête pour les conduire au combat, et ne leur accordant d'autre traitement qu'une plus grande part dans le butin. Ce ne fut qu'au septième siècle de Rome, que les romains commencèrent leur conquête, après avoir eux-mêmes, trois siècles auparavant, tremblé pour leur empire, lorsque Brennus les tenait assiégés dans le capitole. Peut-être ne l'eussent-ils pas encore tenté, si Marseille, dès-lors célèbre par son commerce et sa navigation, ne les eût appelé à son secours après plusieurs guerres intestines. Saisissant cette occasion favorable, ils s'introduisirent dans la Gaule et soumirent une partie du midi. César acheva cette con-

(1) Quelques historiens prétendent que le mot GAULE vient du mot celtique WALLEN, qui signifie VOYAGER, ALLER D'UN LIEU A UN AUTRE.

conquête, après dix ans d'une guerre opiniâtre, et Auguste la partagea en quatre provinces. Mais elle resta peu tranquille, et, avant cette époque, le nom gaulois était si terrible aux romains, que, au rapport de Polybe, lorsqu'il s'agissait de leur faire la guerre, aucun citoyen ne pouvait se soustraire à l'enrôlement.

Les Empereurs romains ne régnèrent, sur cette contrée, que jusqu'au commencement du cinquième siècle. Divers peuples barbares y vinrent former des établissemens; les visigoths, conduit par Alaric, après avoir pris et saccagé Rome, vinrent, l'an 412, soumettre une partie de la Gaule Narbonnaise; se retirèrent en Espagne deux ans après; repassèrent les Pyrénées en 418, et s'établirent dans une partie de la Narbonnaise et de l'Aquitaine. Les bourguignons, originaires de la Germanie, passèrent le Rhin pour s'établir aussi dans les Gaules. Profitant des désordres et de la décadence de l'empire d'Occident, les *francs*, également germains d'origine, s'emparèrent, dans le cinquième siècle, des provinces qui bordent le Rhin, et s'y fixèrent en qualité de sujets et d'auxiliaires de l'Empire. En 445, Clodion, leur roi, prit Tournai et Cambrai sur les romains, et étendit sa domination jusqu'à la Somme. Mérovée, son fils ou son parent, la poussa jusqu'à la Loire, et donna son nom à la première race des rois. La seconde eut, pour premier roi, Pepin, et la troisième Hugues Capet. Louis XVI fut le soixante-sixième et dernier roi de France.

Les premiers rois étaient élus par le peuple et élevés sur un pavois à leur élection. Long-tems ensuite, sur-tout depuis Charles-le-Simple jusqu'à Philippe-Auguste, la France ne fut proprement qu'un grand fief, composé d'un chef, qui était le roi, et d'une quantité de grands ou moindres vassaux qui en étaient les membres, et qui avaient sous eux plusieurs arrières-vassaux, comme est à-peu-près, aujourd'hui, l'empire d'Allemagne. Philippe-Auguste commença le premier à agrandir son domaine, et les rois, ses successeurs, y ayant enfin réuni plusieurs provinces, soit par les armes, soit par les alliances, ou par d'autres voies, ont mis la France à-peu-près au point où elle était lors du grand changement qui s'y est opéré. C'était la plus ancienne monarchie de l'Europe. Elle subsistait depuis l'an 418.

Gouvernement.

Aujourd'hui elle est république; l'universalité des citoyens est le souverain, et le principe de son gouvernement est l'unité et l'indivisibilité. L'ère française date du 22 septembre 1792.

La France, autrefois divisée en provinces inégales, l'est actuellement en régions, chaque région en contrées, chaque contrée en départemens, chaque département en cantons, chaque canton en communes. La surface d'un département ne peut excéder cent myriamètres carrées (quatre cens lieues moyennes, ou de deux mille cinq cent soixante-six toises). Le nombre de départemens que la constitution de l'an III reconnaissait lors de sa promulgation, est de quatre-vingt-seize, qui sont: L'Ain, l'Aisne, l'Allier, les Basses-Alpes, les Hautes-Alpes, les Alpes-maritimes, l'Ardèche, les Ardennes, l'Arriège, l'Aube, l'Aude, l'Aveyron, les Bouches-du-Rhône, le Calvados, le Cantal, la Charente, la Charente-Inférieure, le Cher, la Corèze, la Côte-d'Or, les Côtes-du-Nord, la Creuse, la Dordogne, le Doubs, la Drôme, la Dyle, l'Escaut, l'Eure, Eure-et-Loire, le Finistère, les Forêts, le Gard, la Haute-Garonne, le Gers, la Gironde, le Golo, l'Hérault, Ille-et-Vilaine, l'Indre, Indre-et-Loire, l'Isère, Jemmapes, le Jura, les Landes, le Liamone, Loir-et-Cher, la Loire, la Haute-Loire, la Loire-Inférieure, le Loiret, le Lot, Lot-et-Garonne, la Lys, la Lozère, Maine-et-Loire, la Manche, la Marne, la Haute-Marne, la Mayenne, la Meurthe, la Meuse, le Mont-Blanc, le Mont-Terrible, le Morbihan, la Moselle, les Deux-Nèthes, la Nièvre, le Nord, l'Oise, l'Orne, l'Ourthe, le Pas-de-Calais, le Puy-de-Dôme, les Basses-Pyrennées, les Hautes-Pyrennées, les Pyrennées-Orientales, le Bas-Rhin, le Haut-Rhin, le Rhône, Sambre-et-Meuse, la Haute-Saône, Saône-et-Loire, la Sarthe, la Seine, la Seine-Inférieure, Seine-et-Marne, Seine-et-Oise, les Deux-Sèvres, la Somme, le Tarn, le Var, Vaucluse, la Vendée, la Vienne, la Haute-Vienne, les Vosges, l'Yonne. Le succès de nos armes a agrandi notre territoire ; mais de nouveaux succès pouvant nous donner des départemens nouveaux, nous n'avons indiqué que ceux que marque jusqu'à présent le livre des loix. — Les colonies françaises sont parties intégrantes de la république.

Nous ne ferons point ici l'historique de la révolution, cette époque mémorable où les français lassés de l'orgueil et de l'égoïsme des nobles et des prêtres, leur arrachèrent les droits qu'ils avaient usurpés pour les rendre à la patrie entière, et pour créer un gouvernement qui, en même-tems, protégeât et honorât l'homme dans quelque position que l'eût placé la fortune ; nous passerons ces évènemens arrivés sous nos yeux, et nous nous contenterons de donner un abrégé des loix fondamentales et des formes du gouvernement.

Les citoyens français se réunissent, chaque année, en assemblées primaires, pour accepter ou rejeter les changemens faits à l'acte constitutionnel, pour nommer les électeurs, les juges-de-paix, leurs assesseurs, les présidens et officiers municipaux.

Les électeurs élisent les membres du corps législatif ; savoir, les membres du conseil des anciens et ceux du conseil des cinq-cens ; les membres du tribunal de cassation ; les hauts-jurés ; les administrateurs de départemens ; les présidens, accusateur public et greffier du tribunal criminel ; les juges des tribunaux civils.

Les membres du corps législatif ne sont pas représentans du département qui les a nommés, mais de la nation entière. L'un et l'autre conseil est renouvelé tous les ans par tiers.

La proposition des loix appartient exclusivement au conseil des cinq-cens ; les propositions adoptées par le conseil s'appellent résolutions.

Le conseil des anciens est composé de deux cent cinquante membres. Chaque membre doit être âgé au moins de quarante ans, marié ou veuf, et avoir été domicilié sur le territoire de la république pendant les quinze années qui auront immédiatement précédé l'élection.

Il appartient exclusivement au conseil des anciens d'approuver ou de rejeter les résolutions du conseil des cinq-cens, lesquelles, quand elles sont adoptées par le conseil des anciens, s'appellent loix.

Chaque conseil nomme quatre messagers d'Etat pour son service. Ils portent à chacun des conseils et au directoire exécutif, les loix et les actes du corps législatif : ils ont, à cet effet, entrée dans le lieu des séances du directoire exécutif, ils marchent précédés de deux huissiers.

Le pouvoir exécutif est délégué à un directoire de cinq membres nommés par le corps législatif. Il est partiellement renouvelé par l'élection d'un nouveau membre chaque année.

Chaque membre du directoire le préside à son tour durant trois mois seulement. Le président a la signature et la garde du sceau. Les loix et les actes du corps législatif sont adressés au directoire en la personne de son président, pour les faire exécuter.

Le directoire pourvoit, d'après les lois, à la sûreté extérieure et intérieure de la république; il dispose de la force armée; il nomme les généraux en chef; il nomme les ministres et les révoque lorsqu'il le juge convenable.

Les membres du directoire ne peuvent paraître, dans l'exercice de leurs fonctions, soit au-dehors, soit dans l'intérieur de leurs maisons, que revêtus de leur costume. Il est accompagné de sa garde dans les cérémonies et marches publiques, où il a toujours le premier rang. Chaque membre se fait accompagner, au-dehors, de deux gardes. Tout poste de force armée lui doit les honneurs militaires supérieurs.

La justice, en France, est rendue gratuitement.

La garde nationale sédentaire est composée de tous les citoyens et fils de citoyens en état de porter les armes. Aucun français ne peut exercer les droits de citoyen s'il n'est inscrit au rôle de la garde nationale sédentaire.

La guerre ne peut être déclarée que par un décret du corps législatif, sur la proposition formelle et nécessaire du directoire exécutif, qui est tenu d'employer, pour la défense de l'Etat, les moyens mis à sa disposition. Il peut seul entretenir des relations politiques au-dehors, conduire les négociations, distribuer les forces, ainsi qu'il le juge convenable, faire les stipulations préliminaires, arrêter des conventions secrettes, signer ou faire signer, avec les puissances étrangères, tous les traités de paix, d'alliance, de trève, etc. qui ne sont néanmoins valables qu'après avoir été examinés et ratifiés par le corps législatif.

Habitans et leurs mœurs.

Le courage, les qualités du cœur et de l'esprit ont toujours distingué les français, et leur ont donné une réputation avantageuse chez toutes les nations Le monde a retenti de leurs exploits ; leurs livres sont lus partout, et portent, dans l'Europe entière, les noms de leurs grands hommes et le plaisir de parler leur langue; leurs goûts même et leurs modes, ces enfans légers d'un caprice qui n'ôte rien à la noblesse de leurs sentimens, passent chez leurs voisins et y servent de modèle. Favoris de la nature, ils sont gais et braves, légers et généreux, actifs et *sagaces*; plus entreprenans qu'opiniâtres, ils commencent avec ardeur, et ont souvent fini avant que d'avoir prévu. Ils sont de toutes les nations quand ils imitent, et français quand ils inventent. Les grands efforts leur coûtent moins qu'aux autres nations, parce qu'ils sont impétueux et qu'ils aiment la gloire. Aucun genre de célébrité ne leur est étranger : philosophie, poésie, musique, peinture, agriculture, art militaire, manufactures, vertus, tout leur a donné des grands hommes, tout a concouru à la gloire et au bien de leur patrie; ils sont le premier peuple du monde qui, en sacrifiant tout à l'enthousiasme de la liberté, a voulu encore la porter chez les autres nations comme ce qu'ils estimaient le plus; ils sont les premiers qui, ayant conçu une noble idée de l'homme, n'ont pu souffrir, sans impatience, qu'on le dégradât.

Quoiqu'exhalté, et par conséquent capable de grandes choses et de grandes erreurs, le français cependant, toujours entraîné par ce caractère aimable que, si j'ose le dire, il respire avec l'air pur de son pays, n'a point laissé altérer, par l'énergie républicaine, cette antique aménité, cette urbanité qui le font passer pour l'un des peuples les plus généreux et les plus aimables. Ses mœurs ne sont point simples, mais elles n'ont rien de ce faste toujours pernicieux; c'est l'aisance embellie, et qui, chaque jour, quitte quelques-unes des futilités dispendieuses qui la détruisent; les broderies d'or, les pierreries, les riches étoffes ne sont plus de mode, et l'homme, en France, maintenant, porte moins un habit pour dire, je suis riche, que pour s'habiller. Heureuse coutume, qui, en effaçant la ligne que la fortune marque entre les individus, rend la société plus liante, plus facile, en chasse la morgue, et sur-tout les besoins ruineux. Nos femmes, depuis quelques années, nous rappellent l'élégance grecque, et ne portent plus que des robes légères, qui servent les grâces et dessinent les formes de la beauté.

Presque par toute la terre, la religion, qui doit consoler l'homme, a été le bénéfice de l'hypocrisie et le prétexte des crimes; la France est la première nation qui, en reconnaissant que l'homme ne peut adorer que le Dieu qu'il croit, et n'être religieux que suivant l'intime conviction de sa conscience, a posé en principe la liberté des cultes sans en adopter aucun.

La langue française est parlée par toutes les personnes qui ont reçu quelque éducation, même dans les départemens où le peuple ne la parle point. Les patois qui la défigurent plus ou moins en dérivent, ou sont encore l'ancien français, tels que le *picard* et le *provençal*, dans lesquels ont été composé nos vieilles poésies-romances par les *trovères* ou *troubadours*. Au nord-est, en approchant du Rhin, on parle allemand ; à l'ouest, les bas-bretons parlent une langue que l'on croit l'ancien celtique, et au sud-ouest, les basques parlent la langue des celtibériens.

PARIS.

Il faut voir aussi les français dans leur plus grande ville ; là, ils paraissent un autre peuple.

PARIS, autrefois *Lutetia*, *ville de boue*, et effectivement sortie du sein des marais ; Paris, depuis des siècles, tient un des premiers rangs parmi les villes de la terre. Il y a déjà long-tems que Charles-Quint disoit, en sortant de la voir, qu'il avait vu le monde. Ce fut depuis qu'elle devint effectivement un abrégé de l'Univers. Toutes les fortunes, en venant s'y engloutir, lui donnèrent un lustre et une magnificence que sa position n'annonçait pas à ses premiers habitans. Sa population est considérable, et surpasse ce que sa grandeur promet par le nombre de familles qui peuvent se loger dans chaque maison, qui ont cinq, six, sept, huit et même neuf étages. C'est là qu'on voit monstrueusement réunis ce qu'il y a de plus magnifique et de plus misérable. Là, sont, selon l'idée de Mercier, les riches et voluptueux appartemens de Sybaris à côté des cases hideuses des Lapons ; les extrémités se touchent. On dirait, si j'ose m'exprimer ainsi, que la misère a trouvé du plaisir à s'accrocher à la richesse, comme un insecte se crampone après l'écorce d'un chêne, le roi des forêts. Le français du grenier et celui du premier étage ne se ressemblent guère, ce dernier souvent ne ressemble guère lui-même au possesseur de l'hôtel voisin. Paris est un monde où vivent cent peuples différens, avec des mœurs variées à l'infinie ; chaque état, chaque fortune, chaque quartier a les siennes. Ces mœurs changent, comme le reste, avec le tems, et ce qu'elles étaient avant 1789, ressemble à peine à ce qu'elles sont dix ans après. Les passions, qui sont toujours les mêmes, ont pris d'autres masques ; les plaisirs, les manières, les habits ont changé ; et si l'orgueil existe toujours, il n'est plus au moins aussi humiliant ; l'homme pauvre peut maintenant s'y sentir homme. Le luxe y est bien déchu, mais la ville n'en est pas moins belle, elle promet de l'être davantage encore.

Cette ville a ses édifices, comme son monde, selon les lieux ; et l'on a trop souvent fait la comparaison des fauxbourgs Marceau et Germain, pour que nous la répétions. Ses principaux édifices sont, le Louvre, le Luxembourg, les Tuileries et le Palais-Égalité. Les lois, les arts et le commerce se partagent ces différens palais ; l'orgueil n'y a rien. Nulle part on ne trouve de monumens aussi riches, élevés aux arts et aux sciences. La Bibliothèque nationale offre, en imprimés et en manuscrits, tout ce que l'on peut desirer de plus précieux ; sa collection de médailles, graces aux soins du célèbre auteur d'Anacharsis, se monte à quarante mille, dont plusieurs sont uniques. Quoi de plus magnifique et en même-tems de plus agréable que le Jardin des Plantes ! C'est là qu'au milieu des travaux de l'illustre Buffon, on croit respirer son génie. Quelle galerie pourra-t-on comparer dorénavant à notre Muséum de peinture, ce recueil inestimable de chefs-d'œuvre que nous devons en partie à nos talens, en partie au succès de nos armes ? Ces merveilles de l'art qui attiraient l'étranger à Rome, le conduiront maintenant dans les murs de Paris, et, en lui donnant du relief, contribueront à sa richesse. O Charles-Quint! si tu revenais dans nos murs, que dirais-tu aujourd'hui ?

La Seine divise Paris en trois parties ; la partie du nord, la cité au milieu, et la partie du midi, et forme dans son cours de superbes quais qui laissent voir en même-tems une partie de sa grandeur et de sa magnificence. Paris était déjà célèbre du tems de Jules-César. Les rois la nommaient leur *bonne ville ;* les rois avaient raison, car elle leur valait beaucoup.

Habillement.

S'il est un pays où l'habillement compte pour quelque chose, c'est sans doute en France. L'article des modes nous a valu quelquefois plus de réputation que nos vertus, et plus d'argent que nos manufactures : si ce n'est pas un titre de gloire pour nous, les étrangers n'ont pas droit de nous le reprocher, car à coup-sûr nous ne leur eussions pas fourni des frivolités, s'ils n'eussent pas eu des hommes et des femmes frivoles pour les acquérir. Je ne dirai point non plus que nous avions plus de goût qu'eux ; chacun sait s'il fut jamais costume plus ridicule que celui du dernier siècle et celui du commencement du nôtre. Mais, en fait de bon goût dans les habits, cette Europe, actuellement si éclairée, s'est presque toujours vu au-dessous des autres parties du monde qu'elle méprise ; depuis les grecs et les romains, elle n'a jamais connu les grâces et la dignité de l'habillement asiatique; et Paris, qui, selon l'expression d'un roi qui le visitait, a vù ses élégantes avec *le visage placé au milieu du corps* (du tems des hautes coëffures en cheveux), Paris croit posséder le modèle des grâces, tandis qu'il n'a que celui des fantaisies ; les noms même de ses modes jadis avaient quelque chose de si mesquin, de si pitoyable, qu'un honnête homme n'osait les prononcer qu'en haussant les épaules ; c'était des *poufs*, des *pets-en-l'air*, des *pierrots*, etc. ; on eût cru que ce qu'il y avait de plus imbécille dans la nation, avait seul le droit d'imaginer ces dénominations ridicules. Ce serait, en vérité, une galerie fort curieuse que celle des modes françaises, depuis ces premiers gaulois qui s'habillaient avec des peaux de buffles ou d'élans, jusqu'à nos habits dorés de la cour de Louis XV ! ce serait certainement la caricature la plus singulière de notre pauvre humanité ; et si quelque sage étranger s'avisait de nous juger sur notre physionomie factice, je doute qu'il nous jugeât aussi favorablement que nous le méritons : il aurait peine à croire qu'un peuple qui a toujours pris à tâche de paraître ridicule, eût mérité tant de gloire dans tous les genres. C'est bien là le cas de dire, qu'il ne faut pas juger les gens sur la mine.

La révolution, en amenant des changemens si étonnans dans la politique, n'a pas manqué d'en amener aussi dans nos modes ; mais il faudrait des volumes pour détailler toutes celles qui se sont succédé dans l'enceinte de

Paris,

Paris, et les choses en sont au point maintenant que chacun a la sienne. L'un est à la grecque, l'autre à la romaine, l'autre à la française, et un bon nombre comme il peut; on n'y regarde plus. Mais, en général, tout est plus simple, plus élégant, et semble, sur-tout chez les femmes, essayer le goût antique des grecs. Les noms ont changé avec les formes, et la bouche d'un perruquier maintenant est étonnée de prononcer des noms d'empereurs romains. Quoi qu'il en soit, nous devons avouer que nous avons été fort embarrassés pour choisir entre les costumes. Ce n'était peut-être point la mode que nous devions prendre, mais le costume le plus généralement adopté, le costume national; mais nous le demandons : quel est-il? Nous avions ensuite l'embarras de la queue ou des cheveux coupés, des chapeaux ronds ou triangulaires. Toutes ces minuties ne sont point inutiles à observer; elles font voir combien notre tâche, en tout, a été pénible. Nous avions ensuite à marquer les rangs qu'assigne la fortune; pour cela, nous avons fait dessiner un costume de la campagne, afin que notre collection fût aussi complette qu'il était possible. Ce qui est à remarquer, parmi les femmes des villes et des campagnes, c'est que la coëffure varie plus que tout le reste de l'habillement. Elle a varié aussi chez les hommes, mais beaucoup moins; cependant l'*histoire des perruques* ne serait pas encore très-courte; et il est à croire qu'il y aura encore bien des pages à y ajouter : cet ornement est maintenant plus en règne que jamais; il a passé de la tête des hommes sur celle des femmes; mais il faut espérer, comme dit Rousseau, que tant que la nature ne se lassera pas de nous donner des cheveux, nous ne renoncerons pas entièrement à cette parure qui ne coûte rien.

N.ᵒˢ 3 et 4. L'Angleterre.

Situation et origine.

ON désigne sous le nom d'*Iles Britanniques*, toutes les possessions anglaises; savoir, la *Grande-Bretagne*, proprement dite, qui renferme les deux royaumes d'*Angleterre* et d'*Ecosse*; l'*Irlande*, qui a aussi le titre de royaume, et quelques autres petites îles qui dépendent de l'un des trois royaumes. Elles se trouvent dans l'Océan septentrional, entre les 50ᵉ et 59ᵉ degrés de latitude, et entre les 7ᵉ et 19ᵉ degrés de longitude.

L'île de la Grande-Bretagne, la plus grande et la meilleure de toutes celles de l'Europe, fut nommée anciennement *Albion*, à cause de la blancheur des dunes qui règnent le long de ses côtes. Quant au nom de *Bretagne*, on le dérive du mot *Brit*, qui, en langage celtique, veut dire *peint, coloré*, parce que ses peuples avaient coutume de se peindre le corps, ce fut peut-être par la même raison que les romains appelèrent *picti*, une partie des habitans de cette île. Leurs mœurs et leur religion

C

ressemblaient assez à celles de leurs voisins les gaulois. On a même prétendu que cette île ne fut jadis qu'une partie de l'ancien continent, que quelques bouleversemens de la nature en séparèrent et donnèrent cours aux eaux de la mer par le canal appelé aujourd'hui la Manche. Cette grande île est séparée en deux; la partie septentrionale comprend l'*Ecosse*, et la méridionale l'*Angleterre*. Jules-César conquit l'Angleterre et un peu de l'Ecosse, ou du pays des *Scoti*. Pour empêcher ces *scots* ou *écossais* de faire des invasions dans la Bretagne, Adrien fit élever un mur de séparation vers l'an 122 de Jesus-Christ. On voit encore les restes de cette fameuse muraille. Les pictes et les scots se mocquèrent de la muraille, et n'en ravagèrent pas moins le pays des bretons. Ceux-ci ne se sentant point assez forts, appelèrent à leur secours les anglo-saxons, peuple de la Germanie. Ces derniers passèrent la mer, défendirent les bretons, prirent eux-mêmes leurs pays, et les renvoyèrent dans celui de Galles. Les bretons se maintinrent libres dans ce canton, d'où ils passèrent en partie dans les Gaules, et s'établirent sur les bords de l'Océan. Les saxons furent maîtres à la fin de toute la Bretagne, et la divisèrent en sept royaumes. Egbert les réunit au commencement du neuvième siècle, sous le nom d'*Angeland* ou *Angle-Terre*. Ses descendans lui succédèrent jusqu'au onzième siècle que Canut, roi de Danemarck, en fit la conquête. Edouard, surnommé le Saint, descendant de ce Canut, n'ayant point d'enfans, remit le royaume d'Angleterre à Guillaume premier, duc de Normandie. La postérité de Guillaume régna jusqu'en 1135, qu'Etienne de Champagne hérita de la couronne. Henri II lui succéda, et ses descendans jouirent de l'autorité jusqu'en 1485, que Henri, comte de Richemont, succéda à la couronne, du chef de sa femme Elizabeth, fille d'Edouard V. Le fils de cet Henri, Henri VIII, ayant fait schisme avec l'église romaine, laissa un fils, Edouard VI, qui introduisit dans ses Etats la religion réformée. Marie, sa sœur, qui lui succéda, rétablit le catholicisme; mais Elizabeth, sœur de Marie, retourna à la religion réformée. Après sa mort, Jacques Stuart, roi d'Ecosse, sixième du nom, devint roi d'Angleterre, et laissa un fils, Charles premier, qui fut décapité, en 1649, par Olivier Cromwel. Onze ans après, les anglais rappelèrent le fils de Charles premier. Jacques II, son frère, lui succéda; ce fut ce roi que l'on vit déposé pour sa religion, et qui cherche, par toute l'Europe, des secours qu'il ne trouva point. La couronne passa à Guillaume III, prince d'Orange, de la maison de Nassaw, et fut ensuite transférée dans la maison du duc de Brunswick.

Gouvernement.

Le gouvernement est tout-à-la-fois monarchique, aristocratique et démocratique. Il est monarchique, étant gouverné par un roi, dont la couronne passe même aux filles. Son aristocratie consiste en l'autorité du parlement, sans le consentement duquel le roi ne peut faire aucune loi ni établir aucune imposition. Le parlement est composé de deux chambres: la première, qu'on appelle *chambre-haute*, ou des *pairs*, parce que les princes du sang, les ducs, comtes, barons, archevêques et évêques y ont entrée, ainsi que les seize pairs choisis d'Ecosse : ils sont au nombre de deux cens; 184 pour l'Angleterre, 16 pour l'Ecosse. La seconde chambre se nomme *basse* ou *des communes*, parce qu'elle est formée des députés des villes ou bourgs royaux. Comme ces députés, qui sont au nombre de 558, dont 24 de la principauté de Galles et 45 d'Ecosse, sont tirés d'entre le peuple, et qu'ils ont part au gouvernement par l'autorité qu'ils ont dans le parlement, on peut dire que la démocratie a lieu en Angleterre ; mais ce n'est volontiers qu'un nom, l'intrigue et la fortune ont réellement l'autorité. Ces chambres délibèrent séparément : quand elles sont d'accord la loi passe, pourvu cependant que le roi, en troisième lieu, y donne son consentement. Le roi peut convoquer, casser ou proroger le parlement ; il a droit encore de disposer de toutes les charges civiles, militaires et ecclésiastiques. On conçoit que rien alors ne lui est plus facile que de faire passer les lois qui lui conviennent : l'intrigue, à cet égard, lui vaut l'autorité ; il est sûr de se faire autant de créatures qu'il a d'emploi à donner ; l'espérance et l'argent lui en font d'autres encore. Son revenu est de deux millions de livres sterlings, c'est-à-dire, environ vingt-quatre millions de notre monnaie.

Température, productions, commerce, etc.

L'air y est assez tempéré, et l'on n'y ressent ni grands froids, ni grandes chaleurs. Les brouillards y règnent quelquefois des mois entiers. Il n'y a ni vignes, ni oliviers ; les fruits n'y sont pas si bons qu'en France et dans les pays méridionaux de l'Europe ; mais, en récompense, la laine des bestiaux y est très-fine, parce que les troupeaux passent les jours et les nuits, presque toute l'année, dans les pâturages qui y sont excellens, sans craindre les loups, dont le pays est tout-à-fait exempt depuis l'an 966, qu'ils furent exterminés par les soins du roi Edgar ; et même, de peur qu'ils n'en viennent du côté de l'Ecosse, on a mis des gardes sur les frontières de ce pays. On n'y voit point, non plus, d'ours ni de sangliers. Le terroir est très-fertile en bled, et on y trouve des mines d'étain fin et de plomb. Le commerce y est d'autant plus florissant, que la mer y invite de tous côtés, et que c'était le seul endroit de l'Europe où la noblesse croyait pouvoir s'y livrer sans déroger. Les principales marchandises que l'on tire de ce royaume, sont l'étain, le plomb, le charbon de terre, le beurre, le fromage, les cuirs, et les étoffes qui s'y fabriquent et qui se transportent en Allemagne, en Pologne, en Turquie, en Russie, et jusques dans la Perse. Les chevaux en sont très-estimés, et le gibier y abonde.

Ce royaume se divise en Angleterre à l'orient, et en principauté de Galles à l'occident. On y compte cinquante-deux comtés, que l'on nomment *shires, partage* ou *division*. Il y en a quarante en Angleterre, et douze dans la principauté de Galles. Les fils aînés des rois d'Angleterre portent le titre de princes de Galles.

LONDRES.

LONDRES, autrefois *Londinum* et *Augusta Trinobantum*, dans le comté de Midlesex, est la capitale de toute l'Angleterre. C'est une ville des plus grandes, des plus belles, des plus riches et des plus marchandes de l'Europe. Les grands vaisseaux remontent jusques dans la ville par la Tamise. Cette ville passe pour être plus longue que Paris, mais elle est moins large. La plupart des rues sont droites et larges; et comme, dans cette ville, on a songé au peuple qui marche à pieds, elles ont une espèce de trotoir ou banquette des deux côtés le long des maisons; les voitures passent au milieu. Mais avec tous ces avantages, on y est exposé à un brouillard épais, excité continuellement par la fumée du charbon de terre que l'on y brûle faute de bois. Ce brouillard est très-nuisible; non-seulement il salit le linge et tous les meubles, mais il cause encore cette maladie si renommée chez les anglais, le *spléen*, la *consomption*, l'origine de cette humeur mélancolique qui leur rend souvent la vie insipide. Londres est composée de deux villes, Londres et Westminster, sans parler du faubourg de Southwart. Westminster doit son origine à une immense et superbe abbaye; les rois y ont leurs sépultures et le parlement y tient ses séances. Ce quartier est celui de la noblesse, du beau monde; Londres est celui des marchands; les matelots habitent celui de Southwart. On vante la cathédrale de Saint Paul, comme la plus belle église du monde. Le roi habite le palais royal de Saint-James, dans Westminster. Près de ce palais est le parc Saint-James, qui passe pour une des plus belles promenades de l'Europe, par sa simplicité même. Cette promenade n'offre, dans la partie qui est voisine de Westminster, que la nature toute brute; c'est une prairie irrégulièrement coupée et arrosée par des canaux plantés de saules et de peupliers jetés au hasard. Il y a plusieurs grandes allées d'ormeaux, qui sont le rendez-vous de la noblesse et du beau monde. Les boulingrins sont couverts de vaches, de chèvres, de jumens et de biches, qui répandent sur ces promenades un air de vie qui en bannit la solitude lorsqu'il y a peu de monde. Sont-elles remplies, elles réunissent, sous le même coup-d'œil, la foule, le luxe d'une ville aussi opulente que peuplée, dans le contraste le plus piquant, avec la simplicité champêtre. La plupart de ces vaches se rendent à midi et le soir vers la partie du parc qui communique avec le quartier de White-Hall. On les voit attachées sur une file à des piquets au bord du boulingrin le plus près de la porte. Elles abreuvent les passans de leur lait, qui est tiré sur-le-champ et servi, avec toute la propreté anglaise, dans de grandes tasses à thé, à raison d'un sou d'Angleterre ou de deux sous de France la tasse.

Toutes les villes capitales, d'ailleurs, se ressemblent à peu de chose près; on y trouve toujours du luxe et de la misère, plus d'amusemens que de plaisirs, beaucoup de lumières et peu de mœurs. A Londres: si la *bonne compagnie* y est polie, en récompense rien de plus grossier que le bas-peuple. Hargneux, mutin, sans cesse il querelle et se bat à coups de poings. Son plaisir est d'insulter les étrangers, les français sur-tout. C'est en vain que l'anglomanie, chez nous, a voulu peindre, d'après des romans, l'anglais mieux qu'il n'est; quelque poli qu'il soit, généralement il se sent de cette brusquerie nationale, qui n'est pas toujours de l'énergie, comme il le dit, mais bien de la mauvaise humeur. Jamais il ne s'est senti porté à notre égard, comme nous nous sommes sentis portés au sien; cette observation décide, sans doute, du caractère des deux nations.

Le peuple de Londres aime beaucoup la propreté. Les hommes sont vêtus avec simplicité, mais toujours blanchement; ils réservent le luxe pour l'intérieur de leurs maisons. Dans les villages même on ne rencontre point cet air de misère qui fait peine et qui déparera toujours le plus beau pays du monde. Un paysan anglais ne sort point de chez lui qu'il ne soit vêtu de bon drap avec une redingotte et des bottines. C'est dommage que nos modes corruptrices vont les trouver. Les dames les adoptent avec fureur. Le goût de la toilette les gagne depuis quelques années, au détriment des bonnes qualités qui les distinguaient. Naguères, quelles que riches qu'elles fussent, c'étaient des femmes de ménage; aujourd'hui on les prendrait pour des femmes de Paris, celles de 88.

Les amusemens de Londres sont encore loin de ceux de Paris; mais le peuple anglais, taciturne et toujours occupé de sa politique et de son commerce, préfèrent les clubs et les tavernes. Les femmes ne sont point admises dans ces assemblées, et n'y perdent pas: au surplus, les deux sexes vivent presque toujours séparés, et les mœurs ne peuvent qu'y gagner.

Anglais et leurs mœurs.

En général, les anglais sont grands et bien faits, braves, adroits et pénétrans. Il y a peu d'art dans lesquels ils n'aient excellé, et la philosophie leur doit beaucoup. La poésie, mâle et féconde sous leur génie, leur doit beaucoup également. Il n'y a aucun genre de littérature qu'ils n'aient fait fleurir. Sous l'influence de leur grand commerce, leurs manufactures sont devenues les plus belles de l'Europe. Obligés de vivre sur les eaux presque continuellement, quelle marine peut être comparée à la leur? Sous un gouvernement, il y a quelque tems, sans cesse occupé du bien public, et pour lors bien supérieur au gouvernement qu'avaient les français, à quel degré l'agriculture n'est-elle pas devenue florissante sous ce ciel sombre et plus froid que le nôtre? Les récompenses et la gloire qui revinrent à celui qui tint ses champs en meilleur état opérèrent seules ce prodige: l'amour de la patrie en fut la cause. L'Angleterre eut un beau moment, et son administration fut louée dans toute l'Europe; mais malheureusement l'intrigue et la corruption sont-là comme ailleurs. Au surplus, l'intérêt qu'excitent les affaires publiques, même chez le plus pauvre anglais, annonce un esprit patriotique qui ne peut servir qu'au soutient de l'Etat, et dont des hommes de génie et bien intentionnés, pourraient tirer le plus grand parti.

On prétend que jamais nation n'a mieux connu, ni plus constamment suivi ses véritables intérêts que les anglais; qu'ils sont de bons et fidèles amis, mais autant de tems qu'il convient au bien de l'Etat et qu'il leur importe de garder leurs alliances et leurs traités, et que ce caractère se retrouve chez tous les membres de la nation, sur l'amitié desquels il ne faut compter, qu'autant qu'ils y trouvent leur avantage particulier. La noblesse cependant et le monde poli sont généreux et capables de grandes vertus. Il y a trois degrés parmi cette noblesse. Le premier est celui des enfans des rois; le second celui des ducs, des marquis, des comtes, des vicomtes et des barons. Ce sont des titres que le roi donnent par l'érection des terres. Ordinairement les fils des ducs se qualifient de vicomtes ou barons pendant la vie de leurs pères; mais, à leur mort, leurs fils aînés prennent leur titres. Le dernier degré comprend les chevaliers, les écuyers et les simples gentilshommes.

La religion dominante d'Angleterre est le christianisme réformé; plusieurs autres sectes y exercent publiquement; le catholicisme où le papisme est seul obligé de prendre des mesures. D'ailleurs, la tolérance y est connue; et si le petit peuple est attaché à l'opinion qu'on lui inculque, les gens instruits, en gardant les formes, sont trop philosophes pour ne pas savoir à quoi s'en tenir.

Le plus grand amusement est la course des chevaux. Ces courses, les délices de la nation anglaise, paraîtront peut-être un amusement frivole au premier coup-d'œil; mais si l'on réfléchit que ce goût, qui commença à s'introduire vers le règne de la fameuse Elizabeth, a tourné les vûes de cette nation vers l'éducation des chevaux, qui est pour elle une branche de commerce des plus considérables, on pensera différemment. La race des chevaux de course vient d'Arabie, et les premiers harras de prix qui furent établis en Angleterre, le furent par un français, Pluvinel, envoyé par Henri IV à Elizabeth.

Les anglais aiment assez la bonne chère, mais en cela, ils sont moins délicats que gourmands : ils mangent beaucoup de viande, et souvent elle n'est qu'à moitié cuite. Les femmes se retirent au dessert, au moment où les fumées du vin, en déliant la langue des convives, peuvent les engager à dire des choses que la pudeur n'entend point sans rougir. Cette coutume est sage, et donne une bonne idée des anglaises. On se rassemble ensuite au thé; c'est toujours la maîtresse ou sa fille aînée qui le prépare et en fait les honneurs. Cette partie des repas est toujours la plus agréable; aussi les romanciers anglais, les meilleurs de l'Europe, font-ils souvent briller leurs héroïnes aux thés.

Habillement.

Après avoir long-tems suivi aveuglément nos modes, les élégans ou les *beaux* anglais sont les premiers de l'Europe qui aient paru revenir à la nature. Ils laissèrent les amples perruques blondes du dernier siècle, les queues, les ridicules queues de celui-ci, les catogans, plus ridicules encore, les *cadenettes*, les cheveux frisés, et abandonnèrent à la nature le soin d'orner leur tête; leurs cheveux frisèrent sur leur front et leurs épaules.

Les dames laissèrent également pendre leurs longs cheveux, les ornèrent quelquefois d'une fleur, et n'en furent que plus touchantes. Les hommes quittèrent le sot et insignifiant chapeau à trois cornes, pour le chapeau rond, plus commode et plus agréable. Les dames se couvrirent d'un léger chapeau de paille, quelquefois attaché sous leur menton avec un simple ruban. Nos lourds habits galonnés furent aussi rejetés ; le *frak*, plus léger, plus habillant, leur succéda : nos larges panniers, nos falballas rétrognonés eurent le sort des habits galonnés, et les belles anglaises se vêtirent d'une robe svelte, et qui dessinait agréablement les formes de leur corps. Rien de plus charmant qu'une demi-parure anglaise. Rencontrez une jeune *miss*, d'une figure touchante, comme la nature s'est plû à en donner aux dames anglaises, un peu mélancolique, se promenant à la campagne, son chapeau de paille sur ses longs cheveux sans poudre, en robe de mousseline et un livre à la main, vous vous arrêtez avec respect et plaisir, vous êtes tenté de croire que c'est *Clarice* elle-même ou quelques autres de ces aimables héroïnes que les auteurs anglais savent seuls peindre, parce qu'ils ont les modèles sous les yeux.

Nous avons observé que les paysans anglais sont beaucoup mieux habillés que les paysans français. Ils ont aussi le chapeau rond, et le chapeau de paille couvre aussi la chevelure des villageoises, mais par-dessus le bonnet.

N.º 5. L'Autriche.

Situation.

L'AUTRICHE, l'un des cercles de la Haute-Allemagne, est bornée au nord par la Bohème et la Moravie ; à l'orient, par la Hongrie ; au midi, par les états de Venise ; et à l'occident, par la Bavière et le pays des Grisons. Elle comprend les pays héréditaires de la maison d'Autriche.

Cette maison a d'abord porté le nom de *Hapsbourg*. Rodolphe, qui en a été le premier empereur, s'empara de l'Autriche vers la fin du treizième siècle, prétendant que c'était un fief masculin qui, au défaut d'enfans mâles, devait retourner à l'empire, et il en donna l'investiture à son fils Albert. La maison d'Autriche fut à son plus haut point de grandeur sous Charles-Quint, qui était tout-à-la-fois empereur, roi d'Espagne, et maître d'une partie de l'Italie, de la Franche-Comté, et des dix-sept provinces des Pays-Bas.

Le cercle d'Autriche renferme six pays : l'archiduché d'*Autriche*, les duchés de *Stirie*, de *Carinthie* et de *Carniole* ; le comté de *Tirol*, la *Souabe-Autrichienne*, et l'*Autriche-antérieure*.

L'archiduché d'Autriche est un pays assez fertile en bled ; il produit d'excellens fruits, du vin, le meilleur safran, et abonde en pâturage et en gibier ; il y a aussi des salines. Toute la partie située au midi du Danube, qui est la plus considérable, était comprise dans les provinces romaines de Norique et de Pannonie. Ce pays fit ensuite partie de la Bavière prise en général ; et comme il en comprenait la partie orientale, les allemands la nommèrent *Osterrich*, d'où s'est formé le nom d'Autriche.

VIENNE.

Habitans et leurs mœurs.

VIENNE, anciennement *Juliobona*, *Vindum*, ou *Vindobona*, en allemand *Wien*, sur le Danube, est la capitale de l'Autriche, et la résidence actuelle de l'empereur. Vienne n'est encore que ce qu'était Paris sous la seconde race de nos rois : elle conserve toutes ses fortifications, qui, cependant, ne l'eussent pas délivrée des turcs il y a un siècle sans la présence de Sobieski, et qui ne l'eussent peut-être pas mieux garantie de l'impétuosité française, sans l'armistice que l'on s'empressa de proposer à Buonaparte. Dans le cas d'un siége, la distance des faubourgs à la ville donnerait un grand avantage aux assiégeans. Cette distance qui est assez considérable, laisse la ville seule au milieu avec ses tristes remparts, et comme entourée, un peu plus loin, d'une seconde ville. Ces faubourgs sont beaucoup plus agréables que la ville ; celui de Léopold était jadis habité par des juifs ; mais depuis qu'on les a chassés, on y trouve beaucoup de turcs à leur place. Dans le faubourg d'Erdberg est une maison de chasse, autrefois une auberge, où l'imprudent Richard-Cœur-de-Lion, travesti en pélerin, fut reconnu comme il tournait la broche, et arrêté par le lâche Léopold, marquis d'Autriche : vainqueur du grand saladin, ce roi d'Angleterre, qui devait l'être encore de Philippe-Auguste, resta quinze mois détenu dans une tour, expiant son orgueil et ses violences.

La partie la plus soignée des bâtimens est celle des caves, où les habitans un peu riches ont soin de conserver le meilleur vin du Rhin et des pays méridionaux. Vienne a quatre quartiers, mais ses faubourgs sont au nombre de vingt-six, et l'étendue de la ville, y compris ces faubourgs, le cercle inhabité, les jardins et les promenades, est presqu'aussi grande que Paris. La population ne monte guère qu'à trois à quatre cens mille ames. Les plus grands faubourgs sont le Léopoldstadt et le Wieden, dont les habitans ont beaucoup de ressemblance avec ceux du faubourg Marceau à Paris. Il y a à peine dans la ville huit édifices qu'on puisse nommer magnifiques. Le palais de l'empereur est un vieux bâtiment noir, qui n'a ni beauté ni majesté ; c'est une grande masse de pierres, bâtie à sept étages, afin qu'elle pût contenir le plus de monde possible. Il est à remarquer, en passant, que tous les seconds étages des maisons de la cité appartiennent à l'empereur, qui y logent ses officiers,

Ce

Ce qui distingue les habitans de Vienne des parisiens (car, à peu de chose près, toutes les grandes villes se ressemblent), c'est une sorte de grosse vanité qu'on ne peut décrire, une pesanteur insurmontable, et un penchant inexplicable à la gloutonnerie. L'hospitalité de leur table, qu'on vante tant, n'est qu'un effet de leur vanité. Sur les tables des gens de la moyenne classe, tels que les bas-officiers de la cour, les marchands, les artistes et les ouvriers à leur aise, vous voyez communément six, huit et même dix plats, avec de deux ou trois différentes sortes de vins. Ils restent ordinairement deux heures à table, et c'est leur faire une impolitesse que de ne pas manger de tous les plats, dût-on en avoir une indigestion. Mais dès que l'estomach est satisfait, on languit involontairement, et un étranger n'est pas long-tems sans desirer ces repas où l'amitié préside, et dont l'intention est plutôt de passer une heure à converser raisonnablement et dans un mutuel épanchement, que de gagner des indigestions, des coliques ou des apoplexies. Dans quelques maisons du grand ton, on est dans l'usage, lorsque l'on donne un repas, de tenir préparées, dans un appartement voisin, des doses d'émétiques. Si l'un des convives a encore faim, quoiqu'il ne puisse plus avaler, il va faire un tour dans l'appartement, puis revient frais et soulagé, et recommence comme si rien n'était arrivé. Les derniers romains en faisaient autant. On conviendra que les pourceaux sont beaucoup plus sages. A Vienne, l'unique amusement qu'on mêle aux repas, c'est de dire quelques mauvaises plaisanteries du genre le plus trivial. Il est assez rare, chez les gens à leur aise, qu'on ne rencontre pas un moine ou un comédien qui se chargent de faire rire la société. Quant aux évènemens du jour, personne ne s'en occupe: on laisse les ministres et la cour, point de ces éternels nouvellistes; les gens de la moyenne classe connaissent à peine le nom des ministres, des généraux et des grands philosophes. On ne songe absolument qu'à la partie animale; ils déjeûnent jusqu'au dîner; dinent jusqu'au souper. Tout l'intervalle qu'ils mettent entre ces repas est une courte promenade ou la comédie. Si vous entrez dans un café (il y en a soixante-dix) ou dans une maison à bière, qui sont les maisons publiques les plus élégantes et les mieux fournies, vous n'y voyez qu'un jeu perpétuel de mâchoirs.

Il est bon d'observer que tout ceci ne peut avoir trait qu'aux gens de la moyenne classe, qui, dans tous les pays, sont, à proprement parler, le *peuple*; car, quant aux *grands*, ils sont, à quelques nuances près, les mêmes par toute l'Europe. On connaît trop le ridicule de la noblesse allemande, qui a passé en proverbe, pour que nous en parlions.

Il y a à peine un siècle que l'Allemagne a commencé à connaître le bon goût dans les arts et les lettres: elle ne fait que de naître au génie. Auparavant elle ne comptait parmi ses hommes de lettres que de ridicules compilateurs de ce qu'on avait écrit avant eux. Ce titre d'hommes de lettres n'est encore guère honoré à Vienne, et l'ignorance de la multitude qui se l'arroge, n'est guère propre à en relever l'éclat. Les bons ouvrages allemands qui se répandaient dans l'Europe, viennent assez rarement de cette partie de l'Allemagne, ou, s'ils en sortent, ils sont les fruits de plumes étrangères. Il y a un théâtre national qui pourra peut-être donner quelque goût; mais

D

les allemands regrettent les farces et les vont chercher quand ils les trouvent. Ils ont cependant de beaux drames et de bons acteurs. Le prince Eugène fut le premier qui introduisit quelque peu de bon goût dans le pays, le premier qui fit naître généralement l'amour de la littérature française, alors florissante ; mais il eut à combattre l'ignorance et la superstition. Les moines, et en particulier, les jésuites, résistèrent, autant qu'ils purent, à son heureuse influence. Laborieux et capables de s'appesantir longtemssur un même objet, les allemands aiment assez les sciences abstraites et ce que nous nommons les hautes sciences : ils s'y sont distingués quelquefois. Il n'en est pas de même de la littérature : la légèreté française, et l'*invention* anglaise, leur sont inconnues. Ils ont cependant des hommes célèbres dans la littérature agréable et de génie, et ces hommes laissent déjà, peut-être, loin derrière eux les meilleurs poëtes de l'Italie et de l'Espagne réunis. L'aimable Wieland, le riant Gessner, le fougueux Goethe, l'agréable Lessing et le sublime Clopstock, seront de grands hommes par-tout ; on leur doit sur-tout un grand éloge, qui doit rarement être donné, c'est qu'ils ont peint la nature. Mais, nous le répétons, ces auteurs sont allemands, mais point autrichiens, et, sur-tout, pas de Vienne. Cette disette de talens vient peut-être moins du gouvernement que du peuple même ; car c'est presque en vain que les princes protégent, quand le peuple ne sait point admirer le beau ; la cour de Vienne possède plusieurs collections précieuses qui sont toutes, autant qu'il est possible, ouvertes au public. Le cabinet impérial des médailles a à peine son égal dans le monde. On y voit vingt-deux mille pièces anciennes ; les modernes sont aussi d'un grand prix. Le célèbre Winckelman en est le conservateur. La bibliothèque, également ouverte, est une des plus belles et des plus riches qui soient au monde : elle est composée de plus de trois cent mille volumes, dont douze mille sont des manuscrits précieux. Le bâtiment qui la contient est un des plus beaux de la ville. Elle est ouverte jusqu'à midi, et l'on vous y fournit tables, chaises, encre, plumes et papier. Il y a des feux tout l'hiver dans la salle ; grand avantage, sans doute, et que l'on ne peut apprécier que lorsque l'on a été à celle de Paris, où il faut se morfondre tout l'hiver et gagner des rhumes affreux. A la bibliothèque de Vienne on ne vous donne point tous les livres que vous demandez ; pour lire certains il faut une permission de l'archevêque. Cet article, et nombre d'autres du même genre et de la même importance, étaient dans toute leur vigueur du tems de Marie-Thérèse, qui, à de grandes qualités, joignait toutes les sottises de la petite dévotion. De son tems on avait même un *tribunal de chasteté*, plaisant tribunal où étaient cités tous les fils de famille un peu libertins, et où une fille se faisait donner pour époux celui qu'elle désignait pour son séducteur. Les espions de ce tribunal étaient répandus par toute la ville, et ont, un tems, poussé leur inspection jusques dans le lit des jeunes gens. Fripons comme les espions de tous les pays, ils s'entendaient souvent avec les filles de mauvaise vie pour faire des captures. Joseph II a détruit toutes ces niaises entraves, qui ne tendaient qu'à faire des hypocrites et non des hommes de bien.

Les femmes ne semblent point faites de la pâte lourde et épaisse de leurs époux : bien faites et belles sans être jolies, elles mettent de l'aisance dans leur démarche, leurs mouvemens et leurs conversations. La vivacité même ne leur est pas étrangère. Elles ont des *sigisbés* comme en Italie. On remarque dans les femmes de ce pays une teinte de superstition qui, jointe à une grande sensibilité de cœur, est plus propre à exciter qu'à réprimer l'amour. Le docteur Moore a fait, sur ce sujet, de bonnes observations ; mais le trait qui caractérise le mieux ces femmes, c'est de voir une jeune dame faire dire des messes dans un couvent et distribuer des aumônes pour obtenir qu'il plaise à Dieu de rendre la santé à son *sigisbé* malade.

Rien de plus fastueux que la haute-noblesse à Vienne ; et généralement l'économie est inconnue à toutes les classes. Quelque fût le luxe de Paris il y a quelques années, il y avait cependant quelques objets sur lesquels un homme opulent économisait pour briller par un autre côté : à Vienne tout marche à-la-fois, table, maisons, meubles, équipages, nombreux domestiques, habits somptueux, jeux considérables, etc.; ils entassent tout et ne savent jouir de rien. La musique est le seul art pour lequel la noblesse montre quelque goût, et il faut convenir qu'elle ne l'aime qu'avec connaissance de cause. Après l'Italie, la musique trouve ses temples en Allemagne.

Les autres villes de l'archiduché d'Autriche sont *Neustat*, autrefois *Celeusium*, évêché, près de la Hongrie. Cette ville est très-bien fortifiée ; elle a un château où l'on renferme les prisonniers d'Etat. On fait à Neustat de la porcelaine.

Saint-Pelten est une autre petite ville au sud-ouest de Vienne, sur la rivière de Drasain.

Krems est au nord du Danube. C'est une assez belle ville, quoique petite. Le Danube a, dans le voisinage, un tournant et une cataracte fort dangereuse. Toutes ces villes sont dans la Basse-Autriche. Celles de la Haute sont :

Lintz, place forte sur le Danube, et capitale de cette partie. Cette ville est belle, commerçante, et a deux bons châteaux pour sa défense.

Ens, sur la rivière du même nom, a de bonnes fortifications et un arsenal.

Les habitans de la campagne, dans plusieurs parties de l'Autriche, sont assez heureux. Ils sont tous fort ignorans et superstitieux. Les autrichiens, en général, sont grands et bien bâtis. Ils aiment la guerre, et sont bons soldats ; mais ils sont loin d'avoir l'impétuosité française ; en revanche, ils sont peut-être plus disciplinables. Mais s'ils étaient nés pour avoir de l'énergie, la manière dont on les conduit ne manquerait pas de l'éteindre. Que peut-on faire, si-non des machines obéissantes, d'hommes que l'on tient sans cesse craintifs sous le bâton ? Le soldat autrichien n'a pas un instant où il n'ait à craindre depuis la canne de son capitaine, jusqu'à la *schallag* du dernier caporal. Sa bravoure naturelle mériterait un autre traitement.

Habillement.

L'habillement de toutes les grandes villes de l'Europe, sur-tout celles du

Nord, se ressemble du plus au moins ; la dernière classe du peuple y met quelquefois de la différence, aussi est-ce elle que nous présentons. L'habillement, au bonnet de fourrure près, est absolument l'ancien habit français. Les jeunes élégans suivent d'assez près les modes françaises qui leur donnent un air tout-à-fait étranger, et les dames se costument volontiers à la parisienne, mais avec des grâces allemandes. Autrefois, à chaque variation de mode, on envoyait régulièrement, de Paris à Vienne, une grande poupée habillée dans le dernier goût. Cette poupée servait de modèle à toutes les dames de la ville.

N.° 6. L'Istrie.

Situation, production, etc.

L'Istrie est une presqu'île au nord-est du golfe de Venise, que les vénitiens et la maison d'Autriche se partageaient. L'air mal sain qu'on y respire a fait beaucoup de tort à la population du pays. Cette presqu'île fut d'abord habitée par plusieurs colonies grecques, qui y portèrent avec elles le culte de la déesse Isis. Il y eut bientôt un port célèbre sous le nom de *Pola*, et depuis, non moins connu chez les romains, sous celui de *Julia-Pietas*. Le territoire de Trieste se trouve dans la partie autrichienne. Il est assez fertile en vin, en huile et en grains. L'Istrie vénitienne est loin de valoir autant ; elle est plus mal-saine encore, et les habitans sont si pauvres et si paresseux, qu'ils laissent les terres presque incultes. *Capo-d'Istria* est la capitale de l'Istrie vénitienne. C'est une ville assez forte, jadis plus connue sous le nom d'*Ægida* et de *Justinopolis* ou la *ville de Justin*. Capo-d'Istria est absolument dans la mer, et ne communique au continent que par un pont. On y voit plusieurs couvens et de belles églises ; mais l'air y est épais, et le commerce y languit. La maison de ville était jadis un temple de Pallas.

Pola, l'une des plus anciennes villes de l'Istrie, et aujourd'hui à peine habitée, était dans l'antiquité un port célèbre, et fréquenté par toutes les nations commerçantes. Mais l'histoire seule et quelques ruines attestent sa gloire éclipsée depuis long-tems. Autrefois c'était une petite république, comme l'apprend encore une pierre qui servait de base à la statue de l'empereur Sévère, et sur laquelle on lisait : *Republica Polensis*.

La ville la plus remarquable de toute l'Istrie est TRIESTE. Elle a succédé à l'ancienne *Tergeste*, *Tergestum*. Jadis ses habitans étaient libres, mais ils ne faisaient usage de leur liberté que pour exercer la piraterie. Les vénitiens les subjuguèrent. La ville basse, bâtie tout récemment, est jolie ; les rues en sont grandes et vastes. Les petites barques et même les vaisseaux pénètrent dans l'intérieur par trois canaux ; mais ces canaux, mal tenus, ne servent qu'à infecter l'air dans le tems des chaleurs. Le commerce y est assez florissant, et c'est aux soins de Joseph II que les habitans en sont redevables. La foire de Senegalia, près Raguse, sert de débouché à quantité de marchandises de Trieste. Il y a grande affluence de juifs et de grecs ; ces derniers y sont très-puissans, et par conséquent mal vus des autres négocians, tant protestans que catholiques. On rencontre à Trieste des fabriques de tout genre. Les raffineries de *Fiume* ne donnent pas un crystallin plus brillant au sucre que la manufacture de cette ville. Le luxe qui y règne fournissait depuis long-tems à l'entretien d'un théâtre, servi autrefois par les meilleurs acteurs, danseurs et virtuoses de toute l'Italie. C'était alors, comme à Venise, une espèce de *redoute*, ou d'académie de jeu. Chaque particulier, renfermé dans sa loge, y buvait, y jouait pendant le spectacle, et en sortait ivre, ruiné, ou pire encore. Outre le théâtre, il y a un *casin*, ou assemblée des dames de la ville. C'est là qu'elles font assaut de parure et de coquetterie ; quoique froides et réservées d'abord en la présence d'un étranger, elles se familiarisent bien vîte, et leurs mœurs ne sont rien moins que pures. On voit aussi des bals, deux principaux, l'un pour la noblesse, et l'autre pour la bourgeoisie. Ce ne sont point des écoles de mœurs. Un établissement plus essentiel que tous ces lieux de plaisirs, c'est un vaste Lazaret construit près du port, et servant de retraite pendant les épidémies.

Habitans et leurs mœurs.

En parlant de Trieste, nous venons de peindre le *beau monde* de l'Istrie. Les habitans de la campagne ne leur ressemblent guères ; ils sont pauvres, paresseux, et pleins de superstitions. Ceux des environs de Trieste vont prendre à la ville une teinte de ses mauvaises mœurs ; les paysannes cependant sont plus coquettes que dissolues. Leur costume galant annonce de leur part plus de facilité qu'on en trouve en effet. Elles ne sont point revêches ni sauvages, mais elles ne savent point agacer, et elles n'oseraient se permettre cette liberté dont les hautes classes leur donnent pourtant l'exemple.

Habillement.

Le paysan et l'homme du peuple portent de larges culottes fermées avec des cordons. Un habit court s'ajuste vers la partie du cou, et reste entr'ouvert le plus communément. Ils ont des bonnets qui contiennent hermétiquement leurs têtes, et leurs chaussures sont assujetties avec des courroies.

Les femmes sont coëffées à la manière des levantins, d'une pièce de toile retroussée sur leur tête en forme de turban. Elles portent une ceinture et un corset ; mais elles les placent de façon à ne point se faire taxer de pruderie. Les manches de leurs vêtemens retombent jusques sur leur poignet. Leur habit de dessus tient beaucoup de celui des orientaux.

N.º 7. Cercle de la Bavière.

Situation.

CE cercle, dans la constitution germanique, est borné au nord par la Franconie et la Bohême; à l'orient et au midi, par le cercle d'Autriche; et à l'occident, par la Souabe. Il faisait autrefois partie de la Norique et de la Vindélicie. L'air y est sain, et le terroir très-fertile en bled; il s'y trouve de bons pâturages, mais on y recueille peu de vin. Il y a des mines de fer, de cuivre, de vitriol et d'argent, aussi bien que des salines. Ce pays n'est pas riche, parce qu'on y fait peu de commerce.

Le cercle de Bavière renferme six Etats principaux, deux séculiers et quatre ecclésiastiques : ce sont 1º. *les Etats du duc de Bavière*; savoir, le duché de Bavière au midi du Danube, et le palatinat de Bavière au nord; 2º. *le duché de Neubourg*, à l'ouest du cercle de Bavière; 3º. *l'archevéché de Saltzbourg*, au sud-est du même cercle; 4º. *l'évéché de Freisingen*, au milieu du duché de Bavière; 5º. *l'évéché de Ratisbonne*; et 6º. *l'évéché de Passaw*, l'un et l'autre le long du Danube.

Le duc de Bavière et l'archevêque de Saltzbourg ont été jusqu'à présent les directeurs de ce cercle.

La plus grande rivière qui l'arrose est l'*Inn*, qui prend sa source dans le pays des Grisons, traverse le comté de Tyrol, la Haute-Bavière, et se jette dans le Danube à Passaw.

Villes, habitans et mœurs.

En général, le bavarois est fort, musclé et charnu; on en voit pourtant quelques-uns de plus sveltes; ils ont les joues moins colorées que les soua-biens, différence qui provient sans doute de ce que les bavarois boivent de la bière et les autres du vin. Ce qui distingue à l'œil un bavarois, c'est une tête fort ronde, un menton un peu pointu, un gros ventre et un teint pâle. Plusieurs ont l'air de véritables caricatures. Ils ont de plus les pieds courts et ramassés, les épaules étroites, la tête grosse et ronde, et le cou court. Ils sont lourds dans leur démarche, et leurs petits yeux annoncent en eux un fond de coquinerie.

Il n'en est pas de même des femmes, ce sont les plus belles créatures que l'on puisse voir. Elles sont, à la vérité, un peu épaisses, mais leur carnation surpasse celle des plus belles peintures. Les grâces même semblent avoir teint, d'une légère nuance de pourpre, ces lys éblouissans de blancheur. Elles sont bien faites, vives et gracieuses dans leurs manières.

Les paysans sont d'une mal-propreté extrême; à quelques milles de la capitale, on a peine à se figurer que leurs chaumières soient des habitations d'hommes ; plusieurs ont de grands bourbiers devant leurs portes, et sont obligés de marcher sur des planches pour entrer dans leurs maisons. La couverture de ces cases est de pierres, à cause des vents qui sont violens dans le lieu. Enfin, depuis la cour, jusqu'à la plus petite cabane, l'indolence est la partie dominante du caractère des bavarois.

Cette indolence extraordinaire fait un contraste étrange avec leur bigoterie plus extraordinaire. Ils mêlent les extrêmes sans s'en inquiéter. Une troupe d'ivrognes est-elle en train de se battre et de blasphêmer, l'*angelus* sonne, tout se calme et se tait ; chapeaux sont ôtés, mains jointes ; on prie ; l'acte religieux fini, le combat et les juremens recommencent. L'ivrognerie, la débauche, les querelles et la dévotion sont les passions favorites des bavarois. Tout à côté de chaque église (et il n'y en a pas moins de vingt-huit mille sept cens en Bavière), l'on trouve régulièrement un cabaret à bière et un lieu de débauche. Lorsque les gens de campagne font le récit d'une fête d'église ou de quelque autre assemblée à laquelle ils ont assisté, ils disent : « La fête était belle, il y a eu six à sept personnes de tuées ou d'estropiées. » S'il n'est rien arrivé de semblable, c'est une pauvre fête.

MUNICH.

MUNICH, sur l'*Iser*, est la capitale des Etats de Bavière, et, en particulier, du duché. C'est une belle et assez forte ville où le duc réside ordinairement. Son palais est très-vaste et magnifique : il contient, dit-on, onze cours, vingt grandes salles, dix-neuf galeries, deux mille six cent soixante grandes croisées, six chapelles, seize grandes cuisines, douze grandes caves, quarante vastes appartemens qui sont unis sans être assujétis, avec trois cens grandes chambres richement peintes, lambrissées et meublées. Il n'y a, dans ce superbe palais, ni coin, ni niche, ni porte, ni cheminée qui n'ait son buste en relief; mais rien n'égale le sallon des antiques. On y compte trois cent cinquante-quatre bustes de jaspe, de porphire, de bronze et de marbre de toutes les couleurs, qui représentent, ou des capitaines grecs, ou des empereurs romains, ou d'autres hommes illustres. Ce palais a souffert deux incendies considérables, l'un en 1729, l'autre en 1750.

Le peuple de Munich ressemble peu à celui des campagnes, autant l'un est querelleur et même enclin à une espèce de liberté, autant l'autre est souple, lâche et mou. Ses mœurs sont corrompues comme doivent l'être celles de quarante mille hommes, dont la subsistance ne dépend que de la cour, et qui, pour la plupart, n'ont été, jusqu'aujourd'hui, fainéans qu'à ses dépens.

Parmi les grands, on y trouve, comme par-tout ailleurs, des gens polis et instruits ; mais la basse classe, abandonnée à elle-même, quoique retenue, est absolument sans éducation, sans activité, sans le moindre attachement à l'Etat et à son pays. Le jeu est le premier amusement des gens riches. Les hautes dames de la cour en ont un autre, c'est d'élever des perroquets, des chiens et des chats. Les petits nobles et serviteurs de la cour ont une passion bien digne de pitié pour les titres : ce sont des *excellences*, des *honorables*, *très-honorables*, tous très-ridicules. Qu'on juge les grands d'après les petits.

Le reste des habitans est plongé dans la débauche la plus scandaleuse. Toutes les nuits les rues retentissent de la grosse joie des ivrognes, qui viennent de boire et de danser dans les cabarets nombreux de la ville. Tout noble doit entretenir une maîtresse. Mais rien de plus corrompu que le clergé : il se mêle avec la basse classe du peuple, et va se *gaver* avec lui de bière dans les tavernes enfumées par le tabac. C'est sur cette multitude de prêtres et de moines corrompus et fainéans qu'il faut rejeter la grossièreté des mœurs bavaroises. Ils ne prêchent que messes (qu'on leur paye, bien entendu), rosaires, scapulaires, etc. Le peuple trompé, croit qu'une messe de quinze sous effacera ses péchés, et que l'essentiel est de payer le prêtre et de dire son chapelet. Voilà d'où vient ce mélange infâme de dévotion et de débauche que l'on remarque dans la Bavière et dans nombre d'autres pays chrétiens.

Ingolstat est une autre ville au nord-ouest sur le Danube. Elle a une université.

Straubing, dans la Basse-Bavière, est une place forte sur le Danube.

Landshut, sur l'Iser, est une ville assez bien fortifiée : il y a un château.

Burckhausen est au sud-est de la précédente.

Chiemsée est un évêché de la Haute-Bavière.

Neubourg est la capitale du Haut-Palatinat.

Saltzbourg est la capitale de l'archevêché de ce nom. La cathédrale et le château de l'archevêque sont des édifices superbes. L'église métropolitaine est une petite copie de S. Pierre de Rome : elle a cinq jeux d'orgues ; les allemands en général aiment beaucoup la musique dans leurs églises.

Freisengen est une jolie ville située dans une agréable contrée et sur une montagne près l'Iser.

Ratisbonne, évêché sur la rive méridionale du Danube, est grande, belle et célèbre par les diètes ou assemblées de l'empire qui s'y sont tenues. Il y a trois abbayes, et plusieurs couvens. Ce qu'il y a de singulier, c'est que le magistrat est protestant, et que les protestans seuls ont droit de bourgeoisie dans cette ville.

Passaw est la capitale d'un évêché du même nom. Elle est située au confluent du Danube, de l'Inn et de l'Iltz, qui en font comme trois villes ; savoir, Passaw, Instat et Ilstat. Sa cathédrale passe pour la plus belle église d'Allemagne. Près de cette ville, on pêche des perles dans la rivière d'Iltz.

Habillement.

Dans la capitale, les deux sexes s'habillent, ou au moins croient s'habiller à la française ; car les hommes sont toujours trop amateurs de l'or et
de

des couleurs mélangées. Les gens de la campagne se mettent absolument sans goût. Le principal ornement des hommes est une veste large et longue, étrangement brodée, au-dessous de laquelle pend fort bas une culotte fort ample, apparemment pour donner du jeu à leur ventre, qui est la partie principale d'un bavarois. A la campagne on porte volontiers, sur le chapeau à trois cornes, un plumet qui donne un air plus fier et plus tapageur. On se laisse croître aussi les moustaches, et l'on porte par-tout la fidèle pipe.

Les femmes se parent ou se déguisent avec une espèce de corps, en forme d'entonnoir, qui leur couvre la poitrine, les épaules et leur cache toute la gorge. Cette cuirasse est couverte de grains et de chaînes d'argent pour celles qui sons assez riches pour le faire. Dans plusieurs endroits, la maîtresse de la maison porte un trousseau de clefs et un couteau pendus à sa ceinture et qui touchent presqu'à terre. Les paysannes portent un bonnet rond dont les *papillons* sont fort larges. Ce bonnet est souvent de couleur.

N.º 8. La Stirie.

Situation.

LA Stirie touche à la Hongrie, au levant; au midi, à la Carniole; à la Carinthie, au couchant; et, au sud, elle avoisine l'Autriche. On la divise en haute et basse.

GRATZ en est la capitale. Le négoce s'y fait en partie sur les métaux. Il y a des mines de fer aux environs. On y a établi une chambre de commerce. L'intérieur de la ville nourrit huit convens et les faubourgs quatre, d'où s'échappe chaque jour une populace de moines qui ne contribuent pas peu à la corruption des mœurs. Deux foires donnent un moment d'existence à cette ville, par le concours des hongrois, des grecs, des turcs, des juifs, des polonais et des russes. La gourmandise est le premier mobile des plaisirs des habitans; ils ne parlent que caves et cuisines; ne songent qu'à préparer à manger, et font régulièrement quatre repas par jour. Les chapons et les canards y sont la ressource. La Stirie, en général, est couverte de moinières; aussi rien de plus ignorant que les habitans.

Habitans et leurs mœurs.

L'industrie des Stiriens fait toute leur richesse; elle fertilise les monts sourcilleux et arides dont leur pays est hérissé. La main de l'homme supplée à celle de la nature, qui n'a presque rien fait pour cette contrée. L'inégalité du terrein rend la charrue presque impraticable : les habitans

E

laborieux y transportent, dans des paniers, l'engrais nécessaire à la culture du froment, qui n'y réussit pas beaucoup, et du lin qui les en dédommage. La partie du sol, absolument sauvage et rebelle à l'agriculture, n'est pas tout-à-fait perdue; on y recueille la grande lavande, dont elle est couverte en abondance, et qu'on fait entrer utilement dans le commerce. En sorte que l'habitant de la Haute-Stirie, doué d'une santé robuste, vit content au sein de ses montagnes et de sa famille, et est peu tenté d'en sortir. Il passe, dans sa cabane, quatre mois de l'année, enseveli sous la neige.

Comme les stiriens s'amusent de l'étonnement du voyageur, qui, en gravissant leurs rocs, craignait de n'y rencontrer aucune trace humaine! A peine en a-t-il franchi quelques-uns, qu'il se trouve agréablement surpris à la vue des vergers qui s'offrent à lui, de toutes parts, sur la route. Là, il respire un air frais, pur et chargé du parfum des plantes aromatiques qu'on y cultive; il repose ses regards sur des gazons charmans et une agréable verdure. Plus loin, des troupeaux bien nourris y couvrent de petites plaines, ou se baignent dans de petits lacs d'eau vive et poissonneuse. Point de terreins en friche. Ceux qui se refusent aux travaux champêtres, font jaillir des sources minérales, ou bien ouvrent leur sein pour y en retirer du plomb, du cuivre, du fer et même de l'argent. On y trouve aussi des mines de sel, non loin de deux rivières d'eau douce; l'une qu'on appelle la Muer, et qui va se perdre dans la Drave; l'autre est l'Eros, qui paie tribut au Danube.

Les stiriens, ainsi que tous les habitans des montagnes, sont sujets à l'incommodité du *goêtre*. On sait que c'est une tumeur mobile qui se place au-devant de la gorge, sans y changer la couleur de la peau. On est assez d'accord d'attribuer cette maladie aux neiges fondues et aux sources froides qui servent de boisson aux montagnards. Les goëtres des stiriens sont très-gros, peut-être parce qu'ils font beaucoup d'usage de graisse qu'ils mêlent à tous leurs alimens. Les femmes des Alpes et des Pyrennées, qui ont aussi des goëtres, ont eu le bon esprit de les faire passer pour une beauté: C'est savoir se venger de la nature même.

La Basse-Stirie, sans doute ainsi nommée par rapport à ses plaines, que la Muer, la Save et la Drave arrosent, a aussi quelques montagnes remarquables. Les forêts nourrissent en quantité des chevreuils et des chamois, des loups et des ours. Le loir est le mets le plus exquis des stiriens; le fruit du hêtre, dont il se repaît, le rend délicat et lui donne un bon fumet. On fait usage de sa peau. Sur les côteaux de la Basse-Stirie, on recueille d'excellent vin. Les champs sont clos par des feuillages chargés de seps de vignes. Les pois, les fèves et le froment s'y récoltent en abondance; mais le paysan ne mange que du pain de maïs.

Dans les deux Stiries, on parle un allemand grossier et dur; quelques cantons font usage de la langue des vénèdes, peuple originairement Sarmate.

Habillement.

Les riches habitans des villes s'habillent du plus au moins à la française;

ceux des campagnes portent veste large, ample culotte et chapeau rond.
Leurs femmes sont mises un peu plus coquettement que nos villageoises,
mais à-peu-près dans le même goût.

N.º 9. La Souabe.

Situation, etc.

LA Souabe, autrefois habitée par les suèves, est un des plus fertiles pays
de l'Allemagne. Elle est bornée au nord par le cercle électoral du Rhin et
de la Franconie ; à l'orient, par la Bavière ; au midi, par la Suisse ; et, à
l'occident, par le Rhin, qui la sépare de l'Alsace ou de la France. On voit
qu'en ce moment il y a quelques restrictions à faire à cette étendue ; mais
comme notre but n'est volontiers que de peindre les mœurs des peuples,
nous suivons l'ancienne topographie ; rien d'ailleurs, jusqu'à ce jour, n'étant
décidé sur les nouvelles limites qui doivent exister entre la France et l'Allemagne.

Ce cercle compte trente-une villes impériales et grand nombre d'Etats
ecclésiastiques et séculiers. Les principaux sont au nombre de six : le
duché de Wirtemberg, au nord ; les *principauté et comté de Furstemberg*, à
l'ouest et au sud du duché de Wirtemberg ; le *marquisat de Bade*, l'*évêché
d'Augsbourg*, à l'orient ; l'*abbaye de Kempten*, au sud-est ; l'*évêché de
Constance*, au midi.

Les principales rivières de la Souabe sont : Le Danube, qui prend sa
source au sud-ouest et traverse la Souabe en grande partie ; le *Leck*, dont
la source est dans les montagnes du Tirol, au nord-ouest. Il sépare la Bavière de la Souabe, passe à Augsbourg, et se jette dans le Danube, près de
Donavert. Le *Neckre*, qui prend sa source assez près de celle du Danube,
traverse la Souabe du midi au septentrion, passe à Tubingen, à Stutgard,
à Hailbron, à Heidelberg, et se jette dans le Rhin à Manheim. Le Rhin,
côtoie la Souabe au midi et à l'occident.

Comme ce cercle est le plus divisé et que ses princes laïcs et ecclésiastiques portent chacun leur politique dans leurs petits Etats, chaque canton
porte l'empreinte de son gouvernement, et tandis que l'agriculture de l'un
fleurit, l'autre languit. Il est impossible qu'un pays, gouverné depuis long-
tems de cette manière, ne se sente pas de la bigarrure de ces gouvernemens.

Il y a plusieurs sources salées et des bains fameux dans cette contrée.
Mais le canton que la nature s'est plu à décorer avec cette magnificence sauvage qui plaît à l'homme, fait pour l'admirer, est celui de Constance, près du canton de Zurich. Un lac presque aussi grand que celui de
Genève, et traversé par le Rhin, s'étend entre les habitans de la Suisse

et ceux de la Souabe. Rien de plus beau que la perspective dont on peut jouir de l'un ou l'autre de ces bords romantiques. En quittant ces rives enchantées, où la philosophie et la poésie pourraient se reposer dans les bras de la plus belle nature, il faut voir la chûte fameuse du Rhin à Lauffen; un spectacle d'un autre genre vous attend et vous promet une nouvelle admiration. L'amphithéâtre de montagnes couvertes d'arbres, les deux rochers, sur l'un desquels est placé le fort de Lauffen, et sur l'autre un village avec un moulin, et qui, comme les deux colonnes principales d'un théâtre, accompagnent, de chaque côté, la cascade; sa largeur en tombant, la belle division de ses différentes eaux dans leur chûte, le beau bassin qui les reçoit, le mélange agréable, et presque artificiel d'une contrée agreste et cultivée, tout y surpasse en beauté l'image qu'on s'en pourrait faire. Cette cascade n'est pas infiniment haute, mais elle plaît plus qu'elle n'étonne.

C'est aussi dans la Souabe qu'était cette immense forêt dont parle César dans ses commentaires, et que l'on nomme actuellement la forêt Noire. Dans ces cantons, une magnifique perspective succède sans cesse à une autre; des montagnes et chaînes de montagnes, des formes extraordinaires, des cataractes, des bois sombres, de petits lacs dans des cavités profondes, des précipices, enfin tout y est d'un style grand et imposant, hors l'homme qui y est laid et grossier. Les femmes y sont difformes, jaunes et ridées avant le tems.

Villes, habitans et mœurs.

Stutgard est la principale ville et la capitale du duché de Wirtemberg. C'est une belle ville, bien peuplée, entre des collines où l'on voit de beaux vignobles. Les hommes y sont d'une race belle et forte; les femmes y sont grandes, sveltes, ont une belle peau et des couleurs. Quoique le pays soit protestant, on n'y apperçoit pas moins de superstition et de bigoterie.

Augsbourg est aussi une ville considérable et renommée pour son ancien commerce qui est bien tombé. Ses ouvrages d'orfévrerie, d'horlogerie et d'ivoire lui font honneur. Ce qu'on y voit de plus remarquable, est son hôtel-de-ville, qui n'a pas son semblable dans l'Allemagne. Les charges sont également partagées entre les protestans et les catholiques.

Il s'est passé à Augsbourg des faits trop intéressans pour l'humanité, pour les passer sous silence. Ce fut en cette ville que les protestans présentèrent en 1530 leur profession de foi, appelée la Confession d'Augsbourg. En 1555, on y fit la paix de religion, et il fut statué que désormais on n'inquiéterait personne dans l'empire pour sa religion. Il s'y tint plusieurs diètes importantes. C'est aussi là qu'en 952, un concile confirma le célibat des prêtres. C'est la patrie des Fuggers, ces célèbres et riches négocians que Maximilien Ier ennoblit, et que Charles V fit comtes. Ce prince leur devait un million; étant venu un jour les visiter, ils brûlèrent ses obligations dans un fagot de bois de sental. Ils ont bâti cent six maisons dans un faubourg, pour servir de demeures aux bourgeois ruinés.

Enfin, c'est dans le cercle de la Souabe, dans le marquisat de Bade, que se trouve *Rastadt*, où sont maintenant tournés tous les regards de l'Europe, et d'où doivent, sans doute, sortir ses nouvelles destinées. Rastadt est une petite ville qui a un beau château. Elle était déjà célèbre par le traité de paix qui s'y conclut en 1714 entre la France et l'Empire, pour terminer l'affaire de la succession d'Espagne.

Habillement.

Le costume, dans tant de petits Etats, et parmi des gens qui pensent différemment, ne peut que varier; c'est celui des environs de Bade que nous avons fait dessiner. La longue robe d'hiver bordée de fourrure, le bonnet garni de fourrure également, sont ce qui distingue l'homme.

Le costume des femmes, sur-tout des villageoises, a quelque chose d'agréable et de distingué. Elles portent des chapeaux tout-à-fait pittoresques.

N.º 10. La Carniole.

Situation.

LA Carniole est entourée par la Stirie, la Dalmatie, la Croatie et la mer Adriatique. On la divise en Haute-Carniole au nord, basse au midi, et moyenne Carniole ou Windismarck au sud-est. La *Save* prend sa source dans la Haute-Carniole, près la frontière de la Carniole, la traverse toute entière, borne l'Esclavonie au midi, et se jette dans le Danube au-dessous de Belgrade.

Lanbach, dans la Haute-Carniole, est la capitale de cette contrée; elle tire son nom de la rivière qui baigne ses murs. Elle renferme plusieurs couvens et une commanderie de l'ordre Teutonique.

Gorice est une place forte sur les confins du Frioul.

Duino, sur le golfe de Venise, au sud de Gorice.

Czirnitz est une autre petite ville de la Basse-Carniole. Elle est située sur un lac qui mérite un moment d'attention : il donne tour-à-tour aux habitans des poissons et du bled. Vers le printems, une partie des eaux de plusieurs petits ruisseaux qui descendent des montagnes, se décharge dans des fosses de pierre qui se trouvent dans ce lac. Lorsque ces fosses sont remplis, non-seulement les eaux se répandent dans le lit du lac, mais celles qui sont dans les fosses en sortent avec une violence prodigieuse; peut-être par un effet semblable à celui que l'on voit tous les jours sans surprise dans les jets-d'eau artificiels. Les eaux qui se perdent avant que d'arriver au lac, se rendant aux fosses de pierre par différens conduits souterrains, pressent fortement celles qui sont déjà dans les fosses, et les font ainsi sortir avec impétuosité. Quoi qu'il en soit de cette conjecture, lorsqu'une partie des eaux de ce lac s'est retirée dans les fosses, et que le reste s'est perdu sous terre, on fait la pêche du poisson qui y est demeuré. On y sème ensuite du bled, qui y vient en très-peu de tems. Pendant l'automne et une partie de l'hiver, on y prend une grande quantité de gibier, qui s'y jette de toutes les forêts voisines. Ce lac singulier a environ six lieues de long et trois de large.

Matling, dans le Windismarck, est une ville assez considérable sur la rivière de Kulp.

Cette province, hérissée de montagnes chargées de neiges et de glaces en tout tems, n'est habitable et cultivée que par intervalles. Si les terreins propres à l'agriculture sont rares, ils sont du moins d'une fertilité encourageante, et dédommagent des déserts arides qui les avoisinent; presque tous les grains y réussissent. L'orange et la grenade, le citron et les amandes, la figue et le raisin y payent avec usure les avances du cultivateur; et, sans les entraves qu'y éprouve le commerce, cette contrée pourrait être assez florissante pour peu que la nature y fût secondée.

Habitans et leurs mœurs.

Les carnioles sont forts et robustes. Leur poitrine large reste presque toujours découverte, et n'est ombragée par fois que par une barbe longue et touffue. Ils couchent durement, et se nourrissent d'alimens grossiers. Ils marchent quelquefois nuds-pieds sur les neiges et la glace. Il faut les voir, armés de patins d'osier, glisser sur la neige endurcie, ou descendre du sommet des roches escarpées avec la rapidité de l'éclair, et n'ayant, pour se guider, qu'un bâton ferré. Les femmes partagent les travaux et les amusemens des hommes.

Cependant, comme ce pays se trouve habité par des hommes de différentes origines, de *nobles* allemands, de Valaches ou Uskoques et des Esclavons, les anciens habitans, les mœurs et la langue varient : la religion varie également. La superstition y a ses maisons et ses partisans, comme dans toute cette partie des possessions allemandes. Les moines et les pélerinages y sont en honneur.

Habillement.

Une veste large fait la principale pièce de l'habillement des hommes. Ils portent un chapeau ou un bonnet indifféremment.

Les femmes portent, communément sur le front, un ruban noir en forme de bandeau : des galons d'or enrichissent leur bonnet. Leur chemise plissée à l'anglaise, ferme sur le haut du cou avec des cordons. Cette mode n'est pas toujours suivie.

N.° 11. La Prusse.

Situation, origine.

JUSQU'EN 1525, la Prusse proprement dite avait appartenu aux chevaliers Teutoniques; mais alors un prince, cadet de la maison de Brandebourg, nommé Albert, qui était grand-maître de l'ordre Teutonique, et qui avait embrassé le luthéranisme avec une partie des chevaliers, vint à bout de s'attribuer ce pays en propriété à lui et à ses descendans, en le rendant une principauté séculière, à condition qu'il en ferait hommage à la Pologne, et qu'il porterait le titre de duc. En 1569, Joachim II, électeur de Brandebourg, cousin d'Albert, premier duc de Prusse, fit, en commun avec Albert Fréderic, fils de ce prince, hommage de la Prusse au roi de Pologne, et en reçut l'investiture. C'est le premier fondement des droits que les électeurs de Brandebourg ont eu sur la Prusse, qui leur échut en 1618. L'électeur Fréderic Guillaume ayant fait, en 1656, un traité avec la Pologne, obtint la cessation de l'hommage que ses prédécesseurs lui avaient rendu, et il se fit reconnaître, en 1663, duc souverain et indépendant. On convint néanmoins que si la branche électorale de Brandebourg venait à manquer, la Pologne rentrerait dans ses anciens droits sur la Prusse; de manière qu'elle serait possédée en fief par les branches cadettes de Brandebourg, comme cela était avant le traité.

En 1701, l'électeur Fréderic I.er se couronna lui-même roi de Prusse, dans la ville de Kœnigsberg, en conséquence d'un traité fait avec l'empereur Léopold, qui lui donnait ce titre, *par sa toute-puissance impériale*, disait-il, et à condition qu'il lui fournirait des secours, et qu'il laisserait jouir les catholiques de ses Etats, de leurs droits et priviléges. La Pologne ne consentit à ce nouveau titre, qu'à la charge que ses droits demeureraient les mêmes, et le roi de Prusse ne fut reconnu en cette qualité, de toutes les puissances de l'Europe, qu'en 1713, par la paix d'Utrecht. Fréderic-le-Grand commença à régner en 1740. On sait à quel point de gloire il éleva cet empire. Son génie n'en fut pas seul la cause; la stricte discipline que son père avait établie parmi les troupes, et les immenses trésors qu'il avait amassés par une économie qui ressemblait à une avarice sordide, furent les moyens que son fils put employer.

Le terrein est bon, mais il y a plusieurs quartiers qui ne sont ni bien peuplés, ni bien cultivés. Elle abonde sur-tout en bêtes farouches à cause de ses grandes forêts, et il s'y trouve quantité de bœufs sauvages. On recueille sur les côtes de la Prusse une grande quantité d'ambre jaune; on le pêche parmi les herbes où la mer le jette, et les pêcheurs, quelque froid qu'il fasse, sont dans l'eau jusqu'à la ceinture pour le tirer par petits morceaux.

Habitans et leurs mœurs.

En général, les prussiens sont robustes, laborieux et bons soldats. Ils s'appliquent aux arts et métiers, à l'agriculture et à la nourriture des bestiaux. Le royaume de Prusse est moins peuplé que la Prusse-Polonaise, à cause des grandes levées qu'on y a faites. L'exercice de tous les cultes y est libre.

C'est à BERLIN, dans ses Etats de Brandebourg, que le roi de Prusse a féré sa capitale. C'est une belle et grande ville sur la *Sprée.* Le palais est magnifique; on y voit une belle bibliothèque et un riche cabinet. Frédéric a fait tout-ce qui était en son pouvoir pour naturaliser les sciences et les arts dans ses Etats; et lui-même, dans le tems qu'il était le premier roi de l'Europe, était encore le premier homme de lettre de son empire. Les rues de Berlin sont grandes et bien pavées; la plupart sont plantées de rangs d'arbres qui forment de belles allées. Les différens quartiers de cette ville sont séparées par de beaux canaux, sur lesquels on a construit des ponts-levis qui ne cèdent pas en beauté à ceux de plusieurs villes de Hollande qui leur ont servi de modèles. Berlin a une académie des sciences et belles-lettres, un observatoire et un superbe arsenal. Mais si, à Berlin, on a généralement plus d'esprit et de bon sens qu'à Vienne, on y a moins d'argent. Les maisons y sont très-belles, mais les locataires assez pauvres.

Habillement.

C'est une grande veste ou court habit, par-dessus une autre petite veste; une culotte large, des bottes et un chapeau à trois cornes; mais le tout sentant un peu son militaire.

Les femmes sont habillées dans le goût de nos paysannes, hors les manches et le bonnet; ces manches sont des retroussis à plis, et le bonnet ne ressemble qu'à une forme de chapeau haute, pointue, et ayant un petit bec sur le front. A coup-sûr, cette coëffure n'a jamais rien dérobé à la laideur, ni embelli les grâces. Il faut être supérieurement belle pour le paraître encore avec ce ridicule ornement.

N.º 12. La Bohéme.

Situation, origine et climat.

LA Bohême, proprement dite, forme une espèce d'ovale, et s'étend du 48e degré 30 minutes au 51e degré de latitude, et du 30e au 35e degré de longitude. Elle est bornée, au nord, par la Lusace; au levant, par la Silésie et la
Moravie;

Moravie ; au midi , par l'Autriche ; et, au couchant , par la Bavière, la Franconie et la Misnie.

Ce pays était anciennement habité par les *suèves*, peuples germains , lorsque les *boïens*, peuples gaulois, après avoir passé le Rhin sous la conduite du général Sigovèse, s'y établirent au second siècle de la république romaine, et lui donnèrent le nom qu'il a conservé; en sorte que le mot *Bojemia* ou *Bohemia* est dérivé de celui de *Boii* ou *Boji*. Les *marcomans*, peuples germains, chassèrent une partie de ces boiens, et les *slaves* ou *sclavons*, vinrent à leur tour s'établir en Bohême au sixième ou septième siècle; ils y sont restés, et y ont introduit leur langue, qui est encore en usage, le bohémien étant un dialecte de l'esclavon.

La Bohême est un des plus hauts pays de l'Europe. Elle est environnée de montagnes, qui font une partie de l'ancienne forêt Hercynie: la plus haute de toutes est celle de *Millefsow*, dans le cercle de Leitmarits.

Cette élévation du terrein fait que toutes les rivières qui l'arrosent y prennent leur source ; et elles en sortent sans qu'aucune y entre, excepté celle d'Eger ou Egra, qui a sa source dans la montagne de Frehtelberg en Franconie, et qui, après avoir coulé dans la Bohême, du couchant au levant, se jette dans l'Elbe au milieu du pays. Les deux principales rivières sont l'Elbe et la Moldaw.

Ainsi , la Bohême n'étant qu'un grand bassin ovale environné de montagnes couvertes de forêts, qui forment une espèce d'amphithéâtre , les rayons du soleil qui se concentrent dans le plat pays , y échauffent l'air et le rendent agréable; il y est pur, sain et léger, mais froid et moins salubre sur les montagnes. Les eaux y sont belles et saines. Le terroir y est généralement fertile en grains, en fruits, en pâturages, en safran et en simples ; on y recueille assez de vin, mais il est rare que les raisins y parviennent à une parfaite maturité. Les rivières et les étangs, qui y sont en grand nombre, abondent en poissons; les forêts sont pleines de gibier et de bêtes fauves. En un mot , il n'y manque, des choses nécessaires à la vie , que le sel. On y trouve des mines de fer, de cuivre, d'étain, d'argent et quelques-unes d'or ; plusieurs minéraux , du crystal, des agathes, des topases et autres pierres précieuses; mais elles ne sont ni si dures ni si éclatantes que celles d'Orient. Il y a aussi des sources minérales et thermales. On a établi , dans divers endroits, des haras où l'on élève de bons chevaux ; des verreries qui sont célèbres, et des manufactures de draps, de toiles, de papier, d'épées, de couteaux, de poterie ou de fayance.

PRAGUE est la capitale de la Bohême ; c'est une belle ville où l'on voit de la misère comme ailleurs, et où il y a beaucoup de juifs qui, par leur pauvreté, font mentir le proverbe. Le célèbre Tycho-Brahé, astronome danois, y a son tombeau dans l'une des églises.

Habitans et leurs mœurs.

Les bohémiens sont une race d'hommes extrêmement forts. Ils sont beaux, bien faits, actifs, et paraissent descendre des croates, un des plus beaux

F

peuples qui sont sur la terre. Leurs têtes sont un peu trop grosses ; mais leurs larges épaules et l'épaisseur de leur corps rendent cette disproportion moins sensible. Ce sont, sans contredit, les meilleurs soldats qu'ait l'empereur. Ils supportent les incommodités de la guerre plus long-tems que les autres, et souffrent même, pendant un tems considérable, la faim. Leurs femmes sont aussi jolies qu'ils sont beaux ; elles le disputeraient, en gaîté, aux françaises elles-mêmes. La gaîté est effectivement la marque distinctive de ce peuple. Il était né pour la liberté, ses efforts, en différens tems, le prouvent ; cependant il est enchaîné. Les bohémiens sont, ce que nous nommions en France, *main-mortables*, c'est-à-dire qu'ils ne possèdent rien en propre, et sont esclaves de la noblesse, qui jouit, dans l'oisiveté, de leurs travaux pénibles. Aussi ce beau pays est loin d'être cultivé comme il pourrait l'être, et sans les bienfaits d'une nature féconde, il serait dans une grande misère ; rien cependant n'attriste davantage l'œil du voyageur sensible, que le spectacle de cette belle race d'hommes, couverts à peine de haillons, au milieu des plaines les plus riches.

Ils l'aiment cependant ce pays où ils trouvent un esclavage d'autant plus odieux, qu'il leur vient des allemands qu'ils haïssent ; quoique leur inclination les porte à voyager, ils reviennent toujours dans leur cadre de montagnes. On les rencontre par petites caravanes, trafiquant de diverses marchandises, sur-tout de verreries ; ils vont jusqu'en Italie, en Angleterre. Leurs gains sont ordinairement assez bons. Tant qu'ils sont dans les pays étrangers, ils vivent en commun, comme des frères, et ont, les uns dans les autres, une sorte de confiance qui les fait passer pour un peuple sauvage et barbare, quoiqu'ils ne le soient point en effet.

La Bohême est peut-être le pays où il y ait eu le plus de guerre de religion, parce que jamais on ne lui permit de suivre celle qu'elle croyait. Nous ne terminerons point cet article sans dire un mot du célèbre *Hus*, qui a formé une secte appelée de son nom, *hussites*.

Jean Hus était le confesseur de la seconde femme de Winceslas, Sophie de Bavière ; il voulut réformer les abus du clergé, renouveler l'église primitive : les prêtres le déclarèrent schismatique, et le brûlèrent. Il trouva des vengeurs ; Ziska fut le plus terrible ; il voulait également réformer le clergé, mais le fer à la main ; il sut, à l'aide du fanatisme religieux, transformer des pâtres grossiers en soldats aguerris. Tout aveugle qu'il était, on le vit, pendant dix années, marcher de succès en succès, châtiant les prêtres catholiques par-tout où il les rencontrait, rasant les monastères qui se trouvaient sur son passage ; mais les faibles et les petits, les indigens, les malheureux, il les respectait, il les prenait sous sa sauve-garde. Les prêtres riches, les moines fainéans étaient ses seuls ennemis. Ce Ziska a son tombeau dans l'église de Tschaslau, ville royale dans le cercle de Czasau. On y conserve son sabre et sa cuirasse. Procope, son élève, marcha sur ses traces après sa mort, et rendit redoutable le nom de hussite, qui ne fait plus grand bruit de nos jours.

Habillement.

L'habit et la veste de l'homme sont toujours bordés de fourrures; le bonnet, qui se termine en pointe, est aussi garni de même matière. Les culottes sont assez amples, et les jambes sont bottées. Ce costume, cependant, est celui des gens à leur aise; car le reste, comme nous l'avons observé, se couvre comme il peut.

La jupe des femmes est un peu courte. Leur coëffure est une pièce de mousseline entourant la tête; des fourrures garnissent les bords de la robe sur l'estomach, et entoure le cou.

N.° 13. La Pologne.

Situation, climat, etc.

LA longitude de la Pologne est entre le 33ᵉ degré environ et le 50ᵉ; sa latitude entre le 47ᵉ et le 56ᵉ degrés. Elle est bornée à l'occident par la Poméranie, le Brandebourg et la Silésie; au midi, par la Hongrie, la Transylvanie et la Moldavie; à l'orient, par la Russie; et au nord, par une partie de la Russie, le royaume de Prusse et la mer Baltique. Elle tire son nom de la nature de son terrein, qui est uni et égal; *Pole* en esclavon signifiant un pays plat.

Habitans et leurs mœurs.

En Pologne, il n'y avait que des nobles et des esclaves. Ce singulier gouvernement offrait en même-tems la liberté et le despotisme. Les nobles étaient des espèces de républicains qui nommaient leur roi ou leur chef; mais les paysans n'étaient rien que les esclaves de ces fiers nobles, ou plutôt leurs bêtes de somme, car ils ne les estimaient guères plus. Ces nobles, prêtres et laïcs, composaient un sénat qui réglait les affaires de l'empire de concert avec le roi.

Les bourgeois ou les polonais un peu au-dessus de la classe des paysans, étaient dans une dépendance singulière; ils ne pouvaient pas posséder des terres à plus d'une lieue de la ville. Les malheureux agriculteurs appartenaient au seigneur de la terre sur laquelle ils étaient nés, comme la plante qui y avait crue. Non-seulement ils n'avaient point de propriétés, mais ils n'étaient pas même leurs propres maîtres: le noble, par coutume atroce, tenait leur vie dans ses mains, et pouvait en disposer. La Pologne a presque toujours été agitée; ses maux n'ont fait que s'accroître; mais il est presque impossible qu'elle soit dans un état plus humiliant que celui où une pareille constitution, un attentat si solemnel à la nature, la mettait. Nous osons appeler sauvages les autres parties du monde ; qu'on me dise donc quel peuple a jamais offert un spectacle plus sauvage, plus barbare, plus dégradant que ce coin de notre Europe policée? La Pologne enfin avait tenté de conquérir sa liberté ; elle a échouée, et son courage généreux a servi de prétexte aux rois du nord pour effectuer son dernier déchirement et partager ses lambaux.

L'air de la Pologne est plus froid que chaud, mais fort pur. Le terroir y est très-fertile et si abondant en bled, qu'il en fournit à plusieurs Etats. Les pâturages sont excellens, et abondent en troupeaux de bœufs et en bons chevaux. Il s'y trouve aussi de la cire, des cuirs, du chanvre, du lin, du sel et du salpêtre. Ce pays a de grandes forêts, sur-tout en Lithuanie, où il y a quantité de bêtes fauves et d'abeilles sauvages qui font, dans le creux des arbres, un miel délicieux.

Les principales rivières sont la *Vistule*, le *Bug*, la *Varte*, le *Niémen*, le *Dniéper* ou *Niéper*, autrefois le *Boristhènes*, le *Niester* et le *Bog*.

WARSOVIE est la capitale de la Pologne. Sa situation n'est pas désagréable. Cette ville est bâtie en partie dans une plaine, en partie sur la pente peu sensible d'une colline qui s'élève sur les bords de la Vistule. La ville et ses faubourgs occupent une vaste étendue de terrein. On y compte entre soixante et soixante-dix mille habitans, dont un nombre considérable est d'étrangers. En général, Warsovie a l'air triste par une suite de ce contraste de richesses et de pauvreté, de luxe et de misère qui se fait sentir dans tout ce malheureux pays. Les rues sont grandes, mais mal pavées ; les églises et les bâtimens publics vastes et magnifiques ; les hôtels ou palais des grands sont beaux et nombreux ; mais les maisons, sur-tout dans les faubourgs, ne sont pour la plupart que des cabanes chétives et mal bâties.

Si la plus profonde ignorance règne et doit régner parmi la dernière classe du peuple, il n'en est pas de même des nobles. Ils ont toute l'urbanité des habitans policés de l'Europe. Leurs manières sont grandes envers les étrangers. Si cette malheureuse classe qu'ils tiennent sous leurs pieds n'était pas là pour les accuser, ils donneraient une belle idée de leur nation. Ils sont braves, généreux, instruits, sur-tout sur les lois de leur pays, et aiment la liberté *monstrueuse* dont ils jouissaient avec l'enthousiasme des anciens romains. Il ne leur manqua qu'une meilleure cause pour être loué.

Les polonais sont vifs et gesticulent beaucoup en parlant. Leur manière de saluer est d'incliner la tête et de se frapper la poitrine d'une main en étendant l'autre vers la terre ; mais quand un homme du peuple rencontre un supérieur, il baisse la tête presque jusqu'à terre, en remuant en même-tems la main avec laquelle il touche le bas de la jambe de la personne à qui il veut marquer son respect. Les hommes de condition portent assez généralement des moustaches et se rasent la tête, à la réserve d'un cercle de cheveux qu'ils laissent sur le sommet.

Si l'on considère les traits, le regard, les coutumes et tout l'extérieur des polonais, on trouvera qu'ils ressemblent plutôt aux peuples asiatiques qu'aux européens. Leurs ancêtres ont été infailliblement un peuple tartare.

Habillement.

L'habillement d'un paysan, en été, n'est autre chose qu'une chemise et des caleçons de mauvaise toile; il n'a ni souliers, ni bas, mais un chapeau rond ou un bonnet.

Les femmes du peuple portent sur leur tête une espèce de voile de linge blanc, sous lequel leurs cheveux sont noués et pendent en deux tresses : on en voit plusieurs avec une longue pièce de toile suspendue autour du visage, et qui le couvre jusqu'aux genoux. Cette singulière espèce de voile les fait ressembler à des pénitentes.

L'habillement des personnes de qualité, hommes et femmes, est des plus élégans; celui des hommes est une veste avec des manches, sur laquelle ils portent une robe de différentes couleurs et à grand ramage qui descend au-dessous du genou; les manches de cette robe, sont en été, attachées derrière les épaules. Le sabre est une partie essentielle de l'habillement des gentilshommes. En été, leur robe est de soie; en hiver, de drap ou de velours, ornée de fourrures : le bonnet est aussi fourré; les bottines sont de cuir jaune, avec des talons garnis de fer ou d'acier.

L'habillement des dames est une simple polonaise, ou longue robe, bordée de fourrures, avec une ceinture.

Ces habillemens sont ceux du pays; ceux de France y ont presque autant de vogue.

N.º 14. La Hongrie.

Situation.

LA Hongrie est bornée, à l'occident, par la Stirie, l'Autriche et la Moravie; au nord, par la Pologne; à l'orient et au midi par la Turquie d'Europe : elle répond à une partie de l'ancienne Pannonie et de la Dacie. Elle se divise en Haute et Basse-Hongrie.

L'air y est mal-sain, mais le terroir est bon et serait plus fertile sous une meilleure administration; il produit des grains, des vins et des fruits. Les pâturages y sont excellens, et nourrissent des chevaux renommés dans l'Europe. Il s'y trouve des mines d'or, d'argent, de cuivre et de fer. Le gibier y est abondant.

Habitans et leurs mœurs.

Les hongrois, en général, sont extrêmement propres à la vie militaire; il ne leur manque rien pour être de bons soldats, que cette sorte d'éducation qu'un bon gouvernement peut leur donner. Les croatiens sur-tout paraissent nés pour le service. Leur taille ordinaire est de cinq pieds et demi; ils sont fort de charpente, musclés, légers et vifs, et ils peuvent supporter long-tems le froid et la faim. Il n'y a pas d'hommes mieux faits en Europe.

Ils habitent ordinairement six à sept familles sous le même toît. Extrêmement frugals, ils ne sont jamais embarrassés du nombre de leurs enfans; ils se marient de bonne-heure, dans la vigueur de la jeunesse; et leurs enfans sont le fruit de leur virilité intacte. Leurs humeurs ne sont jamais corrompues, et ces maladies terribles, qui empoisonnent les sources de la vie, n'ont point encore pénétré dans leurs contrées. Le gouvernement des anciens patriarches subsiste toujours chez eux; le grand-père qui a vécu au milieu de ses enfans et petits-enfans, n'a encore rien perdu de son autorit sur sa famille, ainsi leurs mœurs se conservent pures : il ne s'agiraitque d'humaniser leurs prêtres, qui sont fort ignorans et plus intolérans encore.

Le faste de la noblesse, sur-tout la noblesse allemande, contraste singulièrement avec la simplicité des paysans; il n'y a point d'intermédiaire, ce sont la misère et l'opulence, et la Hongrie est pourtant un excellent pays. Mais telle est l'influence de la forme du gouvernement, du despotisme et des nobles! Là, comme en Bohême, le cultivateur n'est point le maître du champ qu'il ensemence.

Il y a peu de villes en Hongrie. PRESBOURG en est la capitale. Elle est située sur les bords du Danube et à dix lieues seulement de Vienne. Le palais du prince sert en même-tems de citadelle; la couronne y est renfermée sous sept clefs, qui sont entre les mains de sept nobles.

Bude ou *Offen*, dans la Basse-Hongrie, était anciennement la capitale de tout le royaume. Tout son territoire est une vaste serre-chaude, tant il y a de sources d'eaux thermales, bouillantes au point d'y pouvoir cuire un œuf.

Tockay, si fameux par ses vins, se trouve dans la Haute-Hongrie.

Habillement.

Qu'on se figure un de nos hussards; tel est le costume à-peu-près d'un hongrois : et c'est effectivement celui des hongrois qui a donné l'idée de celui de nos hussards.

Les robes des dames sont ornées de festons et de dessins sur le devant et en bas. Elles portent, sur leurs épaules, une espèce de draperie garnie de fourrures.

N.° 15. La Savoie.

Situation, climats.

LA Savoie, comprise anciennement dans les Gaules, et maintenant revenue à la France sous le nom de département du *Mont-Blanc*, est située entre l'Italie et la France ; elle est bornée au nord par le département et le lac de Genève, qui la sépare de la Suisse ; au levant par les Alpes, qui la séparent du Valais et du Piémont ; au midi, par le ci-devant Dauphiné ; et, au couchant, par le Rhône, qui la sépare du Bugey, du Valromey et du pays de Gex. Son nom dérive de celui de *Sapaudia*, connu seulement depuis le quatrième siècle.

La Savoie fut anciennement habitée par les *centrons*, les *allobroges* et quelques autres peuples gaulois. Les centrons étaient au pied des Alpes Pennines ; c'est ce qu'on appelle aujourd'hui la *Tarentaise*. César y passa en venant dans les Gaules avec cinq légions romaines. Les allobroges, peuples fort redoutés des romains, s'étendirent dans tout le pays qui est entre le Rhône, au sortir du lac Léman ou de Genève et l'Isère, vers son embouchure dans le Rhône.

Quelles sont superbes ces hautes et immenses montagnes auprès desquelles l'homme qui les gravit est à peine un atôme ! Leurs flancs sont quelquefois couverts de gras pâturages, plus souvent hérissés de rochers noirâtres entremêlés de pinsau vert et sombre feuillage, de mélèses qui s'élèvent en vastes parasols, de chênes antiques qui ont la fierté de ces monts gigantesques. L'été, le printems, les fleurs, les fruits, et la paix habitent souvent le pied de ces montagnes, dont le sommet, sans cesse battu des vents, est couvert d'une neige éternelle. Ces différentes situations forment le climat du pays.

On trouve dans la Savoie plusieurs lacs ; celui d'Anneci est le plus considérable, on y navigue avec une voile, comme sur celui de Genève. Plusieurs torrens tombent des rochers dans des précipices. Quatre rivières arrosent le pied de ces monts ; le *Rhône*, l'*Isère*, l'*Arve* et l'*Arc*.

CHAMBÉRY est la capitale de la Savoie. Elle est située au confluent des deux petites rivières ou ruisseaux de Laisse et d'Albans. Elle est médiocrement grande, accompagnée de deux bons faubourgs, ornée de plusieurs fontaines, et dominée par un château fortifié à l'antique. Elle est assez mal-bâtie ; les maisons, soutenues sur des pilliers, s'avancent dans les rues où on marche à couvert.

Anneci est la seconde ville de la Savoie ; elle est située sur le bord du lac auquel elle donne son nom ; situation charmante, qui présente la nature en même-tems dans ce qu'elle a de riant et de majestueux !

Montmélian, sur l'Isère, avait autrefois une citadelle qui passait pour la plus forte de l'Europe; elle a encore les vins de son côteau qui valent mieux et qui sont renommés.

Il ne faut pas oublier *Ripaille*, fameux monastère situé sur le lac de Genève.

Ripaille ! je te vois; ô bizarre Amédée ! s'écrie Voltaire. Ce bizarre Amédée, huitième du nom, fut celui qui fit bâtir en ce lieu une commanderie pour six hermites. Il était duc de Savoie: en 1434, il quitta ses Etats, et se retira avec ses hermites; il fut ensuite élu pape, sous le nom de Félix V; il s'ennuya de la thiare, la déposa, et revint à Ripaille vivre dans l'oisiveté et faire bonne chère. Trop ami du bonheur pour le consacrer à l'ambition, il préféra un plaisir réel à une gloire stérile. Il eut raison comme homme; comme grand, il eût peut-être pu faire le bien; cela eût mieux valu que de rien faire. Il est probable que sa grande affaire était de manger dans sa délicieuse retraite; car depuis lui, lorsqu'on voulut dire: faire bonne chère, on dit: *faire ripaille.*

Dans la Maurienne est Lanesbourg, petite ville située sur la rivière d'Arche, au pied du Mont-Cénis. C'est-là qu'on s'arrête avant de franchir le fameux passage des Alpes pour aller en Italie. Il règne sur cette montagne une plaine de deux lieues, avec de belles prairies au milieu desquelles il y a un grand lac. On y voit la chapelle des *Transis*, où l'on enterre les corps des malheureux que les neiges qui tombent du haut de la montagne ont accablés. Ces neiges qui se détachent des sommets, les précipices affreux qui se présentent à côté, rendent ce passage très-dangereux.

Habitans et leurs mœurs.

Retirés au milieu de leurs montagnes, les savoyards ou savoisiens oublient, dans la simplicité de leurs mœurs, qu'il y a des hommes plus favorisés de la fortune qu'eux. Une petite chaumière et la nourriture suffisent à leurs desirs. Dans leur pauvre pays, quelques frugals qu'ils fussent, ils mourraient cependant de faim : ils se répandent donc dans les villes de l'Italie, et surtout de la France : ils font des commissions, ramonent les cheminées, et se consacrent aux plus durs travaux. Ils vivent avec une extrême sobriété pour épargner davantage sur le gain de leurs sueurs. Ce gain est ramassé soigneusement dans une petite bourse qu'ils portent volontiers sur eux; et lorsqu'il est assez accru, ils le reportent dans leurs montagnes, rentrent au milieu de leurs familles qu'ils peuvent alors soutenir, et s'y retrouvent avec des mœurs aussi simples que celles qu'ils ont emportées. Ils se sont reposés aux pieds des palais, ils ont vu le luxe, et ils n'ont desiré que de pouvoir vivre. Ils sont fidèles, actifs, laborieux et intéressés, parce qu'il leur est nécessaire de l'être. Ce petit peuple, autrefois célèbre par sa valeur, mérite toujours le respect par sa bonne foi. Les hommes et les femmes sont assez sujets à avoir des goëtres; sans doute, parce que, dans ces montagnes, ils sont souvent exposés d'un instant à l'autre du froid au chaud; mais dans ces contrées, principalement chez leurs voisins les valaisains, cette maladie devient un agrément.

Habillement.

Habillement.

Un gros habit de laine, ordinairement brun, la veste et le gilet de même étoffe; tel est l'habillement de l'habitant du Mont-Blanc. Il met des guêtres par-dessus ses bas et souvent en place. Il porte un large chapeau rond, que l'usage casse et ploie à l'endroit le plus faible, et rabat sur ses épaules.

Les femmes sont habillées comme nos paysannes, et mettent, par-dessus leur coëffure, un petit mouchoir qu'elles nouent sous le menton.

N.° 16. Venise.

Situation.

QUELQUES fugitifs échappés de Padoue et d'Aquilée, mises en cendres par les Huns et les Visigoths, se réfugièrent vers quelques petites îles (elles sont au nombre de soixante-douze), et y bâtirent quelques cabanes pour s'abriter. Telle fut l'origine de Venise, qui, aujourd'hui, s'élève avec magnificence sur les ondes de l'Adriatique. C'était une république, et la plus ancienne de l'Europe; mais ce nom, chez elle, n'annonçait point la liberté; il n'y avait pas de pays, au contraire, où l'on trouvât plus d'entraves. Les nobles seuls avaient part au gouvernement. Mais ce gouvernement, dont la politique aussi secrète que sévère le soutenait depuis si long-tems, est effacé de la liste de ceux d'Europe. Venise n'a plus qu'elle-même à présenter au monde, et sa beauté seule attire encore l'attention.

Habitans et leurs mœurs.

Le peuple de Venise connaissait plus la licence que la liberté, et c'était pendant son célèbre carnaval qu'il s'y abandonnait avec d'autant moins de retenue, que le reste de l'année il n'était plus libre. Le gouvernement, par une double politique, en avait en quelque sorte fait une affaire d'État. Cette fête bruyante et bizarre avait le double avantage de distraire le peuple et d'attirer l'étranger.

Il y a sept salles de spectacles à Venise, dont la plupart sont ouvertes toute l'année. Elles le sont toutes au carnaval. Le grand opéra est au théâtre San-Beneditto; c'est là qu'on trouve l'élite des virtuoses de l'Italie dans le chant, la danse et la pantomine.

Venise est, comme l'on sait, bâtie sur les soixante-douze îles dont nous avons parlé, et sur pilotis. De petites gondoles fort jolies et bien peintes conduisent par-tout où l'on veut, comme les voitures publiques à Londres et à Paris.

G

Les goûts dominans des vénitiens sont la galanterie, les fêtes, mais toujours avec une magnificence avare, c'est-à-dire, qui n'est que pour l'apparence.

Autant le peuple aime à se divertir et à se livrer à la débauche, autant les grands sont réservés : c'est une maxime de leur état. Le mystère avec lequel ils traitaient les affaires de la république, leur a donné une espèce de méfiance taciturne qu'ils portent par-tout.

Les mœurs ne sont rien moins que pures à Venise. Le nombre des femmes publiques y était considérable, on l'a diminué; mais les mœurs n'y ont gagné qu'un peu plus de gêne. Autrefois les vénitiens se livraient beaucoup au commerce et à la marine, et ils ont été un instant les plus riches commerçans de l'Europe : ce tems est passé ; ils n'avaient plus que leur carnaval et la cérémonie du doge épousant gravement la mer Adriatique.

Habillement.

Des lois somptuaires très-strictes réprimaient le luxe des habits, mais on prodiguait en ameublement ce que la loi défendait de mettre dans le costume.

Le vénitien est habillé à la française, mais, l'hiver, toujours couvert d'un grand manteau d'écarlate et l'été, de taffetas noir ou blanc. Il fait adroitement usage de guêtres de drap noir, dont il recouvre ses bas et qu'il ôte en entrant dans les maisons. L'habillement du bourgeois est encore plus simple. Il porte ordinairement un chapeau à trois cornes, et ses cheveux en queue. Son habit est un peu long et surmonté d'un collet brodé. Par-dessus est un manteau, pièce essentielle du costume. Les guêtres lui servent aussi.

Les femmes se mettent avec autant de goût que de décence. Rien de si élégant, de si voluptueux et de si commode que l'habillement dont fait usage la vénitienne dans son négligé du matin. Elle porte un jupon noir, ni trop long, ni trop court, garni ordinairement en gaze noire ; un corset de couleur à volonté, à manches en amadis, fait valoir une taille svelte et formée des mains des grâces ; un *mezzo* noir (pièce de taffetas plus longue que large et nouée par derrière), garni de longues dentelles plus ou moins riches, lui enveloppe artistement la tête, et ne laisse voir, de la figure, que ce qu'il en faut pour tourmenter les curieux et les amateurs; une gaze légère couvre son sein. Les bras et le cou sont garnis assez souvent de petites chaînes d'or. Les femmes du commun portent des *mezzo*, mais de toile et d'indienne de toutes couleurs.

N.° 17. Iles ci-devant Vénitiennes.

Ces îles, au nombre de cinq, situées dans la mer Ionienne, ont passées des vénitiens aux français, et leur ont été assurées par le traité de *Campo-Formio*. Elles se nomment Corfou, Sainte-Maure, Céphalonie, Zente et Cérigo; et sont divisées en trois départemens, de Corcire, d'Ithaque et de la mer Egée.

Il y avait long-tems que l'ancienne puissance de Venise n'était plus qu'un nom; ce nom seul faisait presque toute sa force. Sa politique obscure et mystérieuse avait trouvé l'art d'en imposer à toute l'Europe sur sa situation réelle, et elle se soutenait encore. Cet édifice, que le tems avait ruiné, s'écroula facilement au premier choc que lui donnèrent les français. Dans ce renversement de choses à Venise, il était à craindre que ses îles, qu'elles nommaient îles du Levant, ne passassent sous une autre domination. Pour prévenir cette invasion, qui nous aurait été très-désavantageuse, Buonaparte se hâta d'y faire passer une division avec le général Gentily à la tête. Des municipalités furent aussi-tôt établies, et on y introduisit, de la forme du gouvernement français, ce que les circonstances et les mœurs du peuple le permettaient.

Rien de plus avantageux pour nous que la possession de ces îles; elles nous assurent le commerce de toute la Turquie d'Europe méridionale, ou l'ancienne Grèce. Rien de plus avantageux pour elles-mêmes : sous le gouvernement vénitien, qui en avait senti l'importance dans le tems que son commerce florissait, elles étaient, en quelque sorte, oubliées et dépérissaient malgré la nature même qui les a placées dans une situation si heureuse.

Ile de Corfou.

Située sous une température douce et en face de l'Epire, Corfou semble jouir d'un printems perpétuel : il est extrêmement rare d'y voir de la glace et de la neige; ses hivers mêmes ne sont que comme une variation du printems. Ses campagnes, quoique presque incultes, sont belles ; la nature se montre prodigue où l'homme est paresseux; les champs sont ornés d'orangers, de citroniers, de grenadiers, d'oliviers et de figuiers qui donnent les plus belles figues du monde: ils produiraient aussi le plus beau froment, mais les habitans, déjà pauvres, aiment mieux le tirer de l'Epire, que de le devoir à leur travail.

Sa situation, à l'entrée du golfe de Venise, l'a toujours fait considérer comme une place importante et le boulevard de l'Italie; aussi est-elle la seule que l'on ait sérieusement pris soin de fortifier. Son port est grand et peut contenir des vaisseaux de toutes lignes, avantage considérable joint à la facilité de le défendre. Aussi cette île ne resta pas toujours dans l'inaction où elle est plongée depuis quelques siècles; elle a eu plusieurs maîtres, se les est donné souvent de son choix, et a été république. La variété des noms qu'on lui connaît annoncent seuls ses révolutions. Sa figure, qui est celle d'une faulx, lui fit d'abord porter le nom de *Drépanès*; ensuite elle s'appela *Macris*. Homère, qui y place Antinoüs, ce sage roi qui s'occupait de la culture de ses jardins, et qui y fit échouer le vaisseau d'Ulysse au retour de ses voyages, Homère la nomma *Schiria*; enfin elle fut appelée *Corcire*, et si nous en croyons Diodore de Sicile, elle emprunta ce nom d'une nymphe, fille d'Azapo, de laquelle Neptune eut un fils nommé Phéace; ce Phéace fut le premier roi de l'île, et l'appela *Phéacie*. On suppose que le nom moderne de *Corfou* lui vient des écrivains du moyen âge qui donnèrent le nom grec de Coriphée à un des pics les plus élevés de l'île.

Lorsque cette île se gouvernait en république, sous la protection de l'empire grec, les génois cherchèrent à s'en emparer; les habitans se sentant trop faibles pour se soutenir, et n'ayant que peu de confiance en leur protecteur, se jetèrent dans les bras des vénitiens, dont la puissance maritime pouvait seule en imposer aux génois.

Ce fut en l'an 1386, que Corfou se donna ainsi volontairement à la république de Venise. Un acte solemnel fut rédigé, en onze titres, par les habitans eux-mêmes et confirmé par les vénitiens, qui leur accordèrent le privilége d'être gouvernés par leurs propres magistrats, sous la seule condition que l'autorité supérieure et la présidence seraient confiées à un patricien de Venise, sous le titre de provéditeur. Cette forme de gouvernement fut conservée jusqu'à l'année 1420, où l'on adjoignit trois autres patriciens au provéditeur, deux desquels eurent le titre de conseillers et le troisième de bailli. Ces quatre patriciens unis, composèrent le gouvernement de Corfou, jusqu'à l'époque de la révolution de Venise et l'arrivée des français.

L'île de Corfou se partage ordinairement en quatre territoires; c'est dans celui du milieu que se trouve CORFOU, la capitale, qui peut avoir trois milles de circonférence, sans y comprendre ses ouvrages de fortification. Sa population est de douze à quinze mille ames. Cette ville est située sur le bord de la mer, en face de la côte de l'ancienne Epire; cette place est susceptible de la plus grande défense, en rétablissant le système de fortification qui y a été adopté. La ville renferme deux hôpitaux. Il y a aussi un théâtre où l'on joue la comédie en été, et où il vient s'y établir, vers l'automne, un assez bon opéra. Les corfiotes parlent généralement la langue italienne; les grecs seuls se servent entre eux de l'idiôme qui leur est propre. Les habitans de la campagne ne parle que le grec, mais ce n'est plus la langue d'Homère. On rencontre quelques hommes instruits qui parlent le français et lisent nos bons auteurs. La ville de Corfou ayant été long-tems le siége du gouvernement, les mœurs et les usages des vénitiens s'y trouvent établis dans toutes les classes d'habitans. Il n'en est pas de même dans les campagnes où les grecs vivent presque sans mélange de latins et où ils conservent les usages et le costume des orientaux. A Corfou, les hommes et les femmes s'habillent à la vénitienne, c'est-à-dire à la française.

La corruption de Venise s'était aussi introduite avec les nobles patriciens dans cette île; l'assassinat y était si commun, que l'on n'y pensait pas. Il n'était pas très-difficile d'acheter du provéditeur le droit de tuer son ennemi; aussi les haines avaient-elles toujours des suites funestes. Il ne faut pas demander où en étaient les arts : ils ressemblaient à l'agriculture. C'est une chose rare que de rencontrer un grec qui sache lire, et leurs *papas* ou prêtres sont presque aussi ignorans qu'eux. D'ailleurs, Venise avait tout fait pour empêcher les connaissances de s'y répandre; elle n'avait jamais voulu permettre l'établissement d'une imprimerie, et elle y avait ajouté la servitude du commerce, en forçant les habitans de ne pouvoir traiter de leurs denrées qu'avec elle, ce qui avait toujours retenu les corfiotes dans l'indolence.

L'île de Corfou a de longueur environ soixante-dix milles d'Italie et de largeur trente milles. Plusieurs petites îles en dépendent, ainsi que quelques postes sur le continent, entre autres un fort sur les ruines de l'ancienne ville de *Buthrotum*. On y tient un marché où les corfiotes vont se fournir de grains et de bestiaux.

Ile de Sainte-Maure.

Cette île, grande à-peu-près comme la moitié de celle de Corfou, était anciennement une presqu'île qui tenait à l'Epire, avec laquelle elle communique encore aujourd'hui par des ponts de bois. Ses productions sont les mêmes que celles de Corfou : on y trouve en abondance du sel. Devenue un repaire de pyrates, les vénitiens la soumirent en 1684, et y établirent leur domination. Elle n'est aujourd'hui peuplée que par dix à douze mille grecs. Autrefois elle se nommait *Leucade*, et les habitans l'appellent encore *Leucadi*. C'est effectivement à la pointe de cette île qu'était l'ancien promontoire de Leucate, aujourd'hui cap du Goto. C'est là que fut élevé un temple fameux consacré à Apollon. Auprès du lieu où il était, s'élève une roche inclinée sur la mer, où montaient les amans malheureux qui se précipitaient dans la mer pour guérir de l'amour qui les tourmentait. Cette roche a retenu le nom de *Saut-des-Amans.* C'est là que périt la tendre Sapho; elle aimait Phaon, elle chantait pour lui les vers les plus doux : l'ingrat ne l'écouta point; dans sa douleur, cette amante méprisée jura de mourir, et elle se jeta du rocher de Leucate dans la mer.

Le nom que porte aujourd'hui l'île, lui vient de la forteresse de Sainte-Maure, ruinée, et de la ville qui est située à l'extrémité de l'île sur une langue de terre étroite qui, s'étendant depuis le territoire de Friné, presque jusqu'à la terre ferme d'Epire, forme un golfe peu profond. Sa population est de six mille ames environ. On remarque dans la ville un superbe aqueduc de pierres, qui, d'un côté, s'appuie au continent, et de l'autre, tient au bourg d'Amaxichi, traversant la mer et séparant le golfe d'avec le grand étang; il est soutenu par cinq cent soixante-dix arches.

Ile de Céphalonie.

Un peu moins grande que Corfou, cette île peut avoir soixante mille habitans. Elle eut aussi ses révolutions qui furent nombreuses. On ne sait trop à quelle époque elle passa au pouvoir des vénitiens; mais il est certain qu'en 1499, leur général Benoît Pezaro s'en empara, et que depuis lors elle resta sous leur domination.

Ses ressources sont plus grandes encore que celles de Corfou, et ses habitans, moins paresseux, tirent quelques partis de leurs richesses naturelles; ils vendangent quatre fois l'année, et leur principal commerce est en raisins secs, à très-petits grains, qu'ils vendent, aux anglais principalement, sous le nom de raisins de Corinthe, parce que le plant de leurs vignes vient du territoire de cette ville. Leurs vins sont fort estimés, ainsi que leurs rossolis dont ils font aussi un grand commerce. Leur île produit aussi des olives, du miel excellent, du coton, des oranges, des citrons et autres fruits. Ses pâturages, composés de sauges et de romarins, sont parfaits; aussi le lait, le beurre et le fromage y sont-ils exquis. La température y est extrêmement douce; les pluies y sont très-rares en été, et les rosées qui y pourraient suppléer ne tombent que dans le mois de messidor; les arbres fruitiers y fleurissent en germinal et en brumaire. Le peu de grains que l'on y cultive se sème en hiver, et se recueille en messidor. L'hiver est, dans ce pays, la saison des orages, et dans tous les tems de l'année les tremblemens de terre s'y font ressentir. En automne, la terre y est couverte de narcisses et d'hyacinthes; on y cueille des roses et des giroflées au cœur de l'hiver; les vents du midi qui, durant l'été, produisent des chaleurs excessives, sont tempérés par la fraîcheur des vents du nord qui, à leur tour, sont adoucis par ces mêmes vents du midi, qui continuent à y régner pendant l'hiver, et y entretiennent un printems continuel; aussi les orangers, les citronniers, les grenadiers, et autres arbres fruitiers, y croissent sans culture au milieu des campagnes qu'ils parfument de leurs douces odeurs.

Argostoli est la capitale de cette île. Elle est bâtie près des ruines de l'antique Crané, l'une des quatre villes anciennes de Céphalonie. C'est à Argostoli qu'était le siége du gouvernement vénitien. Le principal port de Céphalonie s'étend entre cette ville et Luxuri; il renferme une marine marchande composée de plus de cent cinquante voiles.

Les habitans de Céphalonie sont les plus spirituels de tous les grecs, mais ils abusent trop souvent de leur esprit; des querelles interminables naissent parmi eux de la subtilité et de la finesse de leur logique pointilleuse. Ils passent pour être haineux, vindicatifs, et on peut leur accorder beaucoup de vanité.

A trois milles et en face de Céphalonie, est la petite Céphalonie ou Theachi ; on croit que c'est Ithaque. Elle peut avoir trois mille habitans.

Ile de Zente.

Cette île, située à dix milles du cap Tonnesé ou Morée, renferme une ville qui lui donne son nom, et plusieurs villages. Sa longueur est de vingt-quatre mille, sa largeur de dix-neuf. Ses productions sont les mêmes qu'à l'île de Céphalonie ; elle recueille de même beaucoup de raisins dits de Corinthe. Ses habitans n'ont d'autre industrie que de passer au tems des moissons dans la Morée, pour y faire la récolte et y être employés aux travaux de la campagne. C'est aussi le tems qu'ils s'approvisionnent de grains pour les trois quarts de l'année.

L'île est très-sujette aux tremblemens de terre, qui n'ont jamais permis d'y construire aucune fortification. Les habitans font leurs maisons en bois et très-basses. A deux cens pas de la mer et vis-à-vis l'écueil *Marothonisi*, est une fontaine dont on tire tous les ans cent barils de poix. Cette poix et les tremblemens de terre qu'on sent dans l'île une ou deux fois par semaine, font conjecturer qu'elle repose sur des feux souterrains.

La ville de *Zente* est située sur le bord de la mer, au pied d'une montagne. Son port est sûr, mais peu commode. Elle contient environ douze mille habitans, dont mille de la religion juive. Elle est riche et commerçante. Les femmes y sont d'une inclination fort amoureuse. Elles ne sortent jamais pendant le jour sans avoir un masque sur le visage, et sans être couvertes d'un long voile: souvent elles décorent ce singulier ornement d'un chapeau à trois cornes, ce qui les présente sous un aspect tout-à-fait particulier. La ville et l'île sont pleines de monastères, de moines grecs et latins. Le protopapa ou chef des papas grecs de ces îles y est choisi parmi les moines de Saint Bazyle.

Ile de Cérigo.

Pourquoi les poëtes ont-ils menti si agréablement ? Quand la vérité vient à luire, l'illusion s'évanouit, et on en est presque fâché. Par exemple, quelles charmantes idées ne nous ont-ils pas données de Cythère ! Hélas ! cette île, si délicieuse dans leurs vers, n'est qu'un lieu presque désert, un sol pierreux, nourrissant à peine quelques moutons, et n'ayant pour curiosité qu'une espèce d'ânes sauvages qui, disent les gens de l'endroit, recèlent dans leurs têtes une petite pierre qui est un spécifique sûr contre l'épilepsie. Il n'est resté pour souvenir de l'amour et de Vénus, que des tourterelles en grand nombre dans cette charmante Cythère, qui n'est plus que la stérile *Cérigo.*

La petite ville qui lui donne son nom, est située sur une montagne. On retrouve encore à Paleopolis, quelques ruines de l'ancienne ville de Cythère et de son temple fameux. Il paraît que ses habitans, depuis long-tems, sont loin d'être aussi adonnés à l'amour qu'on les représentait, car Héraclius, ancien auteur, les peint déjà comme laborieux et avares, ce qui contredit bien les belles chansons de nos poëtes. Quoi qu'il en soit, Cythère appartient maintenant à la France.

Habillement.

Comme le costume de Corfou est celui de Venise, que celui de Céphalonie est celui des grecs orientaux, nous avons pris celui de Zante qui nous a paru trop frappant par sa singularité pour le passer. Nous l'avons décrit plus haut.

N.° 18. La Croatie.

Situation.

LA Croatie est sur la côte occidentale du golfe de Venise. C'était un royaume que les peuples sclavons avaient fondé au septième siècle. Elle est bornée au nord par la Save qui la sépare de l'Esclavonie; au couchant, par la Carniole; au midi, par la mer Adriatique et le golfe de Venise; et au levant, par la Bosnie.

On la divise maintenant en Croatie autrichienne et en Croatie turque.

La première est la plus grande. *Carlstad*, vers la Carniole, en est la capitale.

Wihitz ou *Bihacz* est la capitale de la partie des turcs.

Habitans et leurs mœurs.

Grands et bien faits, mais d'une mine rebarbarative, les croates ont la réputation de grands brigands: le fait est que, lorsqu'ils sont à la guerre, ils pillent tout, amis et ennemis, rien ne les arrête, mais ce sont des soldats déterminés. Ils vivent fort simplement dans des chaumières plusieurs familles ensemble, respectant tous le plus âgé de leurs parens. Ils ont des troupeaux, et s'adonnent un peu à l'agriculture. Ils recueillent sur-tout de l'huile et du vin. Leurs mœurs, quoique plus adoucies, ressemblent assez à celles des morlaques qui sont au milieu d'eux, et dont nous allons parler.

Habillement.

Habillement.

L'habillement se ressent des inclinations, il est tout militaire; c'est absolument celui d'un hussard.

Les femmes portent une espèce de tablier rond ordinairement rayé; une pièce d'étoffe retombe, de leur tête, derrière elle avec grâce.

N.º 19. La Morlaquie.

Situation.

DIFFÉRENS restes des peuples d'Illyrie composent ce que l'on nomme la Morlaquie. C'est un petit pays qui s'étend le long du golfe de Venise, partie dans la Dalmatie vénitienne, partie dans la Croatie. C'est une contrée montagneuse.

Habitans et leurs mœurs.

Les morlaques sont grands, fiers quoique pauvres, et d'une inclination guerrière. Peu communicatifs, ils ont gardé leurs mœurs sauvages avec leur caractère franc et hospitalier. Leur première vertu est l'amitié, et ce que l'on ne voit que chez eux, c'est qu'ils sanctifient ce sentiment aux pieds des autels. Ils n'ont point de commerce. Leurs enfans font paître leurs troupeaux dans les bois; c'est tout leur revenu : l'agriculture leur est à peine connue. Dans leurs momens d'oisiveté, ils s'amusent à sculpter grossièrement, mais avec intelligence, de petites figures de bois qu'ils vendent dans les villes les plus voisines. Ils sont chrétiens du rit romain et du rit grec, mais sur-tout très-superstitieux. Leurs fêtes sont gaies, et nous les prendrions pour de grosses charges : c'est là que se commencent les amours qui doivent conduire au mariage. Quoique assez libres avec les femmes, ils sont cependant très-jaloux, et ils pardonnent rarement à une pauvre fille qui a eu une faiblesse. Elle court risque de recevoir plusieurs affronts; le moindre est que le curé lui arrache, au milieu de l'église, le bonnet rouge qu'elle porte pour parure virginale.

Ce qui distingue un mariage morlaque, est la grosse chère que l'on y fait. En entrant dans la maison de son époux, la nouvelle épouse baise le seuil de la porte, prend une poignée de grains dans un crible et la jette derrière elle. Le soir, on conduit les époux avec bruit et au milieu des chants à la chambre nuptiale; ce lieu est ordinairement la cave ou l'étable; la couche est une botte de paille fraîche. Le parrein de la femme reste à écouter derrière la porte; et au moment heureux, il lâche un coup de pistolet auquel on répond par une décharge générale. Le lendemain, le

H

premier vêtement de l'épousée est porté en triomphe. Malheur à la mère
dont la fille n'a pas été sage ; car c'est sur elle que tout le blâme retombe.
On lui présente à boire dans un vase percé.

Les femmes sont peu heureuses avec ces espèces de sauvages qui les
mettent si fort au-dessous d'eux, que, lorsqu'ils en parlent, ils ont soin
d'ajouter la formule humiliante : *sauf votre respect.* A la vérité, elles sont
sales jusqu'à dégoûter. Elles ont coutume de se graisser les cheveux avec
du vieux beurre, dont l'odeur rance, et renforcée par la chaleur de leur
tête, fait soulever le cœur.

Un morlaque ne sort jamais sans son fusil et ses pistolets. Dans son
attirail, vous le prendriez pour un soldat qui va se battre.

Le lait apprêté de toutes les façons, le fromage frais frit dans du beurre,
des galettes de différentes farines, des choux, des oignons, et autres herbes
ou racines, mais sur-tout des viandes rôties qu'ils aiment beaucoup, l'ail
et les échalottes dont ils ne peuvent se passer, autant par goût que par
principe de santé : telle est la nourriture des morlaques.

Habillement.

Les hommes se mettent d'une manière aussi simple qu'économique : ils
se servent de semelles en guise de souliers, avec un dessus de bandelette
qui se joint à l'extrémité de la culotte, par laquelle le reste est couvert.
Sur leur chemise qui paraît à peine, ils portent un pourpoint; et en hiver,
ils mettent par-dessus un manteau de gros drap rouge. Leur tête se couvre
avec un grand bonnet ou calotte rouge. Ils se ceignent les reins avec une
écharpe de laine, de soie, ou de cuir crû. Entre cette écharpe et la culotte,
ils placent un ou deux pistolets ; sur le côté, un sabre attaché à une écharpe
de cuir crû mise en bandoulière ; de l'écharpe pend aussi une bourse,
destinée à contenir le briquet et le peu d'argent qu'ils peuvent avoir.

L'habillement des femmes varie suivant les districts, et paraît toujours
singulier aux yeux d'un étranger. Les unes vont la tête nue ; les autres
portent un bonnet d'écarlate, d'où descend, pour l'ordinaire, un voile garni
de franges rouges. Elles portent des colliers en forme de perles ; pour la
plûpart, leurs chemises sont bordées de rouge sur la poitrine, et toujours
elles le sont en bas. Elles ont une ceinture qui soutient leur sein. Leur
robe descend jusqu'au gras des jambes. Leurs bas sont toujours rouges, et
leurs souliers de cuir crû. Leur tablier est une pièce d'étoffe de laine
rayée de plusieurs couleurs, et garnie de frange rouge. Cette couleur est,
comme l'on voit, leur couleur favorite. C'est parmi elles l'emblême de la
virginité.

N.º 20. *Ile de Corse.*

Situation.

CETTE île, placée dans la Méditerranée, au nord de la Sardaigne, est pleine de montagnes, mais au milieu; ses rivages sont des plaines, ce qui peut-être en a éloigné de tout tems les habitans que la crainte des pirates retenait ou renvoyait dans leurs montagnes. L'île de Corse a appartenu aux génois, qui l'ont recédée à la France. Bastia est sa capitale.

Sur une étendue de cinq cens lieues carrées, les futaies en occupent cent soixante. Entre les arbres résineux qu'on trouve dans ses forêts, le pin et le larix sont remarquables par leur belle venue et l'excellence de leur bois, particulièrement le dernier, qui semble être une superbe variété du mélèze des Alpes, ou du cèdre du Liban.

Beaucoup d'espèces animales sont plus petites en Corse que sur notre continent. L'homme lui-même est plus petit dans cette île que sur l'un ou sur l'autre continens au milieu desquels elle se trouve; et le corse originaire, de la plus grande stature, ne passe guère cinq pieds de haut.

Le terroir de la Corse est excellent, mais la paresse des habitans le laisse en friche; il leur suffit de recueillir de quoi vivre, le reste ne les inquiète point. Leur manière même de défricher est presque aussi funeste que leur paresse: ils brûlent un canton de bois ou de bruyères, y sèment, recueillent, et l'abandonnent. Au surplus, ce ne sont pas eux qui font ces travaux, mais des habitans des côtes de l'Italie, qu'ils désignent sous le nom général de lucquois.

Habitans et leurs mœurs.

Nous ne parlerons point du petit nombre de corses que les voyages ou l'éducation ont élevés au-dessus du reste de leurs compatriotes; c'est le corse parmi ses montagnes que nous peindrons.

Le corse est vif, intrépide, spirituel et adroit, mais excessivement paresseux de corps et d'esprit. Agir et réfléchir, sont deux peines qu'il ne prend jamais qu'à l'extrémité. La culture, la bergerie, la chasse et la pêche, sont ses seules occupations; et il ne le fait qu'autant qu'il faut pour s'empêcher de mourir de faim et de froid. Sa paresse lui fait donc borner ses besoins au plus étroit nécessaire, suivant la condition où il est né. Le cultivateur, par exemple, ne travaille qu'environ trois mois sur un an, et en passe neuf dans une honteuse inaction, à laquelle il attache des idées de gloire. Si sa situation lui permet de payer des lucquois, il n'a garde de se donner même tant de peine. La nécessité seule peut lui donner un peu de courage; mais comment s'y prend-t-il? Quand il moissonne son bled, il ne se donne pas la peine de couper la paille, mais seulement les épics ; c'est autant de fatigue de moins. Quelque peu étendu que soit son champ, il en laisse au moins les trois quarts en jachère. Veut-il ensemencer le quart dont le tour est venu ? il commence par y mettre le feu pour engourdir la végétation de quantité de genèvriers, de lauriers, de lentisques, de romarins, et autres arbustes, que, ni lui ni ses pères, n'ont jamais pu se résoudre à déraciner entièrement. Il laisse ensuite réfroidir son sol ; puis jette la semence, donne un labour avec une charrue sans coutre, sans soc et sans oreille, et revient chez lui attendre l'heure de recueillir. Si quelquefois on lui demande pourquoi il ne fait pas un plus grand ensemencement, il répond qu'il en a assez pour son année. Si on demande également à ceux que quelques moyens mettent à même de ne rien faire, pourquoi ils vivent ainsi, sans essayer d'améliorer leur condition ; ils répondent avec une gravité sauvage : *Ce n'est pas la coutume.* Ce n'est point la coutume, chez eux, non plus, de soigner les malades. Un corse l'est-il, sa femme et ses enfans mettent des provisions auprès de lui pour trois ou quatre jours, et vont se gîter ailleurs. Le cinquième, ils viennent voir s'il est mort ou guéri. C'est aussi la coutume de battre et d'égratigner la figure d'une pauvre femme dont le mari se meurt.

Les corses sont divisés en peuplades, et chaque famille a son chef. Le peuple, en général, selon eux, se divise en *gentilshommes,* en *caporaux,* en *citoyens,* en *plébéiens* et en *étrangers.* Ces derniers sont méprisés dans l'île. La caste caporale est composée des familles qui, par la considération qu'elles retirent de leurs alliances, de leur clientelle, de leurs propriétés, possèdent effectivement la magistrature des *pièves* ou cantons où elles sont établies, et font prendre ou quitter les armes à volonté aux habitans de ces cantons.

Dans leurs demeures, ces demeures patriarchales, si paisibles en apparence, et qui semblaient, de loin, à G. Raynal et à J. J. Roussau, être l'asyle de la sagesse et de la félicité ; le corse passe ses neuf mois d'oisiveté à patiner ses armes, à jouer aux cartes ou aux osselets, à râcler un violon à deux cordes. Son ambition est d'avoir une nombreuse postérité. Son manoir ne présente rien de superflu pour lui, rien de commode pour nous. Rarement des fenêtres, jamais de cheminées. Le feu est au milieu. Au-dessus du feu est une claie, servant à sécher les châtaignes et à boucaner la viande. Autour du feu, l'hiver, sont les pieds de toute la famille, qui, la nuit, dort habillée et armée en tems de guerre, nue et sans chemise en tems de paix. Quelques peaux de mouton garnies de leur laine ; quelques pannetières de peaux de chèvre, débourrée, mais non mégie ; quelques outres de bouc, dont un est destiné à pétrir le pain ou la galette, et à broyer les olives quand on fait de l'huile ; quelques nippes de femmes vendues par les génois ; une serpe, une escopette, une giberne à ceinturon, un ou deux pistolets, un baril défoncé, une ou deux gourdes plates, un ou deux vases de terre, une marmite de cuivre, un long couteau à gaîne terminé en carlet ; enfin, une petite boîte d'ongnent-gris ou de staphisaigre : tel est, en général, le ménage d'un corse.

Les bergers, ou plutôt les pâtres corses, sont un peuple de nomades, dispersés sur la surface de l'île, sans autre but que d'exister, sans autres règles que leurs convenances. Propriétaires ou dépositaires de leurs troupeaux, ils errent l'été sur les montagnes, l'hiver dans les plaines et les vallons, tantôt seuls, tantôt plusieurs, mais toujours accompagnés de leurs familles. Ils construisent des cabanes, les abandonnent pour en construire d'autres, sèment quelquefois un peu de bled ou d'orge à l'endroit où ils se trouvent, mangent des châtaignes et du gibier, boivent du lait, et font des fromages qu'ils envoient vendre à la ville.

Jamais un corse ne sort sans armes; c'est sa parure et sa sûreté. Il aime les bonnes armes et sait les choisir. Sa ceinture est garnie de pistolets et d'un poignard, et ces armes ne lui sont point inutiles : souvent les peuplades ou les familles sont en guerre. Une humeur vindicative, ou plutôt une coutume barbare, asservit, jusqu'au dernier des parens, toute une famille à venger la mort d'un des leurs, sur l'un des membres de celle du meurtrier : tant que cette terrible représaille n'a pas eu lieu, la famille lésée se regarde comme dans la honte. C'est en vain qu'on a voulu ôter ce barbare point d'honneur de chez les corses, et qui en fera toujours un peuple malheureux et méfiant, tous les efforts ont été inutiles jusqu'à présent. C'est le fruit d'une longue anarchie; un peuple livré à lui-même, et sans loix, ne connaît plus que celle du tallion, qui lui paraît la plus naturelle. Quatre corses, dit l'auteur qui nous fournit ces observations curieuses (le citoyen Feydel), quatre corses jouaient ensemble dans un cabaret. Il s'élève, non une rixe, mais une dispute. Un des quatre tire un coup de pistolet dans la poitrine de son vis-à-vis : celui-ci tombe mort, et la partie se continue tranquillement. Je questionnai sur-le-champ un insulaire, avec qui je conversais, sur la cause de cette tranquillité, bien différente du tumulte que j'avais observé auparavant dans une aventure semblable; il me répondit que le mort *n'était qu'un bâtard.* Ainsi le meurtrier n'avait point de représailles à craindre.

Un prêtre, continue le même auteur, chargé, depuis quatorze ans, d'une vengeance de famille, rencontra l'ennemi à la porte d'Ajaccio, tout près du corps-de-garde, et le tua d'un coup de pistolet. Un parent du mort, que le hasard amenait, tua le prêtre d'un coup de fusil, et passa son chemin. Pour qu'une famille offensée consente à faire la paix, il faut qu'elle ait tué autant de monde qu'on lui en a tué; alors il peut y avoir paix sincère de part et d'autre.

Tel est ce peuple petit et barbare, qui se trouve au milieu de ce qu'il y a de plus civilisé en Europe.

Il y a, dans un coin de l'île, une peuplade de maïnotes, que la tyrannie musulmane a chassés de leur pays : ils sont aussi industrieux et actifs, que les corses sont grossiers et paresseux. Ils se disent descendans des spartiates

Habillement.

L'habillement consiste en un casaquin noirâtre, une brayette et des beillards de même; le tout en poil de chèvre ou en laine de mouton, d'une étoffe filée et tissue par la famille, mais sans avoir été cardée, car *ce n'est pas la coutume*. Un petit bonnet noir et pointu, en velours de Gênes, avec des agrémens, un manteau à capuchon, très-épais, tissu de même, ou plutôt cordé dans la famille, et souvent sans couture. Une chaussure de peau écrue, de cochon ou de sanglier, faite par le corse lui-même, ou bien une paire de souliers de pacotille génoise, qu'il ressemelle au besoin. Plusieurs de ceux qui habitent proche des villes, substituent une veste, une culotte et des guêtres, de même étoffe, au casaquin, à la brayette et aux beillards : les génois sont parvenus, depuis peu, à leur faire enjoliver cet accoutrement avec du velours bleu et des passemens jaunes. Aux environs de Bastia, la plupart ont un chapeau, mais sans déroger au bonnet de velours noir, qu'ils réservent pour le dimanche, et auquel le plébéien porte beaucoup de vénération, parce que les deux premières castes s'en décoraient anciennement par un privilége exclusif. Les femmes qui, dans ce pays, sont les esclaves des hommes, sont un peu mieux mises, mais aussi pauvrement. A Bastia, le costume suit le torrent des grandes villes, et tient de l'italien.

N.º 2 1. La Grèce.

JE m'arrête avec complaisance sur cette partie du monde. Mon imagination s'élance aussitôt aux beaux jours d'Athènes, au tems des vertus de Sparte ; il me semble que c'est là que je vais enfin admirer des hommes, après avoir rencontré tant de barbares dans les bois, et de sauvages dans les villes mêmes. O sage et belle Grèce ! tu n'es plus ; mais l'homme sensible, le philosophe, l'ami des arts te rendent encore hommage au milieu des ruines qui attestent ta grandeur passée ; ta gloire existe encore, et les bienfaits que te doit une partie de l'Univers ne sont point oubliés.

Lorsque le voyageur philosophe aborde cette terre sacrée que le turc ignorant et barbare tient maintenant sous sa verge de fer, il sent son ame s'élever, il croit respirer l'esprit des anciens grecs ; il regarde ces champs placés sous le ciel le plus pur, parés d'une verdure poétique, et semés çà et là de souvenirs augustes. C'est donc là, s'écrie-t-il, que sont nés les plus grands hommes et les plus sages de l'antiquité ; c'est là que furent les berceaux de la raison et des grâces. Si l'homme ici paya le tribut à la faiblesse humaine en créant des superstitions, elles furent au moins riantes comme la nature, et belles comme le ciel même : ce furent les plus belles chimères de l'Univers ; la Grèce peignit la divinité sous une forme qui fut encore auguste, et laissa à l'Egypte ces images hideuses qui annoncent peut-être plutôt la bassesse de ses idées, que le mystère de ses sciences. Ce fut dans ces lieux que se perfectionna une langue harmonieuse dans laquelle furent comp ::és des chefs-d'œuvre qu'aucun autre n'a fait encore oublier ; c'est là qu'un ciseau savant et hardi tailla le marbre à la figure de l'homme, et accomplit un art qui n'a plus retrouvé de pareils maîtres. Là, les vertus furent sublimes : Sparte en donna des leçons au monde entier ; les vices aussi y furent extraordinaires : Athènes eut une Aspasie que Socrate allait visiter. O Grèce, pays des sages, des héros et des arts ! je te salue avec le transport qu'inspire ce qu'il y a de plus beau dans l'humanité. J'admire ce que tu as été, et je gémis sur ce que tu es !

La Grèce, aujourd'hui la Turquie méridionale d'Europe, est une grande presqu'île qui, avec les îles voisines de l'Archipel, formait la Grèce proprement dite. Elle est bornée au nord par la Dalmatie, la Servie et la Bulgarie ; au levant, par la Romanie, et ensuite par la Méditerranée. Ce pays, autrefois si florissant, n'est presque plus qu'un désert où les habitans, pauvres et ignorans, vivent sans imaginer la gloire de leurs ancêtres ; et rampent sur cette terre où ils s'élevaient si orgueilleusement. Les débris des arts qu'ils foulent à leurs pieds, ne leur donnent aucune idée de la grandeur de l'homme ; ils laissent à des étrangers le soin d'estimer les richesses de leurs pères, et de les offrir à des regards plus dignes que les leurs. Plus barbares que les vandales, ils semblent aider au tems à détruire les travaux de leurs aïeux ; ils vont achever de renverser les temples superbes que la Grèce idolâtre éleva à ses dieux, pour s'en bâtir grossièrement et sans frais des demeures.

On divise la Grèce en cinq parties principales ; la *Macédoine*, l'*Albanie*, la *Livadie*, la *Morée* et les *Iles*.

La Macédoine.

Cette partie de la Grèce se divise en quatre autres ; la *Macédoine propre*, le *Iamboli*, le *Comenolitari*, et la *Janna* ou la *Thessalie*.

Salonichi, ou *Salonique*, l'ancienne Thessalonique, est un port de la Macédoine, situé au fond du golfe qui porte son nom. L'apôtre Paul écrivit deux lettres à ses habitans. Près du golfe de Salonique, est un petit village oublié *Jœnissar*, où naquirent Philippe et Alexandre. En cet endroit était *Pella*, la capitale de la Macédoine. Un amas de ruines rappelle encore la ville de *Philippe* dans l'Iamboli. Ce fut dans ses champs que Cassius et Brutus, ces derniers républicains romains, furent défaits. Le *Mont-Athos* est dans une presqu'île de l'Iamboli : aujourd'hui c'est le *Monte-Santo*. Une foule de monastères, semblables à des forteresses, sont sur sa croupe. Sa tête s'élève orgueilleusement à dix à douze milles au-dessus de la mer, et porte son ombre au coucher du soleil jusqu'à l'île de Stalimène, éloignée de quatre-vingt milles.

Mais que de noms chers à la poésie la Thessalie répète encore ! Je me trompe, le farouche turc a changé ces noms harmonieux en mots durs que sa bouche prononce sans plaisir. C'est toujours là que sont l'Olympe, Ossa,

Pélion et le Pinde. Hélas! les muses n'y sont plus; le Pénée roule encore son onde à travers le vallon délicieux de Tempé. Que ces lieux sont tristes maintenant! O barbares! qu'avez-vous fait des nymphes de Tempé? et l'Arcadie!.... Ah! si vous conservez avec plaisir ces souvenirs agréables, ces charmantes imaginations, ne voyagez jamais dans la *Janna*. Lisez plutôt Virgile, Homère, Ovide, que les turcs n'ont jamais connu, et auxquels les moines grecs ne pensent guère. Le Pénée n'est plus que le *Solempria*; il baigne encore les murs de *Larissa*, où Achille est né; ceux de *Jannina* ou l'ancienne *Cassiope*, où réside le sangiac ou gouverneur des turcs. Avant de quitter la Thessalie, il faut visiter *Farsa*, la célèbre *Pharsale*, où César et Pompée accomplirent, dans une bataille, le destin de Rome; là, Rome perdit ses droits et la gloire que lui avaient valu ses vertus: elle devint esclave. Non, je n'oublierai point cette terre où vous reposez, fameux héros que conduisait Léonidas au-devant d'une armée que vous saviez bien devoir vous écraser! Quelle ame peut rester froide à l'aspect des Thermopyles? Ce passage, dans la Phocide, est sur les frontières de la Livadie et le golfe de Zeiton.

Nous ne dirons rien ici de l'Albanie, que nous réservons pour un autre lieu.

***

La Livadie.

Ce pays qui comprend l'*Achaie*, qui était ce qu'on appelait la *pure Grèce* ou l'*Hellade*, renfermait plusieurs régions. Les principales étaient: l'*Attique*, la *Béotie*, la *Phocie*, le pays des *Locriens*, la *Doride* et l'*Etolie*; tous pays qui contenaient des villes également célèbres, aujourd'hui la plûpart ruinées, ou dont il reste à peine pour rappeler la gloire qu'elles ont eue. Funeste effet du despotisme, qui ne fait sentir que plus vivement les avantages précieux de la liberté des peuples.

La première ville qui attire nos regards dans l'Attique, c'est ATHÈNES, qui conserve encore à-peu-près son nom: les habitans l'appellent *Athini*. Elle est sur le penchant d'une colline entre les deux petites rivières d'Eridan et d'Ilisse, dans une plaine fertile, bornée au midi par la mer, et au nord par d'agréables montagnes. Athènes tient encore quelque prééminence au milieu de ce pays; elle contient quinze à seize mille habitans, tous grecs: douze à quinze cens turcs y composent la garnison. C'est là que l'on parle encore le grec le plus pur, et tous les habitans peuvent entendre les anciens écrits. La prononciation accentuée de cette langue, dans leur bouche, a un ton musical qui approche du chant. Les grecs y ont trois mosquées, une dans le château, et deux dans la ville; celle du château est le beau temple de Minerve, où Phidias plaça la célèbre statue de la déesse. On voit aussi plusieurs restes d'antiquité; le temple de Cérès qui se soutient encore entier; les ruines de l'Aréopage, du Lycée, du Prytanée, etc. Au couchant et au voisinage d'Athènes, était le port de *Pyrée* sur le golfe d'Eugia; on l'appelle à présent le port Léon, à cause de deux lions de pierre qui y étaient, et

que

que les vénitiens ont emportés pour orner la place de S. Marc, à Venise. Entre le port et la ville, se trouve une superbe forêt d'oliviers d'une hauteur et d'une grandeur singulières.

Les habitans de la nouvelle Athènes ont encore cette beauté qui distinguaient ceux de l'ancienne : c'est un bienfait de la douceur du climat et de la salubrité de l'air. Leur nourriture peut aussi y contribuer ; elle est ils simple, et souvent leur mets le plus recherché est du miel qui, dans ces contrées, est délicieux, plein d'une douce odeur et vraiment *un don du ciel.* Ils vivent long-tems. Leur religion est le christianisme du grec rit, et le suivent avec une piété qui plaît toujours à l'homme sensible. Le sexe aimable, sur-tout, ce sexe qu'on peut aussi appeler le sexe vertueux, se livre à ses devoirs de religion avec une simplicité toujours louable. Au surplus, il y a des couvens qui doivent être aussi étonnés de se trouver à Athènes, que le Vatican au capitole.

Tous les lieux de l'Attique sont célèbres ; ce sont le temple de Cérès Eleusine à *Lessina* ; *Mégare*, au couchant d'Eleusis, entre Athènes et Corinthe ; le mont *Cytheron*, qui sépare l'Attique de la Béotie ; *Marathon*, qui n'est plus qu'un chétif hameau ; tous ces lieux sont encore charmans, la nature ne s'est point lassée de les couvrir d'oliviers et d'orangers ; l'homme seul s'est laissé dégrader.

La Béotie, au nord de l'Attique, présente encore quelques restes de l'antique THÈBES, sous le nom moderne de *Thiva*. Trois à quatre mille habitans y sont renfermés, mais non plus par cent portes. C'est dans la Béotie qu'étaient le fameux *Hélicon* et la fontaine d'Hypocrène ; à ses pieds, *Thespia*, consacrée aux Muses ; et à la côte occidentale du lac *Copais*, *Orchomène*, renommée par son temple des Grâces et sa fontaine *Acidalie*, consacrée à Vénus. C'est encore dans la Béotie qu'était le port d'*Elide*, où se rassemblèrent les capitaines grecs partant pour le siége de Troye, et où se fit le sacrifice d'Iphigénie. Sa plus grande ville est maintenant *Livadia*, autrefois *Lebadia*.

Au nord de la Béotie était la *Phocide*, aussi déserte. C'est dans cette contrée que naquit Plutarque, le plus sage des anciens historiens ; c'est aussi là qu'étaient le Parnasse et le temple d'Apollon de Delphes.

La *Locride*, la *Doride*, l'*Etolie*, où coule l'*Achelous*, offrent également de grands ressouvenirs ; aujourd'hui on n'y rencontre, çà et là, que quelques pauvres caloyers ou moines grecs, vivant d'aumônes, ou des fruits de la terre qu'ils cultivent, ou du lait des troupeaux qu'ils gardent dans ces déserts.

La Morée.

C'était anciennement le *Péloponèse*. Le golfe de Lépante et l'isthme de Corinthe la bornent au nord ; la mer Ioniene l'environne de tous les autres côtés. L'*Alphée* et l'*Eurotas* sont les principales rivières qui l'arrosent. C'est dans cette contrée que se trouvait l'ancienne Corinthe, où est actuellement un village. *Argos, Sicyone, Micène*, ne sont plus que de misérables villages

I

également. L'Arcadie n'a plus ses heureux pasteurs, ni même ses villes, qui étaient plus réelles. A côté est la *Laconie*; il ne reste plus de Sparte, sa capitale, que des ruines, et son antique gloire, qui fait encore la honte des Etats du monde, en leur servant de leçons, qu'ils n'entendent point. Le sang des spartiates n'a pu s'éteindre entièrement cependant, il coule encore dans les veines des maïnotes, leurs descendans. Au milieu du pays le moins riche de la Grèce, ils ont su se conserver libres et guerriers. Leur frugalité égale celle de leurs ancêtres; leur bravoure en approche; ils font la guerre aux turcs, et soutiennent leur petite république à côté des forces musulmanes. Cette république a trois villes et trois cent soixante-cinq villages. Maïna, leur capitale, est un port situé sur la côte orientale du cap Matapan. Le pillage leur plaît beaucoup, et ils ne respectent l'humanité guère plus que les spartiates : ils trafiquent d'esclaves. Ils sont chrétiens-grecs, et ont une foule de caloyers parmi eux.

En général, tous les nouveaux grecs sont fourbes, et croient racheter leurs fautes par leurs superstitions: on dit, en commun proverbe, dans ces lieux, quand on veut parler de gens qui n'ont guère de probité : *Turcs de Négrepont, grecs d'Athènes et juifs de Salonichi.*

Habillement.

L'habillement des grecs consiste en un petit gilet rayé, une ceinture et une très-large culotte ou une espèce de jupe. La tête est couverte d'une petite calotte; en voyage, on met par-dessus un bonnet élevé et en cône.

Rien de plus voluptueux que le costume des femmes grecques; sa forme est orientale et donne une grâce majestueuse à la beauté.

N.º 22. L'Albanie.

Situation.

L'ALBANIE tire son nom des *Albanis*, peuples illyriens, qui avaient pour capitale ALBANOPOLIS, sur le Drin, et qui furent compris dans la Macédoine; mais la province de la Grèce méridionale, qu'on nomme *Albanie*, est beaucoup plus étendue, et comprend une partie de la Dalmatie et de la Dardanie et presque tout l'Epire. Elle est bornée au nord par une chaîne de montagnes qui la sépare de la Servie, et qui, se recourbant vers le couchant, la sépare de la Dalmatie jusqu'à Antivari, et à la côte du golfe de

Venise, au couchant. Elle est sous la domination des turcs, comme tout le reste de la Grèce. Le pays est plein de montagnes, mais fort peuplé. Diverses rivières l'arrosent; les principales sont le Drin-noir et le Drin-blanc, qui, après leurs jonctions, se jettent dans le golfe de Venise. Il y a aussi divers lacs et d'assez bons ports le long de la côte. Il est plus fertile et plus cultivé vers le nord que vers le midi; on y recueille de fort bon vin.

Villes, habitans, mœurs, etc.

On divise l'Albanie, que les turcs ont partagée en sangiacats ou gouvernemens particuliers, en haute et en basse. Les principales villes de la Haute-Albanie, en commençant par le nord, sont : *Antivari* ou *Antiparos*, située le long de la côte du golfe de Venise, auprès d'un lac sur une montagne ; *Scutari*, qui est la capitale de toute cette contrée et la résidence du bacha : elle a été autrefois le siége des rois d'Illyrie; *Dulcigno*, (*Ulcinium*) sur le golfe de Venise ; *Alessio*, *Durazzo*, fondée par une colonie de corcyréens: son premier nom est *Epidamnus*, et ensuite *Dyrrachium*, où fut exilé Cicéron ; *la Valona*, ville considérable sur le golfe de Venise : elle est habitée par beaucoup de juifs.

La Basse-Albanie ou l'Epire : elle est bornée, au nord, par les montagnes de la *Chimera*, qui la séparent de la Haute-Albanie, et que les anciens ont nommées *Acrocérauniens*.

Le pays est communément stérile; la pêche fait la principale richesse des habitans, et leur boutargue, dont ils font un grand commerce en Italie, est fort estimé. Ces peuples sont fort pauvres; mais ils aiment le travail. Pour pouvoir gagner de quoi vivre, ils sont obligés de se répandre par troupes, presque nuds-pieds, dans les provinces voisines et jusques dans la Natolie, où ils vont, l'été, faire la récolte pour les turcs. Leur langage ordinaire est l'albanais; mais ils entendent le grec vulgaire et professent la religion grecque, à laquelle ils sont affectionnés. Ceux des montagnes se nomment *chimeriots* ou *chimariots* : endurcis au travail et à la fatigue, extrêmement agiles et habiles à grimper sur les montagnes, ils sont rudes et grossiers, et se plaisent volontiers au brigandage. Ils sont libres et le doivent à leur courage. Ils n'ont que cinq à six villages dans des lieux âpres, et où il n'est guère facile d'aller sans avoir leur habitude à escalader les rochers. Ils ne veulent rien payer au Grand-Seigneur et ne lui paient rien. On prétend qu'ils ont donné origine aux morlaques et aux uscoques, dont les mœurs ressemblent assez aux leurs.

Les principales villes de la Basse-Albanie sont : *Larta*, *Butrinto*, *la Prevezza*, l'ancienne *Nicopolis*, *Ventza*, et plusieurs bourgs et villages. *Delvino* et le château de la *Chimera*, sont deux places fortes possédées par les turcs.

Habillement.

Le costume des hommes est à-peu-près celui que nous avons donné des grecs en général. Quelquefois il varie. Un bonnet est par-dessus la calotte, et il y a un trou dans la veste, qui est plus large , pour passer le poignard, les pistolets et la longue pipe qui se démonte en plusieurs morceaux.

Les femmes couvrent leurs têtes d'ane longue et large draperie. Le reste de l'habillement est semblable à celui des autres grecques.

N.º 23. La Turquie.

Situation.

L'EMPIRE des turcs est un des plus vastes qu'il y ait au monde. Il s'est formé des débris de l'empire d'Orient et de celui des sultans d'Egypte; il s'étend en Europe, en Asie et en Afrique. Mahomet le fonda à la fin du sixième siècle. L'*hégire* ou ère des mahométans commence en l'an 622 de Jésus-Christ.

Gouvernement.

L'empire des turcs est héréditaire dans la maison ottomane et son gouvernement despotique : la volonté du grand-seigneur est seule la loi. Quand il meurt, son fils lui succède ; s'il n'a point de fils, c'est son frère. Ce successeur, va par eau, à la mosquée d'Youp, située au fond du port de Constantinople : il y a là un cloître, au milieu duquel est une tribune élevée sur des piliers, le tout de marbre. Lorsque le grand-seigneur est monté à cette tribune, le muphti, après quelques prières, lui ceint l'épée, et ensuite ce prince fait son entrée dans Constantinople en cavalcade.

Le grand-seigneur a sept ministres d'Etats, appelés *visirs*. Celui qu'on nomme grand-visir, est plus puissant que les autres qu'on appelle visirs des bancs, qui sont comme les conseillers d'Etat. Le grand-visir, qui est comme le lieutenant du grand seigneur, donne audience aux ambassadeurs, fait payer les gens de guerre, juge les procès, condamne les criminels, et a soin de toutes les plus importantes affaires de l'empire. Les autres principales charges sont celles des *cadilesquiers*, qui sont juges souverains, tant du militaire que du civil : les *cadis* sont sous eux. C'est devant ceux-ci que l'on décide les différends qui arrivent parmi le peuple dans les petites provinces et les petites villes.

C'est au *divan* d'ordinaire que l'on rend la justice. C'est une salle du serrail : on y tient audience quatre fois par semaine. Ceux qui ont séance dans ces conseils, sont les visirs, les cadilesquiers, les beglierbeys, le niscangi ou garde-des-sceaux, les deftertars ou intendans des finances, et les greffiers qui expédient les affaires sur-le-champ. Le capilgi-bachi et le tchiaoux-bachi gardent l'entrée de cette salle où l'on traite des affaires de l'Etat et de celles des particuliers, que l'on décident en dernier ressort et en peu de tems. Chacun y est écouté, de quelque condition, nation et religion qu'il soit. Pour retenir les juges tentés de commettre une injustice, il y a au haut de la salle une fenêtre avec une jalousie fermée d'un crêpe noir, d'où le grand-seigneur voit et entend, quand il veut, tout ce qui se fait ou se dit dans le divan : dans l'incertitude s'il y est ou n'y est pas, les juges ont soin de veiller sur leur conduite. Tous les crimes y sont punis très-sévèrement. Le grand-seigneur est maître absolu de la vie et de l'honneur de ses sujets : il en peut disposer à sa volonté.

Habitans et leurs mœurs.

Les turcs ne sont pas aussi barbares que nous ne nous l'imaginons vulgairement : ils connaissent la probité ; c'est une vertu qui passe avant la politesse. Si vous entrez dans la boutique d'un turc, on ne vous y surfait rien, comme à Londres ou à Paris. L'usure n'est point en usage parmi eux. Ils ne sont pas aussi délicats envers l'humanité : l'esclavage d'autrui ne leur inspire aucune pitié, et les femmes ne sont pour eux que des objets de plaisirs qu'ils ne veulent pas même estimer. Une femme n'est à leurs yeux qu'une espèce d'animal qu'ils soignent quelquefois et qu'ils tiennent toujours renfermée pour attendre le moment de leurs grossiers desirs. Le mariage même, pour eux, n'est qu'une affaire d'arrangement ; ils prennent une femme sans la voir, et quelquefois ne la prennent que pour un tems : ils la tiennent ensuite dans la plus grande contrainte, et ne la paie pas même par la tendresse d'un esclavage éternel ; ils ajoutent à ses peines le supplice de se voir des rivales, souvent préférées, parce qu'elles sont des objets de choix. Ces barbares se croient même si fort au-dessus de ce sexe, trop beau dans leurs contrées, qu'ils ne les admettent même pas dans leurs paradis ; là ils trouveront d'autres femmes, des *houris* célestes que le prophète leur réserve. Tel est le sort des femmes en Turquie, et, par un vrai malheur, c'est pour ces hommes grossiers et insensibles que sont nées et réservées les plus belles femmes de l'Univers ; c'est pour peupler leurs tristes harems que la Georgie et le Caucase voient naître des beautés vraiment divines. Ces femmes ne se trouvent jamais qu'en la société de leurs maîtres ; et il ne leur arrive guère de sortir que pour se rendre aux bains publics, c'est-là que les amies se retrouvent ; elles vont dans ce lieu parées comme nos dames allant au bal. A l'heure où elles se rendent à ces bains, tous les hommes doivent en être dehors, sous peine de mort.

Les turcs sont volontiers magnifiques, mais ils ne se livrent guère au luxe. Ils sont aussi assez sobres.

Les sciences auxquelles ils se livrent, sont l'étude de l'Alcoran, celle des langues persanne et arabe ; mais ils lisent peu, et ne sont d'ailleurs guère disposés à acquérir des connaissances. Il y a à Constantinople une bibliothèque à-peu-près déserte, et une imprimerie dont on ne se sert point.

La religion des turcs consiste en trois choses ; cérémonies, doctrines et lois qui sont contenues dans trois livres différens. Le premier est l'*alcoran* ;

le second, l'*asorath*, ou la tradition des prophètes ; et le troisième , les commentaires faits sur ces deux premiers. Mahomet écrivit l'alcoran , et fit quelques loix pour le gouvernement civil ; le reste a été composé par *Abubeker*, *Omar*, *Osman* et *Aly*, qui lui succédèrent. Pour être un bon *musulman*, il faut suivre les cinq articles suivans : Le premier, de tenir les parties extérieures du corps nettes, et d'être propre dans ses habits ; le second, de faire des prières cinq fois le jour ; le troisième, d'observer le *famazan* ou *ramadan*, qui est le jeûne d'un mois ; le quatrième, de donner l'aumône ; et le cinquième, d'aller en pélerinage à la Mecque : mais ce qu'il faut croire avant tout, c'est qu'il n'y a qu'un seul Dieu, et que Mahomet est son prophète.

Le *ramadan* dure pendant une lune entière sans boire ni manger de tout le jour ; mais comme il est toujours ordinaire d'arranger sa conscience avec ses desirs, ces bons musulmans mangent la nuit, et mangent assez amplement pour le jour ; ce ne sont que des festins pendant les ténèbres, et on entend de tout côté le bruit des chanteurs, des tambours, des trompettes, des flûtes, etc. Les autres cérémonies, comme la circoncision, l'abstinence du vin, de la chair de pourceau et du sang, ne sont pas du nombre, disent-ils, des cinq principaux points, et ne sont commandées que pour éprouver l'obéissance des *croyans*.

Ils ont parmi eux une coutume très-louable ; le jour de leur pâque, et tous les vendredis, ils se demandent pardon mutuellement des injures qu'ils auraient pu se faire ; et s'il était prouvé que quelqu'un se fût vengé après s'être réconcilié, il serait puni plus rigoureusement que pour une autre offense.

CONSTANTINOPLE, nommée *Stamboul* par les turcs, est la capitale et le siége de l'empire ottoman. Rien de plus beau que l'extérieur de cette ville ; il faut être dans son sein pour connaître ses désagrémens, ses rues étroites et mal pavées. On n'y rencontre que des hommes ; les femmes, qui par-tout ailleurs font l'ornement des promenades, sont ici tristement renfermées. Les mosquées y sont multipliées ; Sainte Sophie est la plus belle. Il y a plusieurs superbes bâtimens, entre autres le serrail du grandseigneur ; et sans doute Constantinople serait un séjour délicieux, si les femmes y étaient libres pour l'agrément de la société, et si la peste et les incendies y étaient moins fréquens. Il ne reste, pour attirer du monde à cette ville, que l'intérêt ; aussi n'est-ce pas de ce côté-là que l'on va pour le plaisir : c'est l'affaire des marchands et des juifs.

Habillement.

Le costume, en Turquie, n'est point sujet aux caprices des modes : si on s'y permet quelques petites variations, elles sont si peu considérables qu'à peine s'en apperçoit-on. Il y a peu de différence entre l'habit des hommes et celui des femmes. La tête seule distingue les sexes. Le turban est l'apanage des hommes : la couleur de ce turban marque la secte dont on est. Le vert sur-tout est la couleur réservée pour les premiers de l'Etat, les descendans de Mahomet, les seuls nobles de l'empire turc.

Le justaucorps des femmes est le même que celui des hommes, ainsi que la veste de dessous, fendue de haut en bas comme une soutane; ainsi qu'une chemise par-dessus le caleçon, qui descend jusques sur les talons. Les deux sexes portent aussi la même chaussure. Les femmes vont nuds-pieds dans les maisons, ce qui leur est fort facile, vu que chez les pauvres comme chez les riches, on ne marche que sur des tapis ou des nattes. Quand elles sortent, elles chaussent des socques de bois. Alors elles ont des bas, ordinairement de velours ou de drap rouge. Les pantoufles des hommes sont de maroquin jaune.

Les jeunes gens portent la moustache et ne laissent croître leur barbe que lorsqu'ils prennent un état.

N.º 24. Naples.

Situation.

CE royaume, qui est le plus grand état de l'Italie, est entouré par la mer de tous les côtés, hors par celui qui tient à l'Etat ci-devant ecclésiastique. Au sud-ouest, il a la mer de Toscane ou Tyrrhène; et, au nord-est, la mer Adriatique ou le golfe de Venise. L'Appenin la suit dans toute sa longueur, et forme, entre les deux mers, une chaîne superbe de montagnes.

Le royaume de Naples, en général, est très-fertile, mais c'est sur-tout aux environs de Naples même que la nature s'est plu à déployer toutes ses richesses; aussi nomme-t-on ses campagnes *Terres-de-Labour*; et, pour en donner encore une plus belle idée, les anciens avaient nommée cette contrée *Campania-Felix*. C'est bien dommage que le *Vésuve* soit une tache au milieu de ce superbe tableau. Le souffre, le salpêtre, tout ce qu'il y a de plus terrible bouillonne dans ses entrailles enflammées depuis un tems immémorial, et semblent menacer éternellement d'engloutir Naples comme il a déjà englouti l'ancienne Héraclée.

Villes, habitans et leurs mœurs.

NAPLES, capitale de ce royaume, est située au fond d'un golfe sur la mer de Toscane.

Sa situation offre le coup-d'œil le plus beau. Placée sur la côte qui s'élève graduellement comme un amphithéâtre, la mer est en face d'elle au midi. Au nord, sont des collines charmantes entremêlées de vignes, de jardins, et de jolies maisons de campagne : ce délicieux spectacle se prolonge à l'occident sur la côte du golfe; mais de l'autre se présente, sous un aspect terrible, le Mont-Vesuve, dont le sommet aride fume jour et nuit. Cet abîme de feu est situé à huit milles de Naples. Le mont a trente milles de circuit, quatre de haut, et cinq de plaines à son sommet. Le feu et la fumée qu'il vomit continuellement, n'ont pas toujours le même degré de violence : lorsque ces feux souterrains ont trouvé de nouveaux alimens, la fumée devient plus épaisse, le feu sort, et cette éruption plus forte s'annonce par des tremblemens de terre qui jettent l'alarme sur toute la contrée. Autrefois, il y avait sur ce côteau des forêts, des maisons de campagne, de beaux jardins, et sur-tout les meilleures vignes du pays, avec un grand village de deux mille cinq cens habitans ; l'éruption de 1631 a tout détruit. Dans cette circonstance, la fumée, d'abord plus épaisse, obscurcit les airs, les cendres et les flammes s'y mêlèrent en tourbillon. Un bruit épouvantable roulait dans les flancs de l'abîme ; on eût cru que la nature était à son dernier instant ; la terreur se répandait dans les airs avec une lumière plus terrible que les ténèbres ; tout-à-coup la terre s'émut, trembla, ébranla les édifices, le fond de la mer s'agita et ses flots se gonflèrent ; enfin la montagne créva avec un fracas horrible, le feu s'élança avec une furie épouvantable vers les cieux, des rochers se détachèrent du sein du goufre, et volèrent, encore ardens, dans les airs avec des nuées de cendres ; des torrens de souffre, d'alun et de salpètre, s'échappèrent et se firent encore distinguer plus de trois milles en avant dans la mer. Dans cet horrible événement, le village disparut sous les cendres qui s'élevèrent à plus de dix pieds par-dessus son clocher ; toute la campagne fut couverte, ses habitans étouffés, et Naples elle-même n'échappa à ce désordre que parce que le vent poussa les flammes du côté qui lui est opposé. Ce terrible événement est gravé sur un marbre qui se voit sur le chemin qui va de Naples au Vésuve.

Plusieurs curieux ont monté depuis sur cette montagne par un chemin pratiqué dans les cendres pendant plus de deux milles. On trouve au haut de cette montagne un grand abîme qui peut avoir deux milles de circonférence et autant de profondeur, dans lequel en paraît un autre moins large d'où sort une flamme fort épaisse qui sent le souffre.

Naples cependant ne s'en amuse pas moins à côté de ce gouffre qui se creuse sous elle ; elle n'en est pas moins livrée à la corruption. Ce fut une colonie grecque qui s'y établit pour la première fois et lui donna le nom de Parthenope. Les habitans de Cumes, après l'avoir détruite, la rebâtirent et lui donnèrent celui de *Neapolis*, qu'elle a toujours conservé. Sa situation, la beauté de ses édifices, qui sont tous terminés en terrasse et ses nombreux palais, en font une des plus belles ou des plus régulières de l'Europe. Sa population peut aller à quatre à cinq mille ames ; elle est fortifiée, ainsi que son port qui peut contenir cinq cens vaisseaux. Cette ville est pleine de moines, et n'en est pas plus religieuse, quoiqu'il faille bien se garder de contredire les superstitions reçues, sur-tout les mirâcles de S. Janvier. Au nombre de moines et de prêtres fainéans, il faut ajouter la multitude de mendians qui semblent assiéger les palais, et que l'on connaît dans le pays sous le nom de *Lazzaroni*, classe sale, dégoûtante, vicieuse, souvent impertinente, et qu'il n'est jamais bon d'insulter.

Les

Les hommes, et sur-tout les femmes, aiment beaucoup à briller à Naples; leurs habits sont magnifiques et ils font beaucoup de cas des pierreries. Cette grande ville est pleine de valets richement vêtus. Le commerce y est florissant; mais les napolitains n'ont pas autant d'activité que de ressources. Ceux de la campagne ont le même vice de paresse, et les champs ne sont pas cultivés selon la fertilité naturelle du sol. La passion des dames de ce pays est la galanterie; la jalousie est celle de leurs époux.

Tout ce royaume, et sur-tout les environs de Naples, offrent des ruines d'anciennes villes. Au couchant de Naples, entre cette ville et Pouzzol, on voit la montagne de *Pausilype*, qui est très-agréable et très-fertile en vins et en fruits. Mais, ce qu'il y a de plus curieux à voir, est un chemin que l'on a taillé dans le roc de cette montagne : il la traverse entièrement. Ce chemin étonnant a un mille de long, soixante pieds de haut, et est assez large pour contenir deux voitures de front. Il ne reçoit de jour que par deux ouvertures qu'on a faites au-dessus de la montagne. C'est à l'entrée de cette célèbre grotte que se voit le tombeau de Virgile. Le voyageur, ami des muses, doit s'y arrêter.

Le lac d'Averne est aujourd'hui nommé *Tripergola*. On n'y voit ni Caron, ni sa barque, mais beaucoup de poissons, malgré ce qu'en ait dit les poëtes, que ses eaux étaient empoisonnées.

Non loin de-là est le lac d'Agnano, sur les bords duquel est une grotte dont les vapeurs font évanouir et périr les bêtes qu'on y laisse imprudemment entrer : il n'y a d'autre moyens de les sauver que de les plonger dans les eaux du lac.

Toutes les autres villes du royaume ressemblent plus ou moins à la capitale, et font un commerce relatif à leur situation.

Habillement.

C'est, pour les personnes riches, le costume italien , et, pour les gens du peuple, un habit conforme au climat: un gilet, une culotte ou pantalon ; le tout quelquefois recouvert d'un manteau ; les cheveux volontiers entourés d'un mouchoir.

Les femmes de grand ton suivent nos modes, et celles des autres classes se mettent comme chez nous : elles aiment les couleurs fortes et dentèlent volontiers le bas de leur jupon.

K

N.º 25. Gênes.

Situation et origine.

LE territoire de Gênes est borné, au nord, par l'Apennin ; au levant, par la rivière de Magra ; au midi, par la Méditerranée ; et, au couchant, par la France. Les latins nommaient ce pays *Liguria-Littorea*.

Il n'y a point d'État qui ait souffert autant de différentes formes que celui de Gênes : des romains il passa aux lombards, et ensuite aux empereurs ; enfin, les génois se mirent en liberté et se gouvernèrent eux-mêmes : ils eurent successivement des comtes, des consuls, des podestats, des capitaines, de gouverneurs, des lieutenans, des recteurs du peuple, des abbés réformateurs et des ducs nobles et populaires. La France en fut maîtresse à plusieurs reprises. Louis XII voulut la mettre à feu et à sang ; quatre mille enfans, qui vinrent lui crier *miséricorde*, lui firent changer de résolution. Enfin, en 1528, *André Doria*, génois, qui commandait l'armée navale de France pour François premier, se révolta, se servit des forces françaises et rendit la liberté à sa patrie. C'est depuis cette époque qu'elle se gouverna par un sénat et un doge. Quoique république, il n'y avait que les nobles qui tenaient le gouvernement. Cette noblesse était divisée en ancienne et nouvelle. Le dernier petit noble se faisait appeler *illustrissime*. Cette oligarchie n'existe plus : la France y a porté la liberté de tout le peuple.

Ville, habitans et leurs mœurs.

Gênes, en latin *Genua* et en italien *Genoa*, est au fond d'un petit golfe sur lequel elle forme un croissant, bâtie à moitié sur la côte, à moitié sur le rivage, elle présente l'aspect d'un superbe amphithéâtre. Son intérieur n'est pas aussi agréable, ses rues sont fort étroites, mais son port est fort beau ; quoique l'entrée en soit difficile, sa situation en fait naturellement une place fort marchande. Les carrières de marbre qu'elle a aux environs lui permettent d'embellir ses édifices, aussi a-t-elle de superbes palais et ses églises passent pour les plus belles de l'Italie. Cette ville est fort riche et fut toujours bien tenue. La noblesse y fait le commerce en gros et tient plusieurs manufactures estimées. Les nobles y étaient très-fiers et avaient aussi de ce caractère mystérieux des nobles vénitiens, qu'ils contractaient également dans le sénat. Le caractère du peuple est assez semblable à celui des italiens.

Habillement.

Les génois qui se promènent dans la ville sont assez communément vêtus de noir. Les dames de haut parage ont aussi adopté cette triste mode, dont la coquetterie leur apprend a tirer le parti le plus élégant. Les femmes du second ordre ont plus de liberté; elles peuvent s'abandonner à tous les caprices de la mode.

La plupart des maisons de Gênes sont bâties avec des terrasses au-dessus, où les femmes vont sécher leurs cheveux après les avoir lavés, afin de les faire jaunir.

N.º 26. États Romains.

Situation.

LES états, dits de l'Église, étaient bornés au nord par ceux de Venise et le golfe de son nom; au levant, par le même golfe et le royaume de Naples; au midi, par ce royaume et la mer de Toscane; et, au couchant, par la Toscane, le Modénais et le Mantouan. L'Eglise romaine devait là possession de ces beaux domaines aux libéralités des français, par les mains de Pepin, Charlemagne et les rois de France leurs successeurs. Les français ont retiré ce qu'ils avaient donné par un motif tout différent de celui qui les avait porté à faire ce don. C'est-là le cas de dire: Autres tems; autres mœurs.

Ce pays est arrosé par un grand nombre de rivières, qui se jettent dans le golfe de Venise ou dans la mer de Toscane. Les deux plus considérables sont le Pô, qui a son embouchure dans ce golfe, et le Tibre, qui, après avoir pris sa source dans l'Apennin et la Toscane, coule, du nord au midi, et, après avoir parcouru quelques provinces méridionales de l'Etat romain, se jette dans la mer de Toscane.

L'air est communément grossier dans ces provinces, et plusieurs sont remplies de marécages ou eaux croupissantes qui y rendent l'air mal-sain en divers endroits. Le pays y est néanmoins fertile et abondant pour toutes les choses nécessaires à la vie.

La *campagne de Rome*, ou le *Latium*, est la principale province de cet Etat. La culture y est peu soignée, mais les jolies maisons de plaisance qui y sont répandues, lui donnent un air de vie et un charme qu'elle devrait encore, par ses sites, à la seule nature.

ROME.

Habitans et leurs mœurs.

ROME est la capitale des Etats romains; elle le fut jadis de tout le monde connu, et s'il est une ville qui puisse nous donner un exemple frappant des vicissitudes de l'Univers, c'est elle-même. Autrefois sa force lui donnait la domination, l'adresse ensuite la lui a conservé presque jusqu'à nos jours : le pape remplaça les consuls et les empereurs, et sa puissance fut quelque-fois égale à la leur; mais cette puissance fut d'autant plus étonnante, qu'elle ne reposait point sur ses forces; si Rome a montré ce que peut le courage, elle a également appris au monde, qui commence à s'en étonner, ce que peut la superstition, dont l'empire est plus puissant encore que celui des armées. Ce sont les fils de ces fiers gaulois, qui, sous Brennus, tinrent Rome renfermée dans son Capitole, qui ont renversé cette puissance factice. Rome qui, sous César, a mis dix ans à les vaincre, a eu plusieurs fois à redouter leur courage : aujourd'hui elle en reçoit la liberté pour les fers qu'elle lui a porté il y a dix-huit siècles.

Rome peut avoir quatre lieues de circuit, mais elle est loin d'être habitée selon sa grandeur : un tiers seul est bien peuplé, le reste est oc-cupé par des champs, des vignes, des jardins, des maisons de campagne et des ruines. Sept collines sont dans son enceinte. Les débris de son ancienne splendeur rentrent peu-à-peu dans le sein de la terre, et ont déjà produit, suivant les observations que l'on a faites, une élévation de quatorze à quinze pieds. Rome est entourée de murailles flanquées de tours et de bastions, et a une espèce de place forte dans le château Saint-Ange. Il ne manquait au pape que des soldats, et à ses soldats que du courage.

Le nombre des églises est considérable à Rome, et souvent c'est sur l'autel d'un dieu payen qu'on voit le prêtre du christ exercer les cérémonies de son culte. Les prêtres et les moines de toutes couleurs y pullulent de tous côtés, comme les sauterelles en Egypte du tems de Moïse. Je ne m'amuserai pas à décrire ces différens ordres de fainéans dont heureusement nous commençons à oublier jusqu'aux noms.

Rome est aujourd'hui divisée en quatorze quartiers comme ancienne-ment. Les édifices et les endroits les plus remarquables de cette ville sont le pont Saint-Ange, autrefois *Pons-Ælius* : c'est dans les environs qu'est ce fameux château Saint-Ange, où l'on gardait les prisonniers et le trésor de l'église romaine; c'est dans l'endroit qu'on nommait *Moles-Adriani*. C'est dans le même quartier qu'est la belle église de S. Pierre. On admire sur-tout la superbe colonnade qui termine la grande place située devant cette église. Cette place est ornée de deux magnifiques fontaines et d'un obélisque, d'une seule pierre de granit. Près de l'église S. Pierre est le vatican, palais du pape, que sa magnificence fait remarquer. Sa bibliothèque est très-riche, sur-tout en manuscrits, dont un bon nombre est venu donner un nouveau prix à la nôtre. Les célèbres statues de Rome, ces statues qui attiraient les voyageurs de tous les coins de l'Europe, ont aussi fait le voyage de Paris, avec les tableaux des plus grands maîtres de l'Italie. La France ne rend aujourd'hui à Rome, que ce qu'elle fit autrefois à la Grèce qu'elle dépouilla de ses plus beaux chefs-d'œuvre.

Il est impossible de faire un pas dans cette ville sans voir ou sans fouler à ses pieds des ruines qui rappellent les évènemens les plus mémorables de l'antiquité. Entre les ruines les plus curieuses, on distingue les arcs de triomphe des empereurs Titus et Constantin. Le premier n'a qu'une arcade dont le dedans est orné de bas-reliefs, qui représentent Titus, d'un côté, dans un char tiré par quatre chevaux, triomphant après la prise de Jérusalem ; de l'autre, le chandelier à sept branches, la table d'or, et les autres dépouilles du temple. Le second a trois arcades ; il a été érigé par le sénat et le peuple romain en l'honneur de Constantin, libérateur de sa patrie par la victoire qu'il remporta sur le tyran Maxence. C'est au pied du *Mont-Palatin* qu'est l'arc triomphal de Titus. Sur ce mont était le Capitole qui commanda à l'Univers. Il est remplacé par un édifice moderne, où l'on conserve plusieurs antiquités. Ce mont contient plusieurs églises ; la colonne Trajanne, monument si cher aux arts ; le jardin de *Montallo*, l'un des plus beaux de Rome, etc.

La porte *del Popolo* est une des plus belles de Rome. Elle conduit dans une place triangulaire, dont la base, qui fait face à l'angle où est la porte, donne entrée aux trois plus belles et plus grandes rues de la ville. Le centre de la place est orné d'un bel obélisque.

Près de la place *Navone*, on voit la fameuse *rotonde*, autrefois le *Panthéon*, ce morceau d'architecture qui surprend toujours d'admiration. Mais nous ne suivrons point la description de cette ville qu'on a faite nombre de fois, et que l'on peut voir dans tous les voyageurs. Rome est la ville des arts, et ce n'est peut-être qu'un artiste qui doit la visiter. Jusqu'à présent qu'ont eu d'attrayant, aux yeux de l'étranger, les romains modernes, si célèbres par la plus hideuse des qualités humaines, la trahison ? Quel intérêt pouvait inspirer au philosophe ce troupeau fanatique qui erre sur les trésors de leurs pères sans les connaître, et qui, comme dit un de nos poëtes, *use un bronze payen d'un baiser catholique ?* Le sentiment le moins humiliant pour eux, qu'ils pouvaient faire naître, était la pitié. Placés sous les yeux du chef de l'église, éternellement endormis par les sermons, les yeux sans cesse frappés par un capuchon ou une soutane, ils n'en avaient pas les mœurs moins corrompues ; ils étaient peut-être plus dépravés qu'aucun autre peuple de l'Europe, car ils ajoutaient l'hypocrisie à leurs vices : c'est là seulement qu'on voyait la corruption publique aller chaque jour de l'autel à son cloaque ; là, la plus absurde superstition dormait en paix avec le crime dans son cœur, et la vengeance affreuse suppliait le ciel de conduire son bras homicide. Cet alliage de dévotion et de vices a produit et a dû produire des crimes qui inspirent plus que de l'horreur.

Il y avait déjà long-tems que le beau siècle de l'Italie était passé. Ses peintres et ses poëtes n'étaient plus ; mais il lui restait la musique, cette musique céleste qu'on ne sait jamais louer autant qu'on l'admire. En Italie, on naît musicien ; une langue douce, harmonieuse, accoutume l'oreille de l'enfance aux charmes de l'harmonie. Aussi ont-ils idolâtré ce bel art jusqu'à outrager la nature, et à ôter à l'homme ses nobles prérogatives, la faculté de rendre au monde la vie dont il a joui. Mais laissons là les *castrati*, ces monstrueux instrumens qui ne peuvent plus avoir de rang que dans un orchestre ; laissons les traîtres et jaloux romains, leurs femmes perfides, et leur dévotion souvent sacrilége, et parcourons quelques endroits des campagnes de Rome, consacrés par le séjour d'hommes sages et vertueux.

Frascati est le premier lieu qui nous arrête. C'est l'ancien *Tusculum* où Cicéron composa ses *Tusculanes*. Des moines ignorans sont à la place où était sa maison. C'était là que Lucullus avait une bibliothèque où s'enfermait souvent Caton d'Utique. Des capucins ont bâti leur couvent des débris du palais de ce magnifique romain. Caton le censeur naquit à Tusculum : c'est là qu'habillé comme ses esclaves, il faisait valoir son petit patrimoine, lui qui avait gagné plus de villes qu'il ne s'était écoulé de jours pendant son expédition d'Espagne. Son traité sur l'agriculture y fut composé. Ce lieu offre une foule d'antiquités précieuses, et la nature y est toujours d'une magnificence pittoresque. Depuis les romains illustres que nous avons nommés, Frascati n'a rien vu digne de son ancienne gloire que Métastase, le Racine et le Quinault des Italiens.

Nous ne quitterons point non plus le *Latium*, sans jeter un regard sur l'aimable *Tivoli*, le délicieux *Tibur* d'Horace, ce lieu que la nature seule a pris soin d'embellir, et que le favori de Mécène a si souvent chanté. Il faut rêver un moment au milieu de ses cascades, sous ses ombrages charmans, pour se croire une étincelle du poëte qui l'habita. Un homme sensible ne passe jamais dans ce lieu, sans en conserver le souvenir toute sa vie.

Les autres provinces de l'Etat ci-devant ecclésiastique sont le patrimoine de S. Pierre; le duché de Castro, l'Orviétan, la terre de Sabine, le Pérusin, l'Ombrie, la marche d'Ancône, le duché d'Urbin, la Romagne, le Bolonais et le Férarais. La nature est par-tout au-dessus de l'activité des habitans, qui sont loin d'avoir assez de courage pour tirer parti du plus beau pays du monde. Puissent leurs mœurs changer avec la révolution qui s'opère maintenant au milieu d'eux! Alors on les ira voir, non pour les monumens de leurs pères, mais pour leur propre mérite, ce qui leur sera plus honorable.

Habillement.

L'habit italien consiste en un ample manteau qu'on rejette sur l'épaule, en une ceinture qui sert d'ornement, et en d'amples culottes, le tout assez élégant. Le chapeau est rond.

Ce qu'il y a de remarquable dans le costume de la femme est sa coëffure, qui est une pièce de mousseline singulièrement arrangée sur sa tête.

N.º 27. *Le Portugal.*

Situation.

SUIVANT quelques antiquaires, le nom de Portugal vient de la ville d'Opporto, que les romains nommaient *Calle.* Selon d'autres, il provient du nom du fondateur, supposé par eux être *Getalus,* fils de *Cécrops,* roi de l'Attique ; la ville fut ensuite appelée *Portus-Getalus,* d'où les éthymologistes font venir le mot de *Portugal.* Mais, d'après André Resendius, ce royaume paraît tirer ce nom du port de *Gale,* place d'une origine un peu obscure et située sur une élévation qui domine la rivière de *Douro,* mais qui autrefois était une ville riche que l'on nommait *Port-de-Gale.* Ce nom, par suite, s'étendit à tout le pays. N'oublions pas non plus de dire que ce pays se nommait anciennement *Lusitanie,* dont il faisait autrefois partie.

L'air y est pur, sain, doux et tempéré, cependant plus chaud que froid. Le bled est rare, mais les vins y sont assez bons et les fruits excellens. Il n'y a guère que cent cinquante ans que l'on y a apporté des orangers de la Chine ; mais, sous ce climat heureux, il se sont multipliés et sont devenus les plus beaux arbres. Véritable emblême de la reconnaissance, sur cette terre qui lui a ouvert son sein, cet arbrisseau délicieux,

> Étale en même-tems et sa fleur et son fruit ;
> Prodigue de ses dons, sans cesse il les produit.

On tire du Portugal beaucoup de sel, qui se transporte chez l'étranger. Les bestiaux, et sur-tout les chevaux, sont très-estimés. Les rivières y nourrissent de bons poissons. On trouve, dans quelques rochers, des espèces de rubis, des émeraudes et des hyacinthes. Il y a quelques mines d'or et d'argent qu'on néglige ; mais on profite de celle d'étain, de plomb, de fer et d'alun qui y sont abondantes.

Les principales rivières du Portugal sont : le *Tage,* dans le milieu ; le *Douro* ou *Duero,* au nord ; et la *Guadiana,* au sud-ouest.

On divise le Portugal en six parties : ce sont du septentrion au midi, la province *Entre-Douro-e-Mynho* ; celle de *Tralos-montes,* le *Beira,* l'*Estramadure,* l'*Allentejo,* et le royaume d'*Algarve.* C'est dans l'Estramadure que se trouve Lisbonne.

LISBONNE.

Habitans et leurs mœurs.

LISBONNE, autrefois *Alysippo*, et *Felicitas-Juliana*, est la capitale du Portugal. Elle était belle avant le tremblement de terre qui arriva en 1755 et qui en renversa la plus grande partie, et fit périr vingt-quatre mille personnes ; aujourd'hui elle est plus belle encore, parce que ses rues sont plus larges, et un grand nombre ont des trottoirs. La bâtisse des maisons est légère, et moitié charpente, moitié maçonnage, pour résister, autant que possible, à un nouveau tremblement de terre. Lisbonne ne dégoûte plus aujourd'hui les étrangers par sa mal-propreté ; mais il y manque encore bien des choses, tels que des bains publics, des fontaines et sur-tout des latrines. Des pièces qui composent les quatre étages d'une maison, l'attique est la plus agréable. Cette pièce est souvent ornée d'un balcon entouré d'une jolie balustrade de fer doré, et recouvert d'un pavillon en soie ou en toile, sous lequel les dames, assises sur des coussins, pendant la forte chaleur du jour, passent leur tems, soit à lire, soit à coudre, ou à correspondre au dehors avec leurs amans, au moyen de leurs doigts, langage muet qu'elles sont parvenues à réduire en un système alphabétique parfaitement expressif. Les maisons des personnes riches sont, en général, magnifiquement meublées.

Lisbonne est bâtie sur les bords du Tage. On compte environ sept milles de cette ville au point de réunion du Tage avec l'Océan atlantique. Son hâvre est étendu et profond. Il présente à l'ami du commerce un des plus riches points-de-vue qu'il soit possible d'imaginer, par la quantité de bâtimens de toutes les nations qu'il renferme.

Aux approches de cette capitale, les églises, les couvens, les châteaux, les fermes et les jardins, situés dans la partie du nord-ouest, présentent un air de richesse et de grandeur qui étonnent ; mais leur éclat disparaît, en quelque sorte, quand on les considère de près. La partie du sud-est offre un coup-d'œil non moins imposant et d'un genre vraiment pittoresque. C'est une longue chaîne d'alpes et de rochers suspendus.

L'attention est bientôt détournée de dessus ces objets par la vue de Lisbonne, qui, des bords du Tage, s'élève insensiblement en un magnifique amphithéâtre. On ne pouvait pas faire choix d'un site plus analogue à la grandeur d'une métropole. Cette ville est bornée, du côté du nord-ouest, par des montagnes, et de celui du sud-est, par la mer. Ses maisons sont distribuées sur sept collines, qui ont chacune une vallée intermédiaire.

Près le *Roscio*, une des places remarquables de Lisbonne, sont des promenades assez agréables où se rendent le beau monde de la ville. On trouve sur ces promenades deux théâtres dramatiques, où les femmes sont toujours séparées des hommes. On ne va point là, comme à Paris, pour admirer les
jolies

jolies ac'rices : des hommes les remplacent, il n'est point permis aux femmes e monter sur les théâtres. Aussi rien de plus ridicule et de plus dégoûtant, à-la-fois, que de voir, sous les habits d'une femme, un homme à larges épaules et au menton barbu, représenter la belle et tendre Inès de Castro, sur-tout dans la scène si attendrissante où, prosternée aux pieds du roi, avec ses deux petits enfans, elle implore sa pitié.

Les habitans de Lisbonne peuvent être rangés en quatre classes, savoir : la noblesse, le clergé, les commerçans et les laboureurs. La noblesse portugaise n'est point riche, quoique ses possessions soient considérables ; elle n'en retire qu'un revenu médiocre. Elle est économe sans être avare. Dans un pays où il n'y a ni chevaux de races, ni tripots de jeu, ni maîtresses coûteuses, un homme peut tenir un grand état avec une fortune ordinaire. Les arts ne sont presque rien pour elle. Elle végite, à cet égard, comme si l'Europe n'était encore qu'au douzième siècle. D'ailleurs, ses mœurs sont assez pures, le clergé ressemble à celui de l'Espagne; c'est un mélange de science et d'ignorance, et toujours très-superstitieux. Autrefois il y avait une inquisition fort sévère, fort cruelle; en 1728, Jean V lui ôta, avec justice, beaucoup de sa monstrueuse autorité.

Le marchand de Lisbonne emploie son tems comme il suit : Il va à la messe à huit heures, à la bourse à onze, dîne à une heure, fait la *sieste* jusqu'à trois, collationne à quatre avec du fruit, et soupe à neuf. Les intervalles sont remplis par le travail du cabinet, les visites ou le jeu. Lorsque l'on visite une personne d'un rang au-dessus de celui du commerçant, l'usage exige qu'on porte une épée et un chapeau. Si l'on vient vous voir en habit de deuil, il faut rendre la visite dans le même costume. Y venir en bottes serait une offense impardonnable, à moins qu'elles ne soient armées d'éperons.

Les dames prennent rarement le grand air, si ce n'est dans leur court trajet de chez elles à l'église voisine, qu'elles visitent régulièrement au moins une fois par jour. Les portugaises sont douées, en général, d'excellentes qualités; elles sont chastes, modestes et extrêmement attachées à leurs maris. Nulle d'elles ne se permettrait de sortir sans la permission de son époux ou de sa famille. Afin d'écarter d'elles jusqu'à l'ombre du soupçon, il est interdit aux hommes, même à leurs parens, d'entrer dans leurs appartemens, ou de s'asseoir auprès d'elles dans les promenades publiques. Ainsi leurs amans ont rarement le plaisir de jouir de leur vue, si ce n'est à l'église, théâtre unique de leurs soupirs et de leurs signes amoureux. Mais cette contrainte ne fait que donner plus d'industrie au sexe; quelle que soit la vigilance des duègnes, les amans parviennent toujours à échanger entre eux quelques billets, et cela si adroitement, qu'il est impossible de s'en appercevoir, à moins que d'être amoureux soi-même. Les femmes ne font volontiers des dépenses que pour leur habillement; car elles sont fort sobres, et la plupart ne boivent que de l'eau. Les suites de ce régime diététique, de leur part, influent singulièrement sur leur complexion, qui est pâle et inanimée. Les plus belles femmes du Portugal se trouvent dans la province d'Estramadure.

L

La classe laborieuse du peuple est remplie d'excellentes qualités; elle est religieuse, honnête et sobre, et très-attachée à ses enfans, ainsi qu'à son pays. Un paysan ne se promène jamais avec une personne plus âgée que lui, ou un étranger, sans lui donner le bras, comme une marque d'égard et de déférence. Qui que ce soit qu'il rencontre, il lui ôte son chapeau et le salue, en lui disant: *Dieu vous conserve long-tems.*

Quand le travail de sa journée est achevé, il chante vêpres. Le dimanche il s'amuse à jouer de la guitare, ou il court à un *fandango*, la danse du pays. Ils aiment leurs pays, et ils font consister une grande partie de leur bonheur dans la beauté du climat dont la nature les a favorisés, ainsi que dans l'abondance des fruits délicieux qu'ils recueillent sans beaucoup de travail. Eprouvent-ils quelques peines, ils sont assurés de trouver des consolations dans la religion. La musique leur en offre aussi de non moins puissantes. Elle dissipe le désespoir du pauvre, elle épure les sentimens du riche, et embellit pour eux la vie. Les autres arts sont loin d'intéresser autant les portugais; les sciences, sur-tout, sont très-négligées par eux. Ce n'est pas qu'ils n'y soient propres, ils ont au contraire des savans; mais le peu d'accueil qu'ils reçoivent ne les encourage guère. Ils ne font même aucune part au public de leurs lumières: s'ils faisaient imprimer, les frais seuls retomberaient sur eux, car on lit si peu en Portugal que, les livres de dévotion exceptés, un ouvrage paie rarement, par sa vente, les frais de son édition. Leur plus grand poëte est le *Camoëns*: la *Lusiade* est son ouvrage. Ce grand homme, le seul qui apprenne que le Portugal peut aussi produire des chefs-d'œuvre, mourut dans une maison de charité; tandis qu'il mettait la dernière main à son poëme immortel, il ne subsistait que des aumônes recueillies dans Lisbonne par un nègre qui le servait. Il n'y a pas que la nation portugaise qui ait à se reprocher le malheur et la misère de ceux qui l'ont illustrée; mais, par une fatalité singulière, il semble que le titre de grand homme ait été chez elle un titre de proscription. Ses plus grands voyageurs, les fondateurs de sa gloire, sont morts dans des prisons ou dans l'infortune.

Habillement.

C'est à-peu-près la mise française en usage il y a dix ans, au manteau près.

Les femmes portent aussi volontiers des mantilles, des capuces et des voiles. Le chapelet est un des ornemens favoris, et chaque dame ressemble à une religieuse en ce point.

N.º 28. *L'Espagne.*

Origine, situation, productions, gouvernement.

ON nommait autrefois l'Espagne, à laquelle le Portugal était joint, *Ibérie* et *Hespérie*. Ce dernier nom, qui signifie *pays d'Occident*, lui a été donné par les grecs, à cause de sa situation à leur égard. Pour celui d'*Ibérie*, il paraît venir du fleuve *Iberus*, aujourd'hui l'*Ebre*, ou plutôt, disent d'autres, du terme chaldaïque *alberin*, qui signifie *fin*, *extrémité*, parce que les anciens regardaient cette région comme l'extrémité du monde. Enfin, les phéniciens vinrent y faire des établissemens quinze cens ans avant Jésus-Christ, et Bochart, qui savait le phénicien, prétend que le nom de *Spania*, *Espagne*, vient d'un mot phénicien, qui veut dire *lapin*, parce qu'il y en avait un grand nombre. C'est une chose bien utile que les étymologies semblables!

L'Epagne est séparée de la France par les Pyrennées, au nord-est; elle est bornée par la Méditerranée, à l'orient et au midi; par le Portugal, à l'occident; et, au nord-ouest, par l'Océan.

L'air y est généralement chaud et sec, particulièrement dans le cœur du pays et au midi. Son terroir, quoique sec, pierreux et sablonneux, serait fertile s'il était cultivé. Les vins, les fruits, le gibier et le bétail y sont excellens. Les chevaux en sont très-estimés, aussi bien que la laine de Ségovie, la soie de Grenade, le cordouan, qui est un cuir de chèvre passé au tan, et que l'on tire de Cordoue; le lin et le chanvre d'Andalousie; le cuir et le fer de la Biscaye. On y trouve des mines de fer, de sel, de vermillon, et même d'or et d'argent: on a abandonné les dernières depuis les découvertes de l'Amérique.

La latitude de ce royaume est depuis le 36ᵉ jusqu'au 44ᵉ degré; et sa longitude, depuis le 9ᵉ jusqu'au 21ᵉ degré dans sa plus grande largeur de l'Océan à la Méditerranée.

Il n'est guère peuplé, sur-tout vers le midi. On en attribue la cause au peu de fécondité des femmes, à l'expulsion des maures ou des sarrasins, en 1609, aux voyages que les espagnols ont faits en Amérique, et au grand nombre d'ecclésiastiques, tous maux qui ont désolé l'Espagne, qui, sans cela, pourrait être un des plus riches pays de l'Europe, en supposant cependant que ses habitans seraient moins paresseux.

Le gouvernement est monarchique et peut même passer aux filles. Ce royaume a une dignité qui lui est toute particulière; on nomme ceux qui en sont revêtus *Grands-d'Espagne.* Leur privilége le plus beau, est de se couvrir avant que de parler au roi, pour ceux de la première classe; ou quand ils ont commencé leur discours, pour ceux de la seconde; ou enfin quand ils

L 2

l'ont fini pour ceux de la troisième. Il est bon d'observer cependant que personne ne se couvre que par l'ordre du roi. Il y a de ces *nobles* privilèges à vie et héréditaires. On nomme ces *grands* LES PRIMOS.

De tous les pays du monde, il n'y en a pas un où l'intolérance religieuse soit plus stricte, plus absurde. C'est le pays où la religion, qui n'est qu'une inspiration du ciel pour le bonheur de l'humanité, est devenue l'apanage de noirs et silencieux bourreaux ; là, le prêtre fanatique, barbarement stupide lorsque la philosophie éclairait déjà le reste de l'Europe, élevait encore le bûcher homicide où, pour honorer le ciel, il faisait périr dans les flammes le malheureux qui ne pensait point comme lui. Cet abominable tribunal de l'inquisition où les prêtres d'un dieu de paix sont juges et bourreaux, ne subsiste plus dans son ancienne atrocité ; mais enfin il subsiste et l'Etat ne veut point encore souffrir d'autre religion que celle de ses prêtres. Il faut encore bien des actions de vertus à l'Espagne, pour qu'elle fasse oublier ses massacres en Amérique, et ses *auto-da-fé* en Europe. Est-il possible que la religion ait pu faire commettre autant de crimes?

Les principales rivières d'Espagne sont du nord au sud : Le Minho, le Duéro, le Tage, la Guadiana, le Guadalquivir, et l'Ebre seul à l'est.

On divise l'Espagne en treize provinces, qui, la plupart, portent le titre de royaume, car les espagnols sont magnifiques en expressions ; à la vérité, des rois chrétiens ou maures ont jadis eu ces provinces à titre de royauté. Il y en a trois au nord, savoir: la Biscaye, les Asturies et la Galicie ; cinq dans le milieu, au nord de la Navarre; et, d'orient en occident, le royaume d'Aragon, les deux Castilles, vieille et nouvelle, et le royaume de Léon ; deux au midi, l'Andalousie et le royaume de Grenade ; trois à l'orient sur la Méditerranée, le royaume de Murcie, celui de Valence, la principauté de Catalogne.

C'est dans la Nouvelle-Castille que se trouve *Madrid*, la capitale de toute l'Espagne, sur la rivière, ou plutôt sur le ruisseau de Mançanarès, qui est communément presqu'à sec pendant tout l'été, et qu'on y passe néanmoins sur un très-beau pont.

MADRID.

Habitans et leurs mœurs.

MADRID n'était autrefois qu'une bourgade, qui appartenait aux archevêques de Tollède. Charles V fut le premier qui y établit sa cour, et, depuis lors, elle s'agrandit. C'est aujourd'hui une grande ville bien peuplée. Elle est sur une hauteur environnée de collines, et n'a que de mauvaises murailles pour se défendre On lui donne huit milles d'Italie de circuit et deux cens mille habitans. Les rues en sont larges, longues et droites, mais mal-propres et mal-percées. La plupart des maisons sont bâties de briques jointes, non avec de la chaux, mais avec de la terre. Il y a des jalousies et des balcons à toutes les fenêtres. Le premier étage appartient d'ordinaire au roi, à moins qu'on ne le rachette. Il y a une foule d'églises et de couvens ; c'est-là qu'est la grande pépinière. Comme il n'est pas un pays où l'état de moine ou de prêtre soit plus honoré qu'en Espagne, chaque manant veut faire un prêtre ou un moine : qu'on juge si une pareille armée de fainéant doit contribuer à la splendeur d'un Etat.

Madrid a plusieurs belles places, de belles fontaines et des statues. La plus grande des places, qu'on nomme *plaça Mayor*, a quinze cens pieds de circuit ; elle est entourée par cent trente-huit maisons uniformes, à cinq étages, accompagnées de balcons à chaque rang de fenêtres, et soutenus par des pilastres ; ce qui forme des portiques tout autour, où on peut se promener à couvert. Le palais du roi est à l'extrémité de la ville. Il y a une belle bibliothèque, et une académie qui ne donne guère de grands hommes. Depuis l'auteur de Don-Quichote, l'infortuné Michel Cervantes, qui mourut de misère, l'Espagne n'a pas produit d'ouvrage qu'on lise par toute l'Europe. Elle ne fait plus que des traités de théologie.

Il y a, aux portes et aux environs de Madrid, plusieurs maisons royales fort belles : on distingue sur-tout l'*Escurial*, un des plus beaux palais de l'Europe, où les rois et des moines sont logés. C'était, dans le principe, un couvent que fonda Philippe II en 1557, en reconnaissance de la bataille de Saint-Quentin, qu'il remporta.

Les espagnols ont le teint un peu olivâtre et basané, la taille médiocre et la tête belle ; mais communément ils sont maigres et décharnés. La fierté est leur principal vice, et elle fut toujours suivie de la paresse et de la malpropreté. Leur gravité a quelque chose d'un burlesque sérieux. Leurs paroles tombent avec poids de leurs bouches ; elles sont amphatiques et pleines d'hyperboles. Ceux qui, parmi eux, ont reçu une éducation distinguée et que la fréquentation des étrangers a poli d'une autre manière, sont magnifiques, et donnent à ce caractère outré un air de grandeur qui plaît. Les espagnols sont généralement sobres, mais leur paresse en est souvent cause ; parmi les riches, c'est le desir de briller : les habits, les équipages, etc. sont pris sur la table. Ils sont fermes dans leurs entreprises ; mais ils sont quelquefois trop rassis pour avoir assez de courage. Il sont braves cependant et aiment assez à se battre, et ils le font pour le premier démêlé d'amour qui se présente. Il ne faut qu'avoir fait quelques tours dans l'Espagne pour voir que ses plus grands ennemis sont l'orgueil et la paresse de ses habitans l'agriculture est négligée, les sciences à peine cultivées et le commerce inactif. Ils sont sobres, dit-on à leur louange ; disons le mot, ils sont lâches, ils mangent, dans la basse classe du pain et un oignon, parce qu'ils ne veulent point travailler. La plus grande vengeance qu'a pu prendre contre eux la malheureuse Amérique, c'est de leur donner de l'or ; ce fut leur donner la paresse et par suite la misère.

Entêtés et vains, ils reviennent assez difficilement de leurs premières impressions. Le peuple connaît peu l'orgueil ; mais il est insolent : une robe de moine peut seule abaisser son front plus que toute autre chose ; le superstitieux imbécille rampe et va baiser le bas de la robe du crasseux capucin qui le laisse faire, sans doute par humilité.

Joignez à toutes ces qualités une jalousie capable de tout immoler, avec un penchant inné à une sourde débauche, vous aurez l'abrégé du caractère général des espagnols. Ce n'est pas qu'il n'y ait de grandes exceptions à faire; mais alors c'est le fruit de l'éducation. Les femmes y sont plus tyrannisées par leurs maris que dans aucun autre pays de l'Europe, et, par contre-coup, plus portées à mal-faire. La nature a mis dans leur sein un feu qui ne leur laisse guère de tranquillité et permet peu de repos à leurs ombrageux époux.

Outre les *grands* dont nous avons parlé, il y a une foule de petits gentilshommes. Comme ils ne demeurent pas à la campagne, où il y a peu de villages, mais dans les villes, ils ont peu de prérogatives au-dessus du bourgeois; de sorte que ceux qu'on appelle *hijos-d'aldago*, ou *hildago*, ne diffèrent guère des artisans, qu'on nomment *officiales*, et qui se disent *cavalleros*, quoique ce soient des cordonniers et autres ouvriers, qui sont habillés de noirs, avec des bas d'estamine, la *gollila*, et l'épée au côté, comme les plus grands seigneurs.

Habillement.

L'habit espagnol ne manque pas de grâce et conviendrait peut-être mieux à un peuple léger qu'à une nation aussi grave. Ce n'est, à proprement parler, qu'un pantalon et gilet, recouverts à moitié d'un manteau court. Le cou est entouré d'une collerette, et les pieds sont dans des bottines.

La robe des dames est longues et orné d'ouvertures où l'on place une pièce de soie d'une autre couleur. Le voile est d'un grand usage en Espagne, il plaît à un mari jaloux, sert une femme coquette, et donne de l'intrigue à un amant; qu'on juge de son utilité!

N.º 29. L'Écosse.

Situation, etc.

L'Écosse est une grande presqu'île environnée, au levant, au nord et au couchant, par la mer du Nord et par celle d'Irlande, ayant cette île à son couchant. Elle confine, au midi, avec l'Angleterre, dont elle est séparée par le golfe formé par l'embouchure de la rivière de Salway, dans la mer d'Irlande, par une chaîne de montagnes et par la rivière de Twede.

L'air y est généralement froid et le terroir beaucoup plus fertile en seigle, en avoine et en pâturage qu'en froment: quoique froid, l'air est cependant très-pur et favorable à la santé.

L'Écosse est un pays inégal et partagé par des montagnes toujours couvertes de neiges, ou des lacs et des rochers stériles. Ce pays est cependant bon, et fournit, à bon compte, tout ce qui est nécessaire à la vie. Il abonde sur-tout en oiseaux sauvages et domestiques. Il y a des forêts profondes. La partie la plus orientale, qu'on nomme Basse-Ecosse, a beaucoup moins de montagnes et est mieux peuplée que l'autre, que l'on appelle Haute-Ecosse. Les mœurs y sont aussi plus polies, et presque les mêmes qu'en Angleterre. Le peuple de la Haute-Ecosse est, au contraire, rude, grossier et à-peu-près sauvage. Il y a plusieurs petites îles qui dépendent de l'Ecosse, nommées anciennement *Hébrides*, où les mœurs sont semblables à celles des montagnes.

EDIMBOURG est la capitale de toute l'Ecosse, qui long-tems fut un royaume particulier. C'est une belle ville où il y a une université célèbre.

Habitans et leurs mœurs.

Les écossais sont d'une belle taille, forts, vaillans et sobres; infatigables au travail, propres aux sciences et aux grandes affaires, et sur-tout d'une fidélité inviolable; mais on les accuse d'être fiers, vindicatifs et envieux. Nous venons d'observer que ceux du midi sont beaucoup plus policés que ceux du nord; c'est donc à ces derniers que nous nous attacherons. Retirés dans leurs montagnes, vivant de peu et n'ayant à peine qu'une chaumière, souvent même couchant sur la terre, l'écossais de cette partie croit jouir encore de son antique liberté. Son ignorance est profonde, mais il ne s'en inquiète point, il lui suffit de jouir du bonheur qu'il connaît. Exposé aux vents qui dessèchent les terres âpres qui l'environnent, errant avec ses troupeaux sur des montagnes couvertes de bruyères et de sapins, il chante d'une voix traînante et mélancolique, les chansons de ses pères, souvent celles des anciens bardes, qu'il comprend encore; plus souvent il joue de la cornemuse, antique instrument du pays, et ne s'inquiète point de ce que l'on fait à Londres, ni si le cabinet de Saint-James met à la possession de son pays le degré d'intérêt qu'il mériterait. Dans ces montagnes où l'étranger s'avise rarement de pénétrer, on s'imaginerait être encore au cinq ou sixième siècle; les arts n'y sont pas connus davantage, et l'on ne rencontre quelque idée des mœurs européennes que dans les gothiques châteaux des gentilshommes, qui cependant ont encore quelque chose du tems de *Fingal* et d'*Ossian*.

Le costume même qui, dans l'Ecosse, a été changé par une loi expresse, est encore, dans les montagnes, celui des anciens écossais : par-dessus la veste, on met une longue pièce d'étoffe, nommée *plaid*, et que l'on drappe à volonté : ce plaid, quoique incommode à vêtir, est d'une grande utilité pour ces demi-sauvages; quand ils sont obligés de coucher dehors, ils l'ôtent et s'entortillent dedans pour dormir sur la terre.

Ce qu'ont été les écossais avant que les romains, qui allaient chercher des ennemis sur tous les coins de la terre, les eussent fait connaître, sous le nom de *scoti*, *scots* : on l'ignore; peut-être était-ce un peuple-pasteur et paisible. Il se montra bientôt guerrier, redoutable même. Fier de son indépendance, il battit souvent ses ennemis et sut chanter ses victoires. Ossian, un de leurs rois au quatrième siècle, fut aussi un de leurs plus grands bardes ou poëtes. Sur la fin de sa vie, aveugle et sans enfans, il se faisait conduire par sa belle-fille Malvina, sur le tombeau de son fils; c'est-là qu'animé par le souvenir de sa jeunesse et la douleur de ses vieux jours, il chantait avec une énergie qui nous étonne, les combats de Fingal, son père, les siens propres et ceux de son fils Oscar, qui était descendu avant lui dans le tombeau. Quelle tristesse! quelle grandeur ses chants sublimes respirent! Quoique né dans un siècle barbare, Ossian est encore un des premiers poëtes de l'Europe: la nature seule avait créé son génie. Ses poésies (en langue gallique) n'ont point été écrites; ce fut sa belle-fille, Malvina, qui les apprit d'Ossian et les transmit au peuple. Elles se conservèrent ainsi jusqu'à nos jours. Un savant anglais fit le voyage des montagnes d'Ecosse exprès pour les rassembler et les écrire. Les anciens nobles du pays, les paysans eux-mêmes furent ceux qui lui chantèrent ces étonnans morceaux, qui étaient dispersés, comme les poésies d'Homère, sans qu'on les eût recueillies. Si elles n'ont point l'harmonie et les grâces de celles du chantre grec, elles ont souvent plus de force; et ses sujets sont infiniment plus intéressans que la guerre de Troye et son cheval de bois.

Habillement.

Les habitans de la partie méridionale s'habillent absolument comme en Angleterre, et nous avons observé plus haut, que l'écossais porte, par-dessus une petite veste, l'ancien habillement de ses pères, le plaid ou une longue pièce d'étoffe. Ses cheveux sont abandonnés à la nature, et il les couvre d'un bonnet. Il fait volontiers lui-même sa chaussure avec du cuir crû. Ces souliers, grossièrement faits, s'appellent *brogues*, et s'attachent avec des courroies.

Les femmes ont de longues robes, qui donnent plus de grâces à la pudeur. Elles font du *plaid* un mantelet fort agréable, et qui leur couvre la tête sans cacher la figure.

N.º 30. Islande.

Situation, origine.

L'ISLANDE est située entre le 64ᵉ et le 67ᵉ degré de latitude septentrionale. Le premier méridien passe par le milieu de cette île.

L'air y est extrêmement froid, et, pour cette raison, le terroir stérile; il n'y a guère d'autre végétation, sur-tout dans la partie du nord, que des bouleaux et des genèvriers; le midi a des pâturages.

Des

Des armateurs norwégiens découvrirent cette île au neuvième siècle, et la nommèrent *Islande*, qui veut dire *pays des glaces*. Les rois de Norwége s'en rendirent maîtres dans le treizième siècle. Les habitans professent la religion luthérienne. Le roi de Danemarck en tire à peine de quoi entretenir le gouverneur, qui porte le titre de *grand-bailli*, et les autres officiers.

Il y a à peine deux ou trois petits villages dans toute l'île. SKALHOLT, un de ses villages, passe pour sa capitale, et est un évêché.

On voit plusieurs montagnes dans l'Islande; mais la plus haute et la plus remarquable est le *Mont-Hecla*, vers le midi : c'est un volcan considérable qui jette continuellement du feu: il y a autour une multitude de souffrières enflammées; on n'en peut pas approcher à plus de douze lieues à la ronde. La neige couvre en même-tems une partie de cette montagne. Les islandais croient qu'une partie des damnés est jetée dans les feux du Mont-Hecla pour y brûler, et que l'autre est condamnée à geler éternellement dans les glaces énormes qui sont auprès de leur île. Il se trouve, près du Mont-Hecla, deux fontaines, dont l'une est extrêmement froide et l'autre toujours bouillante.

Habitans et leurs mœurs.

Les islandais sont de petite taille, mais forts et robustes. Ils n'habitent que des cabanes dispersées dans l'île et bâties le long de la mer, ou sur les bords des rivières, pour être en état de remédier aux accidens du feu, parce qu'elles ne sont que de bois. Elles sont fort basses, et plusieurs sont enfoncées dans la terre, pour se mettre à l'abri des vents et du froid: ils vivent jusqu'à cent ans dans ces tanières. Ils ne connaissent ni les médecines, ni les médecins; d'une santé vigoureuse et que le froid sans doute endurcie, ils parviennent jusques dans la plus grande vieillesse sans maladies ni infirmités. L'enfance est préparée à la vie dure qui attend l'homme sous ce climat affreux. On n'emmaillote point l'enfant, et sa mère lui laisse à peine un mois son sein : elle le couche à terre, c'est à lui de se lever. La débauche est peu connu parmi ce peuple, qui jouit d'une vie trop précaire pour songer aux plaisirs, enfans de l'abondance : leurs mœurs sont simples. S'ils ont un défaut principal, c'est l'ivrognerie : ils ont sur-tout la passion de l'eau-de-vie, que les danois leur ont donné, afin de commercer plus avantageusement avec eux. Ce commerce se fait par échange, parce que le signe monnétaire est inconnu dans le pays; ils troquent du poisson sec, du beurre, du suif, des cuirs de bœufs, des draps grossiers, du souffre et des peaux de renards, d'ours et de loups cerviers, contre du bled et de la farine, du vin, de l'eau-de-vie, du fer et de la toile. Ils ne cultivent point la terre; les malheureux n'ont pas même un jardin. La principale occupation des hommes est la chasse et la pêche, qui, avec leurs troupeaux, leur fournissent les premiers besoins de la vie, la nourriture et la boisson. Les femmes travaillent en laine et à leurs ménages: on trouve cependant quelques artisans, et même des orfèvres, dans l'île, mais ils ne font pas fortune.

Les islandais ont deux délassemens, outre le plaisir de boire, les échecs et

M

le chant. Il est à remarquer qu'ils sont d'habiles joueurs. Ils sont loin d'être aussi bons musiciens : ce sont les faits de leurs ancêtres qu'ils chantent ordinairement. Ils lisent aussi, mais l'histoire de leur pays, écrite presqu'entièrement en vers. Le père commence à lire, ensuite les autres personnes de la famille; quand le livre est fini, on le recommence. Le gouvernement s'est avisé d'établir une imprimerie à *Hola*, un de leurs principaux villages ; on y a même imprimé, en islandais, une bible. La langue islandaise est, à ce que l'on dit, un dialecte de l'ancien runique, et le même qui était en usage chez les anciens normands ou norwégiens. Parmi les caractères de cette langue, il y en a quelques-uns d'hiérogliphiques. On conserve, dans la bibliothèque du roi de Danemarck, les manuscrits de leurs historiens, dont plusieurs sont fort curieux et très-instructifs sur l'histoire du Nord. C'est une chose assez étonnante que ce soit parmi ces demi-sauvages qu'on puisse trouver l'histoire ancienne des Etats du Nord.

Il ne faut point exiger des islandais la politesse européenne; ils agissent avec loyauté, mais directement, sans s'inquiéter de ce qu'on peut en penser. Ils ne connaissent pas plus les commodités de la vie, que la politesse. Ils ne doivent le bois, dont ils ont si besoin, pour adoucir la rigueur du climat, qu'aux vents qui le leur soufflent en quantité sur leurs rivages, des pays éloignés ; avec ce bienfait, ils leur soufflent aussi des monceaux considérables de glaces, sur lesquels sont des bêtes féroces, des ours blancs qui viennent du Groënland; ils sont obligés de les tuer, s'ils ne veulent pas en être dévorés.

Le caractère de ce peuple ressemble à son climat, il est âpre et sévère : un islandais s'amuse quelquefois ; mais il ne rit presque jamais.

Habillement.

Une veste, un pantalon, et par-dessus une grande pièce d'étoffe, le tout fabriqué grossièrement ; tel est l'habillement d'un homme. Les souliers sont de cuir crû, et attachés, avec des courroies, aux jambes.

Les femmes portent aussi une espèce de grand manteau ordinairement noir. Par-dessus la chemise, close par une couture qui cache le sein, elles ont une camisole noire, puis une espèce de casaquin lacé pardevant. Les manches, étroites et longues, tombent jusqu'au poignet. Au haut de la robe est attaché, autour du cou, un petit collier de velours ou de soie. Le jupon descend jusqu'aux pieds. Une ceinture entoure les reins, et, par-dessus le tout, est le manteau. La coëffure est formée de plusieurs mouchoirs autour de la tête et en forme de pain de sucre. On ne porte cette coëffure qu'à l'âge nubile. Les hommes portent un chapeau ou un bonnet.

N.º 31. Ile Minorque.

Situation, productions, etc.

L'ILE de Minorque est située dans la Méditerranée, à quarante lieues des côtes d'Espagne. C'est une des deux îles connues dés anciens sous le nom de *Baléares*, à cause de l'adresse de leurs habitans à se servir de la fronde ; le verbe grec *balein* signifiant cette action. On les distingua en *Balearis-Mayor* et *Balearis-Minor*, de-là son nom de *Minorque*. Elle peut avoir douze lieues de long sur quatre dans sa plus grande largeur. Elle offre un mélange de plaines et de montagnes. Son sol est peu fécond ; il fournirait cependant aux besoins des habitans, si la paresse ne leur liait pas les bras. Ses eaux sont crues ; mais il y a de bon vin. Les légumes y abondent. Les habitans font une espèce de fromage qui se vend fort cher en Italie. Les capres y croissent aux murs. L'île regorge de lapins, et les côtes sont très-poissonneuses. Rien de plus facile aux habitans que de se procurer le sel dont ils ont besoin ; ils remplissent d'eau de mer les cavités des rochers qui sont sur le rivage. Cette eau, cuite et évaporée dans le cours de la journée par l'ardeur du soleil, laisse au fond une quantité plus ou moins grande de sel, que les femmes et les enfans viennent recueillir sur le soir. Le miel qu'y donnent les abeilles est délicieux, à cause des herbes aromatiques qui croissent dans toute l'île. Les chevaux y sont d'une petite espèce, mais, en revanche, les ânes y sont fort beaux ; c'est la monture ordinaire des gentilshommes de l'endroit. On y voit même la course aux ânes, comme en Angleterre on a la course aux chevaux. Le mulet, parent de l'âne, y est aussi d'une grandeur et d'une force peu communes. Au reste, on ne connaît dans l'île ni bêtes fauves, ni lièvres, ni loups, ni renards ; mais une quantité considérable d'oiseaux. Les aigles, dont une partie blancs, peut-être une espèce de vautours, se sont emparé des parties inaccessibles des montagnes, et y ont bâti leurs nids. Il y a aussi des faucons, des hiboux, et des scorpions, qui se glissent dans les bûchers et les maisons, et blessent, de tems en tems, quelques personnes : ils s'attachent à leurs victimes avec leurs serres, replient leur queue vers leur tête, et dardent, à cet instant, de l'aiguillon dont elle est armée.

L'île de Minorque est divisée en quatre petites provinces : celle de Mahon, celle d'Alajor, celle de Mercadal, à laquelle est réuni le district de Fererias et celle de Citadella.

La province de Mahon tire son nom de la ville même de Mahon, aujourd'hui capitale de toute l'île ; cette ville, est située sur une hauteur vers le fond de la baie, longue et étroite, qui forme le port de son nom. Elle fut fondée par les Carthaginois, et elle doit son nom à Magon, frère d'Annibal, qui

M 2

rendit de si grands services à la république romaine. Les maisons en sont allignées et quelques-unes terminées en terrasse. Les voûtes y sont généralement substituées aux planchers, à cause de la rareté du bois. Les maisons du peuple n'ont guère que douze pieds de haut. Le port est un des meilleurs et des plus sûrs de la Méditerranée. Il n'a, à son entrée, qu'une demi-portée de fusil de largeur; sa longueur est de plus d'une lieue.

Habitans et leurs mœurs.

Les minorquins sont robustes, et ont généralement le teint basané, les yeux noirs, les dents fort blanches et les traits réguliers; ils entendent très-bien la mer et sont d'excellens plongeurs. Ceux qui conduisent les troupeaux se servent de la fronde avec la plus grande dextérité, et ne dérogent en rien, à cet égard, de leurs pères. La crudité des eaux les rend assez sujets à la pierre. Nous avons dit qu'ils sont amateurs de la course aux ânes, c'est volontiers tout leur spectacle. Ils ont un amusement qui passe avant tout autre, c'est la danse. En été ils dansent la nuit à la clarté de quelques lampes: en hiver ils dansent dans leurs foyers; mais ils y apportent une espèce de non-chalance qu'on ne devrait pas attendre de leur passion pour ce plaisir. La guitare est l'instrument favori des minorquins; on la voit également entre les mains des hommes et des femmes; c'est un goût qu'ils ont reçu des espagnols, avec leur langue qu'ils parlent. Les amans, comme en Espagne, vont soupirer la nuit sous les fenêtres de leurs maîtresses. Les femmes y sont assez belles, bien faites; elles se marient de bonne heure, et il est assez ordinaire de les voir mères à treize et quatorze ans; mais, à trente, elles cessent de l'être.

L'inclination guerrière n'a point passé jusqu'à eux, mais ils ont pris les superstitions et la paresse des espagnols. Ils ne sont plus que querelleurs et vindicatifs comme tous les hommes lâches le sont. Ils sont très-sobres, mais, comme leurs maîtres, les espagnols, parce qu'ils sont paresseux. Du pain bis et quelques végétaux, suffisent à leur frugalité. Souvent une soupe avec de l'huile, du poivre, de l'ail et de l'oignon, fait le dîner de toute une maison. Ils gardent le mauvais vin pour eux et vendent le bon aux étrangers.

Il ne faut pas parler des sciences, elles sont encore au néant chez eux. Il n'y a pas, dans toute l'île, un homme qui ait la moindre teinture des mathématiques. Les prêtres mêmes y sont de l'ignorance la plus crasse. Une femme qui sait lire et écrire est un prodige. Les prêtres et les moines ont une si grande influence sur l'esprit du peuple, qu'ils l'ont même convaincu de la sainteté de leur habit. Un minorquin ne croirait même pas pouvoir être sauvé, si on ne l'enterrait pas avec un habit de religieux. C'est une chose assez singulière de voir, à découvert, porter en terre une femme avec le froc d'un capucin. Cette sotte dévotion ne rend pas toujours leurs mœurs plus pures; à la vérité, ils ont le climat pour excuse. Les femmes ont toute la complexion amoureuse des espagnoles. Les arts, les manufactures, le commerce sont dans un aussi pitoyable état que les sciences. Les nobles sont trop orgueilleux pour s'en occuper, et les autres classes ont trop peu de facultés pour pouvoir entreprendre.

Habillement.

Les hommes portent un surtout fait en forme de *blouse*, assujéti par une ceinture. Ils jettent, par-dessus, une pièce d'étoffe en forme de manteau; un long pantalon et un chapeau rond.

La jupe des femmes es fort succinte, et leur corsage se boutonne par-devant. Une pièce d'étoffe retombe de leur tête par-derrière jusqu'à leur ceinture.

N.º 32. Malte.

Situation, productions, climat, etc.

MALTE est éloignée de soixante milles du cap Passaro, en Sicile, et de deux cent soixante-dix milles de la côte de Tripoli. Elle est sous le 39e degré de longitude, sous le 34e de latitude, et séparée de l'île du Goze par un détroit de cinq milles de largeur, au milieu duquel s'élève la petite île du Cumin. Malte a soixante milles de tour, douze de largeur et vingt de longueur; l'île du Goze n'a que la moitié de sa grandeur, et celle du Cumin moitié de celle-ci.

La côte méridionale de l'île de Malte n'offre que des écueils et des rochers inabordables; les autres sont garnies de calles sûres et commodes, outre deux grands ports, Marsa et le port Musciet, entre lesquels est située la cité Valette. Les deux plus remarquables sont le port Saint-Paul, vers le nord, et Marsa-Siroco, au levant. C'est dans ce dernier port que débarquèrent les turcs, en 1565, et, le 21 prairial an VI, les troupes françaises du convoi de Civita-Vecchia, aux ordres du général Desaix.

MALTE, la capitale, est divisée en trois parties, qui sont: la *Cité-Valette*, nom du grand-maître qui la fit bâtir en 1566; le *Bourg*, ou la *Cité-Victorieuse*; l'*Ile de Saint-Michel* ou *de la Sangle*, parce qu'un grand-maître de ce nom l'a fait fortifier. Cette ville passait pour imprenable avant l'arrivée des français. L'île du Goze est protégée par une citadelle construite au haut d'un rocher, et par les forts Migiaro et Chambray qui bordent le rivage. La petite île du Cumin a aussi un fort. On trouve à l'ouest de l'île de Malte, un grand nombre de maisons de campagne; et dans la partie de l'est, vingt-deux principaux villages ou casaux. Le Goze six casaux.

Les chaleurs y sont étouffantes au milieu de l'été, et l'hiver le froid y est très-sensible.

Le sol de Malte est une espèce de tuf ou rocher calcaire, recouvert d'une légère couche de terre végétale. L'agriculteur ne parvient à rendre ce sol fertile, qu'en y mettant une couche de fumiers et de cailloux réduits en poussière. Alors il produit en abondance. Les terres ne sont mouillées que par la rosée des nuits. Les maltais s'occupent principalement de la culture du bled et du coton. Malte produit les plus beaux melons de l'Europe. Ses oranges sont également les plus délicieux de tous les fruits; et il n'est pas un pays de l'Univers qui ait des roses dont le parfum soit si doux. L'île est couverte d'orangers, de citroniers, de caroubiers, d'amandiers, de vignes, d'oliviers et de figuiers. Les murs dont les insulaires environnent leurs champs pour garantir les plantations des vents, empêchent l'œil de jouir de l'effet de cette vaste étendue de verdure qui contraste singulièrement avec ces hauts rochers taillés à pic, et rongés de vétusté.

Les ânes de Malte, ainsi que les chiens, sont superbes. Les romains recherchaient ces derniers.

Les campagnes de Malte et du Goze méritent d'être parcourues et examinées par les amateurs des antiquités et des phénomènes de la nature. Les ruines de la tour des Géans, qu'on voit à Goze, ont sans doute traversé bien des siècles. Elles sont comme tous les monumens qui nous restent des peuples primitifs, un assemblage de pierres énormes entassées les unes sur les autres, sans liaison ni ciment. On trouve des restes d'un temple de Proserpine à l'ouest de Mdina.

Origine et révolutions de Malte.

Je ne remontrai pas au tems des mensonges pour chercher l'origine des maltais : qu'importe de savoir qu'elle fût habitée, sous le nom d'*Ipérie*, par des géans qui firent la guerre à Jupiter, et que, changeant ensuite son nom en celui d'*Ogygie*, elle fut l'asyle de la déesse Calypso, qui reçut si bien Ulysse, qu'il en oublia presque sa petite patrie d'Ithaque? Le berceau de chaque nation est entouré de fables; il fallait bien que Malte eût aussi la sienne. Les grecs donnèrent ensuite le nom de *Mélité* à l'île. Sous eux, elle fit un grand commerce de coton, renommé pour sa finesse. Les peuples de la Sicile et de toute l'Italie achetaient ses étoffes. Son gouvernement était presque républicain. Pendant deux cens ans, les grecs furent paisibles possesseurs de Mélité; mais une colonie carthaginoise qu'ils laissèrent s'y établir, s'empara du gouvernement quinze cent vingt-huit ans avant Jésus-Christ. Ses richesses devaient nécessairement tenter ceux qui étaient à même de s'en emparer; les romains la prirent, la perdirent et la reprirent après la ruine de Carthage. Sous ces maîtres elle fleurit, fut presque libre, et porta le nom de *Mélitas*. Ce fut à Mélités que S. Paul, qui allait de Césarée à Rome pour être jugé par l'empereur, échoua à l'entrée de la Calle, qui porte aujourd'hui le nom de port S. Paul, y fut mordu par une bête venimeuse qui ne lui fit point de mal, et convertit à la religion chrétienne tous les habitans de l'île et le gouverneur **Publius** lui-même..... en supposant cependant que les *Actes des Apôtres* ne mentent point. Mélitas suivit le sort des romains: elle perdit sa liberté, sa splendeur, et tomba dans l'oubli. Les vandales la prirent en 454, et furent chassés par les goths. Le grand et malheureux Bélisaire la délivra en 533. En 870, les arabes s'en emparèrent. La même année des grecs, venus de la Sicile, chassèrent les arabes. Les arabes ou sarrasins la reprirent trente-quatre ans après, et n'en furent dépossédés qu'en 1090. Malte ensuite éprouva plusieurs révolutions, eut différens maîtres, et ne joua plus aucun rôle jusqu'en 1516, époque où elle fit partie des vastes domaines de Charles-Quint, l'un des plus grands hommes de l'Histoire moderne. Il sentit de quelle importance elle pouvait être par sa situation, et il conçut le projet d'y établir cette milice religieuse, cet ordre armé connu sous le nom de chevaliers de S. Jean de Jérusalem, qui, après un siége glorieux, venait d'être chassé de l'île de Rhodes par Soliman, et se trouvait alors errant sur les côtes d'Italie. Charles-Quint signa, le 23 mars 1530, le diplôme de donation à l'ordre de S. Jean de Jérusalem; et le 13 novembre même année, les chevaliers prirent possession de l'île, et furent connus par la suite sous le nom de chevaliers de Malte. Leur premier grand-maître, dans cette île, fut Villiers-de-l'Ile-Adam. L'ordre dans les cinq premières années fit une guerre terrible aux turcs, et les inquiéta si vivement que Soliman, irrité, vint à la tête d'une armée formidable mettre le siége devant Malte. C'est ce siége mémorable qui couvrit de gloire les chevaliers de Malte, et particulièrement le grand-maître Jean de la Valette. Les turcs furent obligés de lever le siége, après avoir perdu l'élite de leur armée. L'ordre de Malte répara lentement ses pertes et les ravages de la guerre; et les successeurs de la Valette, jusqu'au grand-maître *Hompechs* qui vient d'être dépossédé, se sont toujours occupés d'augmenter les fortifications de l'île, de l'orner d'édifices, et d'agrandir son commerce, de manière qu'elle ne peut être qu'avantageuse aux français, ses maîtres actuels.

Habitans et leurs mœurs.

Les maltais ayant presque toujours eu parmi eux des étrangers, semblent aussi un composé de plusieurs nations; leur caractère est un mélange singulier de la rigueur africaine, de la hauteur espagnole, de la finesse italienne, et de la gaîté française. Leur langue est également un jargon barbare où l'on retrouve des mots de nombre d'autres langues. Ils vivent en partie de poissons, de fruits et de légumes.

Le peuple de Malte et du Goze est un de ceux de l'Europe qui a le plus conservé de ses anciens usages. Dans leurs funérailles, les maltais font encore marcher deux femmes en mante noire, portant des réchauds sur leurs têtes, où brûlent des aromates et des herbes odoriférantes.

Quand un enfant est né dans une famille aisée, les parens et les amis se rassemblent pour ce qu'on appelle la *cucciha*. On présente au nouveau né, si c'est un garçon, deux corbeilles, dans l'une desquelles sont des confitures et du bled, et dans l'autre de l'argent, une écritoire, une épée;

et, si c'est une fille, des rubans, de la soie et des aiguilles. Les maltais croient que le choix que le hasard lui fait faire, détermine son caractère, son goût et sa vocation.

Les maltais aiment le plaisir, et, les jours de fêtes, sont vivement attendus chez eux ; ils en ont un assez bon nombre. La preuve qu'elles plaisent infiniment aux filles, c'est que, dans presque tous les casaux, comptant probablement assez peu sur la complaisance de leurs maris, elles font stipuler, dans leurs contrats de mariage, qu'ils les mèneront à la *Mnaria*, *à la fête de la S. Jean* et à quelques autres. On voit, d'après leur attention à cette clause, que la liberté dont jouissent les femmes à Malte est très-limitée.

Mais la fête par excellence et la plus desirée, est le carnaval : les gourmands parmi le peuple, et il y en a un bon nombre, attachent sur-tout beaucoup d'importance à l'amusement grossier du mât de cocagne, espèce de combat d'adresse, dont la gloire consiste à enlever des branches d'un arbre le plus qu'on peut de saucissons, de poulets, de jambons, au milieu des gourmandes d'une foule immense et au risque de se casser la tête. Le carnaval se fait du reste à-peu-près comme en Italie.

La Mnaria est la grande fête des habitans de la campagne. Le jour de la S. Pierre, ils se portent en foule au bosquet, jardin du Grand-Maître. On y fait des courses à pieds, à cheval et sur des ânes. On danse dans une grotte spacieuse. Chaque famille, ensuite rassemblée sous un arbre, mange un pâté. On n'entend par-tout que de la musique et des cris aigus ; ces cris expriment la joie à Malte. On célèbre le jour de l'ascension de S. Laurent, par des promenades sur l'eau. Le port, couvert tout le jour et toute la nuit de barques pleines de musiciens, et ornées de banderoles de différentes couleurs, offre aux yeux un spectacle charmant.

Les maltais réussissent assez bien dans la peinture et la sculpture ; mais les lettres ne sont rien pour eux. Ils ont eu quelques morceaux de poésie assez agréables : quelques improvisatrices, par métier, font encore de mauvaises chansons que l'on oublie aussi-tôt.

Habillement.

Le costume des habitans de la ville est à-peu-près le même que celui des peuples d'Italie. Les paysans portent des culottes longues, et, pour chaussure, une espèce de cothurne grossier, dont la semelle est un morceau de peau de bœuf.

Leurs femmes portent une chemise très-courte, recouverte d'un jupon de toile blanche, qui l'est lui-même d'une jupe bleue, ouverte d'un côté ; elles attachent, sur leur tête, un voile qui retombe sur leur sein ; elles ont, en outre, un petit corset lacé.

N.º 33. La Suède.

Situation, climat, etc.

LA Suède s'étend depuis le 28e degré 20 minutes de longitude, jusqu'au 49e, et depuis le 55e degré 20 minutes de latitude, jusqu'au 69e degré 30 minutes. Elle est bornée, au nord, par la Laponie norwégienne; à l'orient, par la Russie; au midi, par le golfe de Finlande et la mer Baltique; et, à l'occident, par la Norwège.

En Suède, l'hiver dure neuf mois; mais l'été, qui lui succède tout-à-coup, n'en est pas moins insupportable par ses chaleurs, qui sont d'autant plus vives, que le froid est à peine oublié. On n'y connaît point ce passage doux, insensible de la saison des frimats à la saison des fleurs et des fruits : la nature se hâte de donner tous ses agrémens à-la-fois. L'air est néanmoins très-sein et favorable à la santé; il n'est pas rare de rencontrer des centenaires.

Le terroir produirait assez, mais les montagnes, les lacs, les forêts qui le coupent, en occupent la moitié. Les troupeaux y sont en grand nombre, mais ils sont d'une petite espèce. On y trouve beaucoup de renards, d'élans, d'hermines, et plusieurs autres animaux, dont les peaux fournissent de très-belles fourrures. Les aigles, les faucons et autres oiseaux de proie y sont très communs. Le plus grand commerce de la Suède consiste en cuivre, le meilleur de l'Univers, en fer, en mâts de vaisseaux, en poix, résine et en fourrures. Le sel et le vin y manquent, et il y vient peu de bled.

Le royaume de Suède fut électif jusqu'en 1523. Il fut ensuite un Etat monarchique et aristocratique.

La Suède se divise en cinq principales parties : au milieu la *Suède propre*, à l'occident de la mer Baltique; la *Gothie*, au sud; la *Laponie suédoise*, au nord; la *Bothnie*, qui occupe des deux côtés les bords du golfe auquel elle a donné son nom; et la *Finlande*, à l'orient du golfe de Bothnie. Chacune de ces parties se subdivisent encore en provinces. C'est dans l'*Uplande*, petite province de la Suède propre ou la *Suénonie*, que se trouve *Stockolm*.

STOCKOLM.

Habitans et leurs mœurs.

STOCKOLM, en latin *Holmia*, est la capitale de la Suède. Elle est située vers l'embouchure du lac Meler, dans la mer Baltique. C'est la résidence

N

des rois. Comme Venise, elle est, en quelque sorte sortie du sein des eaux, elle peut avoir déjà trois siècles et demi ; elle est bâtie dans six îles sur des pilotis : ces îles sont jointes par des ponts de bois qui, à ce qu'on croit, ont fait donner le nom à la ville, *Stock* signifiant un morceau de bois. Elle peut être aussi grande qu'Orléans : elle est bien peuplée, riche et marchande. Il y a, de plus, deux grands faubourgs situés en terre-ferme ; l'un vers le nord de la ville et l'autre au midi, des deux côtés de l'embouchure du lac. Les rues de la ville sont étroites et mal construites ; mais il y en a plusieurs dans les faubourgs, larges et bien percées. Les maisons de la ville étaient de bois, mais aujourd'hui la plupart sont bâties en briques et couvertes en cuivre. Il y a plusieurs beaux édifices dans la ville ; on voit, au palais du roi, la tour de *Trekonor*, au sommet de laquelle il y a trois couronnes de cuivre doré, qui représentent l'ancienne union des trois royaumes du Nord.

Mais le plus bel ornement de Stockolm est son port, qui est sûr, commode et si spacieux, qu'on prétend que mille vaisseaux de haut bord peuvent s'y ranger. Son entrée cependant est difficile.

Stockolm a une académie des sciences et belles lettres, et une académie de peinture.

On trouve dans la même province d'Uplande, la ville d'*Upsal*. Elle fut autrefois la capitale du royaume, et c'est une des plus anciennes villes du nord. On y tient des foires célèbres, pendant l'hiver, sur la glace de la rivière qui est alors fortement gelée. C'est dans la cathédrale de cette ville que les rois sont couronnés : cette cathédrale est couverte de cuivre. Upsal est renommée par son université établie en 1477. Il y a un archevêque qui, quoique riche, ne fait plus la même figure qu'avant l'introduction de la confession d'Augsbourg dans le royaume en 1531.

Les suédois sont bienfaits, robustes et endurcis aux fatigues : ils sont bons soldats. Ils forment aujourd'hui une nation des plus civilisées de l'Europe. L'illustre *Puffendorf*, qui devait connaître sa nation mieux qu'une autre en parle ainsi : « Les suédois, dit-il, ont beaucoup de gravité, et une humeur » réservée qui ne leur sied pas mal, quand elle est tempérée par le commerce » des autres nations ; car autrement elle dégénère en méfiance. Ils ont, en » général, bonne opinion d'eux-mêmes, et du penchant à mépriser les » autres peuples. Pour ce qui est des sciences et des arts, ils ont assez de » disposition pour en apprendre les commencemens et les principes ; mais » ils n'ont pas d'ordinaire la patience de s'y perfectionner ; et comme cette » nation a peu d'inclination pour les métiers, et qu'elle en fait peu de cas, » les manufactures n'y sont guères encouragées, et on y en trouve fort » peu ».

Sous un climat aussi froid que celui de la Suède, l'agriculture est assez difficile ; la terre sablonneuse, mêlée de fer ou marécageuse, la rend plus difficile encore ; mais heureusement le suédois est doué d'une activité qui le met au niveau des obstacles. Il a bien de la peine cependant à tirer de cette terre la nourriture qui lui est nécessaire. Par-tout le besoin est père de l'industrie ; il a inspiré au suédois, pour augmenter la fertilité de son terrein ingrat, de mettre le feu aux buissons ; à la vérité ce moyen, qui n'est encore que celui des sauvages, occasionne souvent des incendies considérables. Les femmes de campagne partagent les travaux de leurs maris.

Les maisons sont la plupart construites de grosses poutres entassées les unes sur les autres, et couvertes de gazons.

La nourriture répond à la simplicité des demeures. Dans les provinces septentrionales, les gens de campagne usent souvent de la racine de l'*aroc* et de celle du trèfle des marais en guise de pain. Les écorces de pins sauvages s'y paîtrissent avec la farine.

On tire encore une autre nourriture des pins. Quand ces arbres ont poussé leurs nouveaux rameaux de la longueur d'un doigt, on enlève l'écorce tout autour du commencement de la branche nouvelle, et on met à découvert les tendres feuilles de son bois. Il en sort une espèce de gelée qu'on enlève avec un couteau; on en paîtrit de petites masses, et on s'en sert, sans autre préparation, pendant que cette espèce de résine est fraîche. Cette nourriture s'appelle *safwa*.

Habillement.

L'habit des gens de qualité, en Suède, ressemble à l'ancien habit espagnol; c'est un justaucorps, une veste, un manteau, un chapeau à la Henri IV, une ceinture autour de la veste, de grandes et amples culottes, des nœuds de ruban aux souliers.

L'habillement des femmes est une robe de soie noire avec des manches de gaze blanche, ouvertes et bouffantes, une ceinture et des rubans de couleur.

Les paysans sont habillés d'un gros drap qu'ils font eux-mêmes. Leurs maisons, quoique de bois, sont bonnes et commodes. La chambre où couche la famille renferme un rang de lits élevés les uns sur les autres. Au-dessus du ciel des lits, où couchent les femmes, il y en a d'autres où couchent les hommes, sur lesquels ils montent avec des échelles.

N.º 34. La Laponie.

Situation, climat, productions, etc.

C'EST à l'extrémité septentrionale de l'Europe que se trouve la Laponie: elle s'étend des deux côtés du cercle polaire, depuis le 65e degré de latitude, jusqu'au 72e, et depuis le 31e degré de longitude, jusqu'au 60e. Elle est environnée de la Mer-glaciale, au couchant et au nord; de la Mer-blanche, au levant, et de la Bothnie occidentale et autres provinces de la Suède, au midi. Trois puissances se partagent ce terrein ingrat et les hommes qui l'habitent; savoir, la Russie, le Danemarck et la Suède.

Une partie de ce triste pays, l'empire des glaces et du froid, celle qui est le plus au nord, a, dans l'année, trois mois de jour et trois mois de nuit tout de suite, et le reste du pays à proportion, suivant que sa situation est plus ou moins septentrionale. Heureusement les aurores boréales, ce phénomène, qu'on n'a point su expliquer jusqu'à présent, viennent couper l'ennuyeuse uniformité de ces longs ténèbres. Sous ce rigoureux climat, le printems et l'automne sont inconnus : les chaleurs succèdent tout-à-coup aux froids. L'herbe croît aussi-tôt, les fleurs naissent, passent, le fruit mûrit, la nature craintive hâte la naissance de ses trésors, et abandonne ensuite la terre aux neiges et aux glaces. Cette terre est peu fertile; maigre, semée de cailloux et dominée par des rochers et des collines, elle est souvent humide, mouvante en beaucoup d'endroits, à cause de la quantité de marais, de lacs, de rivières et de ruisseaux qui l'arrosent : en sorte qu'il n'y a pas assez d'espace pour former des terres propres au labourage; aussi les lapons ignorent-ils absolument l'agriculture; mais il y a beaucoup de pâturages, et le pays est fertile en légumes. On n'y voit pas un arbre fruitier; les arbres les plus communs sont les pins, les sapins, les bouleaux et les saules. Les sommets des montagnes sont arides, pelées, souvent couvertes de neige; quelquefois, mais rarement, on rencontre une vallée embellie d'arbres, d'herbes, de ruisseaux limpides, et donnant une idée des pays plus heureux : sous ce ciel rigoureux, un coin de terre semblable paraît un lieu de délices.

Les rennes sont les principaux quadrupèdes du pays; aussi sont-elles très-estimées des habitans. Les rennes ressemblent aux cerfs en plusieurs choses, sur-tout par le bois; mais elles sont beaucoup plus grandes, et ont beaucoup de ressemblance avec les ânes pour la couleur et la grosseur. Les femelles ne portent qu'une fois l'an et ne font qu'un petit à-la-fois. Elles sont d'un usage infini aux lapons, soit par leur chair, soit par leur lait, qui est épais et nourrissant, soit enfin pour traîner ou porter leurs équipages. Elles marchent avec une grande agilité, faisant douze à quinze milles en hiver sur la glace, par une seule course, dans l'espace de dix heures. Les rennes ne vivent que douze à treize ans, et ne portent qu'au bout de quatre. Les lapons font du fromage avec leur lait, mais il n'est pas possible d'en faire du beurre. Le chien est aussi utile aux lapons, il garde leurs cabanes, leurs rennes, et va à la chasse. Tels sont les quadrupèdes utiles en Laponie.

Il y a aussi des rennes sauvages. Le nombre des ours est assez grand, et il y en a de très-féroces. On y voit des ânes sauvages, des élans, des cerfs, des daims, des loups, qui sont en quantité et dont le poil tire sur le blanc; des castors, des loutres, des renards, des martres, des écureuils, des *gulons*, animaux amphibies, semblables aux loutres, mais plus grands; des hermines, des lièvres gris en été, blancs en hiver. Les oiseaux y sont aussi en quantité. Les rivières, les lacs, les côtes de la Mer-glaciale sont remplis d'une quantité prodigieuse de poissons. Telles sont les ressources de la Laponie, et c'est sur ces productions qu'est fondé son commerce. Il n'y a pas encore long-tems, il se faisait entièrement par échanges; mais maintenant les signes monnétaires y sont connus.

Il ne faut point chercher une ville dans ce pays, il y a à peine un bourg ou deux; mais habités par des étrangers. Le lapon tient à l'habitation qu'il se fabrique, et il la transporte où bon lui semble; il se soucie peu qu'on lui dise: Tu restras là; et il n'a pas moins fallu qu'une loi positive de la part du roi de Suède, dans la partie qui lui appartient, pour faire cesser ces changemens continuels de demeures, qui ne permettaient jamais de baser la répartition des impôts, et qui devaient faire encore long-tems un peuple sauvage des lapons.

Habitans et leurs mœurs.

Quatre pieds et demi font la hauteur d'un lapon. Est-ce l'effet du climat qui resserre les corps et leur permet peu de développemens? c'est ce que l'on croit, mais qu'on ignore.

Leur corps cependant est assez bien proportinoné, quoiqu'ils sont maigres et laids. Leur teint tire un peu sur le noir; mais ici ce n'est point l'effet du climat: sans cesse au milieu de la fumée qui obscurcit leurs cabanes, leur peau prend une teinte noire et sale; leurs yeux s'en ressentent également: ils sont toujours rouges, chassieux et enfoncés; il est assez rare qu'ils ne soient point aveugles dans leur vieillesse. Leur tête est grosse, leur nez court, camus, le menton allongé, la bouche grande et toujours ouverte. Leurs cheveux sont noirs, courts et hérissés; ils n'ont presque point de barbe. Leurs jambes et leurs pieds sont déliés, mais leurs bras sont forts et nerveux. Ils sont extrêmement légers à la course, cependant ils marchent un peu courbé; c'est encore l'effet de l'habitude: car ils restent une partie de leur vie dans leurs basses demeures, assis sur leurs jambes croisées. Ces demeures sont toujours assez éloignées les unes des autres, de manière que les lapons vivent peu en société entre eux. Quelquefois cependant ils se rassemblent, et alors ils sont gais, s'enivrent s'ils ont de quoi, s'amusent à différens jeux; mais ne dansent jamais: suivant eux, cet exercice est ce que l'on a pu imaginer de plus ridicule. Il est à observer que c'est peut-être le seul peuple de la terre qui ne danse point.

Les voyageurs ont soin de nous rapporter des choses surprenantes de leurs opérations magiques; cela veut seulement dire que ces malheureux sont superstitieux et que les voyageurs étaient crédules. Ils ont la guerre en horreur, mais c'est moins par vertu que par lâcheté. Ils sont fort enclins à la paresse, quoiqu'ils aient besoin de toute l'activité possible pour adoucir la rigueur de leur climat. Ils sont plus que rusés dans le commerce; quand ils peuvent tromper, le scrupule les arrête rarement: cependant ils ne volent point et sont charitables: arrangez les contrariétés du cœur humain! Quoique assez portés envers les femmes, ils ne sont point débauchés et connaissent à peine l'adultère.

Ils ont de l'adresse tout ce qui leur en est nécessaire pour faire leurs meubles, les sculpter même, et pour bâtir leurs cabanes. A la vérité ces demeures ne demandent pas, pour leur construction, le génie d'un

architecte. Ce sont des huttes qu'ils placent, à leur fantaisie ou à leur commodité, dans des limites qui leur sont actuellement prescrites ; ces huttes sont sur quatre pieux et se terminent en pyramides. Ils les couvrent de grosses étoffes de laine, et, par-dessus, de branchages, de feuillages et de gazons. Le foyer, qui est toujours allumé, est placé au milieu de la cabane et environné de pierres. Ils étendent des peaux de rennes sur des couches de feuilles d'arbres et couchent dessus : ils élèvent, de plus, sur des troncs d'arbres, hors de leurs cabanes, de grandes armoires, où ils conservent leurs provisions.

Les lapons qui habitent les montagnes vivent du lait et du fromage des rennes, de la chair de ces animaux et de quelques autres, ainsi que de la chair des oiseaux qu'ils prennent à la chasse. Ceux qui sont auprès des lacs, des rivières et de la mer, pêchent beaucoup de poisson, dont ils font provision, en le faisant sécher. Ils aiment sur-tout la chair d'ours : ce n'est que depuis peu de tems qu'ils connaissent l'usage du pain, qui y est encore très-rare. Autrefois ils mangeaient de la viande fraîche toute crue ; aujourd'hui ils la font cuir un peu. Quant à la viande desséchée par le grand froid, ils la mangent ainsi. Ils sont gourmands quand ils le peuvent, mais ils sont sobres avec la même facilité.

Un lapon qui veut se marier, est obligé de faire des présens au père et à la mère de la fille qu'il recherche. Après le mariage, le gendre est tenu de servir, pendant un an, son beau-père, et reste dans sa cabane. Ce tems expiré, le père donne à sa fille les rennes qui lui appartiennent, et lui fait présent de plusieurs autres rennes pour sa dot, et de tout ce qui lui est nécessaire dans sa cabane. Les filles qui ont le plus de rennes sont les plus recherchées, car on connaît l'intérêt chez les lapons comme ailleurs. A la naissance d'un enfant, ses parens lui assurent un certain nombre de rennes, suivant leurs facultés, et tout ce qui en provient lui appartient. Dès que l'enfant est né, on le plonge dans l'eau froide ou dans la neige jusqu'à la tête : on le fait ensuite baigner dans de l'eau tiède, et on l'enveloppe dans des fourrures. Lorsqu'il est grand, son père lui donne l'éducation qu'il lui croit nécessaire, il lui apprend à tirer de l'arc et à pêcher.

Habillement.

Ils ont des habits pour les deux saisons. En été, les hommes portent des caleçons étroits qui descendent jusqu'aux pieds, et un justaucorps de grosse laine qui leur descend aux genoux. Ils ne connaissent point l'usage des chemises. La couleur de l'étoffe est celle de la laine ; mais les riches portent une étoffe plus fine de différentes couleurs ; jamais noire cependant, ils l'haborent. Ils mettent par-dessus une ceinture de cuir, d'où pend un couteau dans une gaîne, avec une poche de cuir de rennes et un sac ou bourse, où ils mettent du fil, des aiguilles, etc. Ils couvrent leur tête d'un bonnet pointu d'étoffe ou de laine. Ils portent des gands et des souliers de peau de renne ; chacun fait, à ce sujet, ce qu'il a besoin lui-même, et les souliers sont usés, comme ils sont faits. En hiver, l'habit complet est de peau de renne, et couvre la tête en forme de capot; souvent même on ne leur apperçoit que les yeux et la bouche; le poil est dehors, de manière que, de loin, lorsqu'ils sont courbés, on les prendrait pour des bêtes fauves.

L'habit des femmes est à-peu-près semblable à celui des hommes, mais un peu plus long; la coëffure seule et quelques ornemens les distingue. S'il est au monde des femmes qui aient besoin de parure, ce sont, sans doute, les lapones: leur coëffure, cependant, n'est pas faite pour embellir leur figure large et leur gros cou.

N.º 35. Le Danemarck.

Situation et productions.

LE royaume de Danemarck s'étend entre le 54ᵉ deg. 30ʹ et le 57ᵉ deg. 30ʹ de latitude, et entre le 25ᵉ deg. 30ʹ et le 30ᵉ deg. 30ʹ de longitude. Il est borné au midi par le duché de Holstein, province d'Allemagne; au nord, par la mer d'Allemagne; au levant, par le détroit du Sund et la mer Baltique. Il est composé d'une grande presqu'île qu'on appelle le Jutland, et qui tient à l'Allemagne par sa partie méridionale, et de plusieurs îles situées au levant de cette presqu'île. La Norwége a été réunie au Danemarck, et dépend actuellement de cette couronne.

L'air du Danemarck est sain, mais froid. L'hiver dure sept à huit mois. Si les froids y sont durs, les chaleurs y sont aussi fort grandes. Le scorbut est la maladie la plus ordinaire du pays. On tire du Danemarck, du bled, des légumes, et sur-tout beaucoup de chevaux et de bœufs d'une fort grande taille; les pâturages y sont excellens. Le gibier y est aussi fort commun: les côtes en sont fort poissonneuses, et on y trouve des mines de fer et de cuivre.

C'est dans l'île de Séelande que se trouve *Coppenhague*. L'île de Séelande est la plus grande du Danemarck; elle est séparée au levant, de la province de Schonen, qui appartient à la Suède, par le détroit du Sund, qui est la clé de la mer Baltique; au conchant, par le grand Belt, autre détroit de la même mer qui la sépare de la Fionie. On croit que l'île de Séelande était connue anciennement sous le nom de *Codanonia*, et que du nom de ses habitans, nommés *codani* ou *godani*, on en a fait *dani* par contraction, et de-là *danois* et Danemarck. Cette île, qui peut avoir vingt-sept lieues de long sur douze de large, a peu de rivières, mais plusieurs grands étangs et d'excellens pâturages: le quart n'est qu'une forêt remplie de toutes sortes d'animaux, et destinés aux plaisirs du prince. Le reste est extrêmement peuplé et très-fertile en seigle, dont le pain est la nourriture du pays. On compte dans l'enceinte de l'île treize villes, plusieurs palais, et nombre de châteaux. Il y a sur les côtes divers ports sûrs et commodes ; mais quoique se livrant au commerce, les habitans, par faute d'activité, ne retirent cependant pas ce que leur situation semble leur faire espérer.

Habitans et leurs mœurs.

Les danois ressemblent beaucoup, pour les mœurs, en général, aux allemands et aux suédois. La noblesse y est brave, et, ce qui est digne de remarque, elle se soucie assez peu de tous ces titres fastueux qui font l'orgueil et le tourment de tous les autres nobles de la terre.

Le peuple y est communément bon, affable, laborieux, ménager. Les hommes y sont bien fait, et les femmes belles et fécondes.

Quelque nom que l'on veuille donner à la condition du paysan danois, il est certain qu'il est soumis à des corvées, qu'il ne possède aucuns fonds, et qu'il ne lui est pas permis de quitter le lieu de sa naissance. Plusieurs rois, et entre autres Chrétien II, voulurent donner la liberté aux paysans et n'en furent point les maitres : la noblesse qui n'y trouvait pas son compte s'y opposa toujours, et a réussi jusqu'à présent dans sa criminelle autorité.

COPPENHAGUE.

COPPENHAGUE, en latin *Hafnia*, est la capitale de l'île de Séelande et de tout le royaume. Elle est située sur un petit promontoire de la côte orientale de l'île. Elle n'est pas fort ancienne, et doit son origine à un fort qu'un évêque de Roschild fit construire contre les pirates en 1168. Plusieurs pêcheurs bâtirent d'abord des cabanes autour de ce fort ; le grand commerce de poisson sec qu'ils firent y attira d'autres marchands qui y bâtirent des maisons. Les habitations se multiplièrent : ce fut une ville ; elle prit le nom de Coppenhague, mot qui signifie *hâvre* ou *port des marchands*. C'est aujourd'hui une des plus belles villes et des places les plus commerçantes du Nord. Elle est, depuis l'an 1443, la résidence des rois. Sa population est estimée quatre vingt mille ames.

Coppenhague est la ville la mieux bâtie de tout le nord ; car si l'on voit à Pétersbourg de plus superbes édifices ; d'un autre côté on ne voit point à Coppenhague de chétives maisons de bois ; l'œil n'y est point choqué par le contraste de la misère et de la magnificence, il y règne plus d'égalité et d'uniformité. La ville est environnée, du côté de la terre, d'ouvrages réguliers ; ce sont des bastions, un large fossé plein d'eau, et quelques ouvrages extérieurs. Les rues sont bien pavées, avec un trottoir de chaque côté ; mais le plus souvent trop étroite pour être d'un usage commode. La plus grande partie des maisons est bâtie de briques, un petit nombre l'est de pierre de taille qu'on apporte d'Allemagne. Les hôtels des grands sont, en général, splendides et bâtis dans le goût de ceux d'Italie.

Le mouvement qu'on observe à Coppenhague annonce une ville commerçante. Le port est toujours rempli de vaisseaux marchands. Les rues coupées par plusieurs larges canaux, au moyen desquels on peut décharger les marchandises devant les magasins qui bordent les quais.

Cette ville doit principalement sa beauté au terrible incendie qui y consuma, en 1728, cinq églises et soixante-sept rues qui ont été rebâties dans le goût mordernes.

Habillement.

L'habillement des danois est tout-à-fait français ; mais il a pris, si nous osons le dire, l'air du pays où il a été adopté.

Les femmes portent volontiers de larges chapeaux de paille, retenus par des rubans qui se rattachent sur le sein.

N.º 36. La Russie.

Situation.

LA Russie est, sans contredit, le plus grand empire du monde ; prise dans sa totalité, elle est bornée, au nord, par la Mer-glaciale et par le détroit de Weigats, qui la sépare de la Nouvelle-Zemble ; au levant, par la mer du Japon ; au midi, par le golfe de Kamchatska, la Tartarie indépendante, la Perse et la petite Tartarie ; et, au couchant, par la Pologne, la mer Baltique, la Suède et la Laponie norwégienne. On voit par-là que cet empire comprend une grande partie de l'Europe orientale, et de l'Asie septentrionale et orientale. Il n'y a guère que deux siècles que cet empire est aussi vaste ; auparavant il était renfermé dans les limites de l'Europe, où sont sa cour et son siége.

Mais, quelques grands que soient ces nombreux Etats réunis par différentes conquêtes, ils sont loin d'être peuplés en raison de leur étendue. Une partie n'est encore peuplée que de hordes sauvages, qui paient tribut et ignorent presque le nom de leurs souverains ; le reste, plus ou moins grossier, est encore en partie dans l'esclavage des nobles. Ce pays immense, quatre fois grand comme la France, contient à peine autant d'habitans.

Origine.

Il y a long-tems que la Russie est un empire ; mais ce n'est que depuis Pierre premier qu'elle joue un rôle. Cet homme fit pour la Russie tout ce qu'un homme actif, ardent, et né avec du génie, pouvait faire ; mais il retarda peut-être son ouvrage en le précipitant. Il voulut créer lorsqu'il ne fallait peut-être que disposer, et suivant l'expression de Rousseau, il fit de ses russes, c'est-à-dire de quelques nobles, des anglais et des français ; le reste demeura dans son ignorance ; il ne put pas même

O

parvenir à lui faire quitter la barbe et l'habit long. Il sut créer les forces de son empire en disciplinant son armée, et la vue d'un petit bateau à voile lui donna l'idée d'avoir une flotte, dont le nom était même inconnu en Russie. Il attira les sciences dans son pays, et fonda la première académie. S'il eût un reproche à se faire, c'est d'avoir répandu le sang.

Catherine première, qui lui succéda, n'ajouta rien à son ouvrage et n'en était point capable. Cette femme, fille naturelle d'un paysan de Livonie, à quinze ans, épouse d'un dragon, ensuite maîtresse du général Bauer et de Menzicoff, puis de Pierre premier, devenue son épouse, et enfin impératrice de Russie, fut, sans doute, un des plus singuliers phénomènes de la fortune; elle n'eut guère d'autre mérite que d'être jolie et de savoir calmer les violences de son mari : elle ne savait ni lire ni écrire. Ses successeurs n'en firent guère plus qu'elle; mais Catherine II, qui avait ravi le sceptre à son inconséquent mari Pierre III, et qui, peut-être, abrégea ses jours, Catherine continua, avec soin, l'ouvrage de Pierre-le-Grand. Son génie le lui permettait, et la Russie s'est ressenti de l'influence de son gouvernement. Elle aima les sciences et les arts, et la plupart des hommes distingués par leurs talens, ont éprouvé sa bienfaisance.

Climat, productions, etc.

Vu la grandeur de l'empire, on n'en peut marquer la température qu'en prenant celle de chaque contrée; mais dans la Moscowie ou Russie propre, le froid y est extrême et l'hiver y est fort long. Le pays est entre-coupé par de vastes forêts, des lacs et des rivières. Les principales richesses des moscowites consistent en bœufs, dont le cuir, si estimé, est appelé *cuir de Roussi*; en poisson salé, en *caviar*, qui est fait des œufs d'esturgeons et qu'on mange en salade comme des hanchois; en pelleteries fines, en lin, en chanvre, en tôle, en suif, en goudron, en cire jaune, en miel, et en mâts de navire plus estimés que ceux de Norwége.

Les principales rivières de la Russie sont le Wolga, l'Oby, le Don, la Dwina et le Jeniscea : ces deux dernières sont considérables par leurs qualités; elles débordent comme le Nil, et procurent la fécondité des pays qu'elles arrosent. Il y a aussi plusieurs lacs; ce sont les plus grands de l'Europe : ceux d'Onéga, de l'Aloga, d'Ilment, de Biéla-Ozero, de Jowannow et de Jesors sont les plus remarquables. Les monts *Stolpe* ou d'Oby, autrefois *Riphées* ou *Kameny Poyas*, en langue du pays, sont presque les seuls qu'on y trouve.

Habitans et leurs mœurs.

Les russes en général sont robustes et d'une taille avantageuse. Celle des femmes est très bien proportionnée, ni trop grande ni trop petite.

On a souvent répété que Pierre-le-Grand avait civilisé son peuple; qu'il l'avait obligé à renoncer à sa barbe, à son habit national; qu'il avait naturalisé dans son sein, les sciences, les arts, etc.

Il faut bien se garder de se former une idée de la Russie sur ces pompeuses descriptions, si on veut la connaître. Pierre premier a fait tout ce que sa force lui permettait de faire ; mais son pays, quelques villes, et une partie des nobles exceptés, est encore aussi barbare qu'on l'était en France au sept et huitième siècles. Les ustensiles de premières nécessités y sont presque encore inconnus, et l'ignorance y est complette.

On divise les russes en quatre classes ; 1.º celle de la grande et de la petite noblesse ; 2.º le clergé ; 3.º les marchands, bourgeois et autres personnes libres ; 4.º les paysans. Dans les trois premières classes sont les hommes libres de l'empire ; la quatrième n'est composée que de serfs ou esclaves. Les nobles, suivant l'esprit de la loi, sont les seules personnes qui peuvent posséder des terres ; quant aux prêtres, par tout ils se distinguent, au moins par quelques côtés ; mais en Russie c'est la classe la plus méprisable du peuple, le plus grand nombre ne sait pas même lire ; mais, en revanche, ils savent s'enivrer.

Les paysans se subdivisent en serfs qui habitent les domaines de la couronne, et en serfs des terres des nobles. Les uns et les autres sont assez malheureux ; il faut qu'ils meurent sur la terre où ils sont nés. Le seigneur de leurs personnes a trop d'intérêt à les conserver pour permettre qu'ils mettent le pied hors de ses possessions. Outre qu'il est obligé de fournir à la couronne le nombre de recrues que l'on exige de lui, et de payer l'impôt dont étaient chargé ceux qui se sont échappés, sa terre en diminue de prix ; car, dans ce pays barbare, un domaine s'estime moins par le nombre d'arpens, que par la quantité d'esclaves qui le couvrent. Certainement un pays, où des loix aussi atroces subsistent encore généralement, est loin d'être civilisés.

Les habitations des paysans sont grossièrement fabriquées en bois : ce sont des troncs d'arbres entassés les uns sur les autres, et ayant leur écorce en dehors, en dedans on les écarit avec une hache seulement, la scie étant encore presque inconnue en Russie. Il est assez rare de trouver un lit dans ces demeures ; la famille, en général, est couchée sur des bancs, à terre ou sur le poêle, espèce de four de brique, qui occupe presqu'un quart de la chambre, et qui est plat par-dessus. Souvent les hommes, les femmes, les enfans sont couchés pêle-mêle ensemble, sans aucun égard à la différence du sexe ou des conditions, et fréquemment presque dans l'état de nature. Dans le milieu de chaque chambre est suspendu au plafond un vase plein d'eau bénite, et une lampe qu'on n'allume que dans certaines occasions. Chaque maison est aussi pourvue de l'image de quelque saint grossièrement barbouillé sur le bois, et qui a d'ordinaire plutôt l'air d'une idole des calmoucks, que la peinture d'une tête humaine. On ne laisse pas de lui rendre les plus grands hommages. Toutes les personnes de la famille, en se levant et en se couchant, se tiennent debout devant cette image, et pendant plusieurs minutes, ils font des signes de croix, de profondes révérences, et quelquefois se prosternent jusqu'à terre ; chaque paysan qui entre dans la maison, commence aussi, avant que de parler à personne, par marquer sa vénération pour cette peinture sacrée. Dans toute la Russie, on suit le rit grec.

O 2

Les paysans sont fort polis les uns envers les autres ; ils ôtent leurs chapeaux quand ils se rencontrent, ils s'inclinent fréquemment et avec beaucoup de cérémonies. Dans la conversation ordinaire, ils gesticulent sans cesse, et marquent sur-tout leur respect à leurs supérieurs d'une manière tout à-fait servile. Quand ils abordent une personne de conséquence, ils se prosternent et baissent leur front jusqu'à terre.

Si l'on veut apprendre à quel degré de civilisation en est le peuple russe, il suffit de citer un exemple qui peut faire voir dans quelle extrême ignorance des mœurs et des bienséances ce pays est encore plongé. Dans plusieurs familles le père marie son fils dès qu'il a atteint l'âge de sept à huit ans, et il lui donne pour femme une fille d'un âge beaucoup plus avancé, afin, dit-on, qu'elle soit plus en état de gouverner le ménage ; mais au fait le père habite avec sa belle-fille, et souvent il en a plusieurs enfans. Ces mariages incestueux, consacrés par une ancienne coutume et tolérés par les prêtres, étaient autrefois plus communs qu'à présent.

Quoique peu musiciens le chant est cependant une des passions des russes. Les postillons chantent d'une station à l'autre ; les soldats chantent pendant tout le tems qu'ils sont en marche ; les paysans chantent en travaillant ; les cabarets retentissent de cantiques, et le soir il arrive au travers des airs, des chants de tous les villages voisins. Mais leurs chansons ne sont ni rimées ni soignées ; chacun chante son idée comme il l'entend ; souvent même ce n'est qu'une conversation accentuée.

PÉTERSBOURG.

SAINT-PÉTERSBOURG est bâtie sur les bords de la Neva, près du golfe de Finlande, et en partie dans les îles qui sont à l'embouchure de ce fleuve. C'est l'ouvrage de Pierre-le-Grand : encore au commencement de ce siècle l'emplacement n'était qu'un vaste marais, habité seulement par quelques pêcheurs.

Aussi-tôt que Pierre premier eut conquis l'Ingrie sur les Suédois, et reculé les limites de son empire jusques aux bords de la mer Baltique, il résolut de faire bâtir une forteresse dans une petite île qui est à l'embouchure de la Neva, afin d'assurer ses conquêtes et d'ouvrir une nouvelle route au commerce. Telle fut l'origine de Pétersbourg. En moins de neuf ans, à dater de la construction de la première hutte de bois qu'on y bâtit, le siége de l'empire a été transféré de Moskow à Pétersbourg. On peut juger de l'autorité despotique de Pierre, et de son zèle pour agrandir et embellir sa capitale, et pour la rendre rivale des autres villes de l'Europe par les détails suivans : En 1714, il ordonna que toutes les maisons, dans l'île de Saint-Pétersbourg et dans le quartier de l'Amirauté, particulièrement celles des bords de la Neva, fussent bâties à la manière allemande, en briques et en bois ; que toutes les personnes de l'ordre de la noblesse et les marchands principaux eussent une maison à Pétersbourg ; que tout grand navire qui entrerait dans le port eût à y apporter trente pierres, les petits dix, et chaque chariot de paysans trois, qu'on emploierait à la construction des ponts et des autres édifices publics ; que les faîtes des maisons ne fussent plus couverts de planches et d'écorces, trop exposées aux incendies, mais de tuiles ou de gazons. Les successeurs de Pierre ont continué à embellir cette ville. Les rues sont, en général, très-larges, sur-tout celles où il y a des canaux. Pétersbourg peut contenir cent trente à cent quarante mille habitans.

C'est dans cette ville qu'il faut chercher les russes que Pierre-le-Grand a civilisés ; c'est-là qu'on retrouve la politesse et l'élégance de Paris et de Londres. Cet empereur désirait si vivement civiliser sa nation, qu'il porta son attention jusqu'à publier des réglemens pour les visites, le jeu, la conversation. Ces singuliers réglemens commencent par la définition du mot *assemblée*, qui alors était si peu connu qu'il fallait l'exprimer par plusieurs mots dans la langue russe. Les maisons des seigneurs russes sont meublées avec beaucoup d'élégance et de goût. On dîne ordinairement à trois heures, et la plus grande délicatesse préside toujours aux repas. On observe la cuisine française, et l'on n'a conservé, à ce sujet, des anciennes coutumes, que l'usage d'offrir aux convives, avant le dîner, quelques plats de caviar, de harengs secs ou marinés, de jambon ou de langue fumée, du pain, du beurre, du fromage, avec différentes sortes de liqueurs, et il y a peu de personnes, de l'un et de l'autre sexe, qui ne prélude au festin qui les attend.

Moscow est l'ancienne capitale de la Russie. Son étendue est considérable, mais elle est déserte en plusieurs endroits. Son ancienne splendeur passa à Pétersbourg.

Depuis l'impératrice Élisabeth, la peine de mort est abolie dans la jurisprudence de la Russie ; on lui a substitué la peine du *knout*. Le knout est une espèce de gros fouet de cuir, dont le bourreau donne au criminel autant de coups que la loi le prononce ; mais souvent ces coups sont si fortement appliqué, ou ils sont si nombreux, que le patient expire, soit à l'instant ou des suites ; et ainsi la loi se trouve illusoire. Après cette peine le coupable est envoyé en Sibérie et employé au travail des mines. Catherine II a aboli la question. Outre le knout on tenaille les narines et on marque à la figure ceux qui ont mérité la peine de mort.

Habillement.

Dans tous ses objets de réforme, Pierre premier n'oublia pas l'habillement : ce fut en quelque sorte le point le plus difficile. Lorsqu'on parla de couper les longues barbes, les russes crurent qu'on voulait les faire renoncer à leur religion. Pierre ne s'inquiéta point de ces murmures, il mit des amendes sur les anciens habits et la longue barbe ; il ne réussit pas mieux. Les trois quarts des habitans ont encore leur barbe. L'empereur fut même jusqu'à la faire couper de force ou par surprise à de vieux *boyards* ou gentilshommes. Enfin sa cour, et une partie des gens distingués prirent l'habit français, et il est aujourd'hui de mode dans les grandes villes. Mais le bas peuple, entêtés comme tous les ignorans qui mettent une grande importance aux petites choses, conserve son costume : la longue barbe, quelquefois le chapeau, mais plus souvent le bonnet de fourrure. Les jambes toujours épaissies par plusieurs pairs de bas et des morceaux de flanelle entourés de cordons, semblent continuellement malades et enflées. A la vérité cette partie du costume est la plus utile dans un pays aussi froid, et où il faut presque toujours marcher dans les neiges. Les femmes entortillent leur tête avec une espèce de linge.

N.º 37. La Forét-Noire.

Situation.

LA Forêt-Noire est la plus considérable de l'Allemagne. Elle est aux confins de la Suisse et de l'Alsace, et n'est qu'une petite partie de celle que les anciens appelaient *forêt Hercinienne*. Elle peut avoir vingt-quatre lieues de long, sur huit de large. Ce n'est sans doute qu'à cause de sa sombre épaisseur qu'on l'a nommée *Forêt Noire*. Ce grand pays d'Allemagne est plein de montagnes qui s'avancent jusqu'au Brisgaw, et qui sont couvertes de grands arbres, sur-tout de pins. Les vallées seules sont abondantes en pâturages.

Tous les sites y ont un caractère prononcé et des teintes fières et sauvages. Une magnifique perspective succède sans cesse à une autre; des montagnes et des chaines de montagnes, des formes extraordinaires, des cataractes, des bois, de petits lacs dans des cavités profondes, des précipices; enfin tout ce que l'on y voit est de ce style imposant que la nature seule connaît, et qu'elle ne permet pas même à l'homme de peindre avec la vivacité qu'il admire. Mais ces sites si beaux pour l'œil admirateur, ne le sont guère pour le triste et pauvre habitant. Cette terre est peu fertile, et les chemins y sont tellement difficile que chaque voiturier met une sonnette à un de ses chevaux pour avertir ceux qui viennent, afin que chacun se place convenablement pour passer. Les couriers se servent d'un cor. Le pâtre attache aussi une sonnette au cou de la vache qui mène le reste du troupeau.

La Forêt-Noire renferme plusieurs villes. *Villengen*, par exemple, est très-jolie, quoique peu considérable. Dans la grande rue, on voit, placée sur une fontaine, la statue de Charles V. *Fleschens*, ville d'Empire, et située dans le territoire de la Forêt-Noire, ne paraîtrait qu'un village, si elle n'était pas fermée de murailles. Près de *Donesching*, autre petite ville non fermée, le prince de Furstemberg possède, dans la cour de son château, la source du Danube. Ce fleuve, considérable dans son cours, pent à peine, à sa source, fournir un mince jet pour arroser les parterres du prince allemand.

Habitans et leurs mœurs.

Les habitans actuels, beaucoup moins aguerris que leurs ancêtres, ne s'alonnent plus à la chasse. Bergers ou laboureurs, le gouvernement féodal et l'ascendant du clergé les tiennent dans une contrainte habituelle, et dans une pauvreté à laquelle ils paraissent accoutumés. Ce n'est que dans les villes et aux environs qu'on trouve des maisons à deux étages. Le rez-de chaussée des fermes est abandonné aux vaches. Le ménage proprement dit, est au-dessus. Le second étage est réservé pour les grands jours. Dans les auberges, c'est l'appartement d'honneur pour les voyageurs distingués.

Les habitans, sur-tout de la partie du duché de Wirtemberg, ne sont pas à beaucoup près ni aussi beaux, ni aussi bienfaits, ni aussi vifs que ceux qui habitent près du *Necker* et dans les vallées voisines. Les hommes y sont grossiers, les femmes jaunes, difformes et ridées dès l'âge de trente ans. Elles se distinguent de leurs voisins par une mise effroyable, et par la mal-propreté la plus rebutante.

Habillement.

La noblesse et la bourgeoisie du pays se mettent à-peu-près comme dans le reste de l'Allemagne. Quant aux basses classes des habitans, et particuli. rement des gens de la campagne, leur costume mérite d'être décrit. Les deux sexes portent un chapeau à quatre cornes, le plus souvent de paille ou de jonc L'habit de l'homme est un gilet blanc pour l'ordinaire, et par-dessus une veste ample à grands pans ; les culottes, très-larges, sont de la même matière, c'est un gros draps, espèce de bure, de couleur brune. Les paysans ne font usage de bou les ni à leurs jarreti res, ni à leurs souliers. Hommes et femmes rabattent, par-dessus le coup-de pied de leurs chaussures, une plaque découpée d'étoffe rouge. Sous la veste, pend une espèce de tablier plissé et garni par le bas.

Les femmes de la campagne se couvrent la poitrine d'une pièce rouge, couverte de plusieurs larges rubans qui se croisent. Par-dessus, une petite camisole, ensuite un jupon, un tablier et une ceinture en forme de petite chaîne.

Les vieillards se font un honneur de porter leur barbe. Ils se couvrent la tête d'un chapeau noir, dont la forme est très-haute, et dont les rebords sont ronds et courts.

N.º 38. La Suisse.

Situation, climat, etc.

LA Suisse comprend une partie de l'ancienne Gaule et de l'ancienne Germanie. Elle est située dans les Alpes, entre la France, l'Empire d'Allemagne et l'Italie ; est bornée au nord par le Brisgaw et le cercle de Souabe ; au levant, par une partie du même cercle et le Tyrol ; au midi, par les terres de Venise, le Milanez et le Piémont ; et, au couchant, par le Mont-Blanc et la France.

Prise en général, la Suisse est un pays peu fertile ; mais où l'air est excellent. C'est un des p'us hauts de l'Europe ; et on ramarque que les trois plus grands fleuves, de cette partie du monde, qui sont le *Danube*, le *Rhin*, et le *Rhône*, prennent leur source ou dans ce pays ou dans les environs. Aussi la Suisse est-elle un pays rempli des plus hautes montagnes, surtout vers les frontières du Tirol, du Milanez et des terres de Venise. Plusieurs de ces montagnes sont couvertes de forêts, que les suisses conservent pour la sûreté du pays.

Sur ces hautes montagnes, qui semblent parvenir au ciel, il n'est pas rare de voir en même-tems régner les quatre saisons de l'année : la cime est couverte de neige et de glaçons, et il y règne un hiver perpétuel ; en descendant, on trouve des prairies couvertes de fleurs comme au printems ; plus bas on y voit des fruits comme en été ; et, au pied de la montagne, on moissonne les champs dans le tems qu'on vendange ailleurs. La montagne d'*Esplugne*, qui sépare l'Italie de la Suisse, a cela de particulier que, du côté de la Suisse, on n'y voit que neiges et glaces, tandis que la verdure et les fleurs s'entremêlent du côté de l'Italie.

Au surplus, les pâturages sont excellens dans ces montagnes, et l'on y élève de très-beaux troupeaux de vaches et de superbes chevaux : c'est la première richesse du pays. Ces croupes de montagnes offrent aux infirmités de l'homme une immense pharmacie entretenue des mains de la nature même ; des plantes médicinales, des vulnéraires renommés. Il y a des mines de fer et d'argent. On y trouve aussi des sources thermales et minérales fort salutaires. Du reste, le commerce n'y est pas très-considérable, si ce n'est à Zurich et à Bâle.

La Suisse, jusqu'à ce jour, où il vient de s'y opérer des changemens, se divisait en treize cantons, qui étaient autant de républiques indépendantes les unes des autres, mais confédérées pour leur conservation respective.

Les religions catholique et protestante y dominent et divisent des hommes que leur amour pour la patrie et la liberté aurait toujours unis. Ulric Zuingle fut le premier qui y prêcha la réformation de Calvin en 1619.

Les

Les treize cantons sont : *Zurich*, *Berne*, *Bâle*, *Schaffouse*, *Lucerne*, *Fribourg*, *Soleure* (ces sept étaient les moins populaires, les formes aristocratiques y dominaient), *Ury*, *Shwits*, *Underwald*, *Zug*, *Glaris* et *Appenzel*. Ces derniers étaient purement démocratiques, et les habitans des bourgs et des villages qui les composaient avaient part à l'administration.

Habitans et leurs mœurs.

Les suisses sont de belle taille, forts et robustes. Leurs femmes sont souvent jolies. Retirés au milieu de leurs montagnes, en quelque sorte séparés des nations qui les avoisinent, ils ont su se conserver long-tems avec les mœurs simples et pures qui conviennent à des républicains, à de fiers amis de la liberté. Peu leur suffit, leur vie est, en général, pleine de frugalité ; leurs mets les plus ordinaires sont le lait, le beurre et le fromage. Leur commerce, avec leurs voisins, les a un peu changés ; les habitans des villes, sur-tout de Fribourg, de Soleure et de Berne, ont pris la plupart les manières françaises. Ils n'aiment pas tant la frugalité, cependant, qu'ils ne l'oublient quelquefois en faveur du vin ; et ils ne sont pas connus pour les moindres buveurs de l'Europe. Ils sont brusques et très-emportés par fois, mais ils ne sont point méchans. Ils aiment leur patrie, et cependant ils ont toujours eu l'habitude d'aller vendre leurs personnes, pour quelques années, au service des princes étrangers ; trafic honteux qu'ils voient sous un autre point-de-vue, parce qu'ils aiment la guerre, et que, chez eux, il est presque humiliant de n'avoir pas été soldat.

Les femmes suisses sont laborieuses, économes et modestes ; elles se plaisent à faire régner le bonheur dans leurs maisons. Leur gloire, dans leur âge avancé, est de se voir mères de plusieurs beaux hommes ; cette gloire est sacrée, la nature l'avoue, et c'est peut-être celle qui honore le plus, parce qu'elle est la plus avantageuse à l'humanité.

Habillement.

Le costume varie un peu dans chacun des cantons ; voici la mode la plus universelle.

La plupart des hommes portent des barbes longues et épaisses. Ils se couvrent la tête d'un chapeau de paille, semblable à celui des femmes, mais dont l'extrême largeur leur donne un air grotesque. On voit cependant aussi des chapeaux à trois cornes. L'habillement consiste principalement en un pourpoint sans manches, d'un gros drap brun, et des chausses bouffantes de coutil, qui sont d'une énorme largeur.

Les femmes tressent leurs cheveux avec un ruban qui pend jusqu'au-dessous de la ceinture. Elles se coëffent d'un chapeau de paille plat et sans ornement, qui leur sied très-bien. Elles ont un corset de drap rouge ou brun sans manches, et une jupe noire ou bleue, bordée de rouge, qui descend à peine au-dessous du genoux. Cette dernière circonstance souffre quelques variantes. Les souliers plats et les bas volontiers rouges.

N.º 39. La Hollande.

Situation.

LA Hollande, proprement dite, est la principale des Provinces ci-devant Unies, et qui étaient au nombre de sept. Elle s'avance en forme de presqu'ile dans la mer du Nord ou d'Allemagne, qui la borne au couchant et au nord ; le Zuyderzée la borne, au levant, avec le territoire d'Utrecht; et elle a la Gueldre avec le Brabant hollandais et la Zélande au midi.

La Hollande est partagée, vers son milieu, en deux parties à-peu-près égales, par le golfe d'*Ye* et par un isthme qui est entre ce golfe et la mer d'Allemagne.

Le mot de *Hollande* est composé de deux mots teutoniques, *hol*, qui signifie *creux*, et *land*, *pays*, *terre*. La partie méridionale s'appelle principalement la Hollande, et, la septentrionale, *Nord-Hollande* ou *West-Frise*. De ces deux parties comprises dans la Gaule Belgique, la première fut occupée par les *bataves*, peuples germains du nombre des *cattes*. Les *frisons* occupèrent ce qu'on nomme Nord-Hollande ou West-Frise.

Le terrein de la Hollande est presque par-tout plus bas que la mer et que le courant des rivières ; ce n'est qu'une prairie continuelle, qui n'est garantie d'une submersion générale que par les dunes et par les digues qu'on entretient avec un grand soin; en sorte qu'il est très-aisé de mettre tout ce pays sous l'eau, en ouvrant les digues, et de le rendre inaccessible. Il est traversé par les embouchures du Rhin et de la Meuse, et par un très-grand nombre de canaux : il y avait autrefois un fort grand nombre de lacs et d'étangs très-étendus. La plupart ont été desséchés.

Habitans et leurs mœurs.

Il n'est peut-être guère possible de trouver un peuple aussi amateur d'argent que les hollandais; mais ne leur reprochons point leur avarice, elle a fait leur fortune; elle les a porté au commerce et leur a ménagé les ressources qui les ont mis à même de le faire avec autant d'éclat qu'ils l'ont fait. Sur un terrein ingrat, ou plutôt sur des sables dérobés à l'empire de la mer, quelles ressources eussent-ils eu sans le commerce, et comment eussent-ils pu l'amener à un si haut point, sans cette sévère économie qui leur permettait à peine de prendre pour leurs besoins sur leurs gains? Ils se sont enrichis au milieu des privations. Mais on convient assez généralement aujourd'hui, que les possesseurs de ces grandes fortunes commencent à vouloir en jouir, et c'est peut-être un malheur pour la nation. Les plaisirs, le luxe et toute sa suite dispendieuse, sont cependant encore bien loin du point où on les voit chez les nations voisines : le caractère

hollandais retient toujours utilement le frein aux desirs qu'un exemple pernicieux pourrait faire naître. Rien de plus simple, d'ailleurs, que l'habillement;
rien de plus simple que l'ameublement; mais si l'on veut voir la propreté
dans tout son empire, c'est en hollande qu'il faut aller : tout y est essuyé
et lavé chaque jour, le plancher, les murs, les latrines mêmes. Cette
propreté a quelque chose de si riant, qu'elle parvient même à déguiser
la misère du pauvre. L'intérieur d'une chaumière en Hollande est loin
d'offrir le triste aspect de celles de nos paysans. Il faut être bien pauvre
pour n'avoir pas sa porte peinte en verd ou en gris, et un rideau de mousseline à sa croisée. Le foyer est toujours brillant; le parois de la cheminée,
ordinairement revêtu de carreaux de fayence peints, est à peine taché
par la fumée, qu'on s'empresse de le laver et de le frotter : on aimerait
infiniment mieux se passer de feu, que de le voir noirci par la suie comme
les nôtres. Cette propreté, quoique belle, est, il faut l'avouer, souvent
extrêmement gênante; c'est l'affaire perpétuelle des femmes. Une hollandaise de la classe commune du peuple, semble n'être née que pour passer
sa vie à laver sa maison. Il lui reste peu de tems pour la coquetterie, aussi
son habillement annonce rarement de la prétention à plaire. En général,
les femmes, quoique petites, sont belles, mais sans expression; peut-être
bonnes, mais sans sensibilité. Leur figure, volontiers d'un blanc matte,
n'a point cette ame qui donne de la beauté à la laideur même. Les hommes
sont assez ordinairement un peu gros, et quelquefois ils forment un peu
de ces charges comme on en voit dans les tableaux de *Teniers*. Ils ne sont
guère sensibles qu'au gain; mais ils n'en sont pas moins bons époux et
bons pères. L'intérieur de leur ménage offre cette union qui doit toujours
exister entre le mari, la femme et les enfans. On y fait peu de bruit.
Pensif, plutôt que réfléchi, le hollandais fume gravement sa pipe, boit
du thé, et dit quelques mots de tems en tems. Dans ce pays, où l'on a
tant imprimé, et où l'on a eu des imprimeurs si distingués, on ne lit
guère. La Hollande fournit bien quelques savans, mais pas un littérateur
de génie. Elle a eu des peintres, mais leurs ouvrages précieux, et d'un fini
qui étonne, sont plutôt le fruit de la patience que d'un talent transcendant.
Ses libraires, dont le commerce était si étendu, n'étaient souvent que
d'avides contrefacteurs et de durs marchands envers les gens de lettres.
Quel attrait peuvent avoir les arts dans un pays où l'on ne rêve qu'au moyen
d'avoir de l'argent, dont on ne se sert pas pour embellir la vie? On vante la
frugalité des hollandais et elle mérite de l'être. Leur boisson ordinaire est
une eau fade où l'on a mis infuser du thé : à la vérité, quand il leur arrive de
boire du vin, de l'eau-de-vie, ou quelqu'autre liqueur forte, ils ne font
pas petite bouche.

Au reste, rien de plus actif que ce peuple, il ne se donne aucun repos:
il sait mettre tout à profit. Il s'est créé une patrie sur le fond de la mer
même, il la dispute encore aux flots; il va chercher des richesses qu'il
n'a point, il sert les autres nations, et vit des services qu'il leur rend; enfin
il doit tout à son industrie et à son activité. Autrefois il sentit son ame
s'échauffer à l'idée de la liberté, il sut faire des sacrifices; depuis il devint

égoïste, ne paya qu'à regret ce qu'il devait à l'Etat ; aujourd'hui un nouvel esprit l'anime : puisse être pour son bonheur !

AMSTERDAM.

Amsterdam, la capitale de la Hollande, s'étend en demi-cercle sur la côte méridionale du golfe d'*Ye*, qui communique, au levant, avec le Zuyderzée, au confluent des rivières d'*Amstel* et d'*Ye*. C'est de la première que cette ville tire son nom, joint au mot *dam*, qui signifie *digue*.

Au commencement du treizième siècle, cette ville n'était encore qu'un château appartenant à un seigneur particulier. Plusieurs pêcheurs trouvant apparemment le lieu à leur guise, y bâtirent plusieurs baraques : un bourg se forma insensiblement. Le commerce de la pêche attira du monde ; le bourg grossit, devint une ville, et fut entouré de murailles en 1470. Cette ville s'est ensuite beaucoup accrue à cause de son heureuse situation pour le commerce, sur-tout lorsque celui d'Anvers y fut transféré, après que les espagnols se furent rendus maîtres de cette dernière ville.

Grâce à l'activité soutenue de ses habitans, Amsterdam s'est vue, non-seulement le centre du commerce des Provinces-Unies, mais celui de l'Europe entière. Ce n'est pas que son port, quoique pouvant contenir plus de mille vaisseaux, soit fort commode, car les plus gros bâtimens n'y peuvent aborder, à cause d'un banc de sable entre la ville et le Zuyderzée.

Le terrain sur lequel la ville est assise, est mouvant, marécageux : aussi toutes les maisons sont-elles bâties sur pilotis. On évalue à plus de trois cens mille le nombre de ses habitans.

Rien de plus agréable que son aspect au premier coup-d'œil. Un grand nombre de canaux la traverse, plusieurs même sont assez larges et assez profonds pour porter de grands vaisseaux avec leur charge. On peut aller en barque sur tous les canaux, et l'on trouve, dans la ville, plus de quatre mille ponts de pierres. Tous ces canaux sont ornés, de chaque côté, d'un grand quai bordé de plusieurs rangées d'arbres. Entre ces quais, il y en a un également planté d'arbres, qui a une demi-lieue d'étendue ; il est le long du port et sert de promenade.

On ne remarque aucune grande place à Amsterdam ; l'hôtel-de-ville est le plus bel édifice.

Les principales villes de la Hollande, proprement dites, sont, après Amsterdam, Leyde, Rotterdam, la Haye. La première est renommée par son université. Rotterdam peut aller après Amsterdam : elle a donné naissance au célèbre *Erasme*, et lui a élevé une statue de bronze que l'on voit sur le grand pont de la Meuse, près de la Bourse. La Haye n'était encore, au milieu du seizième siècle, qu'un village ; mais du moment où on y a transporté les Etats-Généraux, elle s'accrut et devint la ville la plus agréable de la Hollande.

Habillement.

La noblesse hollandaise, qui n'était pas la classe la plus riche, affectait de prendre les manières et la mise des français ; mais les commerçans ont un costume aussi simple qu'ils sont opulens. L'habit est de bon et fort drap, ordinairement de couleur brune. Une petite perruque ronde ou les cheveux plats ; un grand chapeau à trois cornes.

Le costume que nous avons choisi est celui des anciens hollandais ; celui de l'homme de mer, l'ample pantalon, le gilet à manche et le chapeau rond.

Les femmes, en général, la classe brillante exceptée, se mettent sans goût, et ressemblent quelquefois à des paquets.

N.º 40. Villes anséatiques.

Origine et situation.

ON a nommé *Anséatiques* plusieurs villes de l'Allemagne et du Nord, qui s'unirent pour le commerce. *Lubeck* en fut autrefois déclaré la capitale ; aujourd'hui *Hambourg* en est la plus florissante. On compte jusqu'à quatre-vingt-cinq villes qui entrèrent dans cette association ; mais cette ligue commerçante, qui commença par Hambourg et Lubeck, après avoir fleuri pendant trois siècles, est tombée en décadence depuis à-peu-près deux siècles et demi. Il ne reste plus de cette célèbre association que les trois villes de Hambourg, Lubeck et Brême. Elles sont situées dans le cercle de la Basse-Saxe, et sont villes impériales.

HAMBOURG.

Cette ville est une des plus grandes, des plus commerçantes et des plus riches de l'Allemagne. Elle est située dans la *Stormarie*, portion du Holstein, sur la droite de l'Elbe. Ce fleuve, qui est large et profond, y forme un port très-fréquenté, où les vaisseaux du haut-bord peuvent aborder. L'Alster, rivière qui vient du Holstein, après avoir formé un grand bassin, traverse la ville par des écluses, et se jette ensuite dans l'Elbe.

L'origine de cette ville remonte à Charlemagne. Elle commença par un fort que cet empereur fit bâtir pour tenir en respect les peuples du voisinage qu'il avait soumis et qu'il voulait attirer au christianisme. Une ville se fonda auprès de ce château, et *Louis-le-Débonnaire* y établit dès-lors un archevêché. Les normands, dans une de leurs irruptions, détruisirent cette ville, qui fut rétablie quelques années après. Cette ville qui, au commencement, était sous la domination de son archevêque, fut conquise au treizième siècle par Waldemar II, roi de Danemarck, qui la céda à un comte de Holstein, lequel, se voyant engagé dans une longue guerre et pressé d'argent, vendit aux hambourgeois, en 1226, pour cinq cens marcs d'argent, les droits qu'il avait sur leur ville. Dès-lors elle s'érigea en république, et s'associa, pour le commerce, avec Lubeck en 1241. Telle fut l'origine de la *Hanse Teutonique*. En 1618, elle fut déclarée, par la chambre impériale de Spire, ville libre et impériale.

Le sénat de Hambourg est composé de trente-six personnes; savoir, quatre bourguemestres, dont un négociant, quatre syndics, vingt-quatre sénateurs, dont onze sont gens de lettres, treize négocians, et quatre secrétaires. Il y a, de plus, quatre à cinq colléges composés des principaux bourgeois des principales paroisses. La république de cette ville passe de plusieurs domaines, soit en particulier, soit en commun, avec la ville de Lubeck; comme la petite ville de *Bergerdorf*, située sur la Bille, avec un château, à quatre lieues de Hambourg. Les environs sont remplis de jardins et de maisons de campagne fort agréables.

La ville d'Hambourg, au premier aspect paraît fort laide. Les rues en sont étroites et obscures. la populace insolente, grossière et en général fort mal-propre; mais à force d'y être ou peu familiarisé on en pense mieux, et l'on y trouve aussi *bonne compagnie* que par-tout ailleurs. Chez les riches marchands, on trouve du goût, de la propreté, de la magnificence, et quelquefois même de la profusion; mais la principale dépense qui se fait chez eux est celle de la table; ils ne mangent point, comme les habitans de Vienne, avec une grosse gourmandise; mais ils y mettent une recherche et une sensualité qui peut les faire passer pour maîtres dans l'art d'*Apicius*. Chez les plus riches, on change autant de fois de sortes de vins que l'on change de mets : chacun de ces mets a même son vin que la coutume lui rend en particulier. Ainsi, avec de petites fèves, plat qui coûte quelques ducats, et des harengs frais, autre plat qui coûte un guilder, les hambourgeois ne boivent ordinairement que du Malaga; le Bourgogne est le véhicule consacré aux petits pois; les huîtres doivent de toute nécessité nager dans le champagne; et les viandes salées n'admettent que les vins de Porto et de Madère. Il ne faut pas s'imaginer que ces raffinemens n'aient lieu que les jours de fêtes, c'est la nourriture journalière des riches, et leur système de vie répond, dans tous les autres points, à cet exemple. Malgré cette inclination à la bonne chère, le caractère est gai et l'esprit vif. Les hambourgeois comptent des savans et des littérateurs distingués : la botanique et l'histoire naturelle leur doivent quelque éclat. Ils aiment à voyager, et acquièrent aussi cette urbanité de mœurs qui rend un homme, en quelque sorte, de toutes les nations. Les femmes sont belles, douces et plus libres qu'elles ne le sont communément dans les pays protestans.

La rivière d'*Aster* ou *Astersluss* forme, au milieu de la ville, un lac de près de huit cens pas de circonférence. C'est un centre de plaisirs pour Hambourg : dans les belles soirées d'été, ce lac est presque couvert de gondoles qui n'ont pas un aspect aussi triste que celles de Venise. Elles sont remplies de monde, et sont souvent accompagnées de nacelles avec de la musique ; le tout produit un effet admirable, que rehausse encore la promenade très-fréquentée, située sur le bord du lac, et dont la gaîté correspond à celle des gondoles.

La rivière de l'Elbe est d'un grand avantage pour Hambourg, elle a un mille trois quarts de largeur dans la ville, et forme plusieurs îles sur lesquelles on va faire des parties de plaisirs ; car le plaisir et le commerce sont les deux élémens de l'endroit. L'aspect de cette belle rivière ainsi entre-mêlée d'îles et couverte de vaisseaux, est véritablement majestueux.

Le hambourgeois est commerçant comme le hollandais ; mais il en diffère pour le caractère et la conduite. L'un aime autant la dépense que l'autre est parcimonieux. Hardi, entreprenant, le hambourgeois fait plus d'affaires avec peu d'argent, que le hollandois avec beaucoup ; mais aussi il se ruine plus souvent ; et rien n'est plus commun que de le voir riche et banqueroutier tour-à-tour. Un rien le ruine, parce qu'il met peu en réserve, mais aussi il lui faut peu pour se relever, parce qu'il ne craint pas d'entreprendre. On trouve à Hambourg nombre de maisons qui dépensent beaucoup, et peu, cependant, qui soient riches, parce qu'il suffit à chacun d'être au pair avec ses dépenses pour ne s'inquiéter de rien. Aussi-tôt qu'un marchand a gagné cent mille *guilders* (1), il faut qu'il ait équipage et une maison de campagne ; alors il dépense précisément ce qu'il gagne, de manière qu'au moindre choc sa fortune est renversée, mais il ne perd point l'espérance pour cela ; il redevient courtier, puis marchand, puis riche, et peut-être pauvre. Au surplus, personne n'entend mieux le commerce que les hambourgeois.

LUBECK.

Cette ville qui joua un si grand rôle autrefois dans la ligue des villes anséatiques, n'est pas la moitié aussi importante qu'Hambourg quant à la population, à la richesse et au commerce. Elle est située dans la Wagrie, portion du Holstein, à deux lieues de la mer Baltique. Elle fut déclarée libre et impériale en 1181 et 1227. Sa figure est ovale, et elle se trouve placée sur un terroir élevé entre la rivière de Trave, sur laquelle elle a trois ports, et celle de Wacknits. Ses rues, que l'on met au nombre de plus de quatre-vingt, sont la plupart larges, belles, propres et plantées de tilleuls. Son hôtel-de-ville, où est la bourse, est le plus bel édifice. Les maisons y sont en général bien bâties, et ont des jardins sur le derrière.

Le territoire sur lequel domine Lubeck est assez considérable : il est

---

(1) Le guilder vaut à-peu-près 2 francs 20 centimes, monnaie de France.

composé de quelques petites villes et de cent trois villages. Le port de *Trave-munde* sur la Batigne, à l'embouchure de la Trave, en dépend.

Lubeck est gouverné par un sénat, composé de quatre bourguemestres et seize sénateurs, dont les uns sont nobles ou patriciens, et les autres gens de lettres, ou gradués, ou négocians. La bourgeoisie est composée de douze corps ou confrairies, dont le principal ne renferme que les nobles ou patriciens.

Cette ville a eu des savans célèbres, et il ne faut pas oublier de rapporter un prodige né dans son sein, en supposant que le fait soit vrai comme on le raporte : c'est à Lubeck qu'est né *Chrétien-Henri* Heinecken, enfant tout-à-fait extraordinaire par les qualités de son esprit, qui commença à parler à dix mois, qui savait la géographie, l'histoire ancienne et modene à deux ans et demi, s'énonçait en français et en latin avec facilité, et dont le jugement était excellent. Il mourut à quatre ans et quelques mois, le 27 juin 1727.

BRÉME.

BREME est une ville fort riche qui contient environ vingt-cinq mille habitans. Elle est située sur le Weser, à douze mille de son embouchure dans la mer d'Allemagne, et à vingt-deux au sud-ouest d'Hambourg. Le Weser qui la traverse, la partage en vieille et nouvelle ville. Elle est divisée en quatre quartiers, et chaque quartier est gouverné par un bourguemestre et six conseillers. L'hôtel-de-ville et l'arsenal méritent d'être vus.

Le principal commerce de Bréme, qui est très-grand, se fait en fer, lin, chanvre et toile. Elle gagne aussi beaucoup par ses pêches; son commerce d'huile de baleine avec le midi de l'Allemagne, est considérable. Quoique ses habitans soient, en général, obstinés et chagrins, on y trouve des gens fort sociables et fort communicatifs.

Le territoire de la république s'étend à deux lieues aux environs de la ville.

Habillement.

Le costume que nous avons choisi a été pris à Hambourg même; c'est celui du peuple, et nous l'avons préféré, par la raison que nous avons plusieurs fois allégué que toutes les personnes riches de la plupart des villes de l'Europe se mettent à peu-près de même.

L'habillement de l'homme est fort simple, c'est une veste ronde ou gilet à manches. La couleur en est ordinairement foncée, mais relevée par les boutons et les boutonnières, qui sont d'une autre couleur. Le gilet de dessous tranche aussi. Le chapeau est rond à larges bords, et la culotte peut passer pour ample.

Le jupon de la femme est plus succint; il tranche toujours avec son tablier. Son corset, volontiers bleu, est bordé de bandes rouges.

FIN DE LA DESCRIPTION DE L'EUROPE.

TABLE

TABLE des articles contenus dans la Description des principaux peuples de l'Europe.

Q

FIN DE LA TABLE.

A PARIS. De l'Imprimerie de SURET, rue Hyacinthe, n.º 522.

DIVISION GÉNÉRALE DE L'EUROPE.

(Elle est située entre le 9ᵉ et le 61ᵉ degré de longitude ; et entre les 36ᵉ et 72ᵉ degré de latitude septentrionale.)

DANS LE CONTINENT.			SITUATION.
La Moscovie, ou Russie.	les gouvernements de	Saint-Pétersbourg. Revel. Riga. le grand Novogorod. Archangel. Moscou. Smolensko. Kiow. Bielgorod. Woronez. Nis-Ney-Novogorod.	
La Suède.	la Suède proprement dite, les provinces de	Uplandie. Westmanie. Dalécarlie. Néricie. Sudermanie. Ostrogothie.	
	la Gothie, les provinces de	Smolandie. Westrogothie. Wermelandie. Dalie. Hallandie. Blekingie.	
	les Nordlics, ou provinces du Nord.	Gestricie. Helsinglandie. Medelpadie. Thompie. Jemtermanie. Angermanie. Botmie occidentale. Hatmlach.	
Le Danemarck.	la presqu'île du Jutland. la partie la plus septentrionale de la Laponie.	
La Norwège.	les gouvernements de	Bergue. le midi-sen. Wardhus.	
La Tartarie-Europ.	la Tartarie de Nogay. la Crimée, ou Tartarie-Europ.	
La Pologne.	la grande Pologne, les provinces de	
	la petite Pologne, les provinces de	
	la Lithuanie, les provinces de	
	les duchés de Curlande et de Semigallie.	
L'Allemagne.	les Cercles de	
Les Pays-Bas.	la Hollande, ou la république Batave.	
	la Belgique, ou les Pays-Bas ci-devant Autrichiens.	
La Turquie en Europe.	les provinces de	Moldavie. Valaquie. Bosnie. Servie. Bulgarie. Croatie. Dalmatie. Albanie. Macédoine. Thessalie. Romanie. Livadie. Morée.	

DANS LE CONTINENT.			SITUATION
La Hongrie.	la Hongrie propre. la Transilvanie. l'Esclavonie et partie de la Croatie.	
L'Italie.		
La Suisse.	Avant sa révolution elle comprenait	Zurich. Berne. Lucerne. Uri. Schwitz. Underwald. Glaris. Zug. Fribourg. Soleure. Schafouse. Appenzell. les Grisons. Genève.	
	les républiques	Bâle. ...
	Abbaye de Saint-Gall. Principauté de Neufchâtel et de Valengin.	

LA RÉPUBLIQUE FRANÇAISE.

L'Espagne.	la Castille, les provinces de		
	l'Aragon, les provinces de	Aragon. Catalogne. Valence.	
Le Portugal.	les provinces de	Entre-Minho-e-Douro. Tra-los-Montes. Beira. Estramadure portugaise. Alentejo. les Algarves.	

DANS LES MERS.

Dans l'Océan.	Isles Britanniques.	Grande-Bretagne. Irlande.	Angleterre proprement dite. Pays de Galles, etc. Écosse.
Dans la Méditerranée.			

À l'Imprimerie, rue Neuve-St-Roch, n°. 50.

Description

des principaux peuples

de l'Asie.

DESCRIPTION
des
PRINCIPAUX PEUPLES
DE L'ASIE,

CONTENANT le détail de leurs mœurs, coutumes, usages, habillemens, fêtes, mariages, supplices, funérailles, etc.

Accompagnée d'un tableau représentant les différens peuples de cette partie du monde, chacun dans le costume et l'attitude qui lui est propre ; entouré des productions du climat, etc. etc.

Et encadré d'un arabesque composé des différens attributs propres au pays.

PAR JACQUES GRASSET-SAINT-SAUVEUR, ancien Vice-consul de France en Hongrie et dans le Levant.

À PARIS,

Chez l'Auteur, rue Coquéron, maison de France, derrière la Poste aux lettres.

à Bordeaux,

Chez la citoyenne SAINT-SAUVEUR, sous le péristile de la grande Comédie.

Et chez les principaux Libraires de Paris et des Départemens.

AN VI DE LA RÉPUBLIQUE FRANÇAISE.

DIVISION GÉNÉRALE DE L'ASIE.

(Elle s'étend depuis le 12ᵉ degré de latitude méridionale, jusques vers le 77ᵉ ; depuis le 58ᵉ degré de longitude, jusqu'au 202ᵉ.)

DANS LE CONTINENT.			POSITION.	SITUATION.
Tartarie Chinoise.		Orientale. le pays des Tartares Mant-Cheoux.		Du 108ᵉ degré de latitude
		Occidentale. le Léaoton. le pays des Mongous ou Mogols.		au 15, et du 111 au 125 degré de longitude.
Tartarie indépendante.		Orientale. Etats du grand Kan des Kalmouks. le Turquestan. le pays des Usbecks.		Du 30ᵉ d. de lat. au 51, et du 75 d. au 110 de longitude.
		Occidentale. le Daguestan. la Circassie et divers autres peuples libres habitans autour du mont Caucase.		
Tartarie Russienne.		le gouvernement d'Astracan. celui de Casan. la Sibérie.		Ouest d. de lat. au 77, et du 58 d. long. au 80 d.
Au Nord.	les provinces de	Pe-tche-li ou Pékin. Chansi. Xansi. Honan. Chang-tong.		
		Nanghing. Chekiang. Kiang-si. Fokien.	de l'Est à l'Ouest.	Du 72ᵉ degré de longitude, et 110 au 120 de latitude.
Au Sud.	les provinces de	Huquang. Quansi. Quantong. Quei-cheu. Yunnan. Suchuen.		
Etats du Grand-Mogol.	les royaumes de	Deldi. Agra. ..... Bengale.	dans les Terres.	De 78ᵉ d. de longitude au 100, et du 19 d. au 37 de latitude.
Presqu'île de l'Inde, en-deça du Gange.	les royaumes de	Visapour. Golconde. Bisnagar. Malabar.	au Nord. dans le milieu. vers le Sud.	La partie la plus méridionale est à 5 deg. de latitude.
Presqu'île de l'Inde, au-delà du Gange.	les royaumes de	Pegu. Tunquin. Cochinchine. Siam. .... Mérid	du Nord au Midi.	La partie la plus méridionale est à 5 deg. de latitude.
Au Nord.	les provinces de	Servan. Kilan. Chervan.		
Au milieu.	les provinces de	Erachtroan. Sablestan. Sitistan.	de l'Ouest à l'Est.	Du 50ᵉ degré 1/2 de longitude au 95, et du 22 degré au 44 de latitude.
Au Sud.	les provinces de	Chusistan. Fars. Kirman. Makran.		

DANS LE CONTINENT.			POSITION.	SITUATION.
L'Amasie ou la Natolie	les provinces de	Natolie proprement dite. Amasie. Caramanie. Aladuly.	au nord de l'Ouest à l'Est.	
	Syrie.	les provinces de	Syrie proprement dites. Phénicie. Palestine, ou Terre-Sainte.	au Sud de l'Ouest à l'Est.
Turquie d'Asie.	Arabie.	les provinces de	Bierara, ou Arabie-Déserte. Barrah, ou Arabie-Pétrée. Hagia. Mecca. Hyaman, Madranam, en Arabie-Heureuse. Donan. Babelon. Iuhamu.	du Nord au Midi.	Du 45ᵉ degré de long. au 75, et du 12 au 32 degré de latitude.
	Sur les bords de l'Euphrate.	les provinces de	Diarbeck. le Diarbeck proprement dite. Eradanan. Yerach. Turcomanie. la Turcomanie proprement dite. la Curdistan.	de l'Ouest à l'Est.	
	Giorgie.		la Mingrélie. la Gurgistan.		

DANS LA MER.				
ILES DU JAPON.		le Japon. l'île de Ximoo, ou Tonsel. Bungo, etc. l'île de Niphon, etc.	du Nord-Est au Sud-Ouest.	Du 30ᵉ d. de latit. sept. au 41, et du 161 degré de long au 185 de long.
ILES PHILIPPINES		Lucon ou Luconia, où est Manille. Mindanao. Mindanao.	du Nord au Midi	Entre les 7 et 20 degré d'un côté, et les 139 et 155 degré de longitude.
ILES MOLUCQUES.		Ternate, l'île de Gilolo. Célèbes. l'île de Gérnan. Amboine, etc.	de l'Ouest à l'Est.	Par 1 et 20ᵉ à sud de lat. et du 150 et 160 deg. de long.
ILES DES LARRONS ou ILES MARIANNES.		Guan ou Guaham. Tinian. Pagon, etc.	du Sud au Nord.	Par 12 au nord degré de latit. et 155 au 160 méridien.
ILES DE LA SONDE.		Borneo. Sumatra. Java, etc.	sous l'Équateur. au Sud des autres	Du 18 au 110ᵉ degré de latit. mérid. et 95 au 140 cinq midi.
ILES MALDIVES ; nombreuses et petites : la principale est MALÉ.				Elles se trouvent 8 deg. au Sud, du 86ᵉ degré de long.
ILES DE CEYLAN, où l'on trouve sept royaumes : CANDI est le plus considérable.				Elle s'étend d'un côté, le 65ᵉ degré de longitude, et les 5 et 9 midi.

LE CONTINENT.			POSITION.	SITUATION.
	Tar	les provinces de	Natolie proprement dite......... Amasie............. Caramanie........... Aladuly...........	au nord de l'Ouest à l'Est au Sud de l'Ouest à l'Est.	
		les provinces de	Syrie proprement dite. Phénicie. Palestine, ou Terre-Sainte......		
TARTARIE.	Tar	les provinces de	Beriara, ou Arabie-Déserte....... Barraab, ou Arabie-Pétrée...... Hyaman, ou Arabie-Heureuse. { Hagia. Tehama. Hadramut. Serer. Oman. Bahraïm. Juhama.	du Nord au Midi....	Du 43me deg. de long. à 67, et du 19 degré à 44 de latitude.
	Tar Au	les provinces de	Diarbeck.... { le Diarbeck proprement dit. Erzerum. Yerrack. Turcomanie... { la Turcomanie proprement dite. le Curdistan. Géorgie. { la Mingrélie. le Gurgistan.	de l'Ouest à l'Est....	
CHINE....	Au				

				POSITION.	SITUATION.
	État		le Japon........ l'Ile de Xicoco, ou Tocoesi.... Bongo, etc. l'Ile de Niphon, etc.	du Nord-Est au Sud-Ouest.........	Du 30e d. de latit. sept au 41, et du 2e merid au 161 de long.
INDE....	Pres. en		Lnçon ou Luconia, où est Manille. Tandaye. Mindanao..	du Nord au Midi....	Entre les 17 et 20 degr. 6 de latit. et les 131 et 7 5 de longitude.
	Pres. au		Ternate. l'Ile de Gilolo Célèbes. l'Ile de Géram. Amboine, etc.	de l'Ouest à l'Est....	Du 2 au 10e degré de la et du 126 au 152 deg. de longitude.
	Au I	IARIANNES.	Gnan ou Guahan. Tinian. Pagon, etc.	du Sud au Nord.....	Du 12 au 20e degré de latit à le 149 méridien les traverse.
PERSE...	Au m	Bornéo. Sumatra. Java, etc.		sous l'Équateur..... au Sud des autres...	Du 6 au 10e degré de lat. mérid., et du 113 au 131 de longtud.
		t petites : la principale est MALE.			Entre le 8 degré de l'tit. sept. et le 4 méridi., et le 9 et 110 de longit.
	Au S	uve sept royaumes : CANDI est le plus considérable.			Entre e degré, 1 ½ de sept. ent. et le 10 mérid, et les 113 et 134 de long.

DE L'ASIE.

L'ASIE, sous tous les rapports, doit attirer nos regards. Les plus anciens historiens, à travers l'ignorance et les préjugés de leur tems, nous la montrent comme la source du genre-humain, la première patrie des hommes ; et quoique l'on ne puisse rien distinguer au-delà des limites qu'ils semblent avoir posées à la vie du monde, on pressent néanmoins une longue suite de siècles dont il ne nous reste qu'un souvenir informe, mais suffisant pour nous donner encore une grande idée de ce qui est caché dans ces brouillards. L'Asie a vu naître dans son sein les premiers efforts de la sagesse ; et la superstition y a pris toutes les formes. Ses mages, ses gymnosophistes, ses brachmanes ont répandu leurs lumières et leurs préjugés ; et, quoique incertaines et presque toujours fausses, les sciences s'y sont élevées avec gloire dans des tems où elles n'étaient pas même soupçonnées des autres nations de la terre. Sans doute l'Asie ne dut ces avantages qu'à la beauté et à la fertilité de quelques-unes de ses contrées ; et où l'homme pouvait-il trouver plus facilement des alimens plus sains, plus agréables, et en plus grande abondance que sur les rives du Gange ? Tranquille et n'étant point forcé de déclarer la guerre aux animaux pour sa nourriture, il multipliait et trouvait le tems de former ces conjectures qui, par la suite, deviennent la base de nos connaissances. Il était donc naturel que l'Asie fût le berceau du genre-humain et des sciences. Mais cette question, qui serait l'objet d'un autre ouvrage, ne rentre point dans le plan de celui-ci, où l'on ne peint pas l'homme tel qu'il a été ou pu être, mais tel qu'il est actuellement.

Cette partie du monde, quoique beaucoup plus étendue que l'Afrique, est cependant d'une division plus facile et plus simple, parce que ce vaste territoire n'est point morcelé en quantité de petits États.

Pour mettre de l'ordre dans nos tableaux, nous ferons une description rapide ; en conséquence :

L'Asie septentrionale, donne le pays des Samoïedes, la Russie asiatique, la Tartarie russienne, et le Kamtchatka ;

L'Asie orientale, donne la Tartarie chinoise et la Chine ;

La méridionale, le Mogol et les Indes, l'Indostan, la Turquie d'Asie, la Perse et les trois Arabies ;

Le centre de l'Asie n'offre que la grande Tartarie et des déserts.

L'Asie est bornée au nord et à l'est par l'Océan ; au midi, par la mer des Indes ; à l'est, par l'Europe, l'Afrique, la Méditerranée et la Mer-Noire ;

Ses plus hautes montagnes sont le Caucase et le Taurus ;

A 2

DE L'ASIE.

ł Ses principaux fleuves sont l'Oby, le Kiang, le Gange, l'Indus, le Tigre, l'Euphrate, le Len et le Jenissea ;

Ses lacs principaux, la mer Caspienne, le Kithan en Tartarie, et le Chiamay dans l'Inde;

L'Inde se subdivise en deçà et au-delà du Gange, et les États du Mogol ;

La Turquie asiatique, en Natolie, Stirie, les trois Arabies et les provinces de l'Euphrate.

Les mers de l'est et du sud de l'Asie sont parsemées d'îles qui sont de sa dependance ;

A l'est, se trouvent les Philippines, les Moluques, les Mariannes ou les îles des Larrons, et celles du Japon ;

Au sud, les Maldives, celles de la Sonde.

Que l'Asie ait reçu, ou non, les premiers hommes, nous sommes loin de vouloir le décider. Ce n'est qu'une conjecture qui n'a pour elle que quelques probabilités. Car outre la communication que plusieurs voyageurs ont découverte entre le nord de l'Amérique et celui de l'Asie, d'après la seule inspection d'une mappemonde, il est aisé de voir qu'une grande révolution physique a, pour ainsi dire, déchiré le globe; les îles en sont les lambeaux floitans, et dispersés sur l'Océan. Les hachures du continent et le rapport des angles saillans et rentrans, semblent attester que la terre fut d'abord d'une seule pièce, ne formant qu'une seule île. Depuis Malaga, qui est le point le plus méridional, jusqu'à son extrêmité septentrionale, l'Asie compte plus de quinze cents lieues, et guères moins de deux mille trois cents depuis le détroit des Dardanelles, à l'ouest; jusqu'à l'endroit le plus oriental du Kamtchatka.

Les langues qui ont le plus de cours en Asie, sont l'arabe, les langues chinoise, tartare, japonaise, arménienne, celles des malais, du guzarate et du malabar. Les cultes principaux sont l'idolatrie ou le paganisme, la religion mahométane et la juive. Le christianisme et ses différentes sectes n'y dominent pas. Le soleil, la première divinité des hommes, y compte un grand nombre d'adorateurs.

Quant à l'origine du nom que porte cette partie du monde, Hérodote prétend que l'Asie a pris son nom d'*Asies*, fils de Cotys, et petit-fils de Manès, roi de Phrygie, ou de la Méonie, ou de la Lydie. Ce Cotys eut en partage la province voisine du mont Témolus, et y fonda une ville nommée *Asia*.

D'autres anciens, pensent que l'Asie a pris son nom de la nymphe Asia, mère de Prométhée, et femme de Japhet.

Les scythes ont possédé plusieurs fois l'empire de l'Asie. Justin, dès le commencement de son livre, parle de leur roi Tanaïs, comtemporain de Vexeres, roi d'Egypte. Le même historien dit, au second livre, que toute l'Asie a été tributaire des scythes pendant cent cinquante ans, et que c'est Ninus, roi des Assyriens, qui l'en a affranchie le premier.

Strabon, livre XV, atteste qu'Idanthyrsus, le scythe, avait conquis l'Asie jusqu'au Nil.

Hérodote, que nous avons déjà cité, nous a conservé un usage religieux de ces rois de toute l'Asie; ils faisaient toujours porter du feu devant eux. Ammien Marcellin, parlant de cette coutume, la fait naître d'une tradition asiatique qu'avaient ces rois, que ce feu qu'ils conservaient pour cet usage, et dont ils faisaient porter une portion dans des foyers, était descendu du ciel, sur la terre d'Asie. Quinte-Curce ajoute que ce feu éternel et sacré, était porté dans la marche de leurs armées, à la tête des troupes, sur de petits autels d'argent, au milieu des mages qui chantaient des hymnes.

Les anciens ne connaissaient que trois parties du monde: l'Asie, l'Europe et l'Afrique. L'étendue de la première égale celle des deux autres ensemble: par conséquent, la température doit y être variée. Là, elle est fort douce et toujours égale. Ici, le froid est excessif. A l'autre extrémité le poids de la chaleur est insupportable.

On sait que les quatre grandes et premières monarchies qui occupent l'histoire de l'ancienne Asie, sont celles des Perses, des Mèdes, des Assyriens et des Babyloniens.

L'Asie a joué long-tems un grand rôle dans l'Univers; il ne lui en reste plus que le souvenir. Sans parler de ce grand peuple primitif, dont il n'existe aucune mémoire, elle brilla et ne fit que trop de bruit pendant la monarchie des assyriens, dont Bélus est regardé comme le fondateur, et qui vit sa fin sous le règne de Sardanapale, d'infâme mémoire. Cet empire passa ensuite aux mèdes, par Arbace, jusqu'au prince Astiages; puis aux perses, par Cyrus, jusqu'à Darius; et enfin aux grecs, par Alexandre - le - Grand. Les parthes y établirent aussi un empire très-puissant, qui se termina sous l'empereur Alexandre-Sévère, et qui retourna aux perses jusqu'à ce qu'il fût comme enseveli par les sarrasins et les turcs. Quantité d'autres révolutions ont agité ce vaste territoire.

Les scythes traversèrent une fois le Tanaïs ou le Wolga, grand fleuve qui sert de limites à l'Europe et à l'Asie, et pillèrent celle-ci, qui, long-tems après, reconnut Mahomet Ier pour son vainqueur et conquérant. Les braves gaulois, sous la conduite du vaillant Brennus, s'emparèrent aussi d'une grande partie de l'Asie.

Le sol de l'Asie est fécond en productions de toutes espèces: parfums, épices, métaux, perles, pierres précieuses; le commerce y organise ses spéculations sur tout. On en exporte, de tems immémorial, de l'encens, de la myrrhe, divers baumes, de la canelle, du gingembre, de la casse, des résines, du musc, des bois odoriférans, du cinamomum, et ces belles perles de l'Orient, d'une eau si pure; beaucoup d'or et d'argent; et enfin le café et le thé.

L'espèce humaine y subit, selon les climats qu'elle habite, des variétés du blanc au noir, dont on pourrait tirer une échelle curieuse, ainsi que divers degrés d'intelligence dont elle est douée; assurément le kamtschadale ne ressemble pas à l'habitant du Gange, ni le chinois à l'arabe.

Il en est de même des animaux. On y en voit de toutes les formes, de tout poil; et tous, différens d'instinct comme de force. Tous les grands quadrupèdes de l'Afrique s'y trouvent : ce qui avait porté les anciens à ne diviser le monde qu'en deux parties, l'Asie et l'Europe. Quelquefois aussi, ils en ont reconnus quatre, l'Asie et l'Europe, l'Afrique et l'Egypte ; d'autres fois encore, on lit sur leur cosmographie, Asie et Afrique, Europe et Grèce.

Cependant quoique les habitans de l'Asie varient dans leurs mœurs et leurs caractères, selon les climats, ils conservent encore des vestiges de leurs habitudes primitives, peut-être parce que la température n'est pas changée.

En général, les asiatiques sont mous, indolens, amis du faste, lents et patiens. Si le despotisme y est dans ses beaux jours, c'est que les gouvernés sont trop paresseux pour secouer le joug et briser leurs chaînes. Ils sont sobres, mais superstitieux ; hospitaliers, mais jaloux. L'habitant des montagnes a moins dégénéré.

L'Asie est le pays natal des belles femmes, mais elles y sont inconstantes, et ont de grands besoins. Leur condition n'est cependant pas si malheureuse qu'on le croit en Europe. Si les sérails sont des prisons, ces prisons sont des paradis terrestres, et l'amour sait y tromper les muets et les eunuques, comme il trompe les maris et les mères dans d'autres contrées.

PRINCIPALES VARIÉTÉS

NATURELLES ET FACTICES

DE L'ESPÈCE HUMAINE EN ASIE.

Variétés naturelles.

LES tartares septentrionaux de l'Asie, ont le visage large et plat, le nez écrasé ou camus, l'iris de l'œil jaune-brun, tirant sur le noir, les paupières retirées vers les temples, les joues très-élevées, la bouche fort grande, le bas du visage étroit, les lèvres grosses et relevées, la voix grêle, la tête forte, les cheveux lisses et noirs, et la peau basanée. Ils n'ont que quatre pieds de haut, et sont trapus, quoique maigres.

Les samoïedes sont plus trapus que les lapons : tête plus grosse, nez plus épaté, teint plus obscur, plus foncé, jambes plus courtes, genoux plus en dehors, moins de barbe, mais les cheveux plus longs.

De tous les tartares asiatiques, les plus laids sont les calmoucks, l'aspect de ceux-ci a quelque chose d'effroyable. On ne peut pas porter une figure plus difforme. Leurs yeux sont infiniment petits ; et d'un œil à l'autre on compte cinq ou six doigts d'intervalle Le peu qu'ils ont de nez est si plat qu'on n'y voit que deux trous au lieu de narines ; ils ont les genoux tournés en dehors et les pieds en dedans.

Les tartares mongoux, conquérans de la Chine, sont un peu moins laids, moins mal organisés ; mais, comme leurs voisins, ils ont la barbe noire ou rousse.

Ceux de la Crimée, d'Astracan à Cuban, ont les épaules larges, le flanc étroit, les membres nerveux, les yeux noirs, le teint basané.

Les chinois ont tous les membres bien proportionnés ; ils sont gros et gras. Visage large, tête ronde, petits yeux, sourcils grands, paupières élevées, nez petit et écrasé ; sept ou huit épis de barbe noire à chaque lèvre, fort peu au menton. Dans les provinces de ce vaste royaume on rencontre d'assez beaux hommes ; grands, droits, chargés de peu de graisse, nez assez large, élevé dans le milieu, lèvres déliées, le teint couleur de cendre. D'autres ont l'œil ovale, la taille épaisse, le teint jaune, le nez gros et fait en forme de nèfle.

Les femmes chinoises ne sont pas mal ; leur teint est beau, leur bouche vermeille.

La taille des petits tartares est communément de quatre pieds huit pouces et gros. Leur teint est rouge et basané ; leur visage carré.

Les chinois de Nanquin, établis dans la Tartarie, ont la tête enfoncée dans leurs épaules, et les jambes cagneuses.

Les japonais sont plus jaunes ou plus bruns que les habitans de la Chine. Ils sont de forte complexion. Taille ramassée ; du reste, comme leurs voisins.

Au pays d'Yesso, vers le nord du Japon, les asiatiques ont le corps court et gros ; cheveux hérissés et longs, œil noir, front plat, teint un peu moins jaune que le japonais : ils sont velus, même au visage.

Les tonquinois sont de moyenne taille, teint basané comme celui des indiens ; mais la peau belle, et si unie qu'on peut s'appercevoir du moindre changement qui arrive sur leur visage, quand ils pâlissent ou rougissent ; ce qu'on ne peut distinguer sur le visage des autres indiens : ils ont les lèvres bien proportionnées, les cheveux noirs, longs et fort épais ; la peau un peu olivâtre.

Le siamois est plus petit que grand ; il a le corps bien fait ; la forme du visage tient moins de l'ovale que de la losange : il est large, élevé par le haut des joues, le front se rétrécit tout d'un coup et se termine autant en pointe que leur menton ; l'œil petit et fendu obliquement. On dirait qu'il clignote toujours ; le blanc de l'œil jaunâtre, les joues creuses, parce qu'elles sont trop élevées par le haut ; la bouche grande, les lèvres grosses, le teint grossier, d'un brun mêlé de rouge, ou bien d'un gris foncé ; nez court, arrondi par le bout ; grandes oreilles, mais naturelles et point factices ; les cheveux gris, noirs et plats ; peu de barbe.

Au royaume de Pegu , même configuration ; mais la couleur plus basané.

Les asiatiques d'Aracan , ont les narines larges et ouvertes ; œil petit, mais vif.

Les peuples d'Achem, ont le visage plat et sont de couleur olivâtre.

Dans l'île de Sumatra, on porte de longs cheveux fort lisses ; on a un teint aussi jaune qu'au Brésil.

Les malais ont le teint rouge, mêlé de noir ; taille carrée, bien musclés, ni trop grands, ni trop petits ; joues pendantes et gonflées ; sourcils gros, inclinés ; barbe noire , et fort peu : fort peu aussi de cheveux, courts et extrêmement noirs.

A Java, on n'est ni noir ni blanc, mais d'un rouge pourpré. Les femmes moins basanées, sont belles de visage, ont le sein élevé, bien fait, le teint brun, mais uni ; la main belle, l'œil vif.

Les javans sont nerveux, ont la joue large, de longues paupières , de grandes mâchoires, de longs cheveux, et le teint basané.

Ce qu'il y a de singulier, c'est que les chacrelas, dans un canton de Java, sont blancs et blonds, ont la vue faible, marchent les yeux baissés et presque fermés.

Aux Moluques, les hommes sont noirs plutôt que basanés ; les cheveux noirs aussi et lisses , l'œil gros, sourcils et paupières larges, corps robuste.

A Timor, la taille est médiocre, le corps droit, membres déliés, visage long, cheveux noirs et pointus ; la peau très-noire. Même île, à la baie de Laphao, les hommes sont basanés, de la couleur du cuivre jaune, ils ont les cheveux teints, plats et noirs.

Aux Philippines, les indiens asiatiques sont noirs, et ont les cheveux crépus, comme ceux des nègres d'Angola. D'autres ont une chevelure moins noire, mais beaucoup plus longue.

L'insulaire du Mindanao a les membres petits, tête moyenne, visage ovale, front plat, œil noir et peu fendu, nez court, lèvres petites et rouges, dents noires et fort saines ; cheveux de même couleur, fort lisses ; teint tanné, mais tirant sur le jaune-clair. Les femmes ont le teint plus clair, sont mieux faites, ont le visage plus long, les traits assez réguliers , mais leur nez est fort court, et tout-à-fait plat entre les yeux.

A l'île de Formose , les femmes ont les mamelles grosses et pleines, et au menton de la barbe comme les hommes. Elles ont de longues oreilles, le teint jaune-noir ; d'autres, jaune-blanc ; d'autres encore tout-à-fait jaune.

La couleur de la peau des hommes est entre le blanc et le noir, ou d'un brun qui tire sur le noir. Ils ont le corps velu.

Aux îles des Larrons on a les cheveux crépus, le nez gros, de grands yeux, et la couleur du visage comme les indiens. Les habitans de Guam, ont la chevelure noire et longue, les lèvres grosses, le visage rond, la physionomie féroce, et sept pieds de haut.

Les papous, près la nouvelle Guinée, ont les cheveux noirs, courts, crépus, mais moins laineux que ceux des nègres. Leurs femmes ont de longues
mamelles,

mamelles, qui retombent sur le nombril ; le ventre extrêment gros, les jambes fort minces, les bras aussi ; de vilains traits, physionomie de la femelles des sapajous.

Les peuples de la nouvelle Hollande, la plus brute de toutes les nations, sont grands, droits, minces ; ont les membres longs et déliés, la tête grosse, le front rond, les sourcils épais. Leurs paupières toujours à demi-fermées, à cause des moucherons ; nez gros, lèvres épaisses, grande bouche, cheveux courts, noirs et crépus, peau noire comme en Guinée.

Les mogols, hommes et femmes, sont olivâtres. Les femmes, au contraire de celles d'Europe, ont les jambes et les cuisses fort longues, point de poil sur le corps ; les hommes peu de barbe.

Les habitans du Bengal sont plus jaunes que les précédens et mieux faits.

A la côte de Coromandel, plus noirs qu'au Bengal ; au Malabar plus foncés encore ; les cheveux de la même couleur, fort lisses et fort longs ; les femmes bien faites et très-brunes, pour ne pas dire noires.

Les hommes du Calicut, sont beaux, ont la taille élevée, et le teint de couleur olivâtre.

Les habitans de Ceylan ont les oreilles larges et sont fort basanés.

Les maldivois sont mieux conformés et olivâtres, les cheveux noirs. Les habitans de Guzarate sont jaunâtres. Ceux de Camboya ont le teint gris et couleur de cendre. Les gorasins et indiens de Goa sont de teint olive. Les habitans d'Ormus sont très-bruns, très-basanés. Les persans le sont moins. Les femmes du golfe Persique sont brunes ou jaunes et peu agréables ; visage large, vilains yeux. Les hommes sont maigres et secs, mais forts et robustes, cheveux noirs, nez aquilin. Les guèbres sont laids, mal pris dans leur taille, lourds, peau rude, teint coloré. Les arabes et les insulaires de Sumatra sont petits, ont le teint couleur de cendre et fort basané ; ils ressemblent aux abyssins. On sait que les plus belles femmes se trouvent en Géorgie ; elles ont une taille déliée ; leur visage, sur-tout, est charmant ; leur peau est de velours,

Variétés factices.

Ces variétés sont innombrables. Il faudrait un volume pour les rassembler. Attachons-nous aux plus essentielles.

Les femmes samoïedes ont les mamelles si molles et les allongent si fort qu'elles peuvent, sans se gêner, donner à teter par dessus l'épaule, à leurs enfans, juchés sur leur dos. Le bout du sein est noir comme de l'encre.

Les kalmoucks se rasent toute la tête, excepté le toupet, qu'ils laissent croître assez pour en tresser deux moustaches, une de chaque côté du visage.

Les chinoises font tout ce qu'elles peuvent pour faire paraître leurs yeux petits ; les jeunes filles, instruites par leurs mères, se tirent continuellement la paupière, afin d'avoir un œil long et en coulisse. Le bétel leur noircit les dents, et le séné leur flétrit la peau avant l'âge.

B

On affecte, en Chine, de rendre les pieds des femmes si petits qu'elles ne peuvent plus marcher. A trois ans, on casse le pied aux petites filles, au point que les doigts sont rabattus sous la plante.

Au Japon, les femmes se peignent les sourcils et les lèvres en bleu.

Au Tunquin, hommes et femmes, se rendent les dents aussi noirs qu'ils peuvent.

A Siam, on tire les oreilles par le bas pour les allonger.

Au pays de Laos, on les porte si prodigieusement longues qu'on pourrait passer dans le trou le poing tout entier; ensorte que les oreilles descendent et touchent aux épaules.

Les deux sexes ont les cheveux si courts qu'ils ne vont pas à la hauteur des oreilles, tout au tour de la tète;

Ils parfument leurs lèvres d'une pommade qui les fait paraître plus pâles qu'elles ne doivent l'être. Ils arrachent leur barbe, et ne se coupent jamais les ongles.

Au pays d'Achem, les jeunes filles, jusqu'au jour de leur mariage, suspendent à leurs parties sexuelles un anneau d'or ou une médaille d'argent.

A Sumatra les femmes s'arrachent les sourcils.

A Sombrero, les naturels, fort noirs de peau, se bigarent le visage de verd, de jaune, etc.

Dans le japon, on porte des anneaux, non-seulement aux deux oreilles, mais encore aux deux narines, aux deux lèvres, à la cloison du nez, et des bracelets aux coudes.

A la nouvelle Guinée, on se défigure le visage par une espèce de cheville, de la grosseur du doigt, longue de quatre pouces, dont on traverse les deux narines, en sorte que les deux bouts touchent à l'os des joues. Il ne paraît qu'un peu de nez. Ils passent aussi de ces chevilles à leurs oreilles, percées de gros trous.

A Timor on s'arrache les deux dents de la mâchoire supérieure.

Au Mogol les femmes se font découper la chair en fleurs.

Au Malabar les femmes portent des bagues au nez.

Au Calicut on s'agrandit les oreilles, au point qu'elles descendent sur les épaules.

Les femmes du golfe Persique, passent un anneau d'or à travers la peau du nez, près des yeux.

Les femmes de l'Arabie se perce la narine pour y introduire un grand anneau. Le bon ton est de baiser une femme à travers cet anneau, qui sont quelquefois assez grands pour enfermer toute la bouche dans leur cercle.

Les femmes arabes du désert ont les mains, les lèvres et leur front peints en bleu. Elles se font de petits points noirs, aux coins de leur bouche, aux côtés du menton, et sur les joues. Elles tracent une ligne au coin de l'œil pour le faire paraître plus fendu. La beauté consiste à avoir des yeux bien ouverts et relevés à fleur de tête. Les nouvelles mariées se peignent les ongles en rouge; les hommes teignent aussi de la même couleur les crins et la queue de leurs chevaux.

N.º 1. La Chine.

Situation.

LA Chine est bornée au nord par la Tartarie, dont elle est séparée par la fameuse muraille qui a cinq cents lieues (1), y compris les montagnes qu'elle joint ; à l'orient, par la mer ; à l'occident, par de hautes montagnes et des déserts ; et au midi, par l'Océan, les royaumes de Laos et de la Cochinchine : elle a environ sept cent cinquante lieues de long sur cinq cents de large, et s'étend depuis le 114.ᵉ degré de longitude jusqu'au 147.ᵉ et demi, et depuis le 21.ᵉ de latitude jusqu'au 43.ᵉ.

Origine.

L'antiquité de cet empire se perd dans la nuit des tems, et remonte bien au-delà de l'époque que les livres de Moïse marquent au déluge ; mais comme cette chronologie, ainsi que beaucoup d'autres, est fondée sur nombre d'absurdités, qui donnent le droit d'en douter, il faut toujours en rester à former des conjectures. FOHI, fondateur et premier philosophe de cet empire, régna, suivant cette chronologie, l'an 2954 avant J. C., et le cycle chinois commence l'an 2647 avant la même époque, et la huitième année du règne de Hoang-ti.

Gouvernement.

La Chine a éprouvé plusieurs révolutions dans ses maîtres ; mais son gouvernement est presque toujours le même : il est despotique, et remis entre les mains d'un empereur, qui a sous lui les mandarins ou lettrés. Les mandarins (nommés dans le pays *quam-fu*, ou ministres du prince), sont au nombre de trente-deux à trente-trois mille, divisés en mandarins d'armes, de lettres et de justice : jamais ils n'exercent leurs fonctions dans le pays de leur naissance, afin que l'amitié ou la proximité du sang ne puissent point les porter à une injustice. Ils ne sont que trois ans en charge ; au bout de ce tems, on les examine, comme l'on a fait à leur réception, pour les avancer, reculer ou casser, suivant leur mérite. Le mandarinat n'est pas héréditaire, mais la récompense des talens ; en cela, il honore, en même-tems, le prince et le peuple, parce qu'il suppose en l'un de la modération et en l'autre de la dignité.

Population.

La Chine est un des pays le plus peuplé de l'Univers. On y fait monter

---

(1) Cette muraille, bâtie pour contenir les Tartares, depuis 1800 ans, est encore presqu'entière ; elle est de brique, haute de quarante-cinq pieds, large de dix-huit à vingt.

le nombre des hommes seuls à cinquante - neuf millions six cent quatre-vingt-huit mille trois cent soixante-quatre, et le total à plus de deux cents millions, distribués en dix millions cent vingt-huit mille familles ; ce qui est d'autant plus facile à vérifier chez eux, que chaque père de famille est tenu d'afficher à sa porte le nombre des personnes qui habitent sa maison, et qu'il y a des *tisangs* ou *dixainiers* qui tiennent le rôle de dix familles.

Température.

L'air, quoique très-sain, y est varié en raison de son étendue ; froid vers le nord, à cause des montagnes couvertes de neige, et fort tempéré vers le midi.

Division de l'empire.

La Chine se divise en quinze provinces ; six au nord, que l'on appelle le *Catay* ; cinq au couchant ; quatre au milieu, qui sont connues sous le nom de *Mengin*.

Pékin est la capitale de la Chine et la résidence de l'empereur. On la dit trois fois plus grande que Paris, et contenant deux millions d'habitans. Les rues n'y sont point pavées ; elles sont fort droites, très-larges, longues et bordées de riches boutiques.

Habitans et leurs mœurs.

Le chinois, d'une taille médiocre, a le nez court, les cheveux noirs, le visage large, les yeux petits, et le teint olivâtre. Les femmes sont petites, généralement belles et fécondes ; mais la plus grande marque de beauté qu'elles puissent avoir, est la petitesse des pieds, ce qui fait qu'on les leur serre tant dans l'enfance, qu'elles peuvent à peine marcher dans la suite. Comme leurs maris sont aussi jaloux que tous les asiatiques, elles sortent rarement, ne voient que leurs enfans, et sont extrêmement modestes. Les chinois ne peuvent avoir qu'une femme légitime, mais il leur est permis d'avoir plusieurs concubines. La Chine semble être le lieu de la terre où la piété et le respect filials ont le plus d'empire sur le cœur des hommes : la religion, les loix, les mœurs se réunissent pour consacrer ce premier sentiment de la nature. Un fils ne se contente pas d'avoir respecté les auteurs de ses jours pendant leur vie, il en porte des marques de deuil l'espace de trois ans après leur mort : il y ajoute plusieurs pratiques rigoureuses, comme de coucher sur la terre pendant cent jours, de s'abstenir de femmes pendant trois ans, etc. ; mais ce qui paraît étrange, à côté de l'exaltation louable de ce sentiment, c'est qu'un père a le droit d'exposer ou de faire mourir les enfans qu'il ne peut nourrir : droit barbare, dont il use quelquefois, et que l'on ne peut excuser qu'en se rappelant que la métampsycose, où la transmigration des ames est crue à la Chine, et que le malheureux qui donne la mort à son fils, ne le fait que dans l'espérance de lui faire changer de condition. Les chinois sont lents et laborieux, plus minutieux qu'inventifs ; ils achèvent ce qu'ils font, mais ils n'y mettent ni goût ni noblesse. Sérieux, et s'efforçant de réprimer toutes leurs passions, ou tout simplement de se composer, ils ont acquis une grande réputation de justice et de bonnes mœurs. Formalistes à l'excès, leurs complimens, leurs cérémonies ont de quoi lasser la patience des autres habitans du monde. Aucun peuple n'est plus prévenu en sa faveur ; il se considère comme le premier et par rapport à ses connaissances et par rapport à sa situation sur la terre ; mais cette prévention, qui sert peut-être à maintenir ses mœurs nationales, l'a toujours empêché de profiter des avantages que les autres nations ont acquis. La valeur est une qualité dont ils auraient tort de se vanter : leur poltronerie est extrême, leurs armées par conséquent peu redoutables, et leur marine fort faible.

Arts et sciences.

Rien ne marque mieux l'influence préjudiciable de cette sotte prévention en leur faveur, et en même-tems la lenteur de leur génie, que l'état de leurs arts et de leurs sciences. Ils avaient déjà le papier, l'imprimerie, la boussole, la poudre à canon, que l'on n'y songeait pas encore en Europe ; mais ces découvertes ont peu fructifiées entre leurs mains. Attachés par caractère, et par une espèce de paresse, à ce qu'ils ont trouvé établi, ils voient peu de chose au-delà de ce qu'ils savent. En général, il manque aux asiatiques, ce qui, par secousses, a porté les européens bien au-delà de ce qu'ils tenaient d'eux, cette curiosité inquiète, cette activité intéressée qui les portent dans tous les coins du monde, et leur en font rapporter les richesses et les connaissances ; et ce n'est sans doute qu'à cette paresse d'esprit que les orientaux doivent l'avantage d'avoir conservé, depuis si long-tems, la forme de leurs mœurs. Mais une chose qui empêchera toujours les chinois de faire des progrès dans les sciences, est leur manière d'écrire dont chaque caractère peint un mot, ce qui rend la lecture seule si difficile, qu'un homme a besoin de passer à l'apprendre une partie de sa vie. Leur écriture va de haut en bas. Quant à leur manière d'imprimer, elle consiste à tailler, comme en calquant, les caractères du manuscrit sur une planche fort dure : ils ont cependant des caractères mobiles de bois, mais ils s'en servent plus rarement. Ils excellent, dit-on, dans la médecine et les feux d'artifice ; ils sont aussi mathématiciens, astronomes ; mais l'étonnement qu'ils marquèrent à l'apperçu des connaissances que leur portèrent les missionnaires, qui n'étaient que des hommes médiocres à cet égard, marque assez où ils en étaient dans ces sciences. Leur peinture a de belles couleurs, mais n'a point d'art. Enfin, ils aiment les arts et les sciences, et manquent de ce feu qui y fait faire des progrès.

Commerce, manufactures, productions et mines.

Le commerce y est florissant, et ils s'en glorifient avec la même présomption que du reste. Ils ont de superbes manufactures de porcelaines, et font le plus beau vernis. Ils ont du sel, du sucre, du musc, de l'ambre-gris, et toutes sortes d'épiceries ; des soies de toute beauté, du coton, du lin, et fabriquent de riches étoffes. Tous nos fruits d'Europe sont propres à leur terroir; outre le bled, l'avoine, les pois, les fèves, ils recueillent du riz, et ont des arbres d'un avantage singulier, entre autres l'*arbre à suif*, qui leur fournit une graisse blanche et sans odeur, dont ils font des chandelles; l'arbre qui produit le thé, celui qui donne le vernis, le *sumçu*, ou *figuier de la Chine*, dont le fruit est une masse de sucre, le *litchi*, le *lum-yeu*, dont les fruits sont exquis, etc. Il y a peu de pays où l'agriculture soit aussi soignée et honorée qu'à la Chine. Il n'y a pas un coin de terre inculte; l'activité de ce peuple, nombreux comme une fourmilière, se porte par-tout; les canaux sont divisés et répandent, avec leurs eaux, la fertilité par tout l'empire. Tout le monde connaît la cérémonie que l'empereur observe chaque année en labourant un sillon de terre: cérémonie auguste, qui, sans honorer le travail qui nourrit l'homme, en rejette au moins l'honneur sur celui qui s'y consacre. Leurs montagnes sont cultivées avec le même soin que l'on prend à cultiver les plaines, et plusieurs, taillées en étages, présentent de magnifiques amphithéâtres, celles qui ne le sont point, renferment, au moins, dans leurs entrailles, des mines d'or, d'argent, d'étain, de fer, etc.

Religion.

On prétend que les chinois ne reconnaissent qu'un Dieu seul depuis un tems immémorial, et sans doute c'est la croyance de leurs philosophes; mais on les regarde comme idolâtres, et le peuple qui y est ignorant, comme par-tout, mérite ce nom. Il croit à la métampsycose, et ses prêtres, nommés *benzes*, passent pour sorciers, astrologues, etc. Mais les *lettrés*, et l'empereur à leur tête, sont d'une autre secte, considèrent les premiers rois et les premiers philosophes comme des espèces de divinités; rendent un culte aux morts, et adorent le ciel; ils sacrifient, sur-tout, chaque année, en l'honneur des mânes de Confucius, le plus grand philophe chinois, le seul dont la réputation se soit étendue avec gloire an-delà des bornes de leur empire, et que, cependant, nous n'admirons que sur parole, puisque l'on n'a que quelques lambeaux de ses ouvrages, et que ces lambeaux ne nous sont connus que par des traductions lâches et infidèles: sa réputation même annonce la rareté des grands hommes dans ce vaste et ancien empire.

Habillement.

L'habillement chinois a de la gravité. Il consiste en une longue robe à longues et larges manches, qui croise sur la poitrine et s'attache sur le cou par deux ou trois boutons d'or ou d'argent; leurs hauts-de-chausses sont de satin ou de toile. Sur leur tête est une touffe de cheveux tressés, surmontés d'un petit chapeau en entonnoir, ombragé par du crin rouge ou de la soie. A leurs pieds, sont des bottes de soie, de calicot ou de cuir de cheval. Ils ne portent point leur sabre sur le côté, mais en travers sur le devant, la garde à droite.

Les femmes sont modestement vêtues d'une longue robe rouge, bleue ou verte, qui ne laisse voir que leur visage; leurs cheveux sont frisés en boucles, entremêlées de touffes d'or et d'argent, quelquefois surmontés de la figure d'un oiseau fabuleux appelé *song-ouang*, dont la queue s'élève en aigrette, les ailes s'étendent sur les tempes, le corps est sur le front, et la tête suspendue sur le nez : elles se frottent, pour se blanchir, d'une pâte qui les ride. Elles ont soin (ainsi que les mandarins) de laisser croître leurs ongles, qu'elles renferment dans de petits étuis, pour les garantir des accidens. Le blanc est la couleur du deuil dans la Chine.

Pour résumé, les chinois sont bien au-dessous de la réputation que leur ont donnée les premiers voyageurs, prêts à les admirer, sur ce qu'ils disaient eux-mêmes de leur propre mérite : leurs mœurs ne répondent point à leur morale, et leurs sciences n'ont presque rien gagné à leurs découvertes : c'est qu'ils ont trop d'orgueil, et point de génie.

N.º 2. La Perse.

Situation.

ELLE est située entre le 25e et le 44e degré de latitude septentrionale, et sa longitude est du 60e au 87e degré. Elle est bornée au nord par la Circassie russienne, la mer Caspienne et le pays des Usbeks ; au sud, par le golfe persique et l'Océan ; à l'est, par le Mogol ; et à l'ouest, par la Turquie d'Asie.

Origine et gouvernement.

Son antiquité et sa gloire remontent aux premiers siècles dont l'histoire nous donne une idée. Après avoir vaincu les babyloniens, 536 ans avant J. C., Cyrus fonda une puissante monarchie, à laquelle la Perse donna son nom. Elle occupait une grande partie de l'Asie. Deux cents ans après, Alexandre éleva une nouvelle monarchie sur les ruines de celle de Perse, laquelle fut divisée ensuite par ses généraux. Cet empire passa aux Arsacides, descendans d'Arsacès, et fut enfin renversé par un persan que les grecs nomment Artaxercès, l'an 226 de J. C. Cette nouvelle monarchie, après avoir subsistée quatre siècles, fut détruite par les arabes. Les califes, ou successeurs de Mahomet, étendirent leur domination dans toute la Perse et au-delà ; mais leur autorité, affaiblie insensiblement, fut remplacée par plusieurs monarchies. L'an 1258, Genghiskan, conquérant tartare ou mogol, s'empara de la plus grande partie de la Perse, et son petit-fils détruisit le califat. Tamerlan, autre conquérant sorti de la Tartarie, chassa les successeurs de ce dernier, et vers le milieu du XVe siècle, les tartares furent chassés à leur tour, et remplacés par la domination des sophis. Enfin, en 1736, un usurpateur, connu sous le nom de Thamas-Koulikan, et qui a pris celui de Schah-Nadir, s'empara de l'empire de la Perse, et fut assassiné douze ans après. Les guerres civiles ont ensuite déchiré la Perse. — Son gouvernement est monarchique et despotique.

Religion, langues.

Les persans sont mahométans, mais de la secte d'Ali, gendre de Mahomet, ce qui les rend ennemis des turcs, qui sont de celle d'Omar. Outre les mahométans, on trouve dans la Perse les guèbres ou gaures, ce qui veut dire *infidèles*, reste des anciens perses, et qui en ont conservé la croyance. On les nomme, par cette raison, Parsis. Ils font remonter leur religion jusqu'à Zoroastre. Ils croient un Etre suprême, adorent le soleil, et rendent un culte au feu qu'ils conservent précieusement dans leurs temples ; ils croient aux principes du bien et du mal, au paradis et à l'enfer ; ils ont conservé le langage et les anciens caractères persans. Comme la religion n'est tolérante presque nul part, Cha-Abas les chassa presque tous de la Perse. — L'arabe est la langue savante du pays, et la langue vulgaire en approche beaucoup.

Température, productions, rivières et mines.

L'air, en général, y est fort sain, tempéré et humide au nord, vers la mer Caspienne, et extrêmement chaud vers le midi. Le terroir y est généralement sec. Le défaut de rivières considérables contribue à cette sécheresse ; mais l'industrie des habitans, en divisant le peu d'eau qu'il y a, supplée à ce défaut et le rend fertile en bien des endroits. On y recueille d'excellens fruits, du vin, du riz et toutes sortes de grains, le seigle et l'avoine exceptés. Les melons y sont d'une grosseur extraordinaire et d'une bonté parfaite. On n'y trouve point de forêts ; les montagnes y sont pleines de gibiers et les vallées fournissent d'excellens pâturages. Les principales rivières sont l'Araxe, l'Erès, ou l'Aras, le Sahna, ou Synnée, l'Hyndement, ou le Zerdéroust. Diverses branches du mont Taurus traversent la Perse du levant au couchant : les provinces qu'elles laissent au nord sont plantées de forêts de mûriers. Le coton y croît par-tout en abondance ; et l'on trouve, près de *Lar*, dans le Kerman, une roche qui distille une gomme nommée *mumie*, et qui est, dit-on, efficace pour la guérison des fractures ; entre les animaux domestiques, le chameau, le bufle, et sur-tout le cheval, tiennent la première place pour l'utilité. On trouve dans la Perse plusieurs sources de naphte ; des mines d'or, d'argent, de fer, de cuivre, de turquoises, de sel ; mais on ne travaille pas aux deux premières faute de bois.

Commerce.

Le principal commerce de la Perse consiste en soie crue et travaillée ; mais il est aujourd'hui moins considérable qu'autrefois : quand les Perses possédaient seuls ce fil précieux, ils le vendaient au poids de l'or (1). Outre la soie, on tire encore de la Perse de beaux tapis, des toiles de coton, et des

---

(1) Chez les romains, les habits de soie furent long-tems réservés aux femmes, et Héliogabale est le premier homme qui en ait porté. Vers le cinquième siècle, deux moines apportèrent des Indes, à Constantinople, des œufs de vers-à-soie. Depuis, ces insectes se répandirent en Europe. Auparavent, on y croyait communément que c'était un arbre qui produisait la soie.

perles

perles que l'on pêche près de l'île de Bahrein. Le commerce y est très-florissant, sur-tout à Ispahan, sa capitale, où l'on trouve rassemblées les plus belles marchandises de l'Europe et de l'Asie. Ispahan a plus de sept lieues de tour. Quoique ses rues ne soient point pavées, elles sont toujours très-propres, à cause de la sécheresse de l'air. Elle est remplie de superbes mosquées, ainsi que de beaux caravanserails ou hôtelleries. Il s'y trouve grand nombre de cafés et de bazars. Ses habitans sont à-peu-près au nombre d'un million.

Habitans, mœurs.

Les persans sont grands, bien faits, et ont le teint un peu basané; ils sont polis, affables et d'un esprit très-délié; ils réussissent dans les sciences et les arts, qu'ils cultivent avec soin. Ils aiment la bonne chère, le luxe et le faste; font grand usage du tabac, du thé et de l'opium. Ils ont horreur du blasphême et ne prononcent le nom de Dieu qu'avec un grand respect. Bons connaisseurs en tout, il est difficile de les tromper. D'ailleurs, ils sont fort courageux, bons soldats, et sur-tout bons cavaliers. Ils ont plusieurs femmes, dotent toutes les filles qu'ils épousent, et que l'on n'est obligé de leur fournir qu'avec *leur virginité*. Les femmes y sont singulièrement belles, voluptueuses, et les hommes aussi jaloux que lascifs. Les femmes qui ont violé la foi conjugale, sont précipitées du haut de la mosquée; et, après avoir rasé la tête d'une fille qui s'est laissée séduire, on lui barbouille la figure, on la fait monter sur un âne, le visage tourné vers la queue, et, en cet état, on la promène par les rues, tandis que le boureau crie de tems en tems : *Malheur aux filles qui n'ont pas soin de leur honneur !* Suivant la loi des IMANS, un père a droit de tuer sa fille, s'il la surprend dans le crime. On coupe la langue à un enfant convaincu d'avoir dit des injures à ses parens : s'il a osé lever la main sur eux, c'est le bras qu'on lui coupe. On accroche celui qui a mérité d'être pendu à un crochet de fer, et on l'y laisse jusqu'à ce qu'il expire.

Habillement.

L'habillement persan consiste en une chemise de coton, ouverte sur la poitrine, et qui descend jusqu'aux genoux, en une veste un peu plus longue encore; une ceinture en fait plusieurs fois le tour, et à cette ceinture ils attachent tout ce qu'ils portent sur eux, mouchoir, sabre, couteau, bourse, etc., parce qu'ils ne connaissent pas l'usage des poches. Cet habit, chez les riches, est de brocard d'or ou d'argent, doublé de marte, garnie de galons et de riches broderies : des caleçons leur descendent jusqu'aux pieds. Leurs bas sont courts, larges et de drap. Leurs chaussures de maroquin ont la forme de nos pantoufles; ils portent souvent des bottines. Leur turban est plus élevé que celui des turcs. Ils préfèrent la couleur verte, et les turcs se trouvent offensés par cet usage, parce qu'ils regardent la couleur verte comme sacrée, et s'imaginent qu'il n'y a que les descendans de Mahomet qui aient le droit de la porter. Le costume des femmes, peu

C

diffèrent de celui des hommes, est encore ce qu'il était il y a quatre siècles, ce qui doit surprendre chez une nation opulente et amie du faste. Leurs bras sont ornés de bracelets, leur tête d'une chaîne d'or, leurs oreilles de boucles, et quelquefois des anneaux pendent à leurs narines. Les filles ou les jeunes épouses sont très-souvent voilées, ou bien elles s'enveloppent le visage de manière qu'elles n'ont de libres que la vue et la respiration. Le bleu foncé est la couleur du deuil.

N.º 3. L'Arabie.

Situation, température.

L'ARABIE est une grande presqu'île située entre le 51ᵉ et le 77ᵉ degré de longitude, et entre le 12ᵉ et 34ᵉ degré de latitude septentrionale. Elle est bornée à l'occident par la *Mer-Rouge*, qu'on appelle aussi la *mer de la Mecque*, et par l'isthme de Suez, qui la sépare de l'Afrique; au midi, par la mer des Indes; à l'orient, par le golfe Persique et l'Yrac-Arabie; et au nord, par la Syrie, le Diarbeck, dont elle est séparée par l'Euphrate.

Ce pays étant en partie sous la zone torride, l'air n'y peut être que fort chaud. On y trouve beaucoup de sables, de déserts et de montagnes, et peu de rivières. Il y pleut, d'ailleurs, très-rarement; aussi le terroir y est stérile, et ne devient un peu meilleur que sur les côtes.

L'Arabie dépend de plusieurs souverains; les principaux sont le Grand-Seigneur, les Chérifs de la Mecque et de Médine, et le roi d'Yemen.

Division.

L'Arabie se divise en trois parties; savoir, l'*Arabie-Pétrée*, l'*Arabie-Déserte* et l'*Arabie-Heureuse*.

L'Arabie-Pétrée n'est qu'un pays extrèmement désert, et où se trouvent les montagnes d'*Horeb* et de *Sinaï*, si célèbres dans les livres de Moïse.

L'Arabie-Déserte est presque aussi stérile et aussi peu habitée. Les villes de la Mecque et de Médine, si fameuses chez les mahométans, et que d'autres placent dans l'Arabie-Heureuse, lui donne cependant un grand relief. Médine, capitale des Etas du Chérif de ce nom, est le lieu où se voit le tombeau de Mahomet, dans une magnifique mosquée. Ce tombeau est dans une petite tour, ornée de lames d'argent, et tapissée d'un drap d'or; il est soutenu par des colonnes de marbre noir, et environné d'une balustrade d'argent, chargée de quantité de lampes. La ville est assez grande, et très-fréquentée par les mahométans, qui y viennent au retour de la Mecque. Sa situation, dans une plaine abondante en palmiers, la rend très-agréable. La Mecque, qui a également un Chérif fort respecté des princes mahométans, est célèbre par la naissance de Mahomet. Elle a la plus fameuse mosquée et celle qui est la plus fréquentée. Les mahométans croient qu'elle a été bâtie par Adam, et qu'Abraham et Ismaël leur père y ont adoré Dieu : c'est pour cela que Mahomet a ordonné à ses disciples de la visiter au moins une fois en leur vie.

L'Arabie-Heureuse, ainsi nommée parce qu'elle est la plus fertile; mais que ses habitans, qui sont paresseux, ne cultivent point, est, dit-on, un des pays le plus délicieux de la terre : la fraîcheur de ses ombrages, la pureté de l'air, le parfum des plantes odoriférantes, tout concourt à la félicité des habitans. C'est dans ses limites que se trouve Moka, si renommée par son commerce de café le plus estimé et le meilleur (1). Elle renferme deux royaumes; savoir, celui d'Yemen, au sud-ouest, et celui de Fartach, au midi, ainsi que quelques petits États le long du golfe Persique.

Habitans, mœurs, sciences, langue, religion, commerce, etc.

Les arabes, en général, sont de taille moyenne et ont le visage basané. Ils sont superstitieux, mélancoliques, rêveurs et fort sobres, à quoi la chaleur du climat contribue beaucoup. Vindicatifs à l'excès, à l'heure de la mort ils remettent le soin de leur vengeance à leurs descendans, comme un héritage qu'ils doivent faire valoir. Du reste, ils ont l'esprit vif et fécond, et sont propres aux sciences spéculatives et abstraites : ce sont eux qui ont introduit l'excessive subtilité de l'ancienne philosophie; ils ont excellé dans la médecine, l'astronomie, et sur-tout dans la poésie, qui était fort en vogue chez eux, même avant le mahométisme, et dont ils ont porté le goût en Afrique et en Europe. Ils parlent une langue formée de l'hébraïque, qui est belle et très-abondante. On leur attribue l'invention des chiffres, qui, pour cette raison, sont appelés chiffres arabes.

On partage les arabes en vagabonds ou errans, et sédentaires. Ces derniers habitent les villes et se livrent aux sciences et au commerce; mais les autres, que l'on appelle *Bédouins*, errent dans les campagnes, et se réfugient sous des tentes. Ils vantent beaucoup leur noblesse et croient indignes d'eux de s'adonner aux arts méchaniques et à l'agriculture : ils montent à cheval, vont de côté et d'autres, nourrissent des troupeaux et volent les voyageurs. Ils sont cependant hospitaliers, civils et honnêtes; mais seulement envers ceux qui vont les trouver de bonne-foi. Curieux d'avoir de beaux chevaux, ils en conservent, avec le plus grand soin, la généalogie. Le commerce y était autrefois florissant; mais le brigandage a nécessairement dû l'affaiblir. Il consiste principalement en perles, en dates, en canelle, en bananes, en encens, en drogues, en corail, et en café excellent.

Les arabes sont mahométans; mais le chapitre des ablutions est pour eux le plus long et le mieux suivi, et cela doit être sous un climat brûlant.

Les femmes y sont belles, et soumises à des réglemens qui seraient plus que sévères pour d'autres nations. En arabie, elles baisent les pieds des hommes, avec le même respect que nous leur baisons les mains en France.

---

(1) Le café est la graine d'un fruit rouge qui vient sur un petit arbre, principalement dans l'Arabie-Heureuse.

Un homme y compromettrait sa dignité, s'il saluait une femme. Elles descendent de leur chameau, sur une grande route, et vont à pied, jusqu'à ce qu'elles aient perdu de vue l'homme qu'elles ont rencontré.

Habillement.

L'habillement des arabes est, en général, long et ample : ils ont un large pantalon, et par-dessus une chemise dont les manches sont longues et fort larges. Une ceinture de cuir les entoure ; elle est brodée d'argent, et, sur le devant, on y attache un fort couteau pointu et recourbé. Ils mettent sur l'épaule un grand linge fin, destiné à les garantir de la pluie et du soleil. Ils ont jusqu'à dix ou douze bonnets les uns sur les autres, quelquefois recouverts d'un drap fort de coton piqué et richement brodé. Ils ont des pantoufles turques.

Les arabes distingués ont deux poches à leurs vestes, l'une à côté de l'autre sur la poitrine ; les autres attachent ce qu'ils portent à leur ceinture. Ce peu de vêtement compose cependant tout le lit d'un arabe. Sa large ceinture lui sert de matelat, et il dort dessus, nud, ou simplement couvert du linge qu'il porte sur son épaule. L'habillement des femmes n'est qu'une robe fort ample qui les couvre entièrement, et un bonnet en forme de bourrelets l'un sur l'autre. L'arabe du désert, guerrier et toujours à cheval, a la tête ornée de plumes ; sa femme n'a qu'une espèce de chemise, une jupe courte et un pantalon. Sa tête est couverte d'une coëffe assez grossièrement faite. Elle a, sur une partie de la figure, jusqu'aux yeux, une espèce de masque de jonc, ainsi qu'un évantail, également de jonc, à la main, pour se garantir des mouches qui sont importunes. Ses pieds sont nuds.

N.º 4. Le Mogol.

Situation, gouvernement, et division de l'Empire.

CET Empire, l'un des plus grands de l'Asie, et que quelques-uns appellent *Mogolistan*, est borné au nord, par l'Imaüs, qui le sépare de la grande Tartarie ; à l'est, par le royaume d'Aracan ; au sud, par le golfe du Gange, la presqu'île du Malabar et de Coromandel ; à l'ouest, par la Perse et le Candahar. Tamerlan en fut le fondateur ; mais, de toutes ses conquêtes, il n'est resté à sa famille que l'Indostan. Ce pays a presque cinq cents lieues de long, et est situé entre le 18e et le 36e degré de latitude septentrionale et le 83e et le 110e de longitude. Avant l'expédition de Thamas-Koulikan, en 1739, le Grand-Mogol était absolu, jouissait de plus de neuf cents millions de revenus, et entretenait un nombre prodigieux de soldats.

On dit que, soit qu'il fût à Agra ou à Dehli, il avait toujours avec lui deux cent mille hommes de troupes réglées et cinq cents éléphans superbement harnachés. Mais le peu de résistance qu'il fit, lors de cette invasion, le rendit si méprisable à ses sujets, qu'il fut obligé de consentir que les soubabs et les nadabs, qui sont les gouverneurs des provinces, restassent indépendans dans leurs gouvernemens, sous une certaine redevance que l'on ne peut obtenir encore qu'à main armée. Il fut statué que ces places seraient amovibles, et à sa nomination à la mort de chaque titulaire; mais celui qui est le plus fort est toujours celui qu'il nomme ou qu'il confirme. Quand un sujet mahométan, qui est à sa solde, vient à mourir, tous ses effets lui appartiennent. Il n'y a d'autre dignité héréditaire, dans cet Empire, que celle des *rajas*.

Le Mogol se divise en dix-neuf gouvernemens, qui sont dans cet ordre: deux au nord, *Cachemire* et *Ayoud*; deux à l'orient du Gange, *Siba* et *Patna*, où est compris *Jésuat*; six au midi, *Bengale*, qui contient *Udesse*, et, selon plusieurs, *Orixa*, *Candich*, *Bulagate*, *Talinga*, *Baglana*, *Guzarate*; trois à l'occident, *Tata* ou *Sinde*, *Moultan* et *Caboul*; six au milieu, entre le Sinde et le Gange, *Lahor*, *Dehli*, *Agra*, *Asmer*, *Mulva* et *Halabass*.

AGRA, sur le *Gemna*, est la capitale des États du Grand-Mogol. Elle est très-grande, bien bâtie et fort peuplée, et passe pour la ville la plus considérable de l'Orient. Le magnifique palais du Grand-Mogol, et ceux des seigneurs de sa cour, en occupent une grande partie le long du Gemna. Le commerce qui s'y fait y attire une quantité d'étrangers de toutes les nations.

Rivières, température, productions, commerce.

Les principales rivières du Mogol, sont l'Inde ou le Sinde et le Gange. La source de cette dernière est à quinze milles du détroit de Couplé, dans une montagne taillée en tête de vache. Les indiens ont une si grande vénération pour ce fleuve, qu'ils y font répandre leurs cendres, persuadés que c'est le chemin du salut; ils y jettent leur or et leur argent, et une des plus grandes dévotions consiste à s'y baigner. Son eau est la plus saine et la plus légère qu'il y ait en Asie.

Placé en partie sous la zone torride, et en partie sous la zone tempérée, l'air y est varié, mais plus chaud que tempéré, et généralement très-sain. La terre y produit abondamment du riz, du millet, des figues, des grenades, des oranges, des citrons, des noix de cocos qui croissent sur une espèce de palmier, du coton (1), de l'areka (2), du béthel (3), des mangues, dont le goût

---

(1) C'est la bourre du dedans d'un fruit, gros comme une noix, que produit le cotonnier.

(2) L'areka est un fruit de la grosseur d'une petite noix, couverte d'une peau verte et sans coquille. On la mâche avec le béthel.

(3) Le béthel est la feuille d'un arbrisseau rampant, dont la figure ressemble aux feuilles du lierre et du poivre, et d'un goût aromatique. En le mêlant avec l'areka et un peu de chaud éteinte, il laisse une odeur agréable à la bouche. On en fait un grand usage aux Indes.

est délicieux, des savonniers, qui portent un fruit semblable à de petites boules, lesquelles, frotées entre les mains, se convertissent en un savon très-blanc, fort utile pour laver la soie. On trouve aussi, dans ce pays, des mines d'or, d'argent; diverses sortes de pierres précieuses, et du salpêtre : on y pêche des perles dans la mer et dans les rivières.

Le pays nourrit diverses sortes d'animaux domestiques et sauvages ; des lions, des tigres, des léopards, des rhinocéros, des éléphans, des chameaux: les singes sont en grand nombre, et ravagent les campagnes.

Le commerce y consiste principalement en soie et coton, en indigo (1) et épiceries, en pierreries et en perles.

Habitans, religion, mœurs, langues.

Il faut diviser les habitans de cet Empire en deux classes ; les indiens ou naturels, qui sont très-basanés ; les mogols ou tartares, qui s'emparèrent de ce pays sous Tamerlan, et qui sont blancs, par rapport aux originaires. Les mogols sont mahométans, et les indiens idolâtres ; mais de nombre de sectes qui mettent entre eux une grande différence. Ils croient à la métampsycose, brûlent les corps morts, et, en plusieurs endroits, les femmes étaient obligées de se brûler avec leurs maris ; mais le Grand-Mogol et les autres princes ont défendu cette coutume comme barbare, ce qui fait qu'à présent elle est plus rare. On y voit un grand nombre de *fakirs*, mahométans et idolâtres ; ce sont des dévots errans qui pratiquent des austérités incroyables : quelques-uns passent plusieurs années sans se coucher, mais s'appuient seulement sur une corde suspendue : d'autres s'enferment dans une fosse neuf à dix jours de suite sans manger ; quelques uns tiennent si long-tems les bras étendus vers le ciel, qu'ils ne peuvent plus les abaisser quand ils le veulent ; d'autres se mettent du feu sur la tête et se laissent brûler jusqu'aux os. Dans l'excès de leur fanatisme, ils se font un mérite de tuer un chrétien. En général, les originaires du pays sont bien faits, robustes, mais fainéans et lascifs : d'ailleurs civils, honnêtes aux étrangers, et assez ingénieux. Ils sont divisés en trois castes ou tribus : les *brames* ou *bramines*, qui sont les prêtres; les *resbouts* ou gens de guerre ; et les *baniuns*, qui s'adonnent au commerce. Ces derniers sont les plus estimés et les plus estimables.

Quant aux mogols ou maures, ils sont plus basanés que blancs, bienfaits aussi, polis de même, également lascifs, enjoués et spirituels. Ils sont ennemis de l'ivrognerie et des querelles. Ils peuvent prendre plusieurs femmes et divorcer ; mais l'adultère est, parmi eux, puni de mort. Ils étaient guerriers autrefois, aujourd'hui ils le sont peu.

Il y a plusieurs langues dans ce pays; la turque pour les mogols, l'indienne pour les naturels, l'arabe pour les savans, et la langue *hanscrite* ou sacrée pour les brames.

Habillement.

Les mogols ont emprunté des turcs la forme et la manière de porter leurs

---

(1) L'indigo est une herbe qui, étant trempée, et ensuite séchée et réduite en pâte, sert à faire le plus beau bleu.

culottes. Leur habit est une casaque courte qui se croise en travers sur l'estomac, et dont les manches sont considérablement larges ; cet habillement est riche en broderie ; une ceinture leur entoure les reins, et ils sont armés de poignards et d'un sabre suspendu en avant à la manière des chinois. Quant à leur coëffure, c'est un petit bonnet en cône, dont les bords sont fort larges : il est orné de différens petits bijoux. L'habillement des femmes diffère peu de celui des hommes ; comme eux, elles portent des culottes à la turque, et sont coëffées d'une espèce de petit turban, qui leur donne beaucoup de grâce.

N.º 5. Le Japon.

Situation, gouvernement.

LES îles du Japon sont situées entre le 146e et le 159e degré de longitude, et entre le 31e et le 41e degré de latitude septentrionale. L'air y est sain et assez tempéré, plus froid néanmoins que chaud. Un empereur les gouverne, et sa puissance est absolue et despotique ; mais elle ne s'étend que sur le civil, il se nomme le *Kubo*; quant au spirituel, il est remis au pouvoir d'un autre chef, aussi très-puissant, que l'on appelle le *Dairo*; sa résidence est à *Méaco*. Celle du Kubo est à *Yedo*, la capitale du Japonais. Le peuple donne, pour tout impôt, à l'empereur, environ cinquante millions de sacs de riz, et celui-ci paye ses officiers et ses troupes de la même monnaie.

Productions.

Le Japon produit un grand nombre d'arbres, de fleurs et de plantes singulières. Les plus remarquables sont le *kadsi*, ou arbre-à-papier, ainsi nommé, parce que, de son écorce, on fait du papier; on en fait aussi des cordes, du drap, des étoffes et de la mèche; l'*urusi*, qui produit un jus blanchâtre dont on se sert pour vernir tous les meubles, les plats et les assiettes ; le *kus*, ou arbre du camphre, qui se fait par une simple décoction des racines et du bois de cet arbre ; mais il est bien inférieur à celui de Bornéo. On trouve au Japon plusieurs sortes de figuiers, de noyers, deux espèces de chênes fort différens des nôtres, et dont les glands se mangent bouillis. Les orangers et les citronniers y croissent merveilleusement, de même que les pêchers, les abricotiers et les pruniers ; mais les fraises et les framboises n'y valent rien. Quant aux fleurs, il n'y a pas de région où l'on en voie de plus brillantes; mais elles ont une odeur moins agréable, et les fruits y sont moins exquis que dans le reste de l'Asie.

Les îles du Japon ont plusieurs volcans. Les tremblemens de terre y sont si fréquens, qu'on en n'est pas plus alarmé que nous ne le sommes du tonnerre.

Habitans, mœurs, religion.

Les japonais et les chinois se ressemblent beaucoup par la figure ; mais les premiers ont les yeux moins enfoncés que les autres. Généralement, ils sont mal faits ; ont le teint olivâtre, les traits grossiers, et très-peu de barbe qu'ils s'arrachent : les femmes ont de la beauté, mais elles se peignent le visage. On vante beaucoup leur fidélité ; mais comme elles pourraient y manquer, ainsi que par-tout ailleurs, l'adultère est puni de mort. Les japonais s'appliquent avec succès aux arts et aux sciences qu'ils aiment. Ils sont patiens et ne manquent point de génie. Il n'y a point de nation plus avide de gloire, plus sensible au mépris et plus portée à la vengeance. Généreux, ouverts, et d'un caractère noble, leur vengeance, quoique certaine, n'a jamais rien de bas. Le point d'honneur est le principe de toutes leurs actions, et c'est peut-être la source de toutes leurs vertus ; ils ont la mauvaise foi en horreur, et punissent le mensonge de mort. Le peu de cas qu'ils font de la vie les rend cruels pour les autres. Quant à leurs coutumes, elles sont précisément le contraire des coutumes des autres nations, et sur-tout des nôtres. Le noir est pour eux la couleur de la joie, le blanc marque le deuil ; ils montent à cheval du côté droit, et ne trouvent les dents belles que lorsqu'elles sont noires. Par-tout ailleurs on se lève pour recevoir quelqu'un, eux ils s'assoient, saluent en ôtant le pied de leur pantoufle et la jetant un peu en avant ; ils boivent chaud en été, portent un manteau dans leurs maisons et le quittent pour sortir ; leurs funérailles sont faites avec une pompe qui n'a rien de lugubre, parce qu'ils regardent la mort comme un passage à une meilleure condition. Quand un grand a commis un crime capital, il est condamné à avoir le ventre fendu, et sa famille doit mourir avec lui, si l'empereur ne lui fait pas de grace. *Les criminels du peuple meurent sur la croix ou dans le feu ; quelquefois on leur coupe la tête ou on les hache à coup de sabre. Les tanneurs, dont la profession est fort méprisée en ce lieu, y sont les boureaux ; et les valets de ceux qui tiennent des maisons de débauche, les aident dans leurs exécutions. Les japonais sont idolâtres. Leur langue a de la noblesse, de la netteté et de la précision. Ils écrivent comme les chinois, avec un pinceau, du haut en bas. Il y a des caractères pour les hommes et d'autres pour les femmes : ces caractères n'expriment pas un mot, mais une chose. Ils composent beaucoup de livres, et leurs bibliothèques sont nombreuses. L'éducation des enfans y est très-soignée. Ils cultivent tous les arts méchaniques de la Chine, mais ils l'emportent sur eux et sur tous les indiens, pour la porcelaine, le vernis, la finesse et la propreté des étoffes ; ils s'appliquent sur-tout à la culture des terres, dont ils ne laissent pas un pouce d'inutile, quoique le terrein y soit naturellement peu fertile.

Habillement.

Les japonais ont de longues robes et des souliers sans talons, en forme de pantoufles. Par-dessus leurs longues robes, ils ont une espèce de casaque qu'ils appellent le *quinom*, dont les manches viennent presque jusqu'aux poignets : en hiver, ces sortes d'habillemens sont garnis de pelleteries. Ils
portent

portent presque toujours un long éventail brodé d'or, ainsi que leurs femmes. Ils sont toujours armés d'un grand sabre, qu'ils manient avec beaucoup d'adresse des deux mains. Les femmes ont les cheveux noués avec beaucoup d'art ; elles ont quelquefois jusqu'à huit à neuf robes les unes sur les autres, dont les queues traînent par terre graduellement ; mais ces robes, quoique d'étoffe riche et brodée, sont si fines, qu'elles ne les gênent point. Elles ont une ceinture de la même richesse.

N.º 6. Circassie.

Situation, productions.

LA Circassie, qui se trouve dans la partie occidentale de la Tartarie indépendante, s'étend entre l'embouchure du Wolga et de la Georgie, dont elle est séparée par le mont Caucase. Souvent on donne ce nom à tous les pays qui sont à l'occident de la mer Caspienne : alors on la divise en trois parties ; savoir, le Dagestan, la Circassie proprement dite, et divers petits peuples libres qui habitent le midi du Caucase ; le pays des dagestans est très-fertile, et c'est chez eux une loi qu'un homme ne peut pas se marier qu'il n'ait planté cent arbres fruitiers. Celui des circassiens est stérile, pleins de marais, sur les bords du Wolga et de la mer Caspienne ; le reste contient d'assez bons pâturages : on y élève un très-grand nombre de chevaux qui, à la vérité, ne sont pas beaux, mais d'une légèreté et d'une vigueur extraordinaire. Les montagnards n'ont d'autres ressources que leur brigandage.

Habitans, mœurs, religion.

Prévenu par la réputation de beauté que les circassiennes ont acquise, on imaginerait facilement le même avantage pour les hommes ; cependant, par une de ces singularités qui doivent attirer le regard observateur du naturaliste, ils y sont fort laids. Est-ce un jeu de la nature, n'en est-ce qu'une dégradation causée par les mœurs ? C'est ce qu'il serait peut-être facile de savoir après une soigneuse observation ; et cette question nous paraît assez importante pour la faire en passant. Quoi qu'il en soit, les circassiens, proprement dits, sont trapus et basanés ; leur visage est large et plat ; leurs cheveux sont noirs et forts : ils se rasent la tête de la largeur de deux doigts, depuis le milieu du front jusqu'à la nuque du cou, excepté une touffe qu'ils laissent sur le haut de la tête ; le reste de leurs cheveux pend sur leurs épaules. Quant à leurs femmes, c'est un ensemble de ce que la nature peut créer de plus beau, de plus agréable, de plus voluptueux ; c'est l'idéal de la beauté réalisé ; les grecs, dont l'imagination était si vive, les eussent prises pour modèles de leurs statues ; et les princes asiatiques,

D

qui aiment encore plus la nature que les arts, ont grand soin d'en embellir leurs sérails. Ainsi, ces femmes qui eussent dû attirer le respect des hommes de ce pays, pour qui leur cœur, naturellement tendre et fidèle, devait créer le bonheur, sont précisément celles que l'on outrage le plus : l'avarice les livre à la brutalité. Elevées avec soin et délicatesse, non par amour, mais pour qu'elles soient d'un plus grand prix, elles passent, fort jeunes, de la maison paternelle, sur une place publique, où on les expose en vente dans la situation la plus propre à provoquer les desirs de l'acheteur; et la beauté, faite pour enflammer le cœur, devient la possession de la brutalité qui peut la payer : tel est le sort des plus belles femmes du monde.

Les circassiens sont mahométans, sans avoir ni alcoran ni mosquées; ils y mêlent un peu d'idolâtrie, un peu de christianisme grec, et ce mélange forme leur religion. Ils vivent à la manière des tartares, pendant l'été, en campant; mais ils ont des bourgs, des villages, et s'appliquent à l'agriculture dans les lieux les plus fertiles.

Habillement.

Rien de plus voluptueux que l'habillement des circassiennes. Un riche voile couvre l'espèce de turban en cône qu'elles portent. Un superbe doliman, garni de pelleteries, est par-dessus deux autres plus courts; de riches ceintures les entourent, et elles ont des culottes à la turque. Leurs cheveux sont en boucles, et retombent avec grâce sur leurs épaules. Quant aux hommes, leurs robes sont comme celles des arméniens; leur bonnet est bizarrement plissé et garni de pelleteries. Ils ont des *babouches*, et, en hiver, des bottines.

N.º 7. Goa.

Situation.

Goa, la principale ville des possessions portugaises aux Indes, est situé sur la rivière du Mandoa, dans une île de neuf lieues de tour, sur le bord du royaume de Visapour, au 15ᵉ degré 30 minutes de latitude, et au 91ᵉ degré 25 minutes de longitude. Placée sous la zone torride, il y fait des chaleurs excessives, seulement tempérées par les pluies qui y règnent depuis juin jusqu'en octobre. Son terroir est fertile, et rapporte, par an, deux moissons de riz. Son port est l'un des meilleurs de l'Inde, et la ville l'une des mieux bâties. Les maisons y sont terminées en terrasse pour y prendre le frais la nuit, et embellies de jardins dont l'ombre paraît délicieuse sous ce climat brûlant. L'air y est si mauvais, que les fièvres pestilentielles y font périr beaucoup de monde chaque année; il est beaucoup meilleur aux environs.

Habitans.

Goa est habitée par des portugais, qui sont en plus petit nombre; des métifs ou mulâtres, nés des portugais; et des indiennes, par les naturels du pays et plusieurs étrangers. Il y a un très-grand nombre d'esclaves indiens. Son commerce était le plus considérable des Indes avant que les hollandais y eussent des établissemens et que Surate ne lui en eût enlevé une partie.

Il n'est guère possible de déterminer les mœurs d'un pays habité par plusieurs sortes de peuples, où le commerce attire des hommes de nombre de nations, et, sur-tout où différentes religions se rencontrent. Mais ce coin de la terre, quelque petit qu'il soit, n'est malheureusement que trop remarquable par les cruautés religieuses qui y ont été exercées; c'est-là, sur-tout, que l'on a pu voir jusqu'à quel point le fanatisme peut faire oublier à l'homme le caractère bienfaisant que la nature attribue à la divinité. En s'y établissant, les portugais établirent avec eux ce tribunal horrible, qui faisait à l'homme un crime capital de l'intime conviction de sa conscience; l'INQUISITION enfin, qui ne plaignait pas le malheureux qu'elle croyait égaré, mais le brûlait en accompagnant de ses prières cet affreux sacrifice; l'inquisition qui faisait dans ce monde les fonctions de l'enfer qu'elle annonçait dans l'autre. Il nous suffit de l'avoir nommé; nous ne nous imposerons pas la pénible tâche de décrire ses horreurs sacriléges.

Habillement.

Les hommes, quoique vêtus de toile du pays, le sont cependant avec une sorte de magnificence; c'est une espèce de caffetan assujettit par une ceinture et croisé sur la poitrine. Leurs épaules sont chargées d'une pièce d'étoffe en guise de manteau. Ils sont coëffés d'une espèce de bonnet de mousseline, dont les bords sont rabattus au lieu d'être relevés, et qui est surmonté d'un panache. Bottines et culottes à la turque. Les femmes sont habillées à-peu-près de même. Leur tête est chargée de beaucoup de plumes et d'un voile qui sert leur coquetterie. Un grand chapelet, orné de petites reliques, leur retombe jusqu'à moitié corps.

N.° 8. La Carie.

Situation, origine.

CETTE province, qui dépend des turcs, est bornée au nord par l'Ionie; au levant par la Phrygie, la Lycie; au midi et au couchant par la Méditerranée et l'Archipel. Le Méandre, qu'on appelle aujourd'hui le Mender, la traverse, dans sa partie septentrionale, du levant au couchant.

Le voyageur qui passe dans ces lieux et dans presque toutes les possessions des turcs en Asie, se demande où sont les arts, les édifices; où sont les hommes que l'histoire a peints avec de si belles couleurs ? Il cherche autour de lui, et il ne rencontre que des ruines ; il ne voit que l'ignorance et la misère courbées sous un joug de fer.

La Carie, qui n'est qu'un sangiacat ou une province de l'Anatolie, offre à chaque pas des souvenirs de grandeur. Mausole y régna; Mausole, que l'amour de son épouse Artemise, illustra, et qui, après sa mort, fut placé, par les soins de cette tendre épouse, dans un magnifique tombeau, qui fut appelé de son nom *mausolée*; le tems n'a rien laissé de ce monument, mais le souvenir touchant en est resté dans la mémoire des hommes. Le souvenir et les ouvrages d'Hérodote et de Denys existent aussi ; mais où est maintenant Halicarnasse, qui leur a donné naissance ? Antioche a disparu de dessus les bords du Méandre ; il ne reste d'Aphrodisia qu'un bourg qui l'a remplacée, et son temple, consacré à Vénus-Aphrodite, sert aujourd'hui d'église. Le peuple ignorant, qui foule à ses pieds les restes vénérables de l'antiquité, s'inquiète peu de la gloire de ses ancêtres. Les lieux que le Méandre arrose fournissent d'assez bons pâturages; mais on y éprouve, surtout vers la Phrygie, de violens tremblemens de terre.

Habitans.

Les cariens sont encore guerriers, mais ils n'aiment la guerre que comme d'autres peubles aiment le commerce, parce qu'elle leur vaut de l'argent; ils vendent leur courage et leur vie. En général, ils sont hospitaliers, et reçoivent avec honnêteté les étrangers. Un mahométan, fort riche, a fait bâtir, proche du village de Lakena, un hospice où le premier venu trouve son couvert mis sur une table abondamment servie.

Habillement.

Ami des armes, les cariens portent toujours un équipage militaire ; un sabre, un pistolet à la ceinture, une gibecière, un fusil, sans oublier la pipe. Leurs culottes sont larges, et leur bonnet élevé et entouré d'un turban. Ils n'ont qu'une petite veste, sans manches, par-dessus un gilet. Les femmes ont un caractère de visage joli et agréable; elles ont le pantalon turc.

N.º 9. Java.

Situation, productions et peuples de Java.

JAVA est la troisième et la moins considérable des îles de la Sonde, situées entre le sud et le sud-est de l'Asie. C'est un bon pays, abondant en toutes sortes de productions, entre autres en riz, sucre, benjoin, et en poivre très-estimé; on y trouve aussi des mines d'or, d'argent, de cuivre, de rubis, de diamans, et des souffrières qui s'allument quelquefois et forment des volcans. Les montagnes sont remplies de bêtes sauvages et féroces; on y remarque une espèce de serpens qui ont jusqu'à vingt pieds de long; mais la nature a prévu le mal qu'ils pourraient faire en faisant croître un arbre qui guérit de ses morsures. On dit qu'on a découvert la propriété de cet arbre par le moyen d'un petit animal nommé *quirpela*, qui court à ce bois aussitôt qu'il a été mordu d'un serpent. Il y a aussi, dans toute l'île, une espèce de fourmis fort incommodes, plus grosses que celles d'Europe : elles gâtent tout ce qu'elles peuvent atteindre, étoffes et vivres. Pour s'en garantir, on pose les pieds des meubles dans des cuvettes où l'on met de l'eau.

Une partie de l'île appartient aux hollandais, qui y ont bâti *Batavia*, en 1719, à la place de Jacatra, dans la partie septentrionale. Ils y font un commerce considérable, et il se rend à cette ville des marchands de toutes les nations; les chinois y sont les plus nombreux, et y font le principal commerce au profit des hollandais. L'air y est assez sain, et moins brûlant qu'on ne devrait l'attendre dans une contrée placée sous la zone torride. Le reste de l'île appartient à différens petits rois, entre autres à celui de *Materan*, qui prend le titre d'empereur de Java, et à celui de *Bantam*, dont la capitale du même nom fait un grand commerce, sur-tout en poivre. Le roi de Materan, comme les autres princes du pays, peut avoir plusieurs femmes; mais, ce qu'il y a de singulier, c'est que sa garde, sur-tout celle de nuit, n'est composée que de femmes; un corps de dix milles veille continuellement autour et dans l'intérieur de son palais. Au surplus, la polygamie, qui est permise à tous les naturels qui sont mahométans, y semble, là seulement, d'autant moins répréhensible, que la nature y donne, dit-on, dix femmes pour un homme. Le roi de Bantam hérite, à la mort de ses sujets qui laissent des enfans mineurs, de leurs biens et de leur famille : ce qui engage les Bantanais à marier leurs enfans dès l'âge de huit ans.

Dans la partie occidentale de l'île, il y a des montagnes presque inaccessibles où l'on trouve des peuplades vierges encore pour les européens. Jaloux de leur indépendance, ces peuples n'ont cependant rien de féroce, et s'abstiennent du meurtre et de la chair des animaux. La lune est leur divinité, et lorsqu'on leur demande pourquoi ils la préfèrent au soleil, ils répondent : celui-ci échauffe, mais il brûle; il éclaire, mais il éblouit; celle-là répand toujours la même lumière, et ne brûle ni n'éblouit. Tant que la lune brille, ils n'allument aucun flambleau. Les habitans des montagnes de Gonon et Besar se livrent à l'agriculture et dépendent moins de leurs rois, que leur roi ne dépend d'eux. Il est d'étiquette, dans ce pays, que ce prince façonne lui-même les ustensiles de son ménage et apprête ses repas; c'est lui aussi qui doit se vêtir de sa propre industrie; en sorte que ses dépenses personnelles ne coûtent rien à l'Etat : c'est toujours autant de gagné, et, comme dit Rabelais, un roi ne coûte pas peu.

Habitans, leurs mœurs.

Les Javans sont, en général, bien faits et robustes; ils ont le visage plat, les joues larges et élevées, de grandes paupières, de petits yeux et peu de barbe. Leurs armes sont des javelines, de petits poignards, des sabres et des coutelas. Ils se servent aussi de sarbacanes pour souffler de petites flèches empoisonnées. Ils portent des boucliers de bois ou de cuir, et ont des cottes-d'armes faites de plaques de fer jointes ensemble avec des anneaux.

Ils avaient une coutume cruelle que l'on est venu à bout de leur faire perdre. A la simple inspection, leurs jongleurs condamnaient un malade à la mort. Aussi-tôt la famille s'empressait d'exécuter la sentence, en l'étranglant, pour le soustraire à une infirmité longue et misérable. Les gens caducs étaient portés au marché et vendus aux peuplades antropophages des îles voisines ; les personnes estropiées et incapables d'être utiles, subissaient le même sort.

La célébration de leur mariage mérite d'être rapportée ; le mari, accompagné de sa famille, s'achemine, en grand cortège, vers la maison de l'épousée ; il la trouve sur le seuil de la porte où elle l'attend avec un bassin d'eau pour lui laver les pieds. Cela fait, tous deux se mettent en marche vers le logis de l'époux, où on les laisse quelque tems ensemble, et la noce n'a lieu qu'après la consommation du mariage.

Habillement.

Les hommes vont, la plupart, nus à moitié corps. Une ceinture sontient un large vêtement qui leur tombe sur les talons, et qui, à leur volonté, se reporte sur leurs épaules. Leur bonnet est de paille de divers couleurs. Les femmes portent une large robe par-dessus une petite casaque, et une espèce de *schall* voltige sur leurs épaules.

N.º 10. Calmouks.

Situation.

LES éluths ou calmouks s'étendent du 30e au 55e degré de latitude, et du 72e au 120e degré de longitude, depuis les frontières du royaume d'Astracan et la rivière de Jaick, qui a son embouchure dans la mer Caspienne, jusqu'aux déserts de Coby, qui confinent, avec la Chine, au levant ; ces peuples se trouvent enclavés dans la Tartarie indépendante, et en font partie ; ils dépendent d'un empereur que l'on nomme *Contaisch*, ou Grand-Kan des éluths, qui possède, en outre la Bukarie, les pays de Turfan et de Camul, vers la Tartarie chinoise.

Habitans, mœurs.

Les calmouks sont les plus laids, les plus difformes des tartares, et par conséquent de tous les hommes. Ils ont le visage plat et large, les yeux fort éloignés l'un de l'autre, très-petits et peu ouverts, et le nez si écrasé, que l'on n'y voit que deux petits trous au lieu de narines.

Quoiqu'ils aient quelques villes, ils campent sous des tentes de feutre, qu'ils alignent dans les lieux abondans en pâturages, et sont divisés par hordes. Quand un lieu ne leur plaît plus, ils en changent et conduisent ailleurs leurs familles, leurs troupeaux et leurs demeures. Ils emploient les dromadaires pour porter leur bagage. Le pays y est beau et naturellement fertile ; mais ils ne se livrent pas plus à l'agriculture que les anciens scythes, dont ils sont les descendans, et n'ont d'autres soins que d'être à cheval et de garder leurs troupeaux, dont le lait les nourrit. Ils sont guerriers, et n'ont besoin que de discipline pour être bons soldats. Ils ont conservé les usages et la religion des anciens tartares, qui est l'idolâtrie, et sont soumis au Daïla-Lama, qui est leur grand-prêtre.

Habillement.

Leurs habits, presque tous semblables, consistent en plusieurs peaux de moutons cousues ensemble, qu'ils ajustent en forme de veste tout-à-fait simple, qu'ils ceignent par le milieu, avec un cordon qui soutient le carquoi et l'arc. Ils se rasent toujours la tête jusqu'au sommet, où ils gardent une touffe de cheveux pour en faire une double tresse, dont la première leur pend par devant, et l'autre par derrière. Ils la couvrent d'un bonnet rond de la même matière que leurs habits, et ils mettent au haut une houppe de soie rouge ou de quelque autre couleur : c'est la marque à laquelle on peut connaître les différentes hordes. Mais ceux d'entre eux qui habitent le pays où l'on prend des zibelines, se servent de la peau de ces animaux pour s'habiller, aussi bien que de celles des chiens qu'ils nourrissent en grand nombre ; ils les joignent ordinairement toutes deux, et font servir celle du chien de doublure à celle de zibelines.

Le costume des femmes est à-peu-près pareil à celui des hommes ; elles ont devant elles un petit tablier bariollé de diverses couleurs, et au bas de leurs jupes des franges aussi de diverses couleurs ; par-dessus le tablier est un petit sac de cuir propre à renfermer tout ce qu'elles portent sur elles.

N.° 11. Siam.

Situation, gouvernement, productions.

CE royaume se trouve dans la partie méridionale de la presqu'île au-delà du Gange, et est borné, au nord, par celui de Laos ; au sud, par le golfe de Siam ; au sud-ouest, par la presqu'île de Malaca ; à l'orient, par le royaume de Camboye. Il a environ cent vingt lieues du nord au sud, et cent dans sa plus grande largeur. Tout ce royaume n'est guère qu'un vaste désert; les bords du *Menan*, qui le traverse dans sa longueur, sont presque seuls habités, parce que les eaux qui s'en débordent et inondent les terres, six mois de l'année, y produisent, presque sans culture, une grande quantité de riz. On ne compte que neuf villes; la capitale est Siam ou Joudia. C'est la résidence du roi, qui est despote et absolu; il se montre rarement à ses sujets, afin d'en être plus respecté, et il en exige des honneurs presque divins. Ne connaissant presque d'autre loi que celle qu'inspire la crainte, il est toujours entouré de quatre cents bourreaux, pour exécuter la justice et composer sa garde. Les châtimens y sont terribles; personne n'en est exempt, pas même les fils et les frères du roi. Les châtimens ordinaires sont de fendre la bouche jusqu'aux oreilles, mais seulement pour ceux qui ne parlent pas assez; il ne faut pas cependant parler trop, car alors, on vous coud la bouche entièrement. Pour de légères fautes, on coupe les cuisses à un homme, on lui brûle les bras avec un fer rouge, on lui donne des coups de sabre sur la tête, et on lui arrache les dents. Il ne faut presque avoir rien fait pour avoir la bastonnade, être exposé, la tête nue, au soleil. Pour ce qui est de se voir enfoncer des bouts de cannes dans les ongles jusqu'à la racine, mettre les pieds au cep, etc., il n'y a presque personne à qui cela ne soit arrivé au moins quelquefois en sa vie. Personne ne possède dans le royaume de biens en fonds qui, de droit, n'appartiennent au roi; ce qui fait que la plus grande partie du pays demeure en friche, personne ne voulant se donner la peine de cultiver des terres qu'on lui enleverait dès qu'elles seraient en bon état. Aussi la misère y est extrême. On dit qu'il y avait plus de richesses avant l'irruption de quelques barbares nommés *Bramas*, sortis du nord. Nombre des animaux d'Europe, les chevaux exceptés, se trouvent à Siam; mais il y a des éléphans superbes. Les siamois sont idolâtres, et ont des pagodes remplies de statues de plâtre, dorées avec le plus grand soin. Quant aux maisons des habitans, ce ne sont tout simplement que des cabanes faites de cannes et couvertes de feuilles de palmiers. On ne trouve chez eux aucune sorte de manufacture, si ce n'est d'une espèce de mousseline que les mandarins seuls ont le droit de porter les jours de cérémonie.

Habitans.

Les siamois sont plus petits que grands, mais ils sont bien faits. Ils ont les yeux petits, la bouche grande, les lèvres grosses, le nez court, les oreilles longues, et le teint d'un rouge-brun. Leurs dents sont noircies par l'usage du béthel, et leurs cheveux, qui sont noirs et gros, ne descendent, dans les deux sexes, qu'à la hauteur des oreilles. Ils laissent croître leurs ongles qu'ils tiennent fort nets, et s'arrachent la barbe, qu'ils ont peu fournie. Au surplus, ils sont forts mal-propres, et se baignent très-souvent. Ils sont distingués en libres et en esclaves, et ne vivent que de fruits et de riz. Ils sont polis, mais menteurs, rusés et inconstans. La polygamie et le divorce leur sont permis; mais le peuple use rarement de l'un et de l'autre. Ils sont

obligés

obligés de travailler une partie de l'année pour le roi, et n'en sont dispensé que lorsqu'il les élève au mandarinat.

Habillement.

Leur habillement est plus que simple : il consiste en une toile de coton qu'ils portent depuis la ceinture jusqu'à la moitié des cuisses. Les mandarins seuls ont, comme nous venons de le dire, le droit de mettre une petite chemise de mousseline.

N.º 12. La Corée.

Situation, gouvernement, productions.

AU nord-est de la Chine est une grande presqu'île que les européens nomment *Corée*, d'après les japonais ; ses habitans l'appellent Kaoli ou Chaut-sien. Elle est jointe, du côté du nord, à la Tartarie chinoise, ayant à l'occident le Léaotong. La Corée est gouvernée par un roi, tributaire et dépendant de la Chine, et qui a cependant le droit de choisir son successeur. Ce pays est abondant en riz, en froment et en fruits. Il y a diverses manufactures ; on y fait sur-tout du papier fort estimé : on y recueille du ginseng ; et la chasse des zibelines, la pêche des merluches, et d'autres poissons, sont considérables. On trouve des mines d'or et d'argent dans les montagnes qui occupent la moindre partie du pays.

Habitans.

Les coréens sont bien faits et paraissent originaires de la Chine ; ils en ont les usages, la langue, la manière d'écrire et la religion, et suivent la secte de Xaca, qui est celle des bonzes. Ils sont dociles, forts, adroits, braves et meilleurs marins que les japonais. Quoique très-superstitieux, ils se livrent aux sciences, aiment la danse et la musique. Ils vivent fort sobrement. Leurs maisons n'ont qu'un étage, et sont assez mal bâties. *Kingkitao* est leur capitale.

Habillement.

Ils sont à-peu-près vêtus comme les tartares ; habit court à larges manches ; bottines aux pieds ; haut bonnet entouré d'un turban. Ils ont le carquois sur l'épaule, l'arc à la main et le sabre devant, à la manière des chinois. L'habillement des femmes diffère peu de celui des hommes. Leurs cheveux tressés viennent se rejoindre à l'extrémité d'une espèce de corne relevée sur le haut de la tête.

E

N.º 13. Le Malabar.

Situation, commerce et religion.

LA côte de Malabar est au couchant de la presqu'île d'en-deçà du Gange
Il y a une chose singulière à observer par rapport à ces climats : une
chaîne de montagne divise la presqu'île, depuis le mont Yment jusqu'au
cap Comorin ; la côte de l'orient s'appelle Coromandel ; celle du couchant
Malabar ; mais quoique à une même élévation de pôle, jamais la même
saison ne règne en même-tems sur les deux côtes ; quand l'été embelli
le Coromandel, l'hiver désole le Malabar, et il retourne à la première côte
quand le beau tems revient à celle-ci.

Plusieurs géographes donnent le nom de *Malabar* à toute la côte occi
dentale de la presqu'île d'en-deçà du Gange ; mais le Malabar propremen
dit, est situé au midi du royaume de Canata, et s'étend le long de la
côte l'espace d'environ cent lieues jusqu'au cap Comorin. Ce pays est un
des plus beaux et des plus peuplés de la presqu'île d'en-deçà du Gange
On y voit un grand nombre de villes avec des forêts et des allées de
cocotiers, de palmiers et d'autres arbres toujours verds, sous lesquels on
marche toujours à l'abri du soleil qui y est brûlant. Presque tous les peuple
y sont idolâtres, ce qui fait qu'on y trouve beaucoup de pagodes remplie
d'idoles affreuses. La vénération qu'ils portent à la vache va presque jus
qu'à l'adoration ; ils se croient sanctifiés par les lustrations qu'ils font avec
la bouze de ces animaux. Cette grossière superstition peut nous faire pitié
mais en fait de religion je ne sais quel peuple aurait droit de se mocque
d'un autre. La religion qui devait consoler l'homme a été la source de
toutes les extravagances ; heureux encore quand elle n'a pas été le prétexte
des crimes. Il est inutile d'ajouter que les malabares ne mangent poin
de la chair de vache. Ils adorent dieu et le diable ; l'un dans l'espoi
du bien, l'autre dans la crainte du mal. Il y a quelque tems, les femme
avaient coutume de se brûler avec le corps de leurs maris ; mais main
tenant elles consentent à leur survivre ; ce n'est pas qu'elle leur étai
très-attaché, mais la coutume le voulait. Aussi peu fidèles que chastes
elles sont en quelque sortes communes et peuvent avoir jusqu'à sept mari
vivans, sans compter ceux qui en tiennent lieu ; mais en récompense
les hommes les estiment en proportion de leur attachement, elles son
regardées, à cause de la facilité du divorce, comme on regarde ailleur
les concubines. Elles donnent leurs enfans à celui de leurs maris qu'elle
jugent à propos ; et l'ordre des successions se règle par la ligne féminine
La plupart des maisons du Malabar ne sont que des cabannes chétivemen
meublées et couvertes de feuilles de palmiers. Au surplus, cette côte es

fertile en épiceries, en coton, en cocos et en noix d'inde (1), dont il s'y fait un grand commerce, sur-tout à Calicut, la capitale des États du *samorin* ou empereur. On y recueille aussi beaucoup de riz, et les singes et les perroquets y sont fort nombreux.

Habitans.

Les malabares sont divisés en castes comme les autres indiens : les brames ou prêtres composent la première : ils sont extrêmement respectés, et ne sont vêtus que depuis la ceinture jusqu'aux genoux : la seconde est celle des *nairs* ou nobles; ils sont les guerriers : les artisans forment la troisième : la quatrième est celle des pêcheurs : et la cinquième, qui est la plus méprisée, est celle des *poléas* ou laboureurs; ils n'ont pas le droit d'entrer dans les villes. Toutes ces castes n'ont aucun commerce ensemble.

Habillement.

Les malabares ont la tête enveloppée d'une mousseline d'une couleur à volonté. Leur corps serait nud sans une étoffe de plusieurs aunes dont ils se drappent selon leur commodité ou leur plaisir.

L'habillement des femmes a quelque chose de galant et de voluptueux : un petit corset d'une étoffe rayée laisse voir une riche taille, et couvre à peine un sein de toute beauté. Leurs jupes sont de mousseline et ouvertes sur le côté. Une large ceinture voltige à l'entour de leurs corps.

N.º 14. La Cochinchine.

Situation, productions et température.

CE royaume est sous la zone torride, entre le 10.e et le 20.e degré de latitude septentrionale, dans la partie orientale de la presqu'île d'au-delà

(1) L'arbre qui produit le cocos est une espèce de palmier qui suffit à presque tous les besoins de la vie. Le bois en est bon à bâtir et à construire des vaisseaux; la feuille sert à couvrir les maisons, à faire des voiles et du papier; le fruit en est bon à manger; on fait des étoffes de la pellicule qui est sous la grosse écorce; au sommet on trouve, entre les feuilles, une sorte de cœur, ou gros germe, qui approche du choufleur pour la figure et le goût, mais qui est plus agréable et plus rassasiant : lorsqu'il est cueilli, l'arbre meurt aussi-tôt. Entre ce chou et les feuilles qui tiennent lieu de branches à cet arbre, il sort un gros bourgeon fort tendre. Si on le coupe à l'extrémité il en sort une liqueur semblable au vin, dont on fait de l'eau-de-vie. Ce vin, qui est très-doux, devient en vingt-quatre heures du vinaigre très-fort. On tire du fruit du cocos, une espèce de bourre qui sert à faire des cordages. La coque ou l'écorce est employée à faire des vases, et la moëlle produit de l'huile bonne à brûler et à manger : on en fait aussi une espèce de lait comme avec les amandes.

du Gange. Il est borné à l'orient par le golfe de la Cochinchine; à l'occident, par une longue chaîne de montagne qui le sépare du royaume de Laos, et par le royaume de Camboye; au nord, par le Tunquin; et au midi, par la mer des indes. Ce n'est proprement qu'une langue de terre qui a deux cents cinquante lieues de longueur, et si étroite que dans sa plus grande largeur elle n'en a pas vingt.

Ce royaume faisait partie du Tunquin dont il avait dépendu pendant plus de six siècles, lorsqu'ils'en détacha, au commencement du dix-septième, pour s'ériger en royaume particulier, comme le Tunquin s'était détaché de la Chine. L'air y est assez tempéré, quoique sous la zone torride, ce qui provient des fréquentes inondations qui y arrivent pendant les mois de septembre, octobre et novembre, et qui y rendent la terre si fertile qu'on peut faire jusqu'à trois récoltes de riz par an. La troisième partie de cette récolte appartient au roi, à qui appartiennent, en sus, les terres; la neuvième partie est pour les mandarins-gouverneurs des provinces. Ce pays produit de l'or, de l'argent, de la soie, du coton, de la porcelaine, de la canelle, du poivre, du bois d'aigle et de calamba (1); et parmi les fruits, des citrons, des oranges, des bananes, des dates et d'autres fruits. Il y a une production curieuse à remarquer; c'est le nid d'un oiseau qui le bâtit, à-peu-près comme les hirondelles, non de boues, mais d'écume de mer. Ce nid est ramassé soigneusement, on le fait bouillir, et il fournit un potage excellent et même stomachal. On y trouve aussi, dans un canton, des tigres et des éléphans sauvages; c'est au royaume de *Ciampa*, qui fait partie de la Cochinchine.

Habitans et leurs mœurs.

Les cochinchinois, quoique guerriers, sont doux, francs, d'une aimable simplicité en tout; l'éducation des riches y est soignée; et même chez eux, dit-on, le moyen de s'avancer, est de savoir remplir et de remplir effectivement ses devoirs. Leurs usages ont beaucoup de rapport à ceux des chinois : ils ont aussi la même religion. Leur langue, quoique dans les mêmes principes et par monosyllabes, n'est entendu qu'au Tunquin.

Les cochinchinoises sont peu favorisées du côté de la figure et de la taille. Leur voix est très-agréable et presque semblable à une douce musique; mais elles montrent des dents noires dont elles sont très-satisfaites, parce que, dans le pays, elles sont vilaines quand elles sont blanches; elles ont aussi de forts jolis ongles qu'elles laissent pousser au gré de la nature : rien n'est encore plus beau dans le pays. Quant aux qualités, elles sont bonnes

---

(1) Le calamba, espèce d'aloë, est de la hauteur et de la figure d'un olivier. Il renferme sous son écorce trois sortes de bois; le premier, noir, pesant, compact, s'appelle BOIS D'AIGLE; le second, qu'on nomme CALEMBOUC, est léger comme du bois pourri; le troisième est appelé CALAMBA : il est aussi cher aux indes que l'or même. Son odeur est exquise; c'est un excellent cordial. On se sert des feuilles de cet arbre pour couvrir les maisons; on leur donne aussi la forme de plats ou d'assiettes; les fibres de ces feuilles donnent une espèce de filas et les pointes qu'on trouve à ses branches servent à faire des clouds, des dards, des alênes. En arrachant les boutons de l'arbre, il en coule une liqueur vineuse et sucrée, qui se change, quelque tems après, en excellent vinaigre. Le bois des branches est bon à manger : il a le goût du citron confit.

pour toute la terre ; elles s'occupent de leurs ménages et de leurs maris. Obligés de ne s'adonner qu'aux armes, par lesquelles ils ont acquis leur indépendance, les hommes laissent à leurs femmes le soin de labourer, de pêcher, et de faire le commerce.

Habillement.

Les cochinchinois ont sur la tête une toque un peu élevée et entourée de mousseline. Une espèce de robe leur tombe à mi-jambes, croise sur la poitrine, et n'a point de manches. Les femmes n'ont d'autre habillement qu'une étoffe légère qui leur entoure les reins et retombe en forme de jupe.

N.º 15. Astracan.

Situation et productions.

CE gouvernement dépend de la Russie. Il était la demeure des huns et des avares avant qu'ils passassent en Europe au quatrième et au sixième siècle, avec une multitude d'autres tribus turques ou tartares. Il fut ensuite habité par les Kapchacs ou Comans. Un des fils de Genghiz-Kan y établit ce grand royaume, qui, du nom de ses habitans, fut appelé Kapchac. Celui d'Astracan en fut un démembrement. Les russes s'en emparèrent en 1554, sur les tartares nogaïs ou nogaïa, qui y demeurent encore. Il est situé entre le 46.ᵉ et 54.ᵉ degré de latitude, et entre le 62.ᵉ et 75.ᵉ degré de longitude. Le terroir y est fertile en fruits, sur-tout en melons excellens ; Pierre-le-Grand y a fait planter des vignes. La partie méridionale est fort sablonneuse, et l'on y trouve un grand nombre de sources d'eau salée. La chaleur suffit pour faire le sel, qui est beau et transparent comme le crystal. Les russes en font un grand commerce, ainsi que des esturgeons qu'ils pêchent dans le Wolga, et qu'ils salent. C'est avec les œufs de ces poissons qu'ils font le caviar, qui se transporte de tous côtés, et que les peuples du nord mangent avec délices ; on l'étend sur le pain comme du beurre. La partie qui est sur les bords du Jaïk a de bons pâturages : c'était-là que demeuraient autrefois les usbecks, avant qu'ils allassent s'établir au voisinage de la Perse. Au même endroit demeure aujourd'hui une branche des *casaks* ou *cosaques*.

Habitans.

Outre ces tartares nogaïs, qui sont mahométans, et demeurent aux environs d'Astracan, il y a, depuis environ deux cents ans, des tartares calmouks, surnommés *torgauts*, partis de leurs pays, et à qui les russes ont permis un établissement. Ils ne leur paient point cependant de tribut, mais ils sont obligés de servir dans leurs armées. Ils ont apporté les usages de leurs pays; marchent par horde, campent et font paître le gros bétail. Astracan est la capitale de ce gouvernement. Il y a un archevêché. Il y vient des marchands turcs, arméniens, persans, tartares et indiens, qui y échangent des épices et des pierres précieuses pour des fourrures.

Habillement.

Les hommes ont un bonnet russe, une première robe, avec des manches, recouverte d'un doliman qui n'en a point. Les bottines sont leur chaussure.

Les femmes ont pareillement de longues robes et entourent leurs têtes d'une étoffe bigarée de diverses couleurs, dout l'extrémité pend par derrière et couvre leurs cheveux.

N.º 16. Palestine.

Situation et origine.

La Palestine est une portion de la Syrie. Elle est bornée au nord par les montagnes du Liban qui la séparent de la Phénicie; au levant, par l'Arabie-Déserte; au midi, par l'Arabie-Pétrée; et au couchant, par la Méditerranée. Son étendue, du midi au nord, est d'environ quarante lieues sur cinquante-cinq.

Ce petit coin de terre serait peu de chose dans le monde, (et a presque toujours mérité un oubli complet); mais la religion a pris soin de le consacrer; et c'est de ce pays obscur, du sein d'un peuple ignorant, superstitieux et presque toujours lâche, que sont sorties la plupart des opinions religieuses qui couvrent la terre, le judaïsme, le chistianisme, ainsi que le mahométisme, fondé sur ces deux premières religions.

Ce petit pays, où l'on trouve quelques ombrages et quelques fruits, devait paraître un paradis au milieu des déserts qui l'environnent; aussi chaque petit peuple en desirait-il la possession. Les juifs, quarante ans après leur fuite de l'Egypte, vinrent s'y établir après avoir exterminés, (mais d'après l'ordre de Dieu), les philistins, ou palestins et les cananéens qui l'occupaient. Eux-mêmes, après nombre d'années et de révolutions, en furent chassés par les romains sous Vespasien; et, depuis dix-huit siècles, ils traînent, par toute la terre, les lambeaux de leur nation; privés d'asyles, ils sont toujours les mêmes et ne peuvent se confondre avec aucun peuple: leur cupidité les en distingue, et l'attachement qu'ils ont pour leurs usages les empêchent de laisser mourir leur nom, qui ne plaît cependant nulle part.

Les turcs les ont remplacés. Jérusalem n'est aujourd'hui qu'un méchant bourg qui peut à peine se garantir des voleurs arabes. Toutes les communions des chrétiens orientaux y ont des évêques et des églises. Il y a un patriarche du rite grec.

Dans le onzième siècle, cette misérable bicoque excita le zèle des européens, qui y coururent en foule chercher la mort ou la misère, dans l'espérance d'arracher ces lieux sacrés pour eux à l'Empire des mahométans. Ils y parvinrent après des fatigues que le fanatisme le plus aveugle pouvait seul alléger, et ils fondèrent un royaume qui ne dura que quatre-vingts ans. Les mahométans les rechassèrent de ces contrées, qu'ils possèdent encore. Tout ce pays est maintenant subordonné au bacha de Damas. On le divise en deux parties générales ; l'orientale, qui est au-delà du Jourdain et sous la domination des arabes ; et l'occidentale, qui est en-deçà du fleuve, et qui appartient aux turcs. Cette dernière est habitée par des arabes, des juifs et des syriens. Quant à l'autre, elle est peu connue, et il est dangereux d'y voyager parmi les arabes ou bédoins, qui n'ont presque d'autres ressources que le vol. La principale montagne de la Palestine est le Mont-Carmel, situé au midi de la Ptolémaïde, le long de la Méditerranée. Elie y demeura. Elle a environ vingt-trois lieues de tour et cinq de traverse. Quantité de bois, de boccages, de jardins et de sources d'eau vive l'embellissent. Il y croît des vignes. Les fruits y sont excellens ainsi que le vin. La Condamine remarque que l'on trouve au Mont-Carmel des pétrifications qui passent dans le pays pour de vrais fruits pétrifiés, et qui en imitent réellement la forme. Le reste du pays serait peut-être meilleur s'il était mieux cultivé ; mais il est si peu peuplé et si peu tranquille, que, sans le motif de la religion, il serait peut-être presque inhabité. Le peu d'habitans qui s'y trouve s'établit dans les montagnes.

Tous les lieux célèbres dans le Nouveau-Testament y sont encore rappelés, soit par des ruines ou des couvens. Le dévot pélerin les cherche encore : à deux lieues de Jérusalem, il trouve un petit village habité par des chrétiens et des mahométans ; c'est Bethléem où naquit le Christ : il n'y a rien de remarquable qu'une église, et, dit-on, la grotte où est accouché Marie. Entre Sion, Moria et le mont des Oliviers, est la fameuse vallée de Josaphat ou du Jugement universel. Des ruines marquent la place de Jéricho ; et le printems, en faisant naître une quantité de roses, dans ses environs pierreux, donnent encore une idée de ses délicieux jardins. A trois journées au nord-ouest de la *Ville-Sainte* et à deux lieues du Thabor, est aussi un petit hameau et un couvent de cinq à six religieux ; c'est l'emplacement de Nazareth, où Jésus fut incarné. La crédulité croit y retrouver, dans la petite anfranctuosité d'un roc, un coin de la demeure de Marie. Du haut du Thabor, on apperçoit le mont Gelboé, au pied duquel est le bourg de Naïm, où fut ressuscité le fils d'une veuve. A quinze lieues au nord-ouest de Jérusalem, est Jaffa, sur le rivage de la Méditerranée ; c'est où abordent les pèlerins qui vont en Palestine. C'est l'ancienne Joppé, où Jonas s'embarqua pour aller prêcher les ninivites ; où S. Pierre ressuscita la bonne Thabite ; et enfin, où Persée délivra du monstre marin la belle Andromède. Le port serait bon, mais la ville est ruinée. Sur les ruines de Sichem, auprès du puits de Jacob, est Néaplouse, capitale d'un sangiacat qui porte son nom. Quoique peu de chose, Ascalon subsiste encore ; c'est la patrie de Sémiramis, et elle a été renommée par ses bons vins, ses pigeons et ses oignons, qui, de son nom, dit-on, ont été appelés *échalottes*. Hébron, l'une des plus anciennes villes de l'Univers est presque aussi considérable que Jérusalem. Abraham y demeura; il y fut inhumé dans la caverne de *Macphala*, avec sa femme, Isaac leur fils et Jacob leur petit-fils. David y fut élu roi. Sainte Hélène, mère de Constantin, y fit bâtir, sur le tombeau d'Abraham, un magnifique temple, que les mahométans ont converti en mosquée. Les arabes appellent ce pays *Elkahill*, c'est-à-dire, *demeure de l'ami de Dieu*; c'est le nom qu'ils donnent à Abraham. Passé cette ville, il n'y a que des arabes.

Plusieurs rivières arrosent la Judée; le Jourdain seul est remarquable. Ses principaux lacs sont la Mer-morte, et la mer de Galilée. On donne au premier le nom de *lac Asphaltite*, c'est-à-dire, *stagnum bituminis*, le lac de bitume, parce que cette matière en sort à gros bouillons; on en tire le *naphte* et le *pétrolio*. On le nomme aussi Mer-morte, tant à cause de l'immobilité de ses eaux, que parce qu'il ne nourrit aucun poisson. C'est-là, dit-on, que furent les cinq villes criminelles de Sodôme, Gomore, Alama, Sébouin et Ségor.

Habillement.

Les hommes sont positivement vêtus à la turque; leur bonnet est tout uni et fort élevé en forme de cône. Les femmes ont des culottes, et sont enveloppées d'un large vêtement. Leur tête est couverte d'une barète ou petit chapeau rond, surmonté d'un large voile qu'elles attachent sous le menton; ce qui leur donne une figure assez didicule.

N.º 17. Le Thibet.

Situation.

LE Thibet commence proprement à la croupe de la grande chaîne du Caucase, et s'étend de-là, en largeur, jusqu'aux confins de la grande Tartarie, et peut-être jusqu'à quelques-uns des pays qui sont sous la domination des russes. C'est un pays nud et sauvage; on y découvre à peine quelques arbres autour des habitations réunies.

Le climat en est rude et âpre et sans cesse réfroidi par les vents qui ont passé sur les déserts de la Sibérie et de la Tartarie. Le peuple qui l'habite, encore à peine connu pour nous, paraît très-ancien, tant par sa civilisation que par ses communications avec les plus anciens peuples. Le Boutan est ordinairement confondu avec le Thibet, au midi duquel il est placé, et est également dans la dépendance du dalai, ou délaï-
lama,

lama, ou grand-lama. C'est un pays remplis de montagnes escarpées et inaccessibles, dont les sommets sont couronnés de neiges éternelles.

Habitans.

Les thibétains sont de couleurs de cuivre, et ont légèrement les traits des autres tartares. Ceux du Boutan ou grand Thibet sont guerrier et querelleurs ; ceux du Thibet, proprement dit, ou Ballistan, sont plus doux, s'adonnent un peu à la culture de l'orge et du riz, trafiquent avec les indiens et les chinois de l'or qu'ils trovent par grains dans leurs rivières, du musc qui est le plus estimé (1), des queues de leurs vaches, qui sont soyeuses et très-belles, et dont on fait des éventails ou chasses-mouches ; mais leur grand affaire est la religion, c'est le pays sacré de tous les tartares, des chinois et des indoux ; c'est la résidence du délaï-lama, le chef et presque le dieu du plus grand nombre des idolâtres de l'Asie.

Religion et mœurs.

Autrefois le Thibet avait un roi particulier ; mais il fut chassé par les tartares Éluths, sous prétexte qu'il voulait se faire chrétien. Les chinois les en chassèrent à leur tour, et l'empereur de la chine en est maintenant censé le souverain, quoique toute l'autorité soit remise au délaï-lama, qui se décharge du temporel sur le techou-lama, qui est cependant pontife comme lui.

Ici le civil est si bien mêlé au religieux, que les voyageurs qui nous en instruisent n'ont pas su marquer le point de différence. Voici ce que l'on sait :

La religion est presque celle des chinois, presque celle des indoux ; *Foë* est le dieu suprême, et le délaï-lama est son premier vicaire sur terre. La croyance est que ce pontife est, en quelque sorte, immortel, c'est-à-dire, que la même ame a successivement animé les différens corps qui ont rempli cet emploi. Quand il meurt, le techou-lama est chargé de chercher l'enfant où l'ame divine et éternellement vivante a été se loger ; pour l'ordinaire, il le trouve dans sa famille, et cela se connaît à différens signes indubitables. Aussi-tôt le chef-suprême renaissant est placé sur le trône avec des cérémonies particulières que le peuple ne voit jamais que de très-loin, et à travers des rangs de lamas, de gylons ou prêtres, qui ont très-soin d'éloigner les spectateurs à coup de massues. Tant que le délaï-lama est mineur le téchou-lama a toute l'autorité. Le droit d'immortalité n'appartient cependant pas qu'au premier, le téchou-lama a le même avantage, il meurt et renait, mais toujours avec la même ame ; ainsi voilà deux ames privilégiées au Thibet, et il est bien juste qu'on les adore, et qu'on

(1) Le musc vient d'un animal qui ressemble à une biche, et vit de même dans les bois. Il a sous le ventre une vessie : on la coupe et on sépare le sang-caillé pour le faire sécher au soleil ; il acquiert alors une odeur très-forte, et une couleur rougeâtre. On l'enveloppe dans la vessie même pour le transporter, et c'est ce qu'on appelle musc.

F

leur suppose toutes les qualités possibles, comme de parler toutes les langues, etc. Les lamas le disent et entourent si bien les deux dieux terrestres que l'on a toujours le droit d'en imaginer les plus belles choses. Les lamas ne sont pas tous égaux, et il y a entre eux une hiérarchie qui met une grande différence : aussi chacun n'en sait que selon son rang. On rapporte que le grand-lama fait aux différens kans un présent qui cependant n'annonce rien moins que la divinité ; mais M. Bogle qui a eu occasion d'en approcher, assure que jamais il n'a fait de présens semblables ; qu'à la vérité, il envoie aux chefs tartares de petites boules, qu'ils reçoivent avec un respect très-religieux ; mais que ces petites boules sont de fleurs de farine, et n'ont pas encore passé par le *podex* du divin personnage. En vérité, nous devons le croire pour l'honneur de l'humanité. J'ai toujours été curieux de savoir ce qui occupait l'esprit de ceux qui trompent le mieux leurs semblables ; et je voudrais bien deviner ce que cet être étrange pense des hommes, lorsque, entouré de ses lamas, il voit les fronts d'un peuple immense courbés devant lui ? S'il lui arrive d'avoir du bon sens, j'imagine qu'il doit bien avoir en pitié notre sotte engeance : il en a le droit.

Chez un peuple qui ne vit que pour prier, les cérémonies religieuses doivent être sans nombre. Les thibétains ont, comme les catholiques, des jeûnes, de l'eau-bénite, des couvens, des nones, des moines, etc.; de manière que les premiers missionnaires qui parvinrent chez eux, édifiés par tant de saintes institutions, ne balancèrent pas à en faire presque des chrétiens ; ils auraient volontiers prié avec eux dans les mêmes pagodes ; mais malheureusement les thibétains ne se trouvèrent pas dans la même humeur, à l'exception de leur roi, dit-on ; et les missionnaires furent chassés. Dans les cérémonies religieuses, les lamas, les gylons, dansent, chantent, sonnent de la trompette ; et font nombre de contorsions quelquefois effrayantes. Enfin la superstition est là dans son centre et son empire, et elle a à ses ordres des légions innombrables de prêtres qui, la plupart, font vœu du célibat.

La manière de rendre les derniers devoirs aux morts y est toute particulière ; on ne les enterre point comme en Europe ; on ne les brûle point comme aux indes ; on les expose sur le sommet glacé de quelque montagne voisine, pour y être dévoré par les bêtes féroces et par les oiseaux de proie ; des carcasses mutilées et des os blanchis, sont dispersés dans ce lieu d'exposition, où l'on voit de malheureux vieillards, hommes et femmes, étrangers à tout autre sentiment qu'à celui de la superstition, y établir leurs demeures pour remplir le désagréable emploi de recevoir les morts, d'assigner à chacun sa place, et d'amonceler leurs tristes restes lorsqu'ils sont trop dispersés. Il n'y a que deux exceptions ; on brûle le corps du grand-lama dont on recueille précieusement les cendres, ceux de quelques saints personnages, et l'on enterre ceux qui sont morts de la petite vérole, pour ne pas répandre la contagion. Au Boutan on brûle les corps.

Les thibétains croient à la métempsycose, et respecte les vaches comme les indiens ; mais ils savent s'arranger avec leur conscience : ils font tuer les animaux qu'ils mangent, et ils ne sont plus coupables. En général, ils ont assez de peine à se nourrir dans un pays aussi stérile; le riz et l'orge sont leurs ressources. Ils mangent aussi beaucoup de moutons; mais cru. Dès que l'on a tué l'animal, on l'écorche et on l'expose au vent du nord; le froid fige les graisses, et ensuite il peut se conserver pendant un an. Assez ordinairement on sert l'animal tout entier que l'on place sur ses quatre pieds roidis; ce qui produit un effet singulier aux yeux de l'étranger qui ne s'y attend pas.

Dans un semblable pays, il doit être difficile de nourrir un ménage; mais il semble que l'on ait prévu cet inconvénient. Les frères prennent une seule femme pour tous, et quoique les enfans soient accordés, le premier a l'aîné; le second, a celui qui vient après, et ainsi de suite: ils les élèvent tous en commun. Quelque singulière que nous paraisse cette coutume, ils n'en vivent pas moins en bonne harmonie.

Les temples sont fort nombreux; on les remarque par un long mur avec des pierres portant l'inscription *om - ma - mie*, et entourant des petites figures en bas-relief, faites de marbres noirs, dont le visage est doré. La différence que l'on met entre les lamas et les gylons est que les premiers sont chefs et les autres simplement prêtres.

Il n'y a point de soldats au Thibet; mais les officiers publics ont des armes chez eux qu'ils distribuent, au besoin, aux habitans des villages qui marchent sous leurs ordres. Les armes ordinaires sont une épée large, l'arc, les flèches et le fusil.

Habillement.

Les hommes portent un vêtement assez ample, descendant jusqu'à mi-jambes, et assujetti par une ceinture où l'on attache la pipe, le couteau, le chapelet, etc. Leur bonnet est plat et de fourrure épaisse. L'habillement des femmes est loin d'avoir de la grâce; c'est d'abord une robe ronde par le bas, ensuite une tunique semblable à une étroite chasuble des prêtres catholiques, par-dessus un large corset ressemblant à une chemise coupée à la ceinture, et en dernier lieu un petit manteau ou une pièce d'étoffe couvrant les épaules et venant jusqu'aux reins. La tête est couverte d'un bonnet en pain de sucre, et orné de petites bijouteries. Sur l'estomac et au cou pendent différens colliers en forme de chapelet.

N.° 18. Iles Manilles ou *Philippines*.

Situation et origine.

ON a appelé ces îles, qui sont entre le 132ᵉ et le 145ᵉ degré de longitude, et entre le 6ᵉ et le 9ᵉ degré de latitude septentrionale, *îles Philippines*, du nom de Philippe II, roi d'Espagne, sous le règne duquel les espagnols s'y sont fixés en 1564. Ils y trouvèrent, à leur arrivée, trois peuples différens; les malais, venus eux-mêmes de Bornéo et de Malaca, et desquels sont sortis les tagales, naturels de Manille; les bisayas ou pintados, vraisemblablement originaires de l'île de Célèbes, ayant, comme les habitans de cette île, l'usage de se peindre le corps; enfin, les originaires du pays, qui sont noirs, et qui vivent dans les rochers et les bois; peuple sauvage, cruel, ennemi des espagnols, et absolument différens des autres.

Magellan découvrit les îles Manilles en 1520, et y fut tué; leur nombre va jusqu'à douze cents; mais les plus considérables sont *Manille* ou *Luçon*, *Mindanao*, *Cebu*, *Sumar*, *Saint-Jean*, *Parago*, et l'*île des Nègres*.

Productions.

Placées près de la ligne équinoxiale, la chaleur y'est grande et constante; mais les pluies qui y règnent une partie de l'année et les rosées abondantes la tempèrent; l'air n'y peut être sain, cependant il n'influe que chez les étrangers, les naturels n'en souffrent point et vivent long-tems. Les choses sont néanmoins compensées, les naturels ont de la vermine, et les étrangers, point. Les alimens y sont plus légers qu'en Europe: le pain est de riz. Les palmiers, qui y croissent en abondance, fournissent l'huile, le vin et le vinaigre. On fait avec le riz et le vin de palmier, une boisson aussi enivrante que le vin. Les gens riches mangent, le matin, de la viande et le soir du poisson, qui y est fort commun, et qui, avec le riz, fait la nourriture des pauvres. Les arbres y sont verts et chargés de fleurs et de fruits dans toutes les saisons. Les espagnols y ont apporté du froment, du millet, de l'orge et du plant de vigne, qui y ont réussi. Il y a aussi beaucoup d'animaux domestiques; de manière que ces îles sont le pays de toutes les Indes où l'on a les alimens à meilleur compte. Nos fruits d'Europe n'y viennent point, mais il y en a nombre de particuliers à ce climat; il y a aussi nombre de plantes médicinales, du poivre, du gingembre, de la canelle, du saffran, du sucre, du miel, de la cire, etc. On y trouve des tortues dont les écailles sont aussi estimées que celles des Maldives. Les animaux de toutes sortes y sont fort nombreux; on y voit des buffles sauvages, des cerfs, des sangliers, des chèvres, des singes monstrueux, des *taguans* ou chats sauvages, des perroquets, des serpens énormes, des civettes, etc. ; et dans les forêts et les montagnes, des lions, des tigres, des ours, etc. Les rivières nourrissent des crocodilles ; et la mer, outre de grandes baleines, une sorte de poisson remarquable par sa singularité ; on l'appelle dans l'orient le *poisson-femme* ; c'est la sirène des anciens : sa tête, son sein, les parties sexuelles ressemblent presque à ces mêmes parties de la femme. On y voit aussi des chevaux marins, et de gros caymans dans les étangs. On pêche des perles sur les côtes ; et l'on trouve, dans les montagnes, des mines d'or et de fer, et, sur leurs sommets, des sources d'eau chaude. Ces îles ont plusieurs volcans et éprouvent de fréquens tremblemens de terre ; les ouragans y causent aussi souvent de grands désordres. Placées entre les régions de l'orient et de l'occident, leur situation est extrêmement favorable au commerce, qui y est très-florissant.

Habitans, mœurs.

Les maures ou malais sont mahométans, les pintados idolâtres, ainsi que les noirs ; mais ces derniers n'ont aucune communication avec les autres ; ils vivent dans les montagnes, libres et indépendans. Ils se nourrissent de fruits, de racines, de leur chasse, obéissent à des chefs de familles, et vont nuds, hommes et femmes, à l'exception de ce que la pudeur oblige de cacher. On parle beaucoup de langues différentes dans ces îles ; on en parle six à Manille seulement.

L'île Manille ou *Luçon*, est la plus grande des Philippines. Elle n'est pas également peuplée par-tout ; il y a des déserts, et une partie est habitée par les noirs ou naturels dont nous venons de parler.

MANILLE est sa capitale. Elle a été bâtie par les espagnols. Son port, qui en est à deux lieues, est très-fréquenté ; mais l'entrée en est difficile. Cette ville fait un fort commerce avec la Chine et les autres nations orientales ; il consiste en soieries, épiceries, étoffes des Indes, mousselines, toiles peintes, etc. La charge, pour le retour, consiste en cochenille, confitures, et sur-tout en argent.

Habillement.

Les hommes se ceignent la tête d'un mouchoir presque à la manière des créoles. Leurs culottes, larges et courtes, ressemblent à celles des nègres ; le tout est recouvert d'une courte blouse dans le genre de celles de nos voituriers.

Les femmes sont enveloppées d'amples vêtemens comme de longues robes, et un voile très-grand couvre leurs têtes.

N.º 19. Tartares de Casan.

Situation.

EN général tous les tarares ou *tatars*, ainsi qu'ils se nomment eux-mêmes, se ressemblent pour les mœurs et la figure. Ce peuple errant couvre une partie de l'Asie, et s'étend encore dans le nord de l'Europe. Nous avons déjà parlé des calmoucks. La Tartarie d'Asie se nomme la Grande-Tartarie, et c'est dans la partie septentrionale ou la Tartarie-Moscovite, que se trouve Casan. C'était autrefois un royaume gouverné par un kan. Mais les russes, qui avaient été assujétis aux tartares de Capchac près de trois cents ans, enlevèrent, en 1552, le royaume de Casan sur les tartares, qu'on appelle aujourd'hui d'*Ufa*, ou *Ufimski*. On divise ce gouvernement en plusieurs provinces, qui prennent leurs noms de leurs capitales.

CASAN est la principale ville. Elle est habitée par des tartares, qui font le commerce, et par des russes.

Habitans, mœurs et habillement.

Le Casan est la province où les tartares ont le plus perdu de leurs antiques habitudes; l'esclavage les a changés. Plus tranquilles, ils se livrent au commerce et à l'agriculture. Mais rien de ce qu'ils font n'a encore cette perfection des peuples civilisés depuis long-tems. Leurs maisons sont extrêmement simples, bâties en bois. Quelque lucarnes, fermées en papier huilé, les éclairent; un banc entoure le foyer; un coffre pour le pain, un autre pour un lit, revêtu de nattes et d'écorces d'arbres, tels sont leurs meubles, joints à quelques vases de bois et de terre. Le gruau, l'orge, le froment rôtis sont leurs principaux mets. L'eau, le bouillon de cheval, le thé, forment la boisson habituelle. Mais ils s'enivrent avec de l'eau-de-vie, quand ils le peuvent. Au surplus, ils ont beaucoup d'égards pour les étrangers, et une grande politesse entre eux. Un tartare qui reçoit son égal, le salue en lui touchant la main et lui souhaitant la paix et l'heureux jour, lui présente le lit ou le banc d'honneur, et se tient debout quelque tems devant lui. Il le reconduit fort loin de son habitation, lui fait les adieux les plus expressifs, et reste dans la place où il l'a quitté, jusqu'à ce qu'il le perde absolument de vue.

Les vieillards sont très-respectés chez eux; ce sont eux qui sont juges des différends, qui fixent le prix des choses, dirigent les cérémonies, et célèbrent les mariages. Ces mariages, à la vérité, sont peu de chose, et il doit en être ainsi pour des hommes qui peuvent acheter et revendre huit à dix femmes. Le grand point, à cet égard, est la virginité; c'est la chose que l'on vend et que l'on achète; le *kalim* ou le prix donné, on porte la femme sur un tapis à la maison de l'époux; et avant que d'entrer dans le lit nuptial, l'époux et l'épousée s'épilent avec soin toutes les parties du corps : telles sont les cérémonies. La noce n'a jamais lieu que le lendemain, et la raison en est toute simple, c'est que ce n'est que le lendemain que l'on sait si le marché est bon. Souvent un tartare se plaint de n'avoir pas recueilli le prix du *kalim*; alors il se fait restituer ce qu'il a donné; c'est même quelquefois un objet de spéculation que ce mécontement du lendemain de la noce. Mais quand la première nuit a été heureuse, les chants, les danses commencent avec le jour. Les danses tartares ressemblent un peu aux walses allemandes, à la différence que les hommes et les femmes dansent à part. Leurs chansons ne sont point rimées, mais elles ont de la grâce et de la naïveté (1). Les prêtres ne sont presque pour rien dans ces cérémonies, aussi leur misère est extrême. Il est assez difficile de se faire une idée de leur doctrine; c'est un mélange d'idolâtrie et de mahométisme.

Comme tous les autres tartares, ceux de Casan sont braves et bons cavaliers; l'arc et la flèche sont leurs armes. Ils laissent croître leur barbe, et sont habillés comme les paysans russes, en longues robes de drap blanc; leurs femmes portent des bonnets bizarres par leur forme, ont le haut du cou surchargé d'ornemens, et par-dessus leurs robes, elles portent une bandoulière, en forme d'écharpe, enrichie de toutes sortes de verroteries.

N.º 20. Wotyaks.

Situation.

LES wotyaks ne sont qu'une petite peuplade de tartares, au nord de l'Asie, enclavés dans le gouvernement de Casan, et dépendans également de la Russie. Autrefois ils avaient leurs kans particuliers, et une noblesse divisée en plusieurs tribus, dont ils donnent encore les noms à leurs villages. Comme les autres tartares, ils étaient errans et pasteurs; aujourd'hi ils ont des demeures fixes et s'adonnent à l'agriculture.

Habitans, leurs mœurs.

Peu communicatifs, ils n'admettent qu'avec peine des étrangers à leurs

---

(1) On en peut juger par ce passage traduit d'une de leurs chansons.

« Accourez, jeunes filles, à la voix des vieillards; un époux tendre et fidèle va acheter, au prix de l'or, le droit de vous rendre heureuse; embrassez, pour la dernière fois, vos compagnes; hier, elles vous plaignaient; demain, elles environt votre sort. »

« Que les danses et les chants célèbrent ce jour heureux; qu'ils apprennent à tout casan que Tikia était vierge, et que Malzchi se réjouit de l'avoir épousée. »

« Jeune épouse, tu ne paraîtras plus en public, mais tu seras, sans cesse, sous les yeux de ton époux; tu auras de nombreux esclaves, de riches moissons, des troupeaux bien nourris, et tu sacrifieras un peu de liberté à un bonheur parfait. »

» Que les jeux et les danses célèbrent cet heureux jour, etc. »

cérémonies, et leurs différends sont toujours jugés entre eux. Leur politesse est toute simple; les hommes se donnent la main pour se saluer, et les femmes se frappent mutuellement sur l'aisselle l'une de l'autre. Il y a dans chaque hameau des bains à l'usage des femmes qui viennent y accoucher. A la naissance d'un nouveau-né, le père sacrifie un bélier blanc au génie tutélaire de l'homme.

La première cérémonie du mariage est d'acheter une femme. Quand le prix convenu est donné, le mari l'emmène couverte d'un voile. Alors elle change ses habits de fille pour ceux de femme mariée. Pendant que le prêtre bénit un gobelet de bière, elle se place à terre sur le seuil de la chambre à coucher, lequel est couvert d'un drap. Là, avec le prêtre, elle demande à ses dieux des enfans et du pain. Ensuite une fille verse de l'hydromel aux assistans, tandis que l'épousée reste à genoux jusqu'à ce que chacun ait vuidé son verre. Ce cérémonial est suivi de jeux et de divertissemens. Tout n'en finit pas-là cependant: quelques semaines après, le père de la mariée vient la rechercher. Celle-ci reprend ses habits de fille, et travaille et demeure encore plusieurs mois dans la maison paternelle. Le mari la reprend ensuite pour la garder toujours, et cette époque est marquée par une fête plus brillante que la première. Leurs instrumens de musique, sont la musette, la bombarde, une espèce de harpe et une guitare à deux cordes.

Leurs funérailles n'offrent pas moins d'intérêt. Le premier devoir que l'on rend au corps mort, est de le laver avec soin et de le vêtir d'un habit complet; on lui met à la ceinture son couteau, dont on a cassé la pointe. On couvre son cercueil de gâteaux, et l'on allume un cierge à la tête. Lors de l'inhumation, on prononce ces paroles : *Terre ! fais-lui place.* Au retour, on se baigne, on se lave les mains avec de la cendre, on change d'habits, puis l'on boit. Le sur-lendemain, le septième et le quarantième jour, après les obsèques, on célèbre une fête commémorative dans la maison du décédé. On immole à sa mémoire une brebis ou un cheval que l'on mange, et dont on lui réserve sa part. Cette part est portée dans la cour, et l'on dit en l'y laissant: *Prends ceci, c'est pour toi.*

Ils ont nombre de superstitions moins raisonnables encore. Par exemple, ils se font un scrupule de faire trafic de la cire, parce que, disent-ils, c'est bien assez de prendre le miel aux abeilles.

Leur religion est l'idolâtrie. Ils n'ont d'autres temples que le haut des collines, sur-tout les lieux couverts de sapins : ces endroits consacrés, sont nommés *louds*. Ils nomment Dieu, *Imma* ou *Ilmar*, et pensent qu'il réside dans le soleil. Ils croient au diable, qu'ils appellent *Schaïtan*, et qui, selon eux, demeure dans l'eau. Son enfer cependant n'en est pas moins meublé de grands chaudrons pleins de goudron bouillant. Le paradis s'appelle le *séjour lumineux.* Leurs fêtes sont multipliés; les unes sont générales à tous les peuple, d'autres à un village ou à une famille. Ils ont les fêtes des bleds, du semeur, des foins, des abeilles; et à toutes ces fêtes, on mange beaucoup de gâteaux.

Habillement.

Habillement.

L'habillement des hommes ressemble à celui des paysans russes, et est, pour l'ordinaire, fait de gros drap blanc. Leur bonnet d'hiver est fait de la même matière, ainsi que le bord, qui est d'une autre couleur. Ils attachent à leur ceinture un couteau et un étui pour mettre une hache.

L'habillement des femmes consiste en une chemise courte, un corset ou pourpoint piqué; elles portent des souliers d'écorce d'arbre. Une ceinture soutient la chemise et retombe des deux côtés. A cette ceinture pend un petit sac à ouvrage, où elles mettent leur fil, leurs aiguilles, etc. Leur coëffure est une toile piquée et garnie de franges qui couvre un bonnet élevé et soutenu par un cercle élastique. Près des oreilles, flotte une boucle de cheveux noués par le bout.

En général, les femmes wotiakes ont les yeux clignans et très-petits. Leur taille est courte, ramassée et mal prise. Elles ont beaucoup de pudeur, et n'en sont, dit-on, pas moins complaisantes.

N.º 21. Tschoutki.

Situation, habitans, mœurs.

LE pays des tschoutkis est situé à l'extrémité orientale de l'Asie, qui fut reconnue par Behring, en 1728, et confirmée par le capitaine Cook en 1778.

Ce pays est absolument stérile. Les habitans n'ont d'autres ressources que la pêche. Etablis sur la côte, dans une petite bourgade, ils côtoient le rivage dans de petits canots faits de peaux d'animaux marins, et dont ils se servent fort adroitement. Les russes vont quelquefois commercer avec eux, et leur portent des liqueurs fortes et du tabac, pour avoir en échange des fourures. Chaque habitant a deux habitations, une d'été, une d'hiver: celle d'été est ronde et terminée en pointe; des perches et des os forment la charpente, et des peaux d'animaux marins la couvrent: celle d'hiver, moins étendue, est creusée, à vingt pieds sous terre, en ovale; du bois et des côtes de baleines la soutiennent en voûte. L'entrée sert aussi de cheminée. Des peaux de daims séchées forment le lit. Autour des cabanes d'été s'élèvent, à dix ou douze pieds, un échafaudage destiné à faire sécher les peaux ou le poisson.

Les tschoutkis sont bien faits et robustes. Leur chevelure est noire, mais ils la rasent de très-près, ainsi que la barbe. Sans être belles, les femmes ont quelque chose d'agréable dans la figure, et, quoique courte, leur taille est svelte. Elles sont chargées des soins du ménage, allument le feu, portent le bois et vont chercher l'eau. La polygamie est en usage chez ce peuple, et les hommes portent même la politesse jusqu'à offrir leurs femmes ou leurs

G

filles à leurs hôtes : ce serait une insulte que de les refuser. Outre la pêche, le soin des rennes, qui sont en quantité dans ce pays, est une des principales occupations des tschoutkis. Le chien est leur animal domestique le plus utile ; il est de l'espèce du renard, mais plus gros ; on l'attelle aux traîneaux pendant l'hiver, l'été on lui donne la liberté: quelquefois on se nourrit de sa chair. L'arc est l'arme des tschoutkis ; communément ils portent en bandoulière des hallebardes, des piques de fer ou d'acier. Leurs flèches sont armées d'os de poissons ou de pierres : souvent elles sont empoisonnées et donnent une mort certaine avec la moindre blessure.

Habillement.

L'habillement est toujours une chose curieuse à connaître chez un peuple sauvage; on juge volontiers par-là du degré de son industrie. Celui des tschoutkis consiste en un chapeau, une jacquette, une culotte des gants et des bottines, le tout de fourrures, ou quelquefois de gros drap que les russes leur apportent. Outre le chapeau, qui n'est rien qu'une calotte ronde qui couvre la tête et s'étend un peu sur les yeux, ils ont des capuchons de peaux de chien qui leur retombent sur les épaules. Les femmes sont loin d'être vêtues aussi commodément : la culotte et la jacquette sont d'une même pièce ; cet habillement n'a point de manches ; on le passe par l'ouverture du cou, et, en dénouant les cordons qui le retiennent sur l'estomac, où il est fendu, il tombe de lui-même, vu son ampleur ; il est fait avec de la peau de rennes. Elles ont aux pieds des bottines ouvertes par le bout. Leurs cheveux sont quelquefois relevés en touffes derrière la tête, et le plus souvent séparés sur le front ; ils pendent en longues tresses sur les côtés. Leur cou et leurs oreilles sont chargés d'ornemens en verroteries de différentes couleurs. Quand elles ont froid, elles mettent un capuchon. Elles portent une large ceinture, d'où pendent des cordons d'un pied de longueur, aussi ornés de verroteries et de pièces de cuivre.

N.º 22. Yakoutsk.

Situation.

LA province d'Yakoutsk est la plus étendue des quatre de la Sibérie; elle contient différentes peuplades dépendantes des russes ; mais les yakoutsk, jakuti ou yakoutski habitent le long du fleuve Léna, depuis le 60ᵉ degré de latitude jusqu'au 70ᵉ, et à la Mer-glaciale. Ils sont originaires du pays des Bulgars, et parlent une langue assez semblable à celle des tartares. YAKOUTSK, la capitale, a été bâtie par le czar Pierre-le-Grand, pour contenir un peu le peuple sauvage qui l'entoure. Les russes seuls l'habitent; les originaires n'y viennent que pour leurs affaires.

Habitans, mœurs.

Les yakoutsks ont, comme les autres tartares, le visage applati, l'œil petit et les lèvres épaisses. On les accuse d'avoir l'esprit lourd ; cependant ils sont gais et aiment à chanter ; à la vérité, ils vont répéter une demi-journée une chanson de quatre à cinq mots qui leur seront venus à l'idée.

Ils ont conservé toute la grossièreté et la férocité des peuples sauvages. Ils n'aiment point la dépendance, et, quand ils peuvent tuer un russe, ils ne s'en font point de scrupule. Autrefois ils étaient errans et ne voulaient rien faire ; aujourd'hui ils sont intéressés, et se chargent du transport des marchandises depuis Oskotsk jusqu'à Yakoutsk, transport qu'ils font sur des chevaux, leurs principales richesses. Ils ont aussi deux habitations, celle d'été, celle d'hiver ; elles se nomment *yourtes*. L'yourte d'hiver est formée de poutres debout, posées les unes à côté des autres, et un peu inclinées, sur le haut desquelles est un toît ; une terre grasse couvre le tout. Une seule porte introduit dans l'intérieur, qui est partagé en deux parties, celles des habitans et celles des bestiaux. La plus propre est celle de la famille, qui s'y retire dans de petits compartimens. Au milieu est la cheminée, en forme circulaire. L'yourte d'été n'est que de perches disposées de la même manière et couvertes d'écorce de bouleau. L'intérieur en est tapissé avec des bandes de cette écorce découpée en feston. Quant à la forme de ces habitations, c'est à la volonté du maître. En général, ces demeures sont fort mal-propres, et la même saleté se retrouve dans les habillemens des yakoutsks.

Depuis leur réunion au gouvernement russe, leur religion, mélange de christianisme et d'idolâtrie, offre à la réflexion le tableau de la petitesse de l'esprit humain. Les *schamans* sont, en même-tems, leurs prêtres et leurs médecins, c'est-à-dire, en quelque sorte, maîtres de leurs corps et de leurs esprits. Ils promettent la guérison aux malades tremblans devant eux, et se font payer de leurs promesses. Vêtu d'un habit garni de sonnettes et de lames de fer, dont le bruit étourdit, le schaamn frappe sur son *boubou* avec force ; ensuite il court comme un insensé, la bouche ouverte, agite sa tête ; ses cheveux noirs lui couvrent la figure, il pousse des hurlemens, il pleure, éclate de rire, et il remet le malade à la volonté des dieux. Il en fait tout autant, lorsqu'il s'agit de faire quelque révélation.

La manière de donner la sépulture à leurs morts, était autrefois toute particulière : ils portaient le cercueil dans une forêt et le suspendait aux branches d'un arbre. On trouve encore de ces cercueils, grossièrement faits, dans leurs bois. Mais aujourd'hui, un peu plus civilisés, ils mettent les morts en terre. La famille suit le corps, et tandis qu'on l'inhume, on égorge le plus beau cheval du défunt, dans l'espoir qu'il l'accompagnera dans l'autre monde. On le met ensuite sur un bûcher allumé à ce sujet, on le fait rôtir et l'on mange, sur la place, l'animal chéri : c'est une dernière preuve d'amitié qu'on donne à son maître. Le même cérémonial s'observe pour une femme ; la différence est qu'au lieu d'un cheval, en égorge la vache qu'elle préférait.

La polygamie est en usage chez ce peuple, et elle s'accorde très-bien avec leur manière de vivre : ils achètent des femmes et en placent dans tous les endroits où ils sont obligés de s'arrêter dans leurs voyages : c'est un moyen facile de multiplier leurs familles pour les retrouver par-tout. Jamais ils ne rassemblent leurs femmes, et n'en sont pas moins jaloux.

Leurs amusemens se ressentent de la grossièreté de leur esprit. Ils ont, dans l'année, deux fêtes principales, l'une au printems, l'autre en automne; ils y sacrifient des bœufs et des chevaux; mangent, boivent, s'enivrent de tabac, d'eau-de-vie et de koumouiss (1); ils dansent, chantent, et finissent par des sortiléges : tels sont leurs plaisirs.

Habillement.

L'habillement complet est de peaux différentes. Celui d'été est d'une peau molle et tannée, couleur de chamois, que l'on met immédiatement sur le corps nud; celui d'hiver est de fourures. Les bas sont également de peaux, garnis de semelles; quelquefois on les brode. L'habit est un justaucorps à manches étroites, dont les pans tombent sur les genoux et se ferment en devant, par la pointe, avec des cordons : les collets et les bordures sont embellis d'une broderie de nerfs d'animaux, enrichis de franges de crins. Le poil est en dehors. Les yakoutsks se coupent les cheveux assez près de la tête; dans l'été, ils vont tête nue; dans l'hiver, ils portent un bonnet fait de la tête de quelque quadrupède. Ils attachent le couteau, la pipe, la bourse au tabac, le briquet, etc. à la ceinture de leurs culottes, qui sont courtes.

L'habillement des femmes ressemble presque à celui des hommes, mais il est mieux travaillé et plus orné. Leurs culottes sont plus longues, et, dans les jours de fêtes, elles ajoutent, par-dessus, à leur justaucorps, une veste moins longue, et dont les coutures sont ornées de perles de verre ou de corail; cette veste est de peau ou d'un drap rouge, couleur qu'elles préfèrent. Les femmes mariées se distinguent par leur coëffure, qui est faite de différentes pièces de têtes d'animaux, et dont, pour plus grand ornement, elles laissent les oreilles qu'elles redressent. Les filles tressent leurs cheveux, et mettent dessus une bande, longue de huit pouces, large de quatre, qui retombe par derrière.

N.º 23. Kirguises.

Situation.

RÉPANDU sur les rives de l'Obi, ce peuple est divisé en trois hordes; la grande, la moyenne et la petite. La première est dispersée sur les montagnes

---

(1) La koumouiss est une liqueur faite avec du lait de jument, versé chaque jour dans un baquet de cuir, et que l'on aigrit avec un bâton. Cette boisson est aigrelette, et devient très-propre à enivrer lorsqu'on l'a fait fermenter.

d'Alataou et sur les rives supérieures du Syrt. La seconde et la moyenne habitent dans des déserts immenses, depuis le fleuve Oural jusqu'à Sarasou, de l'orient à l'occident; et du nord au midi, depuis l'Oby jusqu'à la mer Caspienne. Chacune de ces hordes, gouvernée par un même kan, se subdivise en *oulousses*, ou sociétésde plusieurs familles, sorties d'une souche commune. On ne trouve, dans ces vastes solitudes, que des sables et du sel; on n'y rencontre l'ombre des forêts ni l'eau des fontaines. La Russie s'en attribue l'empire, mais les peuples qui les habitent sont à-peu-près indépendans.

Habitans et leurs mœurs.

La terre ici commande les occupations de ses habitans; comme la culture y serait en pure perte, les troupeaux et le gibier sont les seules ressources, et les kirguises sont chasseurs et pasteurs. Avec de pareilles richesses, aucun lieu ne peut retenir, et le plus commode est toujours le préféré. Aidé de ses chameaux, un kirguise transporte donc sa famille et ses pénates où bon lui semble, et ne se fixe qu'autant qu'il lui plaît. Une tente, ou plusieurs, s'il est riche, forment son habitation ; quelquefois il aura un *yourte*, mais pour ses femmes seulement. Les richesses, là, font la différence des rangs, mais n'humilient personne, parce qu'elles ne sont que le résultat des événemens et peuvent se perdre par un accident imprévu. La tente d'un kirguise n'est pas sans aisance et sans richesses ; le luxe a aussi gagné ce peuple errant, et il n'est pas rare de voir autour du foyer, qui est au centre, et où l'on ne brûle que de la fiente d'animaux desséchée, des tapis de perse étendus pour s'y coucher plus commodément. Quelquefois les parois de la tente sont tapissés en dedans d'étoffes de soie, mais chez les plus riches seulement. Les kirguises aiment la bonne chère, et sur-tout son abondance ; leur grand régal est la chair de brebis, et une seule ne fait que suffire à quatre mangeurs de ce pays. Leurs plats sont des sébilles de bois de bouleau, et les plus grandes sont les puls estimées. En été ils ne mangent guère que du lait caillé de jument ou de chameau; mais leurs friandises, par excellence, sont la graisse, le suiffe et le beurre. Ils composent de l'eau-de-vie avec le lait de différens animaux; cette eau-de-vie ou arrack, le koumouiss et le tabac, voilà de quoi les rendre les plus heureux des hommes. Ils fument dans des pipes chinoises ou dans le tibia d'une brebis; mais le suprême plaisir consiste à être une nombreuse société de fumeurs couchés par terre autour d'une petite fosse pleine de tabac où chacun respire, hume avec volupté, à l'aide d'un tronçon de chou percé à jour, la fumée, qu'il renvoie dans l'appartement, où l'on ne se voit plus. Pour faire honneur à leurs convives, il ont un usage qui ne plairait pas infiniment par-tout, mais le kan lui-même fait cette politesse aux grands de sa cour, c'est de bourrer la bouche du convive, avec leur doigt, d'un mets qu'ils estiment beaucoup, et qui n'est qu'un hachis de chair de brebis.

Les kirguises sont hospitaliers quand l'on se confie à eux de bonne-foi ; mais il n'y a pas de voleurs plus déterminés quand ils attaquent. Le travail les épouvante, et les fatigues du brigandage ne sont rien pour eux. Leurs prisonniers deviennent leurs esclaves, et c'est sur eux qu'ils se déchargent de toutes les peines qu'ils auraient à prendre. Ils ne les traitent point durement tant qu'ils ne tentent point de s'échapper; mais ils se vengent impitoyablement de leurs tentatives pour recouvrer la liberté.

Leur religion est la mahométane, et ils peuvent avoir jusqu'à quatre femmes, sans compter les concubines, ils les achètent, et les femmes calmoukes leur paraissent les premières beautés du monde : ils ont, pour cela, leur raison. La gloire d'un mari est d'être souvent père, et une épouse stérile perd toute sa considération. Ils enterrent leurs morts à la manière des mahométans, et sur la fosse, creusée peu avant, ils élèvent un amas de pierres sur lesquelles ils dressent une lance. Un petit drapeau noir, placé sur le haut d'une cabane, indique le deuil. Le plus bel habit du défunt est mis en pièces, et les morceaux en sont distribués à ses amis, pour les garder en sa mémoire.

En général, entre eux, ils vivent assez bien. Leurs loix sont toutes particulières, et il est, en quelque sorte, permis de racheter la punition du crime. Couper le petit doigt à quelqu'un, est puni par une amende de vingt brebis; pour le pouce, cent; mais les oreilles n'ont point de prix. Prendre quelqu'un par la barbe, ou lui toucher les parties sexuelles, est un délit très-grave. On s'acquitte d'un vol en donnant sept fois sa valeur.

Habillement.

Les kirguises ressemblent, pour l'air du visage, aux tartares de Kasan, et ont beaucoup de leurs usages. Ils s'habillent à l'orientale. Ils se rasent la tête et laissent croître les moustaches et un peu de barbe en pointe au menton. Les talons de leurs bottines sont fort hauts et la pointe en est aiguë; les coutures en sont souvent brodées en or. L'yegda, ou justaucorps, leur sert de chemise; par-dessus est un vêtement semblable, de soie, nommé tschapan; un tschepkow, habit à manches larges, terminées en pointe, le recouvre. Leur bonnet est en cône, et a des ailes qui retombent sur les joues et qu'on peut relever; le sommet est ordinairement garni d'une houppe. Les habits de dessus sont de draps brodés d'or ou d'argent pour les riches, et pour la plupart bordés de peau de loutre. Leurs culottes sont fort amples, et plus amples et plus longues encore quand ils vont à la chasse; leur commodité en est la cause : ils mettent alors dedans tous les habits qu'ils veulent emporter.

Les femmes kirguises se mettent comme les femmes tartares de Kasan; leur coëffure seule en diffère. Elles portent des voiles dont elles s'entourent la tête d'une manière bizarre.

Les kirguises, très-paresseux pour ce qui ne regarde ni leurs troupeaux, ni le brigandage, vont acheter, par échange, leurs vêtemens et les ustensiles qui leur sont nécessaires, à Orenbourg.

N.º 24. Achem.

Situation, productions.

ACHEM est un royaume situé dans l'île de Sumatra, la plus grande de celle de la Sonde, et que les hollandais se sont en quelque façon soumis, ainsi que les six autres royaumes plus petits. La ville capitale du même nom, est vers le 5ᵉ degré 30 minutes de latitude septentrionale, et le 114ᵉ degré 30 minutes de longitude. Ce royaume tient presque la moitié de Sumatra. On y trouve des mines d'or et d'argent. Le pays est très marécageux et les maisons y sont bâties de jonc et de bambou, sur pilotis, à cause des inondations. Le poivre qui en vient est le meilleur des Indes, après celui de Cochin, sur la côte du Malabar. Il y croît un arbre singulier, qu'on nomme l'*arbre-triste :* il fleurit au coucher du soleil, et ses fleurs, qui sont d'une agréable odeur, tombent au commencement du jour. Tous les arbres fruitiers des Indes y viennent très-bien. On y trouve des bufles, des bœufs, des cabris, et, dans toute l'île, des chevaux petits de taille ; mais des cerfs et des dains plus beaux que ceux d'Europe, des éléphans sauvages dans les montagnes, des rhinocéros, des singes, et de fort gros lézards. L'abondance des poules et des canards y est extraordinaire.

Habitans.

Les habitans du royaume d'Achem sont mahométans ; sobres, et se contente de peu. Ils ont des vertus et des vices, ne manquent point d'esprit, s'appliquent aux sciences et aux arts, sont bons soldats ; mais d'un fort mauvais caractère, vains, brutaux, traîtres et voleurs. Aussi leur roi, qui a une autorité despotique, les traite-t-il avec dureté et ne leur passe rien. Ils sont d'une taille médiocre, mais bien prise, ont le visage plat, les cheveux et les yeux noirs, et les dents noircies par l'usage du béthel. Les revenus du roi sont très-considérables ; le commerce de ses États est presque entièrement dans ses mains. Il hérite de tous ses sujets qui meurent sans enfans mâles ; et toutes les filles qui ne sont pas établies lui appartiennent. Il a sept à huit cents femmes dans son palais. Les chinois et diverses nations indiennes fréquentent sa capitale pour y commercer. La langue du pays est la Malaye.

On trouve au milieu de l'île, parmi les montagnes, quelques peuplades barbares et indépendantes : ils ont une langue particulière, et n'ont aucune relation en dehors.

Habillement.

Les habitans d'Achem sont vêtus de longues robes d'étoffes légères de soie ou de coton ; mais le peuple, ordinairement, ne se revêt que d'un morceau de toile ou d'étoffe qui va depuis la ceinture jusqu'au-dessous des genoux, avec un autre morceau qui leur fait une ou deux fois le tour de la tête. Les plus qualifiés portent des bonnets de drap de laine de plusieurs couleurs, faits en forme de turban applati. Ils sont armés d'un sabre et d'un bâton noueux en forme de petite massue. A leur ceinture ils ont une dague. Ils font usage de larges culottes et de souliers à la turque. Les femmes, dont le vêtement diffère peu de celui des hommes, portent pareillement des culottes à la turque, une ceinture à l'entour des reins, nouée négligemment sur le devant ; leur tête est couverte d'un grand voile.

N.º 2 5. Ceylan.

Situation.

L'ILE de Ceylan, dans le golfe du Bengale, est au sud-est de la presqu'île en-deçà du Gange. Elle en est séparée par un détroit de douze à quinze lieues, nommé le détroit de Manar. Elle s'étend depuis le 6e degré de latitude septentrionale, jusqu'au 10e. Les savans conviennent assez généralement que c'est l'ancienne *Taprobane*, dont le roi envoya une ambassade à l'empereur Auguste. Elle fut découverte l'an 1506, par Laurent, fils de François Alméida, général portugais. En 1650, les hollandais en chassèrent les portugais, se rendirent maîtres d'une partie de l'île, et laissèrent l'autre au roi de Candi, qui fut leur tributaire.

Productions, température.

L'île de Ceylan est une des plus riches et des plus délicieuses de l'Océan oriental ; les indiens l'appellent *Tenarisim*, c'est-à-dire, *terre de délices*. La nature semble effectivement y réunir tout ce qui peut contribuer à l'agrément de la vie ; air pur, récoltes faciles, fleurs agréables, ombrages embaumés, elle n'a oublié que d'y mettre des hommes qui en sussent jouir ; mais en jetant un coup-d'œil sur les peuples les plus favorisés de la nature, on serait tenté de dire que la pauvreté se plaît au milieu de l'abondance. Tandis que le chingalais vit avec un peu de riz et d'eau, marche presque nud, dans sa riche patrie, le hollandais qui n'a rien dans la sienne, vient chercher les richesses d'une terre étrangère pour en aller jouir chez lui ; ainsi, le pauvre est riche et le riche est pauvre.

Cette île produit beaucoup d'excellens fruits, des épiceries, et sur-tout quantité de canelle, la meilleure qui soit au monde. Les arbres dont on la tire sont en si grand nombre, qu'il y en a des forêts entières, dont on sent, dit-on, l'odeur à quarante lieues en mer. Il y croît nombre de simples excellentes, et dont les habitans font usage eux-mêmes. On y trouve entre autres
une

une fleur nommée *sindriemal*, qui sert d'horloge, s'ouvrant à quatre heures du soir, pour se fermer le matin et se r'ouvrir à la même heure de la veille. On y trouve des mines de fer, de cuivre, d'or et d'argent; mais on ne touche point à ces deux dernières. On y pêche des perles presque aussi belles que celles de l'île de Bahrein (1). Il y a aussi nombre de pierres précieuses, que l'on trouve à l'aide d'un filet que l'on met au courant des rivières qui sortent des montagnes, et qui les entraînent avec elles après les avoir détachées. Les animaux n'y sont pas plus rares que les plantes. Les éléphans, quoique petits, y sont forts robustes et plus estimés que les autres. On y voit aussi des singes d'une espèce singulière, qu'on appelle *hommes sauvages* : ils ont presque la taille et la figure humaine. Agiles, hardis et pleins de forces, ils se défendent contre des hommes armés. On les prend avec des lacets, et on les dresse à marcher sur les pieds de derrière, et à se servir de ceux de devant pour rincer les verres et rendre d'autres services. Il y a des serpens d'eau et de terre d'une grosseur prodigieuse: quand la terre produit en abondance des choses utiles, il est rare qu'elle ne corrige pas ses bienfaits par quelque espèce malfaisante.

Le pays est plein de montagnes. La plus haute a été nommée, par les arabes et les portugais, *Pic-d'Adam*. Les naturels l'appellent *Hamalel*. Sa figure est celle d'un pain de sucre, et on voit au sommet une pierre plate qui porte l'empreinte d'un pied humain.

La température offre un phénomène aussi singulier qu'à la presqu'île de l'Indostan. Tandis que les pluies tombent dans la partie occidentale, un tems très-sec règne dans la partie orientale, et lorsque la récolte se fait dans l'une, on la prépare dans l'autre.

Habitans et leurs mœurs.

Les anciens habitans se nomment Chingalais, et on les croit originaires de la Chine. Ils sont nègres, bienfaits, adroits et intelligens. Quoique vains et trompeurs, leurs inclinations sont douces. Toutes leurs sciences se réduisent à savoir lire et écrire. Ils ont des idoles d'une figure monstrueuse, la plupart. Ils admettent cependant un être suprême qui a créé le ciel et la terre. Le soleil et la lune sont aussi des divinités pour eux, et ils adorent le diable en sus. Ils croient à l'immortalité de l'ame. Les gens de condition brûlent leurs morts; mais les gens de commerce les enterrent dans les bois, et font prier les prêtres.

Comme tous les peuples des indes, ils sont divisés en castes; la principale est celle des nobles; celle des mendians est la dernière. Chaque caste a quelque chose dans ses habits ou ses ornemens qui la distingue.

---

(1) Des plongeurs accoutumés à aller au fond de la mer ramassent dans des paniers, autour des bancs de sable et des rochers, des huitres qui renferment les perles. On appelle NACRE DE PERLE le nœud de la coquille où on les trouve. Les plus belles perles se pêchent dans l'île de Bahtein ou Baharam, près de l'Arabie, dans le golfe Persique.

H

Ils ont des esclaves auxquels ils donnent des terres ou du bétail pour subsister. Ils s'adonnent à l'agriculture, vivent de riz et boivent de l'eau.

La polygamie leur est permise, mais elle y est rare. Les femmes se font percer les oreilles dès leur bas âge, et elles font successivement élargir les trous, de manière que par la suite on croirait qu'elles ont un cercle de chaque côté du visage. Quand elles sont mariées, les frères de leurs maris habitent avec elles, comme avec leurs femmes, à l'alternative, excepté cependant le septième frère et ce qu'il peut y avoir au-delà; car enfin il faut de la modération. On peut les répudier. Ce qu'on appelle *honneur* des femmes en France n'est pas un article de scrupule pour les filles : cela ne tire à aucune conséquence dans le pays, l'adultère y est cependant puni avec une grande sévérité : l'homme et la femme, pris en flagrant délit, ont le nez coupé.

CANDI est la capitale des États du roi de l'empire de ce nom. C'est un amas d'habitations chétives et irrégulières. En général, dans toute l'île, les demeures sont fort peu de chose, bâties avec des perches et couvertes de pailles. Tout y est extrêmement à bon compte, et tout s'y sent de la pauvreté. Un chingulais travaille un mois entier pour dix sous, sans y comprendre sa nourriture.

Le roi de Candi est absolu. La plupart des rois ont la prérogative de porter une couronne; celle du roi de Candi est différente : il porte des souliers, et lui seul en a le droit dans ses États; ses sujets vont nud-pieds, ils vont même, la plupart, presque nuds, à la réserve des parties sexuelles.

Il y a, dans l'intérieur de ce royaume, des forêts si épaisses que l'on n'y peut pénétrer. Une petite peuplade en habite environ huit à dix lieues d'étendue : on la nomme *Bédas*. Elle est entièrement sauvage et n'a de communication avec personne. Sans culte, sans religion, dit-on, chaque famille est séparée, vit de riz et de viande confite avec du miel, et se revêt de la peau des animaux tués à la chasse. Il n'y a ni village ni maisons. S'il y a un peuple de la nature, celui-là en approche sans doute.

Habillement.

Les hommes portent une robe longue, croisée sur l'estomac, et une ceinture. Ils se forment une espèce de turban d'une étoffe légère, dont ils font retomber l'extrémité sur l'épaule. Les femmes ont un costume très-voluptueux qui laisse appercevoir les formes agréables de leur corps. La tête ornée d'un bonnet en forme de cône, dont le bas est garnie d'étoffe légère et très-riche. Elles laissent pendre, en arrière d'elles, un large voile dont elles s'enveloppent au besoin.

N.º 26. Samoyèdes.

Situation, habitans et leurs mœurs.

PLACÉS sous le cercle polaire et un ciel de glace, au milieu des neiges pendant huit mois de l'année, les samoyèdes ne sont point les favoris de la nature, cependant ils savent se créer un bonheur qui leur convient au milieu de leurs hutes enfumées. Jusqu'à présent on n'a pas pu encore les résoudre à venir habiter les villes, et jouir de leurs agrémens. Presque semblables aux lapons, on a cru qu'ils étaient originaires de la Laponie; mais ce n'est qu'une conjecture. Quant à eux, ils ignorent d'où ils viennent et ne s'en inquiètent guère. Les russes qui les ont rendus tributaires, ont envain essayé de les civiliser; il a fallu prendre des russes même pour habiter la ville qu'on leur avait bâtie. Ils ne paraissent pas même disposés à vivre entre eux trop près les uns des autres: quand un voisin les approche trop, ils prennent, sans façon, leur demeure et vont la porter plus loin. Rien n'est si facile: cette habitation est faite toute simplement avec quelques perches rapprochées en rond et recouvertes d'écorces cousues; elle est pyramidale et laisse échapper la fumée par un trou placé au centre. Une ouverture de quatre pieds de haut sert de porte; mais pendant l'hiver on sort par la cheminée, vu que la neige en a condamné l'entrée. Là, renfermés pendant huit mois, ils s'occupent à faire quelques ustensiles de bois qu'ils vendent aux russes. La pêche et la chasse fournissent leur nourriture; et lorsqu'ils en arrivent, ils mangent, sans façon, la chair et le poisson tout cru: c'est même un très-grand régal que de boire du sang de rennes tout chaud. On ne fait cuire que le petit gibier et les oiseaux. Il n'y a point d'heure fixée pour les repas, la faim l'apprend, et chacun mange quand il en a envie.

Les samoyèdes n'ont que quatre à cinq pieds de haut, mais sont trapus. Ils ont le teint jaune et la physionomie fort peu agréable. Leurs yeux sont petits et à peine ouverts; leur nez est écrâsé, et leurs cheveux, épais et soyeux, couvrent une partie de leur figure. Les hommes sont absolument sans barbe, et n'ont aucun poil sur le corps non plus que les femmes. Celles-ci ressemblent presqu'aux hommes, et leurs mamelles sont molles, petites et plattes, mêmes lorsqu'elles sont encore vierges.

Il y a une singulière chose à remarquer dans ce pays, c'est que les êtres sont plus précoces et dépérissent plus vîtes: les arbres y prennent presque toute leur croissance la première année, et dégénèrent dès la quatrième; à onze ans les hommes et les femmes sont nubiles, à trente ils cessent de l'être; les animaux y subissent le même sort.

Un samoyède se regarde bien au-dessus de sa femme; c'est en quelque

H 2

sorte pour lui le premier animal de sa demeure ; il l'achète, et quand il l'a payée, on l'attache sur un traîneau et on la lui conduit. Quand il s'agit de la prendre elle se défend beaucoup, et peut-être est-ce moins une cérémonie qu'une répugnance. Dans la cabane de son mari elle a un coin qui lui est marqué, et lorsqu'elle vient d'accoucher ou qu'elle est dans un tems critique, elle paraît si impure qu'elle n'oserait même rien présenter à un homme. Tant qu'elle est féconde, elle est encore un peu considérée, mais passé ce tems, rien n'est plus malheureux que sa condition. Enfin les femmes sont si méprisées parmi ces barbares qu'on daigne à peine leur donner un nom.

Les morts sont enterrés à-peu-près dans l'endroit où ils sont décédés ; mais comme dans l'hiver il est très-difficile, à des gens qui n'ont presque point d'outils, d'ouvrir la terre, on met le corps dans la neige pour l'inhumer au printems ; mais avant cette époque, souvent les bêtes féroces l'ont dévoré. Les principales cérémonies sont de mettre le corps dans une peau de rennes, de placer une marmite sur sa tête et un arc à son côté. On sacrifie un renne sur sa fosse, et on le mange au même endroit. Ensuite on paye le *tadib* ou prêtre afin de prier pour lui, et l'on ne prononce plus son nom, de peur de troubler son repos.

Les samoyèdes ont nombre d'usages communs avec les ostyaks leurs voisins, et dont nous parlerons à leur article.

Habillement.

Pantalons ou culottes et bas de peau ; espèce de blouse ronde resserrée par une ceinture, et bordée de peaux de ventres de canards ou de plongeons ; le tout est de fourrure, poil en dehors. Un capuchon de même matière prend bien exactement la tête. Tel est l'habillement d'hiver ; celui d'été est de peaux de poissons tannées par les femmes, ce qui entre dans leurs occupations habituelles.

Ces dernières sont presque habillées comme les hommes, culottes, bas, habit de fourrure, mais un peu plus soignés et ornés de belles broderies de nerfs d'animaux. Au surplus, il n'y a de linge ni pour l'un ni pour l'autre sexe ; ce qui ne doit pas être infiniment propre.

N.° 27. L'Arménie.

Situation.

L'ARMÉNIE, prise en général, est située entre le 38ᵉ et le 42ᵉ degré de latitude, et le 58ᵉ et le 68ᵉ de longitude. Elle est formée au nord par la Natolie, par le mont Caucase, qui la sépare de l'ancienne Colchide ou la

Georgie ; au levant, par le même mont Caucase, qui la sépare de l'I-bérie, et par le fleuve *Cyrus*, aujourd'hui le *Kour*, au-delà duquel est l'Al-banie ou le Schirvan, en Perse ; au midi, par le Kurdistan et le Diarbekir ; et au couchant, par le Pont et la Cappadoce.

Origine.

D'abord soumise aux perses, ensuite conquise par Alexandre, l'Arménie eut, après la mort de ce prince, ses rois particuliers. Ce pays passa ensuite aux romains, à l'empire d'Orient, puis aux sarrasins, enfin aux turcs ; la Perse voulut l'avoir, et en prit une partie ; ensorte que l'Arménie a été, dans presque tous les siècles, un théâtre de guerres sanglantes entre des étran-gers, dont elle devenait la proie après la dernière victoire.

Mais ce lieu, sous le rapport de la religion, offre un intérêt particulier à une partie des peuples de l'Asie et de l'Europe ; c'est-là que les livres de Moïse, ces premières tablettes des religions chrétiennes et mahométanes, placent le premier homme et sa compagne, immédiatement après leur création. En considérant les rives agréables de l'Euphrate, du Tigre, du Phase (ou Phison), de l'Aras ou l'Araxe, etc., il était facile à des imagina-tions exaltées qui avaient peut-être erré sur les sables des contrées voi-sines, de créer aussi-tôt en ces lieux ombragés, un paradis, un jardin de délices pour les premiers mortels. Entre les montagnes de l'Arménie, on distingue le Caucase, qui la borde au nord ; l'anti-Taurus, qui la coupe d'orient en occident ; et l'Ararath, sur laquelle, selon les mêmes livres de Moïse, s'arrêta l'arche de Noé après le déluge, et d'où se répandit sur la terre une nouvelle génération d'hommes.

Habitans.

L'Arménie est habitée par divers peuples, dont les premiers et naturels sont les Arméniens. Elle est divisée en grande et petite Arménie. La petite, située sur les bords de l'Euphrate, appartient au Grand-Seigneur : la moitié de la grande est encore à lui, et l'autre au roi de Perse. Dans la grande se trouve la *Turcomanie*, pays habité par les arméniens, les turcs, qui sont les maîtres, quelques tribus de urdes-yésides, et par des turkmans ou turco-mans qui lui ont donné leur nom. Ces turkmans, qui sont tartares, et, en remontant plus haut, huns d'origine, habitaient le Turquestan, portion de la Tartarie, lorsqu'ils quittèrent leur patrie, vers le onzième siècle, pour chercher d'autres contrées. Ils se partagèrent ; une partie vint s'établir dans la partie occidentale de la grande Arménie, sur les bords de l'Euphrate, à laquelle ils donnèrent leur nom. C'est de cette branche de turkmans que descendent les turcs qui ont fondé l'empire ottoman. Toujours les mêmes depuis sept à huit siècles, époque de leur établissement, ils n'ont aucune demeure fixe, campent sous des tentes de gros feutre, qu'ils transportent d'un lieu à un autre suivant les besoins de leurs troupeaux, qui sont nom-breux et dont ils vivent. Ce sont les plus riches bergers de l'empire ottoman. Ils suivent la religion mahométane.

Mœurs et religion des Arméniens.

Les arméniens professent la religion chrétienne. Ils prétendent l'avoir reçue des apôtres S. Thadée et S. Barthélemi ; mais ils ne la reçurent probablement que dans le quatrième siècle, par le ministère des archevêques de Césarée, en Cappadoce. Quoi qu'il en soit, l'Eglise romaine les rejette de son sein comme schismatiques, et ils ont, à *Ecmiasin*, un patriarche qui leur vaut tout autant qu'un pape. Leurs prêtres, suivant les loix de la primitive église, peuvent se marier une fois seulement, avec une fille et non une veuve. Pour leur communion religieuse, ils ne se servent que d'une hostie assez grande pour que le prêtre puisse la rompre en autant de parties qu'il y a de communians, afin de mieux marquer l'union qui doit exister entre les hommes qui sont frères. Au surplus, ils ont tout autant de superstition que les catholiques romains ; et leurs prêtres autant d'hypocrisie et d'avidité : ils ne prient Dieu que pour de l'argent : c'est leur métier, et ils le font comme par-tout ailleurs.

Les cérémonies du mariage méritent d'être rapportées. Le célébrant lie, avec un beau mouchoir brodé, la garde et le fourreau d'une épée, si étroitement, qu'on ne saurait dégager la lame. Cette épée doit rester ainsi pendant trois jours, et, pendant ces trois jours, le mariage ne peut être consommé. Ce tems expiré, le prêtre vient dans la chambre de l'épouse, qui est couverte d'un grand voile rouge, à travers lequel elle peut à peine respirer. Il leur donne à tous deux les extrémités d'un fil qu'il coupe au milieu avec l'épée en question qu'il a dégaînée ; il leur fait ensuite heurter la tête l'une contre l'autre ; puis il remet l'épée entre les mains de l'époux, qui en frappe trois fois l'épouse légèrement, et enfin il se retire. Les époux sont libres alors.

Les arméniens sont extrêmement jaloux et tiennent leurs femmes presque toujours enfermées. Ils ne peuvent se remarier que deux fois.

La principale occupation des arméniens est le commerce, et ils le font avec plus d'adresse encore que les juifs ; c'est dire beaucoup : cependant ils ont de la bonne-foi, et ils se répandent dans toutes les villes marchandes de l'Asie, et celles de l'Europe qui sont à leur portée.

Habillement.

Le costume des hommes et des femmes est presque le même, et varie peu ; c'est celui des orientaux : il consiste en plusieurs robes très-longues ; celles de dessous sont assujéties par une ceinture. Le bonnet est élevé et garni de fourrures ; les femmes le retiennent par un voile long qui passe sous le menton.

N.º 28. *Iles Mariannes* ou *des Larrons.*

Situation.

CES îles, au nombre de quatorze, furent découvertes par Magellan, qui, fâché contre leurs habitans qui lui avaient volé quelques outils de fer, les nomma *îles des Larrons.* Le 160.ᵉ degré du méridien les traverse, et elles sont situées entre l'Amérique et le Japon. Philippe II, roi d'Espagne, se les appropria sans y former d'établissement; Marianne, reine d'Espagne, mère de Charles II, y envoya des missionnaires en 1665; alors elles furent appelées *îles Mariannes.* Quoique placées sous la zone torride, la chaleur n'y est pas excessive, et l'air y est pur et sain; mais il y a une multitude de cousins, de moucherons qui sont très-importuns, et l'on y trouve aussi des mille-pieds et des scorpions. Les montagnes sont chargées d'arbres toujours verds, et coupées par différens ruisseaux qui se répandent dans les plaines. *Tinian,* l'une de ces îles, est la plus agréable, et réalise ce que l'imagination la plus vive peut imaginer; les espagnols l'appelaient *Buenavista-Mariana.*

Habitans.

Ces îles sont assez peuplées; mais il est difficile d'assigner l'origine de ce peuple, qui parle le *tagale,* la langue des Philippines, et ressemble beaucoup aux japonais. Avant que Magellan n'abordât leurs îles, les habitans ignoraient qu'il y eût d'autres terres; et même ne connaissaient pas, dit-on, l'usage du feu. Ils ne vivaient alors que de fruits, de racines, et de poissons crus. Une espèce de fruit nommé *rima,* très-nourrissant, leur sert encore de pain. Les espagnols leur ont apporté des chevaux, des vaches et des porcs, qu'ils ne connaissaient pas auparavant.

Les habitans de ces îles sont un peu moins basanés que ceux des Philippines; leur taille est haute et bien proportionnée; quoiqu'agiles et industrieux, ils ont beaucoup d'embonpoint.

Ils peuvent avoir plusieurs femmes, et se contentent habituellement d'une; souvent les garçons et les filles vivent dans le libertinage pour ne point se marier. Amis des plaisirs, leur goût pour la danse est extrême; ils aiment la course et la lutte. Contre le goût des européens, ils font consister la beauté dans des dents noires et des cheveux blancs. Ils sont divisés en nobles et non nobles; les nobles tiennent les autres dans l'assujettissement, et sont d'une fierté qu'on ne peut comparer qu'à celle des nobles japonais; eux seuls ont des propriétés dont leurs neveux héritent préférablement à leurs enfans.

Avant l'arrivée des espagnols, ils étaient sans temples, et avaient à peine quelques idées religieuses ; ils ont depuis embrassé le christianisme.

Habillement.

Ils coupent leurs cheveux, à l'exception d'un petit toupet. Les hommes du peuple vont presque nuds ; les nobles sont habillés d'une casaque qui descend jusqu'aux genoux, et est entouré d'une ceinture où pend le sabre. Ils ont un bonnet large et élevé, orné d'une plume ; leurs cuisses et leurs jambes sont nues. Les cuisses et les jambes des femmes sont également nues, ainsi que la moitié de leurs bras. Elles ont une espèce de jupon assez ample. Leurs cheveux sont longs, tressés et ornés de perles, de coquilles et de fleurs.

N.º 29. Pays des Usbeks.

Situation.

LE pays occupé par les tartares usbeks se partage en deux grandes parties ; la grande *Bukkarie* au levant, et le *Karess'm* ou *Karass'm* au couchant. La Boucarie ou Bukkarie est la *Sogdiane* et la *Bactriane* des anciens ; c'est le pays le plus cultivé et le plus peuplé de la Tartarie, et la nature ne lui a rien refusé pour être agréable. Les naturels se livrent à l'agriculture ; les usbeks, qui en sont les maîtres, pourraient les imiter, mais le brigandage leur convient beaucoup mieux. Le Karess'm ou Karass'm, Carazem ou Corang (1), est la *Chorasmie* de Ptolomée ; ce n'est qu'un vaste et sablonneux désert entremêlé de montagnes et de plaines fertiles. L'*Amur* ou l'*Oxus* des anciens ; le *Khessel* et le *Sihon* l'arrosent. Les naturels s'y adonnent également à l'agriculture, et les usbeks au pillage.

Habitans et leurs mœurs.

Les tartares répandus dans ces deux grandes parties, se nomment également usbeks, et ont les mêmes mœurs. Ce mot d'*usbeks*, prétend-on, veut dire, *seigneurs indépendans*. Ils sont bien faits, spirituels, braves et robustes. Ils professent la religion mahométane. Voleurs déterminés, leur plus cher plaisir est de voler les persans ; ils y trouvent double avantage, le gain et la satisfaction de la haine ; car les persans sont leurs ennemis mortels : le voisinage et la religion en sont les seules causes ; les usbeks sont d'une secte, les persans d'une autre : en faut-il davantage pour se déchirer ?

(1) Presque tous les pays de l'Asie nous sont connus sous des noms que chaque voyageur a prononcé et écrit comme il lui a plu, ce qui fait que l'on ne sait jamais de quel nom ni de quelle ortographe l'on doit se servir, incertitude, pour l'observer en passant, fort désagréable.

Les

Les habitudes et les usages des usbeks sont, à peu de chose près, les mêmes que ceux des autres tartares. Le cheval est leur animal favori ; ils boivent du lait de jument, et vont à la chasse des chevaux sauvages. Pour cela ils se servent d'oiseaux de proie qu'ils ont accoutumés à fondre sur la tête de l'animal poursuivi, à le harceler, le lasser jusqu'à ce que les chasseurs aient pu l'atteindre. Les usbeks mangent à terre, assis les jambes sous le derrière ; ils prennent la même posture en priant. Ils sont guerriers et se servent de l'arc. Leurs femmes ont la même inclination : armées d'arcs et de flèches, elles suivent leurs maris dans leurs expéditions militaires, et lancent la mort avec autant d'adresse. Les arts et les sciences sont absolument inconnus aux usbeks. Le brigandage est leur occupation, et l'oisiveté leur plaisir. Assis en rond, au milieu des champs, ils se plaisent à converser entre eux et à fumer leurs pipes.

Habillement.

L'habillement est le même que celui des arméniens, excepté qu'ils mettent la ceinture par-dessus la dernière robe, qui est croisée sur la poitrine. Celui des femmes est bien moins élégant ; la robe est plus courte, et le bonnet n'est qu'un mouchoir qui revient sous le menton.

N.º 30. Iles Kouriliennes.

Situation, habitans et mœurs.

ENTRE l'île du Japon et la presqu'île de Kamtschatka, se trouvent plusieurs petites îles que l'on nomment îles Kouriliennes ou Kousiennes. On connaît encore ni leur quantité, ni leur étendue. La partie septentrionale est censée appartenir à la Russie, quoique réellement elle soit indépendante, ne payant un tribut léger, en fourrures, que lorsque cela lui plaît ; la partie méridionale rend quelquefois hommage au Japon, avec qui elle commerce, et dont elle a quelques usages, tandis que l'autre tient beaucoup du Kamtschatka. Au surplus, chaque île a ses loix et ses mœurs, que nous ne connaisons guère encore.

Les véritables kouriliens ont quelque ressemblance avec les japonais ; ils ont, comme eux, le visage rond, un peu applati, les cheveux noirs, beaucoup de barbe et le corps fort velus. Ils montrent beaucoup d'humanité et de probité dans leur conduite ; ils sont constans, mais faibles dans l'adversité, et cherchant à se donner la mort. Ils chassent dans les forêts de Sapins, de Larix, et pêchent, sur les côtes, des baleines, des animaux marins. Leurs canots sont de bois pris dans leurs forêts, ou que les flots ont apporté sur le rivage ; ils se servent de rames, taillées en pelle aux deux extrémités.

I

Dans la partie septentrionale, les femmes filent la filasse des orties, et cousent les habillemens ; au midi, on fait quelque commerce, par échange, avec le Japon.

Leurs habitations sont creusées en terre et garnies en dedans de charpente ; elles ressemblent aux tanières des kamtschadales, mais elles sont plus propres et ornées de meubles du Japon.

Ils ont une vénération particulière pour la vieillesse, des égards pour tout le monde, et beaucoup d'affection pour leurs parens. Lorsque les insulaires vont faire une visite dans quelque île voisine, on prend les armes, on se pare pour les recevoir ; on plie les genoux pour se saluer, on s'embrasse, on se traite en amis ; il y en a même qui versent des larmes. Après le premier accueil, le plus âgé prononce un discours où il raconte les aventures des siens et de l'île depuis la dernière visite. Un vieillard de la compagnie qui est visitée, prend ensuite la parole et en fait autant par rapport à lui et à son pays. Ces témoignages réciproques donnés, on se réjouit, on chante, on danse et l'on raconte des historiettes. Les repas sont fort mal propres, comme tout ce qui les entoure ; leur principale nourriture consiste en différens amphibies et animaux de mer ; mais ils avalent, avec délices, la graisse liquide des veaux marins.

Quand un kourilien veut se marier avec une fille, il tâche, en secret, d'en obtenir les dernières faveurs, puis il l'enlève. Une infidélité coûte presque toujours la mort de quelqu'un. Le mari va trouver celui qui l'a offensé et il lui propose le combat. Or, ce combat ou duel s'exécute ainsi : L'offensé présente une massue à l'offenseur, qui la prend et lui en donne trois coups sur le dos ; le premier la reprend, en fait autant à son adversaire, qui recommence, et ainsi de suite, jusqu'à ce que l'un des deux meure ou demande grâce. Ceux qui ne veulent pas se battre prennent des arrangemens, et donnent tant, en habits ou alimens, pour se racheter du combat.

Les kouriliens sont idolâtres schamans, et ont chez eux de petites idoles qu'ils nomment *yougouts*.

Habillement.

L'habillement varie suivant que l'on est près du Japon ou du Kamtschatka. Près du Kamtschatka ont porte des habits fait de peaux de cignes, d'autres oiseaux aquatiques, de peaux de chiens de mer et de fourrures. On se coupe les cheveux près de la tête, qui est couverte d'un chapeau tissu de roseaux.

Les kouriliens méridionaux aiment à avoir beaucoup de barbe ; ils laissent croître leurs cheveux et se colorent les lèvres d'une légère teinture de noir. Les habits de ces derniers sont faits à la chinoise, longs et tantôt de toile de coton ou d'étoffes de soie, tantôt de ventre d'oiseaux aquatiques ou de pelleteries ; un sabre du Japon est suspendu à une ceinture qui entoure l'habit. Les femmes sont, la plupart du tems, vêtues comme les hommes ; seulement elles se coupent les cheveux sur le devant pour n'en avoir point la figure embarrassée. Le noir qu'elles se mettent aussi aux lèvres est plus foncé. Hommes et femmes ont l'habitude de se faire différentes figures noires au visage et aux bras. Les modes étrangères, en général, leur plaisent beaucoup, et souvent ils en font, avec leur costume, un mélange qui ne manque jamais d'être extraordinaire. Quand les couleurs sont bien vives, bien variées, ils sont satisfaits; mais ils oublient d'en être plus propres, et ils vont mettre, sans façon, un veau marin tout gras, tout sanglant, sur un manteau neuf d'écarlate.

N.° 31. La Baschkirie.

Situation, origine.

LES *Baschkirs* se nomment entre eux *Baschkourts. Kourt*, en leur langage, veut dire *abeille*, et c'est comme s'ils disaient : *Gens à abeilles.* Autrefois habitans vagabonds de la Sibérie méridionale, ils vinrent se fixer sur les bords du Wolga et de l'Oural, dans le gouvernement d'Orenbourg. Lors de la conquête du royaume de Kasan, par la Russie, ils se soumirent également, se révoltèrent ensuite nombre de fois, et furent contrains à supporter paisiblement leur joug, par la mesure que l'on prit de bâtir sur leurs frontières, et au milieu d'eux, des forts où l'on tient des garnisons. D'abord ils payaient un tribut: aujourd'hui ils s'enrôlent dans les armées russes, et sont tenus d'acheter de la ferme de la couronne leur sel, qu'ils tiraient auparavant de leurs lacs. En 1770, cette peuplade comptait vingt-sept mille familles réparties en trente-quatre wolost ou branches particulières séparées, et avant chacun son canton distingué. Chaque wolost est présidé par un ou plusieurs *starschini* (anciens), pris dans les familles notables, et surveillés par un adjoint, espèce de greffier chargé de faire la lecture publique des loix, et servant d'interprète. Les baschkirs n'ont ni nobles ni kam aujourd'hui.

Habitans, leurs mœurs.

A-peu-près semblables à tous les autres tartares pour la figure et les mœurs, les baschkiris s'accommoderaient aussi facilement du brigandage, qui leur est cependant interdit par les garnisons russes. Quelques-uns s'adonnent à l'agriculture; mais les ressources principales sont des troupeaux de vaches, de chevaux et de brebis. Les chevaux passent avant tout, leurs crins servent à faire des cordes, leurs peaux des vases à mettre le koumiss, le lait de jument à boire et leur chair, à manger. Les baschkirs sont presque toujours à cheval, hommes, femmes et enfans. La moindre fête couvre le pays de cavalcades; mais le plaisir n'a jamais lieu que dans l'été. L'hiver, renfermés tristement dans des cabanes à demeures étroites et mal saines, ils fument leur pipe et vuide l'outre ou koumiss, l'outre chérie de toute la famille, et que l'on ne quitte presque jamais. Les animaux ne sont pas plus heureux pendant cette saison ; abandonnés à eux-mêmes, ils vont détourner la neige pour découvrir de la mousse ou quelques brins d'herbe. Mais au printems tout revient à la joie. Les baschkirs quittent leurs cabanes et vont en établir de nouvelles dans d'autres lieux. Pour lors, au milieu de l'abondance, ils ne songent plus qu'à boire et à manger : le koumiss coule de toute part, et, pour peu qu'il fasse chaud, on est bien sûr de ne pas trouver, dans un village, un seul homme qui ne soit au moins un peu ivre. Les jours de fêtes, on chante, on danse et l'on s'enivre ; les chansons apprennent les faits des anciens guerriers de la nation, et les femmes, depuis un tems immémorial, conservent, dans les plis de leurs éventails, qui sont assez grossièrement faits, les plus belles de ces chansons. On les chante au son des flûtes, qui ne sont que des tronçons de choux percés. Une fête, nommée la fête de la charue, ouvre l'année au printems, et quoique les trois quarts des baschkirs ne touchent point à la terre, ils n'en célèbrent pas moins, avec la pompe ordinaire, la fête en l'honneur de l'agriculture. Autant les hommes sont oisifs, autant les femmes sont actives ; c'est sur elles que tout repose, le soin de la cuisine, celui des troupeaux et la préparation des feutres, des peaux et des habillemens.

Les baschkirs sont mahométans et prennent deux femmes, mais rarement plus. Une fille à marier coûte depuis quinze jusqu'à deux cents pièces de bétail, tant chevaux, que vaches et brebis. C'est un moula, prêtre mahométan, qui reçoit le serment des époux : il dit au mari, en lui remettant une flèche : « Sois brave, et nourris ta femme ». Avant d'être livrée à son époux, l'épousée est long tems disputée par les filles et les femmes ; celles-ci l'emportent toujours ; alors elles emmènent à l'écart l'épousée, à qui elles font une cérémonie, qui consiste à passer le rasoir sur une certaine partie du corps. La première nuit, deux hommes et deux femmes couchent avec les époux. Le lendemain, la femme remet au mari une partie du bétail qu'il a donné pour l'acheter. La femme ne quitte point son village sans avoir fait ses adieux à tout le monde, et sur-tout à l'outre au koumiss qu'elle embrasse, qu'elle remercie de l'avoir nourrie, et en lui attachant un petit présent, pour marque de reconnaissance.

Les funérailles ont aussi quelque chose de particulier. C'est une cavalcade. Le mort est placé sur une planche, entre deux chevaux, et tous les parens et amis, qui le suivent, sont à cheval. Quelque tems après l'inhumation, on célèbre une fête commémorative autour de la baraque construite sur la fosse. Quoique, reconnaissant l'alcoran, les baschkirs n'en n'ont pas moins quelques usages d'idolâtrie ; outre leurs prêtres, ils ont des devins et semblent rendre quelque hommage au soleil, en le saluant, après avoir tué un cheval, dont ils paraissent lui offrir les prémices.

La vieillesse est très respectée chez eux ; et quand on invite quelqu'un, avec considération, on lui promet la place à côté du plus âgé. Les vieillards président à tous les amusemens, à toutes les fêtes.

Les autres usages des baschkirs se rapprochent de ceux de tous les tartares. Gourmands à l'excès, quinze livres de viandes et six pintes de lait aigre ne font que contenter un bon mangeur de ce pays. Le pain sert de pâtisserie et de friandises, on le mange après le repas. Ils sont très-hospitaliers, et il y a toujours, à la porte de la cabane, un cheval tout prêt pour chaque convive que l'on traite: l'outre au koumiss semble appartenir à tout le monde.

Tout est, chez eux, d'une mal-propreté dégoûtante ; les outres de cuir non corroyé, sont encore pleines de graisse putréfiée, dont l'odeur soulève le cœur de ceux qui n'y sont pas accoutumés. Les lits ne sont qu'un banc revêtu d'un feutre et de peaux de moutons. On s'y couche tout habillé. En général, l'indolence des baschkirs est cause que leur aisance est loin de répondre à leurs richesses. Avec des troupeaux considérables, ils meurent de faim l'hiver, parce qu'ils ne savent que boire pendant l'été. La prévoyance est le moindre de leur souci ; ils ne savent que jouir.

Habillement.

L'un et l'autre sexe porte des chemises d'une grosse toile d'ortie ; des hauts-de-chausses longs et amples ; des bottines et des pantalons. Les pauvres s'entortillent les pieds avec des haillons et ont des souliers d'écorce d'arbre. Les habits de dessus des hommes, garnis de pelleteries, sont fort larges et assujettis par une ceinture où pend le sabre. La couleur rouge est préférée. Leurs pelisses d'hiver sont faites de peaux de brebis, souvent de peaux de cheval ; mais alors elles sont arrangées de manière que la crinière de l'animal dépouillé flotte sur le dos. Ils laissent croître leur barbe et se rasent la tête, qu'ils couvrent d'une calotte souvent bordée en or et en argent ; par-dessus est un bonnet en cône garni d'une fourrure, placé comme les rebords d'un chapeau rond. La robe de dessus des femmes est de drap fin ou d'étoffe de soie ; elle a des boutons, et s'applique sur le corps par le moyen d'une ceinture. Un mouchoir garni de médailles, disposées par couches comme des écailles, entourent leur tête. Les plus coquettes se couvrent le sein d'une espèce de grillage ou de filet, composé de perles de verre ou de petites coquilles. Les filles mettent leurs cheveux en plusieurs tresses, et elles y attachent des rubans et quantité de colifichets qui leur pendent jusqu'au gras des jambes.

N.° 32. Pays des Tungouses.

Situation.

DANS les déserts marécageux de la Sibérie, se trouve une peuplade de sauvages, que les russes désignent sous le nom de *Tungouses* ou *Tunguses*; la promptitude avec laquelle elle transporte d'un lieu à un autre ses habitations, faites de quelques perches, revêtues d'écorce de bouleau, ne permet guère de déterminer la partie où elle s'est établie : ses courses sont habituellement du levant au couchant, depuis les bords de l'Océan oriental, jusques au fleuve Yenisseï, dans une largeur de deux cents lieues, entre les 53ᵉ et 65ᵉ degrés de latitude nord.

Habitans et leurs mœurs.

Le mot *tungouse*, donné à ce peuple errant par leurs voisins, signifie *cochon*, et peut donner même une idée de la grossièreté de leurs mœurs, ainsi que de la saleté qui règne dans leurs habitations. Généralement les tungouses sont d'une taille médiocre, mais bien proportionnée ; presque sans barbe, ils ont les cheveux longs et fins ; leur teint est d'un blanc mat et absolument dépourvu de couleur ; leurs traits semblent annoncer qu'ils sont de la même famille que les autres peuples de la Sibérie. Leur voix est un peu rauque ; ils ont la vue et l'ouïe d'une subtilité et d'une délicatesse presque incroyable ; mais, ce qui est singulier, à côté de cet avantage, c'est qu'ils ont d'autant plus endurcis et émoussés les organes du tact et de l'odorat. Ils vivent très-long-tems et se soutiennent très-droits et vigoureux dans l'âge le plus avancé ; il est rare même de voir un vieillard tungouse avec des cheveux blancs. Il n'en est pas de même de leurs femmes ; assez jolies et bien faites dans la jeunesse, dans la vieillesse elles sont d'une laideur répugnante, couvertes de rides, de suie et de noir de fumée, et avant les yeux rouges comme le feu. Contens du présent, sans songer au lendemain, ils vont partager leur dernier morceau avec le premier qui se présentera et la gaîté de la conversation, ne se ressentira point de l'indigence de l'hôte. Francs par caractère, il ne leur vient pas même à l'idée de faire un mensonge ni de soupçonner ce qu'on leur dit. Chez eux le vol et la tromperie passent pour des actions si infâmes, qu'ils ne souffrent pas des reproche à ce sujet. Si quelqu'un est attaqué sur ce point, il appelle son adversaire en duel, et ils se battent en décochant des flèches l'un contre l'autre. D'un esprit assez subtil, ils apprennent facilement les langues étrangères. Ils sont adroits à manier l'arc et bons chasseurs, bons cavaliers. La seule compression de l'herbe et de la mousse suffit pour leur faire reconnaitre le passage du gibier.

Deux choses absolument contraires sont étonnantes en eux ; l'intrépidité et l'indifférence. Ils vont se tuer entre eux pour la moindre bagatelle ; armés seulement d'une flèche ou d'une pique, ils attaquent l'ours par-tout où ils le rencontrent ; cependant ils souffrent avec un sang froid, ou plutôt une insensibilité extraordinaire, l'indigence, les blessures, la perte de leurs amis et de leurs biens. Sans le moindre souci de l'avenir, il ne leur arrive de consulter les devins qu'à l'époque de leurs mariages ; presque toujours ils sont heureux à cet égard, n'ayant de l'amour que comme un besoin qu'ils oublient lorsqu'il est satisfait. La cérémonie du mariage est bientôt faite ; le prêtre demande à l'époux s'il a acheté sa femme ; à la femme, si ses parens ont reçu le prix convenu ; sur leur réponse, on les bénit pendant qu'ils dansent, ainsi que tout le monde, et tout finit par un repas somptueux pour le pays. Les funérailles sont aussi simples ; on place le corps du défunt sur un arbre, où on le sert avec soin jusques au moment où il tombe en pourriture.

Leur religion tient de l'idolâtrie des schamans ; ils croient à l'immortalité de l'ame, regardent l'homme comme le maître du monde et la femme comme le plus parfait des animaux. Ils reconnaissent un Dieu universel, qu'ils nomment *Boa*, qui en a plusieurs autres sous lui ; *Tala*, le dieu des hommes ; *Helben*, celui des femmes ; *Moundi*, celui des enfans ; *Sokiowo*, le dieu des rennes ; *Boun* est le premier des diables. Les tungouses ne se croient pas obligés de prier l'auteur de la nature ; ils disent : *Boa nous a créés, il faut bien qu'il nous nourrisse*. Des prêtres choisis parmi les vieillards de la nation, et des jeunes filles desservent le dieu, tant que la nation en est satisfaite ; mais les prêtres sont éloignés, les autels renversés lorsque la pluie, les insectes, quelque maladie contagieuse viennent enlever aux tungouses la santé ou leurs troupeaux. Les prêtres ne marchent jamais sans être accompagnés d'un petit garçon, qui fait de tems en tems retentir un gros tambour qu'il porte ; au bruit de cet instrument, le tungouse, tiré de sa léthargie, se précipite sur le passage du ministre des dieux, et le questionne sur sa santé, sur la chasse qu'il doit faire, sur ses enfans.

Les tungouses vuident leurs disputes entre eux ou devant leurs *darougas* ; ils se soucient fort peu de les porter devant les magistrats russes, pour ne pas être assujétis à des loix qui leur sont inconnues. Si les parties demandent le duel, le darouga assigne le lieu et l'heure où l'on doit se battre à coup de flèches. L'homicide ne passe pas pour un crime capital chez eux lorsqu'il survient à la suite d'une querelle : le meurtrier est condamné au fouet et à nourrir la famille de celui qu'il a tué, et il n'est point déshonoré. Un voleur reçoit la bastonnade et reste couvert d'opprobre toute sa vie.

La propreté, comme nous l'avons fait entendre, est la chose dont un tungouse s'inquiètent le moins ; jamais ils ne se lavent, rarement ils nétoient la vaisselle, et s'ils le font, c'est avec le premier lambeau de pelisse qui se trouve sous la main, fût-il dans le berceau de l'enfant. Lorsqu'ils *s'épouillent* les uns les autres, ils avalent la vermine. La mal-propreté des enfans ne leur cause pas le moindre dégoût, et quand il s'agit de moucher un enfant, sans y faire tant de façon, le père ou la mère prend le nez de l'enfant avec sa bouche, et hume tout d'un trait certaine humeur visqueuse, et l'avale. Ce dernier trait, je crois, suffit pour faire juger du reste.

Les tungouses sont divisés en trois classes ; les chasseurs, les pasteurs et les forgerons. Les pasteurs sont les plus pauvres et les forgerons les plus riches.

Habillement.

Chez un peuple aussi grossier, on ne s'attendrait pas à trouver un habillement qui annonce quelque goût et le desir d'être bien mis : l'habillement, à la vérité, après la chasse, est le seul souci d'un tungouse. C'est un justaucorps qui lui prend étroitement la taille, et dont les bords sont brodés de nerfs d'animaux et de crins de diverses couleurs, et ornés de différentes verroteries. Le haut-de-chausses est plus grossièrement fait et seulement attaché avec une ficelle, mais il est recouvert par devant d'un joli tablier de peau bien préparée et ordinairement jaune.

L'habillement des femmes, quoique le même, est beaucoup plus soigné, les broderies sont plus riches, disposées avec plus d'art, et la peau, d'animal pour l'hiver, et de poisson pour l'été, en est mieux tannée et plus molle. Elles recouvrent leur gorge avec un filet de perles de verre, et le fichu, qui est en pointe sur leur tête, est également orné de perles de verre. Quant aux hommes, ils vont tête nue l'été ; mais, au premier froid qu'ils sentent, ils se font un bonnet tout particulier ; c'est la dépouille d'une tête de biche qu'ils portent avec les cornes et les oreilles. Ils ont un autre ornement qui ne tient qu'à la nécessité, c'est une grosse houppe de crins longs qui leur bat sans cesse la figure, pour en éloigner les mouches, qui sont très-importunes dans ce pays. Souvent même, pour les éloigner plus sûrement. Il portent pendu, à un côté ou à un autre, suivant la direction du vent, un petit pot où brûle du bois pourri ; de manière que leur figure se trouve toujours dans la fumée, qui ne plait point aux mouches. Beaucoup de gens préféreraient le mal au remède.

N.º 33. Ostyackie.

Situation.

LA situation et l'étendue du pays qu'habitent les ostyacks, ne peut guère être déterminée, vu qu'ils changent à volonté leurs habitations, et qu'ils errent, sans gouvernement et sans loix, parmi les montagnes de la Sibérie ; tout ce que l'on peut dire d'exact, c'est qu'ils sont répandus sur les bords de l'Oby, entre le 59e et le 62e degré de latitude, et le 174e et le 185e degré de longitude. Cette peuplade ressemble à toutes celle des environs qui dépendent de la Russie, et même elle l'emporte par l'ignorance et la grossièreté ; c'est cependant celle qui offre le caractère le plus doux.

Habitans et leurs mœurs.

Les ostyacks sont une des plus nombreuses nations de la Sibérie. Ils sont d'une taille moyenne, mais assez bien faits ; ils ont le visage applati ; d'un jaune pâle, les cheveux noirs et roides, la barbe peu épaisse et l'esprit fort lourd. Ils sont timides, superstitieux ; mal-propres à l'excès, mais bonnes gens et dociles. On n'éprouve jamais la moindre difficulté dans le paiement des contributions, et quand une fois ils ont fait serment, sur la *peau de l'ours*, ils n'oseraient manquer à leur parole. Leurs filles sont quelquefois jolies ; mais, au premier enfant, elles sont déjà ridées. Ils sont assez médiocres chasseurs, mais ils pêchent avec une adresse singulière, et quand ils ont de

quoi

quoi manger, ils se reposent sans plus s'inquiéter de rien. Hors la façon de leurs arcs, de leurs flèches et la préparation de leurs habits, tout leur est inconnu ; pas un d'eux ne sait former une lettre, et, en général, ils ne paraissent rien moins que disposés à apprendre un art quelconque : leur paresse est extrême.

Quand un ostyack a du poisson séché et quelques pièces de gibier, il ne lui manque plus, pour être heureux, que de quoi s'enivrer ; dans cette intention, il avale autant de fumée de tabac qu'il peut, quelquefois le tabac même ; mais quand il peut manger un *champignon enivrant*, son bonheur est au comble. L'ivresse s'annonce insensiblement, bientôt la tête est exaltée, et le lourd sauvage se trouve de l'esprit et devient poëte ; il chante les premières idées qui lui viennent ; puis il s'endort et se réveille extrêmement affaibli.

La polygamie est d'usage chez les ostyacks, qui sont idolâtres-schamans(1). Ils achètent leurs femmes sur le pied de dix à cent rennes. Dès le premier paiement du kalim, l'époux peut coucher avec sa promise ; s'il la trouve vierge, il faut qu'il donne un renne à sa belle-mère ; si, au contraire la preuve mosaïque de la virginité ne se trouve pas, c'est à la belle-mère à donner un renne à son gendre. Le second paiement se fait le jour de la noce, que l'on célèbre par un repas et des danses. Ces danses sont des pantomimes exécutées avec une intelligence que l'on n'attendrait pas d'un ostyack. Les femmes sont obligées de se soumettre à de rudes travaux ; mais, au reste, elles sont traitées avec soin : si un mari frappe sa femme, elle peut le quitter, et il est obligé de restituer la dot qu'elle lui a apportée, sans que les parens de celle-ci soient tenus de remettre le prix du kalim. Après l'accouchement, une femme est censée impure pendant trois mois, et elle habite à part : ce tems révolu, on allume du feu, elle se présente, saute par-dessus, et se trouve purifiée.

Ce qu'il y a de remarquable dans leurs funérailles, c'est que si le mort est un homme, les hommes seuls sont à son inhumation ; si c'est une femme, il n'y a que des femmes. C'est toujours dans ses meilleurs habits qu'un mort est conduit au *ghalas* ou cimetière. Le renne qui l'a traîné est égorgé sur son tombeau où on le laisse pour lui servir de nourriture dans l'autre monde. On lui laisse aussi ses armes, dans l'intention qu'il n'en manque point. Ils ont des prêtres et des devins. Leurs temples sont le sommet de quelques col-

---

(1) Le SCHAMANISME est, sans contredit, une des plus anciennes religions, et quelques-uns le regarde comme l'origine de la religion des brames ; mais il est bien changé parmi les peuplades du nord, qui, sans lettres et d'une grossièreté extraordinaire, y mêlent toutes les superstitions qui leur viennent à la tête. Le schamanisme admet une divinité suprême, ayant sous elle nombre de dieux inférieurs, et les diables qui ont cependant leur pouvoir : il enseigne l'immortalité de l'ame, mais il donne de l'autre vie une assez triste idée. Au reste, cette religion, abandonnée aux prêtres schamans, qui n'ont que l'intérêt pour guide de leur ignorance, varie suivant chaque peuplade. Les idoles, pour ceux qui ont quelque bon sens, ne sont que des simulacres. Les kamtschadales sont les seuls qui attribuent des imperfections à l'Etre suprême.

K

lines où jamais ils ne montent qu'avec respect et crainte. Ils admettent un Dieu suprême et des dieux subalternes. Ils croient à l'immortalité de l'ame, et accordent le même avantage à l'ours, pour lequel ils ont un respect singulier, quoiqu'ils se revêtent de sa peau. Quand ils en ont tué un à la chasse, ils en pleurent et font de grandes excuses à l'animal étendu au milieu d'eux : ils ont soin de lui répéter que ce sont les russes qui l'ont tué et non pas eux. Ensuite, ils croient pouvoir l'emporter en toute sûreté. Sa peau est l'habit de deuil.

Leurs cabanes sont creusées à moitié en terre et faites de pieux recouverts d'écorce de bouleau; le foyer est au milieu, et, sur les côtés, sont des planches qui retiennent de la poussière de bois pourri sur laquelle on se couche. Les enfans, qui ne sortent presque jamais de ces lieux, les chiens, les renards qu'ils élèvent, le bois, la fumée du tabac et l'huile de poisson, la vermine, etc., y causent une mal-propreté et une puanteur qui passent l'imagination. Cependant ils s'y trouvent heureux, et n'en sortiraient presque jamais, si la nécessité ne les en chassaient de tems en tems.

Habillement.

Rien de plus facile à un ostyak que de s'habiller; il vient de dépouiller un renne, et, sans y regarder de si près, il s'en met la peau, encore sanglante, sur le dos, s'il a besoin d'un habit ; cependant, quand il n'est pas si pressé et qu'il a un peu plus de goût, il façonne, ou plutôt sa femme, façonne cette peau en manière de longue houpelande, sur laquelle on met des bandes d'étoffe ou de peau de différentes couleurs. Un capuchon de fourrure emboîte, l'hiver, hermétiquement sa tête, et ne laisse de libre que sa figure. Il a des bas de fourrures et de larges patins quand la terre est couverte de neige. Tel est l'habillemeut d'un ostyack. Sa femme n'y met guère plus de façon; elle a également une houpelande de peau un peu plus longue et plus ample, un capuchon quelquefois recouvert d'un voile, devant elle un petit tablier de cuir bariolé : et le tout, dans les deux sexes, est d'une saleté remarquable.

N.º 34. Kamtschatka.

Situation, température.

LA presqu'île de Kamtschatka est formée par une chaîne de montagnes pierreuses et stériles qui se dirigent vers le Japon, et dont les îles Kouriles semblent être la suite. Elle se trouve entre le 51e et le 62e degré de latitude septentrionale, et s'étend jusqu'au 174e de longitude. Le sol en est si resserré par le froid, qui y est même très-vif en été, qu'il ne produit pas de quoi nourrir le peu d'animaux qui s'y trouve.

Habitans et leurs mœurs.

Sous un climat aussi rude, la pauvreté doit être extrême; point d'agriculture, point de troupeaux; un kamtschadale n'a d'autre ressource que la pêche et la chasse, d'autres richesses que ses chiens, d'autres plaisirs que son tabac et une femme; mais, avec cela, il ne connaît pas d'homme plus heureux que lui. Plus il peut avoir de chiens, plus il est riche; les services qu'ils lui rendent sont nombreux; ils le voiturent dans son traîneau; chassent avec lui, et même pour lui; gardent sa barque; l'amusent pendant leur vie, et, après leur mort, ils lui laissent leur chair et leurs peaux; aussi sont-ils le premier soin de leurs maîtres.

Presque sans instrumens, un kamtschadale ne vient pas facilement à bout de construire une habitation; mais la même charpente lui sert pour sa maison d'hiver et celle d'été. Avec des cailloux et des os, il vient à bout de couper et d'éguiser des pieux qu'il plante, de six pieds en six pieds, dans un trou qu'il a creusé à une profondeur de six pieds également; il établit dessus une espèce de charpente de perches qu'il recouvre de paille et de gazons; un trou, pratiqué dans le toît, sert, en même-tems, de cheminée, de fenêtre et de porte. On y monte et on en descend à l'aide d'une planche trouée de distance en distance. Tel est le palais d'un kamtschadale, lorsque son pays est entassé sous la neige. En été il le démolit, prend ses pieux, qu'il va planter ailleurs, de trois en trois, au nombre de neuf, mais cette fois-ci sur la terre; le plancher s'en trouve exaucé de six pieds. Ainsi son habitation est supportée sur des colonnes entre lesquelles il se repose le jour; la nuit il monte en haut, à l'aide de la planche trouée; ses fidèles chiens habitent alors la colonnade où ils sont attachés.

La nourriture répond à la demeure; du gibier, mais sur-tout du poisson: on le mange cuit, rôti, cru et pillé; le poisson arrangé de cette dernière manière tient lieu de pain. Une baleine morte et jetée sur le rivage, est une bénédiction du ciel qui va nourrir un village entier. Mais le mets par excellence, est le *hourgot*. Voici la manière de composer ce délicieux potage: on met du poisson dans la terre et on l'y laisse jusqu'à ce qu'il soit corrompu au point qu'il faille le retirer avec des jattes; on le fait ensuite bouillir, et ce ragoût horrible, dont la puanteur épaisse remplit la cabane, est avalé avec une volupté qu'il nous est impossible d'imaginer.

On ne croirait guère qu'au milieu d'une misère aussi affreuse, sous un ciel aussi dur, l'amour soit la première et presque la seule passion des habitans; un kamtschadale est un épicurien qui ne sait mettre aucun frein à ses débauches, et sa femme surpasse encore le libertinage de ses desirs grossiers. Les vices, même contre nature, y sont presque publics. Les femmes kamtschadales sont, en quelque sorte, les souveraines de leurs maris, et ne manquent presque jamais de leur associer une multitude d'amans. Les vieilles sont toujours les préférées, parce qu'on leur suppose, pour le plaisir, des ressources que les jeunes ne peuvent avoir. Elles sont, en général, assez jolies, et ont la main et le pied bien faits, mais leurs manières sont hardies et leurs desirs insatiables : plusieurs même, pour ne point interrompre le cours de leurs débauches, essaient de se faire avorter. Elles mettent tout en usage pour paraître belles ; et ces femmes sauvages, qui ont à peine de quoi suffire aux premiers besoins, connaissent les fards rouge et blanc dont elles se plâtrent la figure. Dans un pareil pays, le mariage ne peut guère être que la convention d'être ensemble. Aucune cérémonie ne fait remarquer cette époque de la vie ; la seule qui se pratique, quoique étrange, n'a rien de solemnel, et annonce le peu d'intérêt que ce peuple grossier met à un pareil acte. Un kamtschadale qui fait sa cour à une fille, rend mille petits services dans la maison de ses parens ; si l'amant est agréé, les services sont reçus ; alors le galant n'a plus qu'un soin en tête, c'est d'introduire son collier dans la culotte de la fille ; les femmes qui se trouvent à cette singulière introduction, l'empêchent de toutes leurs forces, et donnent quelquefois des coups qui passent la raillerie ; mais lorsque le poursuivant est parvenu à son but, c'est à lui la femme ; et cela s'appelle, dans le pays, *attraper une fille*. Les kamtschadales sont libres de prendre plusieurs femmes ; mais comme elles sont maîtresses, ils n'ont pas le courage d'en prendre plus d'une. Quant aux prémices de l'amour, c'est une chose à laquelle un époux de ce pays ne songe jamais ; aussi les filles n'y sont-elles rien moins que retenues. Parmi un peuple aussi débauché, le degré de parenté ne suffit pas pour donner un frein au libertinage, qui ne s'arrête qu'entre les pères et mères et leurs enfans. A tous ces vices, qu'on ajoute une gourmandise excessive et qui va jusqu'au dégoût, une fainéantise absolue, on aura un tableau complet des mœurs des kamtschadales.

Ils sont idolâtres-schamans ; croient en un Dieu, mais n'y songent guère ; quelques-uns sont devenus chrétiens, et n'en ont pas plus de religion.

Mous et tout entiers à leurs trois plaisirs, les femmes, la gourmandise et la paresse, les kamtschadales sont peu guerriers ; autrefois ils avaient des guerres d'un village à l'autre dont le but était de prendre les femmes et les chiens du vaincu. Les russes, les ont fait cesser. Leur manière de vivre fait naître leurs maladies, le scorbut, la gale, les abcès causés par un sang corrompu, la pleurésie, la gangrène, la jaunisse et l'inflammation des yeux. Long-tems avant l'arrivée des russes, ils avaient des maladies vénériennes et connaissaient l'inoculation de la petite vérole, qu'ils pratiquaient en égratignant le visage des enfans avec des arrêtes trempées dans de la matière variolique.

Habillement.

Rien n'était plus pauvre, autrefois, que l'habillement des kamtschadales, aujourd'hui, ils essaient d'imiter les russes, et souvent ils s'habillent comme eux. Le gilet, la culotte et les bas sont ordinairement de peau, le tout recouvert d'une pelisse qui retombe aux genoux et est arrêté par une ceinture. L'habit des femmes est le même en dessus, mais elles portent en dessous des chemises et des caleçons de toile. Au surplus, la manière de se mettre varie chez eux comme chez les peuples policés : le kamtschadale est imitateur, et, quand il le peut, il fait volontiers ce qu'il a vu.

N.º 35. Iles Maldives.

Situation, productions.

CES îles sont distribuées comme par petits pelotons, et se trouvent à l'ouest et au sud-ouest de la presqu'île en-deçà du Gange ; elles sont étendues en longueur en-deçà et au-delà de l'équateur. Les portugais les découvrirent en 1507; mais ils les négligèrent comme peu fertiles et d'un difficile accès. Elles ne rapportent ni bled, ni riz ; mais seulement des oranges, des citrons, des cocos et des grenades. On y trouve du corail, de l'ambre gris, et les plus belles écailles de tortues des Indes. On se sert, dans ces îles, au lieu de monnaie, de petites coquilles fort jolies, appelées *cori*. L'air y est mal sain, sur-tout pour les étrangers. Ces îles sont fort petites et en si grand nombre, que leurs habitans les font monter à douze milles, mais la plupart ne sont que quelques rochers habités seulement par des écrevisses et des pengoins. La principale se nomme *Male*, d'où est venu le nom de *Maldive*; *dive*, en langue arabe, signifiant *île :* cette île, qui n'a qu'une lieue de tour, est la résidence d'un roi mahométan, qui les gouvernent toutes. Toutes ces îles sont divisées en treize parties, que l'on appelle *attolons*; chacun de ces attolons est entouré d'un grand banc de pierres, entre lesquelles se trouvent nombre de crocodiles.

Habitans.

Les habitans des attolons, qui sont au nord de la ligne équinoxiale, sont plus civilisés que ceux des attolons situés dans la partie méridionale. Ils sont, les uns et les autres, spirituels et courageux, plein d'industrie, lascifs comme tous les asiatiques; leurs femmes sont bien faites, quelques-unes même sont aussi blanches que les européennes; leurs cheveux sont noirs, ainsi que ceux des hommes. En général, ces insulaires sont bons marins, habiles plongeurs, et se livrent au commerce, qui leur procure du riz, de la soie, du coton, et tout ce qu'ils n'ont pas. Les habitations des riches sont bâties en pierres; celles des pauvres en bois, recouvert de feuilles de palmier.

Outre la langue qui est particulière à ces îles, on y apprend l'arabe, qui est la langue savante et religieuse. Il y a des écoles pour les sciences, sur-tout pour l'astronomie et les mathématiques.

Habillement.

Un gilet à manches, un demi-pantalon de toile légère; tel est l'habillement des hommes. Les jambes et les pieds sont nuds. La tête est entourée d'une bande d'étoffe ornée de perles. L'habillement des femmes est encore plus simple; ce n'est qu'une pièce de toile à fleurs tournée autour du corps depuis le sein jusqu'à moitié cuisses. Le sein, les épaules, les bras et les jambes sont nuds. Leur tête est ombragée de plumes ou de feuilles, et embellies par une longue chevelure; celle des hommes est longue aussi.

N.º 36. Iles Moluques

Situation.

ON comprend sous le nom général d'îles Moluques, toutes les îles qu'on trouve au midi des îles Philippines; elles sont sous la zone torride et s'étendent depuis le 132ᵉ degré de longitude jusqu'au 150ᵉ. On les divise en grandes et en petites; les grandes sont: *Macassar*, *Gilolo*, *Ceram*, *Tunos*, etc. Parmi les petites, on en compte cinq qui sont proprement les Moluques, à savoir: *Ternate*, *Tidor*, *Motir*, *Machian* et *Bachian*. Il y en a plusieurs qui sont comprises sous le même nom, et dont la plus remarquable est l'île d'*Amboine*. Elles furent découvertes en 1520, par Magellan, en partie soumises aux espagnols, ensuite aux portugais, qui en furent chassés par les habitans à l'instigation des hollandais, qui y établirent leur commerce, qui consiste en muscades excellentes, en clous de géroflés et autres épiceries.

Habitans.

Il y a, entre les mœurs des habitans de chaque île, des différences légères, qui, cependant, se rapprochent assez pour qu'on puisse les déterminer en général.

Les moluquois ont beaucoup d'affinité avec les malais, dont ils tirent peut-être leur origine; leur teint est le même; on dirait du noir détrempé avec du jaune; ils sont peu vigoureux, mais féroces, et se soucient peu de communiquer avec les européens. Paresseux, ils se reposent de tout travail sur leurs femmes, et laissent en friche la terre dont l'abondance naturelle les nourrit encore: elle produit d'elle-même, dans ce pays, le *sagou*, espèce de palmier, dont la moëlle desséchée donne une farine propre à faire du pain assez bon, une bouillie très-nourrissante et d'autres alimens qui ne diffèrent que par l'apprêt. Leurs maisons, construites de roseaux, ne renferment que quelques vaisseaux de terre et des nattes.

Ils sont mahométans et prennent plusieurs femmes, qu'ils épousent sans les voir et dont ils sont extrêmement jaloux. Ces mariages se contractent sans beaucoup de cérémonies ; mais, dans l'île de Ceram, il faut, avant que de se marier, avoir donné un certain nombre de têtes d'ennemis : il faut même que les jeunes gens en ait fourni une avant que d'avoir le droit de s'habiller. L'île de Ternate n'a que sept lieues de tour ; c'était autrefois la résidence du roi de toutes les îles Moluques. Elle renferme un volcan.

Les moluquois enterrent leurs morts et les servent avec le plus grand soin, dans la crainte d'en être un jour repris de négligence. Leurs prêtres portent le costume des femmes, et l'on ne les distingue qu'à leurs bonnets pointus.

Leurs armes sont l'arc et la flèche, qui est de roseau élastique, et dont le bout est garni d'un bois très-dur. Ils portent des boucliers de bois noir, sur lesquels ils font diverses figures en relief avec des coquillages d'un très-beau blanc. Ces boucliers sont longs et plus étroits au milieu qu'aux deux bouts.

Habillement.

La chaleur du climat dispense volontiers de tout habillement. Quelquefois, mais seulement pour se parer, les hommes se couvrent d'une étoffe légère et parfumée. Ils ont aussi un large chapeau peint de diverses couleurs et fait de feuilles de latanier.

Les femmes ont un large pantalon turc et une robe longue sans plis, fermé par-devant. Sans doute pour affaiblir les rayons brûlans du soleil, elles portent des chapeaux énormément larges, et qui sont ornés de coquillages, de nacres de perles et de plumes.

N.º 37. La Georgie.

Situation.

LA Georgie se divise en deux parties ; l'occidentale, qui appartient aux turcs, et l'orientale, qui est sous la dépendance des persans. La partie occidentale comprend trois provinces vers la Mer-noire : la Mingrelie, l'Imirette et le Guriel, c'est l'ancienne Colchide, fameuse par le voyage des argonautes pour la conquête de la Toison d'or. La partie orientale a deux provinces : le Carduel et le Caket. Elles forment l'ancienne Ibérie asiatique. La Georgie est bornée au nord par le mont Caucase, qui la sépare de la Circassie et de la Tartarie asiatique ; au couchant, par la Mer-noire et par une partie de la province de Lazique ; au midi par l'Arménie ; au levant, par le Daghestan et le Schirvan. Son étendue est du 40e degré 30 minutes de latitude septentrionale, au 44ᵉ degré 30 minutes, et du 59ᵉ de longitude au 67ᵉ. Les habitans de ce pays se donnent le nom de *Carthueli*, et l'on prétend que les grecs leur ont donné celui de *Georgiens*, parce qu'ils s'adonnent à la *culture de la terre*. Ce pays avait anciennement ses rois.

Productions, habitans et leurs mœurs.

La Georgie offre des plaines assez unies au milieu; mais le reste est rempli de montagnes, aux pieds desquelles sont des vallées délicieuses. Le *Phase* l'arrose et se jette dans la Mer-noire; c'est sur ses bords que l'on trouve en quantité cet oiseau recherché des chasseurs, et que l'on appelle *faisan*, du nom de ce fleuve. Le *Kour* ou l'ancien *Cyrus* la traverse aussi et se jette dans la mer Caspienne. L'air y est sec, fort chaud en été, fort froid en hiver. L'abondance y offre à ses habitans des ressources faciles et le moyen d'y être heureux à peu de frais. Vins, légumes, fruits, gibier, poissons, de la soie, et des habitans que le ciel semble avoir créés avec plaisir, en leur donnant une beauté que l'on ne retrouve point dans d'autres climats; tels sont les avantages de la Georgie. Mais il paraît qu'il ne doit pas y avoir un petit coin de la terre dont on n'aurait à dire que du bien; les georgiens sont fourbes, et leurs femmes lascives et trompeuses. Ces femmes, aussi belles que les circassiennes, mais moins tendres et fidèles, sont, comme elles, les plus beaux ornemens des sérails de l'Asie. Mais, non contentes des bienfaits de la nature, elles veulent ajouter à leur beauté, et flétrissent la fraîcheur de leur teint par l'habitude qu'elles ont de se colorer les joues de fard. Les georgiens n'ont pas, comme les circassiens, l'avantage d'avoir de belles femmes, et le désagrément d'être fort laids; la même beauté se déploie dans les deux sexes. L'amour cependant n'y est guère que la lubricité; et les premiers sentimens de la nature sont peu de chose pour un circassien. D'une avarice sordide, il conduit, sans pitié, une partie de sa famille aux basars et vend ses filles au premier marchand qui se présente et lui en offre le prix qu'il desire. Ce trafic est sa première richesse. Aussi ce pays, dépeuplé chaque année par ce commerce abominable, est loin d'avoir le nombre d'habitans qu'il pourrait nourrir. Les georgiens sont cependant chrétiens; mais la religion, dans tous les pays, est volontiers subordonnée à l'intérêt. Au reste, ce christianisme est étrangement défiguré, et tient beaucoup du rite grec. Un patriarche en est le chef. Il y a aussi une noblesse dans la Georgie. Les gentilshommes exercent un empire tyrannique sur leurs vassaux.

Il se trouve, au milieu des georgiens, d'autres peuplades qui sont venues s'y établir et qui vivent, à la manière des tartares indépendans, du lait de leurs troupeaux, et de leurs chasses; mais qui, avec les mœurs des premiers siècles du monde, ont facilement accommodé les mœurs corrompues des georgiens.

Habillement.

Les hommes sont habillés comme les autres tartares; long doliman à
                                                 manches

manches courtes ; par-dessous, une longue veste à fleurs, entourée d'une ceinture où pend le sabre. Large culotte et petites bottines. Les bords de tout l'habillement sont ornés de fourrures. Bonnet en cône garni d'un bord épais de fourrure.

Quant au vêtement des femmes, c'est celui des grâces même. Une ample et longue chemise couvre leur taille souple et élancée sans en dérober les formes voluptueuses. Une petite ceinture l'assujétit au corps au-dessous du sein, dont les contours admirables se devinent à travers l'étoffe légère. Une espèce d'écharpe garnie de perles vient de l'épaule droite sous le bras gauche. Elles n'ont, sur leurs têtes, qu'un voile qui retombe avec grâce et laisse flotter une superbe chevelure.

N.º 38. La Mecque.

Nous ne pouvons oublier, en parlant de l'Asie, la MECQUE, ce lieu saint vers lequel presqu'un quart des habitans de la terre tournent les yeux. C'est-là que les arabes, long-tems avant Mahomet, faisaient des pélerinages, et qu'ils marquaient la demeure d'Abraham ou l'*ami de Dieu*, dans la *Kaaba* ou la fameuse *Maison - Quarrée* ; c'est-là que le prophète s'est réfugié dans une caverne de la montagne de *Thaur*, pendant sa persécution, et il a ordonné à tous les musulmans de visiter, au moins une fois en leur vie, cette terre sacrée où leur père Abraham et son fils Ismaël ont demeurés, où Adam lui-même a adoré l'Éternel à la sortie du jardin des délices.

Situation.

La Mecque, capitale des Etats d'un émir indépendant, sous la protection du Grand-Seigneur, est dans l'Arabie-Pétrée, sur les rives du fleuve *Chaïbar*, qui, à trente lieues de-là, se jette dans la Mer-rouge ; elle est au 21ᵉ degré 45 minutes de latitude, et au 56ᵉ degré 30 minutes de longititude.

Placée dans une vallée pierreuse, entourée de montagnes stériles, elle n'est quelque chose que par la superstition, qui y appelle sans cesse de nombreuses caravanes de pélérins qui la peuplent et l'enrichissent en y apportant toutes les denrées qu'ils peuvent. Cette ville se divise en deux parties ; celle qui est au nord se nomme *Bokkak*, dans l'Alcoran, à cause du grand nombre de ses habitans ; celle du midi, qui est plus basse, s'appelle *Haram*, lieu saint où est le temple et la kaaba, et qui, pour cette raison, jouit du droit d'asyle.

Cette kaaba, qu'aucun musulman ne peut se dispenser de visiter une fois en sa vie, est élevée au milieu d'une vaste enceinte de marbre poli qui, à

L

ses quatre coins, a quatre minarets ou tours, du haut desquelles on appelle, la nuit et le jour, les fidèles à la prière ; la kaaba a quinze pas de long sur douze de large, et environ cinq brasses de hauteur. Une table d'or en forme la couverture, et reçoit la pluie, fort rare dans ce climat, et qui, par une goutière du même métal, tombe sur le tombeau d'Ismaël. Les richesses qui se trouvent dans cette enceinte sont immenses. Tous les ans on revêt les murailles de la kaaba d'une tapisserie de soie noire, que les princes mahométans fournissent tour-à-tour. Les moullas ou prêtres qui desservent ce lieu, sont fort nombreux, et tiennent, jour et nuit, quatre portes de la mosquée ouvertes sur les quatre points cardinaux, afin de recevoir les pèlerins qui ne cessent point d'y affluer. C'est une chose toujours étonnante à l'esprit du philosophe que le pouvoir de la superstition. Un malheureux, quelquefois dans l'indigence, se traîne une année sur une longue route, en sollicitant le pain de l'aumône ; vient baiser une pierre brute formant le seuil de la kaaba, et retourne mourir en paix dans sa patrie ; il croit avoir rempli son devoir le plus sacré. Un riche s'arrache à ses plaisirs pour le même objet. Autrefois les rois étaient assujétis à ce pèlerinage ; mais ils s'en acquittent aujourd'hui par commission. Parmi les caravanes multipliées qui affluent, on en distingue cinq principales tous les ans ; une du Caire, une de la Sourie, une autre des Etats du Grand-Mogol, une de la Barbarie et une de Perse : ces caravanes sont, dit-on, quelquefois composées de plus de cinq cent milles individus.

Nous ne répéterons point ici, en parlant des habitans de la Mecque, ce que nous avons déjà dit des arabes, en traitant des trois Arabies en général. Il y a, aux environs, quelques peuplades de bédouins. L'émir ou chérif des Etats de la Mecque, est de la race de Mahomet, par Fatine, sa fille.

Habillement.

Au milieu d'une ville où les nations se succèdent chaque jour, si j'ose m'exprimer ainsi, l'habillement doit varier. En général, il est, pour les hommes, comme on le porte dans presque tout l'Orient ; ample pantalon, large manteau retenu sur l'estomac ; riche veste assujéti par une ceinture ; la tête rasée et couverte d'un turban fort épais. L'habillement des femmes convient aux grâces sous un climat brûlant ; ce n'est qu'une longue chemise de mousseline ou d'étoffe légère qui leur retombe négligemment jusqu'aux pieds. Une espèce de toque de mousseline également, dont un pan voltige par derrière, couvre leur tête.

N.º 39. La Sibérie.

Situation.

Ces vastes régions, situées depuis le 49.º degré de latitude septentrionale jusques vers le 77.º, et depuis le 82.º degré de longitude jusques vers le 202.º, sont bornées, au nord, par la Mer-glaciale ; au levant, par la mer de la Chine ou du Japon ; au midi, par les Tartaries chinoise et indépendante ; et, au couchant, par la Tartarie moscovite. Trois différens peuples habitent la Sibérie, les russes, qui en sont les maîtres ; les tartares, qui s'y sont établis par suite de leurs courses vagabondes ; et les naturels, qui sont de pauvres peuplades presque sans habitations, plongées dans la misère et l'ignorance la plus grossière, ressemblant beaucoup, pour les coutumes et les mœurs, aux sauvages de l'Amérique, dont ce pays n'est séparé que par un détroit parsemé de petites îles. Nous avons déjà parlé de plusieurs de ces peuplades avec quelques détails et de manière à faire juger des autres, dont les mœurs n'ont que des différences légères. Toutes paient à la Russie leur tribut en fourrures, n'ayant guère, pour richesse, que des couteaux qui leur viennent d'ailleurs, des arcs, des rennes, et une marmite par habitation. Quant aux tartares qui habitent cette latitude glacée, ils y ont apporté leurs mœurs, leurs demeures ambulantes, leurs troupeaux et leurs inclinations militaires ; ils sont tous mahométans, et les naturels, païens - schamans.

Les russes, qui sont les derniers venus dans ces contrées, s'y sont tellement multipliés, qu'ils y ont bâti plus de trente villes, divers monastères, et plus de deux milles bourgs et villages. Tobolsk ou Tobolskoi, est leur capitale. Il s'y fait un commerce considérable en fourrures extrêmement belles, et qui, l'hiver, vers la Mer-glaciale, deviennent blanches, quand elles sont encore sur l'animal. On y trouve, près de Verschoture, sur les frontières du gouvernement de Kasan, des mines de cuivre et de fer, et une montagne d'où l'on tire la pierre d'asbète (1), dont les anciens faisait le *sindon* ou une toile qui ne se consume point au feu ; un paysan russe en fit la découverte en 1720.

La Sibérie se divise en deux parties ; le gouvernement de Tobolsk, et

(1) Pour préparer l'asbète, afin d'en faire de la toile, on la casse par petits morceaux, en frappant toujours contre le fil de la pierre. On continue de la concasser et de la frotter dans les mains, jusqu'à ce qu'il s'en forme une espèce de laine qu'on file ensuite pour la donner aux tisserands. En Sibérie on laisse amollir quelque tems la pierre dans l'eau chaude : on la travaille ensuite avec les mains ; on unit les filamens de l'asbète avec un fil de lin bien fin, en tournant le fuseau auquel il est attaché. Quand la toile est faite, on la jette au feu qui consume le fil de lin sans toucher à celui de l'asbète.

celui d'Irkutsk, duquel dépend la presqu'île de Kamtschatka. Dans le gouvernement de Tobolsk, sont les samoyèdes, les ostyacks, les tungouses, etc.; et dans le gouvernement d'Irkutsk, les yakoutes, les yukagres, les tzalatzkes, les tzutshes, les koreiques, les olutorskes, etc., toutes peuplades dont nous avons donné la description, ou qui ressemblent à celles dont nous avons parlé.

Le nord de la Sibérie est si froid, que le terrein est absolument inculte, et ne laisse pour ressources à ses habitans que la chasse et la pêche.

Quant à la partie méridionale, quoique très-froide également, elle est cependant très-fertile, et par cette raison plus peuplée, sur-tout sur les bords de ses rivières.

C'est dans ces vastes contrées où le froid a établi son empire, que la cour de Russie exile ceux qu'elle juge coupables et dignes de cette peine, en observant de les éloigner plus vers le pôle, ou de les reléguer dans les lieux les plus sauvages, en raison de leurs crimes. On voyage dans presque tout ce pays sur des traîneaux, tirés par des chiens ou des rennes dont on a établi des postes de distance en distance.

Habillement.

Il varie, comme nous on a pu le remarquer dans la description que nous avons donnée de différentes peuplades; mais il est constamment de fourrures ou de peaux de poissons tannés. A Tobolsk c'est une longue robe propre à garantir du froid, bien fourré et ornée de bordures en petites fourrures de diverses couleurs. La tête est rasée, enveloppée d'un serre-tête et recouverte d'un bonnet de fourrure. L'habit des femmes est semblable; leurs cheveux sont tressés, et elles portent à la main des chasse-mouches de queues de vache ou de cheval.

N.º 40. Tartares Katchings.

Situation, habitans et leurs mœurs.

LES tartares Katchings ou Katchintz, se nomment parmi eux *Kaschars* ou *Kaschtars*. Ils occupent la rive gauche du Yeniséï, depuis l'Abakan jusqu'au Katscha. Leur territoire fait partie de la province de Krasnoyar; et, quoique montagneux, il est fertile. On voudrait en vain savoir le tems où les katchings sont venus s'y établir, ni l'histoire, ni la tradition ne l'apprennent.

Cette peuplade a les mœurs et les habitudes semblables à celles des autres tartares sous la domination des russes; les katschings ont des troupeaux, et changent, hiver et été, d'*yourtes* ou de demeures; ces yourtes sont faites comme celles des baschkirs, et l'emportent encore pour la saleté que l'on y trouve, ce qui doit en donner une idée rien moins qu'agréable.

Divisés en six *aïmaki* ou familles notables et anciennes, les katschings élisent un *baschlik* ou *ancien* par aïmaki. Ce baschlik est juge et magistrat dans la famille qui l'a choisi ; il est aussi chargé de faire recouvrer le tribut dû à l'empire, et qui consiste en fourrures que l'on envoie tous les ans à *Abakan*. A ce sujet la couronne russe fait aussi, tous les ans, un présent aux députés chargés de ce tribut, et ce présent est un cheval dont on les régale, et de l'eau-de-vie.

Les katschings sont gais, grands parleurs, et menteurs par une suite naturelle, assez débauchés et fort paresseux. Ils ont trois à quatre femmes, selon le moyen qu'ils ont d'en acheter : il y en a à tout prix, depuis cinq jusqu'à cinquante pièces de bétail ; ces marchés se concluent ordinairement en fumant une pipe et buvant de l'eau-de-vie.

Quant à celui qui n'est pas assez riches pour en acheter, il donne son tems, garde les troupeaux du futur beau-père trois à quatre ans, va à la chasse pour lui et obtient sa maîtresse ; mais si malheureusement dans cet intervalle, il se présente un parti plus riche ou plus agréé, il court les risques de perdre peines et fruits. Souvent la belle s'enfuit avec le nouveau venu, et l'amant fidèle est encore fort heureux quand il obtient un dédommagement.

Aux noces on mange et l'on danse ; les repas sont fort mal-propres, et les danses s'exécutent en remuant le corps en cadence par petits mouvemens ; mais sans changer de place ; on fait des gageures pour la course des chevaux et l'on chante en s'accompagnant sur l'*yaïltaga* qui est une espèce de luth, ou une boîte large de trois pouces et longue de quatre pieds, garnie de six cordes de fil d'archal, sur la partie supérieure qui est ouverte.

Après le mariage un beau-père n'a plus le droit de voir sa bru, ni sa bru de le voir ; quand ils se rencontrent, elle se prosterne pour se cacher la figure. Un mari mécontent de sa femme peut, sans façon, la renvoyer à ses parens ; on ne lui rend rien et il garde les enfans.

Les morts sont enterrés sans cercueils, seulement couverts de planches pour que la terre ne les touche point ; on met avec eux, dans la fosse, quelques meubles pour leur servir dans l'autre monde, et l'on dépose dessus, lorsqu'elle est recouverte, une tasse qui, au bout d'un an, sert aux parens qui viennent, en ce lieu, célébrer une fête commémorative, boire de l'eau-de-vie, et à s'enivrer en pleurant les défunts.

La religion est celle des schamans, et les prêtres sont des devins qui prient les idoles et guérissent les malades.

Habillement.

Les katschings s'habillent comme les autres tartares ; leurs habits sont faits de gros draps que leurs femmes fabriquent, ou plus fin qu'ils achètent, ou tont simplement de peaux de brebis, de cheval, ou de bêtes fauves. Les habits de dessous sont d'une étoffe plus légère : ils ont des bonnets de feutre ou de fourrure.

Les femmes portent l'habit de dessous long, de toile de coton ou de soie de la Chine ; celui de dessus a une espèce de taille et des pans fort longs et est assez juste ; il est fait de drap, de soie ou de peau, et se croise sur le devant. Elles ont des culottes, portent des bottines en forme de bas, ornées de broderies. Leurs habits de cérémonie, sont ornés également de broderies, de pelleteries fines ou de bandes de draps de différentes couleurs. La coëffure est un bonnet applati, garni d'un bord de fourrure bourré et fort saillant. Leurs cheveux sont tressés, et les filles ont toujours un plus grand nombre de tresses que les femmes ; celles de bonnes familles passent une ceinture autour de l'habit de dessous. Au surplus, cette peuplade se plaît si bien dans la mal-propreté, qu'il est extrêmement rare de rencontrer une femme mise au moins avec quelque soin.

FIN DE LA DESCRIPTION DE L'ASIE.

Tableau des principaux Peuples de l'Asie

Tableau des principaux Peuples de l'Europe

TABLE des articles contenus dans la Description des principaux peuples de l'Asie.

FIN DE LA TABLE.

A PARIS. De l'Imprimerie de SURET, rue Hyacinthe, n.ᵒ 522.

Description

des principaux peuples

de l'Afrique.

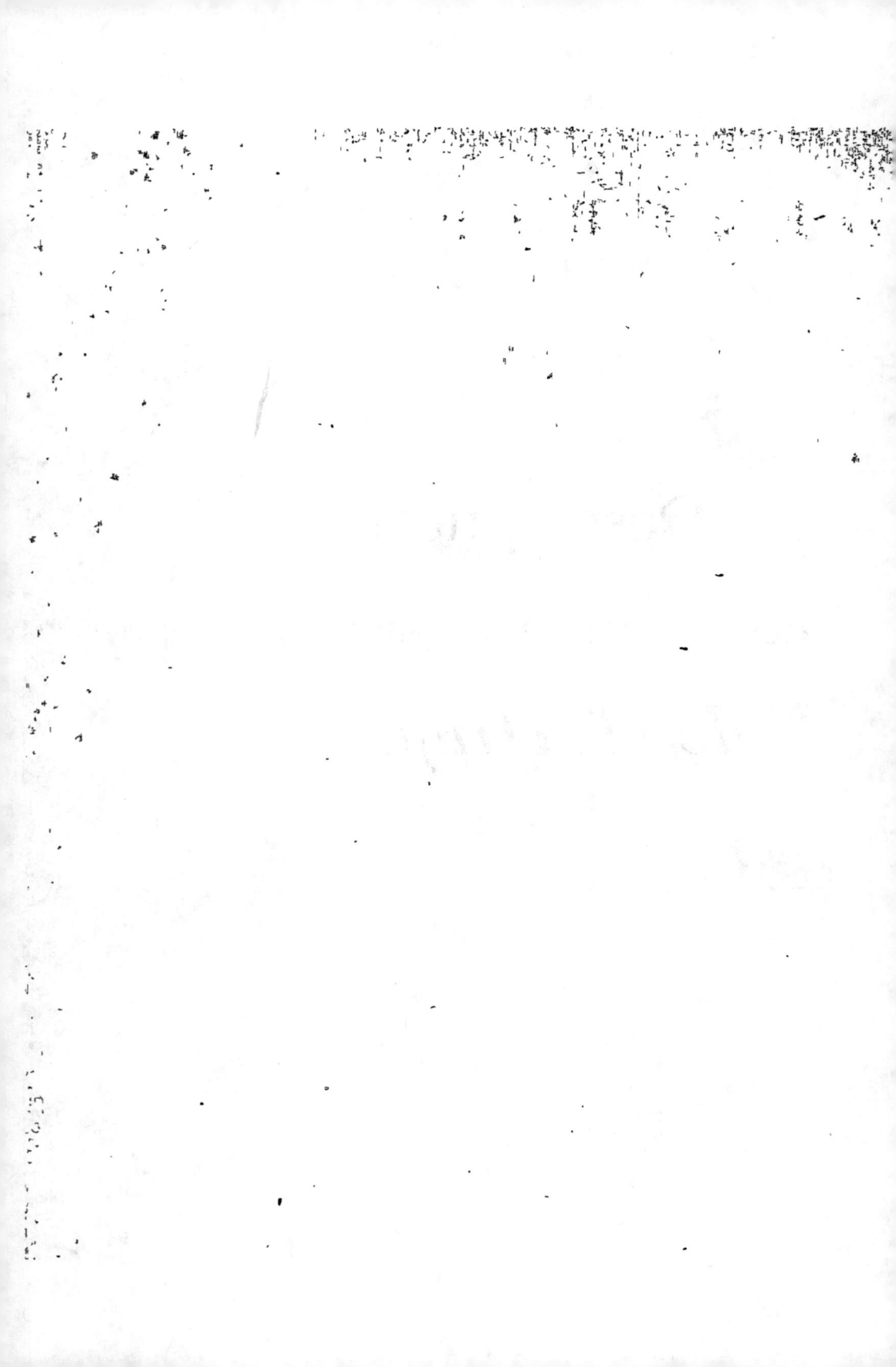

DESCRIPTION
des
PRINCIPAUX PEUPLES
DE L'AFRIQUE,

CONTENANT le détail de leurs mœurs, coutumes, usages, habillemens, fêtes, mariages, supplices, funérailles, etc.

Accompagnée d'un tableau représentant les différens peuples de cette partie du monde, chacun dans le costume et l'attitude qui lui est propre ; entouré des productions du climat, etc. etc.

Et encadré d'un arabesque composé des différens attributs propres au pays.

PAR JACQUES GRASSET-SAINT-SAUVEUR, ancien Vice-consul de France en Hongrie et dans le Levant.

À PARIS,

Chez l'Auteur, rue Coquéron, maison de France, derrière la Poste aux lettres.

à Bordeaux,

Chez la citoyenne SAINT-SAUVEUR, sous le péristile de la grande Comédie.

Et chez les principaux Libraires de Paris et des Départemens.

AN VI DE LA RÉPUBLIQUE FRANÇAISE.

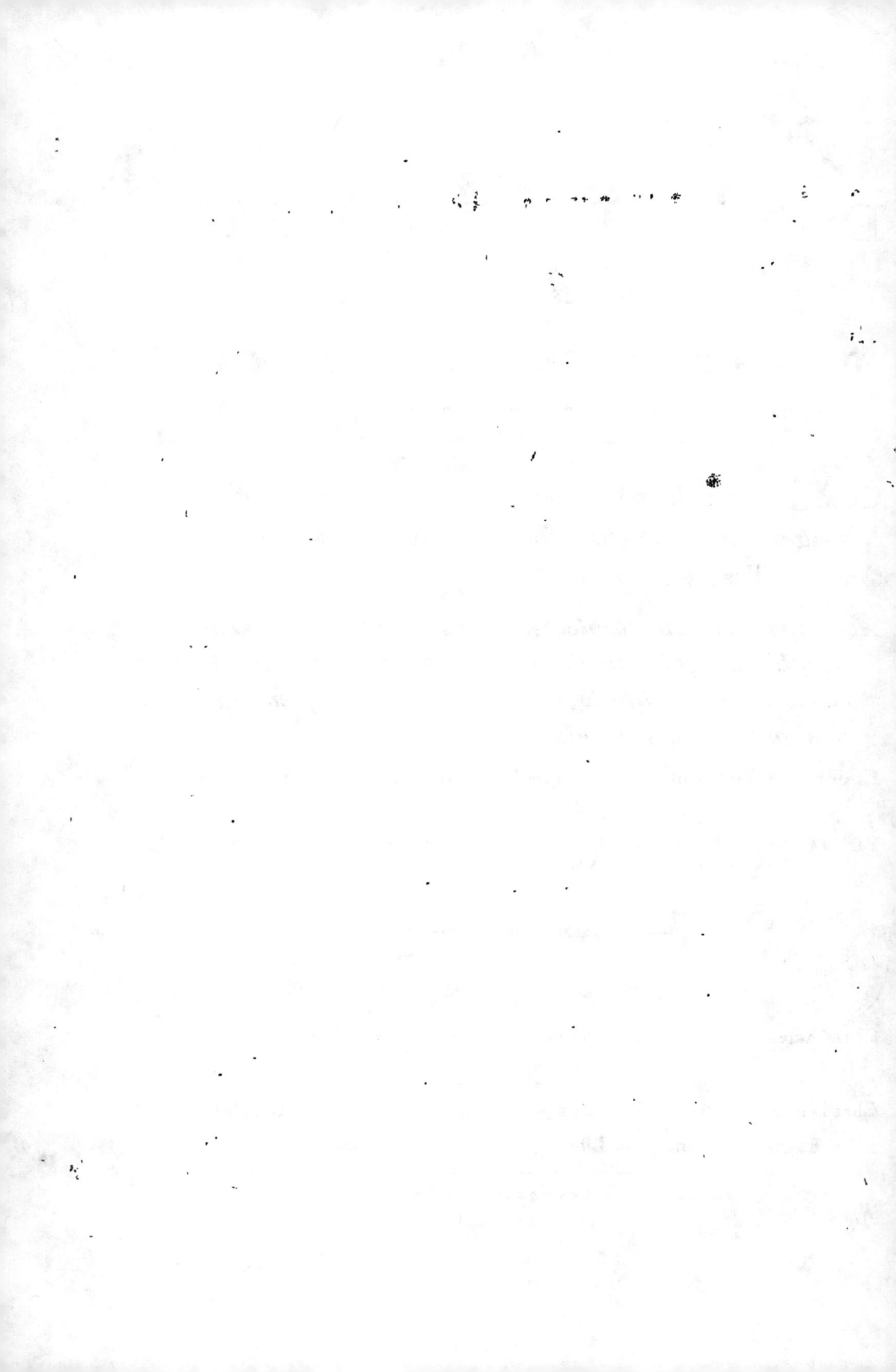

DE L'AFRIQUE.

PLACÉE sous l'équateur, qui la coupe presque en deux parties égales, l'Afrique s'étend depuis le premier degré jusqu'au soixante-dixième. Sa latitude méridionale est depuis le premier jusqu'au trente-cinquième degré, et sa latitude septentrionale depuis le premier jusqu'au trente-septième. C'est une grande presqu'île qui, ne tient au continent de l'Asie que par l'isthme de Suez, et n'est séparée de l'Europe que par le détroit de Gibraltar.

Dès qu'un nom se perd dans une origine obscure, il ne manque pas de se trouver des savans qui se donnent beaucoup de peines pour en connaître la cause, et qui, après bien des recherches, parviennent à un résultat qui, fût-il vrai, n'est pas de la moindre utilité. Le mot *Afrique* devait exercer leur curiosité savante: les uns le font venir du mot arabe *faracha*, qui veut dire une chose détachée d'une autre, parce que c'est une presqu'île, d'autres d'un terme hébreu, qui veut dire *poussière*, parce que l'Afrique est pleine de sables desséchés. L'historien Josephe le fait venir du nom d'un petit-fils d'Abraham, nommé *Afer*, qui habita dans ces contrées. Enfin, Bochard prétend que ce nom, donné d'abord à une partie de la côte septentrionale, est relatif à sa fertilité, sur-tout en bleds, dont elle fournissait Rome autrefois.

Quoi qu'il en soit, cette partie du monde est moins peuplée et moins tempérée que l'Europe et l'Asie; mais beaucoup plus grande que la première et plus petite que la seconde. Sa situation, dans la zone torride, fait que les chaleurs y sont excessives; et le terrein, sec et sablonneux, ne les tempérant par aucune fraîcheur, en fait une température tout-à-fait brûlante.

Au nord, l'Afrique a pour bornes la mer Méditerranée; au levant, la Mer-rouge et celle des Indes; au midi, la mer Ethiopique; et au couchant, la mer Atlantique.

Pour montagnes principales, elle a l'Atlas, les monts de la Lune, la Sierra-Liona, le pic de Ténérif; pour fleuves, le Nil et le Niger; pour lacs, ceux de Guardé, Zaflan, Borno et Zaire; pour cultes, le mahométisme et l'idolâtrie, le christianisme et la religion juive.

Les habitans de l'Afrique ne sont point des enfans de la même famille; il y a beaucoup d'arabes mélangés avec les africains proprement dits. Les naturels du pays sont aisés à reconnoître; d'abord, quand ils ne sont pas tout-à-fait noirs, ils sont toujours beaucoup plus basanés que les peuples de l'Arabie; leur chevelure est aussi beaucoup plus crépue, ainsi que leur barbe. L'africain a peut-être un degré de moins d'intelligence que ses voisins des trois Arabies. Les arts ont à peine effleuré cette partie du monde, qu'on a cru long-tems habitée seulement sur les côtes. Mais on sait maintenant que l'intérieur est peuplé; ensorte qu'il n'y a pas sur la terre d'endroit où il n'y ait, où il ne puisse y avoir des hommes. Les feux du soleil ne leur font pas plus de peur que les frimats de la zone glaciale.

Si l'africain n'offre point sur son visage les couleurs fraîches réservées aux températures plus douces, il en est dédommagé par la blancheur de ses dents, le feu de ses yeux, la vivacité de ses lèvres, la beauté de son sang, et l'élégance des formes du corps.

Il y a beaucoup d'hommes camus en Afrique; mais il ne faut point imputer ce défaut à la nature; la nature n'est marâtre pour aucun de ses enfans: tout ce qui est bien vient d'elle; tout ce qui est mal est notre ouvrage.

A peine le nouveau-né a-t-il un mois, que la mère (dans la caste des pauvres) le porte sur son dos avec une petite planche, et lui passe les jambes sous ses aisselles. Les deux petites mains de l'enfant forme comme un collier à sa mère, et l'un et l'autre quittent cette attitude, et ne se séparent que la nuit. On observera que la mère vaque à toutes ses occupations avec son enfant sur le dos, lequel souvent, en dormant, donne du nez sur l'épaule de sa mère qui marche ou qui se baisse pour travailler: d'où il s'en suit que le nez, dont le cartilage est si tendre, s'applatit insensiblement, s'épate, et conserve, en grandissant, cette forme camarde qu'on remarque aux nègres.

Dans d'autres provinces de l'Afrique, il est reçu, et c'est une mode, d'écraser le nez des enfans pour avoir un jour l'avantage d'être camus; d'où l'on voit que la beauté est chose de convenance comme le reste.

Les habitans des côtes de l'Océan et de la Méditerranée sont, pour ainsi dire, corsaires-nés, et marchands de l'espèce humaine. Quand ils ne trouvent pas faire à ce trafic infâme sur les malheureux naufragés ou autres étrangers, ils se vendent eux-mêmes. Le père spécule sur le gain qu'il pourra retirer en plaçant ses enfans au service de quiconque lui en offrira davantage. Il y a des marchés publics d'hommes en Afrique, comme nous avons en Europe des marchés de chevaux. Les hommes blancs achètent les noirs. Les basanés trafiquent les blancs. On dirait que l'espèce humaine n'est qu'un vil bétail. Les européens transportent les africains en Amérique pour y cultiver les cannes à sucre. Mais, d'un autre côté, les africains font voiturer les immondices de leurs villes par des européens.

Le caractère générale des africains est la bonté, l'insouciance et l'amour des plaisirs un peu bruyans; l'ambition ne les touche guère; jamais on ne les a vu se faire conquérans, et si l'on a si peu de lumières certaines sur les régions du milieu, c'est que les habitans, satisfaits de leur territoire, n'ont jamais été tentés d'en sortir pour des invasions au dehors. L'Egypte seule, sous Sésostris, a porté les armes en Asie; mais elle en a été trop punie par la suite, et le reste de l'Afrique ne l'a point imité. Le maure et le nègre, passionnés pour le chant et la danse, préfèrent le plaisir à la gloire. Les courses à pied, la chasse, l'amour et le goût pour la paresse, beaucoup plus prononcé dans les pays chauds qu'ailleurs, voilà ce qu'il faut à un africain. Celui de la côte a pris à cœur le commerce, si voisin de la piraterie; et il faut dire que les étrangers lui en ont donné les premières leçons. L'africain ne fut pas long-tems à s'appercevoir qu'il était dupe dans les échanges qu'il faisait. Il sut apprécier les bagatelles qu'on troquait contre l'or et l'argent de ses mines, contre son ivoire, ses coraux, contre les jeunes gens robustes qu'on lui enlevait pour les transporter dans des atteliers lointains.

Il fut sensible, sur-tout au mépris qu'on lui prodiguait, à cause de la teinte noire ou basanée de sa peau. Faisant des retours sur lui même, il s'apperçut que la couleur seule le différenciait des autres hommes ; que par conséquent on était injuste à son égard. Il se vengea de ce mépris par le brigandage et des représailles de mauvais traitemens.

Depuis le tropique du Cancer jusqu'à celui du Capricorne, tous les africains sont noirs ; si l'on s'éloigne de l'équateur vers le pôle antartique, la teinte de leur visage s'éclaircit : toute cette large bande qui tient le globe du levant au couchant (la zone torride), n'est habitée que par des hommes noirs ou fort basanés. Ce phénomène paraît une loi constante. Beaucoup de physiciens ont recherché, avec beaucoup d'étude, la cause de la noirceur de la peau des nègres. Les principales conjectures, sur ce sujet, se réduisent à deux : l'une l'attribue à la couleur noire de la bile ; l'autre, à l'humeur renfermée dans les vaisseaux, dont le corps muqueux ou réticulaire est rempli. On a fait diverses expériences très-curieuses sur cette matière.

Après une longue macération de la peau d'un nègre dans l'eau, si on en détache l'épiderme (sur-peau) en l'examinant bien, on le trouve noir et transparent : donc la couleur noire de l'africain réside dans le propre tissu de son épiderme ; mais ce tissu est un composé de petits vaisseaux, lesquels charrient un suc analogue à la bile ; et, de fait, la bile des nègres est aussi noire que de l'encre concentrée. Leur sang est d'un rouge foncé, ou plutôt noirâtre.

Qu'on fasse chauffer la bile d'un nègre dans un vase, couvert d'un parchemin troué, les parois ne tardent pas à être teints en noir.

Mais on a objecté des faits assez graves, tels que le corps d'un nègre, noyé, devient blanc.

La petite-vérole est blanche chez les africains.

Les africains vomissent souvent une bile jaune.

D'où il résulte que cette question, assez importante, demeure alors indécise. Mais, ce qu'il y a de certain, c'est que, à la couleur près, les africains sont des hommes comme les asiatiques, les américains et les européens. On aurait dû, ce me semble, ne pas attendre si long-tems pour rendre hommage à cette grande vérité.

Les habitans de l'Afrique ne sont pas physiciens, encore moins philosophes. Leurs marabous ou ministres de leurs fétiches, n'ont pas eu de peine à leur faire croire, comme une vérité constante, cette vieille tradition, qui ne prouve que la vanité nationale : les hommes d'abord furent créés tous blancs ; mais l'Etre suprême ne tarda pas à se repentir de son ouvrage. La race humaine blanche se conduisit si mal, commit tant de forfaits, que Dieu balança, pendant quelque tems, s'il ne la détruirait pas tout-à-fait. A ce premier moment de fureur divine succéda le calme de la sagesse. Non, se dit à lui-même le créateur de toutes choses : ce qui est fait est fait ; abandonnons les hommes blancs à leur mauvaise destinée. Contentons-nous de leur opposer une nouvelle famille ; d'autres mortels meilleurs et plus parfaits ; et, afin de distinguer les seconds des premiers , donnons-leur une teinte toute opposée : qu'ils soient noirs, je les placerai sous le soleil ; le plus beau des astres tombera d'à-plomb sur l'espèce la plus pure : et c'est ainsi que les africains sont nés. Telle est leur origine.

Cette tradition est sur-tout en vogue, et passe pour article de foi dans les régions intérieures de l'Afrique.

La langue qui a le plus de cours est l'arabe ; mais on y parle plusieurs autres idiômes particuliers. Sur les côtes qui regardent l'Europe, on se fait entendre avec le secours d'un jargon, que l'on appelle langue franque. C'est un composé bizarre d'italien , d'espagnol et de provençal.

La nourriture usuelle des africains est le riz et le mil, le poisson et le gibier. Ils digèrent vîte, même la chair crue des animaux.

Le gouvernement , en général, est despotique. Les africains se croient nés tous serfs de leurs rois, qui disposent en maîtres des biens et de la vie de leurs sujets

L'africain, ainsi que tous les autres peuples du monde, est inconséquent dans la croyance religieuse. Il paraît persuadé d'une fatalité qui le rend insensible, ou du moins indifférent à tous les évènemens de la vie ; et pourtant il porte sur sa poitrine, suspendus à son cou, des *grigris* ou morceaux de cuir , sur lesquels un marabou a écrit des prières.

La plupart se font circoncire ; mais en ceci, du moins la superstition et l'utilité se donnent la main. Cette opération prévient plusieurs maladies qu'occasionnerait la mal-propreté des africains. On leur fait un acte de religion d'un simple devoir de propreté.

Les nègres, en guerre, mettent sur pied infanterie et cavalerie ; ils ne ferrent point leurs chevaux. Chaque cheval coûte de quinze à dix-huit prisonniers ou esclaves. Leurs armes sont le sabre, la lance, les sagayes : ils traitent de lâches et de traîtres les européens qui tuent les hommes sans en approcher. Avant de mettre leurs morts en terre , ils pleurent avec des heurlemens affreux : une fois inhumés, les survivans se livrent à la joie la plus immodérée.

Les nègres mahométans ont leurs marabous ; les nègres idolâtres ont leurs guiriots.

La polygamie est d'usage en Afrique. L'époux est une espèce de roi dans sa cabane, où ses femmes , en esclaves soumises, ne s'étudient qu'à lui plaire et à le rendre heureux. Le comble du bonheur , pour les femmes, est de mériter de manger quelquefois avec lui : c'est une grace qu'il accorde rarement. C'est ordinairement le prix de la docilité qu'on a pour lui.

· Mais il faut qu'un mari soit bien content de sa femme pour qu'il en fasse les honneurs à l'étranger qu'il reçoit chez lui, car les africains sont beaucoup hospitaliers ; ils n'ont rien à eux quand un voyageur accepte leur maison pour asyle.

L'Afrique produit les plus beaux arbres ; le palmier et le bananier s'y plaisent. On y trouve de bons légumes , des fruits succulens : la nourriture y est pour rien ; la chasse et la pêche sont à tout le monde.

L'arbre

L'arbre qui porte l'encens, le bois et la plante d'aloès, l'arbre au mastic et celui d'ébène ; le tamarin, l'indigo, et beaucoup d'autres productions végétales, en tête desquelles il faut placer le grain nourricier, rendent l'Afrique l'une des parties du monde la plus fertile. Les terres barbaresques servent encore aujourd'hui de greniers à l'Europe et à l'Asie. L'Afrique doit ces avantages aux rayons du soleil. Si cet astre noircit les habitans de cette presqu'île, il les nourrit ; et qu'importe la couleur, quand on a tout le reste !

Les plus grands et les plus féroces quadrupèdes se trouvent en Afrique.

Dans les déserts on entend mugir le lion et la panthère ; le rhinocéros et l'éléphant habitent les forêts. Les singes et les ânes sauvages y rendent les routes peu sûres. Les rives du Nil et des autres rivières sont infectées de crocodiles et de serpens. On y trouve aussi des buffles et des loups. Parmi les volatiles, on distingue l'autruche, le pélican, l'aigle, le paon et les perroquets. On y élève des bestiaux dont la chair est succulente ; on y voit encore de grands troupeaux. Qu'on joigne à cela de bons fruits, des grains en quantité, du vin, de l'huile, des racines substantielles, des plantes médicinales ; ensorte qu'il est possible de vivre en Afrique, et de s'y trouver assez bien.

Les supplices en usage dans l'Afrique tiennent du climat ; ils sont cruels à l'excès. Le renégat est brûlé vif, après avoir été rudement fustigé. On le lie d'une chaîne de fer par le milieu du corps, et on l'attache à un poteau sur un bûcher, qu'on allume lentement pour faire souffrir le patient plus long-tems.

Les traîtres sont empalés, c'est-à-dire, on leur passe par le fondement un pieu de bois, lequel traverse le corps dans toute sa longueur.

Les esclaves, surpris dans leur fuite de chez leur maître, sont précipités, du haut d'une muraille, sur des crampons de fer (*ganches*), auxquels ils demeurent suspendus, dans des tourmens inexprimables.

On lapide en Afrique, comme jadis dans la Judée. On scie en deux, ou on écorche les coupables selon le délit ; d'autres fois on les enterre à mi-corps, ou bien on les attache à un cadavre, bouche contre bouche.

La bastonnade est le châtiment le plus ordinaire et réservé pour les petites fautes. On frappe le condamné sur la plante de ses pieds, assujettis dans une pièce de bois trouée : au-delà de deux cents coups, le malheureux en meurt.

C'est ainsi que les hommes ne savent punir le crime qu'avec un crime, et ne réparent un mal que par d'autres maux plus grands.

La division la plus naturelle et la plus commode de l'Afrique est en cinq parties, c'est-à-dire, les quatre qui regardent les quatre points cardinaux, et celle du centre.

L'Afrique septentrionale donne l'Egypte, la Barbarie et le royaume de Barca.

L'Afrique méridionale est composée du Congo, du Nimeamaye ou Manvemugí, de la Cafrerie, du Monomotapa et des Hottentots.

La Barbarie se subdivise en cinq parties: les royaumes de Barca, Alger, Tunis, Maroc, Tripoli, auxquels on peut ajouter Fez, Suz, Tafilet, etc.

A l'orient, on a l'Egypte, la Nubie, l'Abyssinie, Ajag, Zanguebar.

A l'occident, les Ludaves, les Zanhaga, Sara, Soutra, Chinguelé, Saracole, Jaga, le pays de Tacite, Songo, Côte-des-Dents, Côte-d'Or, Juida et Guinée.

Au centre, la Nigritie, les royaumes de Courourfa, Gorsam, Guoga, Bournon, Agades, Zanfara, Tombut, Yaoury, Benin, Mujac, Gingiro, Loango, etc.

La subdivision du midi offre Angola, Toroa, Manica, Biri, les Hausagua, les Cassiquas, terre de Natal, Hottentots, Grigriquas, Cochaquas, Chainouquas, etc.

L'Afrique est flanquée d'îles au levant et au couchant. Celles du levant sont: Socotora, Madagascar, Comore, Bourbon, Maurice, etc.

Au couchant, on trouve les îles Madère, Canaries, Cap-Verd, Saint-Thomas, Onnobon, Sainte-Hélène, etc.; et l'île du Sénégal, à l'embouchure du Niger.

PRINCIPALES VARIÉTÉS
NATURELLES ET FACTICES
DE L'ESPÈCE HUMAINE EN AFRIQUE.

Variétés naturelles.

Au-delà du tropique, depuis la Mer-rouge jusqu'à l'Océan, ce sont des espèces de maures, si basanés, qu'ils paraissent tout noirs. Les hommes sont extrêmement bruns; les femmes un peu plus blanches et assez belles.

L'éthiopien est de couleur brune ou olivâtre; taille haute, traits de visage bien marqués, œil bien fendu, nez bien fait, lèvres petites, dents blanches.

Dans l'Arabie, nez épaté, lèvres épaisses et grosses, visage fort noir.

Les femmes des îles Canaries ont la chevelure d'une finesse extrême; les hommes sont plus olivâtres que les autres africains.

L'insulaire du Ténérif est robuste, mais maigre et basané.

Dans les îles du Cap-Verd, sont des nègres couleur de cuivre, ou jaunâtres de peau.

Au midi du Sénégal, la peau des femmes est très-noire et luisante ; elles sont fort mauvaises.

Les filles d'Egypte sont fort brunes, l'œil vif ; les hommes sont olivâtres.

Sur les côtes de Barbarie, la couleur change ; les habitans sont blancs, et leurs cheveux d'un gris foncé.

A Tripoli, les femmes sont grandes, ont de longues tailles.

Les variétés qui caractérisent particulièrement les nègres, et les distinguent davantage des autres hommes, ce sont, après leur peau, leurs cheveux noirs et crépus comme de la laine frisée ; car ils ont les traits du visage aussi beaux, aussi réguliers que ceux de tout autre peuple.

Sur la côte du Cap Verd et dans l'île de Gorée, les nègres sont d'un noir d'ébène, éclatant et profond ; les autres nègres ne paraissent que basanés auprès d'eux.

Les nègres de Sierra-Liona ont une couleur noire moins foncée, et des cheveux fort courts, presque ras.

Sur la côte d'Ardra et de Juida, on est encore moins noirs que les nations précédentes.

Au Congo, les nègres le sont moins qu'au Sénégal ; leur chevelure est épaisse, crépue, noire, assez souvent rousse ; l'œil brun communément, beaucoup cependant l'ont d'un verd de la teinte des eaux de la mer ; leurs lèvres sont moins grosses.

A Gambie et Angola, les africains sont très-noirs en santé ; dans la maladie, le teint de leur peau change, ils deviennent de la couleur du bistre, ou même couleur de cuivre, et ils ne sentent pas bon.

De tous les nègres, les sénégalois sont les mieux faits, les bambaras les plus grands, les congos les plus petits.

Dans l'intérieur de l'Afrique, ils sont beaucoup moins noir.

Les hottentots ne sont point des nègres, mais des caffres, basanés seulement, couleur d'olive ; ces deux nations ont pourtant les cheveux courts, noirs, frisés, laineux.

Au cap de Bonne-Espérance, les hommes ont le teint roux-brun à diverses nuances ; leur chevelure est rude, mêlée, et comme si la rosée avait long-tems tombé dessus.

Les hottentots sont mulâtres, difformes du visage, médiocres de taille et maigres, mais fort légers à la course ; leur chevelure est cotoneuse.

Leurs femmes, beaucoup plus petites, ont un signe fort extraordinaire qui les distingue des autres êtres de leur sexe ; elles ont reçu de la nature une espèce de tablier, excroissance de peau dure et large, qui se forme au-dessus de l'os pubis, et descend jusqu'au milieu des cuisses.

Les hommes hottentots ont la lèvre supérieure fort grosse, les dents blanches, le sourcil épais, la tête forte, le corps maigre, les membres menus.

A la terre de Natal, on est moins laid, l'ovale du visage est mieux dessiné ; mais naturellement ils sont camus.

A Sofala, les peuples sont noirs, mais grands et gros.

Au Monomotapa, la figure humaine se rapproche encore davantage de la belle nature.

A Madagascar, ils sont plus ou moins basanés, et ont la lèvre assez mince; les cheveux du sommet de leurs têtes sont moins crêpus que ceux du Mosambique.

A la baie de Saint-Augustin, point de barbe, mais des cheveux longs et lisses, et la taille haute.

Variétés factices.

Au Sénégal, les femmes ont toujours la pipe à la bouche, et se liment les dents pour les rendre plus égales; avant de se marier, elles se font découper et broder la peau de différentes figures, représentant des fleurs ou des animaux du pays.

Les nègres ont le nez applati et le menton gros; mais c'est la faute des mères qui portent leurs nouveau-nés sur le dos pendant qu'elles travaillent, leur font donner du nez contre leur dos en se haussant et baissant; le petit malheureux se retire, par instinct, en arrière pour éviter le coup, et avance le ventre pour lui servir de préservatif. Les mères pressent aussi, entre leurs doigts, les lèvres de leurs enfans, afin de les rendre plus épaisses, plus grosses.

Les nègres de Guinée et de Sierra-Liona se peignent le corps de rouge et d'autres couleurs, ainsi que le tour des yeux avec du blanc, du jaune et du rouge. Il se font des espèces d'armories coloriées sur le visage, les joues, et se déchiquètent la peau avec assez d'art; ils y figurent des bêtes et des plantes indigènes.

Au Sénégal, les hommes et les femmes se coupent ou se rasent les cheveux de plusieurs façons différentes: aussi vont-ils toujours nu-tête pour faire parade de cette richesse. Pour parer et allonger leurs oreilles, ils y suspendent divers ornemens qui pèsent trois ou quatre onces; ils se pincent les narines et la lèvre supérieure.

Les hottentots ne sont point nègres; mais ils se noircissent la peau avec des graisses, de la couleur de suie et avec de la poudre d'une certaine pierre noire.

Les hommes n'y naissent pas demi-courageux, comme ils le paraissent; mais on leur enlève le testicule gauche à l'âge de huit ans. Les femmes regardent comme une difformité un nez saillant au milieu du visage; aussi elles l'écrasent ou l'applatissent à la longue à leurs enfans.

Les caffres s'allongent les oreilles, et se tirent les paupières.

Les femmes de Tripoli se peignent les joues et le menton; elles aiment les cheveux roux, et font peindre en vermillon ceux de leurs enfans; elles en prennent de postiches: elles se teignent les paupières avec de la poudre de mines de plomb.

N.º 1. L'Égypte.

Origine.

Où est l'ancienne Égypte? Son nom retentit encore dans l'Univers ; mais une suite de siècles ont déjà roulés les uns sur les autres depuis qu'elle n'est plus. Le voyageur qui parcourt la terre où est enseveli son cadavre, en rencontre encore, si j'ose m'exprimer ainsi, des ossemens qui l'étonnent et paraissent devoir, en quelque sorte, ne s'anéantir qu'avec l'Univers. Il rêve sur ces masses énormes qui rappellent la puissance des anciens rois de ces contrées, et donnent une idée du nombre et de la soumission de leurs esclaves. Son imagination remonte à ces tems reculés d'ignorance et d'énigmes, ces tems où une corporation d'hommes assez instruits pour tromper le reste du troupeau humain, entortillaient d'hyérogliphes indéchiffrables leur peu de science, quelques connaissances surprises à la nature, et des mystères transmis de prêtres en prêtres et voilés du plus profond secret. C'est ce secret même qui m'étonne le plus au milieu de ces prétendues sciences; mais je croirai toujours à la fourberie des prêtres. Quoiqu'il soit sorti du sein de l'Égypte plusieurs de ces têtes exaltées et visionnaires qui ont passées pour philosophes dans les premiers siècles du monde connu, je me garderai bien d'accorder à ce coin de la terre toute la science et toute la sagesse qu'on lui a si libéralement donné; je juge bien quels étaient ses arts, quelle était sa civilisation ; mais sa philosophie et son savoir eussent pu faire le secret d'une secte d'illuminés. Sans doute ce fut le berceau de la Grèce; mais la Grèce seule eut des sages !

L'amateur fanatique de l'antiquité se met à genoux devant tous les débris, porte une admiration égale devant un magot égyptien et une statue grecque, et parle avec respect des énigmes de Memphis, parce qu'il ne les devine point. Convenons que c'est de l'Égypte, cet antique domicile de la superstition, que sont sorti tous ces germes superstitieux qui ont été s'enraciner sur une partie du globe. Je crois, comme presque tous les scrutateurs de tems reculés, que les premiers hyérogliphes ne furent que des signes peignant l'idée, non par des mots, mais par les choses; mais les fragmens historiques qui nous restent de ces siècles, me feront toujours regarder les sages égyptiens, ou comme des têtes exaltés, ou comme d'habiles fourbes. Au surplus, l'Égypte était parvenue à un très-haut degré de puissance et de civilisation, avant que nombre d'autres nations fussent sorties de la barbarie la plus grossière, et elle a joué un grand rôle dans l'Univers. Mais cette partie de l'histoire ancienne est trop connue pour que nous en parlions. Suivant la règle immuable de tout, l'Égypte eut son néant, sa vie et sa mort ; elle est dans le tombeau; son nom est resté. O puissances! ô hommes! ô êtres terrestres!

quelle succession! comme tout passe! Quel beau traité de philosophie-morale qu'une colonne antique renversée aux pieds de l'homme qui pense!

Situation.

Les turcs et les arabes nomment l'Egypte *Misir*, nom qui, dit-on, vient de *Mesraïm*, fils de Cham, et que les juifs lui donnent dans leurs livres.

Ce pays, qui est au nord-est de l'Afrique, est borné au nord par la mer Méditerranée; à l'orient, par l'Arabie-Pétrée et la Mer rouge; au midi, par la Nubie; et à l'occident, par la Barbarie. Il est traversé, du midi au nord, par une chaîne de montagnes qui resserrent, des deux côtés, le lit du Nil, sur-tout dans la Haute-Egypte.

On divise l'Egypte en haute et basse Egypte; la première au midi, la seconde au nord; et au milieu l'on trouve la partie que l'on nomme la moyenne Egypte.

La haute Egypte était anciennement cette contrée si connue sous le nom de *Thébaïde*, et dont les premiers chrétiens avaient fait un paradis terrestre de sainteté. On la nomme aujourd'hui *Saïde*, mot qui, en arabe, signifie *pays du haut*. Ses principales villes sont toutes sur le Nil, le reste du pays n'étant guère peuplé. Girgé est sa capitale. A quelque distance de *Kené* ou *Kous*, l'ancienne *Coptos*, sont les ruines de l'antique et superbe *Thèbes*, si renommée par ses richesses et ses cent portes. Les traces de sa gloire sont encore empreintes sur le sol où elle fut. Des temples et des palais presque entiers, des colonnes encore debout, des statues en grand nombre, d'une grandeur et d'une grosseur prodigieuses, annoncent les richesses qu'elle eut et les arts qu'elle cultiva. C'est sur ces ruines qu'est écrite l'histoire de sa gloire, et non dans les lambeaux mystérieux qu'elle nous a laissés; c'est parmi ces débris qu'il faut dire: C'était un grand peuple; si quelquefois il manquait de goût dans les objets d'arts, il les concevait au moins d'une manière qui devait étonner; et il pouvait les exécuter: il les exécutait.

La moyenne Egypte est nommée par les turcs *Vostani*. Le Caire, sur le Nil, est sa capitale et celle de toute l'Egypte. Il fut bâti en 971, par le calife Moez, Fatimite, qui le nomma *Al-Caira*, ville *victorieuse*. Cette ville est aussi grande que Paris, mais beaucoup moins peuplée. Ses maisons sont basses et assez mal-bâties; ses rues sont sans pavés et pleines de poussière. Elle contient, dans son enceinte, nombre de beaux jardins et de lacs, que le Nil remplit en se débordant. Le plus grand a cinq cents pas de diamètre, et est bordé de belles maisons. Huit mois de l'année, bien rempli d'eau, il offre un aspect très-agréable; des bateaux voguent sur sa surface, et chaque soir on y donne des concerts, et l'on y tire des feux d'artifice: les quatre autres mois, desséché, il présente un nouveau spectacle; c'est un jardin de toute beauté, où l'on trouve la promenade la plus riante. On compte au Caire sept cent vingt mosquées à minerets, et quatre cent trente qui n'en ont pas. Le château du bacha est, dit-on, bâti sur les ruines du palais de Sémiramis. Une des curiosités de la capitale d'Egypte, est son puits. L'extrême profondeur où il a fallu creuser pour avoir de l'eau, a obligé à faire deux bassins; de l'un, par une pente insensible et avec des bœufs, on fait monter l'eau dans le second. Auprès du Caire est aussi le *mekias*, qui est une colonne qui sert à mesurer la crue du Nil.

Le Caire est une ville fort commerçante, mais beaucoup moins depuis que l'on s'est ouvert un passage aux Indes, en doublant le cap de Bonne-Espérance. Peut-être, au moment où nous écrivons, sa destinée commerciale est-elle encore sur le point de changer.

En face de cette ville, de l'autre côté du Nil, était autrefois Memphis, la gloire et la capitale de l'ancienne Egypte. Du même côté, à trois heures de chemin, sont les fameuses pyramides qu'on mettait au rang des sept merveilles du monde ; elles servaient de sépulture aux rois. La plus grande des trois, la plus célèbre dans l'antiquité, est bâtie comme les autres, sur le roc qui lui sert de fondement. Elle est de figure carrée par sa base, et chaque côté, suivant Chazel, est de cent dix toises. Elle est construite en dehors en forme de degrés. Sa hauteur perpendiculaire est de soixante-dix-sept toises environ ; du bas elle paraît se terminer en pointe, et cependant c'est une plate-forme où trente personnes peuvent tenir. C'est aussi dans la même contrée que se trouve le lac de *Kern*, nommé anciennement *Caron*. Auprès étaient les sépultures et le fameux labyrinthe, et sans doute ce rapprochement a donné lieu à la fable de la barque de Caron conduisant les morts aux enfers.

Les turcs nomment la basse Egypte *Bahri*. C'est dans cette partie que se trouve ALEXANDRIE ou *Scanderick*, port sur la Méditerranée au nord-ouest du Caire. Ce n'est plus qu'une ombre de ce qu'elle fut. Alexandre la fonda, et elle rappelle encore son nom.

Productions, gouvernement.

Quoique d'un terrain sablonneux, l'Egypte est très-fertile ; c'était le grenier des romains, et elle nourrit encore les turcs, qui sont ses maîtres. Outre le bled, on en tire des dates, du riz, des olives, du séné, de la casse et un baume excellent ; elle produit des cannes à sucre et de très beau lin. Mais sa fertilité ne tient qu'à la crue et au débordement du Nil. Ce débordement arrive vers le mois de messidor et finit en vendémiaire. Long-tems l'on s'est exercé sur la recherche de la cause de ce débordement bienfaisant, et aujourd'hui on est convenu de l'attribuer aux pluies abondantes qui tombent quelque tems auparavant dans l'Abyssinie et dans les pays voisins de la ligne. Il y a des endroits où ce fleuve se précipite du haut des rochers avec un bruit effroyable ; c'est ce qu'on appelle les *cataractes*. Il tombe d'un de ces endroits de plus de deux cents pieds. Cependant ce limon, qui produit les fruits qui doivent nourrir les hommes occasionne aussi la corruption de l'air qui les tue : la nature n'est jamais bienfaisante en tout. Les hommes y vivent néanmoins généralement assez long-tems ; et les femmes y font, pour l'ordinaire, deux enfans à-la-fois : on attribue cette fécondité aux eaux du Nil.

En 1517, Selim, empereur des turcs, fit la conquête de l'Egypte, et depuis lors elle est gouvernée par un pacha à trois queues, qui a sous ses ordres vingt-quatre beys et quatre corps de milices. Il existe sur les bords du Nil un usage qui n'est préjudiciable qu'à la noblesse. Quand un grand seigneur cesse de vivre avant d'avoir eu la précaution de vendre ses biens ou de les résilier, ils sont confisqués au profit du sultan.

Habitans, mœurs, religions.

L'Egypte a toujours des hommes, mais ce ne sont plus les premiers. La barbarie, l'ignorance a tout fait dégénérer. Les descendans des anciens habitans s'appellent aujourd'hui *Cophtes*, et sont chrétiens de la secte des jacobites et des eutichéens. Ils ont un patriarche qui réside au Caire. Les autres égyptiens, et c'est le plus grand nombre, sont mahométans, et ont une multitude de mosquées et de minarets. Il y a aussi des juifs. En général, les égyptiens sont spirituels et industrieux, mais fainéans et de mauvaise foi.

Habillement.

Le costume des gens du peuple est assez simple; c'est une grosse chemise de toile bleue, large et longue jusqu'aux pieds, avec des manches très-amples. Les gens de qualité sont presque vêtus comme leurs ancêtres; robe de toile à longues manches, avec une ceinture qui l'assujettit. La tête est entourée d'un turban.

L'habillement des femmes est loin d'être aussi commode : on ne peut leur voir que les yeux et le nez; le reste est soigneusement entortillé comme le sont les momies du pays, mais à larges draperies et à grands plis, sans qu'elles y gagnent rien pour la liberté de leur démarche.

N.º 2. États de Maroc.

Situation et gouvernement.

LE roi de Maroc est aujourd'hui un des plus puissans princes de l'Afrique, et ses Etats occupent la partie la plus occidentale de la Barbarie, entre le 28ᵉ degré 30 minutes, et le 36ᵉ degré de latitude septentrional, et depuis le 7ᵉ degré jusqu'au 18ᵉ degré 30 minutes de longitude. Au nord, la Méditerranée les borde, et les flots de l'Océan les baignent au couchant. Ils sont terminés au levant par l'état d'Alger, et au midi par le désert de Zara. Quatre royaumes les composent, ceux de *Maroc*, de *Fez*, de *Tafilet* et de *Suz*. C'est de-là que le prince prend le titre d'*Empereur*. Il prend aussi celui de *Grand-Chérif*, parce qu'il prétend descendre d'*Ali*, gendre de Mahomet, par *Fatime*, la fille du prophète. Ses prédécesseurs prenaient celui de *Miramolin*, empereur des fidèles. Absolu dans son autorité, sa volonté seule fait ses loix. La religion a cependant trouvé le moyen de lui donner une espèce

espèce de frein ; il dépend en quelque sorte du Mufti, qui est le pape des mahométans. Ses sujets, d'ailleurs, ne sont à ses yeux, et suivant l'antique coutume du pays, qu'une espèce de bétail qu'il peut tuer ou laisser vivre à son gré. Leurs biens sont aussi les siens, il en dispose quand il lui plaît, et n'a pas d'autres domaines. Mais son revenu est établi sur la dîme qu'il prélève sur les récoltes de ses sujets. Les juifs qui se trouvent dans ses Etats, en qualité de juifs, lui doivent ordinairement, à quinze ans passés, six écus par tête. Les alcaïdes sont les gouverneurs dans les provinces ; ils se paient par leurs mains et rendent tant au souverain, qui, par cette espèce de gouvernement, se trouve dispensé d'avoir une cour, un conseil, une justice, des ministres ; aussi n'en a-t-il point. C'est un propriétaire qui attend le loyer de ses fermes. Il tâche de faire fleurir le commerce dans ses Etats, parce qu'il y trouve son intérêt particulier ; mais sa marine n'est rien qu'une douzaine de corsaires. Quant à ses armées de terre, elles sont nombreuses, mais sans discipline. Ajoutez à cela quatre femmes légitimes et une légion de concubines, vous connaîtrez tout ce qui entoure le roi de Maroc.

Habitans.

Il s'en faut que le royaume de Maroc soit peuplé en raison de son étendue, à cause de sa stérilité. Le terrein est presque par-tout sec et sablonneux, et il y a un grand nombre de montagnes escarpées. Les animaux les plus communs sont les chameaux. Plusieurs sortes de peuples se trouvent dans ces Etats :

Des maures, qui sont les anciens habitans, fainéans et superstitieux, grossiers et cruels ;

Des arabes, dispersés en *adouars*, ou villages ambulans. Chaque adouar est composé de quelques familles qui campent sous des tentes et qui y couchent pêle-mêle avec leurs bestiaux. Rien n'est comparable à leur malpropreté et à leur misère. Chaque adouar a son chef qui est élu, et son marabou ;

Des bérébères ; ce sont des peuples pasteurs, errans une partie de l'année pour conduire leurs troupeaux dans les meilleurs pâturages. Ils ont des villages et cultivent la terre. Quoique mahométans, ils n'ont ni mosquées ni juges, et paraissent s'inquiéter fort peu de la religion ;

Des juifs, nombreux, mais pauvres et méprisés ;

Des renégats ;

Et des esclaves chrétiens, traités fort durement, que l'on fait rassembler tous les soirs pour leur faire passer la nuit dans des souterreins humides et mal sains. L'empereur a le droit d'en trafiquer comme bon lui semble.

Maroc, capitale du royaume, fut bâtie vers le milieu du onzième siècle. Cette ville est située dans une belle plaine au pied du mont Atlas. Elle est fermée de murailles faites à chaux et à sables mêlés avec de la terre grasse, qui rend le cîment si dur, qu'en le frappant avec le pied, il en sort du feu comme d'un caillou. Son enceinte pourrait contenir jusqu'à cent mille

C

habitans, quoiqu'à présent il ne s'y en trouve pas au-delà de vingt-cinq mille ; elle a été souvent saccagée.

Les maroquins cultivent les sciences et ont quelques académies. Ils sont naturellement vifs, spirituels, ingénieux dans leur jeunesse ; mais cela ne dure qu'un tems ; à trente ans passés, ils deviennent stupides et non-chalans.

La loi musulmane permet aux vrais croyans de prendre plusieurs concubines ; mais ils ne peuvent avoir qu'une femme légitime, l'empereur excepté. Si le mari veut répudier sa femme, il doit lui payer la dot qu'il lui a promise : il devient libre d'en prendre une autre aussi-tôt ; mais la femme ne peut se remarier qu'au bout de quatre mois. Si, au contraire, c'est l'épouse qui veut quitter son mari, elle perd sa dot. Au reste, ces africains doivent toutes les nuits à leurs femmes légitimes, et ne peuvent consacrer que le jour à leurs concubines, qu'ordinairement ils entretiennent en grand nombre.

Le principal commerce du pays consiste en peaux de maroquins.

Habillement.

Les bérébères et les arabes pasteurs, sont habillés de draperies fort mesquines ; mais les habitans de Maroc sont assez richement vêtus. Un pantalon large et étoffé, un gilet croisé et richement brodé, entouré d'une ceinture, et, par-dessus, une belle draperie. Leur tête est couverte d'un turban de diverses couleurs.

Leurs femmes portent de larges chemises et de larges caleçons ; elles se chargent le cou, les bras et les jambes de quantité d'anneaux et de bracelets enrichis de pierreries. La draperie qui est sur leurs épaules, est remontée sur leur tête couverte d'une coëffure élevée et brodée. Telle est leur costume, c'est celui d'Asie.

N.º 3. États barbaresques.

Situation.

ON comprend sous le nom de *Barbarie*, tout ce qui s'étend depuis l'Egypte jusqu'au-delà du détroit de Gibraltar, le long de la Méditerranée et un peu sur l'Océan. Elle se divise en deux grandes parties, séparées l'une de l'autre par le mont Atlas. Celle du midi s'appelle *Bilédulgérid* ; l'autre, qui est au nord, est la Barbarie proprement dite, et contient cinq pays ; savoir, le pays de *Derne* ou *Barca*, les royaumes ou républiques de *Tripoli*, de *Tunis* et d'*Alger*, qui sont sous la protection des turcs, et le royaume de *Maroc*, dont nous venons de parler dans les états de ce nom, ainsi que celui de *Fez* qui en dépend. Toutes ces contrées ont reçu leur nom des arabes qui vinrent s'y établir dans le septième siècle ; ignorant la langue de ces africains, ils les appelèrent *barbares*, le mot *barbar* en arabe exprimant le son que forme une personne qui parle entre ses dents.

Origine.

Les romains, après avoir soumis la république de **Carthage**, étendirent leur domination sur tout le reste de cette portion de l'Afrique, qui alors portait le nom d'*Afrique* proprement dite, et qui, dans la suite, le donna à toute cette partie du monde. C'était dans ces régions qu'étaient les numides, qui exercèrent plusieurs fois leur valeur contre les romains. C'est dans ces cantons, aujourd'hui habités par des pirates, que, bien long tems avant Massinissa et Juba, Hercule vint établir une colonie et purger ces côtes des brigands qui gênaient déjà le commerce. Dès le premier siècle de l'église, le christianisme y perça, et vers le cinquième, les vandales et les alains y fondirent et s'en emparèrent. Un siècle après, Justinien, reprit ces contrées ; Bélisaire lui acquit cette conquête ; cet infortuné général, qui rappelle toujours à l'esprit attristé, l'ingratitude des rois et les revers de la fortune. Deux siècles ensuite, les califes sarrasins ou arabes, après avoir enlevé à l'empire d'Orient la *Syrie*, l'Egypte et la Palestine, étendirent leurs conquêtes dans cette partie de l'Afrique, d'où ils passèrent en Espagne au commencement du huitième siècle. Ce fut dès cette époque que le christianisme s'éteignit dans ces lieux pour y faire place au mahométisme. Les califes d'Egypte, après avoir régné sur la Barbarie jusques vers le milieu du huitième siècle, se divisèrent, formèrent les différens Etats qui la partagent aujourd'hui, et permirent insensiblement, par leur faiblesse, aux turcs d'y établir leur domination depuis le seizième siècle.

Comme nous avons parlé de Maroc dans l'article précédent, nous ne nous entretiendrons ici que de Tripoli, Alger et Tunis. Ce sont trois espèces de républiques sous la protection du Grand-Seigneur, qui envoie un pacha dans chacune. Toute l'autorité, dans chacun de ces trois gouvernemens, est dans les mains du Bey, espèce de roi électif, à qui on donne un divan ou conseil également électif, mais qui n'existe volontiers que pour la forme. Les conseillers ne paraissent jamais armés au divan, et ils sont tenus, pendant tout le tems de la délibération, de laisser leurs mains croisées sur la poitrine. C'est aussi là que l'on rend la justice, et il n'y en a guère de plus expéditive.

Nous pourons considérer ici sous un même point-de-vue les états de Tripoli, Tunis, et d'Alger. Le gouvernement et les mœurs y sont à-peu-près les mêmes dans les trois. C'est dans les états de Tunis que se trouvait *Carthage*, cette fameuse rivale et victime de Rome ; *Ptolémaïs* était dans ceux de Tripoli. Ces côtes rappellent nombre de noms que les dévastations romaines ont rendu célèbres : le bonheur laisse vivre en paix et dans l'oubli les peuples ; le crime de la guerre apprend leurs noms à toutes les nations, et les rends illustres lorsqu'ils n'ont plus que des ruines à montrer.

C 2

L'air des côtes et des montagnes, le long de la Méditerranée, depuis le détroit de Gibraltar jusqu'en Egypte, varie suivant les saisons; plus froid que chaud en hiver, mais excessivement chaud sur le milieu de l'été.

Le terroir y est assez fertile et y produit tous les fruits que l'on trouve dans la partie méridionale de l'Europe. Ils sont excellens. Les terres y sont légères et remplies de sel, ce qui les rend plus fertiles. On y trouve des sources salées et des montagnes de sels. Le nitre et le souffre y sont aussi communs, et renfermés depuis des siècles dans le sein de la terre, quelquefois ils s'enflamment et produisent des tremblemens qui portent l'effroi dans le cœur de ses habitans. Les seuls métaux dont on y trouve des mines, sont le fer et le plomb; mais, en récompense, la terre, qui ne produit point d'or, donne abondamment le bled, qui vaut mieux; de l'orge, des pâturages et des légumes excellens. Les troupeaux de gros bétails y sont nombreux. On y fabrique, pour l'étranger, des peaux de bœufs, des maroquins, des toiles de coton, de lin, des tapis, moins beaux que ceux de Turquie, et des étoffes de soie. Le pays de *Bilédulgérid* fournit des dattes excellentes, et en retient même son nom, qui, en arabe, veut dire *pays des Dattes.*

Au milieu des richesses de la nature, on devrait croire que l'homme vit satisfait et innocent. On se tromperait. La fainéantise gâte tout. La terre ne donne ses biens qu'au travail; et les habitans de ces côtes, assez paresseux, vont ravir sur les mers stériles les richesses que le commerce envoie dans les climats éloignés. Ils sont pirates; et c'est la religion qui sert de prétexte! Elle est donc par-tout la même quand elle a passé dans le cœur des méchans?

Ce pays est assez peuplé, sur-tout depuis que les espagnols y ont rechassé les maures, qui étaient venus s'établir chez eux. On y compte principalement trois sortes de peuples; 1.° les africains ou maures, originaires du pays, qui sont distingués en noirs et en blancs; les blancs sur la côte, les noirs plus au midi; 2.° les arabes qui conquirent l'Afrique au septième siècle, et qui se tiennent la plupart dans les déserts; 3.° les turcs qui y viennent chercher fortune. Outre cela, il y a les bérébères, peuples pasteurs, qui errent dans les montagnes avec leurs troupeaux, et ont à peine une religion.

Les barbaresques ne manquent pas d'esprit, et pourraient réussir dans les sciences s'ils avaient assez de courage pour s'en occuper. Il y a des écoles dans les villes, mais on y apprend qu'à lire, à écrire et à chiffrer, ainsi que l'alcoran; car chez tous les peuples, la science de la superstition est la première. Quant aux arabes ou bédouins, ils n'y regardent pas de si près: quand un de leurs enfans sait monter à cheval, son éducation est faite, il peut galoper avec les autres.

Les maures, cependant, entendent assez bien l'architecture. Les maisons ont de grandes portes, des appartemens spacieux, des pavés de marbre, des cours cloîtrées, et quelquefois au milieu des jets-d'eau. Toutes les fenêtres regardent sur cette cour; la jalousie seule a pris cette mesure. Les maisons ont quelquefois deux et trois étages ; une famille entière occupe un seul appartement. C'est la raison pour laquelle les villes du pays sont si remplies de monde. Cependant dans les riches maisons, tout y est disposé dans le meilleur goût. Les chambres sont tapissées de velours ou de damas, depuis le plancher jusqu'à la moitié des murailles ; le reste du mur est chargé de divers ornemens en stuc ou en marbre ; le plafond est boisé et peint en divers ornemens ; et le plancher est couvert de riches tapis, avec des carreaux de damas ou de velours, au lieu de chaises, où l'on se tient les jambes croisées. Le lit est sur une estrade au bout de l'appartement élevée à quatre à cinq pieds du plancher, avec une balustrade tout autour. Les toits sont plats et en terrasse. Les murs des maisons sont à hauteur d'appui, ou bien elles sont séparées par des balustrades, de manière que, lorsque le terrein est uni, on peut aller dans toutes les maisons, qui sont à la file, sans descendre dans la rue.

Ce sont les turcs qui ont apporté dans ces contrées le luxe asiatique qui y règne maintenant, ainsi que les habitudes et les usages. Ce luxe cependant n'est pas sorti des villes de la côte où il est alimenté par le commerce. Les *kabiles*, les *bédoins* et les *bérébères*, rappellent encore quelques habitudes des premiers âges du monde.

Les arabes-bédouins habitent volontiers les plaines ; une tente est leur palais ; la couverture en est de crin ou de poil tissu. Un certain nombre de ces tentes rangées, forment un *dou war* ou village ; elles sont plus ou moins nombreuses. Les appartemens sont ordinairement séparés par des rideaux ; et sous ce frêle abri, soutenu par des perches, un arabe dort en paix sur une natte ou un tapis, entortillé dans une *hyke* ou couverture de laine. Chaque *dou war* est une espèce de principauté où préside le chef de la famille la plus considérable ; dignité qui passe à celui de ses proches qui est le plus digne de gouverner. Ce chef jouit d'un pouvoir despotique ; mais il est, en quelque sorte, le père de ceux à qui il commande, et il tâche toujours de terminer les différends à l'amiable avec le conseil de quelques-uns des principaux qu'il choisit. Le chef d'un seul *dou war* s'appelle *chaik*, et celui de plusieurs *émir*. Ainsi, quoique dépendans des turcs, moyennant un certain tribut qu'ils leur paient, et l'engagement de vivre en paix, les arabes suivent leurs loix et se gouvernent eux-mêmes.

Les kabiles ont été établir leurs demeures sur le sommet des montagnes. Leurs *gurbies* ou cabanes sont faites de claies enduites de boue ou de terre grasse séchée au soleil. Les toîts en sont couverts de paille ou de gazon sur une couche de roseaux ou de branches d'arbres. Plusieurs de ces gurbies composent un *dasbknas*. Il n'y a ordinairement qu'une seule pièce dans un gurbie, avec un coin destiné pour les bestiaux, comme dans toutes les tentes des bédouins. Ces demeures sont fixes ; mais les tentes des arabes sont portatives, et souvent ils les changent de lieu. Les kabiles ont un langage particulier, ce qui fait présumer qu'ils sont les plus anciens habitans du pays. Leurs femmes, ainsi que celles des bédouins, s'occupent à la fabrique des hykes et des tissus de poils de chèvres ou de crin. Ces hykes servent alternativement de couverture et d'habit. Il est fort léger, mais très-incommode.

Les bérébères ont également des tentes ou des chaumières et s'occupent du soin et de la nourriture des troupeaux. Ils sont extrêmement grossiers, et ont à peine une idée de la religion qu'ils suivent.

Tels sont les différens peuples de la Barbarie ; mais les turcs et les maures occupent la première place. Ils se lèvent ordinairement de grand matin, font leur prière au point du jour, et vaquent ensuite à leurs occupations jusqu'au dîner, qui a communément lieu à dix heures. Après la prière du midi, tout ouvrage cesse, et les boutiques sont fermées. Ils soupent au soleil couchant, et se couchent avec la nuit.

Les femmes de ce pays peuvent passer pour belles ; mais ce n'est qu'une fleur fugitive. A trente ans, ce n'est plus qu'un souvenir. A cet âge, elles cessent d'avoir des enfans ; mais, en récompense, à onze ans elles peuvent en avoir. Les hommes ont facilement de quoi se consoler de cette perte hâtive dans le nombre de leurs femmes, dont une seule cependant peut être légitime. On dit même qu'ils ont assez généralement le goût qu'on tolère à Florence, qu'Anacréon chantait en fort jolis vers dans la Grèce, et pour lequel on brûlait en France. La beauté qu'ils préfèrent est une beauté mâle, forte et bien prise. Ils ne voient la figure de leurs femmes qu'au moment de l'épouser ; mais, si cette figure ne leur plaît pas, ils ont droit de renvoyer la femme, en ayant recours au divorce. La femme et les concubines, toutes sont renfermées soigneusement dans un harem où l'époux est le seul homme qu'elles voient : aussi n'est-il rien que leur imagination enflammée par cette captivité, n'invente pour tromper ce sombre et despotique hymen en faveur de l'amour plus agréable et plus libre. Quand il leur arrive de sortir par la ville, elles se couvrent d'un linge agrafé sur l'estomach, de manière que, sans l'esclave qui les accompagne, il serait impossible de les reconnaître. Quoique toujours renfermées, elles s'habillent volontiers magnifiquement. Le jour des noces, l'épousée se fait voir sur une espèce de théâtre, parée de ses plus beaux habits. Elle disparaît peu de momens après, et revient ensuite revêtue de nouveaux ajustemens, ce qu'elle répète autant de fois qu'elle a de robes à montrer.

Les morts descendent aussi au cercueil tout habillés. On leur met une chemise blanche, des caleçons propres, un vêtement de soie et un turban. Ainsi parés dans leur bière, on les porte hors de la ville, et on les jette dans une fosse. Le deuil consiste dans un voile noir dont les femmes se couvrent le visage. C'est un grand péché de laisser tomber de l'urine sur ses habits. Il y a des péchés de toutes les sortes.

Les marabous ou prêtres ne se rasent jamais ni la tête ni la barbe. Les autres hommes ne laissent qu'une petite houpe de cheveux sur le haut de la tête. Mais c'est ici l'affaire de la superstition ; et de quoi ne se mêle-t-elle pas ? C'est par cette petite houpe que le prophète doit enlever les fidèles pour les placer dans son charmant paradis, où sont tous les plaisirs possibles, et sur-tout les plus belles *houris* du monde. Malheur à qui perd son toupet ! le prophète n'aura guère de prise sur lui.

Nous ne finirons pas sans dire un mot du traitement des esclaves; c'est encore ici l'affaire de la superstition, mais jointe à l'intérêt. En général, ils sont traités fort durement, et c'est sur eux que retombent tous les travaux les plus pénibles et les plus dégoûtans. Lorsqu'ils s'avisent de tenter de redevenir libres, s'ils échouent, il y va de la mort, mais la mort la plus horrible. C'est ainsi que l'homme, dans tous les coins de la terre, traite l'homme comme un animal créé pour lui. Tout ce qu'il ne lui fait pas, quand son intérêt l'y porte, c'est qu'il ne le peut ou ne l'ose.

Habillement.

L'habillement varie suivant les peuples et les conditions ; nous avons donné, en passant, celui des arabes-pasteurs. Celui des turcs d'Afrique est le même que celui des turcs d'Europe et d'Asie. Gilet ou doliman; ample et long caleçon ; manteau retombant en draperie ; riche turban, tel est leur habillement.

Celui des femmes ne suit que la coquetterie; mais c'est toujours indépendamment de la manière dont il est mis, une longue robe formant draperie par son ampleur : une riche ceinture l'assujettit. Volontiers un bras est à moitié découvert ; mais ce bras est beau, bien potelé et sur-tout bien orné de bracelets en pierreries; le sein est sans doute aussi beau, et paré par une chaîne d'or ou quelques colliers de pierres fines. L'or et les pierreries plaisent beaucoup à ces dames. C'est une petite consolation dans leur esclavage.

N.º 4. Mauritanie.

Situation, origine.

LES maures forment une très-grande masse dans l'Afrique, sur-tout sur les côtes, et se trouvent mélangés avec les arabes et les turcs. Ce peuple a joué autrefois un rôle, et sa civilisation a été portée à un haut point. L'Espagne fut long-tems incommodée de son voisinage; il y fit nombre d'irruptions et s'y établit même pendant quelque tems. Ce fut lui qui apporta en Europe les germes de cette galanterie qui gagna par la suite, ainsi que l'amour des belles-lettres, alors cultivées avec soin par les arabes. Les espagnols, après les plus grands efforts, parvinrent enfin à les chasser, et, depuis lors, leur rôle a cessé. Comme ils avaient embrassé le mahométisme, la religion de leurs vainqueurs, il est assez commun de voir les historiens les nommer indifféremment *arabes, sarrasins* ou *maures*.

Habitans, mœurs.

Comme nous avons déjà parlé de ce peuple, nous ne traiterons ici que de son commerce et de ses mœurs.

Ce sont eux qui font le commerce de la gomme précieuse d'Afrique. Ce commerce n'appartient qu'aux maures, parce qu'ils sont propriétaires des forêts où se recueille cette excellente gomme. Il faut trente journées de chemin pour arriver au désert où on la trouve. Tout le monde parvenu à une grande plaine, un coup de canon avertit que la traite va commencer. Alors on voit venir quantité de bœufs, de chameaux et d'ânes, chargés de cette gomme, et conduits par leurs maîtres. Ceux-ci ont amené toute leur famille. Les marchés ne se font pas facilement; les maures entendent à merveille l'art d'avoir un bon prix de leurs marchandises, et il faut en passer par tout ce qu'ils veulent.

Mais ils ont une autre branche de commerce qui est loin d'être innocente et qui ne leur est pas moins lucrative, c'est la traite des nègres. Ces barbares vont à la chasse de l'espèce humaine avec une cruauté que l'on connaît à peine envers les animaux. Ils sont alors de vrais brigands. A la vérité il y a parmi eux des castes entières qui n'ont d'autre profession que celle de voler. Ils s'en acquittent sans le moindre remords : ce qui, au premier abord, ferait volontiers croire que la vertu change avec les mœurs des hommes. La ruse entre autant que la force dans la chasse des nègres. Vingt à trente maures partent ensemble pour cette chasse criminelle, et font, d'une seule course, vingt à trente lieues. A un ou deux milles du village qu'ils veulent surprendre, ils mettent pied à terre, et vont se mettre à l'affut pour tomber sur la proie qu'ils convoitent. Souvent ils restent des journées entières à plat-ventre pour attendre l'apparition de quelques noirs. Un de ces malheureux paraît-il, ils sautent dessus, lui ferment la bouche et l'emmènent précipitamment. Dans leurs expéditions, les maures prennent beaucoup plus d'enfans que de femmes et d'hommes faits, par la raison qu'un enfant est plus facile à enlever. Attachés sur la croupe de leurs chevaux, ces petits infortunés, remués violemment, arrivent ensanglantés et couverts de blessures. Quant aux jeunes filles, ces barbares se croient sur elles un droit préliminaire, Dès qu'ils sont hors de poursuite, ils s'empressent d'arracher et de flétrir la fleur d'innocence de leurs captives; celles-ci s'en consolent en se croyant encore vierges. Ce qu'elles cèdent à la violence ne leur paraît pas une *défloration*.

Dans ces courses, souvent les maures incendient, pillent les villages, emmènent les troupeaux avec les hommes. Il n'est pas rare, au milieu de ces désastres, de voir un seul cavalier emmener cinq à six esclaves à-la-fois, les uns en croupe, d'autres attachés à la queue du cheval et de chaque côté de la selle. S'il est poursuivi, il en est quitte pour relâcher une partie de ceux qu'il traîne avec lui. Si le ravisseur n'a pas le tems de lier sa proie aux crins de son cheval, il passe son doigt dans la bouche du nègre, et l'entraîne ainsi.

Les maures sont frugals. Les femmes ne vivent volontiers que de dattes

et

et de lait ; mais elles n'en sont pas , pour cela, plus simples dans leurs mœurs.
Pour peu qu'elles soient riches , une foule d'esclaves de leur sexe les environnent et préviennent leurs moindres fatigues. On en voit même qui marchent devant elles pour déranger les cailloux qui pourraient blesser les pieds de ces femmes indolentes.

Habillement.

L'habillement des pauvres est tout bonnement un pan de toile bleue dont ils font une espèce de chemise sans manches ; mais ceux qui sont plus à leur aise portent des habits à-peu-près semblables à ceux des turcs, avec qui ils ont beaucoup de relations. Un turban couvre leur tête et un large manteau leurs épaules. Sur ce manteau , par derrière, sont des pièces d'étoffe d'une autre couleur, formant des dessins assez bizarres.

Les femmes entourent leurs têtes d'une pièce d'étoffe qui leur revient sous le menton et pend, d'un côté , sur l'épaule. Une longue chemise , sans manche, couvre, avec grâce , entièrement leurs corps. Elles mettent par-dessus une draperie, d'une couleur différente, qu'elles retiennent volontiers avec une de leurs mains.

N.º 5. Le Sénégal.

Situation.

CETTE côte a pris son nom du fleuve du *Sénéga*, l'un des plus grands de l'Afrique, qui lui-même a pris son nom des peuples *Zanhaga*, qui occupent la partie occidentale du Zara, ou désert au nord de ce fleuve. Le Sénégal s'étend sur les côtes de l'Océan , depuis le cap *Verga* , situé au 10.º degré 40 minutes de latitude septentrionale , jusqu'au 17.º degré 20 minutes, et au-dessus de l'embouchure du Sénéga , des deux côtés de ce fleuve. L'intérieur de ce pays n'est pas encore parfaitement connu.

Le Sénéga, connu par Ptolomée sous le nom de *Daradus*, prend sa source au mont *Caffa* ou *Caffaba*. On prétend qu'il a les mêmes qualités que le Nil ; qu'il produit des roseaux et le *papyrus* ; qu'il a ses accroissemens et ses décroissemens , et qu'il rend fertile le terrein qu'il a occupé. C'est dans cette partie des côtes que se trouve le Cap-Verd, l'un des plus fameux de l'Afrique.

Il n'y a que deux saisons dans ce climat, l'été et l'hiver. L'été y est excessivement chaud et l'hiver n'est qu'un tems de pluie, qui vient rendre à la terre, aride , stérile et jersée, de la fraîcheur et de la fécondité. C'est alors qu'on commence à l'ensemencer. Le riz, le tabac , le coton sont les principales productions du pays. La nature, dans ses excès, apporte cependant toujours un tempéramment. La chaleur de ce climat est insupportable ;

D

mais, en récompense, il y a des forêts sombres, étendues, et qui retiennent quelque fraîcheur sur la terre. C'est-là que l'homme court rafraîchir son sein, en aspirant un air moins brûlant sous le feuillage vert, et qui ne doit paraître que plus délicieux à côté des plaines brûlées et cuites par le soleil.

L'air du Sénégal n'est pas sain; cependant il n'incommode que les étrangers, et si les habitans meurent assez généralement de bonne heure, c'est moins la faute de la température que de leurs mœurs déréglées.

Habitans et leurs mœurs.

L'homme noir est mon frère, je le sais, et le colon qui veut le mettre au niveau des bêtes, pour en tirer le même parti, est un barbare; cependant, en dépit de la philosophie, il y a une nuance entre lui et le blanc, et cette nuance n'est pas imperceptible. Le présent, c'est tout pour le nègre; l'avenir n'est rien. Il pense comme un enfant et se corrompt comme un homme. Son insouciance est extrême. Peut-être direz-vous que cette insouciance est sagesse : vain raionnement. Ce peut être un beau rêve en morale; mais partout ce sera une funeste pratique dans la société. L'insouciance n'est bonne qu'à faire naître la misère chez l'individu, et chez les nations. C'est aussi la mère des idées bornées et la conservatrice soigneuse de l'ignorance. Aussi le nègre est-il le plus pauvre et le plus ignorant des hommes. Cependant il a des passions, et pour son malheur elles sont violentes. S'il le peut, il s'y abandonne tout entier sans s'inquiéter des maux qu'elles produiront. Son insouciance a même passé dans sa morale religieuse. Si je dois mourir de faim, disait le roi de *Fouli* à l'italien *Cadamosto* qui fit la découverte du Sénégal, pourquoi m'épuiserais-je à amasser des vivres et des richesses? Le grand Dieu qui a marqué les instans de ma vie et celui de ma mort, est assez puissant pour me faire vivre sans aliment ou pour me faire périr d'inanition au milieu des plus abondantes moissons.

En suivant une pareille doctrine on peut souvent mourir de faim. *Jupiter veut qu'on s'évertue*, a-t-on dit; et il n'y a pas un épi de bled qui ne l'apprenne à l'homme. Mais ne nous y trompons pas c'est moins la morale que la nature elle-même qui donne ce caractère d'insensibilité au nègre. Il jouit comme l'animal, mais il souffre comme la brute, presque sans se plaindre. Il ne connaît, dans ces contrées, absolument aucune des jouissances qui semblent faire le bonheur des autres peuples; s'il désire des enfans, c'est pour augmenter sa fortune en les vendant; l'attachement qu'il a pour son épouse est étranger à son ame : dès qu'elle est mère elle ne lui paraît plus qu'un fardeau inutile, parce qu'elle ne peut plus servir à ses plaisirs. L'amitié est aussi au-dessus de ses sentimens, parce qu'il ne connaît que ce qui peut lui être utile à l'instant même et corporellement.

Si les habitans du Sénégal ont de la finesse, c'est pour voler. Ils ne semblent vivre que pour ce métier, ils se volent les uns les autres; aussi sont-ils si habiles qu'ils pourraient passer pour maîtres chez nous. Leurs pieds nuds leur servent, dans ce cas, quelquefois plus que leurs mains. Quoique les habitans du Sénégal forment trois nations absolument distinctes par leur régime politique, les *Mandingos*, les *Foulis*, les *Jalaffs* ou *Ioloffs*, ces traits les caractérisent tous également.

Le premier métier du Sénégal est celui du tisserand. Le tailleur vient ensuite, puis le forgeron.

Les habitans de ces contrées brûlantes ont la taille peu élevée, le teint absolument noir, les lèvres très-fortes, le nez applati. Leur force est étonnante, ainsi que leur agilité à la course, leur adresse à la chasse et à la pêche. Ce qu'il y a de remarquable dans ce pays, c'est que si les hommes portent de la laine au lieu de cheveux, les moutons portent du poil au lieu de laine.

La plupart des riverains du Sénégal négligent, pendant une partie de l'année la culture des terres pour s'occuper de la pêche. Leurs canots sont un tronc d'arbre grossièrement façonné ; souvent il chavire ; mais le pêcheur, nageur habile, le remet facilement, et continue sa pêche comme si rien n'était arrivé. Leurs instrumens de pêche sont aussi grossiers que leurs canots. Ils se servent quelquefois de filet pour le petit poisson ; mais le plus communément ils lancent une flèche, qu'ils retiennent avec une corde pour retirer le poisson frappé. Leur chasse n'est volontiers que pour détruire les lions et les éléphans qui sont énormes dans ce pays. Telles sont leurs occupations avec la culture du riz. Leurs femmes tressent les nattes qui doivent leur servir d'habillement.

De tous les arts agréables, les nègres du Sénégal ne connaissent que la musique, sur tout celle qui fait le mieux danser, sauter. Mais il n'appartient pas à tout le monde de s'en mêler ; c'est l'affaire des *guiriots*. Ces guiriots, plus instruits que le reste de la nation, forment une classe à part ; ils sont riches et estimés, mais il ne leur est pas permis de s'allier hors de leur caste. Ils ont à-peu-près tous nos instrumens. Leurs flûtes sont de roseaux comme celle des premiers pasteurs. L'instrument en chef est le tambour ; c'est un tronc d'arbre creusé et revêtu par les deux bouts d'une peau de mouton : il y en a de toute les grandeurs pour en tirer différens tons et composer une harmonie complète. Le plus remarquable est le *tong-tong* ; c'est un tambour de quinze à vingt pieds, composé de bambous réunis autour d'un cerceau : il est l'instrument d'alarme. le feu prend-il ! le guiriot court au tong-tong, et l'on se rassemble. L'ennemi vient-il ! le tong-tong retentit au loin à coups pressés. On le bat devant le roi pendant le combat ; et il faut que tous les guiriots, qui alors sont guerriers, périssent jusqu'au dernier avant que le tong-tong soit pris. Tant qu'il bat on combat. A-t-il cessé, vainqueurs ou vaincus, on fuit de tout coté.

Nous avons dit que les habitans du Sénégal étaient fort voleurs ; aussi le droit de propriété n'est-il chez eux que la jouissance de l'objet que l'on tient. Le mariage même se fait comme les acquisitions ; le jeune homme vole sa femme à ses parens. Dès qu'il l'a enlevée il l'a fait conduire à sa cabane au son des instrumens et au milieu des danses ; dès-lors elle devient la première esclave de son mari. Elle s'occupe du ménage, et, debout devant lui, tandis qu'il prend son repas, elle attend le moment où il lui dira de venir la trouver au lit. Si elle a été vendue par ses parens comme vierge, un drap de coton blanc couvre le lit, et les parens attendent avec impatience que ce drap, témoin de la virginité de la jeune épouse leur soit remis pour être porté en triomphe à l'habitation. L'épouse en titre se nomme *trandvvise*, ou femme de l'habitation, parce qu'elle réside dans la principale hute du sauvage. Les autres femmes ont d'autres hutes à part où l'époux va quand il lui plaît se reposer. C'est à la femme qu'il visite à le nourrir, et malheur à elle si elle n'a rien de prêt pour son maître. Un nègre n'est-il pas content de sa femme, il tâche de la surprendre en faute, et va la vendre. Entre eux généralement ils se vendent autant qu'ils peuvent. Le père vend ses enfans aux européens; si ses enfans eux-mêmes ne l'ont pas prévenu en les vendant. Leurs rois n'ont d'autres revenus que la vente de tous les criminels qu'ils jugent eux-mêmes; aussi est-on toujours assez coupable pour être vendu.

Leur religion tient beaucoup du mahométisme et du judaïsme, et semble leur avoir été transmise par les arabes. Leurs prêtres se nomment *marbuts*, corruption de *marabous*. Ils sont tous aussi superstitieux que le doit faire attendre leur ignorance. Ils ont des talismans qu'ils appellent des *grisgris*. Ces grisgris les rendent, disent-ils, invulnérables; et une de ces pièces de cuir très-fortes, appliquée sur leur estomach, leur donne la plus parfaite sécurité.

Quoiqu'ils célèbrent presque tous les fêtes prescrites dans l'alcoran et le lévitique, ils y ajoutent encore. Ils ont des idoles, et, la plus grande, la plus redoutable, est le *Mumbo-Jumbo*, dont on ne prononce jamais le nom qu'à voix basse et avec respect. C'est le dieu qui veille à la conduite des femmes, et toutes celles qui sont inculpées, sont conduites devant le prêtre du *Mumbo-Jumbo*. Tous les six ans on circoncis les enfans mâles nés dans cet intervalle.

On lave les morts et on les enterre. Ensuite l'on danse sur leur fosse. Quel est donc ce sentiment qui guide plusieurs nations à se réjouir ainsi dans un tel moment de tristesse?

Habillement.

Les habitans de ce pays peuvent, à peu de chose près, passer pour nuds. En commençant par la tête, un bonnet pointu orné de plume la couvre. Une pièce d'étoffe rattachée sur leur poitrine voltige sur leurs épaules. Cette pièce d'étoffe est ornée de verroterie et du présent que les guiriots font aux nègres, Plus bas, sur la chair à nu; est une ceinture d'où retombe de quoi cacher les parties sexuelles. Le reste est sans vêtement.

Les femmes ne sont pas mieux habillées. Un mouchoir couvre leur tête, des bracelets de verre ou de plumes entourent leurs bras; une ceinture semblable fait le tour de leur rein. Sur leur poitrine est un petit sac où sont renfermé tous les petits ustensiles dont elles ont besoin, et sur-tout le tabac qu'elles mâchent continuellement. Une fourrure couvre leurs épaules et leurs cuisses en partie. Les jambes sont nues et entourées de verroteries.

N.º 6. L'île Saint-Louis.

Situation.

A L'EMBOUCHURE du *Sénégal*, au 16.º degré quelques minutes de latitude septentrionale, est une petite île appelée l'île Saint-Louis, du nom d'un fort que les français y ont bâti. Ce n'est, en quelque sorte, qu'un banc de sable qui peut avoir trois-quarts de lieues de longueur. Il s'y trouve une forteresse, deux bourgs et à-peu-près six mille esclaves faits au Sénégal, et trois cents mulâtres qui sont libres.

Habitans et leurs mœurs.

Les hommes étant ici les mêmes que ceux dont nous venons de parler, nous en dirons peu de choses. Leurs mœurs n'ont pris que ce que devait leur donner l'esclavage. A ce mélange de judaïsme et de mahométisme, qui formait leur religion, ils ont ajouté les pratiques du christianisme : l'ignorance est avide de superstitions.

Ce sont eux qui font les plus rudes travaux du port. Habitués à cette température brûlante, ils supportent des fatigues qui feraient périr nombre d'européens.

Les habitans de l'île Saint-Louis ne font leur commerce que par commission et point pour leur compte.

Aux environs du fort Saint-Louis, les maisons sont de briques et ombragées par des mangles ou palétuviers ; ce sont les habitations des riches. Les autres habitans sont logés dans des cases faites de paille ou de roseaux.

Le luxe a gagné aussi ce petit coin de la terre. Les femmes portent des joyaux d'or et des étoffes précieuses quand elles sont riches. Lorqu'elles sortent de chez elles, une esclave tient sur leur tête un parasol. La toilette, là plus encore qu'ailleurs, emploie un tems considérable. Les femmes se noircissent le bord des paupières avec de la *tutie*. Elles se rougissent aussi le dedans des mains, qu'elles ont naturellement livides et blanchâtres.

Le plus bel ornement d'une mariée est un voile blanc tissu de ses mains et qui doit servir à recouvrir l'autel où l'on sacrifie à l'hyménée. Malheur à l'épouse si le voile ne montre pas le lendemain un signe heureux ! La virginité a son prix dans ce canton.

L'air est, dans cette île, le même que sur les côtes voisines. L'abondance du sel y est égale, et l'on n'y boit presque que de l'eau saumache, qui, dans un climat brûlant, n'en est que plus désagréable.

Habillement.

L'homme est ici à-peu-près comme s'il sortait des mains de la nature : son corps est nud, à l'exception d'un petit caleçon de toile de coton qui lui vient à moitié-cuisses.

Les femmes y mettent plus de soin, comme nous l'avons dit. Un mouchoir de mousseline ou de batiste, orné de perles, entoure leur tête en forme de cône. Les femmes du commun ne portent qu'une *pagne* ou pièce de toile faisant plusieurs fois le tour de leurs reins; mais celles d'une plus haute condition ont le corps couvert d'une légère chemise de coton, sur laquelle elles rejettent négligemment une draperie. Leurs bras et leurs jambes sont chargés de bracelets. Nous n'avons mis sur notre tableau que le costume du pauvre, comme le plus commun et celui d'une partie des peuples nègres de ces contrées.

N.º 7. Issinie.

Situation.

L'Issinie est un petit royaume de nègres, toujours sur les mêmes côtes. Il est borné au nord par les *Koupos*; à l'est, par le royaume de *Ghiomrai*, ou le cap *Apollonia*; au sud, il a la mer; à l'ouest, la *Côte-d'Ivoire*. Une des plus belles rivières de l'Afrique arrose ce pays, qui, sous un ciel ardent, présente les ombrages les plus agréables au sein des bosquets délicieux. Mais les forêts sont pleines d'animaux féroces et de gibiers, qui exercent les talens guerriers des issinois. Le terrein, quoique sablonneux, produit nombre de fruits excellens inconnus à l'Europe.

Habitans et leurs mœurs.

Les issinois sont noirs, mais la nature ne les en a pas moins traité avec complaisance; leurs formes sont belles et proportionnées; ils sont agiles et robustes; leurs yeux sont vifs, et l'on voit briller entre leurs lèvres noires, des dents blanches comme l'ivoire. Si les européens veulent être blancs et emploient quelquefois l'artifice pour le paraître, les issinois veulent être noirs, et pour le paraître davantage, se servent souvent d'onctions d'huile de palmier, où l'on a broyé du charbon. Peut-être n'est ce en eux que l'effet de l'envie de cacher les injures de l'âge: car à mesure qu'ils vieillissent, la noirceur de leur peau s'éclaircit, et leurs cheveux deviennent gris. Ils ont un très grand soin de leur barbe et la portent aussi longue qu'ils le peuvent. Ils vont assez communément nuds, et il ne paraît pas que la pudeur leur ait appris qu'il y avait quelque partie que l'homme devait cacher.

Si la nature ne les a point mal-traité du côté du physique, elle a été aussi bienfaisante au morale. Ils ont l'esprit juste; mais, en récompense, ils sont rusés et fourbes. Le vol n'est chez eux qu'une habitude d'adresse que les loix n'ont pas encore songé à punir. Aussi ne faut-il nullement se fier ni en leurs actions, ni en leurs paroles. En desire-t-on quelque service, il faut les payer d'avance, et il n'est pas sûr qu'ils le rendent ensuite; ils sont d'ailleurs très-avares, et ne se donnent que ce qu'ils ne peuvent se refuser. Leur nourriture journalière consiste en quelques bananes, un peu de poisson et des crabes qu'ils ramassent sur le rivage. La viande à demi-gâtée est le mets qu'ils préfèrent et qu'ils mangent avec délices.

Quoique bien faites, les issinoises n'ont rien d'intéressant; fourbes comme leurs maris, elles sont encore plus avares, et libertines par-dessus le compte. Mais pour tenir la bride aux passions, dans tout pays, il y a toujours une institution ou une coutume contraire. Un issinois qui surprend sa femme en adultère, la tue sur le-champ, et il se fait payer par le complice une somme déterminée, pour le dédommager de sa perte. Lorsqu'une femme est accouchée, elle va se laver et laver en même-tems le nouveau-né dans la rivière la plus proche. Après cela, elle reprend son travail.

La case d'un issinois se ressent de sa pauvreté. Des roseaux la composent et des feuilles de palmier la couvrent. Une petite porte y laisse entrer; mais à condition que l'on rampera. Les femmes ont des hutes à part. Le barbare de ces climats, qui est à peine un homme aux yeux de l'européen, met une différence énorme entre lui et sa femme. Il la considère à peu près comme le premier animal dont il a besoin.

Un sabre, une zagaie, un mousquet; telles sont les armes des issinois, et ils les manient avec adresse. Ils sont guerriers. La moindre offense leur fait prendre les armes; mais la moindre réparation les ramène à la paix. Ils ont des boucliers faits de cuir de bœuf et couverts de peaux de tigre.

Habillement.

L'homme est volontiers nud comme nous l'avons dit. Quelquefois cependant il s'entortille le corps d'une pièce de coton; quelquefois la tête aussi.

L'habillement de la femme consiste en une pagne faite d'une étoffe rayée et soutenue par un morceau qui passe sur l'épaule, et qui sert à porter sur le dos les enfans. Le tour de leurs reins, de leurs bras et de leurs jambes est chargé de divers ornemens de cuivre, d'étain, d'ivoire ou de plume.

N.º 8. La Côte-d'Or.

Situation.

ENTRE la côte d'Ivoire, terminée par la rivière d'Albani et le royaume de Juida, borné par la Volta, se trouve la Côte-d'Or. Ce nom ferait croire que ce pays renferme des mines d'or dans son sein; mais il lui a été donné par les marchands, seulement à cause de la poudre d'or que les habitans tire de l'intérieur pour la commercer avec les étrangers.

Nombre de petits rois commandent sur cette côte; ils sont presque aussi nombreux que les villes et les villages. Ce ne sont, pour mieux dire, que des petits chefs, mais dont l'autorité est sans bornes et qui ne connaissent guère d'autres loix que leurs volontés. Les européens ont formé divers établissemens sur ces côtes. Ce fut à-peu-près dans le cours du quatorzième siècle que les Dieppois y jetèrent les fondemens du premier établissement.

On trouve aussi parmi ces petits empires des espèces de républiques. Le pays d'*Axim* ou *Akim* est un composé de petits villages réunis sous un gouvernement semblable.

La principale richesse du pays consiste dans le commerce de la poudre d'or. Les habitans se livrent aussi à la culture, sur-tout de celle du riz qui y vient d'autant mieux que le terrein est aquatique. Ils s'occupent également de la pêche qui leur fournit de grandes ressources. Quant à leur religion, c'est un mélange grossier de plusieurs superstitions, et même de barbarie; car ils ne croient pas honorer mieux leurs divinités qu'en lui sacrifiant des hommes.

Habitans et leurs mœurs.

Comme tous les habitans de ces côtes se ressemblent à peu de choses près, nous allons nous étendre un peu plus ici, pour glisser plus légèrement sur les détails des mœurs quand nous en serons aux articles de la côte des Dents, de celle des Graines, etc.

En général, ces nègres sont bons, doux, mais volontiers voleurs; c'est une maladie du climat. Il y a néanmoins à une cinquantaine de lieues dans les terres une peuplade antropophage qui inquiète beaucoup ses voisins.

Ces peuples sont assez de mauvaise foi; aussi quand ils viennent dans leurs canots trafiquer avec les européens, ils ont grand soin de faire des sermens qu'ils ne tromperont point, pour cela ils plongent leurs mains dans l'eau et s'en mettent sur les yeux, ce qui veut dire qu'ils voudraient plutôt être aveugles que trompeurs. Après ce préliminaire d'usage, ils vendent, et c'est avec toute la bonne foi qu'on connaît aux marchands européens à leur égard. Les différens princes, sur-tout celui de la côte des Dents, ont coutume d'envoyer à *Axim*, qui est un gros village, un canot portant différentes marchandises sur lesquelles on prononce des paroles sacrées, et qu'on jette ensuite à la mer: c'est sa part, et chaque nègre est assuré, après cela, de pouvoir la parcourir sans crainte; elle n'engloutira plus rien, les tempêtes la laisseront en paix, à-peu-près comme les orages ne dévastent plus les champs quand les prêtres européens ont béni les plaines. Les sottises sont de tous les pays, parce que la faiblesse de l'esprit est commune à tous les hommes.

Une des coutumes ou loix du pays est que chacun doit rester dans son état; ainsi celui qui est pêcheur ne peut devenir commerçant, ni le commerçant pêcheur.

Les

Les maisons sont rondes; les villages ont la même forme, et sont entourés d'arbres qui en sont les palissades et les murailles. Aux quatre points, ils sont fortifiés par des espèces de boulevards qui se terminent en une porte si étroite qu'il n'y peut passer qu'un seul homme. Dans les palissades on pratique de petits trous pour tirer sur les ennemis. Telles sont les plus considérables habitations qui, pour l'ordinaire, sont encore habitées par des serpens, des crapauds, et d'autres reptiles malfaisans.

Les femmes sont grandes et robustes; aussi sont-elles chargés de la culture des terres. Un mari peut en avoir autant qu'il le juge à propos. Il a bien de la peine à en trouver une fidèle dans le nombre; mais il s'en console. Quand un jeune homme aime, il invite l'objet de ses vœux à venir faire collation chez lui : on voit que la galanterie n'est pas inconnue dans ce pays. Elle se le fait dire deux fois si elle est prude; mais elle finit toujours par y aller. Après cette collation elle reste dix à douze jours avec son amant, et finit par demander sa dot qui consiste ordinairement en colliers ou bagues, etc.

A la mort d'un homme, tous les parens s'assemblent : on le pleure, on fait son oraison funèbre, on l'habille; après qu'on a tiré de l'arc devant lui pour marquer qu'on l'aurait défendu contre tous ses ennemis, on le met sur une civière et on va l'enterrer, tandis que les femmes restent auprès des veuves. On suspend ses armes sur son tombeau; si c'est une femme on y jette un plat et une écuelle, signes de ses occupations pendant sa vie; mais les choses ne se font pas aussi simplement lorsque le mort est un homme puissant : on fait rester auprès du corps deux esclaves destinés à le servir dans l'autre monde, et, à l'heure de l'enterrement, on les étrangle et on les jette dans la fosse avec leur maître. Cette cérémonie n'est pas celle qui plaît le plus aux pauvres esclaves : aussi à peine leur maître est-il malade qu'ils s'enfuient où ils peuvent, et ne reviennent que lorsqu'il est enterré. Ils en sont quittes ordinairement pour quelques reproches de la part des parens.

Habillement.

Une chemise, un chapeau pointu; tel est l'habillement d'un nègre de la Côte-d'Or. Seulement cette chemise est plus belle pour les riches, et est ordinairement de coton rayé.

Une chemise est aussi le vêtement des femmes; mais outre la ceinture qui la retrousse, elles ont encore autour du corps une bande de cuir où pendent leurs couteaux, leurs bourses et un trousseau de clefs; mais pour l'ornement, vu que le plus souvent, elles n'ont ni coffre, ni serrure. Quand elles sortent elles se lavent le corps, tressent leurs cheveux dont elles ont soin, et ne portent alors volontiers qu'une pagne, avec une pièce de coton qu'elles rejettent négligemment sur leur épaule.

Elles portent, en outre, des pendans d'oreille de cuivre, des colliers, des bracelets du même métal, avec des anneaux aux jambes. Les filles à marier sont distinguées par des anneaux de fils d'archal autour de leurs bras.

E

N.º 9. Côtes des Graines.

Situation, climat.

LA côte des Graines se nomme aussi côte de la *Maniguette*, nom qui lui vient d'une espèce de poivre que l'on nomme également poivre de Guinée. Entre le Sénégal et la côte des Dents, cette contrée est beaucoup plus peuplée; divers petits peuples l'habitent et sont partagés en différens petits royaumes, dont le principal est Sanguin, situé vers le 4ᵉ degré de latitude et le 10ᵉ de longitude.

La rivière et la montagne de Sierra-Liona, ainsi nommées à cause des lions qui se trouvent dans ces lieux, sont situées sur cette côte à trois journées sud-est du cap Verga. Cette rivière est aussi appelée par les habitans *Mitomba* ou *Tagrim*. C'est une des plus considérables de l'Afrique, son embouchure a quatre lieues de larges. Deux caps la terminent et forment à cette embouchure un baie spacieuse. Nombre de rivières et de ruisseaux se rendent à cette baie, et, en roulant la fraîcheur et la vie avec leurs eaux, dans ces lieux, ils en font un des meilleurs pays de l'Afrique. Aussi est-ce dans cet endroit que les Dieppois ont formé leur premier établissement sur ces côtes, dans le quatorzième siècle; et les habitans, qui sans doute ont eu à se louer de ces marchands, chose assez rare de la part des nègres envers les européens, en ont conservé le souvenir avec plusieurs mots de la langue française. La rivière de Siera-Liona est fort poissonneuse, mais elle a des crocodiles. Ses bords son très-peuplés. Le rivage du midi est ombragé d'une multitude de palmiers de toute espèce, qui fournissent une grande quantité de vin de palme excellent. L'air y est très-pur sur les deux bords, et l'on rencontre, dans le cours de la rivière, plusieurs petites îles très-fertiles et dont l'ombrage délicieux des mangliers qui la bordent, annoncent une fraîcheur desirée sous cette zône brûlée. L'air est fort mal-sain dans le reste du pays; les maladies y sont mortelles, et les chaleurs y sont si vives au milieu de l'été qu'il faut rester enfermé dans les cabanes. L'air est tellement corrompu dans le moment des plus grandes chaleurs, qu'il ne faut qu'un instant pour voir sortir des alimens une multitude de petits vers. Les singes sont extrêmement nombreux sur ces côtes. Les habitans sont obligés de leur livrer la guère. Parmi ces diverses espèces d'animaux, on distingue les *barrys* qui sont d'une taille monstrueuse. On les accoutume dans leur jeunesse à marcher droit, à broyer les grains, à puiser de l'eau dans les calebasses, à l'apporter sur leur tête, et à tourner la broche pour rôtir la viande. Ces animaux aiment si passionnément les huîtres, que, dans les basses marées, ils s'approchent du rivage entre les rocs, et lorsqu'ils voient les huîtres ouvertes à la chaleur du soleil, plus prudens que le rat de *Lafontaine*, ils jettent une pierre adroitement entre les deux écailles. L'huître ne peut se refermer et ils l'avalent à leur aise. Mais quelquefois leur adresse est trompée, la pierre glisse, et le singe est pris comme à un piége. Les nègres qui sont aux aguets manquent rarement ceux qui se trouvent dans ce cas ; ils les tuent et les mangent.

Des animaux plus féroces sont aussi nourris dans ces contrées; on y distingue le tigre et le léopard.

Les habitations de cette côte ressemblent à celle de la Côte-d'Or. Le commerce y est à-peu-près le même; si ce n'est le poivre qu'il a de plus et que l'on nomme *Maniguette.*

Habitans et leurs mœurs.

Les peuples de toute l'étendue de ces côtes se ressemblent du plus au moins, pour les formes corporelles et les habitudes, et même pour la religion. C'est toujours l'idolâtrie avec l'idée d'un Dieu suprême auquel on ne rend aucun culte. Ajoutez-y un mélange bizarre de christianisme et de mahométisme, vous aurez une idée du chaos de leur croyance.

A l'exception de la chair des animaux pris à la chasse, les habitans vivent volontiers de poissons et de légumes. Les volailles qu'ils élèvent en quantité ne sont pour eux qu'un objet de commerce. Ils sont forts et vigoureux; leur tête, ornée de cheveux crépus, est presque toujours découverte. Ils ont les arts grossiers qui leur sont nécessaires. Les français leur ont appris à tremper le fer, et ils ont porté cet art à sa perfection.

Habillement.

Les nègres de la côte des Graines sont volontiers nuds; ils s'en trouvent plus à leur aise, et, parmi les gens du commun, c'est beaucoup quand ils daignent s'entortiller les reins d'une pagne ou d'un chiffon; mais, quand ils s'habillent, c'est avec une chemise de coton sans manche, qu'ils lient au milieu avec une courroie toujours fort grasse. Les gens d'un plus haut parage font usage de grande robe de coton rayé : ils ont toujours l'arc et la flèche à la main et le poignard au côté. Tout le monde marche pieds-nuds.

Les femmes n'y font pas plus de recherches. Elles s'ajustent avec un méchant jupon de coton rayé, et une grande mantille de même étoffe leur couvre négligemment les épaules et la tête.

N.° 10. Juida.

Situation.

CE royaume, dans lequel nous comprenons ceux de *Koto* et de *Pupo*, qui, joints à celui d'Ardra, forme ce qu'on appelle la Côte-des-Esclaves, est

E 2

situé à l'est de la Côte-d'Or, dont il est séparé par la rivière de Volta. *Sabi* ou *Xabier* est la capitale du royaume, c'est la résidence du roi; mais cette capitale n'est qu'un misérable village composé de chaumières, où l'on en distingue une plus grande, qui est le palais royal, ce palais cependant ne manque point d'agrémens et de commodités intérieurs.

Habitans et leurs mœurs.

Le royaume de Juida est plus peuplé que les Etats voisins; ce qui, au premier coup-d'œil, paraîtrait ne devoir pas être; car c'est-là principalement que les marchands européens se fournissaient d'esclaves, et qu'ils apprenaient à l'avare africain à commettre un crime qui peut aller de pair avec l'homicide. C'est même de ce trafic horrible que cette côte a pris son nom, *Côte-des-Esclaves*.

La nature, qui ne mesure point ses bienfaits aux vertus des hommes, a donné aux plus lâches une des plus belles contrées de l'Afrique. Elle s'élève, par une pente douce, des bords de l'Océan jusqu'aux montagnes qui la bornent, et forment un magnifique amphithéâtre couvert des plus beaux arbres et d'une multitude innombrable de villages. — Ces villages sont si rapprochés, que tout le pays semble ne former qu'une seule habitation entrecoupée de jardins.

Le sol est naturellement fertile, et invite à la culture. Aussi les nègres ne sont-ils point paresseux dans cette contrée. A peine ont-ils moissonné, qu'ils recommencent une nouvelle culture, et parviennent quelquefois jusqu'à faire trois récoltes. Le terrein cependant est rouge et communique au fleuve qui l'arrose, avec sa couleur, un goût dangereux, sur-tout pour les européens.

Le climat est salubre dans le tems des sécheresses; mais, au tems des pluies, il devient mal-sain, et fait naître les fièvres et les autres maladies.

Les nègres de Juida sont assez bien pris dans leur taille, mais très-noirs. Leur chevelure est fort crêpue.

Quant à leurs mœurs, elles en forment le peuple le plus abominable. C'est-là particulièrement que l'homme, plus barbare que le tigre, ne voit rien dans l'homme digne de son respect; à ses yeux, ce n'est qu'un animal qu'il peut vendre à son profit, et son crime est la première excuse du féroce européen. Un père est maître absolu de toute sa famille, ou, pour mieux dire, l'avide propriétaire : il peut tout vendre, femmes, enfans, et ses plus jeunes frères. A sa mort, son fils aîné lui succède dans ce droit affreux; les femmes même de son père, sa mère exceptée, deviennent les siennes et passent dans son lit. Rien n'est respectable pour lui : aussi n'y a-t-il que deux classes, les tyrans et les esclaves.

Les loix elles-mêmes concourent à ce désordre; les fautes sont punies par l'esclavage au profit du roi. L'avilissement, suite de ces mœurs, est telle, que cet esclavage souvent ne leur paraît pas même un malheur : quand ils craignent la misère, ils se vendent; et quelquefois, emporté par la passion du jeu, très-violente chez eux, quand ils n'ont plus rien à perdre, ils se jouent eux-mêmes.

Leur politesse fait un singulier contraste avec cette férocité insensible. La rencontre de deux nègres offre un tableau vraiment singulier ; tous deux se prosternent à genoux, se traînent dans cette posture l'un auprès de l'autre, frappent des mains et se saluent respectueusement.

Mais si c'est un supérieur que le nègre rencontre, il se couche aussi-tôt à plat-ventre, la tête contre terre, et ne se relève que lorsqu'il est passé.

Ce mélange de bassesse et de férocité vient encore se nuancer d'une teinte d'opprobre ; c'est la lâcheté, sur-tout la crainte de la mort. Cette crainte est si vive, qu'elle suffit pour dissiper une armée nombreuse et donner la victoire à une horde petite, mais intrépide.

Il ne faut pas demander si la superstition va de pair avec ces qualités. Quand on la retrouve dans le sein des villes les plus savantes, on doit la voir sur son trône chez un peuple aussi grossier qu'ignorant. Les habitans de Juida, et de toute la Côte-des-Esclaves, croient en un bon et en un mauvais Dieu, et ne rendent hommages qu'à ce dernier, afin d'appaiser son inclination mal-faisante. Certains animaux, ou *fétiches* (dieux domestiques), reçoivent plus exactement leurs prières. Parmi ces fétiches, on distingue le serpent. Il n'y a rien de si sacré que ce reptile pour un habitant de Juida. A la vérité les serpens de ce pays ne sont point mal-faisans comme ailleurs ; ils ne font la guerre qu'aux animaux nuisibles. Aussi malheur à l'imprudent étranger qui s'aviserait d'en tuer un ! Les anglais ont été massacrés pour avoir commis ce crime. Le plus ancien de ces serpens a un temple, des prêtres et des femmes. Le roi seul a le droit de voir ce bienheureux animal ; mais les prêtres ne lui accordent ce bonheur qu'une fois par an. Les prêtres ont des mystères par-tout, et ils savent bien pourquoi. Le mensonge est si bien à son aise sous un voile !

Le roi entretient une multitude de femmes dans son palais ; c'est plus l'ornement de sa cour que les objets de ses plaisirs. Six seules sont réservées à ce dernier usage, ou, pour mieux dire, ce sont les premières esclaves du despote. Sans cesse à genoux à ses côtés, elles attendent ses ordres ou ses goûts. A-t-il envie de rester avec une seule, il la touche, frappe dans ses mains ; les autres se retirent sur-le-champ.

Quant au reste du troupeau de ses esclaves, elles ne l'approchent point et n'en sont pas moins tenues de lui rester fidèles. S'il leur arrive de manquer à cette loi, elles sont punies de mort avec leurs complices. Leurs occupations consistent à tenir le palais en ordre. Elles ont encore un autre emploi qui subvient à leur entretien. Lorsque le roi a condamné quelque criminel à laisser piller sa maison, ce sont elles qui tombent sur la proie et l'enlève. Le propriétaire doit paisiblement les laisser faire, et il y va de sa tête, s'il s'avise sur-tout de les toucher.

Les femmes sont également les esclaves des autres hommes: jamais elles n'osent les caresser qu'à genoux.

Lorsque le roi meurt, tout le royaume semble être à l'instant sans loix et sans crainte. Tous les crimes alors sont permis. Mais cela ne dure et ne peut durer qu'un moment ; à peine le successeur est-il sur le trône, que tout rentre dans l'ordre. Tous les esclaves du roi, qui n'ont pu se sauver à

l'instant de sa mort, sont sacrifiés sur son tombeau. Son favori et ses femmes
chéries sont renfermés avec lui dans la tombe, Ils vont le servir dans l'autre
monde. Il en coûte par-tout pour être aimé des rois.

Habillement.

Le costume des habitans de Juida n'a rien de remarquable ; il se ressent de la chaleur du climat, et ne consiste qu'en une pièce de toile, plus
ou moins étendue, suivant la condition des personnes. Cette pièce de
toile, attachée au-dessus des reins comme un petit cotillon, ne descend qu'à
moitié des cuisses chez les nègres du commun. Les seigneurs la portent plus
longue, et la laissent traîner derrière eux en forme de queue.

Les femmes se distinguent également par l'étendue de la mante de toile
ou de peau dans laquelle elles s'enveloppent. Comme toutes les négresses,
elles aiment beaucoup les ornemens de verroteries, d'ivoire et de clinquant.
Elles en mettent à leur cou, à leurs bras, à leurs jambes, par-tout où elles en
peuvent placer.

N.º 11. Ardra.

Situation.

LE royaume d'Ardra, sur la côte des esclaves, offre les mêmes avantages
et les mêmes mœurs que celui de Juida. Les villages y sont aussi multipliés
et la population aussi nombreuse. Le territoire est aussi agréable et aussi
riche. *Assem* est la capitale et la résidence du roi ; c'est un immense village
ayant six lieues de tour, dit-on, mais dont les chaumières sont éloignées
les unes des autres et entrecoupées de jardins. Il est situé sur l'Eufrate. Le
roi y a deux palais, chacun aussi grand qu'un villages ; il n'en habite cependant qu'un, l'autre lui est reservé en cas d'incendie.

Habitans et leurs mœurs.

C'est toujours l'ignorance et l'avidité jointes ensemble. Absolument les
mêmes mœurs qu'à Juida ; seulement le libertinage y est plus grand. Les
femmes y sont de même méprisées, et servent également de jouet tant qu'elles
plaisent

La nouriture est composée d'herbages, de pain de millet, de riz, quelquefois de viande, mais rarement. Le vin de palmier y est en grand usage.

Les surpertitions y sont les mêmes que celles que nous avons décrites.
Les prêtres se nomment *philerons*. Il n'y a cependant ni temple, ni culte
public ; mais en récompense il y a beaucoup de fétiches ou dieux domestiques ;

car il faut bien que les prêtres aient de quoi faire leur métier. Souvent ces fétiches consistent en un vieux pot cassé, en un chiffon soigneusement ramassé dans une corbeille. Hélas! ne nous moquons pas d'eux; nous, habitans de la savante Europe, hier encore Rome nous donnait des *agnus dei*. Ils ne croient point à d'autres vies après celles-ci, disent les voyageurs, ce qui paraît cependant contredire leurs usages, puisqu'ils enterrent des esclaves avec les morts, pour les servir dans l'autre monde. Mais les voyageurs n'y regardent pas de si près; ils rapportent toujours, et l'on examine après.

Et voilà justement comme on écrit l'histoire !

Le roi d'Ardra est absolu. C'est la coutume de tous ces petits barbares qui, du milieu de leur chaumières délabrées, méprisent souverainement le reste de la terre. Ce roi hérite et dispose des biens de tous ses sujets; les nobles en font autant de leurs vassaux; chaque chef, de sa famille; c'est une chaîne de despotisme. Le roi marche toujours accompagné d'un nombreux train, mais ses troupes ne valent pas mieux que celles de Juida. Le petit roi de *Dahomay*, chef de quelques hordes antropophages et courageuses, le lui a bien fait sentir en lui enlevant le pays de *Jakein* qui lui appartenait. Le royaume est héréditaire, et le fils aîné y succède.

C'est un crime, dans le pays, que de voir boire ou manger le roi, boire sur-tout. Quand cela lui arrive, un officier frappe deux coups de baguette, et chacun se prosterne. Si quelqu'un avait le malheur de lever les yeux, son audace serait puni de mort sur le champ. Il n'est pas plus permis de voir les mets qu'on lui sert. C'est, disent les naturels, afin d'en éloigner plus sûrement les enchantemens.

L'air de ce pays est assez mal-sain, sur-tout pour les étrangers. Il y a beaucoup de fruits, des palmiers, du millet et du riz. Le principal commerce consiste dans la vente des esclaves. Les européens en tirent annuellement trois mille.

Habillement.

Les nègres du commun ont pour habillement trois ou quatre petites jupes l'une sur l'autre. La première descend jusqu'aux genoux; la seconde s'arrête un peu plus haut; et il en est de même de la troisième et de la quatrième. Ces jupons sont de toile de coton, assez souvent fine et brodée en or. Les gentilshommes les portent en soie. Quelquefois l'on n'a qu'un de ces jupons brodé, avec une draperie qui entoure les reins.

L'habillement des femmes est à-peu-près le même. Quelquefois, à commencer de leurs reins, elles ont une grande draperie ou une fourrure qu'elles retiennent par une ceinture également sur leurs reins. Les colliers de verre, de clinquant, les bracelets, tous les ornemens d'usage ne manquent point. En général, les hommes et les femmes sont très-propres; ils se lavent le matin et le soir, sur-tout les femmes, qui se parfument avec des herbes aromatiques.

N.º 12. Congo.

Situation, climat et productions.

LE Congo, dans la basse Guinée, pris en particulier, est borné par la rivière de Zaïre ou Barbela, qui le parcourt du nord-est au sud-ouest, et le sépare, vers le couchant, du royaume de Loango. Il est séparé, au midi, d'Angola par la rivière de Danda ; il est borné, au couchant, par l'Océan occidental, et il est beaucoup plus étroit de ce côté-là : divers peuples, faisant partie de la Cafrerie, se trouvent au levant.

Outre le Zaïre, un grand nombre de rivières arrosent ce royaume. Le Zaïre est la plus grande, et est remplie de crocodiles, d'hippopotames et de cochons aquatiques. Comme ces rivières se débordent pendant la saison des pluies, qui est l'hiver du pays et qui répond à notre été, elles fertilisent les terres et y produisent une très-grande quantité de riz et d'autres grains nourriciers. On y recueille aussi plusieurs sortes de fruits, et sur-tout de ceux que la nature, par une sage économie, a placé dans les régions brûlantes pour tempérer la soif ardente et répandre une fraîcheur parfumée dans l'estomach desséché de l'homme ; des citrons, des limons, des oranges, des ananas, etc. ; des palmiers, qui, en fournissant à une multitude de besoins, donnent encore le vin, qui semble être le complément des bienfaits. Parmi les arbres, on distingue l'*alekonde*. Cet arbre a quelquefois cinquante et soixante pieds de circonférence dans sa base. Il est presque toujours creux et rempli de vingt à trente tonneaux d'une liqueur nourricière. Le tronc creux de ces arbres sert d'abri aux troupeaux dans les grandes chaleurs ; cependant les nègres en redoutent l'approche, parce qu'un coup de vent suffit pour le renverser. La feuille de cet arbre a quelque ressemblance avec celle du chêne, et son fruit, qui est de la grosseur d'une citrouille, est assez agréable. L'écorce de cet arbre et celle d'un autre moins élevé, peuvent se filer et servir à former le tissu des étoffes : cet ouvrage est celui des femmes. L'*eusenka* est encore plus fort, et se reproduit d'une manière toute particulière. Il produit de petites branches que le vent détache facilement, et qui, une fois à terre, prennent aussi facilement racine, et présente au tour de l'arbre-père, une pépinière qui croît à l'ombre de ses rameaux.

Il y a aussi des plantes vénéneuses au Congo. Le *mignamigna*, entre autres, empoisonne avec son fruit et guérit avec ses feuilles. Une partie des arbres de l'Europe y viennent très-bien ; et la terre, quoique neuf mois sans une goutte de pluie, y est si féconde, que l'on y fait jusqu'à trois moissons.

Le sein de la terre est aussi riche que sa surface ; le fer, le cuivre, l'or,

le

le marbre, le superbe marbre de l'ancienne Ethiopie, qui était en ces lieux mêmes, s'y trouvent abondamment. Tous les quadrupèdes africains s'y voyent, et, entre autres, l'*orang-outang*, ce singe qui, par sa grandeur et sa figure, a été nommé l'homme-des-bois. Les oiseaux y sont nombreux et vivifient les forêts et les bosquets. Mais parmi les poissons que l'on pêche sur la côte, on en remarque un singulier, que les portugais ont nommé *pesce-dona*, *poisson-femme*. Peut-être n'est-ce qu'un rapport imaginaire. Quoi qu'il en soit, voici la figure qu'on lui donne; sa tête est celle d'une femme, ainsi que ses bras et son sein; ses cheveux sont longs et flottent sur ses épaules. Le reste du corps est terminé en queue de poisson. Le père *Cavazzi*, le père *Labat*, *Lopès* et *Merolla*, assurent avoir admiré cette merveilleuse syrène.

Origine et gouvernement.

Le Congo et les royaumes voisins formaient autrefois cette partie de l'Afrique, si connue sous le nom d'Ethiopie, et dont les habitans, éclairés long-tems avant les égyptiens, se vantaient d'avoir donné leurs sciences à ces derniers. Alors cette contrée a, plus qu'aucune autre, subi la loi commune; car elle tomba et demeura dans le plus parfait oubli; et si ses habitans sont les descendans des anciens éthiopiens, ils ne leur ressemblaient guère lorsque les portugais furent s'établir chez eux. Ils n'y trouvèrent, au lieu de sagesse et de lumière, que barbarie, ignorance et grossière superstition,

Ce fut dans le quinzième siècle que les portugais, cherchant une route pour aller aux Indes orientales, abordèrent à l'embouchure du Zaire. Après avoir reconnu le pays et cru trouver, parmi ces sauvages, quelques dispositions au christianisme, ils y envoyèrent des missionnaires. Ce fut le commencement de leur puissance dans ce pays. Un siècle après ils s'y établirent plus solidement, en chassant des états du roi de Congo des peuples voisins, les *jaggas*, qui s'en étaient emparé. Le roi alors régnant poussa la reconnaissance jusqu'à vouloir devenir le vassal du roi portugais; mais celui-ci se contenta du titre de protecteur.

Avec leur religion, les portugais ne manquèrent pas de porter aux congois leurs préjugés et leurs mœurs. Les nobles du Congo mirent un *dom* devant leur nom, et il y eut, dans le pays, des *marquis*, des *ducs*, des *comtes*, etc. C'était la caricature la plus singulière. Ces nobles noirs poussèrent même la charge jusqu'à s'affubler d'habit à l'espagnol; cela leur allait tout aussi bien que le *dom* et le *marquisat*. Le roi de Congo a une autorité absolue sur la vie et les biens de ses sujets, qui n'approchent de lui qu'avec des marques extraordinaires de respect et de crainte. Il en est là comme à Juida, la mort frappe le malheureux qui l'a vu boire ou manger. Son conseil est composé d'une douzaine de personnes qui lui sont affidées et auxquelles il confie les premiers emplois. Il a une cour fort nombreuse, composée d'une partie de sa noblesse, d'un grand nombre de domestiques, sans parler de ses gardes. Son habit est ordinairement d'une étoffe d'or ou d'argent, avec un manteau de velours. Il porte un bonnet blanc comme tous les grands seigneurs de ses Etats. Il est servi à table par ses officiers

F

dans de la vaisselle d'or et d'argent. Depuis l'arrivée des portugais, les rois de Congo font profession de christianisme et n'ont qu'une femme, mais ils ont des concubines, et se ressouviennent de quelques anciennes superstitions de leur pays.

On divise le Congo en six grandes provinces. SAN-SALVADOR en est la capitale. Elle est sur une montagne. Les rues en sont longues et larges, mais les maisons fort basses ; celles des grands sont isolées comme de petites villes. Ce n'est que depuis peu que les principaux édifices sont en pierres ; le reste est bâti avec des pieux enduits de torchis, mais proprement blanchi à l'extérieur et à l'intérieur ; ce qui, joint à la verdure des palmiers et des autres arbres dont elles sont environnées, fait un effet très-agréable. Il y a plusieurs églises. Le roi se fait servir à l'espagnole, pour les mets et les meubles, dans l'intérieur de son palais.

Habitans et leurs mœurs.

Les nègres du Congo ressemblent assez aux autres ; cependant ils sont mieux faits et n'ont point les lèvres grossies. C'est parmi eux que l'on rencontre les hommes qui sont le jeu le plus singulier de la nature, les *albinos* ou *nègres blancs*, qui, avec un extérieur semblable à celui des autres nègres, sont d'une blancheur qui ressemble à celle du plâtre ; mais ce n'est qu'une monstruosité, puisqu'enfans de nègres, ils ne peuvent se reproduire. Ils voient fort bien la nuit et pas le jour. On les respecte beaucoup dans le pays, et ils sont volontiers destinés au service des autels.

Aux superstitions apportées par les portugais, les congois ont mêlé leurs anciennes superstitions, ce qui forme une religion bizarre, que l'on nomme cependant christianisme. Ils adorent Jésus-Christ, et ont des *mokissos* ou de petites statues fétiches.

Il était sans doute plus facile de prendre les cérémonies européennes que leurs arts ; car les congois ont à peine l'idée de ces derniers, et ne savent ni lire ni écrire. En récompense ils sont très-libertins, et les prêtres chrétiens ont bien de la peine à leur faire perdre l'idée de n'avoir pas plusieurs femmes, comme leurs ancêtres et ceux des habitans qui sont encore idolâtres.

Lorsqu'un de ces idolâtres veut se marier, il s'efforce d'attirer chez lui la jeune fille sur qui il a jeté les yeux. Si elle y vient et si elle lui remet volontairement sa pipe, il a sur elle tous les droits d'un époux. Les nègres riches font porter un présent de quelques fruits et de vin de palmier au père de la jeune fille. Si ce père accepte le présent, le jeune homme, accompagné de ses amis, va enlever sa fiancée et l'emmène dans sa maison. Alors le mariage est consommé ; mais il n'est pas indissoluble. Les deux époux se gardent à l'essai pendant un mois, s'ils ne sont pas contens l'un de l'autre, l'épouse retourne auprès de son père, qui renvoie le présent. Une fille ainsi essayée n'en est pas moins recherchée ; mais si elle a le malheur de se laisser séduire par un homme qui ne l'a pas demandée en mariage, elle doit se présenter à la cour, et demander, à genoux, son pardon et celui de son amant, si elle ne veut être punie. Toutes ces cérémonies et ces usages se retrouvent en grande partie parmi les nègres catholiques.

Habillement.

Tous les *ducs*, les *marquis* et les *comtes* du Congo portent volontiers, comme nous l'avons dit, l'habit espagnol. Les autres portent tout simplement une pagne ou une peau qui en tient lieu. Les femmes ont le même habillement ; plus, une draperie qui leur remonte jusqu'aux épaules. Les ornemens de cou, de bras et de jambes sont toujours de mode. Quelquefois les grands portent une espèce de costume asiatique.

N.° 13. Loango.

Situation.

On comprend dans les états de Loango, les royaumes de *Cacoango* et d'*Angoy*. Alors ils s'étendent dans la partie septentrionale de la basse Guinée et le long de la côte occidentale de l'Afrique, depuis les montagnes du Saint-Esprit jusqu'à l'embouchure du fleuve de Zaire. Ce fleuve le sépare du Congo et le parcourt du nord-est au sud-ouest. Le Loango est divisé en plusieurs petites provinces qui faisaient autrefois autant d'États et qui ont été réunis sous un seul roi.

La population de ce pays est fort nombreuse. Les animaux y sont aussi en quantité, des volatiles, des quadrupèdes, des buffles, des bœufs, etc., et sur-tout de superbes éléphans. Les dents de ces derniers sont un objet principal de commerce dans le pays. Il y a aussi des mines, principalement de cuivre.

La capitale de ce royaume se nomme Loango, ou, pour mieux dire, c'est le nom que les européens lui ont donné, puisque les nègres l'appellent *Boari* ou *Bauza-avari*. C'est une grande ville dont les rues sont assez propres. Son coup-d'œil est d'autant plus piquant qu'elle est remplie d'arbres, et que si l'expression était permise, elle pourrait s'appeler une ville champêtre. Les maisons, bâties comme au Congo, sont isolées, mais agréablement entourées d'allées de bananiers, de palmiers et d'autres arbres. Le palais du roi est au centre, devant une grande place. C'est un carré-long, dont l'étendue est d'une lieue et demie. Quelque soit sa grandeur, cependant il ne s'y trouve que trois à quatre appartemens.

Habitans et leurs mœurs.

Les habitans de Loango sont vigoureux, d'une haute taille et d'un caractère assez doux ; mais légers, jaloux, ivrognes, méfians, voleurs, et despotes dans l'intérieur de leur ménage. Leur superstition est extrême. Jamais ils ne se mettent en route sans se charger d'un sac où sont de petits mokissos ou statues de leurs dieux. Ce sac pèse dix à douze livres. Leur religion

F 2

semble tenir quelque chose du mahométisme, principalement la circoncision. Mais l'objet principal de leurs respects est le roi, qu'ils appellent *samba* et *pango*, *dieu*, *divinité* : ils lui en attribuent presque le pouvoir. Lorsqu'après les longues sécheresses de l'été, les pluies de l'hiver approchent, ils le supplient de leur faire tomber l'eau du ciel, et, pour l'y engager, ils lui font des présens. Le monarque, empressé, dans cette occasion, de répondre à leurs vœux, se rend dans la campagne en très-grande cérémonie, et lance une flèche vers le ciel. La pluie, comme l'on pense, ne peut pas manquer de tomber après une pareille action du puissant roi de Loango.

Le vol n'est puni, dans le pays, que par la restitution et une exposition de quelques heures, du voleur, attaché tout nud à un arbre. Lorsque l'on veut découvrir l'auteur d'un crime ou d'un sortilége mal-faisant ; car les sortiléges sont comptés pour quelque chose à Loango, on fait boire à l'accusé une liqueur extrêmement amère, appelée *bonda*, et ensuite on le fait marcher et pisser sur des petits morceaux de bois vert ; s'il tombe ou s'il ne peut pisser, il est déclaré coupable et puni de mort.

Là, comme au Congo, on punit aussi de mort celui qui voit boire ou manger le roi. Ce despote a, dit-on, dans son palais, sept à huit mille femmes dont il ne fait rien, mais qui lui doivent fidélité. Une d'entre elles, la plus grave, souvent la plus vieille, est choisie pour les gouverner. Elle s'appelle *makonda*, ou reine mère ; le roi lui-même lui doit une grande déférence et doit l'admettre à son conseil. Cette vieille a le droit de se choisir un amant, si bon lui semble, et veut sur-tout qu'il soit fidèle, et cela, sous peine de mort ; car les rois et les reines de ce pays, comme ceux de bien d'autres, veulent être aimés ou veulent tuer. Ce dernier parti est plus facile que l'autre : ils le prennent.

La polygamie est permise et la condition des femmes est fort malheureuse : le mari est un despote fort dur, peu aimable, et qu'il faut toujours avoir l'air d'aimer. Ce sont les femmes qui cultivent et ensemencent les terres.

Dans ce pays un malade n'est guère plaint, peu soigné ; mais à peine est-il mort qu'on le pleure à chaudes larmes, et qu'on lui demande pourquoi il est mort. Comme il n'a pas coutume de répondre, trois heures après on va l'enterrer, et l'on met sur sa fosse des pieux, après lesquels on attache des lambeaux de ses habits. Un blanc qui meurt parmi ces barbares n'y est point enterré, il faut mettre son corps dans une chaloupe, et l'aller jeter à quelques milles en mer.

Habillement.

Le roi, ses gentilshommes et ses femmes s'habillent avec des étoffes richement brodées. Ils attachent leurs habits avec une corde tissue de feuilles de *matomba* ; d'autres se servent de ceinture de fils ou de drap rouge ou noir. Le roi porte par-dessus une espèce de tunique de peaux de chats mouchetés, garnie de grosses perles de diverses couleurs. Les nègres du commun se servent d'étoffes du pays grossièrement tissues, et portent tous devant eux un petit tablier fait de peaux de chats. Leur tête et la moitié du corps est ordinairement nuds, mais ornés de colliers, de bracelets, ainsi qu'aux jambes.

N.º 14. Jaggas.

Situation.

LES jaggas sont des peuplades absolument barbares répandues dans l'intérieur de l'Afrique, depuis les frontières de l'Abissinie et le pays des anzikois au nord, jusqu'au pays des hottentots au sud, et à la basse Guinée au couchant. Ils se trouvent dans la partie que l'on nomme la *Cafrerie*, et ils possèdent une partie du *Monemuji*.

Habitans et leurs mœurs.

Outre la noirceur de leur peau, qui est absolument complette, ils ont les traits de la figure difformes. Mais pour enchérir encore sur la nature, qui les a si mal-traités, ils ont la coutume de se cicatriser le visage, ce qui finit par les rendre hideux.

Leurs demeures sont volontiers au sein des forêts; mais ils aiment à faire voyager leurs familles entières à la manière des arabes. Sans s'amuser à planter ni à semer, ni même à nourrir des troupeaux, ils s'arrêtent dans un endroit autant qu'ils peuvent y vivre. Leur grande ressource est le brigandage, et ils l'emploient avec toute la férocité possible. S'il leur arrive de ne prendre que des hommes; eh bien, ils les mangent, et croient avoir fait une excellente capture. Ils ne font presque la guerre que dans cette vue, et entre eux-mêmes, souvent il leur arrive de se manger. La nature n'a fait connaître aucun de ses droits à ces barbares. Les pays où ils se plaisent le plus, sont ceux où les palmiers sont nombreux, parce qu'ils aiment beaucoup le vin que donnent ces arbres. Quands ils passent dans un pays, ils ne laissent que des ruines derrière eux. Leurs armes ordinaires sont le dard et la dague.

Ignorans et féroces, ils sont encore adonnés au sortilége, et peuvent passer, parmi les peuples, comme un essai de ce que l'homme sauvage peut être. Ce n'est qu'un animal qui a la force et un peu de l'adresse accordées au genre-humain.

Leurs femmes voyagent avec eux. Elles se frottent le corps de musc; mais ce qu'il y a de remarquable parmi elles, c'est qu'elles s'arrachent deux dents en haut, deux en bas. Celles qui n'ont pas ce courage, sont des objets de mépris. Un jeune homme n'est libre que lorsqu'il a présenté au chef la tête d'un ennemi. Avant cette époque, il est obligé de porter un collier en signe d'esclavage.

Habillement.

Les Jaggas vont volontiers nuds; mais le plus souvent ils ont une pagne d'étoffe grossière qui leur entoure les reins.

Les femmes ne sont pas mieux habillées; mais elles ont coutume d'accommoder leurs cheveux en toupets élevés, entremêlés de coquillages. Elles portent des colliers, des bracelets et des bandes d'étoffe de couleurs diverses. Leurs oreilles sont ornées de pendans.

N.° 15. Benin.

Situation.

ON appelle de ce nom général toute la Guinée qui est au sud-est, dont le principal royaume est celui de *Benin*, où les hollandais et les portugais ont fait jusqu'à présent un commerce considérable. Ce pays fournit beaucoup de coton, de poivre et de miel. Il est assez bon, couvert de bois, traversé par des rivières, coupé par des étangs; mais il y a des endroits très-étendus qui manquent d'eau. On y trouve beaucoup de bêtes féroces, comme éléphans, tigres et léopards; on y trouve aussi des cerfs, des sangliers, des singes, des chevaux, des ânes, des lièvres, des chèvres, des brebis, et toute sorte d'oiseaux. Le *Benin* est la rivière la plus grande qui arrose ce royaume. Les portugais qui, en faisant la découverte de ce pays, ont abordé à son embouchure, qui est fort large, l'ont appelé *Fermose* ou *Formoso*. Elle se jette dans l'Océan au 6° degré de latitude septentrionale, et au 24° de longitude.

La capitale de ce royaume s'appelle également BENIN et se trouve sur la rivière du même nom. C'est une ville des plus considérable de l'Afrique; elle a trente rues fort droites et fort larges; mais les maisons sont très-basses. Les habitans, qui sont d'une propreté extraordinaire, lavent ces maisons du haut en bas, et les frottent avec tant de soin et si souvent, qu'elles sont brillantes comme des miroirs. Le palais du roi est très-vaste; il est près de la ville et fermé de murailles. Il y a plusieurs appartemens pour les ministres du prince, et de belles et grandes galeries, soutenues par des pilliers de bois enchassés dans du cuivre, où sont gravées les victoires des rois.

Habitans et leurs mœurs.

Les nègres du Benin sont beaucoup plus civilisés que les autres nations de cette couleur; en général ils sont aussi beaucoup mieux faits. Ils mettent de la bonne-foi dans leur marché, ne volent point, et haïssent l'ivrognerie. Mais quoique doux et affables, ils ont encore des usages qui révoltent la nature. ils sacrifient des hommes à dieu et au roi, c'est-à-dire au dieu mauvais, car ils se croient dispensés de rien faire pour le dieu bon.

Le roi de Benin est très-puissant et a des revenus considérables. On prétend qu'il a un sérail de plus de six cents femmes, gardées par des eunuques. Il peut mettre sur pied cent mille hommes. Plusieurs rois sont ses tributaires, et ses sujets sont ses esclaves. Ce monarque ne parait en public qu'une fois par an, et ce jour de fête, pour tout le royaume, est marqué par le sang de quelques malheureux : on tue quelques hommes pour exprimer la joie de voir le maître du Benin. Sa mort est encore le signal de la perte de quelques autres infortunés : on en sacrifie un certain nombre sur son tombeau, et ils sont choisis parmi les personnes de distinction. Celui de ses enfans qu'il a nommé son successeur entre alors en droit, et, pour éviter d'être supplanté dans la suite, il commence par faire mourir ses frères. Tels sont les usages du Benin, qui se trouvent en contradiction avec les mœurs qui y sont fort douces.

La nourriture ordinaire est la viande de bœuf, de mouton, de volailles, et de la farine d'ingname, dont on compose une sorte de pain. Les pauvres se contentent de poisson frais, cuit à l'eau ou desséché au soleil après avoir été salé.

La polygamie est d'usage : le nombre des femmes se règle sur le caprice ou les moyens du mari. Une femme adultère reçoit ordinairement la bastonnade et est chassée, et tous les biens du complice deviennent ceux du mari lésé. Les nobles n'en tiennent pas quitte à si bon compte, l'amant et la femme sont poignardés et jetés aux bêtes carnacières.

Les habitans du Benin font un assez grand commerce d'esclaves, mais jamais aux dépens de leur nation : ils se respectent à cet égard. Ils vont, pour cet objet, faire la chasse aux nègres de l'intérieur, et les amènent sur la côte au marchand qui les transporte en Amérique.

La circoncision a lieu dans le Benin, et elle y devient nécessaire comme dans tous les pays fort chauds. Outre l'idée d'un dieu bon et d'un dieu méchant, qui compose le fondement de la religion du Benin, les habitans adorent encore des idoles et conservent chez eux des fétiches.

Habillement.

Les béninois vont presque nuds, seulement ils entourent leurs reins d'une pièce d'étoffe qui leur vient à-peu-près aux genoux, et dont la pointe est devant. Les bords sont ornés de franges ou de coquillages.

Les femmes n'en portent guère davantage. Celles de distinction ajoutent à cet habit une autre pièce d'étoffe rayée, qu'elles mettent sur leurs épaules comme un petit manteau. On marche nuds-pieds; mais les jambes, ainsi que les bras, sont ornés de bandes d'étoffes, et de bracelets de coquillages ou de perles.

N.° 16. Angola.

Situation.

LE royaume d'*Angola*, que les peuples du pays appellent *Dongo*, est situé au midi de celui de Congo, dont il était autrefois tributaire. Il est borné au nord par la rivière de Danda, qui le sépare du Congo; au levant, par divers Etats de la Cafrerie; au midi, par le royaume de Benguela, et au couchant, par l'Océan.

Ce royaume, sous la dépendance et la protection de celui de Congo, était autrefois un espèce d'Etat olygarchique. Les seigneurs de chaque village, que l'on appelle *suvas* ou *soyas*, avaient l'autorité en commun; mais au milieu du seizième siècle, un de ces *soyas*, nommé *Angola*, s'avisa de devenir le roi de son pays. Il sut mettre les portugais dans ses intérêts, et, avec leur secours, il vainquit et soumit tous les soyas, ses collègues. Il se rendit également indépendant du Congo. Son fils *Damby-Angola* qui lui succéda, fut ennemi des portugais; mais *Quilongo-Angola* ayant succédé à Damby, renouvela alliance avec eux. Il les indisposa néanmoins dans la suite en faisant assassiner une quarantaine de marchands qui allaient commercer dans sa capitale. La guerre s'étant élevé entre les deux nations, les portugais s'emparèrent de toute la côte d'Angola et de plusieurs places dans le pays. Quilongo étant mort, *Anne Xinga* ou *Zinga*, sa fille, qui avait été baptisée, prétendit lui succéder au trône au préjudice d'un neveu qui le lui disputa, et qui l'obtint en effet, sous la protection des portugais. Anne fut obligée de céder et de se réfugier au nord-est du royaume, où plusieurs grands la suivirent, et d'où elle ne cessa de faire la guerre aux portugais jusqu'à sa mort. Les historiens en font une héroïne.

L'air et la qualité du terrein sont à-peu-près semblables à ceux du Congo, et on y voit les mêmes espèces d'animaux et de volatiles.

Habitans et leurs mœurs.

Les angolois se divisent en quatre sortes de conditions. A la tête sont les nobles ou gentilshommes; sont immédiatement après les personnes libres de l'un ou de l'autre sexe, qui sont laboureurs ou artisans; en troisième lieu, les familles esclaves du pays, qui cultivent les terres des nobles; et enfin les esclaves étrangers, achetés ou pris pendant la guerre. Ces derniers servent ordinairement pour la traite des nègres, et forment une branche principale du commerce d'Angola. Les portugais en emmènent tous les ans ordinairement environ quinze mille pour cultiver leurs colonies d'Amérique.

Chaque village qui a, comme nous l'avons dit, son soya ou seigneur,

est

est composé de méchantes hutes faites de roseaux et de paille, sans plancher, et est environné de buissons, et bordé d'allées d'arbres de chaque côté, où l'on ne peut aborder que par des sentiers étroits. Les maisons des grands sont séparées en plusieurs chambres, et ont des cours devant et derrière.

La principale et la plus friande nourriture des angolois est la chair de chiens; aussi en nourrissent-ils un grand nombre destiné à leur boucherie. C'est sur les femmes que les hommes se reposent de la culture des terres; mais, de leur côté, ils sont obligés de fournir des habits à toute leur famille.

Un certain nombre d'angolois ont embrassé le christianisme; mais le reste est idolâtre. Chaque village a, dans son centre, un lieu consacré à une ou plusieurs idoles; ces mêmes figures se retrouvent dans l'intérieur des maisons. On leur fait aussi des espèces de temples où tous les dieux du pays se trouvent rassemblés. Ces dieux ont des prêtres comme de raison: on les nomme *gangas*. Un *ganga* a tout ce qu'il faut pour être maître absolu d'un esprit faible et ignorant: d'abord il est prêtre, c'est beaucoup; ensuite il est magicien, ce qui est davantage; et, ce qui complette son pouvoir, il est médecin; en dernier analyse, c'est un charlatan plus ou moins habile; mais il est sans doute arrêté dans les destins de l'Univers, que le genre-humain serait par-tout la dupe et la proie du charlatanisme. Qu'aucun peuple ne réclame, il n'y a pas un coin du globe qui n'ait de quoi faire hausser les épaules au philosophe!

Habillement.

Une peau d'animal compose presque tout l'habillement d'un angolois; il la jette sur ses épaules, met un petit tablier devant lui, et il est paré.

Sa femme y ajoute une espèce de cotillon de fourrure, beaucoup de colliers et un bonnet pointu, quelques lisières autour de ses jambes et elle se trouve dans toute sa magnificence.

N.º 17. Cazegut.

Situation.

CAZEGUT est une des îles de l'Afrique, située sur les côtes de la Nigritie; c'est une des plus grandes et des plus fertiles des *Bissagos*, au sud-ouest de *Bissao*, dont elle est éloignée de douze lieues. Elle est renfermée dans une cercle de bancs de sable, excepté aux deux pointes du nord-est et du sud-ouest, où les vaisseaux peuvent mouiller en sûreté. La longueur

G

de l'île surpasse trois fois sa largeur. Son terroir est riche et bien cultivé. Il produit en abondance des lataniers, des palmiers et des orangers, du maïs, du riz, des pois, et d'autres espèces de légumes.

Habitans et leurs mœurs.

Les nègres de cette île, hommes et femmes, ont une belle taille et les traits de la figure assez agréables. Le noir de leur peau est lustré, et il n'ont point le nez écrasé, ni les lèvres grosses.

En général, ils sont assez ingénieux et ont de l'esprit; mais la paresse les empêchera toujours de profiter de ces avantages naturels, et de faire quelques progrès dans les arts.

Ils ont cependant une belle qualité, c'est la haine de l'esclavage. Il n'y a rien qu'ils ne fassent pour s'y soustraire. Quand plusieurs esclaves de cette nation se trouvent réunis, il est rare qu'ils ne se soulèvent pas, s'ils en trouvent le moyen. Souvent même ils se donnent la mort pour se délivrer et punir d'un même coup leurs tyrans.

Bruce, célèbre voyageur, de qui nous tenons ces détails, eut plusieurs audiences du roi de cette île, qui le mirent à même d'apprécier ce peuple, qui est bon et civil. Il trouva ce roi logé dans une maison à la portugaise, grande et blanchie en dehors et en dedans, ayant un vestibule à l'entrée qui était ouvert de trois côtés: elle était environnée de grands palmiers, et il y avait des chaises et des tabourets d'un bois noir fort propre. Cette espèce de palais était gardé par une quarantaine de nègres armés de sabres et de flèches.

Ce roi est encore puissant en comparaison de nombre de petits rois nègres de Guinée et du pays des caffres. Cette racaille royale, toujours flattée qu'un de nos marchands la régale d'eau-de-vie, affecte souvent de prendre les noms des princes de l'Europe ou de quelques grands dont elle a entendu louer les exploits. Un voyageur trouva, en 1743, un de ces petits barbares qui se faisait appeler le roi *Guillaume*, et dont l'auguste épouse se nommait la reine *Anne*. Un autre se qualifiait de duc de *Marleboroug*. Le roi Guillaume était un petit César qui fit une guerre assez comique à un certain roi *Martin*, qui avait osé s'égaler à lui. Il se donna, pour cet important objet, une fameuse bataille, où Guillaume perdit trois hommes et Martin cinq. Celui-ci, consterné de sa défaite, demanda la paix, qu'il obtint aux conditions suivantes: 1.° qu'il renoncerait au titre de roi, et se contenterait de celui de capitaine; 2.° qu'il ne mettrait plus ni bas ni souliers lorsqu'il irait à bord des vaisseaux d'Europe, et que cette brillante distinction appartiendrait désormais au roi Guillaume. Après ce traité glorieux, Guillaume vint en bas et en souliers sur un vaisseau danois, où il acheta quelques soieries pour en habiller la reine. Ayant apperçu un bonnet de grenadier que des gens de l'équipage avaient par hasard, il en fit aussitôt l'acquisition pour en décorer la tête de la princesse. Il voulut que Martin la vît dans toute sa parure; Martin avoua qu'elle n'avait jamais été si belle.

Habillement.

Sous ces climats brûlans les hommes vont en partie nuds. Ceux de Cazegut portent, comme les autres nègres, une pagne. Mais comme ils sont jaloux d'avoir quelque chose à l'européenne, il est assez ordinaire de les voir ainsi presque nuds et coëffés d'un chapeau à trois cornes.

Les filles et les femmes n'ont pour habit qu'une grande ceinture ou espèce de franges extrêmement épaisses, faites de joncs, qui leur environnent les reins et leur descend jusqu'aux genoux. Le reste du corps est, pour l'ordinaire, tout nud, excepté quand le vent nord-est souffle; car alors le froid, auquel elles sont fort sensibles, les oblige de mettre un semblable vêtement autour du cou; il leur couvre les bras et leur vient jusqu'à la ceinture comme un peignoir. Quelques-unes en mettent un troisième sur la tête qui leur retombe sur les épaules. Elles oignent avec soin leur chevelure avec de l'huile de palme, afin de les rendre gras et roux, ce qui, dans le pays, est du bon ton, et n'est sans doute pas plus ridicule que la poudre chez nous.

N.° 18. Gorée.

Situation.

GORÉE est une des petites îles qui sont à la pointe du Cap-Vert. On lui donne à peine une lieue d'étendue, mais elle n'en mérite pas moins le regard de l'observateur. Les hollandais y avaient déjà bâti deux forts, lorsque le comte d'Estré la prit en 1678. L'année suivante notre compagnie du Sénégal la reprit et la fortifia de nouveau. Le terrain, desséché et sablonneux de sa nature, ne rapporte que du mil, du tabac et quelques fruits qui n'ont point de saveur. Le vin de palme y est assez commun et peut subvenir aux désirs des nègres qui l'aiment beaucoup.

Habitans et leurs mœurs.

Les goréens sont noirs, mais assez bien faits et pleins de force. Ils se nourrissent volontiers de poissons, quoiqu'ils aient des bestiaux, qu'ils élèvent dans leurs pâturages, qui sont assez bons.

Leurs cases sont fort propres et assez bien construites avec une terre grasse qui s'endurcit. Elles sont recouvertes avec des feuilles de palmiers si artistement arrangées l'une sur l'autre, que les rayons du soleil ni la pluie ne peuvent pénétrer dans l'intérieur. La forme de ces habitations est ronde, et va en diminuant par le haut.

Extrêmement paresseux, les goréens, une pipe éternellement à la bouche, passent une partie de leurs jours dans ces cases, tandis que leurs femmes, le dos chargé de leurs plus jeunes enfans, travaillent du matin au soir à la terre, et supportent une fatigue continuelle pour nourrir leurs maris indolens. Ils sont cependant guerriers, et ils se servent de sabre, de zagaie ou demi lance, et de l'arc. Leur roi, qui réside sur la côte, est distingué par une plus longue lance et par une chemise de toile à petits carreaux. Souvent ils sont en guerre avec d'assez grands singes qui leur disputent le terrein, et enlèvent leurs enfans qu'ils portent au haut des arbres.

La religion est une espèce de mahométisme corrompu. Ils ont cependant une fête qui fait bien augurer d'eux et qui a un but touchant. Chaque année toutes les familles se rassemblent dans une plaine, et, après la prière des marabous, on s'embrasse cordialement en prenant le ciel à témoin de la réconciliation. Ils sacrifient plusieurs veaux et plusieurs chèvres qu'ils mangent en commun, après quoi ils se retirent bons amis.

Habillement.

Outre la chemise à petits carreaux que porte le roi de Gorée, il a un bonnet qu'il est important de peindre. Ce bonnet est pointu comme un pain de sucre et fait d'osier. A la pointe sont attaché deux ou trois grelots; et, sur le devant, sontadapté, fort agréablement, deux cornes de bœufs, ce qui donne à sa majesté une fierté toute particulière. Joignez à cela, sur le reste de son vêtement, des queues de bêtes fauves rangées à la file, entremêlées de jolis grelots, sans doute pour réjouir ses oreilles, vous verrez le monarque dans son grand costume, dans toute sa splendeur.

Ses sujets n'y mettent point tant de façon; à peu de chose près, la nature a fait les frais de l'habillement. Un petit un jupon d'étoffe grossière leur descend à moitié-cuisses, et le reste du corps est nud.

Les femmes n'ajoutent à ce petit jupon qu'une large ceinture qui va depuis les reins jusqu'au sein. Cette ceinture leur sert à assujettir leurs enfans sur leur dos, tandis qu'elles travaillent. Le petit infortuné est là-dessus baloté tout un jour. Quand il crie, sa mère, pour l'appaiser, lui passe son sein par-dessus son épaule, et il tette, grace à longueur de cette partie, fort à son aise dans cette situation.

N.° 19. Madagascar.

Situation et climats.

MADAGASCAR est une des îles de la mer d'Ethiopie et la plus grande de toutes les îles qui nous sont connues; les naturels la nomment *Madecasse.* En 1492, les portugais la découvrirent et la nommèrent *Saint-Laurent.* Les français s'y établirent en 1664, et lui donnèrent le nom d'*île Dauphine.*

Elle s'étend le long de la côte orientale de l'Afrique, depuis le 13ᵉ degré jusques vers le 26ᵉ degré de latitude méridionale, et se trouve située entre les 5.ᵉ et 65ᵉ degré de longitude. Elle est remplie de montagnes fort roides et fort hautes ; mais l'on trouve à côté des plaines superbes, des forêts profondes dont les arbres conservent, sous ce climat, une verdure éternelle. Par-tout l'on trouve des bosquets de citroniers, d'orangers, de grenadiers et de nombre d'autres arbres fruitiers. Les rivières, les sources, les fontaines viennent embellir ces ombrages et mêler leur fraîcheur aux parfums les plus suaves. Sur ces rivages, entre ces bosquets embaumés, errent des troupeaux, la première et la plus sûre richesse du pays. Le riz blanc et rouge, les racines y viennent assez facilement ; mais les habitans sont paresseux : le bled et le raisin ne réussissent pas si bien, et mûrissent rarement tout-à-fait. Le sol convient mieux à l'orge et à l'avoine, sur-tout au mil, qui est la ressource du pays. Les étangs, les rivières, les côtes abondent en poissons ; les forêts en bêtes fauves, sur-tout en singes ; et, par-tout, l'on entend des troupes de toutes sortes d'oiseaux. Les vers-à-soie, les abeilles y sont en grand nombre. Enfin, cette île contient tout ce qui est utile et agréable à l'homme, qui, cependant, y vit très-mesquinement.

Habitans et leurs mœurs.

La première observation que fait le voyageur, en parcourant cette île, c'est qu'elle est loin d'être peuplée en raison de son étendue. La superstition seule en est cause ; les madecasses partagent les jours en bons et en mauvais, et tous les enfans qui ont le malheur de naître à l'heure funeste, sont impitoyablement sacrifiés.

Deux races d'hommes habitent Madagascar ; les noirs, qui sont les originaires, et les basanés, qui paraissent descendre des arabes qui s'y sont venus établir.

Les madecasses sont grands, fiers, agiles, ingénieux, mais fourbes. Les femmes sont aussi bien faites et d'une complexion amoureuse ; leur peau, quoique noire, est fort douce ; elles sont quelquefois fécondes à dix ans. Les plus riches en prennent ordinairement quatre. Elles sont fort propres et aiment la toilette, de manière à y passer, en sus de leurs occupations, une partie de la journée. L'or, l'argent et les pierres précieuses que l'on trouve dans l'île entrent dans leur parure. Elles sont assez peu fidèles, et les hommes n'y regardent guère ; seulement ils y font plus d'attention lorsqu'un européen fait sa cour à une d'elles. Alors ils lui croient un plus grand mérite, puisqu'elle a pu attirer l'amour d'un étranger, et ils l'aiment en raison de cette idée.

Deux classes d'hommes se trouvent dans l'île, les nobles et les esclaves. Ils habitent des villes et des villages sous l'autorité de leurs chefs ou de leurs princes On suit par toute l'île les mêmes loix ; le larcin et le meurtre y sont sévèrement punis. Les villes sont ordinairement de mille cases, et environnées de fossés et de palissades. Des palissades seules entourent les bourgs ; les villages n'ont ni palissades ni fossés. Les cases ou habitations donnent une idée des arts des madécasses, ce sont de petites cabanes faites de pieux et de feuilles de lataniers, mais dont le plancher est si bas qu'on ne peut se tenir debout dans l'intérieur.

La nourriture ordinaire est celle des premiers hommes, des racines, du riz et du lait. S'il leur arrive, ce qui est fort rare, de manger de la chair de bœuf, ils la font rôtir. Ils boivent de l'hydromel ou du vin, qui est fait avec des cannes de sucre ou des bananes.

Il serait assez difficile de rendre compte de leur religion. Cependant ils croient en un Dieu créateur, aux bons et aux mauvais génies. Mais ils n'ont ni temples ni autels. Parmi mille superstitions ridicules, on en distingue une ; ils ont grand soin d'élever un gros grillon dans le fond d'un panier où ils serrent ce qu'ils ont de plus précieux. Les voyageurs n'ont pas manqué de rapporter qu'ils en faisaient un dieu ; j'aimerais mieux croire qu'ils le regardent et le soignent comme un animal qui porte bonheur à la maison qu'il habite.

Ils ont un très-grand respect pour les tombeaux. Quand un homme est mort, ils font des sacrifices, tâchent, pendant la nuit, d'éloigner de sa case, avec leurs armes, les mauvais esprits qui voudraient s'en emparer ; puis, après l'avoir revêtu de ses plus beaux habits, ils le portent au lieu des sépultures. Ils croient à la métempsycose, et se consolent de la mort d'un ami, en imaginant que son ame a passé dans le corps d'un bon animal. Ils ont des médecins et des devins ; ces deux espèces marchent toujours avec les maladies humaines.

On distingue parmi eux des gens plus savans que les autres, qui chantent les exploits des guerriers et quelquefois l'éloge des belles ; les madécasses ont des poètes ; mais les autres arts ne leur sont guère connus. Leur langue est poétique et très-abondante. Ils se servent, pour l'écrire, de caractères arabes, et écrivent de la droite à la gauche. Leur papier est fait avec l'écorce préparée d'un certain arbre.

Les français et les anglais ont eu des établissemens dans l'île de Madagascar ; mais ils ont été obligés de les abandonner. Se croyant, en quelque sorte, maîtres du peuple où ils s'établissaient, ils l'ont maltraité, et ils ont attiré sur eux la haine et la vengeance. Elle a été terrible : ils égorgèrent entièrement la garnison française qui y résidait en 1673.

Habillement.

L'habillement des madécasses est une simple pagne (étoffe d'écorce d'arbre) longue de trois mètres environ, qu'ils mettent sur leurs épaules, et dont les deux bouts tombent par devant. Les chefs en portent de soie ou de coton, garnies à leurs extrémités de franges et de verroteries ou de grains d'étain. Ils se couvrent la tête avec une calotte de joncs.

Les femmes se ceignent les reins d'une toile de trois ou quatre brasses en forme de jupon ; par-dessus elles portent toujours une toile blanche plus ou moins grande, par propreté ; elles ont aussi un corset ou demi-chemise de toile bleue qui ne descend qu'à moitié du sein, et orné par devant de plusieurs plaques d'or et d'argent servant d'agraffes. Elles portent des pendans d'oreilles, et ont aux bras des anneaux d'argent et au cou des chaînes d'or travaillées dans le pays.

N.º 20. Hottentots.

Situation et climat.

ON donne le nom de cap de Bonne-Espérance à cette vaste et longue pointe qui termine l'Afrique et s'avance dans l'Océan indien, directement vis-à-vis le cap Horne, qui termine également l'Amérique sur l'autre hémisphère. Le cap de Bonne-Espérance est habité par plusieurs peuplades sauvages et féroces, presque toutes connues sous le nom général de *Hottentots*, nom qu'ils ne prennent point, mais qu'on leur a donné, parce qu'ils l'ont presque toujours dans la bouche.

Le cap de Bonne-Espérance est situé à l'extrémité méridionale de l'Afrique, au 33e degré 55 minutes de latitude méridionale, et au 36e degré 16 minutes de longitude.

Ce cap fut découvert par les portugais vers la fin du quinzième siècle. Tourmentés par de longues et pénibles tempêtes, qui leur firent voir la mort de près, ils le nommèrent *cap des Tourmentes*; mais lorsqu'ils l'eurent doublé et qu'ils eurent connu les avantages qui les attendaient au-delà, et qu'ils pouvaient diriger leurs routes vers les Indes occidentales, il changèrent son nom en celui de *cap de Bonne-Espérance*, qui lui resta.

Les hollandais qui, à l'instar des portugais, cherchaient à étendre leur commerce et à lui donner ce lustre qu'il eut par la suite, ne fondèrent sur ce point, qui semble être et est effectivement une hôtellerie de la route des Indes, des établissemens que vers le milieu du dix-septième siècle.

En 1650, ils achetèrent d'un chef du pays une lieue carrée de terrein: c'était peu, mais ils surent en tirer partie. Ils y établirent un fort de bois avec douze pièces de campagne. Voilà le premier point de leur puissance. Trente ans après, ce fut un fort de pierres de taille qu'ils bâtirent, et ils y mirent plus de soixante pièces d'artillerie. Ils ont ensuite formé un bourg auprès de ce fort, pour servir d'entrepôt à leur commerce; ce bourg s'agrandit; la colonie s'augmenta. Ils finirent par s'avancer à plus de cinquante lieues dans le pays. Ils y ont eu ensuite plusieurs établissemens et en sont devenus les maîtres. Ce sont eux qui y ont porté des vignes qui produisent ce bon vin que l'on appelle en Europe *vin du Cap*. Ils ont à terre un magnifique hôpital, où ils descendent leurs malades et prennent de nouveaux hommes. Près du fort est le beau jardin de la compagnie hollandaise. Il a quatorze cent onze pas de longueur sur deux cent trente-cinq de largeur.

Un ruisseau d'eau vive, qui descend de la montagne, l'arrose. On y voit des allées, à perte de vue, de citroniers, de grenadiers, d'orangers plantés en terre, et à couverts du vent par de hautes et épaisses palissades d'une espèce de laurier toujours verd. A l'entrée du jardin on a bâti un grand corps-de-logis où sont les esclaves de la compagnie, au nombre de plus de cinq cents, occupés à la culture des terres et à d'autres travaux.

Les européens ont porté leurs richesses sur ce coin de terre, mais ils en jouissent seuls; les originaires, quoique commerçant avec eux, se sont retirés à part et ont gardé leurs mœurs sauvages. Le Cap se trouve dans la partie méridionale de ces contrées de l'Afrique, que l'on nomme *Cafrerie*, nom qui veut dire *pays des infidèles*, et que les arabes ont imposé aux habitans qui ne suivaient point leur religion. Les terres ne sont guère cultivées que là où se trouvent les européens; elles sont cependant fertiles. Elles fournissent d'excellens pâturages et nourrissent beaucoup de bestiaux; les brebis n'ont point de laine comme celle d'Europe, mais du poil. L'air y est plus froid que chaud, mais assez sain sur les côtes. L'hiver commence en germinal, et il est fort pluvieux; l'été a lieu au commencement de fructidor.

On compte dix-sept nations ou tribus d'hottentots connues qui habitent au nord du cap des Aiguilles et de celui de Bonne-Espérance, et qui y occupent un vaste terrein le long des côtes et dans l'intérieur du pays où ils se sont retirés depuis la cession de la pointe du Cap qu'ils ont faite aux hollandais.

Habitans et leurs mœurs.

Les hottentots, quoique bien faits et d'une taille avantageuse, ressemblent parfaitement aux nègres; nez épaté, lèvres grosses; la couleur seule diffère: ils ne sont pas noirs, mais d'une couleur peut-être plus désagréable. Leur peau a une teinte jaunâtre et paraît enduite d'huile d'olive. Cette couleur ne paraît pas leur plaire beaucoup à eux-mêmes, puisqu'ils prennent à tâche de se frotter le corps avec de la suie et de la graisse, pour mieux ressembler aux nègres. Ils sont robustes, mais le plus grand avantage qu'ils ont reçu de la nature ou de leur manière de vivre, est une légèreté surprenante: une course n'est qu'un trait pour eux. Il est même étonnant, observe-t-on, qu'ils n'en abusent pas plus souvent envers les européens qui sont loin d'être aussi bons coureurss Un d'eux cependant assez tenté de s'approprier un ballot dont un marchand l'avait chargé, demanda à celui-ci s'il savait bien courir. Oui, répondit l'européen. Eh bien! voyons, repartit l'hottentot. Aussi-tôt il part et disparaît aux yeux du marchand fort surpris, et qui n'a jamais revu l'homme ni le ballot. Ils sont d'ailleurs fidèles et ont de bonnes qualités; ils sont humains, hospitaliers, mais fort mal-propres: c'est ici le fruit d'une paresse excessive, et qui en paraît d'autant plus étonnante à côté de leur agilité. Leurs ongles des pieds et des mains sont communément fort longs, et peuvent passer pour des griffes. Ces griffes leur sont assez utiles à la chasse où ils vont quand la faim les force absolument de sortir de leurs cabanes. Mais leur bonheur est à son comble quand, bien fournis de gibiers,

ils

ils peuvent vivre sans rien faire ; si vous y joignez de quoi s'enivrer, un hottentot n'imaginera pas qu'il soit possible d'être plus heureux ; mais pour être heureux complettement, il faut s'enivrer. Ils ont des troupeaux qui se gardent eux-mêmes, c'est-à-dire qu'il y a toujours un bœuf instruit à contenir le reste du troupeau dans le même lieu.

Les hottentots se nourrissent de la chair et des entrailles de leurs bestiaux, et des animaux qu'ils tuent à la chasse. Ils ne boivent volontiers que des sauces, des liqueurs fortes et peu de lait. Ils se nourrissent aussi de poisson, mais de celui qui a des écailles, l'autre leur étant défendu par leur religion. Leurs mets, par excellence, sont des entrailles d'animaux qu'ils dévorent à demi-rôties ou bouillies. Ils n'ont pas d'heures réglées pour leur repas, et ils suivent en cela leur caprice ou leur appétit, la nuit et le jour. Ils n'ont l'usage du sel ni d'aucune sorte d'épicerie. Les hommes et les femmes mangent séparément. Les deux sexes ont une passion démesurée pour le tabac ; ils en respirent la fumée jusqu'à tomber étourdis et enivrés.

Comme leurs principales richesses consistent en troupeaux de bœufs et de moutons, ils n'ont que des demeures mobiles qu'ils changent suivant que les pâturages les appellent dans un lieu ou dans un autre. Un village est composé de vingt à trente hutes, bâties en rond l'une auprès de l'autre et presque semblables à des fours. Ces hutes sont composées de bâtons et de nattes de joncs et de glayeuls, si serrées, que l'eau ne saurait y pénétrer. Elles ont ordinairement quatorze pieds de diamètre. Chacune contient une famille de dix à douze personnes. On n'y peut entrer que par une petite porte haute de trois pieds à-peu-près. Au milieu de la hute est un trou qui sert de foyer et dont la fumée sort par la porte. Ce foyer est environné de trous plus petits, qui servent de places pour s'asseoir et de lits pour dormir. Chacun a son trou où il s'accroupit le jour, et dort la nuit couché sur une *krosse* ou mante. Leurs meubles consistent en quelques pots de terre pour la cuisine et pour d'autres usages. Ils changent d'habitation quand le pâturage leur manque, ou que quelques-uns des habitans vient de mourir. Chaque hute est gardée par un chien qui veille à la sûreté de la cabane et des bestiaux. Ces chiens sont extrêmement difformes.

Quels que amis du repos que soient les hottentots, une passion peut cependant les tirer de leur apathie, c'est celle de la danse. Ils aiment aussi beaucoup le chant, mais ils n'en sont pas, pour cela, plus habiles musiciens. Ils s'accompagnent ordinairement de certains instrumens d'un son assez désagréable. Ils ont plusieurs fêtes. Ils paraissent croire en un Dieu créateur ; mais ils ne lui rendent aucun culte. Ils adorent la lune et lui font des sacrifices dans des assemblées nocturnes. Ils offrent aussi des sacrifices à une divinité mal-faisante, mais moins dans l'intention de l'honorer que de l'adoucir. S'ils croient à l'immortalité de l'ame, ils ne s'attendent à aucune récompense ni à aucun châtiment. Toutes les actions de la vie leur paraissent indifféremment pour la condition qui est au-delà de la vie. Ils ont des prêtres ou ministres qu'ils choisissent eux-mêmes et qu'ils nomment *suri*. L'unique fonction de ces prêtres est d'assister aux sacrifices, aux mariages, aux enterremens, et de châtrer les enfans mâles qui ont atteint

l'âge de neuf à dix ans, c'est-à-dire, leur ôter le testicule gauche. Ces fonction
donnent le troisième rang dans un village. Le premier est celui de chef o
capitaine de village, dont la charge est héréditaire ; et tous les capitaines d
village sont soumis au chef général de chaque nation , dont l'emploi consist
à commander dans les guerres, à négocier la paix et à présider dans les assem
blées générales, au milieu d'un cercle que tous les capitaines forment autou
de lui. Le second rang appartient au médecin du village.

L'objet le plus remarquable, dans le gouvernement des hottentots, es
l'établissement de l'*ordre du courage*, dignité que l'on accorde à tous ceu
qui ont donné la mort à quelque animal féroce. La cérémonie de cet *ordr*
est, en effet, fort remarquable, et peut, elle seule, donner une idée de
mœurs des hottentots. Le candidat reste à genoux, tandis que, à commence
par le plus ancien , chaque personnage de l'assemblée vient lui pisser abondam
ment sur la tête. Après cela, il a le droit de porter la vessie de l'animal qu'i
a tué ; c'est la marque de sa dignité.

L'urine est probablement quelque chose de sacré pour ces sauvages ; ca
on pisse en toutes circonstances un peu grave ; fait-on une convention , o
pisse ; cela vaut un serment : fait-on un mariage, le prêtre pisse sur le
époux, et le lien est formé ; enterre-t-on un mort, tous les amis pissent su
sa fosse. Un hottentot peut avoir plusieurs femmes. L'aîné des fils hérite seu
de son père.

Rien de moins attrayant que les mœurs domestiques de ces peuplades
c'est la brutalité naturelle. Un mari n'aime sa femme qu'autant qu'il n'en a
pas joui ; ensuite il ne peut la souffrir. A peine sont-ils sortis de l'enfance
qu'ils deviennent les ennemis de leurs parens. Souvent ils les laissent péri
de faim, et même, pour s'en débarrasser entièrement, il leur arrive de le
massacrer. Quand une femme a deux enfans à-la-fois, on fait mouri
le plus laid ; si c'est un garçon et une fille , on expose celle-ci sur une branch
d'arbre où elle meure bientôt.

Avant que de terminer cet article , nous observerons que la nature n'
pas traité les femmes , dans ces contrées , comme par-tout ailleurs. Un
femme hottentote apporte en naissant un petit tablier de peau, qui , tom
bant du bas de son ventre à la longueur de sept à huit pouces, couvre les partie
sexuelles. Ce petit tablier est formé par la peau qui , lâche, molle et tro
étendue , retombe d'elle-même ainsi. Je n'oserai dire qu'elle est , dans c
cas, l'intention de la nature.

Habillement.

La toilette d'un hottentot est pour le moins aussi curieuse que ses mœurs
en commençant par la tête, elle seroit nue dans l'été, si , chaque jour
ils n'avaient soin de renouveler un dégoûtant enduit de graisse ou de suif
ce qui, par suite, en se mêlant à leurs cheveux , a formé un épais bonne
de crasse, que la chaleur fond doucement sur leur figure. En hiver, il
recouvrent cette saleté d'une calotte de peau. Ils ont presque toujour
l'estomach et le ventre nud ; mais leurs parties sont couvertes d'un peti
tablier de peau de chat ou d'une petite pagne de joncs. Les jambes son

nues et ornées de cercles d'étain et d'ivoire. Ils portent sur leurs épaules une mante de peau de mouton ou d'autre animal, qui leur sert de matelas la nuit et qu'on appelle *krosse*.

Les femmes sont à-peu-près de même, à la différence que leur bonnet est pointu ou chargé de plumes, tandis que celui des hommes est plat. Nous avons dit que les hommes et les femmes étaient dans l'usage de s'oindre le corps avec du beurre ou de la graisse de mouton et de la suie de leurs chaudrons, ce qui, joint à leur extrême mal-propreté, et à la vermine dont ils sont dévorés et qu'ils avalent d'un instant à l'autre, fait qu'ils sentent très-mauvais et de très-loin. Beaucoup de sauvages ne se mouchent point, ou se servent, sans façon, de leurs doigts; les hottentots ont raffiné à ce sujet; ils portent, pendu à leur côté, une queue de renard dont ils s'essuie le nez au besoin. Ils ont aussi sur la poitrine, à un collier, une espèce de soleil, auquel est attaché également leur couteau, leur pipe, leur *dakka*, espèce de talisman auquel ils ont la plus grande foi.

N.º 21. Caffres.

Situation.

LA Cafrerie est cette immense région de l'Afrique, qui se termine par le cap de Bonne-Espérance; elle est bornée au nord par l'Abyssinie et la Nigritie; au couchant, par l'Océan et la Guinée; au midi, par la même mer; et au levant par la mer des Indes. Elle s'étend depuis environ le 35e degré de latitude méridionale, jusques vers le 11e de latitude septentrionale, et depuis le 30e jusqu'au 69e degré de longitude.

Ce vaste pays ne nous est guère connu que sur les côtes. Le nom de Cafrerie lui vient du mot *kaifer*, qui, en arabe, veut dire infidèle. Comme il y a beaucoup d'arabes établis sur la côte orientale, dans le Zanguebar, ils ont appliqué ce nom aux naturels du pays, et les portugais l'ont sans doute pris dans le même sens, pour désigner les habitans de l'Afrique méridionale, qu'ils regardent avec raison comme des barbares; mais il n'y a aucun peuple qui se donne le nom de *Caffre*, et aucune contrée qui s'appelle *Cafrerie*.

Habitans et leurs mœurs.

Comme nous donnons les détails des mœurs des principales nations sauvages de la Cafrerie, nous ne jetterons ici qu'un coup-d'œil rapide sur l'ensemble de ces différentes mœurs.

La plupart des peuplades qui errent parmi ces déserts de sables, de compagnie avec les bêtes féroces, sont aussi sauvages qu'on peut l'être.

H 2

Leur religion n'est qu'une idolâtrie grossière, quelquefois même elle est nulle ; et leurs mœurs ne sont que le résultat des premiers besoins. En général ils sont tous noirs, ou extrêmement basanés, camus, et ont les cheveux comme de la laine. Ils vivent presque nuds ; font la guerre comme les animaux, pour détruire ou pour dévorer leurs prisonniers. Ils usent des alimens les plus dégoûtans, quelques-uns même mangent les serpens et d'autres insectes. Leur pauvreté et leur barbarie a toujours repoussé les autres nations, et aujourd'hui, l'intérieur de ces pays est encore inconnu.

Habillement.

Ici le costume varie du plus au moins parmi ces nombreuses peuplades ; c'est tout simplement une grande pièce de toile, ou une ample fourrure jetée, comme un manteau, sur les épaules ; d'autres ont abaissé cette pièce ou fourrure plus courte à leurs reins, et n'ont couvert que les parties naturelles : c'est à-peu-près le costume général des nègres.

N.º 22. Éthiopie.

Situation et division.

LE nom d'Éthiopie n'appartient proprement à aucune nation ; ce n'est qu'une épithète injurieuse que les anciens grecs donnaient aux peuples noirs de l'Afrique. Sous ce rapport, l'Éthiopie devrait comprendre la plus grande partie de l'Afrique ; mais on la renferme communément entre le 7º degré de latitude septentrionale et le tropique du cancer, et entre le 45º et le 60º degré de longitude ; par conséquent elle se trouve bornée au nord par l'Égypte ; au levant, par la Mer-rouge ; au midi, par le royaume d'Adel, et par divers autres États de la Cafrerie ; et au couchant, par les mêmes États et la Nigritie. Elle renferme le royaume des Abyssins et celui de la Nubie.

Abyssinie.

L'ABYSSINIE s'étend au sud-ouest de la Nubie, et elle occupe la partie méridionale de l'Éthiopie prise en général.

Diverses rivières arrosent ce vaste pays. La principale est le Nil qui y a sa source, et sur laquelle, jusqu'au siècle dernier, on a débité tant de fables.

L'air est fort différent dans un pays aussi étendu que l'Abyssinie. Les chaleurs sont excessives dans les lieux bas ; elles sont beaucoup plus supportables dans les lieux élevés, et plus on avance vers la Mer-rouge, plus l'air est tempéré. Il y a plusieurs provinces sujettes à de grandes inondations et à des vents impétueux qui y font de grands ravages. Le pays est d'ailleurs fort hérissé de montagnes ; mais il y a beaucoup de plaines fertiles et très-peuplées, où on fait des récoltes deux ou trois fois l'année ; et depuis la droite du Nil jusqu'aux côtes de la Mer-rouge, il est extrêmement peuplé en divers endroits ; mais fort désert en d'autres, où on ne trouve que des montagnes, des rochers et des précipices. On juge qu'il y a des mines d'or par les grains de ce métal qu'on y ramasse ; et on trouve en quelques endroits des mines d'un sel fossile. Il croît dans le pays du froment, de l'orge, du millet et du *tef*, qui est une espèce de grain que nous ne connaissons pas et dont on fait du pain. Dans les lieux tempérés, les prairies sont toujours vertes. On trouve aux environs du lac de Dembée des oranges, des citrons, et beaucoup d'autres fruits. Les bords du lac sont, comme ceux du Nil, remplis de roseaux ou de cannes, nommés *papyrus*, dont les feuilles servaient à faire du papier.

Les Abyssins font de la bierre sans houblon. Ils pourraient faire du vin, ils ont assez de belles vignes ; mais ils ne veulent point s'en donner la peine.

Les animaux y sont remarquables. On y voit des bœufs d'une grandeur prodigieuse, et des brebis dont la queue seule pèse jusqu'à quarante livres. Les chevaux, les mulets, les chameaux, les éléphans vont par troupeaux. Les léopards, les tigres, les rhinocéros, les singes, les civettes, remplissent les forêts. Les rives des fleuves et des lacs, sont pleines de crocodiles, de lézards d'eau, de torpilles et d'hippopotames.

L'Abyssinie se divise ainsi : les Etats de l'empereur d'Abyssinie ; les provinces indépendantes, la côte d'Habesh, et le pays occupé par les galles ; ces galles ne sont que des peuplades noires, errantes dans les déserts, conduisans, comme les arabes-bédouins, leurs troupeaux et leurs familles dans les lieux où ils veulent habiter. Ils sont partagés en soixante-dix tributs, se font circoncire et croient à un être suprême, sans lui consacrer aucun culte. Ils épousent plusieurs femmes, et exposent, sans remords, leurs enfans dans les bois, lorsque leurs courses les empêchent de les emporter.

Habitans et leurs mœurs.

Les habitans de l'Abyssinie semble tirer leur origine de l'Arabie. En général ils sont grands, bienfaits, robustes et sobres. Leur nez n'est pas si épaté, ni leurs lèvres si grosses que parmi les autres nègres ; ils sont aussi moins noirs ; il y en a même beaucoup de basanés, dont la couleur approche en même tems du blanc et du noir. Leurs cheveux sont longs, et ils les arrangent de différentes manières. Ils sont vifs, légers, laborieux, et la plupart meurent dans un âge avancé. Ils ont une vertu principale qui les distingue des autres hommes, et qui, dit-on, a honoré les premiers tems du monde, c'est l'hospitalité. Un étranger se présente, il est reçu avec joie, traité avec soin : le lendemain il retrouve, dans un autre asyle, le même accueil : il peut voyager ainsi sans qu'il lui en coûte rien.

Les abyssins sont distribués par tribus comme les hébreux l'étaient. Les femmes y sont assez belles, fortes, fécondes, et accouchent avec facilité. Celles qui, étant plus riches, n'ont pas besoin de s'exposer aux rayons brûlans du soleil, sont une idée plus blanches que celles du commun qui sont noires.

Il y avait autrefois des villes dans l'Abyssinie ; mais depuis l'expulsion des portugais qui y avaient formé des établissemens, on n'y trouve que des villages. Ils sont en grand nombre, mais composés de maisons chétives et isolées, faites de boue et de paille. La plupart des abyssins même loge sous des tentes, et souvent le même village est composé de tentes et de cabanes. Les riches n'ont que des tentes, et lorsqu'ils voyagent, ils font porter avec eux leurs tentes et leurs équipages, tout les suit, et ils s'arrêtent et demeurent par tout où il leur plait. Ces riches sont fort humains ; et, en suivant cette inclination hospitalière, qui est une vertu du pays, ils reçoivent et logent avec plaisir, chez eux, les pauvres qui n'ont point d'habitations. Chaque village a son chef ou son commandant. Ce commandant, ainsi que les riches, sont habillés assez magnifiquement, et un peu dans le goût des turcs ; mais le reste du peuple passe sur les épaules et autour du corps quelque draperie qui servent seulement à le couvrir.

Le commerce se fait par échange, et il n'y a aucu argent monnoyé dans le pays.

Les Abyssins sont chrétiens, et ont reçu leur religion par l'entremise des grecs ; mais ils suivent les principes d'Eutychès.

La Nubie.

LA NUBIE ou plutôt le royaume de *Sennar*, est, ainsi que l'Abyssinie, traversée par le Nil du midi au nord, qui, ensuite prenant son cours du levant au couchant, le recontinue enfin dans sa première direction. Ce fleuve rend le pays fertile dans l'espace d'une lieue de chaque côté ; il coule dans une plaine agréable et ses bords sont élevés. Les habitans du pays le coupent en divers endroits, et conduisant ses eaux dans des réservoirs, ils les en retirent pour arroser leurs terres, qui, sans cela, seraient stériles et incultes.

Au-delà des bandes que le Nil et deux ou trois autres rivières arrosent, ce ne sont que des déserts affreux habités par divers peuples dont les principaux sont les *barabra*. Les autres, qui sont situés vers l'est et la Mer-rouge, vivent sous des tentes, et mènent une vie errante. Parmi les barabra, les *mehasles* et les *kenns*, qui occupent la partie la plus septentrionale de la Nubie, des deux côtés du Nil, sur la frontière d'Egypte, sont soumis aux turcs. Le roi de *Sennar* ou de *Fungi* occupe la partie méridionale de la Nubie, vers les frontières de l'Abyssinie, et réside dans la ville de Sennar, la capitale de ses Etats.

Sennar peut avoir une lieue et demie de circuit, et on y compte environ cent mille ames ; mais elle est assez mal-propre, et ses maisons, qui sont terrassées sont mal-bâties. Les faubourgs ne sont composés que de méchantes cabanes. Le palais du roi est environné de murailles de briques cuites au soleil : ce n'est d'ailleurs qu'un amas confus de divers bâtimens, rassemblés sans goût, mais qui sont assez richement meublés. Le roi de Sennar est vêtu d'une longue robe de soie brodée d'or et ceint d'une écharpe de toile très-fine. Il porte un turban blanc, et ne paraît jamais en public que le visage couvert d'une gaze de diverses couleurs.

Les chaleurs sont si grandes dans la Nubie qu'elles sont insupportables dans l'été, qui correspond à notre hiver ; mais elles sont suivies de pluies abondantes qui durent trois mois, et qui, loin de purifier l'air, y laissent une odeur mal-saine qui cause beaucoup de maladies.

Habitans et leurs mœurs.

Les peuples de la Nubie ont le visage fort noir, les lèvres grosses et le nez écrasé. A la fourberie ils joignent la superstition ; mais cependant pas d'une manière assez forte pour s'abstenir de tout ce qui, défendu par leurs principes religieux, contrarierait leur penchant ; ils accommodent autant que possible, leur conscience avec leurs plaisirs. Ainsi, pour ne point faire de scandale, ils ne boivent point de vin en public, parce que leur religion le leur défend ; mais ils s'en récompensent amplement en secret. Ils étaient autrefois chrétiens ; depuis ils sont devenus à-peu-près mahométans, et font un mélange assez bizarre des deux religions. Au surplus, ils jurent à merveille, et ne respectent pas plus la pudeur que la religion. Quoique se nourrissant assez mal, ils sont cependant forts et robustes. Ils n'ont point non plus d'argent monnoyé, et le commerce s'y fait comme dans l'Abyssinie, par échange. Ce commerce, que les marchands vont principalement faire au Caire et dans l'Orient, consiste en dents d'éléphans, en tamarin, dans la civette, le tabac, le bois de sandal et la poudre d'or. On y retrouve les mêmes animaux que dans l'Abyssinie.

Habillement.

Les gens de qualité vont nue-tête et portent les cheveux tressés ; leur habit consiste dans une veste assez mal-propre et sans manches, et toute leur chaussure dans de simples semelles attachées avec des courroies. Le peuple marche nuds-pieds et n'a point de veste, mais une espèce de mauvaise chemise de toile ; quelquefois c'est une pièce de toile dont il s'enveloppe sans façon : la manière ne lui importe guère.

Les femmes de condition portent, à l'exemple de leurs maris, des gilets de soie ou de coton ; leurs cheveux sont aussi tressés, et elles ont grand soin de les orner de perles, de coquillages, de bandelettes, etc. Les femmes du commun se passent aussi du gilet, qui est l'habillement noble, elles vont nues, à l'exception des reins qu'elles entortillent d'une pièce de toile. Leur tête est nue également, et, quand elles le peuvent, elles y mettent aussi quelques ornemens du pays.

N.º 23. *Terre de Natal.*

Situation.

LA terre de Natal fait partie de cette vaste région connue sous le nom de Cafrerie. Une rivière qui l'arrose et a son embouchure dans l'Océan au 29° degré 30 minutes de latitude méridionale, lui donne son nom.

Ce pays est un des plus beau de l'Afrique; il est arrosé par une multitude de ruisseaux et ombragé par de vastes et profondes forêts. Sur leurs lisières s'étendent des plaines immenses que l'homme de ces contrées pourraient couvrir de richesses, si une paresse invétérée ne s'y opposait. A la vérité, la nature semble favoriser cette paresse, et peut-être en est-elle seule cause, en donnant elle-même tout ce qu'exigent les besoins de l'homme.

Les forêts sont pleines d'animaux; les éléphans, les rhinocéros, les zèbres y sont très-communs. Presque tous nos animaux domestiques de l'Europe s'y trouvent. C'est-là principalement qu'on voit les chiens dans leur état primitif. Ces animaux, réunis en grandes bandes dans les forêts, choisissent un hallier épais pour gîte. C'est aussi à ce hallier qu'ils apportent en commun ce qu'il ont pris à la chasse. Quand ils arrivent dans un endroit, ils déclarent la guerre aux animaux les plus forts, et ne se retirent du lieu où ils sont venus, que lorsqu'ils ont détruit leurs ennemis. Jamais ils n'attaquent les sauvages; ils souffrent même qu'ils viennent choisir, dans leurs magasins, ce qui leur convient le mieux.

Habitans et leurs mœurs.

Quoique voisins des hottentots, les habitans des rives du Natal ne leur ressemblent en rien. Ils sont beaucoup plus noirs et beaucoup moins sales. Leur taille est plus élevée et très-bien proportionnée. Ils n'ont point la coutume de s'écraser le nez. Leurs dents sont fort blanches, leurs yeux vifs, les cheveux crépus et la physionomie agréable. Ils sont aussi légers à la course que les hottentots; mais, quoique paresseux comme eux, ils ne le sont cependant pas assez pour négliger entièrement l'agriculture. Ils entourent ordinairement la terre qu'ils ont ensemencée, pour la garantir du ravage des bêtes fauves. Leurs habitations sont carrées et bâties en plâtre, dont la blancheur, à travers les arbres, offre un coup-d'œil assez riant, et n'annonce point cette profonde misère des autres peuplades sauvages, ou cette nonchalance dégoûtante, plus misérable encore que la misère même.

Quoique

Quoique leur langue approche de celle des hottentots, ils n'ont ni la même prononciation, ni le même bégayement.

Leur gouvernement est simple et a une forme patriarchal. Un village est volontiers composé de familles alliées, et le plus âgé a seul une autorité à laquelle on se soumet avec d'autant plus de plaisir, qu'il est regardé comme le père commun. Les sentimens de la nature ne sont rien pour un hottentot; mais un habitant de la terre de Natal aime son père, ses enfans et sa femme.

L'article du mariage dérange un peu la première idée que font naître ces mœurs; un chef de famille est précisément le propriétaire de ses sœurs et de ses filles; si quelqu'un a besoin d'une femme et qu'il en veuille prendre une dans sa famille, il vient trouver ce chef, et tous deux, en buvant quelques pots d'une liqueur fermentée, faite avec du maïs, ils conviennent du prix, et, moyennant tant de têtes de bétail, la femme est vendue et livrée. C'est ainsi que se font les mariages. On peut ainsi acheter autant de femmes que l'on en veut, ou que l'on en peut nourrir.

Ces peuples sont extrêmement gais et très-civils envers les étrangers. Leur religion porte l'empreinte de leur caractère. Sans temples, sans idoles, un village se réunit sous la voûte du ciel même, et dans le sein de la nature, pour adorer un Dieu inconnu, mais créateur et maître de tout. Ce culte est digne de l'homme sage et reconnaissant envers le bienfaiteur suprême; il consiste en chants et en danses; c'est l'expression de la joie, c'est, sans doute, le vrai culte qui ne doit exprimer que la reconnaisance envers la divinité, qui n'attend pas nos prières pour satisfaire à nos besoins.

Outre l'agriculture et la nourriture des troupeaux, les habitans de la terre de Natal se livrent encore au commerce avec les corsaires de la Mer-rouge, auxquels ils donnent des dents d'éléphans pour des étoffes de soie, dont ils commercent, par échange, avec les vaisseaux de l'Europe, avec les portugais du Mosambique et avec les caffres du Monomotapa, qui sont leurs voisins sur la gauche de la même côte.

Au nord de ce pays est celui que les portugais ont appelés *Terra de los Fumos*. Elle est habitée par des caffres encore distincts de ceux de Natal et des hottentots : ils n'ont ni bourg, ni village, ni demeures fixes.

Habillement.

Leur costume n'aurait rien de particulier, sans le bonnet que nous allons décrire dans une minute. Ils portent rarement de grandes mantes comme les autres caffres; mais ils se couvrent, depuis les reins jusqu'aux genoux, avec une espèce de draperie d'écorce ou de feuilles nouée par devant, et dont les deux bouts pendent avec assez de grâce; quelquefois c'est une fourrure. Ils s'attachent aux reins une longue bande de cuir qui pend en forme de queue. Les femmes ont le même costume; et ni l'un ni l'autre sexe n'a de chaussure. Les plus riches portent sur leurs épaules, et laissent voltiger derrière eux, une pièce de soie ou d'étoffe. A leur cou est un collier; à leurs bras et leurs jambes sont des cercles d'ivoire.

Le bonnet est, nous l'avons dit, la pièce curieuse du costume. Ils élèvent

I

sur leur tête une espèce de pain de suif, haut de dix pouces, et qu'ils cou
pent ou augmentent suivant la saison ou leurs occupations. Cette masse d
graisse emboîte hermétiquement une partie de leur tête, et est quelquefoi
ornée de longues plumes qui voltigent au vent. La coëffure des femme
est semblable : seulement quelquefois elle est plus basse et ornée de bande
lettes de diverses couleurs. Assez souvent aussi les hommes n'ont qu'un
calotte de graisse qu'ils entortillent d'un chiffon aussi dégoûtant que le pre
mier bonnet. Qu'on juge de l'effet agréable que la chaleur doit produire su
leur occiput !

N.º 24. Le Monomotapa.

Situation.

LE Monomotapa est situé entre le 16ᵉ et le 25ᵉ degré de latitude méridionale
et entre le 44ᵉ et le 53ᵉ degré 30 minutes de longitude. Ce pays contien
plusieurs royaumes, et forment, pour cette raison, un *Empire*. Son che
s'appelle empereur du Monomotapa.

Sous ce nom est compris toute la partie de la côte de l'Afrique, qu
vient à la suite du Zanguebar, depuis l'embouchure de la rivière de Zem
bezé ou de Conama, jusqu'à celle de la rivière de Manica. Mais le pay
s'élargit dans l'intérieur, et est presque renfermé comme une île par ce
deux fleuves, qui, après l'avoir borné au nord et au midi, sont réuni
au couchant où ils ont leurs sources.

La principale richesse du pays consiste en mines d'or et d'argent ; auss
quelques-uns de ces laborieux auteurs, qui passent leur vie à deviner le
secrets de l'antiquité, dont la postérité se soucient fort peu, ont-ils cru
que le Monomotapa était la riche *Ophir* de Salomon. On trouve auss
beaucoup d'éléphans dans ce pays. Le terrain produit du riz, du maï
et des légumes, et nourrit un grand nombre de troupeaux.

Jusqu'à présent les portugais sont les seuls européens qui ont commercé
librement avec les habitans du Monomotapa, de leur or et de leurs dents
d'éléphans : ils ont même eu plusieurs forts dans le pays.

Habitans et leurs mœurs.

On prétend que le Monomotapa est très-peuplé. Les habitans en son
noirs et d'une taille moyenne ; ils ont une humeur guerrière, et sont
très-légers à la course. On prétend également qu'ils n'ont point d'idoles,
ce qui, en ne les prenant même que pour des hommes, serait leur accorder à ce sujet beaucoup plus de sagesse que nous n'en avons eu en Europe

Coupée par l'équateur, sseptentrionale depuis le 1er jusqu'au 37e;

DANS LE CONNENT.			POSITION.	SITUATION.
la Barbarie.	les royaumes d	igasso.		
		muhon.		
		ssar.	du Nord au Sud.	
	les provinces	re.		
l'Égypte.	l'Érife, ou le	ranze. . . .	du Sud au Nord.	Du 7me deg. de latitude septentrionale au tropique du Cancer, et du 45 au 60 degré de long.
	Salid, ou l'			
	les côtes de	pedri.		
		ngo.	du Nord au Midi, du côté occidental du royaume des Abyssins.	
la Numidie, ou le Biledulgerid. . . .	les provinces	a.		
		o, etc.		
		momotapa.	Du Nord au Sud, du côté méridional du roy. des Abyssins.	
		noémugi.		
		ifres.		
		la, etc.	du Nord au Sud, du côté oriental du royaume des Abyssins.	
		de Zanguebar.		
		l'Ajan.		
		l'Abex.		
Zaara, ou le Désert.	les déserts d			
		R.		
		. . . .	de l'Est à l'Ouest.	Du 11e deg. 30 minutes, jusqu'au 17 deg. 45 min. de latit. septentrionale, et du 4 degré au 7 de longitude occidentale.
	les provinces	. . . .	du Nord-Est au Sud-Ouest.	
la Nigritie.		. . . .		
		. . . .	de l'Est à l'Ouest. . . .	Entre le 27e degré 10 minutes et le 30 degré 25 minutes de latitude septentrionale.
	les pays de.		. . . .	Au 31e deg. 30 min. de lat. sept. et du 1 au 2 long t. Longit. 70 degré 30 min., latitude 11 deg. 55 min.
	les côtes de		. . . .	
la Guinée.	la Guinée p . . . . f			Du 1er degré de lat. sept. au , au 7 deg. au 14 de longit. occidentale.
	prement d NNOBON; SAINTE-HÉLÈNE; l'île			
	le royaume			

DIVISION GÉNÉRALE DE L'AFRIQUE.

Coupée par l'équateur, sa latitude méridionale est depuis le 1ᵉʳ jusqu'au 35ᵉ degré, et sa latitude septentrionale depuis le 1ᵉʳ jusqu'au 37 sa longitude du 1ᵉʳ au 70ᵉ degré.

DANS LE CONTINENT.			POSITION.	SITUATION.
la Barbarie	Les royaumes de	Maroc. Fez. Alger. Tunis. Tripoli. Barca.	de l'Ouest à l'Est.	Du 30ᵐᵉ degré de latitude septentrionale au 37, et du 1ᵉʳ jusqu'au degré de longitude orientale.
l'Égypte		les provinces de Bechbis, ou le milieu de l'Égypte. l'Élife, ou la basse Égypte. Saïd, ou l'Égypte supérieure. les côtes de la Mer-Rouge.	au Nord. au Midi.	Du 19ᵉ deg. au numéro de latitude septentrionale au 35, du 30ᵉ degré de longitude au 35ᵉ deg.
la Numidie, ou le Biledulgerid.	les provinces de	Tozzet. Dabza. Teblet. Gegelmesse. Tegorarin. Zeb. Bilegulderid proprement dit. Désert de Barca. Targa.	de l'Ouest à l'Est.	Du 1ᵉʳ 1/4 de boud. au 21 du 30ᵉ au 37 de latit.
Zaara, ou le Désert.	les déserts de	Zanaga. Zuenziga. Zuanhaga.	de l'Est à l'Ouest.	Du 18ᵉ degré du méridien au 28, du 20 degré de lat. au 30.
la Nigritie.	les provinces de	Genehoa. Tombut. Agadez. Cano. Cassena. Gangara. Melli. Mandingua. Gago. Guber. Zegzeg. Zanfara. Jalozen. Camages. Bangara. Biafares.	au nord du Niger, de l'Ouest à l'Est. sur le bord méridional du Niger, de l'Ouest à l'Est. à l'embouchure du Niger.	Depuis le premier méridien jusqu'au 20ᵉ et la 5ᵉ, au-dessous le 15 degré, 18 lat., et 20 3.
	les côtes de Malaguette.			
la Guinée.	la Guinée proprement dite.	la Côte-d'Ivoire. la Côte de Quaqua. la Côte-d'Or.	de l'Ouest à l'Est.	Du 17ᵉ degré de latitude septentrionale à l'équateur, et du 1ᵉʳ au 3 degré de longit. orientale.
	le royaume de Benin.			

DANS LE CONTINENT.			POSITION.	SITUATI...
	le Nubie.	Septentrionale. Méridionale.		
L'ÉTHIOPIE.	la haute Éthiopie, ou l'Abyssinie.	les provinces de	Barnagasso. Tigremahon. Dobarar. Fatigar. Angote. Amara. Belguanzo. Begemedri. le Gonga. Angola. Biafar. Lasuga, etc.	du Nord au Sud. du Sud au Nord. du Nord au Midi, du côté occidental du royaume des Abyssins.	Du 10ᵉ deg. de latitude septentrionale au point du Canada, et le du degré de l.
	la basse Éthiopie.	le Monomotapa. la Cafrerie, ou les Côtes. côtes des Cafres. le Zanguebar.	le Monomotapa. le Monoemugi. Zophala, etc. la Côte de Zanguebar. celle d'Ajan. celle d'Abex.	du Nord au Midi, du côté méridional du 10ᵉ, des Abyssins. du Nord au Sud, du côté oriental du royaume des Abyssins.	

DANS LA MER.			POSITION.	SITUATI...
Les Îles.	de Madagascar ou de Saint-Laurent.		de l'Est à l'Ouest.	Du 11ᵉ deg. jusqu'au 26ᵉ, au-dessus de l'équateur, et du 40 à degré de longitude orientale.
	du Cap-Vert.	Saint-Antoine. Saint-Vincent. Sainte-Lucie. Saint-Nicolas. l'Île de Sel. Bona-Vista. Mayo. San-Jago. Bravo. Lauzal-dte. Fortventata.	du Nord-Est au Sud-Ouest.	
	Canaries.	Canarie. Ténériffe. Gomera. l'Île de Fer. Palma.	de l'Est à l'Ouest.	Entre le 29ᵉ degré jusqu'au 30ᵉ de l'équateur, et du 1ᵉʳ au 5 degré au-dessous l'équateur septentrional méridionale.
	de Madère.			Au 33ᵉ deg. précis, au-dessus de l'équateur.
	de Zocotora.			Longit. du degré de l'équateur, 15 degré, et du 1ᵉʳ de longit. occidental.

Les Açores, dont Tercère est la principale. Les îles de Comoro ; les îles de Saint-Thomas ; l'île Principe ; Annobon ; Sainte-Hélène ; l'île de l'Ascension ; quelques îles dans la Méditerranée, etc. etc.

de tems immémorial. Ils croient en un Dieu créateur et suprême; mais comme en fait de religion il faut toujours tenir par quelque chose à l'humanité, ils adorent, dit-on, le diable; du moins les missionnaires qui ont vu le diable, par-tout où ils n'ont pas vu leur dieu, l'assurent ainsi.

Ils se livrent à l'agriculture et élèvent de grands troupeaux dont ils se nourrissent de la chair. Ils mangent, dit-on, aussi de la chair humaine, et ont quelques boucheries ouvertes pour cette horrible nourriture. Quand au mets délicieux du pays, c'est une jolie fricassée de souris : on n'en mange pas tous les jours, et quand cela arrive, c'est une réjouissance. Chaque pays a ses goûts comme ses modes.

Les lettres, les sciences, l'écriture, toutes ces choses sont inconnues au Monomotapa. Il suffit à un habitant de ce pays d'avoir entendu raconter à son père ce qui s'est passé autrefois : c'est ainsi que l'histoire nationale se conserve.

Il y a plusieurs fêtes dans l'année. La plus grande est celle du premier jour de la lune de prairial qui dure huit jours. Le huitième, l'empereur offre des victimes humaines aux *muzimos* qui sont ses ancêtres.

Zimbaoé est le lieu où l'empereur tient sa cour. Son palais est extrêmement vaste et partagé en trois quartiers : le premier est pour lui; le second, pour ses femmes, dont neuf sont honorées du titre de reines, et qui, le plus souvent, sont ses sœurs ou ses plus proches parens; le troisième, est destiné à ses officiers et à ses domestiques.

Cet empereur entretient de grandes armées afin de tenir ses peuples dans la soumission. Il a plusieurs rois pour tributaires, et pour mieux s'assurer de leur fidélité, il s'empare de leurs fils et les fait élever dans son palais.

La polygamie est d'usage dans ce pays, excepté parmi ceux que les Portugais ont rendu chrétiens.

Habillement.

Les hommes n'ont d'autre habillement qu'une pièce de toile dont ils se couvrent leur nudité.

Les femmes en ont autant sur les épaules; mais le devant serait à découvert, sans une espèce de petit tablier qui pend à leur ceinture, et ne va qu'à peine à moitié-cuisses. Les reins, les bras, la tête, les jambes sont embellis par les ornemens d'usage.

FIN DE LA DESCRIPTION DE L'AFRIQUE.

TABLE des articles contenus dans la Description des principaux peuples de l'Afrique.

FIN DE LA TABLE,

A PARIS. De l'Imprimerie de SURET, rue Hyacinthe, n.º 522.

Tableau des principaux Peuples de l'Afrique.

Description
des principaux peuples
de l'Amérique.

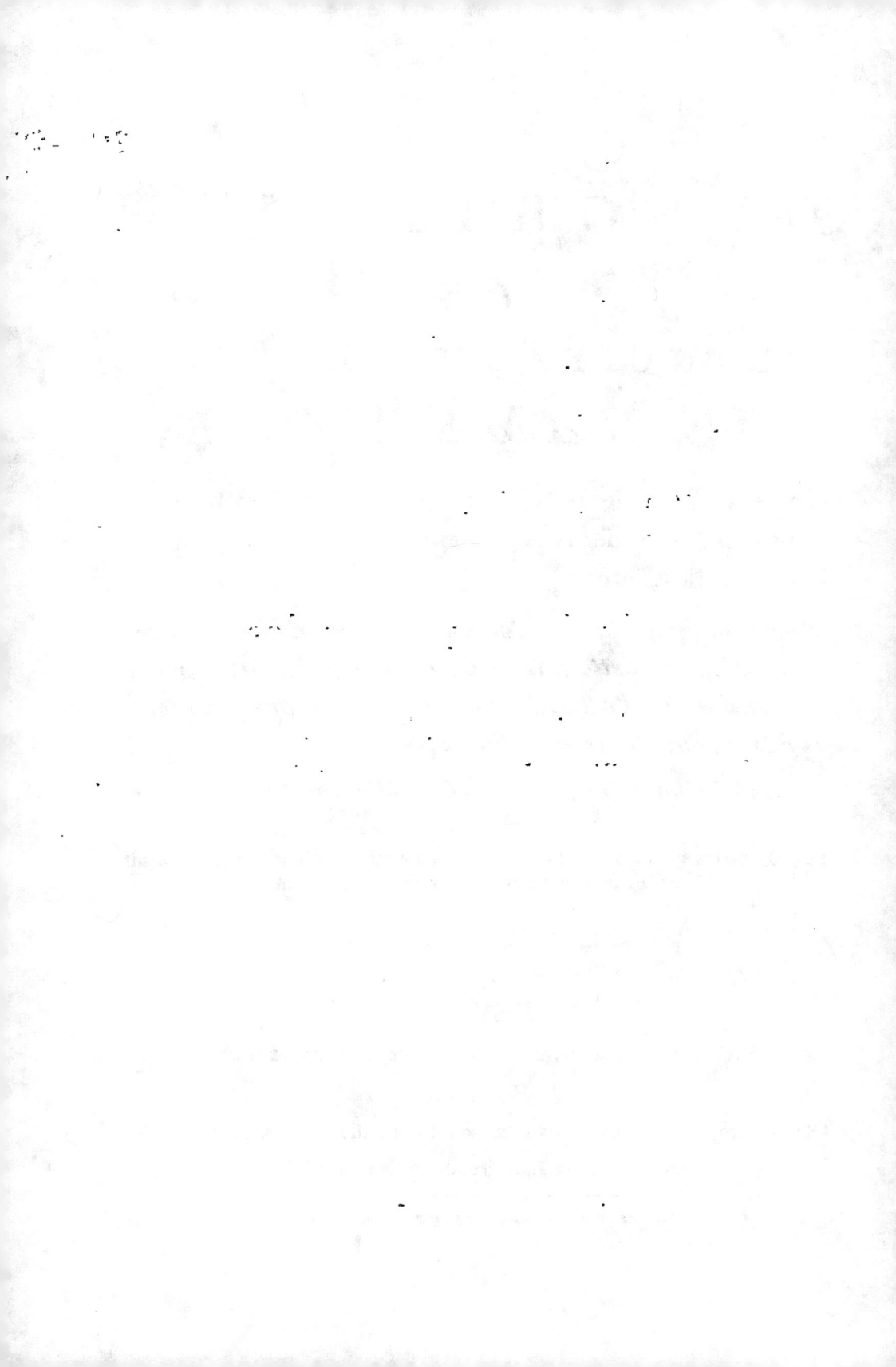

DESCRIPTION
des
PRINCIPAUX PEUPLES
DE L'AMÉRIQUE,

Contenant le détail de leurs mœurs, coutumes, usages, habillemens, fêtes, mariages, supplices, funérailles, etc.

Accompagnée d'un tableau représentant les différens peuples de cette partie du monde, chacun dans le costume et l'attitude qui lui est propre ; entouré des productions du climat, etc. etc.

Et encadré d'un arabesque composé des différens attributs propres au pays.

Par Jacques Grasset-Saint-Sauveur, ancien Vice-consul de France en Hongrie et dans le Levant.

À PARIS,

Chez l'Auteur, rue Coquéron, maison de France, derrière la Poste aux lettres.

à Bordeaux,

Chez la citoyenne Saint-Sauveur, sous le péristile de la grande Comédie.

Et chez les principaux Libraires de Paris et des Départemens.

AN VI DE LA RÉPUBLIQUE FRANÇAISE.

DE L'AMÉRIQUE.

C'est une question difficile à décider, si l'Amérique a été connue des anciens. Plusieurs savans ont cru que, dans les tems les plus reculés de l'antiquité, on a eu quelque idée d'une grande terre, peu connue, au-delà de l'Océan atlantique. Ces savans rapportent, à ce sujet, ce que Platon dit de l'*île Atlantide*, qu'il représente comme plus grande que l'Asie et l'Europe. Manilius parle d'une terre à l'occident de l'Afrique et de l'Europe, séparée de notre continent par la mer, et où les peuples sont antipodes, par rapport aux peuples connus alors. Il semble qu'il ne pouvait mieux désigner l'Amérique. On lit aussi dans Diodore de Sicile un fait remarquable au sujet de la question que nous examinons. Cet historien rapporte que des pilotes phéniciens furent jetés par la tempête dans une grande île vis-à-vis de l'Afrique, où coulent de grands fleuves ; mais cette île pourrait bien n'être que la principale des Canaries. Quoi qu'il en soit de cette question, que nous entreprenons de résoudre, on ne peut douter que la connaissance de l'Amérique, si elle a existée chez les anciens, ne se fût entièrement perdue, puisque le pape Zacharie, au huitième siècle, condamna, comme hérétique, un nommé Vigile, pour avoir soutenu qu'il y avait des antipodes. C'était une plaisante chose que la condamnation des papes !

Enfin, vers la fin du quinzième siècle, l'Amérique fut devinée et découverte par Christophe Colomb. A la vérité ce n'était point cette terre nouvelle qu'il cherchait ; son but n'était que de trouver une voie plus abrégée pour parvenir aux Indes : il s'imagina qu'il fallait la chercher à travers l'Océan occidentale. Plein de son projet, il le proposa en vain aux génois, ses compatriotes ; au roi d'Angleterre, Henri VII ; et à Jean II, roi de Portugal ; il ne fut écouté que de Ferdinand le Catholique, roi d'Aragon, qui, à la prière de la reine Isabelle, son épouse, voulut bien risquer dix-sept mille ducats et trois petits vaisseaux pour cette entreprise, qui a rapporté, à lui et à ses successeurs, des richesses immenses. Ainsi, sans les prières d'une femme, il est douteux si l'Amérique nous serait encore connue. Mais Colomb n'avait point que des contradictions préliminaires à éprouver ; son premier voyage, peu heureux d'abord, pensa lui coûter la vie ; son équipage, mécontent d'une course beaucoup plus longue qu'il ne l'avait espéré, et persuadé d'avance qu'elle serait vaine, avait déjà résolu de jeter Colomb à la mer, lorsqu'il découvrit enfin *Guanahani*, l'une des lucayes qu'il nomma, en reconnaissance envers le ciel, *Saint-Sauveur*. Il était parti en 1492 de Palos, en Andalousie, avec le titre d'amiral et de vice-roi des pays qu'il découvrirait. Il découvrit ensuite plusieurs autres îles, entre autres celles de *Cuba* et *Saint-Domingue*, qu'il nomma *Hispaniola*, ou la *petite Espagne*.

De si heureux commencemens ramenèrent les esprits vers son projet. Le pape ne fut pas le dernier, c'était Alexandre VI et en 1493 ; ce vicaire de

Dieu sur terre, tranchant du roi des rois, et se regardant au moins comme le maître du monde entier, accorda, du haut du Vatican, aux espagnols et aux portugais les terres des américains, qui ne le connaissaient pas. Telle fut l'origine des droits espagnols sur l'Amérique, et des crimes inouis qu'ils y ont commis ; crimes que des siècles de vertus ne feront point oublier, et qui seront toujours une tache odieuse imprimée sur cette nation. Je me garderai bien de rappeler la moindre scène de ces horribles tragédies : jamais le crime n'a paru avec plus de férocité, et il était réservé au christianisme de commander et de justifier les actions des hommes les plus criminels de la terre.

Non-seulement Christophe Colomb n'a pas joui de ce que devaient lui faire espérer ses découvertes, et ne reçut, en récompense, que l'ingratitude d'un roi et des fers ; il n'eut pas même le triste honneur de donner son nom au monde nouveau qu'il venait d'indiquer à l'avarice, qui s'empressa d'y porter sa barbarie. Un aventurier nommé *Améric-Vespuce,* s'étant mis, en qualité de marchand ou de simple passager, sur une flotte qui partit en 1499, n'ayant guère vu que les pays que Colomb avait découverts, publia, à son retour, des relations dans lesquelles il prétendit avoir découvert la terre ferme. C'est ainsi qu'il ravit la gloire à un grand homme à qui un roi ingrat ôtait la liberté. Le Nouveau-Monde fut appelé Amérique, non cependant parce que Améric-Vespuce lui imposa ce nom, mais parce que l'histoire de son voyage étant intitulée : *Relation d'Améric-Vespuce,* on prit l'habitude de nommer les pays nouvellement découverts, *terres d'Améric,* et par la suite *Amérique.* On leur donna aussi, mais fort improprement, le nom d'*Indes occidentales,* pour les distinguer des *Indes orientales,* qui sont à l'orient d'Europe, au lieu que *l'Amérique* est à son occident. Il paraît que la raison qui a fait appeler *Indes* l'Amérique, est que les européens y vont chercher de l'or, de l'argent et d'autres choses précieuses, semblables à celles que produisent les véritables Indes ; peut-être ne fût-elle appelée ainsi que parce que Colomb croyant aller réellement aux Indes, trouva un pays qu'il ne cherchait pas. On lui donna aussi, et avec la même impropriété, le nom de *petites Indes.*

La découverte de l'Amérique, qui aurait dû ne tourner qu'au profit de l'humanité, fut, sans contredit, le plus grand fléau de l'Univers : toutes les parties du monde en reçurent une secousse terrible. L'Europe y gagna des vices et des maux, l'Afrique vit ses enfans arrachés de son sein, et la malheureuse terre nouvelle fut un théâtre de sang et d'horreur. O Colomb ! ce n'était point-là ton intention ! Mais il existait des rois, des marchands, des aventuriers et des prêtres, tous gens aussi barbares que peu instruits sur leurs intérêts. Toutes les idées morales furent alors renversées, et les européens, pour jeter une espèce de voile sur les atrocités dont ils étaient, sans doute, épouvantés eux-mêmes, examinèrent s'ils n'avaient pas droit d'exterminer une partie des humains. On tâcha de créer un droit des gens, tel que les tigres et les loups affamés pourraient l'imaginer envers les brebis. La religion ne vit qu'une justice dans ce qui devait la faire frémir. Ce fut alors un délire atroce ; plus l'or coula de ces malheureuses contrées en Europe, moins le sang humain parut sacré : l'homme dépravé, abruti par le crime, fut même jusqu'à refuser le rang d'homme à son semblable, pour plonger plus impunément sa main féroce dans son sein innocent.

Les théologiens, dit Bougainville, soutinrent dans leurs écoles, au commencement du seizième siècle, que les américains n'étaient pas des hommes et qu'ils n'avaient point d'ame ; et un espagnol en tira cette conclusion pleine d'humanité, qu'on pouvait massacrer les habitans de l'Amérique, sans courir le risque de commettre un péché mortel. Pour autoriser les massacres, on accusa les américains du Mexique, d'immoler à leurs idoles, tous les ans vingt mille hommes. Pour l'honneur de l'espèce humaine, ce fait atroce, prétendu démontré, ne fut jamais prouvé. Tous les historiens, lâchement vendus aux conquérans, ont calomnieusement exagéré le nombre des peuples antropophages du Nouveau-Monde. Lorsqu'ils n'ont pu les justifier, ils ont calomnié leurs victimes : c'est la ressource des ames lâches et féroces.

Un écrivain célèbre de nos jours, a soutenu que les américains étaient une race d'hommes dégénérés par l'inclémence des climats ; et il ajoute que les européens qui vont s'établir en Amérique, y dégénèrent aussi. Ce second fait est au moins plus avéré que le premier. Mais de quelque manière que la nature crée les hommes, elle n'imprime jamais sur leur front la marque de réprobation, et elle ne dit point à d'autres hommes : Ceux-ci peuvent tomber sous vos glaives ; vous êtes leurs rois et leurs maîtres, disposez-en à votre volonté.

L'indolence et la paresse forment le caractère général des peuples d'Amérique. Ils sont simples et sans ambition, ne s'occupent point du tout du lendemain ; mangent et dansent pendant une bonne partie du jour, et passent le reste du tems à dormir. Ils ont peu de mémoire : serait-ce parce qu'ils s'enivrent souvent de tabac ?

Les européens ont publié qu'à leur descente en Amérique, ils y avaient trouvé la maladie vénérienne attaquant les deux sexes. On peut révoquer en doute ce fait, imaginé pour se justifier aux dépens des autres. Un autre fait plus raisonnable ; et qu'atteste Buffon, c'est que, lors de la découverte, le gibier surpassait de beaucoup en quantité les hommes, sur-tout dans la partie septentrionale.

Ce qui autorisa à refuser aux américains le titre d'hommes, c'est qu'ils sont dépourvus de ce signe de la virilité que la nature donne à tous les peuples des trois autres parties du monde.

Les américains perdirent courage à la vue des longues barbes espagnoles. Comment pourrions-nous résister à des hommes, dirent-ils, qui ont des cheveux dans le visage ?

Le corps des américains est dépilé comme celui des eunuques ; ils ont du lait, ou une espèce de substance laiteuse dans leurs mamelles, et ils sont peu ardens en amour.

Couverte de marécages et de forêts, l'Amérique n'a jamais pu être aussi peuplée que l'Asie et l'Europe, quoique habitée depuis une infinité de siècles ; et il paraît que ce Nouveau-Monde a essuyé aussi de grandes inondations, mais plus tard que l'Ancien.

Les femmes, en Amérique, enfante sans douleur, et avec une facilité surprenante.

La durée de la vie, parmi les créoles, paraît être plus courte qu'en Europe.

Les peuplades américaines, prises dans l'universalité du caractère, maltraitent leurs femmes, s'enivrent de chica et d'eau-de-vie, fument du tabac, se font une guerre fort cruelle, tourmentent leurs prisonniers, et mangent des hommes.

Les femmes américaines se sont pourtant déclarées en faveur des européens, contre leur propre nation.

Il y a des peuples noirs en Amérique ; et, comme en Afrique, il faut quatre générations de races croisées pour blanchir un nègre, il en faut tout autant pour noircir un blanc.

Des animaux d'origine africaine ou asiatique, tels que les chameaux ; n'ont pu se faire au climat de l'Amérique, même sous l'équateur. Les premiers bœufs d'Europe conduits au Nouveau-Monde, y ont éprouvé une dégénération sensible. Lors de sa découverte, l'Amérique manquait absolument de chevaux, d'ânes, de bœufs, de chameaux, de dromadaires, de girafes et d'éléphans ; sept espèces principales, utiles à l'homme, et de tems immémorial apprivoisées et soumises à la domesticité dans notre hémisphère.

Il y a, en Amérique, des lions ; mais ils n'ont ni la grandeur, ni l'audace, ni même la couleur jaune des lions d'Afrique, auxquels ils sont très-inférieurs. Les mâles n'ont point de crinières. Les indiens les nomment dans leur langue *numa*. C'est un animal peureux qui ne produirait pas même le mulet avec les lionnes d'Afrique, lesquelles aussi n'ont point de crinière.

Le vrai tigre, le tigre royal, n'existe point en Amérique ; car le joquar n'en est pas un, encore moins le cougaar.

Après avoir produit dans le Nouveau-Monde tant d'animaux et de végétaux, inconnus dans l'Ancien, la nature n'a rien changé au règne minéral. Les métaux et l'arrangement des couches terrestres, sont les mêmes en Amérique, que dans notre continent, sous les mêmes latitudes. Le centre de l'Afrique correspond sans doute au milieu du nouvel hémisphère, et renferme aussi des dépôts d'or et d'argent ; mais l'or blanc ou la platine est particulier à l'Amérique.

En y mettant pied-à-terre, on y a trouvé des serpens comme dans les déserts de l'Afrique, où l'on pénètre en remontant le Sénégal. Mais en Amérique, leur multiplication est plus rapide et plus prodigieuse.

Excepté dans l'île de Madère, dans toute l'étendue du Nouveau-Monde, on n'a pu encore réussir à faire de bon vin.

On a remarqué aussi que les vaisseaux, construits avec du bois de chêne, crû dans le nord de l'Amérique, ne dure pas la moitié de tems que se conserve un navire de bois de chêne d'Europe. Les vers s'y mettent plus vîte.

L'or et l'argent que les gallions et les flotilles apportent de l'Amérique,

diminuent

diminuent d'année en année, et cesseront peut être tout-à-fait. Alors il faudra que l'Amérique soit cultivée avec plus de soin; car elle manque de tout, du moins des productions de nécessité première.

L'Europe peut se passer de l'Amérique; mais de long-tems l'Amérique ne pourra se passer de l'Europe.

Quant au commerce d'hommes, qu'on en juge par ce fait : L'Angleterre seule a tiré, en différens tems, d'Europe plus d'un demi-million d'individus, pour les établissemens d'Amérique. Michel Berger étant à Philadelphie en 1750, 51, 52, 53, assure que, pendant son séjour, il arriva, dans cette seule ville, vingt-quatre mille hommes achetés en Allemagne, pour cultiver les terres de Pensilvanie. Elliot, qui succéda à Vaudreuil dans le gouvernement du Canada, disait qu'il ne fallait pas moins de cent mille émigrans pour peupler le Canada. De manière que l'Amérique a occasionné une sorte de dépopulation en Europe.

Les nègres esclaves de l'Afrique ne propagent pas beaucoup dans le Nouveau-Monde.

Quant au commerce, en voici un échantillon : La compagnie anglaise de la baie d'Hudson traite, année par année, dix mille peaux de castor, que les chasseurs américains viennent apporter à ses factories, de cent cinquante lieues de loin. Jadis ils donnaient une peau de castor pour un miroir; aujourd'hui ils en veulent douze, ou quatre bouteilles d'eau-de-vie.

Les peuples d'Europe comptent des millions sans avoir recours aux signes matériels; les américains ne sauraient calculer jusqu'à vingt, sans employer continuellement des signes représentatifs, pour suppléer aux idées des valeurs. La différence qu'il y a entre eux et nous, est tels qu'ils doivent chiffrer lorsqu'ils comptent jusqu'à vingt, et que nous comptons sans chiffrer; nous n'employons, nous autres, d'arithmétique, que quand nous calculons. Hors de cette opération, nous pouvons écrire nos mots numériques comme nous les prononçons. Les habitans de l'Amérique n'en sont pas là, du moins ceux qui sont encore sauvages.

Au peu d'industrie des américains, même au Mexique, en comparaison de celle des européens, on en peut conclure que l'espèce humaine était dégénérée au Nouveau-Monde, à l'époque de son invasion, par des navigateurs venus de l'Ancien.

Tous les américains et tous les créoles, en réunissant leurs talens, ne sont pas en état de peindre un tableau digne d'être placé dans une collection d'études de nos élèves en peinture.

Quant aux américains de douze pieds, aux géans que des voyageurs, amis de l'exagération, disent avoir vu en Amérique; le fait est qu'il n'y a dans ces vastes contrées pas plus de grands hommes au physique qu'au moral. Il n'y a point de géans dans aucune des quatre ou cinq parties du monde.

La grande humidité de l'atmosphère, en Amérique, et l'incroyable quantité d'eaux stagnantes, répandues à sa surface, étaient, a-t-on dit, les suites d'une inondation considérable qu'on y avait essuyée dans les vallées. Il n'est pas improbable d'attribuer à cette révolution physique la

B

plupart des causes qui avaient vicié et dépravé le tempéramment des américains.

Les premiers d'entre eux qui ont formé une sorte de société civile, n'ont pu être que les péruviens, qui habitent sous un climat fort tempéré et sur un terrein fort exhaussé. Au reste, tout le Nouveau-Monde a dû éprouver les plus grands bouleversemens, tels que tremblemens de terre, volcans, inondations ou déluges. Les américains n'ont point tenus registre de ces faits ne sachant comment les transmettre à la postérité. Si aujour d'hui il y a dans le Nouveau-Monde des hommes qui savent lire et écrire, il sont venus de l'Europe. L'américain naturel ne sait rien. C'est un peuple qu'on ne peut appliquer à aucune science, à aucun art. Dans toute l'étendue de l'Amérique, depuis le cap Hoorn, jusqu'à la baie d'Hudson, il n'a pas encore paru un philosophe, un savant, un artiste, un homme d'esprit.

L'empire de la Chine renferme plus d'hommes que tout le Nouveau-Monde n'a d'indigènes; d'une extrémité à l'autre, l'Amérique n'a que de grandes forêts, et l'on peut voyager neuf cens lieues en ligne droite, sans rencontrer une seule ville. Il n'y a, pour cela, qu'à s'embarquer à la source du Maragnon et le descendre jusqu'à Paria.

Quelques anatomistes ont attribué le peu d'industrie des américains, à leur tête applatie.

Presque toutes les modes dés sauvages de l'Amérique sont des cruautés atroces, qui ne tendent qu'à rendre l'espèce humaine difforme et monstrueuse. Ils se percent le cartilage du nez; ils se font des ouvertures dans les lèvres, de profondes incisions dans les joues; ils s'allongent les oreilles, s'en coupent un morceau, de manière qu'on peut passer deux doigts par le trou; ils se raccourcissent le cou; ils se compriment la tête, au point de se la rendre ou conique ou sphérique, ou cubique; ils s'ôtent les dents *gélasines* (les quatre dents du devant de la bouche); ils se font enfler les jambes par des ligatures forcées; ils se découpent toute la peau du corps, s'écrasent le nez, se retranchent quelques articles des doigts, etc.

Les américains sauvages sont tellement infatués de leur beauté, que, pour paraître plus parfaits, ils s'estropient, et font essuyer à leurs enfans des supplices qu'on n'imaginerait pas ailleurs contre les criminels. Il faut absolument que la tête soit comme une pleine-lune.

Il serait difficile de rencontrer en Amérique un naturel du pays te qu'il est venu au monde; ou il lui manque une testicule, ou une phalange sa main, ou quelques dents dans sa bouche; sa peau est gravée de figur e barbares et ineffaçables, car ils vont presque tous nuds.

L'Asie et l'Afrique, à elles deux, n'offrent pas autant d'usages révoltans que l'Amérique seule.

L'effet de la découverte de l'Amérique, fut de lier l'Asie et l'Afrique à l'Europe, par le commerce, dit Montesquieu dans un gros *in* 4.° imprimé en petit caractère, et rédigé tout exprès, pour savoir quand et comment l'Amérique a été peuplée; l'auteur fait, des habitans de cette vaste contrée, une colonie chinoise anti-délugienne; et, quant aux animaux, il conjecture qu'ils auront bien pu passer en Amérique par l'île Atlantique.

Nous diviserons l'Amérique en septentrionale, moyenne et méridionale.

L'Amérique septentrionale comprend le Canada et ses subdivisions, le Labrador, ou terre des Esquimaux, la Californie, le Nouveau Mexique et les États-Unis, la Pensilvanie et autres.

L'Amérique moyenne, offre le Mexique ou la Nouvelle Espagne, la Terre ferme, la Guianne; cette partie mitoyenne est séparée naturellement des deux autres, au nord par le golfe du Mexique, au midi par le fleuve des Amazones.

L'Amérique méridionale renferme le pays des Amazones, le Pérou, le Brésil, le Paraguay, le Chili et la terre Magellanique.

L'Amérique, au couchant, n'a point d'îles qui marquent. Il n'en est pas de même au levant. On distingue sur-tout les Açores, Cuba, St. Domingue, la Jamaïque, les Antilles, la Martinique, les Barbades, les îles Malouines, etc.

Elle compte trois principaux fleuves, un dans chacune de ses parties : le Mississipi, la rivière des Amazones et la Plata.

PRINCIPALES VARIÉTÉS

NATURELLES ET FACTICES

DE L'ESPÈCE HUMAINE EN AMÉRIQUE.

Variétés naturelles.

AU nord de l'Amérique, les hommes, en général, sont d'un teint olivâtre; ils sont petits; ils ont les jambes courtes et grosses; ils sont robustes, et vivent long-tems.

D'autres, à la baie d'Hudson, ont le visage presqu'entièrement couvert de poil.

A Terre-Neuve, peu ou point de barbe, visage large et plat, nez camus, gros yeux.

Au Canada, grands, assez bien faits, œil et cheveux noirs, dents très-blanches, teint basané, peu de barbe, point ou presque pas de poil sur le corps.

Les femmes de la Floride sont grandes et de couleur olivâtre; les hommes ont les cheveux noirs et longs.

Les habitans de l'isthme de l'Amérique ont le teint de cuivre jaune ou d'orange, et les sourcils noirs comme du jai.

D'autres peuples voisins sont blancs, non pas de blancheur européenne, mais d'un blanc de lait qui approche beaucoup de la couleur du poil d'un cheval blanc; la peau couverte d'un duvet court et blanchâtre, mais qui n'est pas si épais sur les joues et le front, qu'on ne puisse aisément distinguer la peau; sourcils d'un blanc de lait, ainsi que les cheveux qui sont beaux, longs de sept à huit pouces, et à demi-frisés. La paupière de forme oblongue, en croissant renversé.

Dans la Guyanne, les hommes sont plus rouges que tous les autres Indiens.

Au Brésil, taille d'Europe, cheveux noirs et longs, teint basané, d'une couleur brune, qui tire un peu sur le rouge; tête grosse, épaules larges.

Au Paraguay, taille belle, élevée, visage un peu long, couleur olivâtre.

Au Chili, couleur de cuivre rouge, c'est-à-dire le teint jaune ou plutôt rougeâtre; gros membres, poitrine large, visage désagréable, sans barbe; petits yeux, oreilles longues, cheveux noirs, plats, gros, rudes comme des crins.

Aux terres Magellaniques, taille au-dessus de six pieds, couleur d'olive, poitrine carrée.

Variétés factices.

Au Mississipi, les peuples plus basanés que dans le Canada, sans qu'on puisse les dire bruns; s'ils paraissent olivâtres, c'est à cause de l'huile dont ils se frottent le corps.

Dans la Floride, les femmes se peignent les bras, les jambes et le corps de couleurs ineffaçables, au moyen des piquures dans la chair. Ils ont de certaines huiles qui vernissent la peau et la rendent luisante.

Les caraïbes ont le front plat et le nez applati; mais cette forme de visage vient d'eux. Ils paîtrissent, pour ainsi dire, la tête de leurs enfans nouveaux-nés.

Les hommes tracent des raies noires sur leur visage. Les femmes se percent les oreilles. Les filles portent des brodequins si serrés, qu'ils empêchent le bas de la jambe de grossir.

Les indiens de la rivière des Amazones applatissent le visage de leurs enfans, en leur comprimant la tête entre deux ais de bois. Ils se percent les narines, les lèvres, les joues, pour y passer des plumes d'oiseaux, des os de poissons. Ils s'agrandissent prodigieusement les oreilles en y suspendant des poids au trou du lobe.

D'autres américains ont le cou si court, les épaules si élevées, que leurs yeux paraissent être sur leurs épaules et leur bouche dans leur poitrine. Cette difformité monstrueuse n'est pas le fait de la nature; mais les pères applatissent, arrondissent, allongent la tête des nouveaux-nés, et leur font retirer le cou dans les épaules.

Au Brésil, on s'épile de la tête aux pieds, on s'arrache les sourcils et les cils, ce qui donne un air farouche; on se perce la lèvre inférieure pour y passer une pierre verte. Les mères écrasent le nez de leurs enfans.

N.º 1. Le Mexique.

Situation.

LE Mexique, aussi nommé *Nouvelle-Espagne*, s'étend, du midi au nord, dans l'Amérique septentrionale, depuis le 9.ᵉ degré de latitude jusques vers le 45.ᵉ, et, du couchant au levant, depuis le 250.ᵉ jusqu'au 296.ᵉ degré de longitude.

Quoique placé sous la zone torride, l'air y est cependant tempéré et fort sain : les vents et les pluies contribuent beaucoup à diminuer les chaleurs, et la terre est presque toujours parée d'une verdure qui offre ses ombrages par-tout où l'homme se trouve. Parmi les arbres, on distingue le cocotier, l'arbre qui produit le cacao, l'abricotier mexicain, dont le fruit, quoique semblable pour le goût, à nos abricots, est gros comme un melon; l'aquâtre, le sapotier, l'acajou qui se trouve par-tout, et nombre d'autres dont les fleurs et les fruits appelle sans cesse la main. Les oiseaux, du plus brillant plumage, voltigent sur ces beaux arbres, les perroquets, le *sensoutlé* ou cinq-cens-voix, ainsi nommé à cause de l'harmonie de son chant ; le cardinal, qui a reçu son nom de la couleur rouge de son plumage et d'une petite hupe de même couleur qu'il a sur la tête; le flammant ou flambant, dont les ailes éclatantes sont comme une flamme de feu, et nombre d'autres inconnus en Europe. En général, les plus beaux oiseaux se trouvent en Amérique ; mais leur chant ne répond point à la beauté de leurs habits, et le Nouveau-Monde n'a point notre rossignol, dont la voix délicieuse module avec harmonie tous les tons d'un octave.

La terre est très-fertile et produit du bled, du maïs, des patates, des bananes, des ignames et d'excellens légumes ; mais ce ne sont point ces richesses qui ont attiré, du point opposé de la terre, l'avide européen, ce sont les mines d'or et d'argent qui sont renfermées dans son sein, ces mines d'un métal qui était jadis si abondant dans ces contrées, qu'il servait au besoin les plus communs et qu'il tenait lieu de fer. Pour le bonheur du malheureux américain, il eût fallu que ce métal funeste eût été enfoui à une telle profondeur, que jamais l'avare espagnol n'eût pu le soupçonner. Que de sang eût été conservé ! Ces contrées serait peut-être encore intactes, et une partie de l'Europe n'aurait pas à se reprocher ses crimes.

On tire aussi du Mexique du baume excellent, des cuirs estimés, de l'indigo, de la cochenille, qui est un petit ver gris dont on fait la plus belle écarlate, du coton, qui vient sur un arbrisseau, et des cannes de sucre. Les rivières sont pleines de caïmans ou crocodiles, mais moins gros et moins mal-faisans que ceux d'Egypte. Les indiens les mangent, ainsi que les serpens, que l'on vend sans queue et sans tête dans les marchés publics de la ville du Mexique.

Le Mexique se divise en ancien et en nouveau Mexique, et se subdivise en audiences ou gouvernemens, ainsi nommés par les espagnols; celles de *Mexico*, de *Guadalajara* et de *Guatimala*.

MEXICO, l'ancienne capitale du Mexique, l'est aussi de toute la Nouvelle-Espagne. C'est la plus grande et la plus belle ville de l'Amérique. Le commerce lui a rendu sa première splendeur. Ses rues spacieuses présentent un coup d'œil superbe, et les églises y sont magnifiques; le clergé, qui y est nombreux, jouit de presque tous les biens fonds, et il n'a pas manqué d'établir son infernale inquisition dans ces lieux, afin que son pouvoir y fût plus étendu. Mexico est bâti sur le bord du lac qui porte son nom, et dont l'eau est salée, à cause du fond de nitre sur lequel elle repose. Ce lac communique avec un autre dont les eaux sont douces, et, tous deux ensemble, ils peuvent avoir trente lieues de circonférence. Le palais du vice-roi, que l'Espagne y entretient, a été bâti par Cortès, le vainqueur du Mexique: il est vaste et magnifique.

Origine, habitans et leurs mœurs.

Comme les peuples du continent de l'Amérique, les plus policés du Nouveau-Monde n'avaient d'autre manière de transmettre à la postérité ce qui s'était passé que par la tradition et par des *quipos* ou paquets de cordons dont les nœuds, faits de différentes manières, signifiaient différentes choses, et par des hiérogliphes peints, ce qui était l'écriture du Mexique, il serait impossible de dire combien il y avait de tems que cet empire existait; on croit seulement que c'était depuis cinq cens ans, à l'arrivée des espagnols, et qu'il avait déjà eu huit rois, qui avaient soumis au même prince et aux mêmes dieux, la plus grande partie des pays qui s'étendent dans l'Amérique méridionale. Une vaste roue, déposée dans le grand temple de Mexico, servait de calendrier perpétuel; elle était divisée en cinquante-deux années, et chacune de ces années en dix-huit mois de vingt jours chaque, qui formaient précisément trois cent soixante cinq. Les phases de la lune, les mouvemens du soleil, les jours de fêtes publiques, les années bissextiles, tout était marqué sur ce calendrier.

Quoi qu'il en soit, tout annonçait que le Mexique n'était point un empire nouveau; quoique dénué de ce génie qui a distingué les arts de l'Ancien monde, ceux du nouveau avaient cependant déjà fait trop de progrès pour ne point reculer le terme de leur naissance.

C'était sur-tout dans les temples et dans le palais du roi, qu'on admirait les chefs-d'œuvre des artistes mexicains. On y comptait plus de quatre cens appartemens, tous plus riches les uns que les autres; des tapisseries ingénieusement dessinées, en plumes de diverses couleurs, en décoraient tous les murs; les sièges y étaient massifs et les plafonds revêtus de lames d'or; de grandes tables d'argent polis imitaient imparfaitement nos glaces; de vastes jardins, parsemés des plus belles fleurs, s'étendaient de toutes parts, et une double enceinte en faisait à-la-fois un séjour de délices et une place forte.

Le faste de la cour mexicaine répondait en tout à la richesse de ce palais.

Sept ou huit mille nobles, vêtus de pourpre, formaient la garde et le conseil du monarque. Ils étaient, suivant leur noblesse et leurs dignités, épars dans les appartemens, plus ou moins éloignés, du prince. Ils l'environnaient tous lorsqu'il se montrait à son peuple. Tous ses sujets pouvaient alors se traîner jusqu'à lui, en baisant trois fois la terre, et l'appelant successivement, *seigneur, monseigneur, grand seigneur*.

Le luxe asiatique n'a pas encore atteint la magnificence et la profusion avec lesquelles était servi la table de ce monarque. Du bout de son sceptre il touchait aux plats qui lui plaisaient; les autres étaient distribués à ses officiers.

L'idée que les mexicains s'étaient faite de leur roi, ne laissait aucune borne à sa puissance : sa volonté seule était la loi.

Une coutume très-sage et qui a quelque rapport avec une loi de Sparte, mettait tous les enfans à la disposition de la nation. Les pères pouvaient contribuer à leur éducation, mais non les en priver. On les réunissait dans de vastes écoles, où ils apprenaient l'art militaire, la danse, la religion et la morale. A dix ans, ils devenaient utiles à l'État; ils portaient les vivres aux armées, et n'étaient rendus à leurs pères qu'après avoir fait une campagne.

Les filles étaient également réunies dans des lieux de retraites, et y restaient jusqu'au moment où elles prenaient un époux.

Le penchant à la magnificence ne se bornait pas au prince, les peuples l'avaient également. Simples dans leur nourriture et leurs vêtemens, les mexicains faisaient constituer leur luxe dans la construction de leurs demeures. Les maisons, construites en bois de cèdre des Indes que nous nommons acajou et en chaux, étaient composées de plusieurs appartemens; la disposition de la charpente formait des compartimens ingénieusement distribués. Tous les bois étaient sculptés, tous les murs avaient le poli et l'éclat d'une glace, et étaient ornés de plumes et de tableaux représentans les chefs de famille.

Ce peuple, si doux dans ses habitudes, trouvait dans sa religion l'exemple et le goût du meurtre : l'autel des dieux n'était qu'un échafaud où les prêtres, transformés en bourreaux, n'offraient que des victimes humaines.

Ces horribles fêtes revenaient régulièrement à des jours fixes, et souvent la férocité des prêtres en hâtait le moment. Ils écrivaient à l'empereur que les dieux avaient faim. Aussi-tôt on entrait en armes chez les peuples voisins, et les prisonniers étaient réservés pour ces affreux sacrifices.

Le *topilzin*, ou prêtre du couteau, était le grand sacrificateur : il était couronné de plumes et revêtu d'une longue simarre. Il étendait la victime sur une pierre et lui arrachait le cœur, encore palpitant, qu'il offrait à ses dieux. Après ce sacrifice, on brisait l'idole; chaque mexicain en mangeoit respectueusement un morceau, et emportait un membre des victimes, dont sa famille entière se repaissait dans un grand festin.

Parmi les temples, on distinguait celui des funérailles par son élévation et sa régularité. Des ossemens unis avec de la chaux en composaient l'enceinte et les murs. Des crânes desséchés et disposés en forme de guirlandes décoraient horriblement ce triste séjour, et deux tours élevées à perte de vue annonçaient au loin le tombeau des empereurs.

Le soleil est pour eux le premier des dieux, et ce que les prêtres disent de la naissance du premier homme, a assez de rapport au livre de la Genèse. Dieu, disent-ils, avait formé d'abord un homme de terre qu'il anima ; il fit ensuite une femme qu'il tira du corps de l'homme : l'un et l'autre se baignèrent, contre la défense du soleil, dans une fontaine ; ils furent alors relégués dans des montagnes affreuses, où ils persévérèrent dans leur désobéissance. Long-tems après, un déluge détruisit tous leurs enfans, à l'exception d'une seule famille qui se sauva dans un canot sur le sommet d'une montagne. Cette famille se divisa et forma deux nations, celle qui peupla les montagnes et celle qui peupla le Mexique. A ce sujet, les mexicains sont aussi orgueilleux et aussi sots que les juifs, les chrétiens et presque toutes les nations de la terre.

Avant l'arrivée des européens, plus de quinze cens cités étaient soumises à l'empereur du Mexique. Les *tlascalans* seuls étaient libres au milieu du Mexique, et environnés de peuples esclaves.

Tel était l'empire du Mexique ; et sa conquête par les espagnols est un de ces prodiges que l'histoire ne présente que de loin en loin, et qui peuvent à peine se faire croire. Les forces immenses d'un vaste empire, des armées innombrables vinrent échouer devant une poignée d'aventuriers audacieux, guidés par la soif de l'or, et qui, à la vue de ce métal, ne comptaient les fatigues ni la vie pour rien. Cet évènement mémorable eut lieu sous le règne de *Montezuma.*

En 1517, *Hernandes* partit de l'île de Cuba, découvrit l'*Yucatan*, mais il n'osa point pénétrer jusqu'au Mexique. Cette entreprise était réservée à Cortès. Parmi ces féroces guerriers et ces aventuriers, plus féroces encore, et qu'un peu d'or eût conduits jusqu'aux extrémités de la terre, Cortès se distinguait comme un habile marin, un bon général, infatigable soldat, et comme un homme doué de cette prudence et de ce courage qui prévoient ou surmontent tous les obstacles. Il demanda au gouverneur de Cuba quelques vaisseaux et un petit nombre d'hommes, en promettant de les ramener vainqueurs du Mexique. Son courage était connu, sa demande fut remplie. Il partit, et après avoir erré un mois dans le golfe du Mexique, il débarqua à *Vera-Cruz.*

Il avait juré de vaincre, et la mort seule pouvait l'en empêcher ; il voulut que ses compagnons eussent les mêmes sentimens, et pour les y contraindre et ne leur laisser que la victoire pour ressource, il brûla ses vaisseaux. Ce trait de hardiesse lui réussit ; chaque soldat de sa faible armée devint un héros, et la première action où ils s'engagèrent, coûta la vie à vingt mille mexicains ; la ville de *Tabasco* fut prise.

En

En peu de tems cette nouvelle se répandit par-tout le Mexique, et Cortès se vit environné de cinquante mille hommes. Il ne s'en étonna point : il livra un second combat ; son artillerie tonna au milieu des ennemis qui le pressaient de toutes parts ; sa cavalerie s'avança sur cette multitude, et cette nombreuse armée, épouvantée par le bruit du canon et l'aspect des chevaux, s'enfuit devant deux cens hommes.

Cette seconde victoire lui donna alors quelque pied sur cette terre étrangère ; nombre de petites peuplades, dans le desir de se soustraire à la domination mexicaine, lui envoyèrent des députés ; il les reçut bien et sut profiter de la haine que leur avait inspiré Montezuma. Il défendit aux receveurs du Mexique d'exercer aucune violence dans la collecte des impôts, et parut, aux yeux des mexicains, un génie tutélaire envoyé par le ciel pour leur bonheur.

Tant de hardiesse frappa de crainte Montezuma ; il envoya des ambassadeurs, accompagnés d'une nombreuse armée, pour lui offrir des présens et l'engager à se rembarquer. Cortès reçut les présens et ne partit point. Il exigea que Montezuma parut devant lui. En même-tems il fit faire une décharge subite de son artillerie, et fit manœuvrer sa cavalerie. Glacés d'effroi, les ambassadeurs se prosternèrent et s'en furent. Cortès partit derrière eux. Il laissa à Vera-Cruz sa grosse artillerie, une partie de ses bagages, et marcha droit à la capitale du Mexique. Cent cinquante espagnols et dix mille américains composaient ses forces. Il combattit et vainquit chaque jour. Les tlascalans seuls lui résistèrent ; ils lui opposèrent quatre-vingt mille hommes, et maîtrisèrent la crainte que leur donnaient les chevaux et le canon ; mais il fallut céder à l'avantage des armes, et Cortès entra dans Tlascala. Montezuma voulut profiter de sa victoire : il lui envoya des ambassadeurs pour l'engager à lui livrer les tlascalans, moyennant une partie de son empire. Cortès indigné renvoya les ambassadeurs, et fit alliance avec les tlascalans, qui lui furent d'un grand secours.

Enfin il parvint devant Mexico. Montezuma, tout tremblant, vint au-devant de lui avec toute sa cour. Cortès et sa troupe furent logés dans le palais impérial ; les tlascalans campèrent hors de la ville, et, pendant trois mois, les espagnols se virent combler d'honneur. Cependant ils apprirent que toutes ces protestations n'étaient que des piéges, et que Montezuma songeait à les faire périr ; que la garnison de la Vera-Cruz avait été attaquée plusieurs fois, et que l'on avait envoyé la tête d'un espagnol à l'empereur. Dans cette extrémité, Cortès n'eut recours qu'à sa hardiesse ordinaire ; il se rend chez l'empereur, et lui déclare qu'il est prisonnier, le fait charger de fers, le conduit dans le quatier espagnol, et lui ordonne de mander auprès de lui les grands et les prêtres, pour lui rendre compte de leur conduite. Il fallut obéir, et les espagnols furent respectés. -

Mais Cortès n'avait point que Montezuma à redouter ; une nouvelle flotte était abordée à Vera-Cruz, et un nouveau commandant venait lui ravir la gloire de sa conquête.

Ce coup lui fut sensible et ne l'abattit pas. Il partit avec soixante hommes, livra le combat aux espagnols, tua le commandant, et revint avec quatre

C

cens hommes à Mexico. Mais les choses changèrent de face : Montezuma méprisé, abandonné des siens, tomba sous leurs coups, lorsqu'il essayait de les contenir. Dans cette circonstance, Cortès se retira chez les tlascalans revint mettre le siége devant Mexico, prit cette ville et Guatimozin, qui avait succédé à Montezuma. Alors il établit un gouvernement espagnol, et après l'avoir posé sur des bases solides, s'être enrichi, avoir enrichi les siens; enfin, après avoir fait des choses que l'on peut à peine croire, il revint en Espagne, où il trouva l'ingratitude pour récompense.

Le Mexique fut ensuite divisé en audiences ou gouvernemens; des ports furent creusés, des villes nouvelles construites, et ce royaume devint le plus florissant du Nouveau-Monde.

Tous les arts européens furent naturalisés dans la Nouvelle-Espagne. Cependant quelques peuplades du Mexique se sont soustraites à la domination espagnole, en se retirant dans les montagnes; d'autres, connus sous le nom d'habitans du Nouveau-Mexique, ont constamment joui, dans leurs montagnes, de l'indépendance et de la tranquillité. Leur nourriture se borne à quelques poissons et à la chair de l'orignal, espèce de cerf ou de renne sauvage. Lorsque ces ressources leur manquent, ils se nourrissent de racines. Des souches d'un bois dur, creusées et durcies au feu, leur servent à faire cuir leurs alimens; ils ne peuvent les mettre sur le feu; mais ils y suppléent en plongeant dedans des cailloux brûlans. La peau de l'orignal ou des feuilles de lataniers, de balisiers, attachées ensemble, forment leur vêtement habituel.

Chacune de ces hordes sauvages a sa religion particulière; quelques-unes n'en ont point du tout. La plupart choisissent parmi elles leur divinité; l'infortuné qui a le malheur d'être déifié par la nation, jouit de tous les agrémens et les honneurs possibles. Au bout d'un an il est sacrifié à des dieux plus puissans.

Les mœurs et les habits espagnols sont volontiers en usage dans toutes les grandes villes et dans les lieux de commerce. La religion chrétienne y règne, et elle y règne à la mode espagnole, c'est-à-dire, accompagnée de l'inquisition.

Le nombre des mexicains est aujourd'hui bien diminué, quoique leurs femmes soient très-fécondes, et même dès l'âge de douze ans. La main féroce de l'espagnol a moissonné amplement dans ces contrées; la vie des hommes ne lui a paru qu'un jeu de son avarice. Ils sont volontiers ingénieux et réussissent dans les arts et les manufactures. Leur caractère est assez doux, et ils sont très-fidèles. Leur couleur est brune ou basanée. Ceux qui ne demeurent point dans les villes, n'ont que de chétives cabanes pour demeures, et couchent dans des hamacs. Le maïs leur sert de pain, et la boisson qu'ils estiment le plus est le chocolat. Les espagnols ont la politique de les tenir toujours dans l'humiliation, afin de les éloigner davantage de la puissance, et d'être plus facilement leurs maîtres. Des fleuves d'or ont coulé du Mexique en Espagne, et, par une juste punition du ciel, il semble qu'elle n'y a gagné que la paresse et la misère. Les peuples industrieux se sont empressés de lui porter les fruits de leurs travaux, et son or a passé chez des nations qui ont conservé l'habitude du travail, que l'Espagne, trop opulente, se croyait en droit de perdre. Ce n'est point l'or qui rend les États riches, ce sont les mœurs et l'industrie : l'Espagne l'a prouvé à toute la terre.

Habillement.

L'habitant du commun porte une espèce de culotte assez ample ; sur le corps, une chemise de toile de couleur, et par-dessus une courte tunique, fendue par les côtés du haut en bas.

Les femmes portent sur la chair une longue tunique ronde, et par-dessus, une espèce de pelisse large. Un mouchoir entour leur tête. Elles ont assez ordinairement leurs enfans sur le dos dans un petit sac.

N.º 2. Le Pérou.

Situation.

LE Pérou s'étend le long de la côte de la mer du Sud, depuis le 3e degré 25 minutes de latitude australe, jusques vers le 20e degré, du midi au nord ; mais son étendue, du levant au couchant, n'est pas fixée, à cause de divers peuples qui occupent la partie orientale et qui sont encore indépendans.

L'air, en général, y est chaud, mal-sain, excepté dans les montagnes, où il est extrêmement froid, à cause des neiges dont elles sont toujours couvertes et où il pleut souvent. Mais jamais la pluie ne tombe dans les vallées, sur-tout à Lima, où le terrein est sec et sablonneux ; cependant le ciel est volontiers couvert de nuées, et de fréquentes et bienfaisantes rosées tiennent lieu de pluie, ce qui fait que les végétaux y viennent très-bien. Les ruisseaux et les rivières y sont, d'ailleurs, en grand nombre. Il y a beaucoup de gibiers et de volatiles ; les forêts sont pleines de perroquets et de singes. On y voit aussi quelques lions. Les brebis méritent d'être remarquées : il y en a de sauvages et de domestiques. Leur forme a quelque chose du chameau, à la bosse près. La laine est longue, légère, luisante et sert à faire un drap qui approche assez du camelot. La chair est plus sèche que celle de nos brebis : elles sont aussi beaucoup plus hautes. Au Pérou, on les fait servir de bêtes de sommes. Leur cou est long et rond ; la lèvre d'en haut est fendue, et elles jettent de l'écume par cette fente contre ceux qui les ont fâché.

Les vallées du Pérou produisent aussi du froment, beaucoup de maïs, des cannes de sucre, du coton, une plante appelée *coca* ou *cuca*, qui est la bétel des orientaux, dont la feuille, mise dans la bouche, nourrit et garantit pour quelques momens de la soif et de la faim. Le climat ne vaut rien pour les chevaux. Tous ceux qu'on y amène d'Europe dépérissent et meurent au bout de deux ans.

Ces contrées sont sujettes aux tremblemens de terre, et sans doute la nature a renfermé quelque immense foyer dans le sein de ces montagnes escarpées, les plus hautes de la terre, les *Cordillères*, *Andes* ou *Sierras-Nevadas*, dont la double chaîne traverse le Pérou du sud au nord. Ces montagnes causent une grande variété dans les qualités de l'air.

Lima est la capitale du Pérou et de l'Amérique méridionale espagnole. Ce fut François Pizarre, le vainqueur de ces contrées, qui la fonda en 1535. Elle est grande, belle et très-riche; mais, dans la crainte des tremblemens de terre, toutes ses maisons n'ont qu'un étage Placée sur la côte de la mer du Sud, son commerce est très-étendue, et ses habitans le font avec habileté. Il y a un palais pour le vice-roi, et des couvens pour des religieux et des religieuses qui ne sont rien moins que chastes, et qui, sans doute, n'en doivent la faute qu'à la nature, qui amollit le cœur des hommes dans ce climat et qui l'entraîne doucement aux voluptés.

Origine, habitans et leurs mœurs.

C'est principalement dans le Pérou que la férocité espagnole s'est exercée, elle effraie l'imagination; et, pour comble d'horreur, des prêtres, cachés derrière ces bourreaux, bénissaient les crimes à mesure qu'ils étaient commis.

Il serait difficile de dire quelque chose de certain sur l'origine des péruviens. Ils regardaient *Manco-Capac* comme leur fondateur. Ce fut lui qui leur enseigna le culte du soleil. Le plus beau temple de cet astre était à Cezeo; ses richesses éblouirent les espagnols, et son architecture leur donna une idée avantageuse des arts du Pérou. Ils n'offraient sur les autels du soleil que des agneaux et des brebis, et les prémices des productions qu'il avait fait naître. Les fêtes n'étaient volontiers que des mascarades nationales; le roi et les grands y paraissaient affublés d'habits différens, la figure couverte de masque, les épaules ornées d'ailes, et poussant des cris affreux, et formant des danses. C'était dans une plaine que le cortége s'avançait; là, le visage prosterné en terre, on attendait le lever du soleil pour lui rendre hommage. Alors le *Capac-Inca*, roi de la nation, s'avançait, portant sur sa poitrine un vase d'or concave et très-poli. Les rayons du soleil, rassemblés et dirigés par ce vase sur du coton, y mettaient le feu, et tous les sacrificateurs accouraient de toutes parts pour partager ce feu qui servait à brûler les victimes. Un jeûne de huit jours précédait cette fête. Le soir du huitième jour, tous les chefs de famille distribuaient à leurs enfans une pâte de maïs, avec laquelle ils se frottaient toutes les parties du corps, et une eau mêlée d'herbes purgatives. Au lever du soleil, tous les péruviens se prosternaient et priaient l'astre du jour d'éloigner de la ville toutes les maladies et tous les chagrins; alors un *inca*, que l'on nommait courier du soleil, descendait de la forteresse avec une lance ornée de fleurs, de plumes et d'anneaux d'or; il trouvait sur la place quatre autres couriers qui, frappant l'air de leurs lances, affectaient de chasser devant eux toutes les maladies jusqu'aux quatre principales portes de la ville; là ils piquaient leurs lances en terre, et défendaient au nom du soleil, à tous les maux qui affligent l'humanité, de passer ces bornes. A la nuit, ces couriers, armés de torches de paille, faisaient le tour de la ville et chassaient les maux de la nuit comme ils avaient chassé ceux du jour.

Les filles du soleil, qui étaient les princesses du sang des incas, célébraient toutes ces fêtes dans l'intérieur d'un temple où elles étaient enfermées dès leur plus tendre enfance. L'accès de leur palais était interdit à tous les péruviens, l'inca seul pouvait y entrer sans offenser le soleil, et le jeunes princesses ne pouvaient briser leurs liens qu'en prenant ceux du mariage.

Ces mariages avaient lieu tous les ans dans une assemblée publique présidée par le roi. Tous les garçons et les jeunes filles, âgés de dix-huit à vingt ans, paraissaient dans cette assemblée vêtus de longs habits blancs, et placés sur deux files; l'inca les appelait l'un après l'autre, et priait le soleil, en les unissant, de veiller éternellement sur leur bonheur. Le lendemain les incas, gouverneurs des provinces, répétaient les mêmes cérémonies dans chaque ville. Après cette bénédiction, les époux se retiraient dans une maison que leur donnaient leurs parens. Chez eux, la parenté n'étaient point un obstacle au mariage; ils ne s'arrêtaient qu'entre frères et sœurs: mais les princes étaient exempts de cette loi, et devaient même épouser leurs sœurs de préférence. Les veuves se remariaient rarement, et ne le pouvaient qu'avec un homme veuf. Si elles avaient des enfans, le mariage leur était interdit.

Si ce que les voyageurs ont raconté de l'éducation qu'ils donnaient à leurs enfans est vrai, on serait tenté de croire qu'ils mettaient un grand prix à cette première institution de l'homme. Tout tendait à le rendre libre des autres pour ses besoins, et à trouver en lui toutes ses ressources. En ce point, une partie du plan d'éducation donné par J. J. Rousseau était réalisé.

Jamais une mère ne portait son enfant, quelque jeune qu'il fût, dans ses bras; elle se penchait plutôt sur lui que de le porter à son sein lorsqu'elle voulait l'allaiter. Chaque jour il était baigné dans l'au froide. Dès qu'il pouvait se traîner, c'était lui qui devait venir chercher sa mère. A deux ans on lui donnait un nom. C'était une fête d'amis et de parens. Le père lui coupait un cheveux avec une pierre tranchante, et le prêtre indiquait le nom qu'il porterait.

A seize ans, on leur faisait subir différentes épreuves, comme de fabriquer leurs armes, leurs chaussures, sans aucun secours étranger, de jeûner, de courir, et de ne point sourciller lorsqu'on feignait de leur asseuer des coups de massues; s'ils avaient rempli toutes les conditions requises, ils entraient dans la garde du roi, jusqu'à ce que leurs pères, en mourant, leur laissassent les gouvernemens qu'ils occupaient: car cette éducation, comme l'on voit, n'étaient que pour les gens de condition.

Chaque péruvien avait une pièce de terre proportionnée au nombre de ses

enfans. Les terres des impotens, des veuves et des orphelins, étaient travaillées les premières par tous les citoyens.

Tel était le Pérou lorsque Pizarre le découvrit. L'indiscrétion d'un
jeune cacique de la Castille d'Or en fut cause, en disant qu'il connaissait un
pays où l'or était encore en plus grande abondance que dans celui où il se
trouvait. Ses paroles ne furent pas perdues. Trois aventuriers, Pizarre, un
négociant et un prêtre se réunirent pour la conquête de ce riche pays.
Pizarre fut le Jason de cette entreprise. Sa première course fut peu heureuse, il n'aborda que dans une île déserte et stérile, où la faim moissonna
en peu de jours une partie de ses gens. Ce mauvais succès ne le découragea
point. Il demanda des secours au gouverneur de Panama, qui lui en envoya, mais plutôt dans l'intention de faire manquer son projet, que dans la
vue de le seconder, puisqu'il donna ordre à l'officier des deux vaisseaux qu'il
envoyait, de ramener tous ceux qui paraîtraient vouloir retourner en Europe. Cet ordre fut rigoureusement exécuté. Pizarre se plaça sur le tillac,
et déclara qu'il ne voulait garder que des amis capables de le suivre au
fond du Pérou. Douze hommes seulement se rangèrent à ses côtés, les autres
s'embarquèrent pour Panama. Ce fut alors que Pizarre montra ce caractère
hardi et ferme qui le place à la tête des premiers conquérans du Nouveau-
Monde. Il lutta courageusement contre la faim, le froid et une humidité si
extraordinaire, qu'en deux jours elle fit tomber en pourriture tous les habits
des espagnols. Il soutint une multitude de combats contre des légions d'américains, et ne revint en Espagne qu'après avoir reconnu toutes les routes,
toutes les côtes du vaste empire dont il avait juré la conquête. L'or qu'il
avait vu dans la ville de Tombes, et dans tous les lieux où il avait osé aborder, lui donna une idée des richesses immenses de ce pays.

Il retourna au Pérou; mais il n'est pas sûr qu'il eût réussi dans son projet,
sans la division qui régnait alors dans cet empire. Il était partagé entre deux
enfans de Manco-Capac, Atahualpa et Huascar. Le premier voulut envahir
les Etats laissés à son frère, et l'avait déjà fait prisonnier, lorsque l'on
apprit que des hommes venus du lieu où le soleil se lève, étaient abordés au
Pérou. Une vieille tradition heureusement, annonçait que des hommes
venus de ces régions feraient la conquête de l'empire. La barbe des espagnols,
leurs canons, leur débarquement, tout fit croire que c'était les enfans du
soleil. Cette idée amena bientôt aux pieds de Pizarre deux fils d'Huascar,
qui vinrent implorer sa protection contre Atahualpa. Pizarre leur promit
ses secours, et commença par fortifier la ville qu'il venait de prendre. Un
combat fut donné, les espagnols et les indiéns furent mêlés, et le roi fut fait
prisonnier dans cette journée. Tel fut le premier exploit de cent soixante
hommes. L'arrière-garde ayant vu précipiter du haut d'un rocher l'indien
qui y avait été placé pour lui donner le signal, s'avança, prit la route de
Quito; et les espagnols arrivèrent sans obstacle au palais du roi, qu'ils
trouvèrent rempli d'une multitude de vases d'or et d'argent. A cette vue,
leur avarice ne connut plus de frein. Ils offrirent la liberté à Atahualpa, s'il
voulait remplir d'or une salle de cinquante pieds carrés. L'inca y adhéra;

et les richesses coulèrent de toutes les parties de l'empire dans cette salle fatale.

Tandis que l'on exécutait les ordres d'Ataliba, Huascar, son frère, fut amené aux pieds de Pizarre, et ayant su ce qu'exigeaient les espagnols, il offrit trois fois autant d'or pour sa liberté. Mais son frère l'ayant appris, il le fit étrangler avant son arrivée au camp des européens. Ce crime fut vengé. Pizarre haïssait Atahualpa, parce qu'il en était méprisé à cause de sa grossièreté et de son ignorance; et, sous prétexte que la rançon ne se payait pas assez vîte, il le fit juger et étrangler. Ensuite il fit une alliance avec un autre des frères de ce roi, et lorsqu'il fut affermi dans sa conquête, son associé Almagro voulut l'inquiéter; pour s'en débarrasser, il le fit arrêter, et le fils de cet Almagro l'assassina. Ainsi périt le vainqueur du Pérou.

Les espagnols, paisibles possesseurs de ce riche empire, le divisèrent en gouvernemens, et en tirèrent les richesses qui, par la suite, leur a donné la prépondérance qu'ils eurent en Europe.

En comparant l'état actuel des indiens de cet empire et de la province de Quito, plongés dans la plus grande barbarie, on révoquerait en doute ce qu'on rapporte de leur ancienne civilisation, si les restes de divers édifices magnifiques, qui subsistent encore, ne rendaient croyable ce que les historiens nous en rapportent. Les péruviens sont d'une petite taille, principalement du côté de la ligne, et ils ont le teint un peu basané; celui des femmes l'est moins. Ce ne sont plus ces anciens péruviens à qui l'éducation donnait une émulation généreuse; également insensibles au malheur et à la prospérité, au blâme et à la louange, ils méprisent les richesses, les distinctions, les commodités de la vie, et ne s'occupent que du présent. Ils ne manquent pas néanmoins d'intelligence et exécutent fidèlement les ouvrages de main qu'on leur montre. Les femmes se mêlent de tout ce qui regarde le vêtement et la nourriture: ce sont elles qui, avec leurs enfans, ensemence les terres que leurs maris ont labourées. Les seules choses auxquelles ils sont sensibles sont le divertissement, la danse et la boisson. Quand ils le peuvent, ils boivent du *chicha* jusqu'à perdre la raison. Leurs danses s'exécutent au son d'un tambour qu'un homme frappe d'une main, tandis qu'il joue du flageolet de l'autre.

Leur nourriture ordinaire est le maïs et l'orge grillé et réduit en farine. Ils habitent dans des chaumières, au milieu desquelles on allume du feu et où ils couchent pêle-mêle avec les animaux, sur des peaux de moutons, et sans se déshabiller. Leurs meubles consistent en quelques pots de terre. Ceux qui habitent aux environs des villes espagnoles, ont pris quelque chose des mœurs de cette nation, et sur-tout leur religion, qu'ils s'inquiètent fort peu de suivre, mais dont ils connaissent le nom seul, à cause de la sainte inquisition qui n'entend jamais raillerie sur cet article. En général, ils sont d'une ignorance profonde et très-superstitieux, mais sans aucun respect pour les mœurs. Les femmes n'y sont rien moins que chastes; mais plus elles sont infidèles, plus leurs maris leur croient de mérite. Les deux fiancés vivent ensemble à l'épreuve, et peuvent se quitter avant le mariage, s'ils croient ne pas se convenir. Dans leurs débauches, ils s'arrêtent à peine entre frères et sœurs, et rien n'est plus commun que les incestes occasionnés par les suites de leur ivrognerie, lorsqu'une famille est couchée pêle-mêle dans sa cabane. Mais ces mœurs grossières ne sont volontiers que celles des habitans de la campagne. Les habitans des villes connaissent la pudeur, la politesse et les arts.

Habillement.

Les péruviens des villes s'habillent volontiers à l'espagnole; mais ceux des campagnes et des montagnes ont retenu quelque chose de l'ancien costume national. Quelques draperies différemment disposées, et sur tout beaucoup de plumes pour l'ornement, sur la tête, aux bras, aux jambes et autour des reins. Une sorte de chemise ronde fait assez communément la robe des péruviennes.

N.º 3. La Californie.

Situation.

C'EST une grande péninsule de l'Amérique septentrionale. Elle s'étend depuis le tropique du Cancer jusques vers le 45ᵉ degré de latitude septentrionale; et entre le 26ᵉ et le 266ᵉ degré de longitude. Elle est bornée au nord par de hautes montagnes qui la sépare de la mer ou baie de l'Ouest; au levant, par la rivière de Calorado, qui se jette dans le golfe de la Californie, qu'on appelle la Mer-vermeille; au midi et au couchant, par la mer du Sud. Les premiers navigateurs qui en découvrirent la pointe, aujourd'hui nommée cap Saint-Lucas, la prirent pour une île, et long-tems elle passa pour telle. Ce fut en 1534, que les espagnols en firent la découverte. Quoique pauvre de lui-même, ce pays, par sa situation, leur convenait beaucoup, afin d'éloigner de ces mers les pirates qui inquiétaient leur commerce, et se retiraient, au besoin, dans les rades de la Californie, où ils étaient en sûreté. Ce furent, non des hommes d'États ou des conquérans, qui formèrent un gouvernement dans ces contrées, mais des missionnaires; aussi le pays est-il divisé en missions, au lieu de l'être en audiences ou gouvernement.

L'air y est très-chaud, le terrein stérile, chargé de rochers et de sable, dénué d'eau, et par conséquent peu propre pour les plantations, l'agriculture et les pâturages; il y a pourtant, vers les côtes, plusieurs cantons susceptibles de culture, et arrosés par quelques rivières; on voit même, dans le centre, des côteaux et des vallons où l'on élève et l'on nourrit aujourd'hui tous les animaux connus en Espagne et dans le Mexique. Les missionnaires y ont transporté des chevaux et autres animaux domestiques, qui y ont parfaitement réussi. La variété des oiseaux y est infinie; on y voit une sorte de poule d'eau qui porte avec elle un caractère de singularité remarquable : elle est de la grosseur d'une oie, a le bec long d'un pied, les pattes comme la cygogne et un jabot fort gras, dans lequel elle met les provisions qu'elle réserve à ses petits. L'amitié que ces oiseaux ont les uns pour les autres, est quelque chose d'étonnant : ils se secourent entre eux comme s'ils avaient l'usage de la raison. Qu'un d'eux soit malade, faible, impotent, hors d'état de chercher sa nourriture, les autres ont soin de lui en fournir. Dans l'île Saint-Roch, on trouve, en différens endroits, un de ces animaux attaché à une corde, avec une aile cassée, et autour de lui des poissons que ses camarades lui apportent. C'est un stratagème dont les indiens se servent pour avoir du poisson : ils se tiennent cachés de peur d'épouvanter les pourvoyeurs, et s'emparent des provisions lorsqu'ils en voient une quantité suffisante. La côte orientale de la presqu'île est hérissée de montagnes ; on trouve quelques îles sur l'occidentale ou extérieure.

Habitans et leurs mœurs.

Les diverses nations qui habitent la Californie, ressemblent assez, pour les mœurs et le génie, aux autres sauvages de l'Amérique. Leur figure serait passable, s'ils n'avaient pris l'habitude de la dégrader en la peignant en rouge, en se perçant les lèvres et les narines. Ils ont cependant le teint plus basané que ceux de la Nouvelle-Espagne. Quant à leur caractère moral, rien n'est plus faible, plus irréfléchi. Ils sont d'une indolence extrême. Aucune fermeté ; ils font le mal ou le bien si on les y force. Ils vivent par bourgades de vingt à cinquante familles, sans aucune espèce de gouvernement. L'été ils passent leur vie à l'ombre des arbres ; au tems des pluies ou de l'hiver, ils se creusent une espèce de terrier où ils se réfugient plusieurs ensemble pêle-mêle comme des animaux. Quelquefois cependant, dans la belle saison, ils prennent la peine de se faire de petites hutes qu'ils transportent où bon leur semble, et sous lesquelles ils peuvent s'étendre et dormir. Ces petites hutes sont volontiers placées sur les bords des ruisseaux, qui sont très-rares dans le pays. L'ameublement, comme l'on peut croire, est conforme à l'habitation ; ils n'ont ni lits, ni tables, ni coffres, ni chaises; un plat, une tasse, un morceau de bois sec pour allumer du feu, un sac pour les provisions, un autre au bout d'une perche pour porter les enfans : voilà ce qui compose le ménage d'un californien. Les plus industrieux font des bateaux et des filets pour la pêche, et l'on vante l'art avec lequel ils les travaillent.

La paresse et l'indifférence des californiens laissèrent peu de peine aux missionnaires pour les attirer à la religion chrétienne. Avec un peu de nourriture on faisait un chrétien. Les anciens californiens avaient à peine une religion; mais beaucoup de superstitions. Ils entrevoyaient un Être suprême, et n'adressaient leur hommage qu'à la lune. Ils avaient des prêtres, et des prêtres qui étaient sorciers. Cela suffisaient. Le prêtre recevait, en place

D

des dieux, les prémices des fruits, et l'on ne doutait jamais de la réussite de quelque entreprise que l'on fît. Prêtres et sorciers, c'était beaucoup; ils s'avisèrent encore d'être médecins. Avec ces trois qualités réunies, ils avaient la toute-puissance. Dès qu'un malade était sans espérance, on assemblait les parens; et sa fille ou sa sœur lui coupait le petit doigt d'une main, afin que le sang répandu dissipât les chagrins de la famille. On voyait ensuite tous les parens qui venaient lui rendre visite. En apprenant qu'il n'y avait plus de remède, ils poussaient des hurlemens affreux, et les femmes, pour exciter de plus en plus la compassion, mêlaient à leurs cris l'éloge du mourant: celui-ci priait la compagnie de le sucer et de le souiller, et chacun s'empressait de lui rendre ce dernier office. Un peu après, le prêtre-médecin lui enfonçait ses doigts dans la bouche *pour en arracher la mort*; et les femmes, continuant de crier, lui donnaient des coups pour le réveiller, jusqu'à ce qu'enfin il rendît l'ame. On l'enterrait ensuite avec tout ce qui pouvait lui être nécessaire pour l'autre monde.

Rien n'était plutôt fait qu'un mariage. Un jeune garçon offrait une cruche à celle qu'il desirait; si elle en était agréé, on lui faisait un autre présent, et tout finissait par une fête.

La cérémonie était plus singulière à la naissance d'un enfant. La mère allait se baigner, faisait son travail ordinaire; le mari se mettait au lit pour elle et recevait les visites.

Toutes ces mœurs ont changé du plus au moins à l'arrivée des missionnaires.

Habillement.

Avant l'établissement des européens dans ces contrées, les californiens voulaient bien se parer à leur mode; mais non se vétir; ils ne voulaient pas, sur-tout, cacher ce que tous les autres peuples sont convenus de dérober aux yeux. Ils trouvaient une espèce de gloire à étaler, aussi amplement que possible, ces parties, qui ne sont pas les moins utiles du corps humain, et les principes qu'on leur débita à ce sujet leur parurent d'abord ignominieux et humilians. Enfin, ils en firent comme tout le monde, et il n'y eut plus de dispute. Un palmier, différent de celui qui porte des dattes, fournit aux femmes l'étoffe dont elles se couvrent; elles battent ces feuilles comme nous battons le lin pour en séparer le fil. Leur habillement est composé de trois pièces, dont deux forment une jupe qui descend de la ceinture jusqu'aux pieds; la troisième est une espèce de mantelet qui leur couvre le reste du corps. Ces pièces ne sont point tissues; les fils attachés par le haut tombent en forme de franges; la cœffure consiste en une étoffe de réseau de la même matière. Elles portent des colliers de nacre-de-perles, entrelacées de joncs, de coquillages et de noyaux, qui leur descendent jusques sur le sein. Il y a cependant diversité dans les ornemens: les unes parent leurs têtes de différens rangs de perles qu'elles tressent avec leurs cheveux; les autres y entremêlent de petites plumes, qui, de loin en loin, donnent à cette cœffure l'air d'une perruque. Assez souvent les hommes et les femmes se couvrent d'une peau de loup-marin, de renard ou d'autres animaux pris à la chasse. On se fabrique, pour chasser les mouches et se faire du vent, des éventails avec des plumes de diverses couleurs.

N.º 4. L'Acadie.

Situation.

L'ACADIE est une grande presqu'île située au levant du Canada et au sud-est de la Gaspésie, dont elle est censée faire partie. Elle est jointe au Canada par une isthme d'une journée de chemin. La mer du Nord l'environne des autres côtés. Les français s'y établirent en 1603, et y fondèrent deux ou trois colonies. Mais les anglais la prirent, la rendirent, la reprirent, et l'ont conservée d'après le traité d'Utrecht, en 1713. Ils l'ont nommée la Nouvelle-Ecosse.

L'air y est pur, sain et tempéré ; mais il y fait trois mois d'un hiver fort rude. Les terres y sont fertiles, les forêts pleines de gibiers, les côtes et les rivières fort poissonneuses. On y trouve des ports très-commodes. Celui que les français avaient appelé Port-Royal, et que les anglais ont nommé *Anna-Polis*, en l'honneur de la reine Anne, est un des plus beaux de l'Amérique. Le pays, de lui-même, offre un aspect agréable.

Habitans et leurs mœurs.

La nature ici, contre sa coutume, prit soin d'adoucir les mœurs de l'homme en le laissant dans l'état de sauvage. Les premiers européens qui abordèrent en Acadie y trouvèrent toutes les vertus de l'humanité, et cette douce joie qui leur donne le plus grand prix. Ils ont bien gâté ces mœurs dignes des premiers siècles du monde : ils ont porté aux hommes de cette contrée, non leur dépravation, mais le spectacle de leur dépravation. Le peu d'acadiens qui existent aujourd'hui, s'est retiré dans les montagnes, d'où il fait la guerre aux anglais, qu'ils n'ont jamais pu aimer comme les français. Ils étaient superstitieux ; et pourquoi voudrions-nous leur demander plus de sagesse que nous n'en avons ? Ils avaient des jongleurs, nos missionnaires sont arrivés, et

> Corsaires attaquant corsaires,
> Ne font pas, dit-on, leurs affaires.

la paix fut troublée. Les jongleurs étaient prêtres aussi ; ils virent que d'autres prêtres allaient leur nuire, et ils firent tous leurs efforts pour les éloigner. Les sauvages acadiens adorent le soleil, qu'ils appellent *nichekaminou*, c'est-à-dire le très-grand. Mais, à l'exemple des américains méridionaux qu'ils imitent en beaucoup de choses, ils rendent un culte assidu au mauvais génie, qu'ils nomment *mendon*.

Mais quelles que aient été leurs superstitions, elles n'ont jamais altéré les excellentes qualités de leurs cœurs. Ils vivaient volontiers sous un gouvernement patriarchal : tout ce qui tient à l'humanité se faisait chez eux avec une simplicité touchante. Un jeune homme voulait-il se marier, il allait trouver le père de sa maîtresse : Père de mon amie, lui disait-il, donne-moi ta fille. Es-tu bon chasseur? répondait le père; parles à sa mère. Alors il était mis à l'épreuve. Si, pendant un tems limité, il avait fourni aux parens une certaine quantité de gibier et de poisson, le père disait à la fille : Voilà ton mari, suis-le. Cela suffisait ; le mari et la femme s'en allaient dans la forêt, et ils chassaient et pêchaient ensemble le gibier et le poisson nécessaires au festin du mariage. Il est probable que ce n'était que des réjouissances après le plaisir.

Dès qu'une femme se croit enceinte, elle en avertit son mari, et les plaisirs du mariage lui sont interdits. Autrefois les femmes allaient accoucher dans les bois pour ne point souiller la cabane. Le nouveau-né, même en hiver, est aussi-tôt plongé dans l'eau froide. Une peau de renard ou la dépouille d'un cygne, lui sert de lange; on le lie dans un berceau de manière à pouvoir être suspendu à un arbre. Avant de lui laisser goûter le lait maternel, on lui fait avaler un peu d'huile de poisson ou de graisse d'animal. La naissance d'un fils est une fête dans la famille; il n'en est pas de même d'une fille. Un enfant est l'idole de ses père et mère. On fait des présens aux étrangers qui le caressent dans leurs bras, et on les dédommage même de ce qu'il aurait pu gâter par quelque accident. Chaque époque un peu intéressante de l'enfance est précieuse pour les parens; ils la célèbrent par un festin. Ainsi on se rassemble pour danser à l'apparition de la première dent et aux premiers pas que fait l'enfant tout seul. Le premier gibier qu'il apporte de la chasse, est le sujet d'un grand repas. Cette conduite est motivée Le meilleur chasseur a seul des droits au commandement de sa tribu ; il peut devenir *sagairo*, le chef. Les acadiens sont assez sages pour ne connaître aucune de ces distinctions du hasard que donne la naissance. Le plus fort, le plus courageux ou le plus adroit l'emporte sur ses rivaux sans craindre de s'en faire des ennemis. Ils aiment la vengeance, mais elle est toujours juste. Quand un anglais a tourné son fusil de leur côté, ils lèvent la hache sur sa tête, et rien ne peut les engager à pardonner.

Rien n'est plus touchant que l'union qui régnait entre eux à l'arrivée des européens: ils s'entre-aidaient tous, et ce n'était pas une loi, c'était un plaisir : le plus fort soulageait le plus faible, et le jeune homme chassait pour le vieillard. Le père, privé de son fils dans un combat, ne reste pas long-tems seul, on l'engage à adopter un autre enfant.

S'ils ne sont pas d'une propreté recherchée dans les détails de la vie, ils sont observateurs scrupuleux de la décence, même entre amis; dans l'intérieur de leurs familles, le mystère le plus rigoureux préside à leurs fonctions les plus naturelles.

Maintenant, presqu'étrangers dans leur patrie, le plus grand nombre s'est retiré dans les montagnes pour y jouir de la liberté; le reste se loue à des étrangers pour cultiver une terre qui lui appartient.

Garçons, filles, hommes, femmes, tout le monde fait usage de la pipe. Le tabac est leur grand régal après l'eau-de-vie. Ils aiment beaucoup à chanter; et les femmes ont la voix assez douce et agréable; mais leurs danses ne répondent point à leur musique.

Habillement.

Entre le costume des hommes et celui des femmes, il y a peu de différence. Celui des femmes descend jusqu'au bas des jambes, en forme de cotillon; celui des hommes ne passe point le genou. Souvent même ils n'ont qu'un petit tablier devant eux. Ils aiment à avoir les jambes libres pour mieux vaquer à l'exercice de la chasse. Le vêtement qu'ils ont une fois mis sur eux, y reste jusqu'à ce qu'il tombe en lambeaux. Hommes et femmes vont presque toujours tête-nue : quelquefois seulement ils mettent un petit bonnet d'étoffe qui ne leur couvre que le haut du crâne. Quelques-uns porte des bas et des souliers; mais, le plus souvent ils n'en ont pas. Les bas sont faits de deux morceaux d'étoffes qu'on appelle *muzamet*; les souliers sont faits de peau de veau-marin, et ressemblent à nos chaussons. On ne se trouve jamais en cérémonie que l'on ne soit fardé, de manière à paraître porter un masque. Ils attachent leurs cheveux avec de la rasade, petites perles noires et blanches enfilées; ils en font un gros nœud, qui ne descend guère plus bas que l'oreille. Cet ornement est commun aux deux sexes, qui n'ont pas plus de barbe l'un que l'autre; leurs cheveux ne blanchissent jamais; ils les oignent d'une manière dégoûtante, principalement sur le front, avec de l'huile de poisson ou de la graisse d'animal. Ils se stygmatisent le corps et la figure, et y font des traits ineffaçables. Ils les composent avec du vermillon et de la poudre à canon mêlés ensemble. Ils souffrent d'autant plus, pour se défigurer ainsi, que leur peau est un cuir comparé à celle des hommes de nos villes (1); elle est de couleur d'olive; mais leurs dents sont de la plus belle blancheur. Quelques jeunes gens s'étaient avisé de mettre l'habit européen; mais le plaisir d'avoir le corps libre les y fit bientôt renoncer.

---

(1) Un sauvage marqué de la sorte mourut à l'Hôtel-Dieu de Paris; les chirurgiens écorchèrent le cadavre, et en firent passer la peau, sans que les nuances en fussent altérées.

N.º 5. États-Unis d'Amérique.

Ces États sont composés des cantons de New-Hampshire, Massachuset, Rhode-Island et établissemens de la Providence, Connecticut, la Nouvelle-Yorck, la Nouvelle-Jersey, la Pensilvanie, le Delaware, Maryland, la Virginie, la Caroline septentrionale, la Caroline méridionale et la Georgie.

Je ne parlerai point de la confédération de ces États et des efforts des américains pour conquérir leur liberté : cette partie de l'histoire nouvelle est trop connue pour que nous la rappellions. Nous avons vu la révolution de l'Amérique, nous y avons contribué ; ce fut, peut-être, le signal de la nôtre, et le premier coup de tocsin de la révolution de tous les peuples ; elle fut l'effet de l'injustice. Le gouvernement anglais prétendit qu'en quittant leur patrie, les habitans du Nouveau-Monde avaient renoncé aux droits que leur accordait cette patrie et à ses priviléges, et ces derniers, au contraire, soutinrent que leurs ancêtres, en prenant le titre de colons, n'avaient point renoncé à leur titre d'anglais. Telle fut l'origine de ces fameux débats. Loin d'écouter les justes réclamations des anglo-américains, le ministère anglais se plut à les aigrir davantage ; il les chargea de nouveaux impôts, en mettant des taxes sur les marchandises importées d'Angleterre en Amérique, principalement sur le thé. Qu'en résulta-t-il ? Les américains, dans une première ferveur, renoncèrent à toutes les marchandises anglaises, et notèrent d'infamie tous ceux qui traiteraient avec les marchands anglais ; on fut même jusqu'à jeter à la mer plusieurs cargaisons de thé envoyées par le ministère. Celui-ci crut alors devoir envoyer des troupes au lieu de marchandises. Ce fut le signal de la guerre. Boston, capitale du Massachuset, se distingua dans cette cause, et porta le premier coup de défense contre l'injustice oppressive. Dès-lors il se forma plusieurs assemblées, ensuite une convention, où chaque canton envoya des députés, et il ne fut plus question que de se séparer de l'Angleterre et d'organiser un gouvernement nouveau. Je ne dirai point ce qu'il en coûta de sang et de peines pour établir ce gouvernement ; ces faits sont encore présens à notre mémoire. Ce qui afflige le philosophe, dans les révolutions humaines, c'est que lorsque des hommes généreux ont exposé, donné même leur vie pour le bonheur de l'humanité, il se trouve toujours d'autres hommes, vils et atroces égoïstes, qui, assez puissans pour se mettre au-dessus des loix, profitent des efforts qui n'ont été faits que dans la vue du bien public.

Parmi les treize cantons, on distingue la Pensilvanie. En 1681, Charles II, roi d'Angleterre, la donna en fief à Guillaume Penn, chevalier. Penn était de la secte des quakers ou trembleurs, ces amis de l'égalité et de la liberté ; il se retira dans les forêts, auxquelles il donna son nom, avec un grand nombre d'autres quakers. Il y fonda une ville, et la nomma Philadelphie, ville des frères. Après avoir établi sa colonie, il revint en Angleterre, où il fut arrêté, parce qu'il était du parti de Jacques II. Elargi, bientôt après, il retourna parmi ses amis, et, plein des principes du quakerisme, il voulut établir un gouvernement où la plus stricte égalité aurait été dans son aimable empire, et où la vertu seule eût été législatrice et loi. Sans doute qu'une semblable félicité ne peut être que le rêve de l'homme de bien ; Penn ne trouva point les hommes qui devaient vivre sous son gouvernement. Il fallait trop de vertu, et le roi d'Angleterre s'empressa d'établir, dans cette colonie, les lois qui existaient dans toutes les autres, et des gouverneurs qui ne connaissaient les principes de Penn que de nom.

Les Etats-Unis étant peuplés d'hommes européens de différentes nations, et principalement d'anglais, en décrivant leurs mœurs, nous ne ferions que donner un tableau de celles des européens mêmes : l'habillement, les usages y sont les mêmes. Ce qui doit principalement frapper le philosophe, c'est l'accord qui règne entre cette multitude d'hommes, de religions, ou plutôt de sectes différentes. L'intérêt public est la chaine universelle. La Pensilvanie fut même formée pour servir de refuge à toutes les sectes que l'impitoyable fanatisme de l'Europe chassait par l'épée et par le feu ; ce fut-là qu'une foule de malheureux, persécutés pour le crime de leur croyance, trouvèrent la liberté et des loix qui les protégèrent.

Différentes nations sauvages, naturelles ou venues du Canada, se trouvent répandues dans les Etats-Unis. Retirés dans les lieux les moins fréquentés par les européens, la chasse et la guerre sont leur unique occupation. Ils commercent de leurs pelleteries. Leurs habitations sont simples, faites d'écorces d'arbres ou de feuilles de latanier. En général, ils croient à un Dieu suprême et ne lui rendent aucun culte. Un grand nombre même ont fini par prendre la religion des européens. Leurs mœurs sont assez semblables à celles des sauvages du Canada.

Habillement.

Si nous donnions le costume des citoyens des Etats-unis, ce ne serait que celui des habitans de l'Europe, l'habit français, anglais, plus ou moins variés ; on nous saura sans doute plus de gré, et, d'ailleurs, il est plus naturel de placer ici l'habillement des indigènes, que celui des étrangers qui les ont chassé de leur antique patrie.

Rien de plus simple que l'habillement de ces sauvages ; une pièce de drap ou une peau jetée indifféremment autour du corps, tel est le costume d'un homme. Sa carnacière pend à son côté, son fusil ou son arc est à sa main et sa fidèle pipe est à sa bouche. Quelquefois cette pipe n'est rien autre chose que le manche de sa hache percée dans toute sa longueur ; mais une pipe de cette espèce est volontiers une prérogative qui n'appartient qu'à un chef.

L'habillement des femmes est, à peu de chose près, le même ; les draperies sont seulement plus amples, et leur tête est couverte. Elles attachent leurs enfans sur une planche avec des bandes, et elles portent cette espèce de berceau dans leurs bras, quand elles sont arrêtées; et sur leur dos, quand elles marchent.

N.º 6. Canada.

Situation.

Sous le nom de Canada, on comprend toute la partie de l'Amérique septentrionale située entre le 40ᵉ et le 55ᵉ degré de latitude septentrionale, et le 270ᵉ et le 325ᵉ degré de longitude. Ce pays est bornée, au nord, par la terre de Labrador et les pays des eskimaux et des christinaux ; au levant, par l'Océan ou la mer du Nord ; et au midi, par la Louisiane. Ses limites, du côté du couchant, s'étendent dans des terres inconnues.

Des pêcheurs français, qui allaient à l'île de Terre-neuve, découvrirent le Canada au commencement du seizième siècle ; mais les français ne commencèrent à y former des établissemens qu'en 1539 et 1561, lesquels ne devinrent solides qu'en 1608, par la fondation de Quebec.

Ce pays est généralement bon et fertile ; mais le froid y est très-rude pendant les trois mois de l'hiver. Durant cet espace de tems la terre est couverte de six pieds de neige, ce qui vient en partie d'une chaîne de montagnes qui a plus de quatre cens lieues du levant au couchant, depuis Tadoussac jusqu'au lac supérieur ; et en partie du grand nombre de lacs et de forêts dont le pays est rempli. L'été on y ressent de grandes chaleurs, mais les nuits sont fraîches. Les rivières et les lacs sont très-poissonneux ; une foule d'oiseaux aquatiques sont sur leurs bords. On y trouve quelques mines de fer et de cuivre, et diverses espèces d'animaux, qui fournissent de belles fourrures, comme des ours, des élans, des cerfs, des loutres, des martres, et, sur-tout, des castors, dont les peaux forment le principal commerce des sauvages avec les européens. Ces animaux doivent arrêter notre attention. Vivant également sur la terre et sur l'eau, ils forment entre eux une espèce de république, où il n'est permis à aucun individu d'être inutile. Tous travaillent de concert à se bâtir des cabanes à deux étages au bord des lacs et des rivières ; ils y amassent leurs provisions, qui consistent dans les feuilles et les écorces d'arbres dont ils se nourrissent. Ils se servent de leur queue comme d'une truelle pour bâtir leurs maisons. Quoique habitant, de préférence, le premier étage, le second est cependant élevé dans une intention prévoyante ; c'est-là qu'ils se retirent lorsque l'eau et la glace occupent le bas.

Il y a de très-grands lacs dans le Canada, entre autres le lac *Ontario*, qui a deux cent cinquante lieues de circuit. A six lieues au-dessus de ce lac,

19

le fleuve Saint-Laurent, qui le traverse, produit la fameuse cascade de *Niagara*, où l'eau tombe de plus de six cens pieds perpendiculairement. Huit lieues au-dessus de ce saut, est le lac *Erié*, qui a trois cens lieues de tour, et que le fleuve Saint-Laurent traverse de même. Toujours en remontant ce fleuve, on rencontre le lac *Huron*, qui a trois cens cinquante lieues de circuit, et dans lequel celui des *Ilinois*, qui en a trois cens, se décharge; enfin, au-dessus de ce dernier, est le lac *Supérieur*, dont la circonférence a cinq cens lieues.

Habitans et leurs mœurs.

Le Canada est peuplé par différentes tribus, que l'on range en quatre principales ou en quatre langues-mères, qui sont celles des *sious*, des *hurons*, des *algonquins* et des *eskimaux*. Les plus connues de ces nations sont celles de la langue hurone, tels que les hurons proprement dits, réduits à deux médiocres villages, et les iroquois, partagés en cinq cantons ou tribus. Ils habitent sur le bord méridional du lac Ontario. La langue la plus répandue est celle des algonquins.

Les habitans du Canada ne ressemblent guère aux autres américains; ils sont loin d'être aussi faibles, et quand il leur a été impossible de défendre leur liberté dans leur patrie, ils l'ont porté dans d'autres contrées. Qui pouvait les intimider? La mort n'est rien pour eux, et ils chantent sur le bûcher qui les dévore. L'iroquois, qui semble être la souche de toutes ces peuplades, est méfiant, il aime la vengeance, il sent vivement et paraît froid. L'amitié est sa plus belle passion, et il lui sacrifie tout. Un iroquois s'associe un ami, c'est un compagnon de ses peines et de ses plaisirs; ils combattent ensemble et partagent tout par moitié.

La chasse et la guerre occupent toute la vie des iroquois. Dans l'un et l'autre exercice, leur agilité est extrême: on les a souvent vu surpasser, à la course, les cerfs et les élans.

Leurs armes sont le casse-tête ou manacas, la hache, la flèche, et le fusil, depuis l'arrivée des européens. Quelques-uns, les chefs sur-tout, portent une hache qui, percée dans toute la longueur du manche, leur sert en même-tems de pipe. La pipe est l'emblême de la paix chez ces sauvages: veut-on former une alliance, on se passe, de bouche en bouche, le calumet de la paix, et tous ceux qui en ont aspiré la fumée, sont frères. Avant que d'attaquer un ennemi, on le lui présente; s'il refuse de le mettre à sa bouche, la paix est rompue, on lui jette le collier de guerre. On se répand alors dans l'habitation en poussant des hurlemens affreux, et en criant qu'*on va manger telle nation.*

Les prisonniers sont destinés à toutes sortes de tortures. C'est dans cet état, principalement, qu'un sauvage montre un courage et une force d'ame au-dessus de ce que l'on peut attendre de l'humanité. Au milieu des plus cruelles souffrances que ses ennemis peuvent imaginer, il conserve toute sa présence d'esprit, et semble se répéter ce mot des stoïciens: Non, douleur, je n'avouerai point que tu me fais mal. Il provoque même ses ennemis, il leur rappelle les victoires qu'il a remportées sur eux, les coups

E

qu'il leur à porté, les prisonniers qu'il a immolés lui-même; il chante son hymne de mort en vaillant guerrier, et meurt sans paraître sourciller à la mort. Ces terribles exécutions, qui sont des fêtes pour les vainqueurs, se font au milieu de l'habitation. Quand on tue son ennemi au champ de bataille, on lui arrache sur-le-champ sa chevelure, en coupant et enlevant la peau de la tête où tiennent les cheveux; c'est, pour le sauvage, une marque de sa valeur, qu'il conservera soigneusement jusqu'à la mort.

L'habitation de chaque peuplade est formée de deux ou trois cens cabanes à-peu-près semblables à celles de tous les sauvages; quelques perches courbées, unies par le haut, et revêtues de nattes, en forment l'enceinte; au milieu est un trou, dans lequel, en été, comme en hiver, on entretient un feu continuel; autour se trouvent plusieurs autres creux où se placent les sauvages; les armes, les trophées, les chevelures, les crânes des ennemis vaincus sont les ornemens de ces cabanes. Avant de connaître les armes à feu, les iroquois formaient une triple enceinte autour de leur habitation; mais ils ont perdu cet usage.

Deux chefs se partagent toutes les fonctions publiques. L'un commande les guerriers, dirige leur marche, fait la paix ou la guerre: l'autre est chef du conseil, l'orateur du peuple; il propose, il rend compte dans l'assemblée de la nation et en fait exécuter les décisions. Ces deux chefs portent, dans les cérémonies, une médaille et des habits européens.

Ces deux chefs n'ont aucun pouvoir sur la vie et la liberté des citoyens; c'est dans l'intérieur des cabanes que les criminels trouvent un tribunal et la punition. L'amende et le bannissement sont les peines ordinaires. Le mari y punit lui-même sa femme adultère, en lui enlevant, avec les dents, le bout du nez; le père punit ses enfans; chaque cabane veille sur ceux qui la composent. La peine de mort est inconnue parmi eux; le meurtrier même n'y est pas sujet, il se soustrait à toute espèce de punition en disant qu'il *rêvait*. Cet usage de *rêver* tient essentiellement à la religion. La superstition, la perversité ont même créé une fête des songes, pendant laquelle on peut songer que l'on tue ou que l'on vole ses ennemis, et réaliser impunément ce *rêve*. Le jongleur explique les songes, et sert, en outre, de médecin et de musicien; c'est lui qui agite en mesure le *chickikoué*, qui est un fruit creux rempli de petites pierres, tandis que l'on danse. Il marche à la tête des armées en agitant aussi cet instrument.

Quand un jeune homme veut se marier, il ne fait d'autre cérémonie que d'aller dans la cabane de sa maîtresse et de lui présenter une mèche allumée ou une baguette; si elle se réveille pour éteindre la mèche ou briser la baguette, cela suffit, le mariage est fait; et l'amant se place, sans façon, à côté de sa femme. Tel est un mariage à l'iroquoise. Un vieillard ne s'afflige guère à l'approche du tombeau; il se prépare à y descendre en donnant un festin à ses parens et à ses amis, et explique ses derniers desirs. C'est-là son testament.

Habillement.

Autant les iroquois sont simples dans leurs habitations, autant ils sont recherchés dans leurs costumes. Ils se colorent soigneusement la figure, se dessinent des fleurs sur la peau, et se frottent de graisse pour que ces couleurs tiennent plus long-tems. Ils se dépilent exactement toutes les parties du corps, et ne laissent croître qu'une légère touffe de cheveux sur le haut de la tête, qui ne doit servir qu'à lier les aigrettes d'ivoire, d'argent et les plumes dont ils aiment à se parer. Ils sont presque nuds et portent une ceinture de peau garnie de verroteries, à laquelle pend une pièce carrée de huit pouces. Ils ont les jambes enveloppées d'une peau ou d'une étoffe de couleur en forme de guêtres : cette espèce de bas ne descend qu'à la cheville, est très-serrée et tient à la ceinture par une bretelle. A l'endroit où finissent ces guêtres, prend une espèce de chausson de peau de daim, grossièrement façonné, retenu au-dessus de la cheville par un lien dans lequel sont enfilées de petites pièces de cuivre, destinées à marquer, par leurs sons, les pas des sauvages. En hiver ils marchent sur la neige à l'aide d'une raquette qu'ils attachent à leur chaussure. Enfin, le principal vêtement de ces peuples consiste en une grande peau ou couverture semblable, pour la forme, au manteau des grecs, et attaché sur la poitrine. Ces couvertures leur sont apportées par les européens.

A quelques nuances près, ce costume est celui de tous les canadiens, qui ne distinguent entre eux les diverses peuplades que par la coëffure.

Les femmes s'enveloppent également avec une couverture. Elles se dépilent, aux cheveux près, qu'elles laissent dans toute leur longueur. Elles portent ordinairement leurs jeunes enfans derrière elles sur un morceau d'écorce ; enfin elles font usage d'une espèce de chemise ou tunique qui ne descend pas plus bas que le genou. Elles mettent des mouches et du fard ; et, sans doute, les femmes européennes se garderont bien d'en rire, elles en ont perdu le droit.

N.º 7. Eskimaux.

Situation.

LES eskimaux sont une des principales peuplades qui habitent une grande presqu'île de l'Amérique septentrionale, que les espagnols ont nommé *terre de Labrador* ou *du Laboureur*, et bien à contre-sens, car il ne peut y avoir un pays plus inculte. La peuplade des eskimaux s'étend sur la côte orientale du Canada, séparée de l'île du banc de Terre-Neuve par le détroit de Belle-Ile, vers le 51e degré de latitude. Tous ces pays ne sont que d'immenses forêts, où le froid du nord se fait vivement sentir, et les côtes sont couvertes de glaces.

Habitans et leurs mœurs.

Rien n'est plus barbare que cette nation des eskimaux. Retirés dans leurs forêts, comme des ours qui vivent de la chasse, ils creusent des tanières ou souterrains où ils se retirent et couchent pêle-mêle. D'une taille haute et maigre, rien n'est moins attrayant que leur aspect : ils ont les yeux petits et farouches ; leurs dents sont larges et sales, et leurs cheveux crépus. Leur peau est très-blanche. Ce sont les seuls sauvages américains qui aient de la barbe, et les seuls du Canada qui mangent de la viande crue. Leur barbe, et leur peu de ressemblance avec les sauvages, leurs voisins, font conjecturer qu'ils ont une origine européenne, et qu'ils peuvent venir du Groënland, ressemblant d'ailleurs, en bien des choses, aux groënlandais. Au surplus, ils ont, dans toute leur physionomie, quelque chose d'affreux.

En été, ils mènent une vie errante, vont à la pêche, à la chasse ; en hiver, ils se réfugient dans le souterrain de la famille.

Assez souvent ils entreprennent de longs voyages dans de petites gondoles, faites avec tant d'art et d'industrie, qu'ils bravent, avec elles, les tempêtes et les violences de la mer.

Quelques sauvages qu'ils soient, ils viennent cependant, à des tems marqués, en grand nombre, pour commercer de leurs pelleteries avec les habitans du Canada et les européens. Plus souvent ils les attendent dans leurs hâvres où ils les reçoivent sur le rivage. C'est dans cette occasion, sur-tout que leur caractère de méfiance se présente dans toute son étendue : si ce sont eux qui vont trouver les autres nations, ils avancent leurs gondoles de manière à ne point toucher le rivage ; si on vient, au contraire, les trouver, ils en exigent autant de la part des étrangers, et le commerce se fait, par échange, au bout d'une perche. Perfides et trompeurs, ils supposent toujours les mêmes qualités dans les autres peuples, et n'ont pas toujours tort.

On prétend qu'ils peuvent mettre trente mille hommes sur pied ; mais ils sont loin d'avoir le courage et la fermeté des canadiens. Ils n'ont qu'une lâcheté féroce, qui s'exerce avec joie, lorsqu'il n'y a aucun danger à craindre. Au reste, jusqu'à présent, on n'a pu les familiariser avec d'autres hommes, ni leur donner les premières idées de la civilisation. Ils ont toujours repoussé les étrangers ou se sont empressés de les fuir.

Habillement.

Ce n'est point pour la parure que les eskimaux s'habillent, mais pour le climat ; les meilleurs habits sont les plus chauds. Ils les font avec les fourrures qu'ils se procurent par la chasse. Un grand pantalon couvre leurs cuisses et leurs jambes. Ils ont une espèce de gilet de fourrure également, ainsi qu'un bonnet. L'habillement des femmes est absolument le même.

N.° 8. Iles de l'Amérique septentrionale.

Situation.

Nous ne traiterons ici que des îles les plus septentrionales, nous réservant de parler, dans d'autres articles, de celles qui sont plus rapprochées de l'équateur, telles que les grandes et petites Antilles.

L'île de Terre-Neuve est la principale. C'est une des plus grandes de ces mers. Elle fut découverte en 1495, par des pêcheurs biscayens. Il la nommèrent *terre de Baccalaos*, qui signifie *morues*, parce qu'en effet on en pêche beaucoup aux environs. Les européens ne s'attachant à cette île que pour le commerce, ou plutôt la pêche des morues, se sont peu souciés de pénétrer dans l'intérieur et d'y faire des habitations : ils se sont bornés à s'établir sur la côte. PLAISANCE est la principale place de cette île ; c'est un bourg situé au midi, dans une grande baie, avec un bon port, assez vaste pour contenir des flottes entières.

A soixante lieues sud-est de l'île de Terre-Neuve, on rencontre le *grand banc*, qui a environ deux cens lieues de long et quatre cens de circuit. On y voit tous les ans quatre à cinq cens vaissseaux de presque toutes les nations d'Europe, sur-tout des hollandais, des anglais et des français, pour la pêche de la morue et de la baleine. Les morues y sont si abondantes, qu'elles embarrassent quelquefois les vaisseaux : un bon pêcheur en prend jusqu'à quatre cens par jour, quoique cette pêche ne se fasse qu'à la ligne.

Au sud-ouest de l'île de Terre-Neuve, entre le 45ᵉ et le 47ᵉ degré de latitude septentrionale, se trouve l'*île du cap Breton*. Elle est remplie de lacs. Le climat en est assez sain, quoique sujet aux brouillards. Toutes les terres n'y sont pas bonnes ; cependant elles produisent des arbres de toute espèce, entre autres, des chênes d'une grandeur prodigieuse, des pins, et toutes sortes de bois de charpente. Les plus communs sont le cèdre, le frêne, l'érable, le platane et le tremble. Les fruits, les légumes, le froment et tous les autres grains nécessaires à la vie y croissent. Le chanvre et le lin y sont aussi bons qu'au Canada, quoique moins abondans. Tous les animaux domestiques, les chevaux, les bœufs, les moutons, les cochons, les volailles y trouvent amplement de quoi vivre. La chasse et la pêche peuvent nourrir une partie de l'année les habitans. Il y a des mines abondantes de charbon de terre : on y trouve aussi du plâtre. La pêche du loup-marin, du marsouin, des vaches-marines, et sur-tout de la morue, s'y peut faire commodément et est très-abondante.

L'*île de Saint-Jean* n'est séparée de la côte du Canada que par un canal de quatre à cinq lieues de large, vers le milieu duquel est situé la *baie*

Verte. Il y a beaucoup de gibier et de bons pâturages. Les côtes sont fort abondantes en poissons.

L'île d'*Anticosti*, nom qui a prévalu sur celui de l'*Assomption*, partage en deux l'embouchure du fleuve Saint-Laurent; elle est couverte de bois. Le terrein est rempli de roches; il n'y a ni port ni hâvre où un bâtiment puisse se mettre en sûreté. On pêche sur les côtes des morues fort grandes et fort belles.

Habitans et leurs mœurs.

L'île du cap Breton est encore habitée par des naturels qui ressemblent assez aux péruviens, et qui, quoique devenus chrétiens et rassemblés par les missionnaires, dans des villages où ils habitent de misérables cabanes, mènent cependant une vie à-peu-près errante, et ne se livrent qu'à la chasse et à la pêche; mais l'île de Terre-Neuve n'est plus habitée que par quelques européens; les anciens habitans se sont retirés en partie sur les côtes du continent. Ce sont ceux que l'on nomment grands-eskimaux. Pour éviter la présence des européens, ils se sont répandus sur les côtes de la *baie de Hudson.* Presque situées sous le pôle au milieu des glace amoncelées, ces côtes présentent un aspect affrayant. A peine les neiges sont-elles écoulées, qu'elles viennent de nouveau blanchir la terre, et la feuille n'embellit pas un mois l'arbre qui la produit.

Les sauvages retirés sur ces plages affreuses, sont d'une taille moyenne et basanés, mais robustes et endurcis au froid de leur climat. Leurs yeux sont noirs, étincellans; mais le froid les resserre et leur laisse peu d'ouverture. Leurs cheveux sont droits et plats. Ils n'ont point les traits du visage uniformes comme en Amérique, mais variés comme en Europe.

Quant à leur caractère, ils sont bons et barbares, suivant les circonstances; perfides et fidèles au besoin. Un de leurs enfans est-il en danger, ils s'exposent à la mort pour l'en arracher. Quelques jours après, sont-ils sans provisions, ils mangent l'enfant, et, s'il le faut, la mère avec. Ils rendent un compte exact de la poudre qu'on leur donne dans les factoreries anglaises, et tuent un anglais quand ils le rencontrent seul dans les bois. Ils mêlent et confondent toutes les qualités, ou, pour mieux dire, ils n'ont que celles du besoin.

Placé sous un climat horrible, dans une terre stérile, presque sans habitation, souvent sans nourriture, on devrait croire qu'un sauvage de ces lieux saisit avec plaisir l'occasion de changer de contrées : on l'a essayé, et ceux qu'on avait comblé de caresses et de présens, sont retournés dans leurs forêts dès qu'ils l'ont pu, tant l'attrait de la terre natale est puissant sur le cœur de l'homme !

Ceux qui ont des habitations les font avec des perches, unies en rond, qu'ils couvrent de mousse; d'autres se creusent un souterrain; plusieurs mènent une vie errante et misérable sur les neiges, chassant continuellement des lièvres, des perdrix, des canards, des oies et d'autres gibiers. Ils se livrent aussi à la pêche, et ont de petits canots de côtes de baleines jointes artistement ensemble, et recouvertes d'une peau de veau-marin.

Mais, de quelque manière qu'ils traînent leur existence, elle ne peut qu'être pénible. Aussi l'âge leur amène-t-il le dégoût de la vie. Le vieillard demande la mort comme un bienfait. Il creuse son tombeau, y réunit sa famille, y fait avec elle une petite fête, et, dans le moment où la joie est répandue sur tous les visages, il se passe au cou une corde que ses enfans tirent de chaque côté jusqu'à ce qu'il soit expiré. Ils l'enterrent ensuite et se retirent satisfaits.

Habillement.

L'habillement complet est de fourrures, la culotte, les bas et les souliers. La tunique est ronde et descend jusqu'aux genoux. Un sauvage un peu élégant y joint une ceinture où pendent des peaux de petits animaux. Le bonnet est aussi de fourrure, et peut, quand on l'ôte de dessus la tête, retomber par derrière comme un capuchon. L'habillement de la femme est le même; la culotte seulement est plus large; au lieu de la ceinture, c'est un petit tablier de diverses couleurs, et un capot tient lieu de bonnet.

N.º 9. Terre-de-Feu.

Situation.

LA Terre-de-Feu n'est séparée de l'Amérique que par le détroit de Magellan. Elle fut appelée *Tierra-del-Fuego*, ou Terre-de-Feu, par ce fameux capitaine qui en fit la découverte en 1520, parce qu'il en vit sortir des flammes pendant la nuit, causées sans doute par le volcan qui est placé dans sa partie la plus méridionale, ou seulement peut-être par des feux allumés par les habitans. C'est un amas de petites îles ou archipel qui a environ cent trente lieues de diamètre, et se trouve situé entre les 35e et 56e degrés de latitude sud, et s'étend du 53e au 59e degrés de longitude occidentale. En 1616, Jacques Lemaire, hollandais, trouva, au midi, un passage de la mer du Nord dans celle du Sud, et il l'appela de son nom détroit de le Maire; il nomma la pointe méridionale de cette terre *cap de Horn*, du nom de la ville où il était né. Le sol de ces îles est une espèce de tourbe noire et grasse. L'air y est extrêmement froid, principalement sur les montagnes, qui semblent condamnées à une stérilité éternelle. Les vallées ont une température plus douce: on y trouve quelques arbres et des fontaines. On y voit peu de légumes, moins encore de fruits, absolument aucuns quadrupèdes, et, ce qui sur-tout devrait rendre à un pays aussi froid presque inhabitable, très-peu de bois à brûler. Un vaste bassin, situé dans la partie occidentale de l'Archipel, est le seul abri que les vaisseaux puissent trouver dans ces parages. On ne devine pas pourquoi le capitaine Cook a nommé *bassin du Diable* ce hâvre, où il s'est tant de fois dérobé à la fureur des vents.

Habitans et leurs mœurs.

Les hommes semblent avoir été créés exprès pour ces pays sauvages; ils sont d'un aspect aussi repoussant que celui de la terre qu'ils foulent. Gros, courts et mal-faits, ils ajoutent encore à leur laideur naturelle, par les ciselures et les peintures dont ils se couvrent toutes les parties du corps; les uns sont absolument peints en rouge, d'autres le sont en noir, d'autres sont régulièrement bariolés comme un zèbre.

Leurs habitations annoncent, au premier coup-d'œil, la grossièreté de leur génie; quelques branches inclinées, attachées ensemble et recouvertes de peaux de veaux-marins, forment ces demeures. Les meubles y répondent: une vessie de poisson sert à mettre l'eau et un panier les provisions. Comme ils n'ont d'autres ressources que la chasse aux oiseaux et la pêche sur les côtes, ajoutez-y un arc et des filets. L'arc, formé de plusieurs os de poissons unis ensemble, est extrêmement léger. Les flèches, garnies de plumes, sont de bois durci au feu. Leurs filets, composés de petites bandes de cuir, sont fort grands et suspendus à un bâton. Les pirogues qui servent à la pêche sont faites d'écorce d'arbre, et cousues avec beaucoup d'art. Le plus souvent elles sont conduites à la rame par toute la famille, qui exécute cette manœuvre avec une intelligence surprenante. Lorsque le vent est favorable, tous les manteaux des navigateurs, élevés sur des perches, servent de voiles, et sont, à la voix du chef, élevés ou baissés avec la plus grande précision.

Rien de plus indifférent que ces sauvages: ils n'ont pas même l'étonnement de la nouveauté. En 1770, le capitaine Cook passait le principal détroit qu'il nomma canal de Noël. Les insulaires ne conçurent aucun effroi à l'aspect de son vaisseau; ils montèrent dans leurs pirogues et vinrent à sa rencontre avec un silence et un air froid qui lui donnèrent quelques inquiétudes. Ils n'attendirent pas qu'on les invitât à monter à bord. Ils ne témoignèrent ni crainte, ni surprise, en visitant le vaisseau. Le bruit du canon ne les frappa que faiblement; ils ne demandèrent ni ne prirent rien, burent avec indifférence des liqueurs qu'on leur présenta, et se retirèrent comme s'ils n'avaient rien vu que de fort ordinaire. Est-ce stupidité, insouciance? Eux seuls eussent pu le dire.

Habillement.

Le vêtement commun aux hommes et aux femmes n'est ni utile ni agréable; il consiste dans une peau de veau-marin attachée sur les épaules ou autour des reins, le poil en-dedans et sans aucun apprêt. Les femmes s'enveloppent la tête d'un résille, et portent quelquefois un bonnet de plumes d'oie blanches. Leur cou est toujours orné de colliers formés de petites coquilles; souvent on leur voit les mêmes ornemens aux oreilles et au nez,

et

et plusieurs voyageurs prétendent que, pour quelques grains de rassade ou de verroteries, on obtient tout d'elles. Ce n'est pas cependant qu'elles soient sans pudeur : un petit tablier de peau de veau-marin leur tombe de la ceinture, et rien ne peut les engager, ajoute-t-on, à le quitter. Nous avons parlé plus haut de la parure qu'ils se forment en peignant leur peau.

N.º 10. Patagons.

Situation.

A L'EXTRÉMITÉ méridionale de l'Amérique, est un détroit qui sépare les terres Magellaniques de la Terre-de-Feu; il fut reconnu en 1520, par Magellan, qui lui donna son nom. Diverses nations indiennes habitent aux environs ; mais on remarque entre autres sur la côte, dans la partie la plus méridionale et dans quelques îles qui la joignent, presque dans la mer du Sud, quelques peuplades que l'on nomment *Patagons*. Ces pays sont peu agréables, et le froid qui y règne n'a point favorisé les divers établissemens qu'on a voulu y faire.

Habitans et leurs mœurs.

Les patagons ont volontiers été, pour nos navigateurs, les bâtons flottans sur l'onde de la fable; d'abord géans terribles, ils se sont insensiblement racourcis, et sont devenus presque des hommes comme nous : il est probable que les premiers navigateurs, en les appercevant dans l'éloignement, montés sur leurs chevaux et placés sur des côtes élevées, se sont plu à grandir la taille de ces sauvages, pour justifier la crainte qu'ils leur inspiraient peut-être. En se familiarisant davantage avec eux, on a reconnu que leur taille était effectivement élevée, leurs formes bien prises et athlétiques, mais non pas gigantesques. Mais en prenant soin d'agrandir leur corps, la nature a oublié leur esprit. En général, ils sont stupides et mettent peu d'industrie dans ce qu'ils font; mais ils sont doux et d'un bon caractère. Leurs demeures ne sont que de misérables cabanes, couvertes de peau de cheval ou de vigogne. Ils vivent de la chasse et de la pêche, et s'établissent où l'une et l'autre leur sont favorables. Le chien et le cheval sont leurs animaux favoris. Il faut qu'un patagon soit bien pauvre pour qu'il n'ait pas deux chevaux à son service, et quand il est descendu de dessus celui qu'il monte, son fidèle chien le garde en tenant la bride dans sa gueule jusqu'au moment où son maître la vient reprendre. Mais ces chevaux sont maigres, et, quoique légers, paraissent des rosses. Forcés de boire de l'eau saumache, parce que le pays n'a point d'eau douce, les patagons n'en reçoivent aucune incommodité: l'habitude les a même amenés au

F

point de leur fàire trouver mauvaise l'eau douce qu'on leur apporte. Contre l'ordinaire des autres sauvages, ils rejettent les liqueurs spiritueuses, et n'en veulent point goûter.

Leurs armes ordinaires sont les flèches et la fronde. Leurs flèches, instrumens de guerre, de chasse et de chirurgie, leur servent tout-à-la-fois à percer le gibier, à se défendre contre leurs ennemis, et à se saigner lorsqu'ils sont malades. Leur fronde a une forme toute particulière et qui ne se rencontre chez aucun autre peuple. Deux pierres rondes, attachées l'une à l'autre par une corde de coton, composent cette fronde. Tantôt ils tiennent dans leurs mains une des pierres et se servent de l'autre comme d'un casse-tête; tantôt ils les lancent toutes les deux. Cette arme porte dans leurs mains un coup toujours sûr; on les a vu, à deux cens pas, frapper au front et mettre à mort un âne sauvage.

Ils adorent le soleil, la lune et les étoiles; la lune sur-tout a leur premier hommage; le jour de son renouvellement est un jour de fête pour eux. Toutes les familles se réunissent et dansent autour de leurs cabanes; ils se prosternent avec les plus grandes démonstrations de crainte et de douleur, aussi-tôt qu'un nuage passe sur cet astre et le cache à leurs yeux. Leur chef, qu'on nomme *pacha-choui*, et qui est ordinairement un vieillard d'une taille avantageuse, conduit la marche et danse à la tête de ses sujets, en agitant un cerceau garni de grelots et de sonnettes qu'ils ont reçus des européens.

Les femmes sont chargées des détails du ménage. On les abandonne à elles-mêmes lorsqu'elles mettent au monde leurs enfans, et les parens ne reparaissent que lorsque le nouveau-né leur a été envoyé emmailloté dans une peau de mouton et assujéti sur une planche.

Ils enveloppent soigneusement leurs morts dans une peau de cheval, les enterrent et les chargent de beaucoup de pierres pour qu'ils ne puissent revenir et les effrayer. Il y a dans l'année des jours où l'on célèbre des fêtes en leur honneur, et où on les prie de ne point revenir troubler le repos des vivans. Aussi sont-ils les meilleurs morts du monde: on ne les revoit plus. Que l'homme est petit par-tout!

Habillement.

Les hommes et les femmes portent la tête découverte; leurs cheveux, durs et hérissés, semblent se refuser à toute espèce de parure. Une peau de ganaque, de cheval, oude vigogne, qui est le mouton du Pérou, compose tout leur habillement. Les femmes l'accomodent en forme de tunique fendue sur les côtés; le poil est en-dedans; l'une des pièces tombe par devant jusqu'aux genoux, l'autre pend sur les épaules comme un manteau; en sorte que, dans un pays où le froid est excessif, ces malheureux sont presque absolument nuds.

N.º 11. Le Groënland.

Découverte, situation, productions.

LE nom de Groënland, en langage allemand, signifie *Terre - Verte :* on l'appelle ainsi à cause de la mousse qui croît sur ses côtes. On ne peut rien dire de certain sur son étendue. L'air y est si froid que la mer y gèle. Ce pays est situé entre l'Europe et l'Amérique, dans les deux hémisphères. Il a, à l'orient, le Spirtzberg ; au midi, le détroit de Forbisher et le cap Farwel ; à l'occident, le détroit de Davis et la baie de Baffin ; on ne sait quelles sont ses bornes du côté du nord, mais il y a apparence que c'est la Mer-glaciale.

Il fut découvert, pour la première fois, au neuvième siècle, par un nor-wégien nommé Eric, ce qui engagea le roi de Norwége à y envoyer une colonie pour le peupler : on y trouva cependant des sauvages qui avaient dû y passer de l'Amérique. On ne peut douter que la religion chrétienne n'y ait été annoncée, puisqu'on trouve, dans les notices du douzième siècle, un évêque de ce pays ; mais comme on cessa d'y en envoyer, cette nation tomba dans l'oubli. On croit l'avoir découvert sur la fin du seizième siècle. Plusieurs auteurs néanmoins prétendent que le pays qu'on découvrit alors, n'est pas l'ancien Groënland ; c'est ce qui a donné lieu à la distinction du *vieux* et du *nouveau Groënland.* On place le premier à l'orient et le second à l'occident, près l'Amérique.

Sans entrer dans cette question, nous nous contenterons de remarquer qu'on y trouve des marbres de toutes sortes de couleurs. Les pâturages y sont très-bons, et il y a quantité de gros et menu bétail, des chevaux, des lièvres, des rennes, des loups communs, des loups cerviers, des renards, beaucoup d'ours blancs et noirs, des castors et des martres aussi belles que celles de la Grande-Russie. Une singularité fort remarquable de ce pays et un trait de la Providence digne de notre attention, est que, non-seulement les rennes et les autres quadrupèdes, comme les renards, ours, etc. ; mais les oiseaux, et les différentes espèces de baleines, ont toute leur graisse entre la chair et la peau. La chair est extrêmement maigre, brune et remplie de sang en beaucoup plus grande quantité que celles des animaux des pays chauds. Cette surabondance de sang doit causer une chaleur extraordinaire et capable de résister au froid extrême du climat ; et la graisse qui enveloppe la chair en-dehors, doit l'empêcher de s'exhaler et par conséquent la mettre en état de résister aux impressions du froid extérieur. Il n'y a, dans cette contrée, aucun serpent ni reptible venimeux, aussi bien que dans le Spirtzberg et l'Island, à cause du froid extraordinaire.

Parmi les oiseaux terrestres, il n'y a que la perdrix de mangeable ; elle est blanche, tachetée de noir sur les ailes, et ses pattes sont revêtues d'un

F 2

duvet fort épais. Elle passe l'hiver dans le pays, ce que ne font pas les autres oiseaux. Elle amasse de l'herbe qu'elle range par petits tas pour lui servir de nourriture pendant l'hiver, quand tout est couvert de neige. On y voit aussi des pies, des moineaux, et une quantité prodigieuse d'oiseaux aquatiques, semblables à ceux d'Island, et plusieurs espèces d'oies et de canards sauvages, dont les plus remarquables sont les canards à duvet. Les rivières et les ruisseaux sont remplis de truites, d'écrevisses et sur-tout de saumons. La mer, qui baigne ces côtes, est très-poissonneuse : on y pêche quantité de cabeliaux ou morues, des raies, des soles, des plies, etc. ; Mais la pêche la plus remarquable que l'on y fait est celle de la baleine; ces mers en sont remplies, et on en voit quelques-unes qui ont près de cent pieds de long. On en tire jusqu'à cent vingt tonneaux d'huile. On compte quinze espèces différentes de cet énorme poisson. Anderson (*histoire naturelle d'Islande*), remarque que la grande baleine de Groënland se distingue sensiblement des autres poissons, dont elle n'a que la figure extérieure; mais qu'en tout elle ressemble, par sa structure intérieure, aux animaux terrestres, ayant, comme eux, le sang chaud, des poumons pour respirer, s'accouplant comme les animaux terrestres, étant vivipare et allaitant ses petits. On peut voir, dans cet auteur, les réflexions judicieuses qu'il fait sur la Providence par rapport à cet animal. Nous remarquerons seulement qu'elle l'a pourvu d'un long boyau extrêmement large, qui lui sert au même usage que la bouteille d'air dans les autres poissons, c'est-à-dire pour se mouvoir dans l'eau en tout sens. C'est dans la tête du cachalot que se trouve le blanc de baleine, en latin *sperma ceti*, qui n'est autre chose que le cerveau de cette espèce de baleine; et, dans la vessie, l'ambre-gris, qu'un savant du premier ordre soupçonne être une concrétion des parties huileuses de l'urine qui est renfermée dans cette vessie. Il y a trois espèces de cachalots. Il diffère de la baleine en ce qu'au lieu de barbe ou de fanons, il a des dents, la tête extrêmement grosse et le gosier beaucoup plus large. Comme il y a des observations de tout genre, quelques graves et savans auteurs qui avaient lu la bible, ont, pour l'instruction du genre-humain, remarqué que c'est un cachalot qui a avalé le prophète Jonas. Les anglais, les danois, les hollandais et quelques français avaient coutume d'aller tous les ans au Groënland et y faisaient une pêche considérable.

Voici la manière dont se fait la pêche de la baleine. Lorsqu'elle paraît sur l'eau, un homme dedans une barque lui lance un harpon, qui est un instrument de fer à trois angles et bien tranchant, auquel est attachée une corde. La baleine étant blessée, perd tout son sang en se débattant, et s'éloigne beaucoup du bateau des pêcheurs, qui ont grand soin de lâcher la corde tant que la baleine tire à elle : elle s'enfonce dans la mer en mourant, et revient sur l'eau étant morte. On la tire et on la met en pièces, pour en avoir la graisse dont on fait l'huile.

Habitans et leurs mœurs.

Les groënlandais ressemblent assez aux lapons ; quoiqu'extrêmement simples, ils ne manquent pas de bon sens. Leurs passions sont modérées, et ils n'ont rien de cette brutalité qui caractérise tant de nations sauvages. C'est peut-être le peuple du monde le plus singulier par son caractère. Affables et enjoués dans la conversation, malgré leur tempéramment naturellement mélancolique; l'envie, la haine, les trahisons, la débauche, sont inconnues parmi eux, aussi bien que le vol, quoiqu'ils n'aient ni loix, ni magistrats. Mais, comme l'observe Anderson, c'est plutôt la nécessité d'avoir le nécessaire, qui les contient dans l'indifférence et l'égalité, que la vertu; et la vie dure qu'ils mènent éloigne d'eux toute idée de volupté. Au surplus, ils sont aussi justes que les grecs et les romains qui traitaient de barbare tout ce qui n'était ni grec ni romain; aussi justes que nous qui traitons de sauvage tout ce qui ne pense ni ne s'habille comme nous, car un groënlandais se croit le premier homme de la terre et méprise souverainement tout ce qui n'est pas né dans son horrible pays; opiniâtre comme un ignorant entêté, rien ne le peut faire changer dans son sentiment. Quant au bonheur, il le desire tel qu'il le connaît; il se trouve dans l'abondance avec du poisson crû et quelquefois de la viande; il avale l'huile de baleine avec délice, et rejette avec dédain le vin et les liqueurs. La propreté n'entre point dans ses idées, et il se plaît au milieu de la puanteur et de la mal-propreté que cause la viande et le poisson pourri qu'il mange. Les cabanes sont couvertes de peaux; mais c'est dans la construction des canots que les groënlandais exercent tout leur génie: ces canots sont de la forme d'une navette de tisserand; ils ont douze pieds de long, sont faits de côtes de baleine et couverts de peaux de chiens ou de veaux-marins. Il y a, dans le milieu, un trou où se met le groënlandais qui fait aller le canot avec une petite rame longue de cinq ou six pieds, plate et large par les deux bouts.

Habillement.

Les habits des groënlandais sont faits de peaux de chiens et de veaux-marins embellis de plumes de différentes couleurs. Une espèce de petit mantelet leur tombe à moitié-corps, et un jupon leur descend à moitié-jambes. Leur tête est, sur le sommet, ornée d'une plume, et leurs oreilles sont chargées de pendans.

Les femmes sont vêtues de la même étoffe, mais plus amplement, et ont la tête couverte d'un large capot terminé en pointe.

N.° 12. Le Paraguay.

Situation.

LA rivière du Paraguay, l'une des plus considérables de l'Amérique méridionale, donne son nom à ce pays. Elle le traverse du nord au midi jusqu'à on embouchure dans le fleuve de *Parana* ou *Rio de la Plata*.

Les espagnols en firent la découverte en 1526, par l'embouchure de Rio de la Plata ; mais ils ne s'y établirent que dix ans après. Ils y bâtirent deux villes et quelques villages.

L'air du pays est généralement tempéré et humide. Il y a néanmoins divers endroits plus froids que tempérés. Le terroir, le long des rivières, est fertile et abondant en toutes sortes de denrées, tant du pays que de l'Europe ; on y recueille sur-tout beaucoup de coton, dont on fait un grand commerce et dont les indiens fabriquent des toiles et autres étoffes qu'on transporte hors du pays ; on y plante beaucoup de tabac et on y fait quelque peu de sucre ; mais la principale richesse du pays consiste dans une herbe qu'on appelle *herbe du Paraguay*, qui ne croît que dans le pays et dont on fait un débit prodigieux pour toute l'Amérique méridionale, où on en fait une boisson, en guise de thé : on la nomme *maté*. C'est la feuille d'un arbre grand comme un pommier. Son goût approche de la mauve ; et quand elle a toute sa grandeur, elle est à-peu-près de la figure de celle de l'oranger. La manière d'en faire usage est de remplir un verre d'eau bouillante et d'y jeter la feuille pulvérisée,

Habitans et leurs mœurs.

Le Paraguay, originairement, était habité par différentes peuplades de sauvages : plusieurs même sont restées dans leur indépendance. La principale est celle des *guaranis*, qui habitent depuis la droite du fleuve de Parana, au couchant, jusqu'aux frontières du Brésil, au levant. Les *chaco* occupent la droite de la rivière du Paraguay. Les *chiquitos* furent ceux qui reçurent mieux les missionnaires ; mais les *chirirquans* n'en voulurent jamais souffrir un seul. Les peuplades encore libres vivent à la manière de presque tous les sauvages de l'Amérique ; elles sont en partie errantes et n'ont d'autre ressource que la chasse.

Le gouvernement que les jésuites étaient parvenu à établir dans le Paraguay, est une de ces choses trop singulières et trop connues pour n'en pas dire un mot. Peu contens de l'empire que le fanatisme et l'intrigue, sur-tout, leur donnaient en Europe, ces prêtres rusés et ambitieux furent chercher dans les forêts de l'Amérique des peuples assez crédules pour croire à leur voix, et assez bons pour se soumettre à leur autorité : ils en trouvèrent ; et dites-moi quel est le lieu de la terre où l'homme ne soit pas disposé à être dupe ? Il commencèrent par prêcher ; quand ils eurent converti, ils voulurent commander ; rien ne leur paraissait plus juste. Ils formèrent de petites bourgades dont les maisons, bien disposées, commodes et meublées, offraient une aisance jusqu'alors inconnue à un sauvage : chaque bourgade avait son curé, son vicaire et son église. Ce curé était en même-tems le gouverneur de l'endroit ; et le provincial des jésuites qui le nommait, était le roi du Paraguay. Seulement il daignait relever de l'Espagne et payer un tribut. Tous les sauvages étaient enrégimentés et se nommaient un capitaine par bourgade, lequel ne pouvait entrer en fonction qu'après la confirmation du curé ; c'était aussi de ce dernier qu'il recevait ses ordres en tems de guerre et en tems de paix. Chaque bourgade avait un arsenal sous l'inspection de ce prêtre-gouverneur, qui ne faisait donner des armes que lorsqu'il le jugeait à-propos. Le curé relevait des supérieurs de mission, et ceux-ci du provincial ou vice-général des jésuites au Paraguay. Telle était la forme du gouvernement. Voici la police civile et religieuse. Aussi fervens qu'on doit l'être quand on est crédules, les sauvages se conduisaient exactement comme on le desirait. Chaque bourgade était une petite Sparte, où tout homme était guerrier, où l'industrie se rapportait au bien général, où les richesses étaient communes. Personne ne possédait rien en propre, et chacun avait sa part aux biens de la bourgade. On avait marqué la quantité de terres nécessaires à chaque commune, le curé les faisait cultiver sous ses yeux, et avait soin de faire punir les paresseux. Il y avait pour cet effet une maison de force, dans chaque village, qui servait à renfermer les mauvais sujets et les femmes de mauvaise vie. Il y avait aussi une maison pour les orphelins, les femmes qui n'avaient point de famille en l'absence de leurs maris et pour les vieillards. On travaillait deux jours de la semaine pour le soutien de ces maisons. Dans chaque village il y avait des écoles publiques pour apprendre aux enfans à lire et à écrire ; il y en avait aussi pour la danse et pour la musique. Dans la cour de la maison du curé, étaient divers atteliers pour apprendre différens métiers, les arts même, la peinture, la sculpture, l'orfévrerie, la dorure, etc. Le vicaire était le chef de ces atteliers, et le produit du travail était appliqué aux besoins du village.

Sans doute un semblable gouvernement offre quelque chose de touchant et doit sourire à l'esprit du philosophe ; mais on n'était pas long-tems sans y reconnaître la main des prêtres : les églises la montraient par-tout. Tout s'y rapportait, et chaque commune ne semblait qu'un couvent occupé de sa chapelle. Toutes les cérémonies s'y faisaient avec le plus de pompe possible, et rien n'était mieux entendu pour fasciner les yeux de quelques misérables sauvages à peine sortis des bois. Chaque village avait ses musiciens, ses chantres, et ses enfans-de-chœur : c'était un petit spectacle. Mais c'était surtout dans les processions que se développait ce génie grossier des dévots espagnols ; les prêtres et les chantres étaient entremêlés de danseurs, en habits de masque, qui faisaient mille contorsions ridicules ; la marche était fermée par les alcades indiens et les corps de milices ; le peuple suivait tenant en mains des flambeaux et des chapelets.

Quelque soin que l'on ait pris pour conserver, dans toute leur pureté, les mœurs simples et la fraternité douce qui régnaient parmi ces peuplades ; malgré même les défenses de la cour d'Espagne de les laisser communiquer avec les commerçans, on vit bien, dans cette occasion, qu'il n'est pas permis à l'homme de se créer tant de bonheur. A la vérité c'était des jésuites qui avaient rêvé cette félicité, et il y a tout à croire que ce ne fut pas dans de bonnes intentions ; car l'édifice s'écroula sous le poids de leur ambition, et ils furent assez malheureux pour qu'on ne leur sût pas même gré du bien qu'ils avaient fait semblant de vouloir une fois. Disons aussi que les rois de Portugal et d'Espagne, plus jaloux de leurs intérêts que du bonheur des hommes, s'empressèrent d'étouffer et de se partager ces républiques naissantes. Ici ils furent plus coupables encore que les prêtres. Je ne sais si jamais des philosophes ressusciteront le projet des jésuites : il était beau cependant et digne des amis de l'humanité.

Habillement.

Tous les indiens établis dans les bourgades portaient l'habit espagnol ; mais les indiens sauvages se couvrent seulement de deux espèces de tabliers, plus ou moins longs, l'un devant, l'autre derrière, et qui sont noués autour des reins. Ces tabliers sont de peaux, et les hommes les relèvent quelquefois entre les cuisses en forme de demi-culottes.

N.° 13. Le Chili.

Situation.

SELON quelques auteurs, le nom de *Chili* vient d'un terme qui signifie *froid*, et il est vrai que ce pays est traversé, du nord au sud, par les Andes ou la Cordillère, montagnes pleines de volcans et néanmoins toujours couvertes de neiges. Mais il est certain que ce pays a reçu son nom de la rivière de *Chilé* ou *Chili*, qui le traverse de l'orient à l'occident. Il a, au nord, le Pérou ; à l'orient, le Tucuman, qui fait partie du Paraguay, et la terre Magellanique qui termine aussi le Chili du côté du midi ; la mer du Sud le borne à l'occident. Les espagnols, qui ont découvert ce pays en 1539, n'ont pu s'en rendre entièrement les maîtres. Il s'y trouve encore plusieurs peuples libres et sauvages, qui ont leurs caciques ou capitaines. Les principaux sont les *arangues*, et les habitans des vallées de *Tucapel* et de *Puren* ; ils ont donné de l'exercice aux espagnols, ont remporté quelquefois de grands avantages sur eux, et les ont même obligés d'abandonner plusieurs places.

La terre est fertile dans les vallées où l'air est assez chaud : il y vient du bled et diverses sortes de fruits. Les côteaux rapportent du vin. Les campagnes sont pleines d'une infinité d'oiseaux, particulièrement de pigeons ramiers, de tourterelles, de perdrix inférieurs à celles de France, de canards de toutes sortes, de perroquets, de cygnes, de flamans ou flambans, dont les indiens estiment beaucoup les longues plumes blanches et rouges qui servent d'ornemens à leurs têtes les jours où ils se réjouissent. On y voit aussi beaucoup de bétail, sur-tout de vigognes ou gros moutons, qui, comme au Pérou, servent de bêtes de somme. Il y a des mines d'or, des carrières de beau jaspe et beaucoup de bois propres à la teinture.

Ce pays se divise en trois parties : le *Chili propre*, le *Chili impérial*, et le *Chicuito* ou *Cuyo*. Les deux premières s'étendent le long de la côte, et sont séparées de la dernière par la Cordillère ou les Andes.

SAINT-IAGO

SAINT-IAGO est la capitale de tout le Chili. C'est une belle ville à quinze lieues de la mer, arrosée par des canaux et dont les rues sont tirées au cordeau. Son commerce est considérable : il y a plusieurs autres villes assez belles.

Habitans et leurs mœurs.

Je ne dirai rien des espagnols et des autres européens établis dans le Chili ; nous nous arrêterons aux naturels. Fiers et ennemis de l'esclavage, la plupart de ces nations n'ont pu encore être subjuguées ; elles ont fait une guerre presque continuelle aux espagnols, ont pris et détruit, en diverses occasions, les villes qu'ils avaient bâties. Plusieurs se sont retirées dans les montagnes de la Cordillère, où elles vivent dans l'indépendance. Une partie de ceux qui habitent la côte de la mer du Sud, ont subi le joug des espagnols, quelques-uns même ont embrassé le christianisme à l'indienne, c'est-à-dire, par politique et sans beaucoup de connaissance de cause. Ceux du Chili indépendant, ont à peine une religion, et n'ont ni temple ni idole. Ils paraissent croire à une autre vie, en supposant néanmoins l'ame matérielle.

Ces peuples ne sont pas gouvernés par des *caciques* ou par des *curacas* souverains, comme l'étaient ceux du Pérou. La forme de leur gouvernement consiste à respecter les anciens ou les chefs de chaque famille, et à les regarder comme leurs gouverneurs.

Leur nourriture ordinaire est des patates, de l'orge, du maïs, de la chair de cheval ou de mulet. Leur boisson, qu'ils appellent *chicha*, est une espèce de bière. Leur couleur naturelle est basanée, tirant sur le cuivre rouge, comme celle des autres indiens de l'Amérique, couleur affectée au sang. Ils sont de bonne taille, forts et membreux, sans beaucoup de barbe, ayant les cheveux noirs, plats et gros comme du crin. Leurs cabanes, composées de branches d'arbres, sont dispersées et non rassemblées en villages comme au Pérou ; et, suivant leur fantaisie, ils changent de demeures et transportent leurs cabanes ailleurs. Le pays est néanmoins fort peuplé, et leurs familles sont nombreuses à cause de la polygamie. Les femmes font presque tout le travail, et, en sus, celui du ménage ; elles servent leurs maris comme des esclaves. Les chevaux, depuis que les espagnols en ont amené dans le pays, y ont tellement multiplié, que chaque indien a aujourd'hui son cheval et ne fait pas la moindre course sans le monter : aussi sont-ils bons cavaliers. Ils n'ont pas l'usage de l'écriture et se servent de certains nœuds, comme au Pérou, que l'on appelle *quipos* ou *quipus*, pour conserver la mémoire des choses passées.

Durant les guerres que ces indiens ont faites aux espagnols, ils n'ont fait aucun quartier à ces derniers ; ils ont seulement épargné les femmes blanches, dont ils ont eu des enfans, qui sont les métifs, que l'on trouve parmi eux. La paix une fois faite, ils ont permis aux espagnols de venir commercer dans leur pays. Ceux-ci portent des ouvrages en fer, en clincaillerie et reçoivent, en échange, des bestiaux et des jeunes gens des deux sexes : un père a le droit de vendre toute sa famille, et le fait quand bon lui semble : quoique

G

marchant sur de riches mines d'or, ils ne s'en inquiètent guère, et préfèrent à ce métal le fer, qui leur est utile et qu'ils fabriquent en armes pour repousser les européens, qui viennent, en brigands, enlever leur or.

Habillement.

Tous ces peuples, hommes et femmes, portent des habits d'étoffe de laine, mais si courts, qu'ils n'ont précisément que ce qu'il faut pour couvrir leur nudité ; quelquefois ce n'est qu'un tour de plumes qui leur descend sur les cuisses. Mais les indiens les plus reculés des établissemens espagnols, comme les *chonos* qui habitent la terre ferme voisine de l'île de Chiloé, au sud de Valdivia, ne portent aucune espèce de vêtement. Ceux d'*Arauco*, de *Tucapel* et autres qui habitent le long et au midi du Biobio, sont accoutumés d'aller à cheval, et leurs armées sont composées d'infanterie et de cavalerie. Ils se servent, avec adresse, de leurs armes, dont les principales sont une lance fort longue et une espèce de javelot.

N.° 14. La Guyane.

Situation.

LA Guyane est une vaste contrée de l'Amérique, située entre la rivière des Amazones et celle de l'Orénoque, qui sont les deux plus grands fleuves de l'Amérique méridionale. Ses bornes sont, du côté du nord, l'Orénoque ; et, du côté du midi, l'Amazone ; à l'orient, la mer baigne ses côtes ; et, à l'occident, elle est bornée par le Rio-Négro, grande et belle rivière que l'on croit joindre celle des Amazones avec l'Orénoque : de sorte que la Guyane, renfermée dans ses bornes, serait une île, ayant pour frontières le Brésil, le Pérou et le nouveau royaume de Grenade.

Les espagnols, les hollandais, les français et les portugais ont formé des établissemens dans la Guyane. L'île de Cayenne est le centre de la Guyane française. Cette île, à laquelle on donne environ seize lieues de circuit, a la mer au nord, la rivière de Cayenne à l'ouest, celle d'Ouya à l'est ; et, au midi, un bras formé par les rivières d'Ouya et d'Orapu.

Presque toute l'île est un pays sablonneux, relevé de plusieurs petites montagnes ou collines que l'on cultive jusqu'au sommet. Les cannes à sucre, le roucou, l'indigo, le cacao, le café, le coton, le gros millet-manioc, et autres racines, y viennent très-bien. Dans le reste de l'île, c'est un terrein fort bas et si marécageux, en certains endroits, qu'on ne saurait aller par terre d'un bout à l'autre. La terre est assez bonne. C'est un sable noir facile à labourer, qui a deux pieds de profondeur. Au-dessous on trouve une terre rouge propre à bâtir, à faire des briques et des tuiles, et même de belles poteries. En quelques endroits, il y a des minéraux. CAYENNE est la capitale. Elle est bâtie sur la pointe du nord-ouest de l'île.

. La Guyane hollandaise est comprise entre les rivières de Pomaron et de Maroni. Les hollandais ont, dans ce pays, à l'embouchure des rivières de Surinam et de Berbice, deux colonies fort riches, dont la principale est SURINAM.

La Guyane espagnole est située le long de l'Onéroque, et se trouve entre cette rivière et celle de Pomaron.

Habitans et leurs mœurs.

Quoique nous n'aurions qu'à parler très-avantageusement des colons européens, qui vivent entre eux dans une union qui les honore, nous n'entretiendrons nos lecteurs que des naturels, dont les usages ont de quoi piquer la curiosité.

On compte plusieurs nations ou peuplades indiennes dans la Guyane; mais les mœurs se ressemblent du plus au moins: seulement les indiens des terres sont chasseurs et ceux des côtes pêcheurs. Ces derniers, excellent à construire des canots avec le tronc d'un arbre et à les conduire.

Tous les individus de ces peuplades sont, en général, de petite taille, ayant un gros ventre; leur couleur est rougeâtre, et leurs cheveux noirs et plats. Les hommes n'ont point de barbe, attendu qu'ils se l'arrachent; il n'y a que les plus vieux qui se la laissent croître fort claire. Les femmes sont petites et fort délicates. L'air doux et aimable de leur physionomie annonce assez qu'elles ne sont sauvages que de nom : la plupart sont même jolies et d'une figure séduisante. Elles ne haïssent pas les européens; mais une intrigue galante est périlleuse pour elles: leurs maris les tueraient, sans miséricorde, s'ils avaient le moindre soupçon.

A l'égard des qualités de l'âme, tous ces indiens sont très-superstitieux, ivrognes, paresseux et railleurs. Quoique indolens, leurs passions sont extrêmes. Au surplus, ils sont justes dans leurs actions, et même polis. La retenue et la déférence règnent dans leurs discours; ils se tutoient rarement. Presque toute leur vie s'écoule dans l'oisiveté ; on les voit toujours couchés dans leurs hamacs; ils y passent des journées entières à causer et à se regarder dans un petit miroir, à s'arranger les cheveux ou à s'arracher la barbe ; quelques-uns se plaisent à jouer d'une flûte très-discordante ; les plus industrieux font des panniers, des arcs et des pirogues.

Les peuplades d'une même nation demeurent dans des espèces de villages qui ne sont autre chose qu'un amas confus de cases qu'ils nomment *carbets*. Chaque famille a plusieurs cases; il en faut une pour les femmes et les enfans; une autre pour les cuisines; une plus grande pour recevoir les amis. Des paniers, nommés *paguaras*, des *canaris* ou vases de terres, des *couis* ou moitié de calebasses, des hamacs de coton, des couvertures tissues des feuilles du palmiste, tel est l'ameublement.

On distingue le *moulet*, ou siége de bois qu'on présente aux amis; c'est un billot un peu creusé où l'on enfonce jusqu'à la ceinture et où il est rare de ne point attraper quelques taches d'huile ou de roucou. Ces peuples, que nous osons appeler sauvages, ne connaissent point nos loix du *tien* et du *mien*, et jamais un carbet n'est fermé. Le tabouy, ou grand carbet, est une espèce de hangard où toute la bourgade s'assemble le soir pour causer, se réjouir et boire. L'on y loge les étrangers à qui l'on fait un accueil distingué. Dès qu'ils sont entrés dans le carbet, on leur présente un hamac ou un moulet, et le plus apparent lui offre un coui qui tient environ deux pintes; il boit le premier, et le vase fait le tour de l'assemblée. Dès que l'étranger a bu, il est regardé comme ami; s'il arrivait qu'il ne portât pas même ses lèvres au coui, il serait vu de très-mauvais œil. On demeure chez eux autant qu'on le desire : l'hospitalité est leur loi la plus sacrée.

Leur odorat est si subtil, qu'ils peuvent suivre à la trace ceux qui viennent de passer; ils reconnaissent si c'est un blanc, un noir ou un indien. Ils mangent la viande et le poisson bouilli ou rôti. Ils n'usent point de sel, mais de piment ou poivre rouge.

Ceux qui sont éloignés dans les terres vivent dans des guerres continuelles avec leurs voisins; ils mangent leurs prisonniers.

Dans leurs cérémonies, jamais rien ne choque la pudeur ni la bien-séance. Leurs danses sont gaies, mais décentes.

Dès qu'une fille a jeté les yeux sur un indien, pour en faire son mari, elle lui présente à boire et du bois pour allumer du feu auprès de son hamac; s'il refuse, c'est une marque qu'il n'en veut point; mais s'il agrée les dons qu'elle lui fait, le mariage est conclu. Il en est de même si c'est un garçon qui fait les premières avances. Le lendemain la nouvelle mariée apporte à manger et à boire à son époux, et prend dès-lors soin de tout le ménage.

Lorsqu'une femme accouche de son premier enfant, c'est au mari à paraître malade; il se plaint; on compâtit à ses douleurs, on le met dans son hamac, qu'on élève jusqu'au faîte du carbet : on lui promet une parfaite guérison, pourvu qu'il demeure couché pendant un mois, et qu'il se soumette au régime prescrit par la coutume. Ce régime est des plus rudes; car un morceau de cassave et un peu d'eau sont sa nourriture journalière. Le père observe ce jeûne rigoureux; s'il y manquait, son enfant éprouverait les plus grands malheurs. Au bout d'un mois, ce pauvre mari *relève de couche;* il lui est permis de quitter son hamac; mais, avant qu'il reprenne sa vie ordinaire, on le *frelungue*, c'est-à-dire qu'avec de grosses arrêtes de poisson, ou avec des dents d'agouti, on lui fait de légères scarifications en divers endroits du corps, et, pour terminer la cérémonie, on lui applique plusieurs coups de fouet. Ne semble-t-il pas que ces peuples, par un usage aussi bizarre, veuille punir un homme d'avoir augmenté le nombre des malheureux, en donnant l'existence à un enfant?

Habillement.

Ne regardons pas ces peuples comme barbares, parce qu'ils vont presque nuds : les usages sont à-peu-près comme les loix, tout n'est que convention, préjugés, habitude : il n'y a de réelles et de véritables que les vérités gravées dans nos cœurs par les mains de la nature. Ceux des indiens qui ne dérobent rien aux yeux de ce que la pudeur fait cacher à d'autres, s'imaginent que s'ils changeaient de méthode ils seraient malheureux ou mourraient infailliblement dans l'année. Ceux qui ont une autre façon de penser, s'attachent des *camisa* à la ceinture avec un fil de coton, et les laissent pendre devant et derrière. Les nations éloignées du commerce des européens, se couvrent d'une coquille ou d'un morceau d'écaille de tortue attaché avec une liane.

Les enfans mâles des *palicouris* reçoivent la camisa à l'âge de puberté. Avant d'obtenir le droit de la porter, ils sont assujétis à des épreuves fort dures : on les oblige à jeûner pendant plusieurs jours et à rester dans leurs hamacs, comme s'ils étaient malades. On les fouette fréquemment ; et ces étranges cérémonies servent, dans leurs idées, à leur inspirer de la bravoure. Dès qu'elles sont achevées, ils deviennent hommes faits. Ce qu'il y a encore de bien singulier chez ce même peuple, c'est que les femmes mariées sont absolument sans vêtemens. Elles portent, étant filles, une camisa d'environ un pied carré ; mais elles la quittent du moment qu'elles ont un mari, persuadées qu'elles peuvent ensuite se montrer indifféremment aux autres hommes comme elles l'ont faites à un seul.

N.º 15. Habitans des bords de l'Orénoque.

Situation.

L'ORÉNOQUE est l'un des plus grands fleuves de l'Amérique : il l'est cependant moins que l'Amazone. Son cours est de six cens lieues ; mais il est grossi, de loin en loin, d'un grand nombre de superbes rivières qu'on en remonte que dans l'espace de plusieurs mois. Il se jette dans la mer vis-à-vis de l'île de la Trinité, par seize embouchures principales, formées par une multitude d'îles, dont on n'est point encore parvenu à savoir le nombre. Ces îles, quoique presque submergées, sont cependant habitées. Les habitans même s'y plaisent si bien, qu'ils ne veulent point les quitter. Ce sont principalement eux qui ont coutume de placer leurs demeures au haut des arbres, où elles ressemblent à des nids de gros oiseaux.

Voici une de ces singularités qu'on n'a remarqué dans aucune autre rivière du monde. L'Orénoque emploie cinq mois à croître ; il reste un mois dans toute sa crue ; décroît pendant cinq autres, et reste, le dernier de l'année, dans son état naturel.

Habitans et leurs mœurs.

Toutes les nations qui habitent les bords de l'Orénoque, sont véritablement sauvages et plongées dans la plus grossière ignorance. On ne trouve chez elles rien qui apprenne ce qu'elles ont été autrefois. Seulement les caribes, la plus nombreuse de ces nations, disent que le soleil vint tuer un immense dragon qui était sur la terre; qu'après la mort de cet animal, il se forma dans ses entrailles des vers qui produisirent chacun un caribe et sa femme. Les salivas, autre nation, croient que la terre engendra autrefois des hommes, comme elle produit aujourd'hui des arbres, et que certains arbres portaient pour fruits des créatures humaines. Je voudrais bien savoir ce que nous autres, européens, nous pourrions raisonnablement croire sur le même sujet. Quand ces peuples ont compté par tous leurs doigts des pieds et des mains, ils sont fort embarrassé pour exprimer un autre nombre; ils saisissent une poignée de leurs cheveux, et disent : *Autant.*

Toutes les nations de l'Orénoque, s'oignent, depuis la tête jusqu'aux pieds, avec de l'huile et de l'achiolt ou du roucou. C'est l'affaire des femmes de *roucouer* ainsi leurs maris. Cet enduit leur sert de parure et les préserve des mousquites. Les hommes sont des espèces de despotes qui ne prennent une femme que pour avoir une esclave. Chaque nation a ses cérémonies pour les mariages. Les *othomacos*, dans les leurs, suivent une coutume bien singulière : Ils donnent pour femmes aux jeunes gens, les veuves les plus âgées, et des vieillards aux jeunes filles. Leur raison est que ceux qui ont de l'expérience instruisent ceux qui n'en ont point. Plusieurs de ces peuples, sur-tout vers la source de l'Orénoque, les *omaguas* entre autres, ont pour habitude constante de presser la tête des nouveaux-nés entre deux planches, pour leur applatir la figure, et leur donner, disent-ils, l'air de la *pleine-lune*, ce qui, chez eux, est la beauté par excellence ; aussi, lorsqu'ils sont hommes, ont-ils des figures presque sans nez. En général, ils aiment beaucoup leurs enfans, et cet amour porte quelquefois les mères à donner la mort à leurs jeunes filles. Un missionnaire reprochait à une indienne cette inhumanité. Elle lui répondit : Père, si tu veux le permettre, je t'avouerai ce que j'ai dans le cœur. Plut à Dieu que ma mère, en me mettant au monde, m'eût assez aimée pour me donner la mort ; je ne l'eusse point connue, cette mort, et je ne la craindrais pas. Ah ! qui sait le nombre des peines qui m'attendent encore avant qu'elle arrive? Représente-toi bien, père, les maux auxquels une femme est sujette parmi nous; nos maris vont à la chasse avec leurs arcs et leurs flèches, et c'est à quoi se borne toute leur fatigue : nous, au contraire, nous y allons chargées d'une corbeille, d'un enfant qui pend à nos mamelles, et d'un autre que nous portons dans ce panier. Nos hommes vont tuer un oiseau ou un poisson, et nous, nous bêchons la terre, et supportons tous les travaux du ménage. Il reviennent le soir sans aucun fardeau, et nous, outre celui de nos enfans, nous leur apportons des racines et du maïs. En arrivant chez eux ils vont s'entretenir avec leurs amis, et nous allons chercher du bois et de l'eau pour leur préparer à souper. Ont-ils mangé, ils se mettent à dormir, au lieu que nous passons presque toute la nuit pour faire leur boisson ; et à quoi aboutissent toutes nos peines ? ils boivent et s'enivrent. Dans leur ivresse ils nous frappent. Ah ! pourquoi ma mère ne ma-t-elle pas donné la mort ? Mais ce n'est pas-là la plus grande peine : au bout de vingt ans ce cruel mari, nous dédaignant, prend une autre femme qui bat nos enfans et nous maltraite nous-mêmes. Et si nous osons nous plaindre, on nous impose silence avec un fouet. Une mère peut-elle procurer un plus grand bien à sa fille, que de l'exempter de toutes ces peines, et de la tirer d'une servitude pire que la mort.

Telles sont les plaintes touchantes de ces infortunées contre leurs époux : elles font connaître en même-tems les mœurs de ces sauvages. Lorsque les enfans sont malades, les mères se percent la langue avec des os de poissons ; du sang que ces blessures leur font perdre, elles arrosent le corps de ces enfans, soir et matin, jusqu'à ce qu'ils guérissent ou meurent.

S'il arrive qu'une maladie épidémique afflige toute une peuplade, celui qui en est le chef est obligé de procurer le même soulagement à chaque habitant. Il leur frotte l'estomach, après s'être percé les chairs avec des lancettes d'os de poisson. Un de ces capitaine, pâle, maigre et défait, rencontré par un voyageur, qui lui demanda s'il était malade, répondit : « Je me porterais bien si mes malades ne me faisaient périr. » Ce devoir, qui souvent cause la mort et ce qu'il en coûte pour satisfaire son ambition, n'empêche pas de briguer le funeste honneur d'être à la tête d'une peuplade. Les épreuves qu'il faut subir pour parvenir à ce grade sont trop singulières pour ne pas les rapporter.

Celui qui y aspire déclare ses vûes en revenant dans sa case, avec une rondache sur la tête, baissant les yeux et gardant un profond silence. Il n'explique pas même son dessein à sa femme ni à ses enfans. Se retirant dans un coin de la case, il s'y fait faire un petit retranchement qui lui laisse à peine la liberté de se remuer. On suspend au dessus le hamac qui lui sert de lit, afin qu'il n'ait occasion de parler à personne ; il ne sort de ce lieu que pour les nécessités de la nature, et pour subir de rudes épreuves que les capitaines lui imposent successivement. On lui fait d'abord garder, pendant six semaines, un jeûne rigoureux. Les capitaines voisins viennent le visiter matin et soir : ils lui représentent avec beaucoup de force, que pour se rendre digne du rang auquel il aspire, il ne doit craindre aucun danger ; que non-seulement il aura l'honneur de la nation à soutenir, mais à tirer vengeance de ceux qui auront pris en guerre leurs parens et leurs amis, et qui leur auront fait souffrir une mort cruelle ; que le travail et la fatigue seront désormais son partage, et qu'il n'aura plus d'autres voies pour acquérir de l'honneur. Après cette harangue, qu'il écoute modestement, on lui donne mille coups, pour lui faire connaître ce qu'il aurait à supporter s'il tombait entre les mains des ennemis. Pendant cette exécution amicale, il se tient debout, les mains croisées sur la tête. Chaque capitaine lui décharge sur le corps trois grands coups d'un fouet composé de racines de palmier. Tout le tems de cette cérémonie les jeunes gens de l'habitation s'emploient à faire des fouets ; et comme il ne reçoit que trois coups d'un même fouet, il en faut beaucoup quand les capitaines sont en grand nombre. Ce traitement recommence deux fois le jour pendant l'espace de six semaines. On les frappe en trois endroits du corps, aux mamelles, au ventre et aux cuisses. Le sang ruisselle; et, dans la plus vive douleur, il ne doit pas faire le moindre mouvement, ni donner la plus légère marque d'impatience. Il rentre ensuite dans sa prison, avec la liberté de se coucher dans son lit, au-dessus duquel on met, comme en trophée, tous les fouets qui ont servi à son supplice. Si sa constance se soutient pendant six semaines, on lui prépare des épreuves d'un autre genre. Tous les chefs de la nation s'assemblent, parés solemnellement, et viennent se cacher aux environs de la case, dans les buissons, d'où ils poussent d'horribles cris. Ensuite, paraissant tous avec la flèche sur l'arc, ils entrent brusquement dans la case; ils prennent le candidat, déjà fort exténué de son jeûne et des coups qu'il a reçu; ils l'emportent dans son hamac, qu'ils attachent à deux arbres, d'où ils le font lever. On l'encourage, comme la première fois, par un discours préparé; et, pour essai de son courage, chacun lui applique un coup de fouet beaucoup plus fort que les précédens. Il se remet dans son lit. On amasse autour de lui quantité d'herbes très-fortes et très-puantes, auxquelles on met le feu, sans que la flamme puisse le toucher, mais pour lui en faire sentir seulement la chaleur. La fumée, qui le pénètre de toutes parts, lui fait souffrir des maux étranges. Il devient à demi-fou dans son hamac; et, s'il y demeure constamment, il tombe dans des pamoisons si profondes qu'on le croirait mort. On lui donne quelque liqueur pour rappeler ses forces; mais il ne revient pas plutôt à lui-même, qu'on renouvelle le feu avec de nouvelles exhortations. Pendant qu'il est dans ces souffrances, tous les autres passent le tems à boire autour de lui. Enfin, lorsqu'ils le voient au dernier degré de langueur, ils lui font un collier et une ceinture de feuilles, qu'ils remplissent de grosses fourmis noires, dont la piqûre est extrêmement vive. Ils lui mettent ces deux ornemens qui ont bientôt le pouvoir de le réveiller par de nouvelles douleurs. Il se lève; et s'il a la force de se tenir debout, on lui verse, sur la tête, une liqueur spiritueuse au travers d'un crible. Il va se laver aussi-tôt dans la rivière ou la fontaine la plus voisine, et retournant à sa case, il y va prendre un peu de repos. On lui fait continuer son jeûne, mais avec moins de rigueur : il commence à manger de petits oiseaux, qui doivent être tués par la main des capitaines. Les mauvais traitemens diminuent, et la nourriture augmente par degrés, jusqu'à ce qu'il ait repris son ancienne force. Alors il est proclamé capitaine. On lui donne un arc neuf et tout ce qui convient à sa dignité. Cependant ce rude apprentissage ne fait que les petits chefs militaires. Pour être élevé au premier rang, il faut être en possession d'un canot qu'on doit avoir fait soi-même, ce qui demande encore un travail long et pénible.

Je me suis étendu avec plaisir sur ce sujet; cette réception, qui montre à quel point ces sauvages sont jaloux d'avoir des chefs d'un courage éprouvé, étant à peu de chose près la même chez un grand nombre d'indiens. Cet usage, quelque bizarre qu'il soit, ne me paraît point si déraisonnable; et

dans

dans tous les pays où il y a des ambitieux, s'il en coûtait autant de peines et de tourmens pour parvenir aux places éminentes, il est probable qu'elles auraient bien moins de prétendans.

Habillement.

Tous ces sauvages vont, à peu de chose près, nuds ; une ceinture de plumes ou de feuillages, compose tout leur habillement. Leurs armes sont l'arc et des flèches à plusieurs pointes.

N.° 16. La Floride.

Situation.

Sous le nom de Floride, on comprenait autrefois cette grande étendue de pays bornée, à l'occident, par le Mexique, et arrosée par le Mississipi, c'est-à-dire toute la Louisiane, et même une partie de la Caroline ; mais la Floride, proprement dite, n'est que cette presqu'île qui est à l'ouest de la Caroline, et qui s'avance jusqu'au canal de Bahama.

Elle est bornée, à l'orient, par la Louisiane, à l'occident par la Caroline et la mer du Nord, et, au midi, par le golfe du Mexique.

Ce pays est assez fertile, sur-tout en maïs, dont on fait deux récoltes par an.

Habitans et leurs mœurs.

La Floride fut découverte, premièrement, en 1496, par Bastien Cabot, que Henri VII, roi d'Angleterre, avait envoyé chercher un passage du côté de l'ouest, pour aller aux Indes orientales. Il se contenta d'avoir vu le pays. Le roi de Castille y envoya, en 1512, Jean Ponce-de-Léon, pour y établir une colonie ; mais il en fut chassé par les sauvages. En 1520 et 1524, Luc Vasquès d'Aillon et d'autres espagnols y allèrent pour en enlever des habitans et les faire travailler aux mines de l'île de Saint-Domingue. Ferdinand Soto y aborda en 1534, un jour de *Pâques-Fleuries*, ce qui fit donner à ce pays le nom de *Floride* ; mais n'y ayant pas trouvé les richesses qu'il espérait, il mourut de déplaisir. En 1549, l'empereur Charles-Quint, pour adoucir l'humeur sauvage des habitans, y envoya des religieux qui furent tous égorgés. Les français y abordèrent en 1562, conduits par François Ribaut, qui y bâtit le fort de la *Caroline*, et y fit amitié avec les habitans. René Laudonière alla dans ce pays en 1564 et rétablit le fort de la Caroline. Les castillans, jaloux de cet établissement des français, si proches de la Nouvelle-Espagne, les surprirent, et, après les avoir fait prisonniers, ils les pendirent, et écorchèrent tout vif Ribaut, qui était retourné dans la Floride.

H

Un généreux citoyen, Dominique de Gourgue, du mont de Marsan en Gascogne, indigné à la nouvelle de cette cruauté, arma un vaisseau à ses dépens, et passa, vers 1565, dans la Floride, reprit le fort de la Caroline et un autre construit par les espagnols, qu'il pendit aux mêmes arbres où ils avaient attaché les français, et s'en retourna en France l'année d'après. Il eut bien de la peine à échapper à la justice, étant poursuivi par les espagnols avec qui la France était en paix. Ils vinrent ensuite à bout de chasser les français de cette portion de la Floride, qu'on nomme aujourd'hui Caroline, et qui fait une des provinces anglaises. Ils en furent maîtres jusqu'en 1663, qu'ils en furent eux-mêmes chassés par les anglais.

Les espagnols ont conservé la partie méridionale, jusqu'en 1763 qu'elle a été abandonnée aux anglais. Ils y avaient deux forteresses, Saint-Augustin sur la côte, et Pensacola sur le golfe du Mexique.

Le reste du pays est habité par des sauvages qui sont de grande stature, sans aucune difformité et d'un teint olivâtre, qu'ils rendent tel en se frottant de certaines drogues. Ils sont braves et fort adonnés à la chasse et à la pêche, dont ils tirent presque toute leur subsistance. Ces sauvages sont gouvernés par plusieurs caciques ou chefs, qu'ils appellent *paraoustis*. Ils se font la guerre, mais plus par embûches et surprises, que tout ouvertement, parce qu'ils sont d'un caractère fourbe et dissimulé.

Habillement.

L'habillement se sent de l'inclination guerrière du peuple; sa forme ressemble un peu à l'ancienne armure des anciens romains, et le bonnet est surmonté d'une aigrette de plumes qui donne de la hardiesse à la tête.

Les femmes n'ont volontiers qu'une draperie ou une fourrure autour des reins.

N.º 17. Panama, ou Terre-Ferme.

Situation et habitans.

CHRISTOPHE COLOMB, après avoir parcouru la mer du Nord, où il fit la découverte de plusieurs îles, ayant abordé sur la côte de l'Amérique, lui donna le nom de Terre-Ferme, à cause que ce fut la première partie du continent qu'il découvrit, et ce nom lui est resté. Les espagnols l'étendirent ensuite à la partie septentrionale de l'Amérique méridionale qu'ils appelèrent aussi *Castille-d'Or*, à cause des mines de ce métal qu'ils y trouvèrent.

L'audience de Panama est bornée au nord par la mer du Nord, le long de laquelle elle s'étend dans l'espace d'environ cent quarante lieues, du sud-est au nord-ouest, depuis le golfe et la rivière du Darien; et, au levant, par la province de Choco. La mer du Sud la borne ensuite du sud-est au nord-ouet, jusqu'à la baie de Panama. Placé sous la zone torride, on y éprouve de grandes chaleurs; mais elles sont tempérées par les vents du nord et les pluies qui y durent près de quatre mois. Le terroir est fertile en maïs et en excellens fruits; il y a de très-bons pâturages et des arbres qui distillent un baume excellent.

PANAMA, la capitale, est sur la mer du Sud et dans l'isthme de Darien ou Panama. C'est une ville belle et très-riche. On y pêchait autrefois beaucoup de perles auprès de quelques petites îles qu'on a nommées pour cela les îles des Perles. Panama, par sa situation, est comme l'entrepôt des richesses du Nouveau-Monde, et le centre du commerce entre le Pérou et l'Espagne. Son port ne peut recevoir que de petits vaisseaux; mais celui de *Perico*, qui n'est qu'à deux lieues, reçoit les plus gros, et on en transporte leur charge à Panama.

Vis-à-vis Panama, sur le golfe du Mexique, est Porto-Bello. La beauté de son port lui a fait donner ce nom par Christophe Colomb. C'est une des plus importantes places de l'Amérique. L'or et l'argent du Pérou, déposés d'abord à Panama, sont voiturés ensuite à Porto-Bello, d'où on les embarque pour l'Europe. On y reçoit également toutes les marchandises de l'ancien continent, que l'on transporte à Panama. Il s'y tient une fameuse foire à l'arrivée des gallions d'Espagne. Elle dure un mois, et le concours y est si grand, que les moindres boutiques s'y louent mille écus. Les vivres y sont alors très-chers. Il y a, dans la ville, un grand nombre de magasins où l'on garde les marchandises jusqu'à ce qu'elles soient portées à Panama.

Au milieu d'un pays où l'on ne fait que passer, où la soif de l'or attire les hommes des extrémités du monde, les mœurs n'ont que la forme du moment: aussi ne nous chargerons-nous pas de les décrire. Les anciens peuples se sont éloignés, ou ont pris les usages de leurs vainqueurs.

Habillement.

L'habillement ressemble aux mœurs, il varie. Celui que nous avons dessiné est le plus commun, et celui de la classe que l'intérêt fixe volontiers à Panama même; il se sent un peu du costume espagnol: la mante, le jupon, etc. pour la femme. Celui de l'homme est une espèce de belouse assujéti par une ceinture.

H 2

N.º 18. Le Brésil.

Situation.

ON comprend, sous le nom de Brésil, la région la plus orientale de l'Amérique méridionale. Elle est presque renfermée entre l'équateur et le tropique du Capricorne. Sa plus grande largeur, d'occident en orient, est de dix-sept degrés, entre le 328ᵉ et le 345ᵉ degrés de longitude. Son étendue, du nord au sud, est de trente-cinq degrés, depuis le 1ᵉʳ jusqu'au 35ᵉ degrés de latitude méridionale. Les côtes s'ouvrant, de loin en loin, forment de bons ports où les vaisseaux sont en sûreté.

Le Brésil fut découvert le 26 janvier de l'an 1500, par Vincent Yanez-Pinçon, espagnol, qui avait accompagné Christophe Colomb à son premier voyage. Il aborda à un cap qu'il nomma de *Consolation*, et que l'on appelle aujourd'hui de *Saint-Augustin*. Il en prit possession au nom de la couronne de Castille. Mais, la même année, la veille de Pâques, Alvarès Cabral, portugais, voulant éviter le calme auquel la mer de Guinée est sujette, prit tellement le large, qu'il se trouva à la vue de ce pays, et entra dans le port nommé *Séguro*. Une croix de pierre, qu'il y planta, fit donner à ce pays le nom de *Santa-Crux* ; ce qui n'a pas empêché que celui de Brésil, qu'il avait auparavant, n'ait prévalu, même chez les portugais.

Dès l'an 1539, les français trafiquaient au Brésil, et les naturels du pays leur témoignaient plus de confiance qu'à tous les autres européens. L'amiral de Coligny y envoya, en 1555, le chevalier de Villegagnon, qui y conduisit une colonie de calvinistes qui firent un petit établissement vers le midi, dans une île à l'embouchure du *Rio-Janéiro* ; mais Villegagnon s'étant converti, l'amiral ne se soucia pas de lui envoyer du secours. Villegagnon revint en France, et les portugais chassèrent ce qu'il y avait de calvinistes.

L'air de ce pays, quoique situé sous la zone torride, est assez doux ; il est d'ailleurs très-sain ; de sorte que les peuples y vivent très-long-tems. Le terroir y produit du tabac, du coton, du maïs et plusieurs sortes de fruits. Une des productions les plus utiles, est la racine d'un arbrisseau qu'on appelle *ipécacuana*, dont on se sert en médecine. Les cannes de sucre y viennent en plus grande abondance que par-tout ailleurs. Le sucre qu'elles fournissent est un sucre extrêmement doux qui s'exprime des cannes qu'on écrâse entre deux rouleaux ; ce sont les nègres qu'on emploie à ce travail, qui est fort rude. Le sucre du Brésil est le meilleur ; on donne le second rang à celui des Antilles.

Il y a des forêts entières de bois du Brésil, qu'on emploie pour la teinture. On y trouve un arbre qu'on nomme *copaïba* ou *copahu*, dont le bois est fort dur, et de l'écorce duquel on tire, par une incision, une huile fort claire, qu'on appelle l'huile ou le baume de *copaiba* ou *copahu*. Le pays fournit aussi de l'or et des diamans en si grande quantité, que le roi de Portugal craignant qu'ils ne devinssent si communs, que le prix en diminuât extrêmement, a érigé une compagnie, avec le droit exclusif de chercher des diamans dans tout le Brésil; mais avec cette précaution qu'elle ne peut employer que six cens esclaves au plus à ce travail. On trouve dans le Brésil un oiseau de la grosseur d'un frélon : il a les ailes d'un blanc luisant, et chante si bien, qu'il ne le cède pas au rossignol : on le nomme *gonumbucli*.

Habitans et leurs mœurs.

Les portugais ne possèdent guère que les côtes de ce pays : le reste est rempli de sauvages. Les plus connus sont les *tupuyes* et les *tupiques*. En général, tous ces sauvages du Brésil sont de la taille des espagnols, bien proportionnés de corps, robustes et peu sujets aux maladies, excepté la petite vérole, qui fait souvent de grands ravages parmi eux. Sans souci, sans ambition, ils ne connaissent des passions que la vengeance, mais elle est terrible chez eux, et leur tient sans cesse les armes à la main; quand ils ont pris un ennemi, cette cruelle passion les rend ingénieux dans leur barbarie, ils l'engraissent, l'amènent un jour de fête avec eux, et le font prendre part à la joie : le stoïcien sauvage, sans crainte du sort qui l'attend et qu'il connaît, chante ses victoires passées, son hymne de mort, et encourage ses bourreaux. On l'assomme, on l'étend sur les charbons, et, lorsqu'il est rôti, on le mange. Chaque sauvage qui assiste à cet horrible festin, montre le même courage lorsque le sort lui a mal tourné : Qu'on me dise si c'est *philosophie* ou brutalité ?

Ils vont tout nuds, hommes et femmes, exceptés les jours de fêtes et de réjouissances qu'ils se couvrent d'une toile de la ceinture en bas. Les hommes ont la lèvre inférieure percée; et les femmes les oreilles, il les parent de divers ornemens, ainsi que le cou. Ils ornent sur-tout leur front de plumes et se peignent le corps de diverses couleurs. Ils applatissent le nez de leurs enfans dès leur naissance. Les hommes coupent leurs cheveux et n'en conservent qu'une touffe derrière la tête, qui pend quelquefois jusqu'au milieu du dos : les femmes les laissent croître et les portent épars sur leurs épaules couvertes d'une coëffe de coton. Les femmes et les hommes se baignent fort souvent. Leur nourriture ordinaire est la racine d'aipy et de manioc, dont ils font de la farine et de la bouillie qu'on appelle cassave. Leur boisson, que les femmes composent, est un extrait de ces mêmes racines et de maïs. Ils n'ont ni princes ni rois, et se contentent de consulter les chefs ou anciens des villages.

Les *aldées* ou villages sont sans défense et leurs cabanes ne sont fermées qu'avec quelques branches de palmier; chaque cabane contient quelquefois jusqu'à six cens têtes : elles sont bâties en long et percées à jour d'un bout à l'autre; cinq ou six de ces cabanes font un village qu'ils changent d'emplacement de tems en tems. Chaque village a son chef.

Ils n'ont ni temples ni prêtres, et se contentent d'adorer le soleil et la lune; ils croient à l'immortalité de l'ame. La vertu qu'ils estiment le plus est le courage qui fait s'exposer à tout pour se venger de son ennemi.

La polygamie est en usage parmi eux, et ils n'observent, dans les degrés de parenté, que de ne pas épouser leurs mères ou leurs filles. Ils ont l'adultère en horreur, et ne font aucune attention aux désordres des jeunes filles.

Habillement.

Nous avons donné à ce numéro le costume des colons; c'est celui des européens qui se livrent à l'agriculture. Celui de la femme est celui d'une femme sauvage habillée à moitié à l'européenne, et que son mari a mis au fait de ses usages.

N.º 19. La Louisiane.

Situation.

CE pays est arrosé par le fleuve *Mississipi*, qui la traverse du nord au sud, et se décharge dans le golfe du Mexique. Ce fleuve, nommé par les naturels; *Meactchassipi*, qui signifie à la lettre le *vieux père des eaux*, a reçu le nom de Mississipi par corruption. La Louisiane est située entre le Nouveau-Mexique, le Canada et la Floride, dont elle faisait partie. On l'a nommée *Louisiane*, du nom de Louis XIV, sous le règne du quel elle a été découverte en 1680, par le sieur Robert Cavelier de la Salle.

Ce pays est très-fertile en palmiers, en chênes, en châtaigniers en frênes et en mûriers, etc., en maïs, en bled et en toutes sortes de simples et de plantes inconnues en Europe pour la plupart. Elle produit aussi de très-bon riz, du seigle, de l'orge et de l'avoine. Tous les légumes qu'on y a portés d'Europe y réussissent mieux qu'en France, lorsqu'ils rencontrent un terrein qui leur convient. Les oiseaux y sont en si grand nombre, qu'on n'en peut connaître toutes les espèces. Les plus remarquables sont sont l'aigle, plus petit que celui des Alpes, mais que sa couleur blanche rend beaucoup plus beau, l'extrémité de ses plumes est seule noire; le dindon sauvage, qui est plus gros, plus beau et d'un meilleur manger que celui de France. Les faisans, les perdrix, les bécasses et les bécassines sont semblables aux nôtres, excepté que les trois dernières espèces ont la chair blanche et sans fumet. Les ramiers y sont en nombre prodigieux; on y distingue trois espèces de canards, sans parler d'une foule d'oiseaux qui nous sont inconnus. Il y a aussi, dans la Louisiane, beaucoup de bœufs sauvages, qui font la principale nourriture des naturels du pays; des ours dont la chair est très-bonne, très-saine, et fournit beaucoup de graisse, qui n'est point inférieure au sain-doux des porcs, et de l'huile aussi bonne que celle d'olive. Le tigre du pays n'est haut que d'un pied et demi et long à proportion; il est rare; sa chair étant cuite ressemble à celle du veau, et est moins fade. On y voit des couleuvres, des serpens, entre autres des serpens à sonnettes.

Habitans et leurs mœurs.

Outre les illinois, la Louisiane comprend plusieurs peuples sauvages, dont les principaux sont les assiniboils, les panis, les padoucas, les cansés, les canis, les chicachas, les acansas.

Placés dans un pays où la nature s'est plu à multiplier les moyens d'existence, ces sauvages sont sans la moindre inquiétude sur leur nourriture. La chasse et la guerre remplissent tout leur tems, et ils mangent avec une égale indifférence l'homme et l'animal qu'ils prennent dans ces occasions. Ils ont des villages formés de plusieurs cabanes, et chaque peuple est divisé par tribus. C'est au plus vaillant qu'est déféré le commandement de la tribu : ces barbares ne connaissent de vertu que le courage, et c'est à l'homme qu'ils croient le plus vertueux qu'ils veulent se soumettre; plus sages, en cela, que nous, qui nous croyons au-dessus d'eux. Les femmes ne sont pour eux qu'une espèce d'animaux dont ils ont besoin, et qu'ils peuvent s'associer, mais ils les méprisent et les condamnent à leur servir d'esclaves. En général, leurs mœurs sont celles des sauvages dont nous avons déjà parlé. C'est un mélange de générosité et de férocité qui étonne toujours le philosophe. Ils font le mal, sans doute; mais ce qu'on doit dire en leur honneur, c'est que, ce qu'ils croient bien, ils mettent leur gloire à le faire.

Habillement.

C'est ici l'homme naturel; il ne connaît aucun voile et ne rougit point des dons de la nature; s'il porte une ceinture ou un chapeau de plumes, c'est pour se parer, il ne s'habille point.

N.º 20. Les grandes Antilles.

Situation.

LES îles Antilles furent découvertes par Christophe Colomb en 1492 et 1495. On leur donna le nom d'Antilles, parce qu'on les rencontre avant d'aborder à la Terre-Ferme, que les espagols découvrirent ensuite : il y en a un fort grand nombre; et elles se divisent en grandes et petites Antilles.

Les grandes Antilles sont situées à l'entrée du golfe du Mexique, au sud de l'Amérique septentrionale, et au nord de la méridionale. On en compte quatre, *Cuba*, *la Jamaïque*, *Saint-Domingue* et *Porto-Rico*.

Cuba.

L'ILE de Cuba qui appartient aux espagnols, est pleine de montagnes et peu fertile. On y trouve beaucoup de perroquets, de perdrix et de tourterelles, quelques mines d'or et une de cuivre. Les espagnols, qui n'ont marqué leurs conquêtes que par le sang, en ont détruit les habitans, et ont été apprendre aux africains, à vendre leur propre sang pour repeupler d'esclaves le Nouveau-Monde. La *Havane* en est la capitale; c'est où abordent les flotes espagnoles qui s'en retournent de l'Amérique en Espagne, et qui viennent s'y réunir. Son port est très-grand, fort sûr, et peut contenir mille vaisseaux; mais son entrée est si étroite qu'il n'y peut passer qu'un seul bâtiment à-la-fois. *San-Iago* est une autre ville avec un bon port et une citadelle.

La Jamaïque.

La Jamaïque qui est plus au midi appartient aux anglais. Le terroir en est fertile, et elle produit des cannes à sucre, de l'indigo, du tabac, du cacao et du coton très-fin. Le bétail y est fort commun; on y trouve quantité de tortues dont les écailles sont très-belles. Il y a, dans les montagnes, un arbre qui mérite d'être remarqué. Il est d'une médiocre grandeur, les habitans l'appellent *lagetto*. Ses feuilles ressemblent à celles du laurier, l'écorce extérieure est à-peu-près comme celle des autres arbres; mais l'écorce intérieure, qui paraît d'abord blanche et assez solide, est composé de douze ou quatorze couches que l'on sépare aisément en autant de pièces d'étoffe ou de toile. La première forme un drap assez épais pour les habits : les autres ressemblent à de la toile et on en fait des chemises. Ces couches, dans les petites branches sont autant de dentelles très-fines. Toutes ces toiles sont assez fortes pour être blanchies et lavées comme les toiles ordinaires.

Les espagnols ont possédé cette île pendant cent soixante ans; mais les anglais les en ont chassé en 1655, et s'y sont maintenus depuis.

Spanishtown, appelée auparavant Sau-Iago de la Vela, en est la capitale.

Saint-Domingue.

L'ILE de Saint-Domingue fut découverte en 1492, par Christophe Colomb, qui l'appela *Hispaniola*, la petite Espagne. La ville de Saint-Domingue y a été bâtie quelque tems après, elle en a pris le nom qu'elle porte maintenant.

Elle

Elle était extrêmement peuplée par une nation sauvage qui la nommait *Haïti*. C'était un peuple presque nud, lâche et mou, que l'abondance même de la nature entretenait dans sa pauvreté. Sans souci, sans soins, vivant, par paresse, avec sobriété, ils dansaient une partie du jour et employaient l'autre à dormir. Ce n'était point un peuple innocent cependant, sa débauche était extrême; les premiers européens qui abordèrent chez eux, en sentirent les funestes effets. C'est-là que les castillans puisèrent ce mal dévastateur qui s'est répandu avec une rapidité effrayante sur notre hémisphère, empoisonna la source même de la vie, et rendit horribles les plus douces jouissances de l'humanité. Les espagnols, alors de vrais brigands, enchaînèrent ces malheureux au fond des tombeaux qu'ils creusèrent dans cette terre nouvelle, pour en arracher l'or dont ils étaient si avides. Ces peuples ne purent supporter ni le travail ni l'esclavage, en moins de dix-sept ans, il en périt plus de trois millions; aujourd'hui cette nation est éteinte. Les récits de ces évènemens font horreur.

La situation de Saint-Domingue devrait faire croire que les chaleurs y sont insupportables; mais l'air y est rafraîchi par les vents qui y règnent, il n'en est pas moins mal-sain. Cette île est fertile en maïs, en fruits, en sucre, en cochenille, en coton. Tous les animaux et toutes les plantes qu'on y a transporté d'Europe y ont bien réussi et ont fort multiplié.

Les espagnols possèdent la partie orientale de cette île, et les français celle qui est à l'occident. Elle est sujette, comme toutes les Antilles, aux ouragans; mais les tremblemens de terre y étaient si peu fréquens, en comparaison des autres îles, qu'autrefois elle s'appelait l'*île Fortunée*. Saint-Domingue est la capitale de ce qui appartient aux espagnols.

La partie de l'île qui appartient aux français est divisée en deux quartiers, celui du Nord et celui du Sud. Les lieux principaux du quartier du Nord sont le *Cap-Français*, ou simplement le *Cap*; le *Port-Paix*, au sud-ouest du Cap; et dans le quartier du Sud, *Léogane*, ville située dans une belle plaine.

Ce sont les flibustiers et les aventuriers qui, au siècle dernier, désolaient les côtes de l'Amérique, et gênaient beaucoup le commerce espagnol et anglais, qui ont commencé les établissemens français au Cap pour s'en faire une retraite.

Porto - Rico.

CETTE île appartient aux espagnols. Ses productions sont les mêmes qu'à Saint-Domingue. La richesse de ses mines lui a fait donner son nom. Elle était aussi peuplée, la main féroce de l'espagnol a également tranché la vie de ses habitans. Plus de six cent mille périrent. Quels vastes tombeaux! quelle leçon pour les peuple, si les peuples savaient profiter de l'expérience des tems passés!

Nous n'entrerons point dans les détails des malheurs arrivés à nos colonies

I

dans ces parages : c'est encore une leçon de plus dont les hommes ne sauront pas mieux profiter. Il s'agissait de rendre la liberté à des hommes que nous n'avions pas en le droit d'asservir : l'avarice y vit un crime. Sans doute le bien est plus difficile à faire que le mal ; il n'a fallu que quelques années pour mettre toute l'Amérique en deuil, je doute qu'avec des siècles on puisse rendre une seule contrée heureuse.

Habillement.

Parmi ces nations diverses, transplantées d'une autre terre dans celle-ci, il serait difficile de choisir. Nous nous sommes arrêtés à la race esclave, parce qu'elle est plus nombreuse, et parce que, quelquefois, le fils du malheureux qui a arrosé, sous la verge, cette terre des ses sueurs, devient égal à son maître, et reste volontiers dans cette patrie nouvelle; tandis que l'européen ne s'empresse d'acquérir de l'or que pour retourner dans les lieux qui l'ont vu naître. C'est, en général, le costume des nègres, aux îles, que nous avons choisi, la petite veste légère, conforme au climat, le bonnet d'indienne sur la tête et le chapeau à la main ; c'est l'habillement de cérémonie. Celui que nous présentons est celui de l'esclave, qui, après son pénible travail, va se réjouir auprès de sa maîtresse, et exécute, à ses côtés, les danses de la Guinée, sans plus songer à ses peines. Celui de la femme est d'une négresse dans sa parure: un casaquin orné de petits *falbalas*, un ample jupon rayé, et, sur la tête, un beau mouchoir des Indes.

N.º 2 1. *Petites Antilles.*

Situation.

CES îles s'appellent aussi *Caraïbes* ou *Cannibales*, du nom des peuples qui les ont habitées autrefois. L'air y est chaud et mal-sain. On n'y compte que trois saisons, si ce n'est qu'on nomme hiver la saison des pluies. C'est dans ces îles que l'on trouve un petit oiseau de la grosseur d'un hanneton, que l'on nomme *colibri*. Sa beauté est parfaite. Il a sur le cou un rouge si vif, qu'on le prendrait pour un rubis; le ventre et le dessus des ailes sont jaunes comme l'or; les cuisses aussi vertes qu'une émeraude; les pieds et le bec noirs et polis comme de l'ébène; ses yeux ressemblent à deux diamans et sont de couleur d'acier bruni; sa tête est verte avec un mélange d'or surprenant : celle des mâles est ornée d'une petite huppe. Les dames du pays portent cet oiseau à leurs oreilles, comme un pendant. Il ne se nourrit que du suc des fleurs dans le calice desquelles il se plonge tout entier: c'est l'instant favorable pour le prendre. Son nid est grand comme une coque de noix, et ses œufs gros comme des grains de chennevi.

On distingue les petites Antilles en îles du Vent et sous le Vent.

Iles du Vent.

ELLES sont possédées par plusieurs nations. La *Martinique* est la principale des nôtres. Elle est fertile en indigo, en tabac, en cannes à sucre et en manioc, dont on fait la cassave (1). La *Guadeloupe* fut habitée par les français en 1635. Elle est partagée en deux par une rivière qui communique à la mer par ses deux extrémités, et qui, pour cette raison, est appelée rivière Salée. La plus grande partie, qui est à l'orient de l'autre, s'appelle la Grande-Terre, et l'autre partie la Guadeloupe. On trouve *Saint-Barthélemi* au nord-ouest de la Guadeloupe; la *Marie-Galante*, au nord de la Martinique; les *Saintes*, à l'occident de cette dernière; *Sainte-Lucie*, au midi de la Martinique; les *Vierges*, la *Barboude*, *Antigoa*, *Saint-Christophe*, ainsi nommée par Colomb, la *Dominique*, la *Barbade*, *Saint-Vincent*, toutes appartenantes aux anglais; et aux danois, les îles *Saint-Thomas*, *Sainte-Croix* et *Saint-Jean*; aux hollandais, les îles de *Saba*, *Saint-Eustache* et une partie de l'île *Saint-Martin*.

Les caraïbes, ou cannibales, qui sont les anciens possesseurs des Antilles; habitent seuls aujourd'hui l'île de *Beke* ou *Bekia*. Ces peuples vivent à la manière de presque tous les sauvages d'Amérique. La guerre est leur élément, et leur plaisir de dévorer leurs ennemis. Ils applatissent le nez des enfans à leur naissance. Ils se frottent le corps d'huile et de roucou, et se parent avec des plumes. Plusieurs d'entre eux se louent aux colons pour partager les travaux des nègres.

Iles sous le Vent.

Bonair, *Oruba*, *Curaçao* ou *Curaçou*, vers le cap de la Vela et les côtes de l'Amérique méridionale, appartiennent aux hollandais.

Près de la Terre-Ferme, les espagnols possèdent la *Marguerite*, ainsi nommée, à cause de la quantité de perles que l'on pêche sur ses côtes; et la *Trinité*, qui est vers l'embouchure du fleuve Orénoque: *Saint-Joseph* est sa capitale.

Habillement.

Il n'est pas besoin d'observer que le costume de chaque colonie est celui de la nation à qui elle appartient: aussi ne représentons-nous que celui des sauvages qui ont des rapports avec les européens. Le corps encore à moitié

---

(1) Le manioc est une racine que l'on rape et dont la farine, pressée et séchée, fait du pain. Si on n'en exprimait pas la liqueur, ce serait un poison très-funeste.

nud , un indien jette sur ses épaules, à la manière espagnole, une couverture de laine qu'il a troquée pour quelques marchandises de son pays. Sa femme a un jupon court, un mouchoir entoure sa tête, et sa ceinture ne lui sert qu'à porter son enfant sur son dos : ses jambes, ses bras, ses épaules et son sein sont nuds.

N.º 22. Amazones.

Situation.

LE fleuve des Amazones est le plus grand de la terre, et la rapidité de ses eaux est si forte, que, jusqu'au moment où l'illustre la Condamine, porté par l'amour seul du bien public, apprit, par son exemple, à vaincre les obstacles qu'il présente, on regardait cette navigation comme une témérité.

Dès l'année 1499, Yanez Pinçon, le premier castillan qui passa la ligne, découvrit l'immense embouchure de cette rivière, qu'il nomma *Maragnon*. Lors de cette découverte, un espagnol, pour confirmer le droit de son souverain, écrivit son nom sur un arbre d'une si prodigieuse grosseur, que seize hommes, se tenant par la main, ne pouvaient l'embrasser. L'embouchure du Maragnon a quatre-vingts lieues de large.

En 1538, François Orellana, après avoir eu la lâcheté d'abandonner Gonzale Pizarre, son commandant, qui lui avait confié un brigantin pour aller chercher des vivres, descendit le Maragnon jusqu'à son embouchure, et retourna en Espagne vanter son courage et ses découvertes. Des peuples belliqueux, dont il devint l'ami, après les avoir vaincus, lui apprirent qu'au-delà de leur province il y avait un pays qui n'était habité que par des femmes guerrières. Cette assertion, qu'il ne prit pas même la peine d'approfondir, lui fit donner, aux terres qu'il avait traversées, le nom de pays des Amazones, qui servit, bientôt après, à désigner le fleuve du Maragnon. Telle fut l'origine de l'opinion que l'on eut en Europe qu'il y avait en Amérique un pays habité par des femmes guerrières, qui se gouvernaient et se défendaient elles-mêmes sans le secours des hommes. Ce pays est encore à trouver. Jusqu'à présent l'on n'a rencontré, sur les bords de l'Amazone, que des peuples plus ou moins sauvages, qui se gouvernent par des caciques, comme tous les autres peuples de cette partie de l'Amérique. Quoi qu'il en soit de la vérité ou de la fausseté de l'histoire des amazones, nous en rapporterons ce qu'on en sait. Le père d'Acugna, fameux voyageur portugais, qui descendit le Maragnon en 1639, paraît s'être le plus occupé de cette chimère.

« Je ne m'arrêterai point, dit-il, aux perquisitions sérieuses que la cour de

» Quito en a faites. Plusieurs, natifs des lieux mêmes, ont attesté qu'une des
» provinces voisines du fleuve était peuplée de femmes belliqueuses, qui
» vivent et se gouvernent seules, sans hommes; qu'en certains tems de l'année
» elles en reçoivent pour devenir enceintes, et que le reste du tems elles
» restent dans leurs bourgs, où elles ne songent qu'à cultiver la terre et à se
» procurer, par le travail de leurs bras, tout ce qui est nécessaire à l'entretien
» de la vie. Je ne m'arrêterai pas, non plus, à d'autres informations qui ont
» été prises dans le nouveau royaume de Grenade, au siége royal de Pasto,
» où l'on reçut le témoignage de quelques indiens, particulièrement celui
» d'une indienne qui avait été dans le pays de ces vaillantes femmes, et qui
» ne dit rien que de conforme à ce qu'on savait déjà par les relations précé-
» dentes. Mais je ne puis taire ce que j'ai entendu de mes oreilles et que je
» voulus vérifier aussi-tôt que je me fus embarqué sur le fleuve. On me dit,
» dans toutes les habitations où je passai, qu'il y avait, dans le pays, des
» femmes telles que je les dépeignais; et chacun en particulier m'en donnait
» des marques si constantes et si uniformes, que si la chose n'est point, il
» faut que le plus grand des mensonges passe, dans tout le Nouveau-Monde,
» pour la plus constante de toutes les vérités historiques.

» Cependant nous eûmes de plus grandes lumières sur la province que
» ces femmes habitent, sur les chemins qui y conduisent, sur les indiens
» qui communiquent avec elles, et sur ceux qui leur servent à peupler dans
» le dernier village qui est la frontière entre elles et les topinamboux.

» Trente-six lieues au-dessus de ce dernier village, en descendant le
» fleuve, on rencontre, du côté du nord, une rivière qui vient de la pro-
» vince même des Amazones, et qui est connu, par les indiens du pays,
» sous le nom de Cunuris. Elle prend ce nom d'un peuple voisin de son
» embouchure. Au-dessus, c'est-à-dire en remontant cette rivière, on
» trouve d'autres indiens, nommés apotos, qui parlent la langue générale
» du Brésil. Plus haut sont les tagaris; ceux qui les suivent sont les
» guacares, l'heureux peuple qui jouit de la faveur des amazones. Elles
» ont leurs habitations sur des montagnes d'une hauteur prodigieuse,
» entre lesquelles on en distingue une, nommée Yacamiaba, qui s'élève
» extraordinairement au-dessus des autres, et si battue des vents qu'elle
» en est stérile. Ces femmes s'y maintiennent sans le secours des hommes.
» Lorsque leurs voisins viennent les visiter, au tems qu'elles ont fixé,
» elles les reçoivent l'arc et la flèche à la main, dans la crainte de quelque
» surprise; mais elles ne les ont pas plutôt reconnu, qu'elles se rendent
» en foule à leurs canots, où chacune saisit le premier hamac qu'elle y
» trouve et le va suspendre dans sa demeure, pour y recevoir celui à qui
» le hamac appartient. Après un mois de familiarité, ces nouveaux hôtes
» retournent chez eux. Tous les ans ils ne manquent point de faire ce
» voyage dans la même saison. Les filles qui en naissent sont nourries
» par leurs mères, instruites au travail et au maniement des armes. On
» ignore ce qu'elles font des mâles; mais j'ai su d'un indien qui s'était
» trouvé à cette entrevue, que l'année suivante elles donnent aux pères
» les enfans mâles qu'elles ont mis au monde. Cependant la plupart croient

» qu'elles tuent les mâles au moment de leur naissance, et c'est ce que je
» ne puis décider sur le témoignage d'un seul indien. »

Ne voilà-t-il pas un voyageur qui paraît avoir pris tous les renseigne-
mens possibles? ne paraît-il pas même persuadé? La Condamine a fait la
même route, d'autres l'ont faite; le pays des héroïnes n'est encore pour
nous qu'un *oui-dire*. Les historiens qui ont la liberté de faire des contes,
comme les voyageurs, nous font aussi l'histoire des anciennes amazones
du Pont-Euxin, qui paraît encore plus romanesque que celle des guerrières
des bords du Maragnon. On a aussi parlé de quelques autres femmes réunies
de cette manière dans d'autres parties du monde; et ce qu'on en a dit
n'a pas été mieux appuyé de preuves.

Habillement.

Le costume des amazones américaines ressemble, dit le père d'Acugna
qui veut absolument qu'il y ait des amazones, à celui des autres indiens
des contrées voisines; leur manteau de peau flotte sur leurs épaules; un
justaucorps en pelleterie et une jupe courte imitent imparfaitement la
cuirasse et la cote-d'armes à la grecque : elles portent des sandales, un
casque et des flèches à la mexicaine. Désarmées, elles se parent également avec des plumes.

N.º 23. Le Nouveau-Mexique.

Situation.

LE Nouveau-Mexique proprement dit, s'étend entre le 30e degré de
latitude septentrionale et le 46e; entre le 85e et le 90e degré de longitude
occidentale.

La rivière *del Norte*, ou du Nord, le traverse dans son milieu, du
nord au midi, dans le cours de plus de deux cent cinquante lieues : il fut
découvert par Antonio d'Épéjo.

L'air y est doux et sain. Le terroir, quoique fort montagneux, abonde
en pâturages, et produit du maïs, des melons et différentes sortes de légumes.
Il s'y trouve quelques mines d'or et d'argent, aussi bien que des turquoises,
des émeraudes, des perles et du crystal. On y voit divers animaux sauvages et domestiques, des ours, des chèvres sauvages, des cerfs, des
sangliers, des lions et des tigres, des chevaux, des vaches, et une espèce
de brebis de la grandeur d'un cheval, qui a la queue fort courte et des
cornes très-longues. Les espagnols ont bâti, au nord, une petite ville qu'ils
ont nommée *Santa-Fé*.

Habitans et leurs mœurs.

Parmi les peuples naturels qui habitent le Nouveau-Mexique, un des plus étendus et des plus nombreux est le peuple des *Apaches* partagés en quatre tribus, établis des deux côtés du fleuve del Norte. Ils campent sous des tentes et aiment la guerre. Ils adorent le soleil et la lune, et parlent un langage particulier. Ils prennent autant de femmes qu'ils le désirent. Quelque soit le nombre qu'ils en prennent cependant, elles n'en doivent pas moins la fidélité à leurs maris. Celle qui y a manqué est conduite devant le cacique qui est capitaine et magistrat; il la condamne, suivant la loi, à avoir le nez et les oreilles coupés.

Il y a plusieurs autres peuples encore, dont les mœurs sont différentes et qui adorent des idoles. En général, ils sont maigres, d'une taille médiocre et ont le teint plombé. Quelques-uns sont assez sages pour être parvenu à l'idée d'un être souverain et créateur de l'Univers. Tous vivent de la chasse; quelques-uns y mêlent la culture de la terre. Ce n'est dans chaque bourgade qu'au plus brave qu'est déféré le commandement. Il semble que ce soit un instinct commun à tous ces peuples que nous nommons sauvages. Il n'y a que nous, qui osons nous dire policés et instruits, qui avons la docilité d'obéir assez souvent aux hommes les plus lâches et les plus malhonnêtes.

Habillement.

Les plumes et les fourrures sont ici la ressource : on en fait des manteaux tout entiers ; mais les jambes et les cuisses sont volontiers nues. Les femmes se couvrent seulement le milieu du corps d'une petite peau : elles aiment à se parer de colliers, de perles ou de coquilles.

N.º 24. Quito.

Situation.

L'AUDIENCE de Quito est bornée au nord par celle du nouveau royaume de Grenade ; au levant, par le Brésil; au midi, par la vice-royauté et l'audience de Lima ; et, au couchant, par la mer du Sud. Elle s'étend depuis le 4ᵉ degré de latitude septentrionale, jusqu'au 6ᵉ degré de latitude méridionale, et depuis le 297ᵉ degré de longitude, jusqu'au 330ᵉ.

On partage cette audience en six provinces ou gouvernemens, qui sont, la province de *Quito*, située dans son milieu; celle de *Popayan*, au nord; le gouvernement d'*Atacames*, au couchant; ceux de *Quixos* et de *Mainas*, au levant; et celui de *Jaën de Bracamoros*, au midi.

Les deux chaînes des Andes et des Cordillères qui environnent la province de Quito proprement dite, y rendent l'air plus ou moins froid, et le terroir plus ou moins fertile, à proportion qu'elles sont plus ou moins élevées. Il y a des endroits où le froid, causé par la neige continuelle qui les couvre, est si aigu qu'elles sont inhabitables, et qu'on n'y voit ni plantes ni animaux. Cependant, en général, il n'y a pas de province dans l'Amérique plus fertile, et mieux peuplée d'indiens et d'espagnols ; c'est la plus abondante en troupeaux, tant de vaches que de brebis, et en oiseaux de toutes les espèces.

Habitans et leurs mœurs.

Les indiens de Quito ont la peau brune et d'une couleur assez semblable à celle du cuivre. Aucun peuple n'est plus indifférent. Les maux, les peines de la vie passent, et ils les oublient. L'amour, la bonne chère les tentent peu ; ils ne se plaisent qu'à boire. La cruche au *chica* est tout ce qui occupe leur pensée, c'est leur consolation dans le malheur. Quand quelqu'un meurt, ils pleurent, boivent et font l'éloge du mort en s'enivrant. Avant le mariage les deux époux vivent quelques mois ensemble pour s'essayer ; s'ils ne se conviennent point, ils se quittent, et cela ne leur fait aucun tort ni à l'un ni à l'autre. Mariés, même, ils peuvent encore se quitter. Ceux qui sont auprès des espagnols sont chrétiens, les plus éloignés suivent l'ancienne religion du Pérou.

Ils logent dans des cabanes faites assez légèrement. Ils sont très-attachés à leurs animaux domestiques, et mourraient plutôt de faim que de manger la poule élevée sous leurs toits. Leurs chiens sont d'une fidélité à toute épreuve. En voici un exemple : Les chiens élevés par les espagnols ou par les métifs ont une haine si furieuse contre les indiens, que si quelqu'un de cette nation entre dans une maison où il ne soit pas particulièrement connu, ils s'élancent dessus et le déchirent, à moins qu'il n'y ait quelqu'un pour les contenir (1). D'un autre côté, les chiens élevés par les indiens, ont la même haine contre les espagnols et les métifs, qu'ils sentent d'aussi loin que les indiens eux-mêmes sont apperçus par l'odorat de ceux élevés par les espagnols.

Habillement.

Les peuplades, encore sauvages, s'habillent avec une espèce de petit jupon qui les couvrent depuis les reins jusqu'à moitié-cuisses, et se parent de plumes.

---

(1) Si les indiens ont de ces animaux pour vengeurs aujourd'hui, ils ont imité les espagnols, qui, trop faibles encore pour exercer toute la rage qu'ils avaient dans le cœur, associèrent des animaux à leurs cruautés. Un de ces chiens qu'ils exerçaient à s'élancer sur les malheureux indiens, s'est trop distingué pour n'en pas dire un mot, il se nommait BÉRÉSILLO ; l'histoire a pris soin de conserver son nom pour la honte de ses maitres. Ce chien était l'effroi des américains. Dans le combat, il se jetait à la gorge des hommes, et ne quittait jamais celui qu'il avait atteint qu'après sa mort. Satisfaits de ses services, les espagnols lui assignèrent la paye de carabinier. Cet animal périt sur le champ de bataille.

Les

RIQUE.

(Elle s'étend depui[s] [d]egré de latitude septentrionale , jusqu'au 53ᵉ

DANS L INENT.	POSITION.	SITUATION.
...aria.	de l'Est à l'Ouest	De l'Équateur au 12ᵉ degré de latir. septentrionale, et du même point au 5ᵉ degré de latitude méridionale ; longitude, entre les 34 et 68 à l'occident.
[N]ouveau royaume de Grenade.		
[P]opayan.		
...orto.		Du 1ᵉ degré de latitude australe, 25ᵐ sur les côtes de la mer du Sud.
[L]os-Quixos.	du Nord au Sud.	
[M]acamores.		
[Q]uito.		
Pérou.		
LE MEXIQUE l'[L]os-Charcas.		
ou Sierra.		Sa source au 11 degré de latitude australe, son cours a mille lieues, son embouchure en a soixante-quinze de large, long. 320 d. 30ᵐ latitude 30ᵐ
NOUVELLE-ESPAGNE. [mul]titude de petits peuples sur les deux rives du fleuve des Amazones.		
... de peuples, tant sur les côtes que dans les terres.		Du 1ᵉ au 21 degré 48' de latitude septent. au 34 d. 50' méridionale.
	du Nord au Sud sur la côte de la mer.	Longitude 306 degré 50' latitude méridionale 33 d. 40'
[l]'...	à l'Est du Chili impérial.	
[L]o...	de l'Est à l'Ouest le long des bords de Rio de la Plata.	
[M]yra.		Du 30ᵉ degré de latitude méridionale vers le 28 et du 33 deg. de latitude occident. au 49.
[Pa]raguay proprement dit.		
LE NOUVEAU-MEXI[QUE] [T]aco ou Chaco.	de l'Ouest à l'Est le long des bords de Rio de la Plata.	
l'Est qu'à l'Oues[t] [T]ucuman.		
LA FLORIDE. [Ri]o de la Plata.		Du 50 au 60 degré de longitude occidentale, du 45 au 51 deg de latitude méridionale.
[U]raguay.		
[les P]atagons, les Pulches, et autres peuples peu connus.		

LA MER.

LE CANADA.		Du 46 degré 25' de lat. septentrionale au 51 deg. 20', du 26 deg. au 41 de longitude.
l'Ile de Cuba.		
la Jamaïque.		
l'Ile Espagnole ou l'Hispaniola.		
l'Ile de Porto-Rico.		Entre les 11ᵉ et 18 degré 47ᵉ de lar. septentrionale, et entre le 15 et 96 degré de longitude occidentale.
les Iles Caraïbes. { les Barbades		
{ la Guadeloupe.		
{ la Martinique.		
les Lucayes.		
AMÉRIQUE les Iles sous le Vent. { la Trinité.		
MÉRIDIONALE. TERRE-FERME. { Curaçao.		
les Bermudes.		
la Terre-de-Feu, etc.		Entre les 11 et 56ᵉ d. de latitude méridionale, et entre les 11 et 50 d. de long. occidentale.

AMÉRIQUE SEPTENTRIONALE.

DIVISION GÉNÉRALE DE L'AMÉRIQUE.

(Elle s'étend depuis le 252ᵉ degré de longitude au cap Blanc, jusqu'au 342ᵉ degré 1/2 ; et depuis le 80ᵉ degré de latitude septentrionale, jusqu'au 53ᵉ degré de latitude méridionale.)

DANS LE CONTINENT.

DANS LE CONTINENT.			POSITION.	SITUATION.
	l'Audience de Guadalajara,	les provinces de	Cinaloa.	
			Nouvelle-Biscaye.	du Nord au Midi dans le
			Zacatecas.	milieu des terres.
			Guadalajaria.	
			Chiametlan.	du Nord au Midi sur les
			Xalisco.	côtes de la mer.
LE MEXIQUE ou NOUVELLE-ESPAGNE.	l'Audience de Mexique,	les provinces de	Panuco.	
			Mexique.	sur le golfe du Mexique
			Méchoachan.	du Nord-Ouest au Sud-
			Los-Angeles.	Ouest.
			Acapuerca.	
			Tolasco.	
			Jucatan.	
	l'Audience de Guatimala,	les provinces de	Soco-Nusco.	
			Guatimala.	du Nord-Ouest au Sud-Est
			Nicaragua.	sur la mer du Sud.
			Costa-Riga.	
			Veragua.	du Sud-Est au Nord-Ouest
			Honduras.	sur le golfe du Mexique.
			Vera-Paz.	
			Chiapa.	
LE NOUVEAU-MEXIQUE, ou la NOUVELLE-GRENADE, qui contient plusieurs petits peuples et provinces, tant à l'Est qu'à l'Ouest de la rivière del Norte.				
LA FLORIDE.	la Louisiane.			
	la Floride espagnole.			
	la Nouvelle-Géorgie, à quoi il faut ajouter une partie de la Caroline.			
LE CANADA.	Septentrional.	le Canada proprement dit.		
		la Nouvelle-Bretagne.	du Nord au Sud.	
		la Nouvelle-France.		
		la Nouvelle-Écosse.		
		la Nouvelle-Angleterre.		
		la Nouvelle-Yorck.		
	Méridional.	la Nouvelle-Jersey.		
		la Pensilvanie.	du Nord-Ouest au Sud-Est.	
		le Maryland.		
		la Virginie.		
		la Caroline.		
	Orientale.	le Caribane.	du Nord au Sud.	
		la Guyane.		
AMÉRIQUE MÉRIDIONALE. TERRE-FERME.	Occidentale.	Panama ou Terre-Ferme.		
		Carthagène.	du l'Ouest à l'Est.	
		Sainte-Marthe.		
		Rio de la Hacha.		
		Venezuela.		
		Andalousie.		

DANS LE CONTINENT.			POSITION.	SITUATION.
	TERRE-FERME.	Occidentale.	Para.	
			Nouveau royaume de Grenade.	de l'Est à l'Ouest.
			Popayan.	
	LE PÉROU.	les provinces septentrionales de.	Pasto.	
			Los-Quixos.	
			Pomasones.	du Nord au Sud.
		les provinces méridionales de.	Quito.	
AMÉRIQUE MÉRIDIONALE.			Los-Charcas.	
			la Sierra.	
	LE PAYS DES AMAZONES, habité par une multitude de petits peuples sur les deux rives du fleuve des Amazones.			
	LE BRÉSIL, habité de même par une foule de peuples, tant sur les côtes que dans les terres.			
	LE CHILI.	le Chili proprement dit.		du Nord au Sud sur la
		le Chili impérial.		côte de la mer.
		Chinguito, ou Chorotis.		à l'Est du Chili impérial.
	LE PARAGUAY.	les provinces de.	Guyra.	de l'Est à l'Ouest le long
			Paraguay proprement dit.	des bords du Rio de la
			Huto ou Chaco.	Plata.
			Tucuman.	de l'Ouest à l'Est le long
			Rio de la Plata.	des bords du Rio de la
			Paraguay.	Plata.
	LA TERRE MAGELLANIQUE, où sont les Patagons, les Pulches, et autres peuples peu connus.			

DANS LA MER.

AU NORD DE L'AMÉRIQUE.	L'ÎLE DE TERRE-NEUVE.			
AU MILIEU DE L'AMÉRIQUE.	LES ANTILLES.	les grandes Antilles.	l'Île de Cuba.	
			l'Île de la Jamaïque.	
			l'Île espagnole ou l'Hispaniola.	
			l'Île de Porto-Rico.	
		les petites Antilles.	les Barbades.	
			les Îles Caraïbes.	la Gardeloupe. la Martinique.
			les Lucayes.	
			les Îles sous le Vent.	Trinité. Curaçao.
			les Bermudes.	
AU SUD DE L'AMÉRIQUE.	LES ÎLES MAGELLANIQUES.		la Terre-de-Feu, etc.	

Les plus civilisées font un mélange bizarre du costume européen avec celui qu'il leur plaît d'imaginer. Mais, en général, quand elles sont pauvres, elles s'inquiètent peu comment elles sont vêtues. Les dames se parent à l'européenne, et multiplient les colliers.

FIN DE LA DESCRIPTION DE L'AMÉRIQUE.

TABLE des articles contenus dans la Description des principaux peuples de l'Amérique.

FIN DE LA TABLE.

A PARIS. De l'Imprimerie de SURET, rue Hyacinthe, n.º 522.

Tableau des principaux Peuples de l'Amérique

Histoire abrégée

des découvertes

des Capitaines Cook,

Wilson, la Pérouse, etc. etc.

HISTOIRE ABRÉGÉE

des découvertes

DES CAPITAINES COOK,

WILSON, LA PÉROUSE, etc. etc.

CONTENANT la description des mœurs, coutumes, usages, habillemens, fêtes, mariages, supplices, funérailles, etc. des divers peuples sauvages qui habitent les bords et les îles de la mer du Sud.

Accompagnée d'un tableau représentant les différens peuples de cette partie du monde, chacun dans le costume et l'attitude qui lui est propre ; entouré des productions du climat, etc. etc.

Et encadré d'un arabesque composé des différens attributs propres au pays.

Par JACQUES GRASSET-SAINT-SAUVEUR, ancien Vice-consul de France en Hongrie et dans le Levant.

À PARIS,

Chez l'Auteur, rue Coquéron, maison de France, derrière la Poste aux lettres.

à Bordeaux,

Chez la citoyenne SAINT-SAUVEUR, sous le péristile de la grande Comédie.

Et chez les principaux Libraires de Paris et des Départemens.

AN VI DE LA RÉPUBLIQUE FRANÇAISE.

Discours préliminaire.

CE fut presque toujours l'intérêt qui fut le mobile des plus grandes entreprises; ce fut lui qui porta les commerçans sur des mers inconnues. Bientôt un sentiment plus noble s'y mêla : les gouvernemens formèrent le désir de faire de nouvelles découvertes; ce fut alors que le Portugal se distingua. Déjà l'invention de la boussole avait ouvert de nouveaux chemins sur l'Océan; la hardiesse se sentant dès-lors un guide, se dirigea vers les extrémités du monde; et Christophe Colomb découvrit une autre terre.

L'or que les entrailles de cette terre nouvelle renfermait, changea l'objet des spéculations. Le commerce oublia son but bienfaisant, de porter, d'un climat à l'autre, les choses nécessaires aux hommes; l'avidité traversa l'Océan, et transforma les européens en brigands déterminés, qui ne surent plus distinguer rien des droits de l'humanité. Bientôt la religion, oubliant son caractère, vint irriter les fureurs des navigateurs et jeter un voile sur leurs crimes.

Mais les mines épuisées laissèrent à l'avare européen le soin de réfléchir, non sur les forfaits dont il s'était rendu coupable, mais sur les moyens de tirer, de cette terre malheureuse, de nouvelles richesses : on forma des établissemens; mais comme on ne pouvait s'accoutumer à l'équité, l'humanité ne fut pas plus respectée dans ces entreprises que dans les premières : l'Afrique se vit enlever ses habitans pour devenir esclaves dans le Nouveau-Monde; ces crimes parurent si naturels, qu'aujourd'hui encore l'Europe, presqu'entière, s'efforce de les justifier.

Peu-à-peu les hommes s'éclairèrent, et, sans que l'intérêt perdît rien de ses droits, l'humanité commença à s'appercevoir que l'on respectait les siens. La philosophie, toujours bienfaisante, s'empressa elle-même d'éclairer la hardiesse. Les gouvernemens préparèrent encore de ces expéditions qui ont reculé les bornes de l'Univers; mais ce ne fut plus ni pour ravager des pays où nous n'avions aucun droit, ni pour obéir à la voix d'un missionnaire fanatique, qui brûlait de porter le désordre dans des contrées étrangères. Un motif plus noble, et dont la vertu peut s'applaudir, dirigea ces entreprises; on voulut accroître le volume de nos connaissances, chercher de nouveaux avantages pour la société, et porter nos arts et nos lumières à ces peuples que l'ignorance avait retenu, jusques-là en quelque sorte attachés à la vie animale. De pareils desseins ne pouvaient qu'honorer le siècle qui les a vu naître, et commencer à tirer le rideau sur les scènes sanglantes qui les avaient précédés.

Il se trouva des hommes assez amis de l'humanité, pour se dévouer avec joie à ces missions sacrées, et assez intrépides pour ne redouter aucun des périls qui les attendaient et qu'ils connaissaient d'avance. Les regards attendris s'arrêtent d'abord sur Cook et la Pérouse, ces deux illustres navigateurs qui ont honoré leurs patries par leurs découvertes, et plus encore par leur conduite admirable dans des contrées où le nom d'européen avait été tant de fois justement exécré. Pourquoi la généreuse hardiesse de ces deux hommes illustres n'a-t elle pas été couronnée d'un succès plus heureux? Ils ont laissé à l'Europe les fruits de leurs travaux, et n'ont point joui de leur gloire. Leur malheur a sans doute de quoi nous attendrir; mais non pas de quoi empêcher de marcher sur leurs traces. Ils n'ont, en quelque sorte, qu'ouvert la carrière, et il reste à de nouveaux navigateurs une gloire nouvelle, et peut-être plus de bonheur.

Ce fut aux îles Sandwick que périt le capitaine Cook, après avoir surpassé dans l'étendue de ses voyages, tous ceux qui l'avaient devancé. Les insulaires le virent arriver sur leurs côtes avec une joie et un respect qui allèrent jusqu'à l'adoration.

Ils se précipitèrent dans leurs chaloupes, et montèrent sur son bord avec tant de précipitation, qu'il fut obligé de prier les chefs d'arrêter la multitude; un geste de ce chef dissipa sur le champ la foule. Les chefs et le peuple le pressèrent de se rendre à terre.

L'accueil favorable qu'il avait reçu devait lui donner de la confiance; il s'y rendit avec quelques soldats de la marine. Aussi-tôt il fut proclamé *orono, dieu,* ou *chef des prêtres.* On lui jeta une mante rouge sur les épaules, on étendit des tapis sur son chemin, on se prosterna contre terre à son passage; le peuple le conduisit au *morais,* en chantant une hymne d'un mouvement très-agréable, et le plaça au rang de ses divinités. Bientôt après on porta à son bord des présens de toute espèce, des fruits, du pain, des cochons, des chiens rôtis. Il donna en échange des clous, des sabres, des miroirs.

Ce commerce et cette union ne tardèrent pas à être troublés par le penchant des insulaires à dérober tout ce qui se trouvait à leur portée.

On se fit d'abord un jeu de l'adresse avec laquelle plusieurs d'entre eux occupait un ouropéen, tandis qu'un autre employait ce mouvement favorable pour lui dérober doucement son sabre, son pistolet ou son chapeau.

Le capitaine Cook crut à la fin devoir mettre fin à ce brigandage. On lui avait enlevé ses pistolets et une boussole. Après les avoir inutilement réclamés, il crut devoir s'assurer du roi *Dovvhihée,* qu'il soupçonnait d'avoir pris part à ce vol; il mit à terre un nombreux détachement de soldats de marine; il fit braquer les canons sur l'île.

Les naturels, peu effrayés de ces préparatifs et du bruit des canons, emmenèrent leurs femmes dans les forêts, se couvrirent de leurs nates de combat, et attaquèrent en même tems les navires et le détachement.

L'artillerie eut bientôt renversé les pirogues ; les soldats de marine poursuivirent les insulaires qu'ils avaient mis en déroute, et le capitaine Cook était sur le rivage et faisait signe aux vaisseaux de cesser leur feu, lorsqu'un des naturels, armé d'un poignard, l'en frappa et le poussa rudement dans la mer. L'équipage, qui avait les yeux sur lui, poussa un cri de douleur, et les insulaires, encouragés par la mort du capitaine Cook, pressèrent vivement les soldats de marine, qui furent obligés de regagner, avec beaucoup de perte, leurs chaloupes.

Ainsi périt ce grand homme, le plus habile navigateur de ce siècle, et avec lui se sont évanouies les plus précieuses découvertes, et l'espoir, si important pour le commerce, de trouver dans la mer du Sud un passage sous le pole.

La mort de cet illustre capitaine fut cruellement vengée par le capitaine King, son successeur ; il canonna pendant plusieurs heures la baie de Karakakohoa, et menaça de brûler tout l'archipel, si on ne lui restituait le corps du malheureux capitaine Cook.

Il fut rapporté par lambeaux et enterré avec le plus grand appareil. Les insulaires eux-mêmes lui rendirent les honneurs funèbres, comme ils le font à leurs chefs : ils placèrent son *eatooa* (son ame), dans leurs *morais*, et disputèrent aux européens l'honneur de décorer son tombeau. Ces tristes devoirs ramenèrent les deux nations l'une vers l'autre ; la paix fut faite, et il ne resta que le vif regret de la perte irréparable qu'on venait de faire.

Le triste sort de Cook est au moins connu ; mais celui de la Pérouse, qui fut peut-être plus déplorable encore, est absolument dérobé à notre connaissance ; nous ignorons sur quelle plage sont déposé les restes de cet homme aussi vertueux qu'illustre. Peut-être traîne-t-il encore sa triste destinée dans quelque terre déserte ; c'est ce que l'intérêt qu'il inspire fait encore desirer de moins malheureux pour lui.

JEAN-FRANÇOIS GALAUP DE LA PÉROUSE, chef d'escadre, naquit à Albi en 1741. Entré dès ses jeunes années dans la marine, ses premiers regards se tournèrent vers les navigateurs célèbres qui avaient illustré leur patrie, et il prit dès-lors la résolution de marcher sur leurs traces ; mais ne pouvant marcher qu'à pas lents dans cette route difficile, il se prépara, en se nourrissant d'avance de leurs travaux, à les égaler un jour. Il joignit de bonne heure l'expérience à la théorie. Il avait déjà fait dix-huit campagnes, quand le commandement de la dernière expédition lui fut confié.

Ses rares qualités le rendaient aussi propres à se concilier les hommes de tous les pays, ou à s'en faire respecter, qu'à prévoir et à vaincre les obstacles qu'il est donné à la sagesse humaine de surmonter. Réunissant à la vivacité des habitans des pays méridionaux un esprit agréable et un caractère égal ; sa douceur et son aimable gaîté le firent toujours rechercher avec empressement. D'un autre côté, mûri par une longue expérience, il joignit à une prudence rare, cette fermeté de caractère qui est le partage d'une ame forte, et qui, fortifiée encore par le genre de vie pénible des marins, le rendait capable de tenter et de conduire avec succès les plus grandes entreprises. Il était extrêmement humain, et n'exécuta qu'en versant des larmes les ordres rigoureux qui lui furent quelquefois donnés.

Le gouvernement desirant faire des découvertes qui fussent utiles aux sciences et à l'humanité, lui donna le commandement d'une expédition projettée à ce sujet, et des instructions nécessaires à sa conduite. Les deux frégates l'*Astrolabe* et la *Boussole* étaient sous ses ordres. Il partit du port de Brest dans le mois de juin 1785.

Ce fut de *Botany-Bai* que l'on reçut ses dernières lettres ; il devait être rendu à l'Ile-de-France en 1788 ; mais depuis cette époque on a perdu ses traces, et son sort est caché sous le voile le plus épais.

Sa patrie ne l'oublia point : L'Assemblée nationale, par un décret du 9 février 1791, ordonna des recherches qui furent inutiles. Le général d'Entrecasteaux fut chargé de cette expédition. Ce fut la société d'Histoire naturelle qui fit entendre le premier accent à ce sujet à la barre de l'Assemblée. Il ne restait plus à la reconnaissance de la patrie que d'honorer la mémoire de cet illustre navigateur. Pour remplir cet objet, on imprima, aux frais publics et pour le bénéfice de la veuve de ce grand homme, les journaux de ses voyages, qu'il avait eu la prudente précaution d'envoyer à mesure.

Telle fut la destinée malheureuse de ces deux marins intrépides, qui firent connaître à l'Ancien-Monde tant de peuples du Nouveau. Autant pour honorer leur mémoire, que dans la persuasion que nous ne pouvions qu'être utile, nous nous sommes plû à rassembler sous un même cadre les principaux peuples dont nous leur devons la découverte ; et notre idée ne peut sans doute que plaire à l'ami des arts et à l'admirateur des grands hommes.

Pour completter notre ouvrage nous avons également offert le tableau aussi intéressant que touchant du naufrage de Wilson dans les îles Pelew. L'imagination, après avoir erré avec répugnance sur des barbares qui n'ont d'antres connaissances que celles qui outragent la nature, se repose avec plaisir sur un peuple bienfaisant, dont l'ignorance n'est en quelque sorte que celle des vices, et devient la plus sûre garde de leurs vertus.

———◦———

DÉCOUVERTES

DÉCOUVERTES
DE COOK ET LA PÉROUSE.

N.º 1. Nootka.

Situation.

Entre le 40ᵉ degré de latitude nord, et le 230ᵉ de longitude est, il existe une petite peuplade que le capitaine Cook a nommée *Nootka*.

En cet endroit, la mer forme un petit golfe, du sein duquel s'élèvent quelques îsles qui offrent aux habitans un mouillage et un abri sûrs.

Habitans et leurs mœurs.

C'est envain que la nature s'est plu à embellir ce petit coin du globe, l'insouciant habitant est loin d'en savoir jouir : c'est envain qu'elle y a répandu ses richesses, il prend à peine le soin d'en recueillir ce que la nécessité le force d'en user. La douceur de l'air, la fertilité du sol semblent ne contribuer qu'à l'endormir plus profondément dans sa paresse. Lorsque la faim le presse, il se baisse, tire quelques racines de la terre, les nétoie à peine et les mange ainsi toutes crues. Quelquefois cependant il se fait un peu de bouillon de marsouin, et il mêle toujours un peu d'eau salée à sa boisson.

Quelquefois aussi les habitans de Nootka vont à la chasse ; il leur serait très-facile, par ce moyen, de se procurer une nourriture plus excellente, vu que la quantité du gibier et d'autres quadrupèdes y est considérable ; mais leur paresse, leur plus grande ennemie, les engourdit à telle point, que les animaux même semblent être plus avancés qu'eux en ressource et en industrie : pour ne point se donner la fatigue de poursuivre les bêtes fauves, ils se couvrent d'une peau de loup, d'ours, de daims ou de tout autre animal, se tapissent dans un coin, et attendent ainsi le moment de surprendre la bête qu'ils guêtent.

Placés sur le bord de la mer, auprès d'un petit archipel, et dans un lieu où le poisson abonde, on devrait croire que la navigation est au moins un peu plus avancée parmi eux ; on se tromperait ; leurs canots sont grossièrement fabriqués, et lorsqu'ils vont à la pêche, les femmes prennent la rame, tandis que les hommes s'étendent lâchement dans le fond du canot, et se chauffent le ventre au soleil. Il ne faudrait pas moins qu'un orage terrible, un danger pressant, pour les obliger à mettre la main à la rame.

Les demeures ressemblent nécessairement au reste. Ce sont tout simplement de longues cabanes composées de quelques planches enfoncées en terre. Il n'y a à ces cabanes, ni portes, ni fenêtres, ni cheminées ; on

B

écarte les planches pour laisser un libre passage à la fumée lorsqu'on
allume du feu, et l'on déplace également une planche pour entrer ou
pour jouir de la lumière.

Les meubles sont à l'unisson : ils sont composés de quelques bancs in-
formes et de petites nattes qui servent de lit. Tous les mois on enlève les
planches de la cabane, et on va la rétablir ailleurs ; la raison en est assez
bonne, car toute la famille sent à peine un besoin, qu'elle le satisfait sans
façon, dans la demeure, et se couche à côté sans la moindre inquiétude.
Qu'on juge si le mois n'est pas encore trop long pour ce changement.

Parmi les meubles, il faut remarquer les paniers d'osier, les nattes et
les statues : ces dernières sur-tout annoncent quelque goût : elles sont assez
correctement sculptées et peintes avec soin : on ne peut même, en les
voyant, se défendre d'un sentiment d'admiration, lorsqu'on réfléchit que
le sculpteur n'a eu d'autre ciseau qu'un caillou tranchant, et le peintre
d'autre pinceau que le bout de son doigt. Ils ont aussi une musique, et
savent tirer des accords assez mélodieux de leurs grossiers instrumens, qui
consistent en un petit sifflet et un grelot.

Au surplus, l'apathie et l'insouciance semblent absolument les bases de
leur caractère : ils songent à peine à leurs femmes, et ne font presque rien
pour leurs enfans.

Lorsque le capitaine Cook aborda sur leur côte, ils n'en parurent point
surpris, et ne firent presqu'aucune attention aux objets qui, pour la première fois, frappaient leur vue ; ils firent le tour du navire sans étonnement, ne répondirent à aucune des questions qu'on leur fit, ne témoignèrent aux européens ni haine, ni amitié, pas même de la curiosité ; le
canon lui-même ne fit aucune impression sur eux.

Il n'y a que lorsqu'il s'agit de la guerre, que ce peuple s'anime aussi-tôt
et devient tout différent de lui-même. On croirait qu'ils n'ont une ame
que pour la guerre ; mais ils ne se battent point comme chez les autres
sauvages, ils y mettent un art qui décide la victoire, moins en faveur
du nombre que de la valeur et de la discipline. Les combattans de chaque
parti forment une ligne très-étendue, et le combat s'engage d'homme à
homme, mais toujours à mort. Cependant lorsqu'on peut ménager le
vaincu, on le fait, mais ce n'est que pour augmenter la gloire du vainqueur au moment où il amène, dans l'assemblée qui se rejouit, son prisonnier, qu'on immole aussi-tôt, et que l'on dévore au milieu des hurlemens
d'une joie féroce.

Cette inclination guerrière leur inspire au moins quelque goût pour
fabriquer leurs armes, ils en varient la forme et la structure à l'infini ; elles
sont travaillées avec beaucoup de soin ; ils ont l'arc, la flèche, le casse-tête,
la hache ; ils ont sur-tout un sabre dont la poignée, la lame, tout est d'une
seule pièce, et composé d'un os de marsouin durci au soleil. Ils n'oublient pas, non plus, leur habit de guerre : cet habit consiste en un manteau
de cuir très-épais, qui couvre le dos, les épaules et la poitrine, et que les
flèches les mieux acérées ne peuvent percer. Ils portent autour des reins
une ceinture de sabots de daims, qui, en s'entrechoquant, produisent un

bruit effroyable : leur coëffure est aussi d'une peau forte, et capable de résister au sabre et à la hache.

Le teint des habitans de Nootka est d'un blanc pâle comme celui des habitans de l'Europe méridionale : leurs cheveux sont noirs et un peu laineux ; leur taille est haute et assez bien proportionnée.

Habillement.

Le costume ordinaire de Nootka consiste en un manteau de lin très-ample, garni, à l'extrémité supérieure, d'une bande de fourrure et à l'extrémité inférieure, d'une frange courte et frisée. Ce manteau est attaché sur le devant de l'épaule droite avec un cordon, et passé au-dessus du bras gauche, de manière à laisser une liberté entière au mouvement des bras. On met, par-dessus ce manteau, un autre petit vêtement rond fort court, terminé en pointe, où il se trouve un trou pour passer la tête : il s'arrête sur les épaules. Le reste de l'habillement est comme une petite jupe.

Ce costume est volontiers commun aux hommes et aux femmes. La coëffure a la forme d'un pain de sucre, et est surmonté d'une houppe de cuir. Ce bonnet est composé d'une natte soigneusement tressée.

A cet habillement, les hommes et les femmes ajoutent, pour parure, à leur nez, aux oreilles, aux cheveux, une multitude d'ornemens de toute espèce qui flottent sur leurs lèvres et sur leurs épaules.

N.º 2. Nouvelle-Zélande.

Découverte, situation, productions.

Cook ne découvrit point le premier la Nouvelle-Zélande; ce fut Tasman, que les hollandais avaient envoyé pour reconnaître les bornes de la mer du Sud. Ce capitaine crut d'abord avoir fait la découverte d'un nouveau continent, et n'ayant pu aborder, parce que les habitans le chassèrent, il revint en Europe, annoncer un nouveau monde, et on lui donna le nom de Nouvelle-Zélande ou Terre-des-Etats.

Cook, plus entreprenant, ne voulut point s'en tenir à avoir reconnu, comme le capitaine hollandais, les côtes de cette nouvelle terre, il y débarqua. Alors seulement on sut que ce prétendu continent n'était que deux îles séparées par un détroit de cinq lieues. Celle de ces îles qui s'avance le plus vers le sud a paru, aux voyageurs, inhabitée et inhabitable. L'autre située vers le 48e dégré de latitude sud et le 181e de longitude ouest, présente l'aspect le plus agréable; les montagnes y sont très élevées, mais couvertes de bois touffus; les vallées y forment des gorges étroites, mais arrosées par de nombreux ruisseaux d'eau douce; le sol y est léger, cependant fertile; si l'on y trouve peu de fruits, c'est moins l'effet du sol même, que de la paresse des habitans.

On y trouve d'ailleurs une partie des plantes et des arbres qui croissent dans les autres îles de l'Amérique : les ignames, les citrouilles, les cocos, les patates y sont très-communs, mais parce qu'ils y viennent sans culture. Il n'y a qu'une plante que les naturels cultivent, et qu'ils cultivent avec grand soin, c'est une espèce de chanvre avec lequel ils fabriquent leurs vêtemens. On rencontre peu de quadrupèdes : on n'y voit guères que des chiens domestiques et des rats. Le sable de la côte est ferrugineux, et annonce des mines de fer considérables.

La mer est pleine de poissons de toute sorte et d'un goût fort agréable ; on trouve même dans les ruisseaux qui coulent entre les collines, et dans le détroit qui sépare les deux îles quelques poissons d'eau douce. Les canards, les cormorans, les chouettes, les pintades, les cailles, les faucons sont très-communs dans ces îles ; mais on remarque sur-tout un petit oiseau, dont le chant est aussi doux et aussi flatteur que celui du rossignol. C'est au matin, deux heures après minuit, dans le calme des ténèbres qui s'achèvent, qu'il commence son ramage enchanteur.

Habitans et leurs mœurs.

Les habitans de la Nouvelle-Zélande ont en général la taille plus haute et mieux proportionnée que la plupart des européens ; leur peau, naturellement blanche, est brunie par le soleil ; ils ont tous les cheveux et la barbe d'un noir foncé, auquel une onction fréquente d'huile donne un éclat dégoûtant.

Ils sont forts, nerveux et se soucient à peine de se mettre à l'abri des injures de l'air : quelques-uns même n'ont d'autres habitations que les antres des forêts, et supportent sans peine la pluie, les vents, la grêle et le soleil.

Le plus grand nombre cependant se construit des cabanes, mais avec une négligence qui les laisse presque dehors. Des perches réunies par le haut et surmontées d'une longue poutre en forment la charpente ; des feuilles sèches, du foin, des herbes réunies sans art, couvrent le toît et les côtés ; dans la partie la plus élevée de ces maisons, les insulaires pratiquent deux trous de trois pieds de haut chacun ; l'un sert de foyer, l'autre de porte.

Les arts de première nécessité y sont encore à naître : le malheureux sauvage, pour se fabriquer un canot et des armes, n'a qu'un caillou tranchant qui lui sert de hache, de couteau, de tarière : cet instrument universel est ordinairement un éclat de jaspe. Un caillou noir affilé leur sert de hache. Leurs lances, qui ont quelquefois quatorze pieds de long, sont armées d'un os de poisson ou d'homme ; le *patow-patow*, espèce de massue tranchante, est leur arme principale.

C'est avec de pareils instrumens cependant que ces sauvages parviennent à se fabriquer ces belles pirogues dont le premier aspect a étonné les européens eux-mêmes. Ces barques, larges de dix pieds, en ont quelquefois quatre-vingt de longueur ; la poupe et la proue des pirogues, sculptées avec soin, représentent une tête d'homme ou de veau marin et sont ornées de longues guirlandes de plumes, flottantes au gré des vents ; une petite voile est au milieu, et soulage, dans leurs manœuvres, les rameurs qui frappent tous ensemble la mer avec une précision parfaite.

Les zélandais, généralement, ont de bonnes qualités : ils ont le plus grand soin de leurs enfans et n'abandonnent point leurs parens accablés de vieillesse. Ils ont même une pudeur que l'on connaît assez peu chez des peuples aussi peu policés. Ce fut avec la plus grande peine que le capitaine Cook détermina un zélandais à ôter son vêtement devant lui. Les femmes sont très-retenues, et ce fut envain qu'on leur fit les plus belles promesses, elles dirent qu'elles dépendaient de leurs parens, et ceux-ci exigèrent que les officiers de Cook vinssent les épouser à terre. Ils sont sur-tout très-fidèles à leur parole. Le capitaine Cook leur parut d'abord un ennemi; mais ensuite, revenus ou plutôt intimidés par le bruit du canon, ils lui jurèrent amitié, et tinrent leurs sermens.

Il sont divisés par familles et vivent dans la plus grande indépendance; quelques tribus cependant ont des rois ou chefs qu'ils nomment *teratu*.

Ils aiment la guerre : il semble que ce cruel instinct soit inné dans l'homme, on le retrouve par-tout; mais les zélandais rendent ce fléau encore plus horrible que toutes les autres nations. A peine le premier cri de guerre a-t-il retenti, qu'une joie féroce s'élève de tout côté; chacun prend ses armes, hommes, femmes, enfans, tout le monde chante, ou plutôt hurle la chanson de guerre, dans laquelle on se réjouit, non de la victoire qu'on se promet, mais du plaisir que l'on aura à dévorer les corps sanglans des ennemis; c'est, suivant eux, un intermédiaire qu'ils mettront entre leurs autres mets; ils se délasseront de la chair des animaux par celle des hommes. Après cet horrible chant guerrier, ils volent à la rencontre de l'ennemi et se battent avec la férocité des tigres. Le vainqueur conserve la tête de l'ennemi, c'est un trophée affreux de sa victoire. Tels sont les mœurs de ces peuples que nous allons chercher aux extrêmités de la terre, comme pour nous convaincre, en quelque sorte, que l'homme est par-tout méchant, cruel, et que là où il ne trouve aucun intérêt à ravir la possession de son semblable, il trouve encore à jouir de son malheur en l'engloutissant dans ses entrailles pour s'en nourrir.

Habillement.

Qui croirait retrouver chez un peuple aussi barbare le même goût pour la toilette que chez les nations les plus policées? ce goût est différent dans son objet, mais absolument le même par son activité.

Le principal objet de coquetterie d'un zélandais est sa figure : c'est là qu'il déploie tout son talent; avec une arrête de poisson, il se fait des sillons profonds d'une ou deux lignes et d'une largeur parfaitement égale; le fond de ces sillons est noirci, le bord en est dentelé et rouge. Par dessus ces premiers sillons, qui descendent de l'œil au menton, et du haut au bas du nez, ils en forment d'autres plus larges et en forme de spirale.

Les femmes se peignent les lèvres en noir et les sourcils en rouge. Les hommes laissent croître leur barbe et leurs cheveux; ils les relèvent en boucles sur le sommet de la tête avec une arrête de poisson. Les femmes portent au contraire leur chevelure longue et flottante sur leurs épaules. Il est à remarquer que les femmes s'occupent beaucoup moins de leur parure que les hommes. Les deux sexes se chargent la partie inférieure du nez de pendans. Ils se pratiquent, sur-tout aux oreilles, un trou dans lequel on peut aisément passer le doigt, et ils les alongent, par le poids des ornemens, au point que chez quelques-uns elles touchent les épaules.

Les vêtemens sont ordinairement fait de lin ou de jonc. Une pièce d'étoffe qu'ils fabriquent grossièrement, et longue d'environ cinq pieds, est attachée sur les épaules et leur sert de manteau; une autre, roulée autour des reins descend jusques sur les pieds; enfin une ceinture couvre les parties naturelles. Cet habit est commun aux hommes et aux femmes à la longueur près. Les chefs et leurs femmes portent un bonnet de plumes; les élégans ajoutent à cette coëffure des verroteries, des os de poisson, des franges, du duvet et sur-tout des lambeaux de peau de chien dont ils couvrent leurs habits.

Quelques habitans de la côte se couvrent d'une étoffe plus fine qu'ils fabriquent avec un lin soyeux. Ce lin, qui croît sur les bords de la mer, est grossièrement filé par les femmes et travaillé sur un chassis à-peu-près semblable aux grillages des épingliers; une frange, nouée autour, donne tout-à-la-fois de la solidité et de l'agrément à cette étoffe.

N.º 3. L'Entrée du prince Guillaume.

Climat, productions.

CE fut le 12 mai 1778, que le capitaine Cook aborda à cette Entrée, qui occupe un degré et demi de latitude sur deux de longitude.

Ce pays est presque toujours couvert de neiges; le climat y est rigoureux; on n'y trouve peu de végétaux, et l'air y est mal-sain. Le ciel y est toujours nébuleux, et donne peu de beaux jours à cette contrée qui semble abandonnée de la nature. On n'y voit guère d'autres arbres que le pin du Canada, et un petit arbuste qui ressemble assez au laurier, mais dont les feuilles sont plus larges. On y rencontre beaucoup d'animaux de toute espèce; on y distingue sur-tout un petit animal d'environ dix pouces de longueur, qui a le dessus du dos brun, avec une multitude de taches d'un blanc sale, et les flancs d'un cendré bleuâtre; les naturels font un grand cas de sa fourrure.

Habitans et leurs mœurs.

Les habitans de l'Entrée du prince Guillaume sont d'une taille au-dessous de la médiocre; peu ont une taille ordinaire; leur tête est extrêmement grosse, leurs épaules carrées, leur poitrine large, leurs yeux petits; leurs cheveux sont noirs, épais et forts; ils n'ont point de barbe; leur peau est basanée; les femmes ont le visage agréable; on reconnaît leur sexe à la délicatesse de leurs traits; elles laissent croître leurs cheveux dans toute leur longueur; elles ne se couvrent jamais ni les jambes ni les pieds : quelques-unes portent des espèces de bas de peau.

Le trait caractéristique de ce peuple est la taciturnité; ils ne marchent jamais que les yeux fixés vers la terre et dans une attitude réfléchie : on dirait qu'ils respirent la tristesse du sombre climat sous lequel ils vivent.

Sur cette terre, peu favorisée, la paresse n'est guère convenable; aussi ces insulaires sont-ils extrêmement actifs. Sans autres outils que des haches de pierre, ils parviennent à construire, avec beaucoup de soin et d'intelligence, des pirogues de toute grandeur, et qui peuvent contenir jusqu'à soixante personnes. Ils avaient déjà une idée du commerce à l'arrivée de Cook, et recevait, par échanges, des bracelets de cuivre, du verre, etc. que leur apportaient les peuplades de la côte orientale du Nouveau-Monde.

Comme tous les peuples, ils aiment la guerre; mais ils ne sont jamais vaincus vivans; comme ils ne doivent s'attendre qu'à une mort lente et affreuse en tombant dans les mains de leurs ennemis, et qu'ils regardent comme la plus grande ignominie de mourir de cette manière, ils combattent jusqu'au dernier moment, et meurent sur le champ de bataille.

Leurs armes sont de longues piques, dont les pointes sont formées de cuivre ou de fer. Ils ont aussi des armures; c'est une espèce de jaquette, composée de lattes légères, jointes ensemble par des nerfs d'animaux; elle est si serrée qu'elle est impénétrable aux dards et aux traits.

Ce qui est fort rare chez les peuples sauvages, ils sont propres, sur-tout dans leur manger. Ils ne se nourrissent que de poisson et de viande rôtie; ils y mêlent, en guise de pain, de la partie inférieure du pin et de la racine de fougère. Ils coupent ce qu'ils mangent par petites bouchées, avec des couteaux de pierres.

Leur plus grand défaut est le vol; mais ils ne l'ont pas à moitié; ce qu'ils ne dérobent point, c'est qu'il leur est impossible de le faire.

Ce sont les femmes qui ont soin de l'intérieur du ménage; aussi sont-elles plus heureuses chez ce peuple, que chez la plupart des autres sauvages. Les ouvrages les moins pénibles sont les leurs, et le mari ne les regarde point avec ce fier dédain, si naturel à l'homme grossier et ignorant.

Les meubles consistent en quelques plats de bois, d'une forme ronde ou ovale. Ils en ont pour les jours de fête de plus petits et d'une forme plus élégante. Ils font des paniers d'un tissu si serré, qu'ils peuvent contenir de l'eau.

Habillement.

La parure est loin d'être la moindre occupation des sauvages de l'Entrée du prince Guillaume; les deux sexes ont les oreilles percées de plusieurs trous dans le bord supérieur et le fond inférieur : ils y suspendent des paquets de coquillages ; ils font aussi un trou à la cloison du nez : ils y placent fréquemment quelques grains de verre enfilés à une corde roide, de trois ou quatre pouces de longueur, ce qui leur donne un air vraiment grotesque ; ceux qui prétendent à une parure plus recherchée, se font fendre la lèvre inférieure, suivant la direction de la bouche, et ils y mettent des coquillages en forme de clous, dont les pointes se montrent en dehors, et les têtes paraissent en dedans de la lèvre, comme une autre rangée de dents.

Ils portent un petit chapeau large et pointu tissu de joncs de diverses couleurs. Ils ont, sur les épaules, un petit mantelet rond et fermé, semblable à celui des pèlerins. Le reste de leur vêtement ressemble à un habillement court de femme. Les jambes sont nues et découvertes.

L'habillement des femmes est une tunique courte sur laquelle elles rejettent une fourrure. Elles portent une ceinture, à laquelle pend un petit tablier. Leur tête est quelquefois ornée de plumes.

N.° 4. Ile de Pâques.

Situation et découverte.

L'ILE de Pâques est située dans la mer du Sud, vers le 25e degré de latitude sud, et le 109e de longitude ouest. Elle est peu étendue ; mais tellement élevée, qu'elle forme, dans le lointain, une montagne, dont la cîme semble se perdre dans les nues. Des rochers très-difficiles à éviter l'environnent de toutes parts, et en rendent l'abord très-dangereux. Le sol de l'île est une espèce de sable brûlant, et sur lequel on parvient à peine à élever quelques arbres. Les plaines et les montagnes ne sont peuplées de presqu'aucuns des animaux que l'on trouve dans les autres îles de la mer du Sud. Le rat est le seul quadrupède que l'on y rencontre. On n'y voit aucun oiseau de mer, et peut-être l'air brûlant et la rareté des arbres en sont-ils la cause. La côte n'est point poissonneuse non plus, de manière que les habitans sont souvent exposés à périr de faim. Aussi sont-ils fort peu nombreux : sur l'île qui a quinze lieues de circonférence, on compte à peine cinq cens habitans.

Le capitaine Davis avait découvert cette île avant le capitaine Cook.

Il est une chose bien singulière dans cette île, c'est un amas considérable de ruines, qui annoncent que jadis elle a été habitée par un peuple civilisé, à qui les arts étaient familiés. Les hommes qui leur ont succédé sont loin d'avoir même les premières idées, et les premiers outils nécessaires pour imaginer et construire les édifices dont ils ils foulent les débris.

Que

Que sont devenus les premiers habitans de l'île ? c'est ce qu'on ignore. Seulement le terrein couvert de lave et de cendres, les monceaux de pierres jetées au hasard, les matières sulfureuses que la terre recèle, semblent, en indiquant des feux souterrains, apprendre que les anciens peuples et leurs villes ont été bouleversés par quelque éruption volcanique. Sans doute que quelques peuplades sauvages des îles voisines seront venus repeupler cette île alors déserte. Parmi ces ruines, on en reconnaît le vastes, et dont le travail a de quoi étonner au milieu de ces mers, où l'on ne rencontre que de misérables sauvages, presque réduits au sort des animaux. La plus remarquable de ces ruines est située dans le centre de l'île ; elle consiste en une vaste chaussée de pierres parfaitement carrée et cimentée. Un peu au-dessus de cette chaussée est un vaste plateau, pavé en dalles carrées et régulières. Dans le centre de ce plateau s'élève une statue de pierre couronné d'un cylindre dont le diamètre est de cinq pieds, et la hauteur de six. Plus loin, on voit une rangée des mêmes statues, toutes d'une seule pièce, et dont quelques-unes ont vingt-six pieds de haut. Ce fut en vain que l'on interrogea les naturels sur ces débris magnifiques, on n'en put rien apprendre.

Habitans et leurs mœurs.

Le peu de tems que les européens sont restés dans l'île de Pâques, n'a guère permis d'approfondir quelles étaient les mœurs de ses habitans.

A peine apperçurent-ils le vaisseau de Cook, qu'ils s'approchèrent en petit nombre sur une pirogue à balanciers. Ils ne témoignèrent aucune crainte, et montèrent dans le navire sans qu'on les y invitât; leur chef en mesura les parties, et les autres l'examinèrent, ainsi que les armes et les habits des navigateurs. Le tout se fit avec le plus grand silence. Il y en eut un qui resta à bord. A peine se vit-il séparé de ses camarades, qu'il s'écria à plusieurs reprises : *Mathe thoa ?* Me tuerez-vous ? Lorsqu'on lui eut fait signe que non, il se tranquillisa, se mit à danser; demanda des clous, une bouteille, des tessons de fayence, et se fit attacher le tout sur le front et au cou en guise d'orneméns. A l'approche de la nuit, il demanda à dormir, s'étendit sur une table, et s'endormit aussi-tôt.

L'équipage descendit à terre le lendemain, acheta diverses provisions. Le chef, pour lequel on ne paraissait pas avoir une très-grande déférence, les promena par-tout. Quelques femmes, pendant ce tems-là, trafiquèrent, avec les matelots, de leurs faveurs pour quelques clous.

Ces sauvages ressemblent assez à tous ceux que l'on rencontre dans les îles de la mer du Sud. Leur taille est peu élevée, mais ils sont vifs et très-légers à la course. Leurs cheveux sont noirs et leur phisionomie agréable.

Il est à remarquer que le nombre des femmes est beaucoup moindre que celui des hommes : elles sont à peine au nombre de trente, et semblent appartenir en commun à tous les insulaires. Les voyageurs n'ont pas rencontré un enfant. Ils n'ont vu non plus qu'une douzaine de huttes, et ont imaginé que les habitans se logeaient la plupart dans des souterrains ou les creux des rochers.

C

Les huttes de cette île méritent une description. Des pierres anciennement taillées, et provenant des ruines, forment les fondations de ces demeures. Dans chacune de ces pierres sont enfoncé plusieurs pieux, qui, se joignant par en haut, forment une espèce de cœur renversé, tellement bas, qu'il faut pour s'y tenir debout, se placer dans le milieu, et passer la tête dans le trou qui y est pratiqué, et qui sert de cheminée. Chacune de ces habitations n'a besoin que d'un seul habitant pour la remplir.

La manière dont ils accueillirent Cook ne peut que faire penser favorablement de leur caractère.

Habillement.

Le costume des habitans de l'île de Pâques consiste en un manteau décorce d'arbre, une ceinture fixée autour de leurs reins et qui portent une partie de leurs outils, et en une espèce de jupe de filet, dont les mailles sont trop larges pour rien cacher à la vue. Une espèce de corbeille garnie de plumes leur sert de coëffure. Tout leur corps est rempli de diverses figures dessinées sur la peau. Mais ce qui est de remarquable en eux, c'est la longueur des oreilles, le lobe en a été si étrangement percé et alongé qu'il touche à leurs épaules.

Les chefs, les prêtres et le roi portent le même habillement. La couleur jaune et un bâton les distinguent du reste de la nation.

Les femmes s'habillent de même aussi, il n'y a qu'une couronne de plumes qui les distinguent des hommes.

N.° 5. La Baie de Norton.

Situation, découverte.

Sur la côte nord-ouest de l'Amérique est une baie que le capitaine Cook découvrit et qu'il nomma baie de Norton.

Cette contrée n'est guère favorisée de la nature : son sol est nu, pélé et remplies de collines presque sans verdure. En été seulement, la terre est couverte, de loin en loin, de longs gramens et de plantes, sur-tout de camarigue, qui donnent une quantité prodigieuse de bayes, bonnes à manger quand elle sont bien mûres. L'eau douce y est en abondance; on y trouve des sapins, beaucoup de bruyères, quelques bouleaux, des saules et des aulnes.

Habitans et leurs mœurs.

La couleur des habitans de la baie de Norton est volontiers cuivrée; leurs cheveux sont noirs et courts, et ils n'ont que très-peu de barbe. Les dents sont noirs, mais ce n'est que l'effet d'une herbe qu'ils mâchent continuellement.

Quoique doux et humains, ils sont cependant d'un caractère méfiant. Leur constitution est robuste, et ils vivent long-tems.

Lorsque Cook aborda chez eux, suivant son usage, il commença ses échanges. Ils estiment singulièrement le fer, et n'ont point tort, car c'est le métal le plus utile. Cook en obtint près de quatre cens livres de poissons frais, parmi lesquels se trouvaient plusieurs truites, pour quelques mauvais couteaux, fabriqués avec un vieux cercle de fer. Ils sont extrêmement sensibles et reconnaissans; un peu de tabac donné à l'un de ces sauvages, et des grains de verre offerts à sa femme firent couler des larmes de reconnaissance à toute la famille. Les habitans n'ont guère, sur cette terre stérile, d'autre nourriture que quelques saumons déssechés et d'autres poissons.

Cette nécessité de chercher leur nourriture dans la mer, les a invité a placer leurs demeures sur le rivage. Une habitation chez eux n'est qu'une espèce de toît en pente, fait avec des morceaux de bois, recouvert de gramens et de terre; les flancs en sont entièrement exposés à l'air. Chacun à son attribution dans la famille; tandis que l'homme vacque aux occupations du dehors, qu'il est à la pêche sur la côte, la femme a soin du ménage et prépare le manger. A l'âge de douze ans, un enfant doit fournir à ses parens le poisson qu'il mange.

Leur religion est la même que celle des autres peuples de la mer du Sud : ils croient qu'après leur mort, leurs amis doivent obtenir de *maje* (du soleil), qu'il réchauffera leur corps pour leur donner une nouvelle vie.

Habillement.

Les deux sexes ont à-peu-près le même costume. C'est une jacquette de peau de daim garnie d'un grand chaperon, quelquefois d'un capot pointu. Hommes et femmes portent de larges bottes ou bottines qui leur tiennent lieu de bas et de souliers.

Il n'y a, à la baie de Norton d'autre luxe que quelques colliers de coquillage. Les pendans des oreilles sont de la même richesse. Ils en mettent aussi à la lèvre inférieure, qui est percée; mais cette mode n'est point générale.

N.º 6. Iles Sandwick.

Situation.

CES îles qui sont au nombre de douze, forment un archipel qui s'étend en latitude du 18e au 22e degré nord, et en longitude du 199e au 208e degré est. Les naturels nomment ces îles Mowee, Ranai, Kehehoua, Morotinée, Kakowelowée, Morotoi, Oahoo, Onecheow, Tahoora,

Atowi, Owhihée, et Modoopapapa. Cette dernière île n'est connue que par les rapports des naturels. Cook donna à cet archipel le nom de Sandwick, pour immortaliser la mémoire du comte de Sandwick, son protecteur et son appui.

L'air, en général, dans ces îles est plus tempéré que dans toutes celles de la mer du Sud. Les productions sont à-peu-près les mêmes. Les oiseaux y sont en quantité, sur-tout les oiseaux aquatiques. Il n'y a que trois espèces de quadrupèdes dans ces îles, les cochons, les chiens, d'une race de bassets, et les rats. Les deux premières sortes d'animaux servent beaucoup à la nourriture des habitans.

Habitans et leurs mœurs.

Atowi et Owhihée sont presque seules bien peuplées et bien connues. Morotinnée est absolument déserte.

Les insulaires de Sandwich sont d'une taille très-médiocre, mais dans la plus exacte proportion. Leur air a en même-tems quelque chose de mâle et d'agréable; leur teint est d'une couleur un peu foncée, mais cependant plus flatteuse que celle des autres américains. Leurs cheveux sont bruns et flottans, leurs yeux grands et noirs; l'affectation avec laquelle ils portent la tête élevée, l'agilité surprenante de leurs mouvemens, leur donnent un air qui les distingue des autres insulaires.

Ils sont divisés en nobles, *erées*; homme du commun, *tattovvs*; et en esclaves: cette dernière classe est composée d'hommes difformes et mal partagés de la nature. Il y a en outre les prêtres. Ces ministres forment un collége, soumis à une régle constante, à des jeûnes et à une clôture perpétuelle. Ils sont cependant mariés, leurs épouses partagent leur clôture. Leur emploi est héréditaire, et n'est attaché qu'à quelques familles privilégiées.

Les habitans des îles Sandwick sont infiniment plus civilisés que ceux des autres îles de la même mer. Leur manière de cultiver la terre ferait honneur aux européens; leurs plantations sont parfaitement bien alignées; leurs potagers sont divisés en carrés, et des fossés arrêtent ou facilitent l'écoulement des eaux, suivant la nature du sol et le genre des plantations.

C'est presque toujours à mi-côte et au milieu des bois que sont leurs villages. Chacun est composé de deux ou trois cens maisons; chaque maison est à-peu-près carrée, et a de trente à quarante pieds sur chaque face, un toît en chaume couvre toute la maison, et descend de tous côtés jusqu'à terre. Un trou, placé à l'une des extrémités, sert, tout à-la-fois, de porte et de fenêtre, et est fermée avec un chassis de bois et d'osier. Des arbres dépouillés de leur écorce, et réunis avec des liens très-forts, composent, dans toute l'étendue de ces maisons, un plancher un peu au-dessus du sol; une herbe sèche remplit les intervalles des arbres, et le tout est recouvert de plusieurs nattes; on ne peut se faire une idée de la molesse et de la propreté de ces tapis. Tous les ustensiles du ménage sont rangés sur un banc de deux ou trois pieds de haut.

Les nobles et les chefs ont plusieurs de ces maisons environnées d'une palissade en pieux, et dans lesquelles on remarque plusieurs cours qui vont toujours en montant jusqu'au principal logement.

Des deux côtés de la maison, on a pratiqué de petites cabanes à-peu-près semblables aux petites chambres d'un vaisseau : ces petites cabanes sont pour les esclaves.

Leur nourriture n'est point grossière comme celle des autres sauvages : ils y mettent plus d'apprêt et savent assaisonner ce qu'ils mangent ; le poivre, qui est très-commun chez eux, leur sert à cet usage ; une infusion de cette plante se prend avant et après le repas. Le fruit de l'arbre à pain se mange avec tous les autres mets ; le porc, le chien, la tortue grillée devant le feu, cuite sous la cendre, ou assaisonnée avec de l'huile de poisson, des légumes et des herbes odoriférantes, forment leur nourriture habituelle ; le poisson, enveloppé dans des feuilles d'ava et cuit lentement, est leur mets favori ; quelquefois ils le mangent crû et sans autre préparation.

Des pierres creusées leur servent de vases à cuir ; des bananes, des ignames, des citrouilles, vuidées et séchées au soleil, composent toute leur vaisselle ; ils font prendre à ces fruits toutes les formes qu'ils veulent, en les liant avec des bandes lorsqu'ils prennent leur croissance.

La religion se mêle aux repas ; le chef de famille chante une hymne assez longue avant que de manger.

Les esclaves découpent ensuite les mets et les portent à la bouche de leurs maîtres, qui, assis négligemment, font consister leur bonheur à être ainsi servis. Terreotaboo, le roi des insulaires, toutes les fois qu'il dinait à bord, ne se lassait pas de demander au capitaine Cook pourquoi il se donnait la peine de manger lui-même.

Ils aiment la musique et la danse, et n'y réussissent pas mieux pour cela. Ils luttent entre eux à la manière des anciens ; mais leur jeu favori est une espèce de jeu de dames, infiniment plus compliqué que le nôtre ; les cases y sont plus nombreuses, et des cailloux de diverses couleurs, tiennent lieu de nos pions blancs et noirs.

Ils vont à la pêche autant par amusement que par nécessité. Leurs pirogues sont fort grandes et très-bien travaillées pour des gens qui n'ont point d'outils.

Le chef des prêtres porte le titre d'*orono*, *très-grand*, *très-sacré* ; il préside à toutes les cérémonies, bénit les armes des insulaires, maudit leurs ennemis, et peut seul mettre les offrandes des adorateurs au pied des autels. Il est l'orateur de la nation, et exprime le vœu général dans toutes les circonstances importantes.

On appelle Dieu *Eatoa* ; mais la forme qu'on donne à ses statues varie. Les cabanes consacrées au culte de ses statues, sont tout à-la-fois les temples et les cimetières de la nation ; une tenture rouge et de petits autels couverts de crânes d'hommes encore tous sanglans, en forment les principaux ornemens. On y sacrifie, en certaines occasions, des esclaves. Les chefs seuls sont déposés, après leur mort, au pied de ces autels.

Ces chefs ou érées gouvernent arbitrairement toutes les classes, et tous les habitans se prosternent à terre à leur approche: on leur paie un tribut chaque mois ; ils jugent et punissent seuls toute espèce de crime, et l'insulaire qui oserait leur résister, serait mis sur-le-champ en pièces.

Les towtons sont absolument dans leur dépendance, ou plutôt sont leur propriété. Les prêtres , quoiqu'en second , partagent avec eux cette prérogative.

Ces insulaires regardent, au moins, leurs femmes à-peu-près comme leurs compagnes ; la différence qu'ils mettent entre eux et elles, c'est de les faire manger à part.

Le principal défaut de ces peuples est une violente inclination au vol. C'est ce qui leur attira la colère de Cook, et c'est ce qui occasionna, dans ces îles, la mort de cet illustre navigateur, comme nous l'avons raconté en son lieu. Il faut cependant que leur caractère, d'ailleurs, soit bien doux et qu'ils aient d'excellentes qualités, puisque les amis de Cook, qui avaient à reprocher à ces sauvages la mort de ce grand homme, ne tarissent par sur l'éloge qu'ils font de leur caractère, de leur douceur et de leur fidélité.

Habillement.

Avec les outils les plus grossiers , les insulaires de Sandwick son parvenus à former des étoffes, dont l'éclat, la solidité, la chaleur ne le cèdent en rien aux nôtres ; les plumes, les coquillages, la peinture ajoutent à la beauté de ces étoffes, dont le fonds est un réseau de coton.

La teinture des habits est la principale occupation des femmes ; elles y font aussi des fleurs , des arbres , des oiseaux , des paysages frappans par la correction du dessin et la disposition des couleurs.

Un manteau de cette étoffe, fixé sur les épaules par un cordon de chanvre qui passe sous le cou, est le principal vêtement des insulaires. Une petite pièce de toile rayée passe entre les cuisses, et s'attache devant et derrière. Les chefs ont des espèces de casque tout-à-fait semblable à ceux de nos anciens chevaliers.

Les hommes du commun n'ont pas le droit de se couper la barbe ; les érées sont obligés d'en porter à la lèvre supérieure ; les rois seuls ont le droit d'être sans barbe.

L'habit des femmes est plus agréable et plus chaud. Elles portent une pièce d'étoffe flottante, en forme de jupe, à-peu-près jusqu'aux genoux, et nouée autour des reins avec beaucoup de grâce. Leur mante, plus longue et moins large, est toujours ornée de plumes de couleur ou de coquillage. Leurs cheveux, coupés par derrière, sont longs et crépus sur le front, et forment une espèce de huppe, couronnée d'une guirlande de fleurs sèches ou de plumes.

Les deux sexes sont dans l'usage de se *tatouer*, ou de se faire des raies sur le corps et à la figure. Les femmes vont même jusqu'à se faire graver sur les doigts de petites tortues, en forme de bagues, et portent sur le bout de la langue une espèce d'échiquier, tracé avec un fer brûlant.

N.º 7. Ile de Tanna.

Découverte.

CE fut le 5 août que Cook découvrit l'île de Tanna, et lorsqu'il mit le pied sur cette terre il crut entrer dans le palais de la nature même. Nulle part elle n'est aussi belle, aussi variée et aussi riche. Là elle s'est plû à placer ses trésors dans toute leur bonté, sous la main de l'homme qui n'a besoin que de vouloir pour trouver sa subsistance. On y trouve l'arbre à pain, le cocotier, une espèce de pêcher, la patate, l'igname, le figuier sauvage, l'oranger, et plusieurs autres arbres. La noix muscade y croit aussi. Les cannes à sucre y sont très-belles. Les cochons, les poules et une espèce de chiens bassets y sont les seuls animaux domestiques. Les naturels les élèvent par troupeaux pour la nourriture de l'homme.

Les oiseaux y sont nombreux, et on y en trouve une petite espèce du plus joli plumage. Les arbres et les plantes qui croissent sur cette terre sont aussi variés dans leurs espèces, que dans aucune des autres îles.

Il est une plante remarquable par son utilité, et qu'on ne retrouve point ailleurs. Elle est de la largeur d'une feuille de vigne et de couleur violette ; elle a la propriété de guérir la fièvre, quelque invétérée qu'elle soit : les naturels la nomment *errona*.

On trouve assez peu de coquillage sur la côte, mais le poisson y est abondant et varié.

Le pays est coupé par des monts et des vallées. La richesse du sol est prodigieuse ; si, par hasard, un palmier est déraciné par les vents, ses branches n'ont besoin que de toucher à la terre pour donner de nouveaux rejetons.

Qu'un peuple industrieux et de mœurs pures, saurait facilement se rendre heureux dans une contrée semblable ! C'est avec de pareils hommes qu'on devrait former des colonies, et non avec le rebut de la société, ainsi qu'on l'a si souvent fait dans ces derniers tems.

L'île de Tanna cependant semble reposer sur un volcan ; elle a des sources d'eau chaude. Le sommet d'une montagne vomissait des flammes considérables, lorsque Cook aborda cette île : il voulut le visiter, mais les habitans s'y opposèrent.

Habitans et leurs mœurs.

Les habitans sont d'une stature médiocre et minces de taille : généralement ils sont plus petits que grands. Sans être beaux, ils ont cependant un air agréable. On en voit peu de robustes et de forts parmi eux ; mais, en revanche, ils sont agiles et dispos. La couleur de leur peau est très-bronzée, mais beaucoup moins qu'elle ne le paraît cependant à cause des différentes couleurs dont ils se teignent. Comme tous les sauvages, ils aiment les armes, s'en servent habilement, et dévorent leurs prisonniers ; mais ils n'ont pas la même ardeur pour le travail. C'est sur leurs femmes qu'ils se reposent de toute la peine qu'il faut se donner ; à leurs yeux ce ne sont guère que des bêtes de somme, et ils n'ont pour elles aucune considération. Sans être belles, elles sont cependant jolies ; l'agrément de leur sourire, sur-tout, dans la jeunesse devrait désarmer ces hommes farouches. Elles sont beaucoup plus petites que les hommes. Elles sont fort sveltes, ont les bras d'une délicatesse singulière, leur sein est d'une forme charmante. Elles ne paraissent qu'avec le plus grand respect devant les hommes et se soumettent à tous leurs désirs avec une complaisance qui mériterait un sort plus doux. Les fardeaux qu'elles portent surpassent souvent leurs forces, et contribuent peut être à rappetisser leur taille.

Les insulaires de Tanna aiment passionnément la musique, et se plaisent infiniment à chanter. Entre leurs instrumens, ils en ont un composé de huit roseaux qu'ils chérissent par-dessus tous les autres.

Lorsqu'ils veulent exécuter un concert, ils se rassemblent à l'ombre des orangers, des cocotiers. Leur mélodie est agréable, et cette réunion de musiciens a encore des charmes pour une oreille plus exercée.

En général, ils sont très-hospitaliers, et ne veulent rien recevoir en échange des présens qu'ils font. Quoique bons, ils sont cependant défiant, mais une fois détrompés sur les craintes qu'ils avaient conçus, ils s'abandonnent tout entiers à ce que leur dit un cœur excellent. Il ne leur manque pour être loués entièrement, que de mieux traiter leurs femmes, et de ne point manger leurs prisonniers.

Habillement.

C'est ainsi qu'on s'habillait dans le paradis terrestre, si jamais un paradis terrestre exista. Des herbes entourent les reins des hommes et des femmes ; une ceinture de même matière les retient. Tel est le costume de l'île de Tanna. Mais une assez grande quantité de coquillages complette la parure ; les femmes augmentent le nombre de ces ornemens à mesure qu'elles avancent en âge.

Les hommes ont la barbe courte ; mais forte et épaisse. Les cheveux des femmes sont courts également, ainsi que ceux des hommes, jusqu'à l'âge de la virilité. Les hommes séparent leurs cheveux en mèches, autour desquels ils roulent l'écorce d'une plante déliée jusqu'à un pouce de l'extrémité ; et à mesure que les cheveux croissent, ils continuent de rouler l'écorce autour, ce qui fait l'effet de plusieurs cordelettes.

N.º 8. Ile Sainte-Christine.

Situation, découverte.

CETTE île est une des principales de celles qu'on nomme îles Marquises. Mindana, capitaine espagnol, les découvrit en 1595 : elles sont dans la mer du Sud.

Dès que Cook parut sur les côtes de cette île, il vit de toutes parts les naturels du pays s'avancer en poussant des cris de joie, et en offrant des fruits à pain et des noix de coco : on leur donna, en échange des haches; mais on ne put jamais leur inspirer assez de confiance pour les engager à monter à bord du bâtiment.

Ils brûlaient cependant de faire une connaissance plus entière avec les européens ; aussi le lendemain, dès la pointe du jour, ils revinrent. Ils paraissaient avoir plus de confiance; mais dans le fait, ils en avaient moins encore, puisqu'ils avaient eu la précaution de charger de pierres l'avant de leurs pirogues, et mis deux hommes armés de frondes qui ne paraissaient qu'attendre l'ordre de leurs chefs pour attaquer l'équipage de Cook. De leur côté les anglais se mirent en garde en cas de besoin. Ce jour-là, les sauvages montèrent à bord, firent des échanges; mais un évènement qu'il n'avait guère été possible de prévoir pensa allumer la guerre. Un des naturels se saisit de plusieurs effets, et, se fiant à son agilité, il s'échappa et se jeta si lestement dans la pirogue, qu'il fut impossible de l'arrêter. Dans le premier mouvement un officier ajuste sur lui son fusil et le tue. La crainte et la consternation éloignèrent aussi-tôt les sauvages.

Au même instant la chanson de guerre et les menaces retentirent sur le rivage ; mais le désir de revenir aux européens et d'avoir de leurs haches, objets qui plaisaient le plus à ce peuple, les appaisa peu-à-peu ; ils finirent par députer un des leurs aux anglais. Cet envoyé, qui portait un cochon sur ses épaules, après avoir déposé son présent, fit gravement une harangue que l'on ne comprit point. On lui donna des clous et la paix fut faite.

Cook et un sauvage de l'île de la Société, qui lui servait d'interprète, descendirent à terre et firent le tour de l'île au milieu des naturels.

Le roi de l'île se rendit sur le midi au lieu du débarquement. Sa présence fit retirer tous les insulaires. Il ordonna qu'on indiquât les sources d'eau, et qu'on apportât des vivres aux européens. En un moment il fut obéi. Il fit aussi conduire le capitaine Cook dans l'intérieur de l'île.

A l'aspect des européens, les femmes se cachèrent dans leurs cabanes ou s'enfuirent dans la forêt; mais bientôt elles revinrent, se plurent aux caresses des anglais, et finirent par accorder tout ce qu'on parut désirer,

D.

et même avec une publicité qui prouverait presque que la pudeur est loin d'être, en ce lieu, la vertu native des femmes.

On trouve à Sainte-Christine les mêmes végétaux et les mêmes animaux qu'à Taïti et aux îles de la Société ; mais comme le sol y est plus fertile et l'air plus pur que dans toutes îles de la mer du Sud, les arbres, les légumes, les volailles, les quadrupèdes, les poissons, et sur-tout les hommes y sont beaucoup plus forts et mieux proportionnés.

Habitans et leurs mœurs.

Cook ne resta que huit jours à Sainte-Christine, et c'est beaucoup trop peu pour prendre une connaissance parfaite des mœurs d'un peuple qui n'a rien de nos manières, rien de nos idées, et dont la langue nous est tout-à-fait étrangère.

Les hommes, obligés de chercher une partie de leur subsistance dans la chasse et dans la pêche, sont toujours errans au milieu des forêts et sur les côtes.

Ils n'ont d'autres armes que des haches de corail, la massue et la fronde : l'arc et la flèche, en quelque sorte les armes naturelles des hommes sans civilisation, leur sont absolument inconnus.

Les femmes ont les occupations les plus douces. L'intérieur du ménage les regarde, et c'est à elle d'élever les animaux domestiques, et de cultiver les arbres utiles, le cocotier et l'arbre à pain.

Les habitations sont toujours isolées et environnées des plantes et des arbres utiles à la famille. La base de toutes les maisons est en pierres rouges, unies entre elles avec une terre grasse, et tout le tour de la maison est ferré en cailloux pour écarter les eaux, et empêcher le mouvement des terres. Au-dessus de ces pierres rouges, on met du bois et des feuilles d'arbre à pain pour achever l'habitation.

Ils ont des pyrogues qui ont seize à vingt pieds de long, et environ deux de large. Une voile de natte aide à la manœuvre ; mais ce que l'on a de la peine à croire, c'est que ce sont des enfans de cinq à six ans qui les conduisent, et même les conduisent avec une adresse admirable.

Habillement.

Les habitans de Sainte-Christine ont coutume de se tatouer le visage, ce qui ne contribue pas à relever leur beauté. Leur habillement ne consiste qu'en une corde, à laquelle est attaché une grande pièce d'étoffe garnie de cheveux qui passe entre leurs cuisses, et retombe devant et derriere.

Les femmes portent une pièce de toile fine autour des reins en forme de jupon, et, comme les hommes, une grande mante qui flotte sans grâce sur leurs épaules.

Les chefs sont différemment costumés : ils sont chargés d'une multitude infinie d'étoffes de toutes couleurs, dont le poids s'élève quelquefois à plus de douze livres. C'est le costume d'un chef que nous avons choisi, à cause de sa singularité.

N.º 9. Baie de Castries.

Découverte, situation, climat, production.

LE 28 juillet 1787, le capitaine la Pérouse aborda sur les côtes de la Tartarie, à une baie qu'il nomma *baie de Castries*. Le besoin de faire de l'eau et de renouveler sa provision de bois, l'avait engagé à y relâcher.

Cette baie est située au fond d'un golfe, et éloignée de deux cens lieues de Sangaar. Le fond y est de vase et couvert d'herbes, qui, lorsque la marée se retire, ne présentent qu'une superbe prairie, où l'on voit sauter des saumons qui sortent des ruisseaux, dont les eaux se perdent à travers les herbes.

La nature ne se présente point sous un aspect riant dans ces contrées. Un deuil affligeant et sombre semble régner sur le bord de la mer, et dans les bois, qui ne retentissent que du croassement de quelques corbeaux, et servent de retraite à des aigles à tête blanche, et à d'autres oiseaux de proie. Le martinet et l'hirondelle de rivage paroissent seuls être dans leur vraie patrie : on y en trouve des nids sous tous les rochers qui forment des voûtes au bord de la mer. La nature de tous les êtres vivans est comme engourdie dans ces climats, presque toujours glacés, et les familles y sont peu nombreuses. Le cormoran, le goëland, qui se réunissent en société sous un ciel plus heureux, là, vivent solitaires sur la cîme des rochers.

La Pérouse est persuadé que la terre, dans ces lieux, reste gelée à une certaine profondeur, même pendant l'été. Cet été n'est qu'un instant d'une faible chaleur qui se hâte d'animer une faible végétation, et de faire mûrir ses fruits.

Habitans et leurs mœurs.

Il n'existe peut-être pas d'hommes plus faiblement constitués, et d'une physionomie plus éloignée des formes auxquelles nous attachons l'idée de la beauté. Leur taille moyenne est au-dessous de quatre pieds dix pouces ; leur corps est grêle, leur voix faible et aiguë comme celle des enfans; ils ont les os des joues saillans ; les yeux petits, chassieux, et fendus diagonalement ; la bouche large, le nez écrasé, le menton court, presque imberbe, et une peau olivâtre, vernissée d'huile et de fumée. Ils laissent croître leurs cheveux et les mettent en tresses. Ceux des femmes sont épars : leur organisation et leur physionomie ne sont pas meilleures que celles des hommes.

Mais si la nature a maltraité les formes de ces peuples, elle n'a point négligé leurs cœurs; elle y a mis ses plus douces inspirations, le germe des vertus les plus utiles. Les hommes aiment leurs femmes, les consultent

D 2

dans ce qu'ils veulent faire , et les époux ne se trouvent jamais plus heureux que lorsqu'ils caressent leurs enfans.

Les peuples les plus policés, ceux qui se font une étude de la morale qui ne devrait être qu'un sentiment , sont loin d'avoir leur délicatesse , qu'ils ne connaissent cependant que parce qu'ils sont bons. En voici un exemple touchant que je laisse raconter à la Pérouse lui-même ; en faisant le tableau des mœurs de ce peuple , elle peint en même-tems le caractère bon et conciliateur de notre illustre voyageur :

Ce ne fut , dit-il , qu'avec la plus grande patience , que M. Lavaux , chirurgien-major de l'Astrolabe, parvint à former le vocabulaire des Orotchys. Nos présens ne pouvaient vaincre leurs préjugés à cet égard ; ils les recevaient même qu'avec répugnance, et ils les refusèrent souvent avec opiniâtreté. Je crus m'appercevoir qu'ils desiraient peut-être plus de délicatesse dans la manière de les leur offrir ; et pour vérifier si ce soupçon était fondé , je m'assis dans une de leurs cases, et après avoir approché de moi deux petits enfans de trois ou quatre ans , et leur avoir fait quelques caresses , je leur donnai une pièce de nankin, couleur de rose, que j'avais apporté dans ma poche. Je vis les yeux de toute la famille témoigner une vive satisfaction ; et je suis certain qu'ils auraient refusé ce présent , si je le leur eusse adressé. Le mari sortit de la case, et rentra bientôt après avec son plus beau chien, qu'il me pria d'accepter ; je le refusai, en cherchant à lui faire comprendre qu'il lui serait plus utile qu'à moi ; mais il insista : voyant que c'était sans succès, il fit approcher les deux enfans qui avaient reçu le nankin, et, appuyant leurs petites mains sur le dos du chien, il me fit entendre que je ne devais pas refuser ses enfans.

Je crois, remarque la Pérouse, que la civilisation d'un peuple qui n'a ni troupeau, ni culture, ne peut aller plus loin. Je dois , ajoute-t-il , faire observer que les chiens sont leurs biens les plus précieux ; ils les attellent à de petits traîneaux forts légers, très-bien faits , et tout-à-fait semblables à ceux des kamtschadales.

On ne doit point douter de la probité d'un peuple aussi délicat : on a pu remarquer que cette vertu n'est guère naturelle aux sauvages ; mais les habitans de la baie de Castries ont plus que de la probité , ils ignorent même la défiance : ils laissèrent, en quelque sorte, entre les mains des français ce qu'ils avaient de précieux, sans en concevoir la moindre inquiétude. Les français , de leur côté, mirent chez eux des sacs de rassade, de clincaillerie , et de tout ce que ces habitans échangeaient avec le plus de plaisir, et qu'ils acquéraient même avec avidité, sans que jamais la moindre chose ait été soustraite. Lorsque les voyageurs s'éloignèrent, personne n'eut à se plaindre ni d'une part ni de l'autre ; circonstance aussi honorable aux navigateurs qu'aux habitans.

Il est bien dommage qu'un peuple aussi vertueux , aussi sensible n'ait pas au moins cette qualité précieuse qui embellit encore les autres : la propreté lui est absolument inconnue. Ses demeures sont toujours pleines de poissons, frais et pourris, les os sont semés de tous côtés ; de manière qu'on y respire une odeur tout-à-fait insupportable. Lorsque les hommes pêchent, leur premier soin est de mettre dans leur bouche la tête du poisson, et de humer tout le mucillage, comme nous faisons des huîtres. C'est, à leur avis, cette liqueur visqueuse qui est ce qu'il y a de plus délicieux. Au retour de la chasse, les femmes, qui ne s'occupent que des soins du ménage, s'empressent de chercher parmi les poissons ceux à qui on n'a pas fait cette opération, pour s'en régaler. Les enfans les imitent; on finit même par manger souvent le poisson tout crû. Ces peuples ne connaissent point l'agriculture, et n'ont guère que la pêche pour ressource.

Ils ont, comme tous les peuples d'origine tartare, deux *yourtes* ou demeures; celle d'été est en bois, celle d'hiver est creusée en terre. Elles sont ordinairement grandes, parce que toute la famille y réside.

Les Orytchis ne connaissent le luxe que pour orner les tombeaux de leurs peres et de leurs amis. Ces tombeaux sont toujours dans de grandes yourtes construites exprès. On les pare de pièces de nankin, de colliers et des plus belles armes. On n'entre qu'avec vénération dans ces lieux de repos, et jamais une main n'a été assez sacrilége pour dérober rien des richesses qui pourrissent sur ces cercueils solitaires. En considérant la pauvreté de ces peuples, on peut juger que leur plus grande dépense est celle des funérailles.

La peuplade qui habite les bords de la baie de Castries est de la famille nombreuse des Tartares, et se nomme *Orytchis*.

Habillement.

L'habillement est formé de fourrures, de nankin et de peau de poisson, selon la richesse et les circonstances.

Il consiste, pour les hommes, en un grand manteau qui recouvre une jaquette qui descend à moitié cuisses. La culotte est assez ample, et les jambes sont soigneusement enveloppées de pièce d'étoffe ou de fourrures. On couvre la tête d'un chapeau rond de nattes.

L'habillement des femmes est à-peu-près le même. Au lieu d'un manteau, elles portent volontiers un habit presque semblable au nôtre, ayant des boutonnières. Elles aiment beaucoup les verroteries et autres ornemens; mais elles n'aiment pas assez la propreté pour savoir se parer.

N.° 10. *Baie* ou *port des Français.*

Situation et productions.

LA baie ou port des Français, est située par 58ᵈ 37ᵐ de latitude nord, et 139ᵈ 50ᵐ de longitude occidentale.

Pour avoir une idée de cette baie, qu'on se représente un bassin d'eau d'une profondeur qu'on ne peut mesurer au milieu, bordé par des montagnes à pic, d'une hauteur excessive, couvertes de neige, sans un brin d'herbe sur cet amas immense de rochers, condamnés par la nature à une stérilité éternelle. Jamais un souffle ne ride la surface de cette eau ; elle n'est troublée que par la chûte d'énormes morceaux de glace qui se détachent fréquemment de cinq glaciers différens, et qui font, en tombant, un bruit qui retentit au loin dans les montagnes. L'air y est si tranquille et le silence si profond, que la simple voix d'un homme se fait entendre à une demi-lieue, ainsi que le bruit de quelques oiseaux de mer qui déposent leurs œufs dans les creux de ces rochers.

La végétation y est très-vigoureuse pendant quatre mois de l'année. On y trouve en abondance le céleri, l'oseille à feuille ronde, le lupin, le pois sauvage, la mille - feuille, la chicorée, le mimulus. On rencontre aussi presque toutes les plantes des prairies naturelles de France. Les bois sont pleins de groseilliers et de framboisiers. Aucune production végétale de l'Europe n'est étrangère à cette contrée.

La baie et les rivières sont très-poissonneuses. Les bois taillis sont pleins de fauvettes, de rossignols, de merles, de gélinottes. Nous étions dans la saison de leurs amours, dit la Pérouse, et leur chant me parut très-agréable.

Quelque riche que soit cette contrée en productions animales et végétales, son aspect ne peut être comparé, et les profondes vallées des Alpes et des Pyrénées offrent à peine un tableau si effrayant, et en même-tems si pittoresque. Ces sites mériteraient d'être visités des curieux, s'ils n'étaient pas aux extrémités de la terre.

Habitans et leurs mœurs.

La nature devait à un pays aussi affreux des habitans qui différassent autant des peuples civilisés, que le site diffère de nos plaines cultivées.

Aussi grossiers, aussi barbares que leur sol est rocailleux et agreste, ils n'habitent cette terre que pour la dépeupler ; en guerre avec tous les animaux, ils méprisent les substances végétales qui naissent autour d'eux. Les fruits sont sans doute un mets insipide pour ces hommes qui ne sont sur la terre que comme les vautours dans les airs, ou les loups et les tigres dans les forêts.

La taille de ces indiens est à-peu-près comme la nôtre; les traits de leurs visages sont variés, et n'offrent de caractère particulier que dans l'expression de leurs yeux, qui n'annoncent jamais un sentiment doux. La couleur de leur peau est très-brune, parce qu'elle est exposée sans cesse à l'air; mais leurs enfans naissent aussi blancs que les nôtres. Ils ont de la barbe, moins à la vérité que les européens, mais assez cependant pour qu'il soit impossible d'en douter; et c'est une erreur, trop légèrement adoptée, de croire que tous les américains sont imberbes.

Il serait difficile de citer un peuple plus enclin au vol, et moins généreux. Pendant le séjour des européens parmi eux, ils n'eurent qu'une pensée en tête, ce fut de les voler. Nuit et jour ils guétaient le moment favorable à ce dessein; leurs pyrogues voltigeaient toujours autour des deux bâtimens; la nuit ils se glissaient à travers un bois extrêmement épais, et rampaient sur leurs ventres comme des couleuvres, sans remuer une seule feuille pour parvenir à surprendre la vigilance des européens qui étaient campés dans une petite île. Toute la surveillance possible ne put mettre en défaut leur adresse patiente, et leur desir violent de voler. C'était envain que la Pérouse comblait de présens les chefs, ils n'étaient point contens d'eux-mêmes, et ils ne quittaient jamais les navires qu'ils n'eussent pris, ne fussent qu'un clou ou une vieille culotte.

Notre illustre capitaine crut quelquefois exciter leur générosité; il n'en put jamais venir à bout. Il crut les toucher, en caressant leurs enfans; ils n'en furent point touchés, ils ne songèrent qu'à mettre à profit ce moment de distraction. Quelques présens qu'on leur fît, ils n'offrirent jamais rien en retour, à moins qu'on ne l'eût spécifié préalablement. Ils connaissent parfaitement le commerce; ils débattent, surfont, et trompent autant qu'ils peuvent. Ils préfèrent le fer à tout.

Loin de chercher à réprimer leur brigandage par la force, la Pérouse crut plus prudent de se mettre en garde, que de suivre l'exemple du capitaine Cook. Ce ne fut point le voleur qu'il punit, mais le volé, afin que la plus soigneuse vigilance régnât sur les équipages. Il avoue que dans tout le cours de ses voyages, il n'a pas vu un peuple plus enclin à mal-faire. « Les » philosophes se récrieraient envain, dit-il, contre ce tableau; ils font » leurs livres au coin du feu, et je voyage depuis trente ans. »

Ces hommes grossiers regardent les femmes comme des esclaves qui leur sont utiles, mais pour lesquelles ils ne sont tenus d'avoir aucune considération.

Leur mal-propreté égale la grossièreté de leurs mœurs Leurs demeures, qui ne sont que des vastes apentis abrités seulement du côté du vent, sont jonchés d'os et de restes de poissons qui exhalent une puanteur insupportable. Quand quelques besoins les pressent au milieu de leurs conversations, ils ne les interrompent point pour cela, ils se retirent à peine de quelques pas, et satisfont, sans mystère et sans le moindre signe de pudeur, à leurs nécessités. Ils ne se gênent pas davantage, si cela leur arrive pendant leurs repas.

Leur arme favorite est un petit poignard de fer qu'ils portent suspendu au côté, et assez semblable au criq des peuples des grandes Indes. Leur plus grande passion est celle du jeu (des jeux de hasard); ils y mettent un intérêt qui les porte toujours aux plus grands excès : dans leur colère, ils se déchirent les uns les autres comme des bêtes féroces. La Pérouse n'hésite pas à dire que si ce peuple avait le malheur de connaître les liqueurs enivrantes, il se détruirait lui-même.

Habillement.

Les hommes se percent le cartillage du nez et des oreilles ; ils y attachent différens petits ornemens. Ils se font des cicatrices sur les bras et à la poitrine avec un petit fer tranchant, qu'ils aiguisent en le passant sur leurs dents comme sur une pierre. Ils ont les dents limées jusques au ras des gencives ; ils se servent pour cette opération d'un grès arrondi, ayant la forme d'une langue. L'ochre, le noir de fumée, la plom-bagine, mêlée avec l'huile de loup marin, leur servent à se peindre le visage et le reste du corps d'une manière effroyable.

Lorsqu'ils sont en grande cérémonie, leurs cheveux sont longs, poudrés et tressés avec le duvet des oiseaux de mer ; c'est leur plus grand luxe, et il est peut-être réservé aux chefs de famille. Une simple peau couvre leurs épaules ; le reste du corps est absolument nu, à l'exception de la tête qu'ils couvrent ordinairement avec un petit chapeau de paille très-artistement tressé. Mais quelquefois ils placent sur leurs têtes des bonnets à deux cornes, des plumes d'aigles, et enfin des têtes d'ours entières, dans lesquelles ils ont enchâssés une calotte de bois. Ces coëffures ne paraissent avoir d'autre but que de les rendre effrayans et terribles à leurs ennemis. Quelques-uns ont des chemises entières de peaux de loutre.

Les femmes ont, entre autres, un usage qui les rend absolument hideuses. Toutes, sans exception, ont la lèvre inférieure fendue au ras des gencives, dans toute la largeur de la bouche ; elles portent une espèce d'écuelle de bois sans anses qui appuie contre les gencives, à laquelle cette lèvre fendue sert de bourrelet en dehors, de manière que la partie inférieure de la bouche est saillante de deux ou trois pouces. Les jeunes filles n'ont qu'une aiguille dans la lèvre inférieure, les femmes mariées ont seules le droit de l'écuelle.

Ces femmes sont, sans contredit, les plus laides et les plus dégoûtantes créatures de la terre. Leurs habits ne sont que des peaux puantes et souvent point tannées : qu'on juge quel sentiment elles devaient inspirer à nos voyageurs.

N.º 11. Maouna.

Climat, habitans et leurs mœurs.

LA Pérouse est loin de partager le sentiment de ces hommes qu'une imagination vaine, mais exaltée, a porté à croire que l'homme sauvage est naturellement bon et bienfaisant; plus cet habile navigateur avança dans sa carrière, plus il fut détrompé à ce sujet. Il ne trouva que trop souvent l'homme sauvage disposé à la férocité, et quelquefois il ne put le comparer qu'au tigre lui-même, qui ne verse le sang que pour le plaisir cruel de le verser.

Cependant à son arrivée à l'île de Maouna, il fut un instant tenté de croire qu'il avait enfin trouvé l'heureux peuple que les philosophes s'efforcent d'imaginer. Il vit d'abord un pays charmant, fertile, et qui semblait ne devoir inspirer que des sentimens d'une douce et paisible jouissance; des sites romantiques semblaient devoir entraîner l'homme, et lui donner des images riantes de la vie.

L'abord même des insulaires le confirma dans ces premières idées. Un peuple nombreux, mais gai, s'approcha avec confiance de lui. Une multitude de pirogues entoura ses navires, et ne lui inspira aucune crainte. Les hommes amenaient des cochons pour les échanger contre de la rassade, seule chose qu'ils desirent, parce que sous ce climat délicieux, où ils trouvent tout en abondance, ils n'ont besoin que du superflu. Les femmes qui sont jolies, d'un air doux, et sur-tout aimables, apportaient des ramiers, des tourterelles, de jolies perruches si apprivoisées, qu'elles ne voulaient manger que dans la main.

Comment se défier d'un peuple gai, et dont les inclinations paraissaient si douces ? Ce plaisir qu'il prenait à élever des oiseaux innocens, n'annonçaient-ils pas l'innocence et la douceur de ses mœurs ? Les femmes étaient réellement charmantes, mais les hommes couverts de cicatrices, ce qui apprenait qu'ils aimaient la guerre, avaient un air de férocité qui se déclara bientôt; leur gaîté devint une turbulence insupportable, et cette turbulence une insolence que la Pérouse, toujours humain, ne voulut point punir.

Ces hommes, dont les plus petits avaient cinq pieds et demi, méprisaient souverainement les européens, et ne se faisaient point une idée de leurs armes. Ces peuples sont armés de frondes, dont ils se servent extrêmement adroitement, et de massues ou *patows*, dont ils achèvent leurs ennemis.

Toujours confiant, la Pérouse descendit à terre, continua ses échanges, et fut pendant le tems du marché, visiter ce peuple dans ces habitations; ce sont des cabanes de bois couvertes de feuilles de cocotiers, mais

E

travaillées et ornées avec le plus grand soin ; peu de sauvages mettent autant d'art à se loger ; il entra dans la cabane d'un chef, et il avoue qu'il fut singulièrement étonné de voir un cabinet de treillis, aussi bien exécuté qu'aucun de ceux de Paris. Le meilleur architecte n'aurait pu donner une courbure plus élégante aux extrémités de l'ellipse qui terminait cette case ; un rang de colonnes, à cinq pieds de distance les unes des autres, en formait le pourtour : ces colonnes étaient faites de troncs d'arbres très-proprement travaillés, entre lesquelles des nattes fines, artistement recouvertes, les unes par les autres en écailles de poisson, s'élevaient ou se baissaient avec des cordes, comme nos jalousies.

Ce charmant pays parut au navigateur réunir le double avantage d'une terre fertile sans culture, et d'un climat qui n'exigeait aucun vêtement. Des arbres à pain, des cocos, des bananes, des goyaves, des orangers, présentaient à ces peuples une nourriture saine et abondante; des poules, des cochons, des chiens, qui vivaient de l'excédant de ces fruits, leur offraient une agréable variété de mets.

L'accueil qu'il reçut, le désir qu'on lui marqua de le recevoir dans toutes les cases, ne lui laissèrent aucun doute sur la bonté de ce peuple.

Le lendemain il fut cruellement détrompé. *De Langle*, capitaine de la seconde frégate, sous les ordres de la Pérouse, voulut aller faire de l'eau dans une baie à quelque distance. *De la Manon*, naturaliste, l'accompagna avec trente autres hommes des équipages. Les navires continuèrent leur marché avec les nombreuses pirogues qui les environnaient.

De Langle trouva, au lieu où il voulait descendre, une quantité de sauvages qui l'attendaient. Le nombre s'en augmenta peu-à-peu, bientôt il fut de mille à douze cens. D'abord ils eurent l'air de vouloir faire des échanges, ils devinrent ensuite insolens, voulurent entrer dans les chaloupes, et les canots. De Langle, dirigé par les principes d'humanité qui dirigeaient la Pérouse, ne voulut point employer la force ; il fut victime de sa douceur; l'affluence augmenta, les sauvages joignirent aux menaces les pierres qu'ils firent voler; de Langle en fut atteint, tomba de leur côté, et fut assommé sur-le-champ à coups de *patow*. Le combat s'engagea. De la Manon fut tué aussi, ainsi que dix hommes ; le reste fut plus ou moins grièvement blessé; et ne regagna les équipages qu'après avoir couru les plus grands dangers.

Tel fut le triste événement qui fit connaître à la Pérouse le caractère traître et méchant de ce peuple. Sa conduite, à leur égard, est la plus grande preuve qu'on puisse offrir de sa prudence et de son humanité, qui lui fit craindre d'atteindre l'innocent en cherchant à punir le coupable. Ils ne voulurent échanger avec la Pérouse que de la rassade, le fer si recherché des autres sauvages, ne leur parut d'aucun prix.

Habillement.

La douceur du climat dispense de se faire un vêtement qui couvre le corps; hommes et femmes ne portent qu'une ceinture d'herbages ou de fourrure autour des reins. Cette pièce essentielle adaptée à sa place, ils ne songent plus qu'à se parer, et ils le font comme ils l'entendent.

N.° 12. Macao.

Situation, habitans, etc.

MACAO, située à l'embouchure du Tigre, peut recevoir dans sa rade, à l'entrée du Typa, des vaisseaux de soixante-quatre canons; et dans son port, qui est sous la ville et communique avec la rivière, en remontant dans l'est, des vaisseaux de sept à huit cens tonneaux, à moitié chargés. Sa latitude nord est de 22 degrés 12 minutes 40 secondes, et sa longitude orientale de 111 degrés 19 minutes 30 secondes.

La ville de Macao est fort belle et très-commerçante. Les portugais en sont les maîtres, et le sont à un titre absolument respectable. Un pirate tout-à-fait redoutable pour les chinois, qui ne sont rien moins que courageux et qui n'ont point de marine, après avoir ravagé tout le pays où il avait pu parvenir, tenait la ville de Canton assiégée : les chinois étaient au désespoir. Les portugais s'offrirent de leur être utiles, et ils les débarrassèrent de ce terrible ennemi.

Pour reconnaître ce service l'empereur de la Chine donnaà ses libérateurs le droit de s'établir dans l'île de Macao, et d'y former un comptoir; mais il se réserva les droits d'entrée et de sortie : il y tient un mandarin à ce sujet.

Ce mandarin est une espèce de petit tyran, qui ne donne pas une très-belle idée de ce gouvernement, tant vanté et si peu connu du vaste empire de la Chine. La Pérouse ne paraît pas former des conjectures très-favorables à sa réputation. Il ne vit dans le mandarin qu'un magistrat avide, vexateur, et contre lequel il n'y avait aucune justice à espérer. Il respecte à peine le gouvernement portugais établi à Macao, et n'exerce la justice, en faveur des étrangers, qu'à sa volonté. Les différentes anecdotes que la Pérouse en rapporte, rabattent un peu de l'admiration qu'on avait, on ne sait trop pourquoi, vouée à cette partie du monde, qui, mieux connue, n'en paraît que moins belle.

En général le peuple est fort malheureux à Macao, et les chinois qui s'y trouvent perdent rarement l'occasion de s'en éloigner quand ils le peuvent. La Pérouse en engagea quelques-uns, et il en eût trouvé dix fois autant s'il l'eût désiré.

Habillement.

Les hommes ont un surtout fendu par en bas, formant des basques et descendant jusqu'aux genoux. Ils portent volontiers des bottines. Leurs cheveux, rasés sur le devant de la tête, forment, par derrière, une longue queue semblable à celles des soldats allemands.

E 2

Les femmes ont une espèce de mante qui se relève sur leur tête. Quelquefois ce n'est qu'une pièce d'étoffe carrée. Le reste de l'habillement est un long jupon.

N.º 1 3. Baie de Langle.

Situation.

LA baie de Langle est dans une île sur les côtes de Tartarie. La Pérouse la découvrit en cherchant à s'assurer si le Jesso est une île ou une presqu'île, formant, avec la tartarie chinoise, à-peu-près la même figure que le Kamtschatka forme avec la tartarie russe. Une brume considérable enveloppait ces parages et empêchait le navigateur de s'éclairer sur cet objet important. Lorsqu'elle se dissipa, il découvrit la baie qu'il nomma *de Langle*, du nom du capitaine qui commandait sous ses ordres la seconde frégate; à son approche quelques naturels, dont l'habitation était sur le rivage, s'enfuirent vers les bois et s'y tinrent cachés. Pour leur inspirer de la confiance, on déposa dans leurs habitations, des haches, de la rassade, et d'autres présens qu'on crut devoir leur être agréable. Ensuite on pêcha sur la côte, qui est si poissonneuse qu'en deux coups de filet on prit assez de saumons pour les besoins de l'équipage en une semaine.

Habitans et leurs mœurs.

La Pérouse se loue beaucoup des insulaires de cette île, nommée par les habitans *Tchoka*; cette île n'est pas éloignée du pays des Mantcheoux.

Notre navigateur ne put voir que vingt-un de ces insulaires qui vinrent à lui dans leurs pirogues; le reste se tint constamment dans les bois avec leurs femmes, qu'ils ne voulurent absolument pas montrer : ce qui fit croire qu'ils en étaient jaloux. Un vieillard qui était au milieu d'eux, paraissait être leur chef. Sa vue était fort faible, et il portait sur ses yeux un garde-vue pour affaiblir l'éclat de la lumière qui le blessait. Voici le portrait que fait la Pérouse de ces insulaires.

Ils sont généralement bien-faits, d'une constitution forte, d'une phisionomie assez agréable, et velus d'une manière remarquable. Leur taille est petite, on n'en vit aucun de cinq pieds cinq pouces, et plusieurs avaient moins de cinq pieds. Il estiment comme nous les métaux; mettent le fer après le cuivre, celui-ci après l'argent, etc. Tous les bijoux d'argent de ces vingt-un insulaires ne pesaient pas deux onces; et une médaille avec une chaîne d'argent que la Pérouse mit au cou du vieillard, leur parut d'un prix inestimable. Chacun des habitans avait au pouce un fort anneau, ressemblant à une gimblette ; ces anneaux étaient d'ivoire, de corne ou de plomb.

Ils laissent croître leurs ongles comme les chinois; ils saluent comme eux, et l'on sait que ce salut consiste à se mettre à genoux, et à se prosterner jusqu'à terre ; leur manière de s'asseoir sur des nattes est la même ; ils mangent comme eux avec de petites baguettes. S'ils ont avec les chinois et avec les tartares une origine commune, leur séparation d'avec ces peuples est bien ancienne : car ils ne leur ressemblent en rien par l'extérieur, et bien peu par leurs habitudes morales. Les chinois qui étaient à bord ne purent entendre un seul mot de la langue de ces insulaires.

Les habitations de ces peuples sont des cabanes de bois bâties avec intelligence; toutes les précautions y sont prises contre le froid ; elles sont revêtues d'écorce de bouleau, surmontées d'une charpente couverte en paille séchée et arrangée comme le chaume de nos maisons de paysans; la porte est très basse et placée dans le pignon ; le foyer est au milieu, sous une ouverture du toit qui donne issue à la fumée ; de petites banquettes ou planches, élevées de huit à dix pouces, règnent au pour-tour, et l'intérieur est presque parquetée avec des nattes.

La cabane que la Pérouse visita était située au milieu d'un bois de rosiers à cent pas du bord de la mer : ces arbustes étaient en fleurs, ils exhalaient une odeur délicieuse; mais elle ne pouvait compenser la puanteur du poisson et de l'huile, qui auraient prévalu sur tous les parfums de l'Arabie. Nous voulûmes connaître dit la Pérouse, si les sensations agréables de l'odorat sont, comme celles du goût, dépendantes de l'habitude. Je donnai à un vieillard un flacon rempli d'eau de senteur très-suave ; il le porta à son nez, et marqua pour cette eau la même répugnance que nous éprouvions pour son huile. Ils avaient sans cesse la pipe à la bouche.

Le court séjour que les voyageurs firent dans cette île ne leur permit pas d'étudier les mœurs des habitans? ils n'en purent que conjecturer favorablement par l'entretien qu'ils eurent avec ceux qui vinrent à leur rencontre. L'intelligence avec laquelle ils comprirent tous les signes des européens, ne peut que donner une idée avantageuse de leur esprit. Ils répondirent à tout de la manière la plus satisfaisante : ils tracèrent même le plan de leur île et des terres voisines, avec un crayon sur le papier; la manière dont ils s'y prirent annonça qu'ils connaissaient l'usage de l'écriture. Ils tenaient le crayon comme les chinois tiennent le pinceau qui leur sert à peindre leurs caractères. Ils nommèrent plusieurs peuples qui nous sont connus.

Leur délicatesse se montra dans les dons qu'ils reçurent; ils ne touchèrent absolument à rien qu'à ce qu'on leur avait fait accepter, et parurent même ne le desirer qu'avec une extrême modération. Ils connaissaient le prix des choses, et ne marquèrent point ce stupide étonnement des sauvages. Ils examinèrent, mais avec l'intention de deviner les choses. Ils considérèrent les étoffes qu'on leur présenta, et cherchèrent à pénétrer le moyen d'en faire de semblables. Ils font eux-mêmes des étoffes, mais avec des filets de l'écorce d'un saule qui paraît commun dans leur île. Le nankin bleu dont quelques-uns étaient vêtus, leur venait sans doute de la Chine.

Il n'a pas été possible aux voyageurs de savoir si ce peuple s'adonne à la chasse ; mais les magasins de poissons séchés qu'ils trouvèrent sur la côte, leur fit juger que la pêche était la principale ressource des habitans. Ils recueillent aussi quelques racines ; on trouva dans leurs cabanes des racines de lys jaunes, ou de la *saranna* du Kamtschatka.

La Pérouse qui se plaît à louer tous les hommes estimables qu'il rencontra, quitta ceux-ci avec le regret de ne pouvoir les connaître davantage.

Habillement.

Parmi les habitans de la baie de Langle que la Pérouse vit, quelques-uns étaient vêtus de nankin bleu, d'autres de fourrures, et le reste d'étoffe faite d'écorce d'arbre. La forme de l'habillement approchait un peu du costume chinois : c'était une petite robe, longue ou courte, qui se croisait sur l'estomach et était assujettie par une ceinture. Plusieurs n'avaient point de culottes dessous ; tous portaient des bottines à la chinoise assez artistement travaillées. Ils avaient tous de longues barbes ; et le chef, comme nous l'avons observé, portait un couvre-vue, parce que ses yeux étaient en assez mauvais état.

N.º 14. La Conception.

Situation.

LA Conception sur la côte du Chili, est un établissement espagnol. Il y avait autrefois une fort belle ville de ce nom, que les tremblemens de terre ont absolument renversée en 1751. La colonie s'est retirée au village de Talcaguana, qui est maintenant fort étendue, et peut contenir dix mille habitans. C'est la résidence du gouverneur et de l'évêque. La Pérouse y reçut toutes les honnêtetés qu'il avait droit d'attendre ; ce ne furent que bals et fêtes pendant son séjour.

L'évêché de la Conception confine au nord avec celui de Saint-Jago, capitale du Chili ; il est borné à l'est par les Cordilières, et s'étend au sud jusqu'au détroit de Magellan ; mais ses vraies limites sont la rivière de Biobio à un quart de lieue de la ville. Tout le pays au sud de ladite rivière appartient aux indiens, à l'exception de l'île de Chiloë, et d'un petit arrondissement autour de Baldivia.

Il n'est point dans l'Univers de terrein plus fertile que celui de cette partie du Chili ; le blé rapporte soixante pour un ; la vigne produit avec la même abondance ; les campagnes sont couvertes de troupeaux innombrables, qui, sans aucun soin, y multiplient au-delà de toute expression; le seul travail est d'enclorre de barrières les propriétés de chaque particulier, et de laisser dans ces enceintes les bœufs, les chevaux, les mules et les moutons.

Aucune maladie n'est particulière à ce pays, hors celle qui porte la honte avec elle, et que les premiers voyageurs nous ont apportée de ce monde.

Malgré tant davantage, cette colonie est bien loin d'avoir fait les progrès qu'on devait attendre de sa situation, la plus propre à favoriser une grande population; mais l'influence du gouvernement y contrarie sans cesse le climat; et le commerce qui devrait y être immense y est presque réduit à rien à cause des droits onéreux et multipliés. Un autre malheur de ce pays, c'est de produire un peu d'or; presque toutes les rivières y sont aurifères; l'habitant, en lavant la terre, peut, dit-on, gagner chaque jour une demi-piastre; cette facilité, jointe à l'abondance des vivres, le rend absolument paresseux.

Habitans et leurs mœurs.

La paresse, bien plus que la crédulité a peuplé cette contrée de religieux et de religieuses fort méprisés et très-méprisables; le libertinage est leur plus grand passe-tems.

Le peuple de la Conception est très-voleur, et les femmes y sont extrêmement complaisantes; tel est le jugement qu'en porte la Pérouse, jugement auquel cependant il s'empresse de mettre des restrictions honorables. Il n'eut qu'à se louer des espagnols, que l'éducation avait tiré de l'ignorance et de la fange où croupit le peuple.

Quant aux indiens du Chili, ce ne sont plus ces anciens américains auxquels les armes des européens inspiraient de la terreur. La multiplication des chevaux qui se sont répandus dans l'intérieur des déserts immenses de l'Amérique; celles des bœufs et des moutons, qui y est aussi considérable, ont fait de ce peuple de vrais arabes, que l'on peut comparer en tout à ceux qui habitent les déserts de l'Arabie. Sans cesse à cheval, des courses de deux cens lieues sont pour eux de très-petits voyages; ils marchent avec leurs troupeaux; ils se nourrissent de leur chair, de leur lait et quelquefois de leur sang; ils se couvrent de leurs peaux, dont ils se font des casques, des cuirasses et des boucliers.

Ainsi l'introduction de deux animaux domestiques en amérique, a eu l'influence la plus marquée sur tous les peuples qui habitent depuis Saint-Jago jusqu'au détroit de Magellan: ils ne suivent presque plus aucuns de leurs anciens usages; ils ne se nourrissent plus des mêmes fruits; ils n'ont plus les mêmes vêtemens; et ils ont une ressemblance bien plus marquée avec les tartares ou avec les habitans des bords de la Mer-rouge, qu'avec leurs ancêtres qui vivaient il y a environ deux siècles.

Habillement.

La parure des femmes consiste en une jupe plissée, de ces anciennes

étoffes d'or ou d'argent qu'on fabriquaient autrefois à Lyon ; ces jupes qui
sont réservées pour les grandes occasions, peuvent, comme les diamans,
être substituées dans les familles, et passer des grandes-mères aux petites
filles : d'ailleurs ces parures sont à la portée d'un petit nombre de femmes ;
les autres ont à peine de quoi se vêtir. La jupe plissée laisse à découvert
la moitié de la jambe, et est attachée fort au-dessous de la ceinture ; des
bas rayés de rouge, de bleue et de blanc, sont de mode ; les souliers sont
si courts que tous les doigts sont repliés, en sorte que le pied est presque
rond : tel est l'habillement des dames du Chili. Leurs cheveux sont sans
poudre, ceux de derrière, divisés en petites tresses qui tombent sur leurs
épaules ; leur corset est ordinairement d'une étoffe d'or ou d'argent : il
est recouvert de deux mantilles, la première de mousseline, et la seconde,
qui est par-dessus, de laine de différentes couleurs, jaune, bleu ou rose.
Ces mantilles enveloppent la tête des dames lorsqu'elles sont dans la rue
et qu'il fait froid ; mais dans les appartemens, elles sont dans l'usage de les
mettre sur leurs genoux ; et il y a un jeu de mantille de mousseline qu'on
place et replace sans cesse, auquel les dames de la Conception donne beaucoup de grâce.

　　L'habillement des hommes a quelque chose du costume arragonais ; mais
fait avec beaucoup moins de soin : ce n'est presque qu'une ample pièce
d'étoffe où se trouve un trou pour passer la tête.

N.° 15. La Baie de Manille.

Situation.

Manille est une colonie espagnole de l'île de Luçon, la plus grande
des Philippines, qui se trouvent entre les 132.ᵉ et 145.ᵉ deg. de longitude,
et entre les 6.ᵉ et 19.ᵉ deg. de latitude septentrionale. A deux lieues vers le
sud de Manille, il y a un bon port, que l'on nomme *Cabite* ou *Cavite.*

MANILLE.

Habitans et leurs mœurs.

Manille y compris ses faubourgs est très considérable ; on évalue sa
population à trente-huit mille ames, parmi lesquels on compte à peine
douze cens espagnols ; les autres sont métis, indiens ou chinois, cultivant
tous les arts, et s'exerçant à tous les genres d'industries. Les familles
espagnoles les moins riches ont une ou plusieurs voitures ; deux très-beaux
chevaux coûtent trente piastres, leur nourriture et les gages d'un cocher

six

six piastres par mois : ainsi il n'est aucun pays où la dépense d'un carosse soit moins considérable et en même-tems plu nécessaire.

Les environs de Manille sont ravissans ; la plus belle rivière y serpente, et se divise en différens canaux, dont les deux principaux conduisent à cette fameuse lagune ou lac de Bav, qui est à sept lieues dans l'intérieur, bordé de plus de cent villages indiens, situés au milieu du territoire le plus fertile.

Manille, bâtie sur la baie de son nom, qui a plus de vingt-cinq lieues de tour, est à l'embouchure d'une rivière navigable, jusqu'au lac d'où elle tire sa source ; c'est peut-être la ville de l'Univers la plus heureusement située. Tous les comestibles s'y trouvent dans la plus grande abondance et au plus grand marché ; mais les habillemens, les clincailleries d'Europe, et les meubles s'y vendent à un prix excessif. Les immenses possessions des espagnols en Amérique n'ont pas permis au gouvernement de s'occuper essentiellement des Philippines, et elles sont encore comme ces terres des grands seigneurs, qui restent en friche, et feraient cependant la fortune de plusieurs familles.

Quelques rivières aurifères et le voisinage des épiceries, déterminèrent sans doute les premiers établissemens des Philippines ; mais le produit ne répondit point aux espérances qu'on en avait conçues. A l'avarice de ces motifs, on vit succéder l'enthousiasme de la religion ; un grand nombre de religieux de tous les ordres furent envoyés pour y prêcher le christianisme, et la moisson fut si abondante, que l'on compta bientôt huit à neuf cens chrétiens dans ces îles. Si ce zèle avait été éclairé d'un peu de philosophie, c'était sans doute le système le plus propre à assurer la conquête des espagnols, et à rendre cet établissement utile à la métropole ; mais on ne songea qu'à faire des chrétiens, et jamais des citoyens.

Ce peuple fut divisé en paroisses, et assujéti aux pratiques les plus minutieuses et les plus extravagantes. Aujourd'hui chaque faute, chaque péché est encore puni de coups fouet ; le manquement à la prière et à la messe est tariffé, et la punition est administrée aux hommes et aux femmes à la porte de l'église, par ordre du curé. Les fêtes, les confrairies, les dévotions particulières occupent un tems très - considérable, et comme dans les pays chauds les têtes s'exaltent encore plus que dans les climats tempérés, la Pérouse a vu, pendant la semaine sainte, des pénitens masqués traîner des chaînes dans les rues, les jambes et les reins enveloppés d'un fagot d'épines, recevoir ainsi, à chaque station, devant la porte des églises, ou devant les oratoires, plusieurs coups de discipline, et se soumettre enfin à des pénitences aussi rigoureuses que celles des fakirs de l'Inde.

Joignez à ce fanatisme une paresse excessive qu'encouragent l'abondance de la terre et la gêne du commerce, vous aurez un tableau exacte du peuple de Manille.

On ne jouit dans cette contrée d'aucune liberté : les inquisiteurs et les moines surveillent les consciences ; les oïdors, toutes les affaires particulières ; le gouverneur, les démarches les plus innocentes : une promenade dans l'intérieur de l'île, une conversation sont du ressort de sa jurisdiction ; le plus beau et le plus charmant pays de l'Univers, est certainement le dernier qu'un homme libre voulût habiter.

Les distinctions les plus révoltantes sont établies et maintenues avec la plus grande sévérité. Le nombre des chevaux attelés aux voitures est fixé pour chaque état ; les cochers doivent s'arrêter devant le plus grand nombre, et le seul caprice d'un oïdor peut retenir en file, derrière sa voiture, toutes celles qui ont le malheur de se trouver sur le même chemin.

Tant de vices dans ce gouvernement, tant de vexations qui en sont les suites, n'ont cependant pu anéantir entièrement les avantages du climat ; les paysans ont encore un air de bonheur, qu'on ne rencontre pas dans nos villages d'Europe ; leurs maisons sont d'une propreté admirable, ombragées par des arbres fruitiers qui croissent sans culture.

Le coton, l'indigo, le café, la canne à sucre naissent sous les pas de l'habitant, qui les dédaigne.

Habillement.

L'habillement commun est conforme au climat, léger et souvent de petite toile rayée. Les hommes de la classe du peuple ont un costume à-peu-près semblable à celui des matelots ; ils portent, par-dessus la culotte, une espèce de petit cotillon de toile.

Les femmes s'habillent, à peu de chose près, comme en Europe, et ont des coëffes de mousseline ou de toile rayée qui enveloppent leur tête, et retombent derrière elles comme le fichu.

La coquetterie a transformé toutes les amulettes de la superstition en ornemens. Le cou est toujours chargé de croix, de chapelets, etc.

N.º 16. Iles Pelew.

Découverte, habitans et leurs mœurs.

CE fut en 1783 que furent découvertes les îles Pelew par le capitaine Wilson, commandant le paquebot l'Antelope, armé pour le compte de la compagnie anglaise des Indes orientales. Il avait à son bord une vingtaine de matelots, seize chinois, plusieurs officiers, trois chirurgiens et un malais, qu'on appelait Tom-Rose.

Ce fut un naufrage qui conduisit ce bâtiment à cette terre inconnue jusqu'alors. Battu pendant un mois par la tempête, ce navire se trouva plusieurs fois à la vue d'une terre qui semblait absolument déserte. Il tentait d'y aborder, lorsque des vagues furieuses le poussèrent contre un recif, où il s'entrouvrit et tomba sur le côté droit. Dans cette terrible circonstance, l'équipage n'eut d'autre ressource que de se retirer précipitamment sur le gaillard d'avant qui s'élevait encore de quelques pieds au-dessus de la mer. Une nuit se passa dans cette cruelle anxiété. Le matin un matelot cria : *terre !* Après un court conseil, on mit les chaloupes en mer, on prit tout ce qu'on put sauver ; par prudence, on envoya, pour reconnaître les lieux, quatre hommes qui revinrent annoncer que c'était une île déserte, et on y aborda. Ce fut ainsi que Wilson fut le premier européen qui mit le pied sur l'une des îles Pelew.

On s'établit sur le rivage, une tente fut élevée avec les voiles du navire, et on se résigna à tout ce qui pouvait arriver.

Le lendemain les matelots chargés d'aller chercher de l'eau douce, accoururent tout effrayés, et rapportèrent qu'ils avaient vu en mer plusieurs chaloupes pleines de nègres, et qu'elles s'avançaient directement vers l'île.

Aussi-tôt on prit les armes, et l'on se disposa, à tout hasard, à vendre chèrement sa vie. Les chinois en cette occasion ne montrèrent rien moins que de la bravoure : ils furent se cacher parmi les ballots, et on les y laissa.

Bientôt les nègres furent à portée du fusil. Alors on s'apperçut qu'ils ne montaient que deux petits canots, et qu'ils étaient fort peu nombreux. Wilson, le pistolet au poing et le sabre dans les dents, s'avança et leur cria : s'ils étaient amis ou ennemis. Ils ne parurent point comprendre ce qu'il avait dit. Tom-Rose vint à son tour leur demander ce qu'ils voulaient. Heureusement qu'il se trouvait dans les canots un malais qui répondit qu'ayant appris leur naufrage, ils venaient leur apporter du secours.

Sur cette réponse, en un moment, les nègres et les anglais se trouvèrent dans les bras les uns des autres, et mangèrent ensemble. Le malais qui était avec les nègres, et qui n'y était que par l'effet d'un naufrage qu'il avait fait sur un bâtiment chinois, apprit aux anglais qu'ils étaient dans une île déserte qui dépendait des états du roi de Pelew, et que ce prince était si humain, qu'à la première nouvelle du naufrage des chinois, il avait envoyé ses sujets pour leur porter des secours. Cette première entrevue, entre les anglais et les insulaires, devint la base d'une amitié qui ne s'altéra pas un seul moment pendant près d'une année. Deux frères du roi qui se trouvaient parmi les insulaires, invitèrent le capitaine à envoyer l'un de ses officiers à Pelew pour y régler les conditions de leur séjour. Mathias Wilson, frère du capitaine, fut chargé de cette ambassade, et son séjour, auprès du monarque, ne fit que resserrer les liens de l'amitié.

Mathias Wilson rapporta que le roi leur offrait tous les secours qui pourraient être nécessaires à l'équipage, et l'île d'Oroolong, pour s'établir, s'ils le jugeaient convenable.

Quels que satisfaits que fussent les anglais de ces offres, ils n'en perdirent point pour cela le goût de retourner dans leur patrie. Ils se mirent aussi-tôt à construire un autre bâtiment.

Lorsqu'ils étaient occupés à ces travaux, on vint leur annoncer que le roi de Pelew se proposait de les visiter dans leur camp.

Il y vint effectivement au milieu d'une petite flottille, et, après s'être fait précéder, suivant les cérémonies du pays, il vint, avec un air affable, et cependant majestueux, au-devant du capitaine anglais; il lui déclara qu'il s'appelait *Abba-Thule*, et était *rupack* de l'île. Il avait en main une hache de fer qui lui avait, sans doute, été donné par le malais qui l'accompagnait.

Le maître de l'équipage apporta ensuite les présens qu'on destinait au roi et à sa suite. Abba-Thule voulut mettre sur-le-champ l'habit rouge qu'il avait reçu, et chaque indien s'enveloppa des pièces d'étoffe qui lui avaient été données.

Les anglais firent ensuite des évolutions militaires devant le roi et les insulaires. Ils y prirent plaisir. Mais rien ne surprit tant le roi que de voir un matelot tuer d'un coup de fusil une volaille qui s'était échappée de l'équipage; il en conçut même quelque inquiétude.

On lui montra ensuite deux dogues d'Angleterre, qui devait aussi exciter la surprise d'un homme qui n'avait guère vu d'autres quadrupèdes que des rats.

Les anglais eurent, quelque tems après, occasion de rendre un grand service au roi. Il était sur le point d'entreprendre une guerre, considérable pour lui, avec le roi d'une île voisine. Un jour il vint avec tristesse s'ouvrir au capitaine Wilson, et finit par lui demander quatre hommes pour l'aider dans cette affaire. Il avoua que depuis long-tems il désirait et craignait de faire cette demande. Au lieu de quatre, Wilson lui en promit huit. Mathias Wilson se mit lui-même à leur tête, et la surprise que causèrent les habits et les armes à feu, inconnues jusqu'alors dans l'armée ennemie, la mit pleinement en déroute, et Abba Thule fut vainqueur.

Enfin, le petit bâtiment que les naufragés avaient construit, était prêt à mettre en mer; et, malgré les instances d'Abba-Thule qui voulait les retenir auprès de lui et qui leur offrait les principales charges de son royaume, ils mirent à la voile. Auparavant, ils avaient gravé, sur une grosse pierre du rivage, une inscription par laquelle ils marquaient leur naufrage et les bienfaits qu'ils avaient reçus des habitans de Pelew; Wilson reçut l'ordre de l'os, qui est une dignité du pays, fut nommé *rupack* du premier rang, et reçut, pour marque de sa dignité, un bracelet d'os de poisson. De son côté, il fit présent au roi des îles Pelew de deux petites pièces de campagne, de quelques fusils, et de tous les outils qui avaient servi à la construction du navire.

Enfin, ils allaient partir, lorsque le fils du roi, jeune homme très-aimable, les vint conjurer de l'emmener. Son père le permettait et le recommanda au capitaine Wilson. Ce jeune homme mourut de la petite-vérole à Londres, lorsqu'il commençait à profiter des connaissances et des arts des européens.

Habitans et leurs mœurs.

La manière touchante et pleine d'humanité avec laquelle les habitans des îles Pelew reçurent les européens dans leur malheur, ne peut donner qu'une belle idée de leurs mœurs. Aussi sont-elles pures et pleines de cette délicatesse qui vient moins de l'éducation que de la bonté du caractère.

La ville de Pelew est loin d'avoir cet air sauvage et misérable que les étrangers s'attendaient d'y trouver.

Le sol des îles, et principalement de celle qui est habitée est fertile. On voit tous les arbres utiles aux hommes de la nature et ceux qui ne peuvent que donner de l'agrément. On y reconnaît l'ébène, l'arbre à pain, le manilier, la canne à sucre, le limonier, l'oranger et le bétel. Parmi les arbres particuliers à cette contrée il en est un dont la circonférence a plus de vingt-huit et trente pieds, et dont la moëlle forme une nourriture saine et abondante.

Il n'y a d'autres quadrupèdes dans le pays que des rats et quelques chats si maigres, qu'ils n'y paraissent pas naturels.

Les animaux sauvages et domestiques y sont très-communs. Les poules vivent dans les bois.

Le poisson est en quantité sur les côtes. Dans toute l'étendue des îles Pelew, on ne voit aucune rivière; mais il y a de belles fontaines et des étangs d'eau vive et douce, dans lesquels on pêche des moules d'une grosseur prodigieuse. Les écailles de ces moules servent de couteaux aux habitans.

Ces insulaires, cependant, ne mettent pas à profit tous les dons de la terre et des eaux : ils ne mangent volontiers que du poisson grillé sur du bois odoriférant, ce qui le conserve, mais lui donne une odeur insupportable à qui n'y est pas accoutumé.

Un peu d'eau et de sel compose leur boisson habituelle : ils boivent aussi de l'eau avec du sirop de palmier ou de canne à sucre. Quelquefois ils font fermenter ensemble le sirop de palmier et de canne avec de l'eau et du sel. Ils aiment beaucoup cette boisson qui les enivre.

Des piles de pierres taillées au sortir de la carrière avec des cailloux tranchans, élèvent leurs maisons de quatre pieds au-dessus du sol ; deux rangs de bambous, rangés sur ces piles, servent de plancher ; d'autres bambous chevillés sur les premiers, forment les côtés de la maison, et un toît en feuilles de palmiers, deux fois aussi élevés que les murs des côtés, couvre la demeure ; dans l'un des bouts, le plancher est percé, et le trou rempli de pierres, sert de foyer pour faire cuire les alimens et entretenir le feu pendant la nuit ; au bout opposé, une planche tournante sur une canne de bambou sert de porte et de fenêtre.

Les meubles consistent en paniers, ouvrages des jeunes filles, en petites écuelles de bois de toutes les formes, et en morceaux d'écaille qui servent de couteaux. Ils fabriquent avec un os de poisson une fourchette tout-à-fait semblable aux nôtres.

Il n'a guère été possible de connaître leur système religieux, mais il paraît qu'ils ne croient guère qu'à l'existence d'un être suprême. Ils ont aussi l'idée d'un être mal-faisant. Enfin il faut convenir que ce peuple est infiniment et plus sage et meilleur que la plupart des peuples civilisés.

Habillement.

Une petite pagne fort étroite fait tout l'habillement d'un insulaire de Pelew.

Les femmes y ajoutent un petit tablier, composé d'écorce d'arbre et embelli de graines rouges.

Le tatouage ou les dessins sur la peau sont communs dans ces îles, comme chez tous les sauvages.

Les chefs et les grands du royaume de Pelew n'ont pour marque distinctive qu'un os de poisson qu'ils portent autour du bras, ou des franges qu'ils attachent au bas de leurs jambes.

N.º 17. Oonolaska.

Situation, climat.

L'ILE d'Oonolaska est située dans la mer du Sud, vers le 54.ᵉ degré de longitude, et le 195ᵉ de latitude.

Le capitaine Cook relâcha sur ses côtes dans ces derniers voyages. Les naturels vinrent au-devant de lui dans leurs pirogues, et lui remirent une petite boîte de fer dans laquelle était une lettre, par laquelle les directeurs du comptoir russe, établi dans cette île, l'invitaient à y séjourner quelque tems.

S'il est un peuple malheureux par la nature, c'est sans doute celui qui habite cette terre placée au milieu des glaces du Nord. L'air y est si froid, que ce n'est que très-difficilement que les européens en supportent la rigueur. Des volcans qui brûlent sous ces glaces viennent ajouter à l'horreur de ces lieux; ils exhalent sans cesse de leur sein une fumée empestée qui donne une teinte noire à tous les côteaux qui les environnent.

Mais ce n'est point à ces deux maux que se bornent le malheur de cette contrée; la stérilité vient le combler : il ne reste aux infortunés habitans que la pêche pour ressource.

Le peu de bois qu'ils puissent avoir leur est apporté par les flots.

Habitans et leurs mœurs.

Au milieu des neiges et de la stérilité qui les environnent, les insulaires n'ont ni l'industrie, ni l'activité qui pourraient les mettre à même d'adoucir leur sort. Pour se mettre à l'abri du froid excessif, ils se contentent de creuser un trou en terre, et le recouvrent de plantes marines et d'os de poissons. Telles sont leurs habitations : c'est là que se rassemble la famille, et, ce qu'on ne croirait guère, c'est là qu'on s'amuse presque continuellement.

Pour suppléer au feu que donne le bois qu'ils n'ont pas, ils ont une pierre creuse, pleine d'huile, et où brûle une mèche d'herbes sèches. On se repasse tour-à-tour cette lampe, que l'on met entre ses jambes, et sur laquelle on se réchauffe. Lorsqu'elle vient à s'éteindre, ce n'est qu'un cri général de douleur, mais la joie revient avec la première étincelle de feu que l'on a fait sortir avec bien du tems et de la peine, de deux bâtons soufrés et fortement frottés.

On ne se fait point d'idée de la puanteur qui règne dans ces tanières, où on laisse pénétrer le moins d'air que l'on peut, et où la famille qui craint de sortir, satisfait tous ces besoins. Aussi peu propres sur eux-mêmes que dans leurs habitations, ils ont un air de misère, d'engourdissement et de tristesse qui contraste parfaitement avec le fond de leur caractère qui penche vers le plaisir.

Ils ne vont à la pêche que lorsque le besoin les y force, et mangent le poisson absolument comme ils le prennent, sans imaginer de lui donner aucun assaisonnement.

Ils aiment leurs femmes et leurs enfans, et n'ont point, dans leur famille, cette morgue qui caractérise la plupart des sauvages.

Habillement.

La forme des habits est la même pour les deux sexes; ils consistent en une espèce de jaquette, qui prend au-dessus des reins et descend jusqu'aux genoux; les hommes portent sur cette jaquette une grande chemise de boyeau, impénétrable à l'eau. C'est avec de la peau de veau-marin qu'on fait les habits des hommes, et avec des peaux d'oiseaux qu'on fait celui des femmes; le poil et les plumes sont toujours en-dedans.

Ce que ces insulaires ont de particulier, c'est un petit chapeau de bois léger et creusé avec un os de poisson; on met dessus des plumes et des barbes de poisson pour servir d'ornemens.

Une autre singularité, c'est qu'outre le tatouage, ces peuples ont l'habitude de se percer la langue et les lèvres, et de les décorer de dents de poissons.

N.º 18. Uliétea.

Situation.

CETTE île se trouve dans la mer du Sud. Quoique d'une médiocre grandeur, elle est d'un aspect agréable, et fournit à ses habitans, qui sont nombreux, tout ce qu'ils croient utile au bonheur. Ses plaines sont larges et ses collines élevées. La terre, les rivières et les côtes offrent abondamment tout ce qui est nécessaire à la vie, et le climat ajoute à cette félicité naturelle.

Habitans et leurs mœurs.

Les hommes sont beaux dans cette île et les femmes y sont jolies. Les formes y sont agréables et robustes, souples et légères. Les traits sont réguliers, les yeux vif et pleins de gaîté. Cette peuplade, en général, a des nez plats ; ce qui vient sans doute de la coutume qu'ils ont de les écraser aux enfans. Ils se font des piqqures et des dessins sur la peau, comme presque tous les sauvages.

Ils ont un penchant singulier aux plaisirs sensuels, à la volupté ; le climat les y invite, et la terre qui leur offre facilement tous ses dons le leur permet. Ils aiment la musique et chantent presque toujours. La danse est leur suprême plaisir ; mais c'est une danse molle et lascive qui provoque leurs desirs. Les femmes, cependant, quoique d'une complexion amoureuse, ont beaucoup de pudeur et de retenue.

La religion de ces insulaires est un polythéisme qu'il n'a guère été facile de débrouiller.

Ils n'ont guères d'autres nourriture que des végétaux, mais ce sont les plus exquis ; ils y ajoutent quelquefois de la viande de porc, de chien, de poisson et de volailles. Leur boisson habituelle est faite avec de la racine de poivre, dont ils font une grande consommation.

Habillement.

Ils n'ont d'autre habillement, hommes et femmes, qu'une jupe de plume, quelquefois une petite draperie autour de leurs reins, et qu'ils laissent voltiger. Leurs cheveux flottent sur leurs épaules, ou sont relevés en boucles autour de leur tête et retenus avec un cordon. En général, ils ont un air agréable, et la simplicité de leur costume, en laissant voir la beauté de leurs formes, est, en quelque sorte, la plus belle parrure qu'ils pouvaient rechercher.

N.° 19. Iles Marquises.

Situation.

LES îles Marquises forment un petit archipel qui s'étend sous les 9° et 8° degrés de latitude, et du 138° au 139° degré de longitude ouest.

Mindana, capitaine espagnol, découvrit en 1595, ces îles qui sont au nombre

nombre de cinq, la *Dominica*, *Sainte-Christine*, *l'île de Hood*, *Santo-Pedro* et la *Magdelena*.

Ces îles, en général, sont élevées et couvertes de forêts. Il y a des vallées fort agréables et couvertes de plantes et d'arbres utiles ; on y trouve des cochons, des volailles, des plantans, des ignames, quelques racines, des arbres à pains dont les fruits sont plus beaux que nulle autre part.

Habitans et leurs mœurs.

Les habitans des îles Marquises, dit le capitaine Cook, sont la plus belle race des habitans de la mer du Sud. Ils surpassent toutes les autres nations par la régularité de leur taille et de leurs traits.

L'usage de se faire des dessins à vif sur la peau est général chez ces peuples ; ils s'en font depuis les pieds jusqu'à la tête Leur teint est presque aussi blanc que celui des européens. Leur taille est volontiers élevée et bien proportionnée. Ils ont les cheveux courts et la barbe longue.

Ils ont soin de placer leurs habitations dans le fond des vallées et au pied des collines ; leurs plantations les entourent. Les habitations, bâties sur un pavé de pierres, et élevé un peu au-dessus du terrein, sont couvertes avec des feuilles d'arbres à pain. Ils ont, devant leurs portes, des bancs de pierre où ils vont s'asseoir et se récréer.

Ils sont sales dans leur manger. Ils apprêtent les cochons et les volailles dans un four de pierres ; ils grillent sur le feu les fruits et les racines, et, après en avoir ôté l'écorce et la peau, ils les mettent avec de l'eau dans une huche, où les hommes et les cochons mangent tout-à-la-fois.

Leurs armes sont la massue et la fronde ; ils lancent très-loin des pierres, mais assez mal-adroitement.

Une écorce de bois qui croît sur les bords de la mer leur sert à construire des pirogues : ces pirogues ont de quinze à vingt pieds de long, sur quinze pouces de large.

On ne remarque dans l'île d'autres quadrupèdes que des cochons. Les forêts sont remplies de petits oiseaux, dont le plumage est très-beaux.

Habillement.

Les habitans des îles Marquises composent leurs vêtemens avec une espèce d'écorce d'arbre ; ce n'est guère qu'une bande qu'ils mettent autour de leurs reins ; les femmes y ajoutent une pièce d'étoffe en draperie fine, qui flotte sur leurs cuisses et leurs jambes. Une autre pièce d'étoffe est rejetée négligemment sur leurs épaules.

Les hommes ont, pour principale parure, une espèce de diadême, tissu de fibres d'écorce, ou des fils de la gousse d'une noix de cocos. Ils attachent, tout autour, des plumes de différentes couleurs, qui voltigent sur leurs têtes suivant leurs mouvemens.

G

N.º 20. *Iles des Amis.*

Situation, climat, productions.

Les îles des Amis forment un archipel, situé dans la partie la plus reculée de la mer du Sud. L'air est tempéré une partie de l'année; mais il y règne, presque toutes les nuits, un vend froid et violent, qui modère les progrès de la végétation dans une proportion à peu près constante.

Tout se réunit pour l'agrément de ces îles; un climat doux, une terre fertile et des sites heureusement exposés; des côteaux couverts d'arbres à pain, de bananiers, de cannes à sucre, de cocotiers, et de toutes les productions agréables et utiles.

Il n'y a d'autres animaux à quatre pieds que des cochons, des chiens, des rats et des lésards. Les voyageurs qui y ont abordé, desirant rendre encore plus heureux le sort des habitans, y ont laissé des chèvres et des moutons, qui ont pu s'y multiplier, si les insulaires ont assez bien entendu leurs intérêts pour ne point se hâter de les détruire.

Habitans et leurs mœurs.

L'extérieur de ces insulaires est un mensonge cruel; car il déguise un caractère odieux. La présence de ces peuples plaît d'abord, et engagea les premiers voyageurs, quoique prévenus contre eux, à prolonger leur séjour dans ces îles. Ils ont un air doux, attrayant, mais qui ne fait que cacher une haine naturelle et féroce, une trahison qui ne leur laisse pas même un regret. Plus intelligens que les autres sauvages, ils n'en sont que plus fourbes, plus dangereux, et ennemis plus adroits: ils pillent et égorgent leurs meilleurs amis avec un sang-froid qui ferait presque regarder ce qu'il y a de plus sacré pour les hommes, la morale, comme une convention qui varie suivant les climats et les peuples.

Leur taille est élevée et dans les proportions les plus exactes; ils peuvent passer pour les plus beaux individus de l'espèce humaine; leurs mouvemens sont prompts et vifs, sans cependant être brusques; ils portent la tête haute; leur œil a une expression douce et prévenante; enfin, ils sont sur-tout remarquables par l'agilité de leur marche à petits pas précipités.

Comme tous les peuples sauvages et souvent policés, qui aiment la paresse et s'y abandonnent d'autant plus volontiers que le sol est plus favorisé, que la subsistance est plus aisée et plus abondante, les habitans des iles des Amis, ne s'occupent guère que de la guerre et de leur toilette. Leurs habitations ne méritent guère que le nom de misérables huttes; à peine y sont-ils à couvert, et l'eau y pénètre de tous côtés; la douceur du climat les encourage à cette négligence.

Ils ne mettent de soin qu'à fabriquer leurs armes et leurs pirogues. Les armes sont l'arc de baleine, les flèches, le poignard, la lance, armés d'os de poissons, et la massue, composée d'une pierre tranchante, adaptée à un long manche de bois.

Les étoffes sont loin d'être aussi soignées que ces dangereux intrumens ; les femmes les fabriquent, et ce ne sont guère que des nattes plus ou moins fines. Les femmes font aussi les plats, les assiettes, les vases avec un goût aussi grossier.

Non-seulement ces insulaires trompent leurs amis, dévorent leurs prisonniers ; mais ils portent encore les crimes qui révoltent la nature jusqu'à ensanglanter l'autel des dieux ; leurs prêtres ne sont que des bourreaux féroces qui desirent continuellement le sang ; leurs temples font même, par leur aspect, frissonner le voyageur qui y met le pied pour la première fois ; ce ne sont que d'horribles charniers, décorés des crânes et des ossemens des malheureuses victimes expirées sous le couteau sacrilége des prêtres.

La religion de ce peuple, qu'on peut appeler justement barbare, admet une divinité, *Kallatonga*, *père du monde*, qu'elle place dans le ciel. *Aloalo*, le *père des hommes*, conjointement avec l'autre dieu, a donné naissance à tout ce qui respire.

Ils s'inquiètent assez peu de leur sépulture, mais ils croient à l'immortalité de l'ame, qu'ils nomment *le principe vivant*, et sont persuadé que *Aloalo* la recevra avec bonté dans son sein. Pourquoi un culte horriblement criminel accompagne-t-il une religion aussi simple ? Il n'y a pas un peuple en Europe, avant la fin de ce siècle, qui ait montré dans ses idées religieuses autant de sagesse que ces malheureux, qui, comme nous, détruisent tout ce qu'ils ont pu recevoir de bon, par ce qu'ils imaginent de mauvais.

Leurs loix criminelles ne punissent guère que l'assassinat ; nombre d'autres actions, qui sont des crimes ailleurs, ne sont pas même remarquées chez eux. Les loix ne sont point écrites ; les générations se les transmettent, et c'est aux anciens qu'il appartient de les rappeler dans les circonstances. Il y a un roi qui est supposé le descendant de *Aloalo*, et dont la personne est sacrée pour le peuple.

Le mariage est indissoluble, et se contracte sous les auspices de la divinité ; c'est un acte religieux.

Mais à côté de cette belle institution, il se trouve une cause de vice qui a dû singulièrement étonner les voyageurs : croirait-on que ces barbares ont des filles publiques ? Ils connaissent aussi les vices des peuples civilisés. On serait porté à croire que plus on est près de la nature, et plus on est, sinon vertueux, au moins innocent. Mais c'est un beau mensonge que d'illustres philosophes ont accrédité, et qui n'amusera jamais que l'imagination. Les habitans des îles des Amis ont non-seulement au milieu d'eux ces filles pour leurs plaisirs, mais encore ils les regardent avec une espèce de vénération qui doit étonner davantage encore. Les voyageurs qui avaient deviné ce sentiment, s'en servirent utilement dans différentes occasions : chaque fois qu'ils se trouvèrent dans une crise qui les fît craindre pour leur vie,

leur premier soin fut de s'emparer de ces filles. A peine étaient-elles en
leur pouvoir, que les insulaires déposaient les armes et venaient eux-mêmes leur offrir la paix et tout ce qu'ils desiraient pour ravoir ces femmes
qui leur étaient si chères.

Croirait-on aussi que le gouvernement est, pour ainsi dire, féodal, et que
presque toute la nation appartient à quelques seigneurs, qui, eux-mêmes,
appartiennent au roi ? Ah! les crimes, les vices, leur punition et l'aveugle-
ment sont donc les héritages de toute la terre ? Cependant l'homme est bon
et il sait même comment il pourrait être sage.

Habillement.

Nous avons dit que la toilette était une des choses que les sauvages des îles
des Amis soignaient le plus et connaissaient le mieux, qu'on en juge. Outre
l'usage de se *tatouer* et de se dessiner sur la peau, sur-tout sur celle du
ventre, des fleurs qui ne font pas toujours un mauvais effet, et qui, quelquefois, donnent l'illusion d'une toile peinte ; outre cet usage, qui est particulier à presque tous les sauvages, ils ont celui de mettre du fard et de se
poudrer. O peuples européens ! il n'y a pas que vous qui avez connu ces
sublimes moyens de relever la nature et de dégrader la figure humaine,
sous l'imbécille prétexte de donner de la grâce à la beauté même !

Ces insulaires des îles des Amis suivent une singulière méthode dans la
toilette de leur tête, ils ne se rasent jamais qu'un côté à-la-fois, de manière
qu'ils ont toujours des cheveux courts d'un côté, et des cheveux longs de
l'autre.

Ils n'ont point que cette coutume de singulière, ils en ont une qui regarde
la politesse et qui serait la plus grande irrévérence chez nous, c'est de s'asseoir lorsqu'ils rencontrent un supérieur, pour lui mieux faire honneur ;
mais ces choses ne sont que des minuties qui ne tiennent à rien, et auxquelles on ne doit presque point faire attention.

L'habillement consiste en une petite jupe de pagne ou de nattes attachée
autour des reins ; cette jupe est quelquefois longue et se relève, lorsqu'il
fait mauvais tems, sur les épaules, et quelquefois sur la tête : on conviendra
que c'est découvrir une partie pour cacher l'autre.

Les chefs portent, en outre, un manteau ou une natte fine sur les
épaules.

La multitude ne connaît guère ces habits, et n'a d'autre vêtement que le
maro, espèce de pagne de feuillage et de natte, ou d'étoffe, qui passe entre
les cuisses.

L'habillement des femmes est le même. Les plumes sont la parure des
fêtes et des jours de bataille. Le *kahalla* est un collier de fleurs, ornement
favori des insulaires ; il joint au mérite de la parure celui des parfums ; des
bagues, des bracelets, des anneaux d'ivoire ornent leurs doigts, leurs oreilles,
leurs jambes, leurs bras, et toutes les parties de leurs corps.

Les chefs portent, sur leur tête, une coëffure de plumes, quelquefois de
nattes qui se déploie en forme d'éventail, et orne singulièrement la figure.

C'est ce costume que nous avons choisi, à cause de son originalité, le reste du peuple s'habillant comme les autres sauvages de la mer du Sud.

N.º 21. Nouvelle-Calédonie.

Situation, climats, productions.

LA Nouvelle-Calédonie est située dans la partie la plus occidentale de la mer du Sud, éloignée seulement de douze degrés de la Nouvelle Hollande. Cette île, que le capitaine Cook découvrit en 1774, mais qu'il ne put reconnaître entièrement, paraît être, après la Nouvelle-Zélande, la plus grande île de la mer Pacifique.

C'est une contrée entrecoupée de montagnes de différentes hauteurs qui laissent entre elles des vallées plus ou moins profondes. Il sort de ces montagnes une infinité de sources qui portent la fertilité sur le sol qu'elles arrosent. Il y a une grande quantité d'arbres, d'arbrisseaux et de plantes. Une multitude d'oiseaux animent ces bosquets charmans, dont la terre s'est parée elle-même. Le climat y est doux et d'accord avec la beauté de la contrée. Une partie des grèves, cependant, est sablonneuse et stérile, les sommets des montagnes sont nus, mais ils sont déserts, et les habitans trouvent assez d'ombrages et de verdure ailleurs pour placer leurs simples habitations.

Habitans et leurs mœurs.

L'imagination s'indigne lorsqu'elle se porte sur ces peuplades, non-seulement sauvages et grossières, mais défiantes, brûlée de la soif du sang, et croupissant dans la paresse et la saleté. Mais comme elle devient riante, comme elle porte au cœur de douces sensations, lorsqu'elle se repose sur un peuple simple, bon et sensible, qui ne paraît pas avoir d'autres loix que celles de la nature, qui reçoit les dons de cette mère commune avec reconnaissance, et se plaît à les partager avec ses semblables. Tel est le peuple de la Nouvelle-Calédonie. Lorsqu'il aperçut les voyageurs, il vint au-devant d'eux sans défiance, leur fit des présens avec bonté et en reçut avec joie. Ne connaissant presque point la guerre, et par conséquent regardant l'homme comme un être bon ; ils ne parurent pas même imaginer qu'ils allaient peut-être au-devant d'ennemis inconnus.

Leurs habitations sont des cabanes de bois où ils reposent dans une paix profonde. Ils ont toujours soin de les placer au milieu des bosquets les plus riants, mais les plus touffus ; le soleil peut à peine pénétrer à travers la voûte de verdure qui les ombrage ; ce sont ordinairement des figuiers élevés qui forment ces groupes de feuillages. Des milliers d'oiseaux voltigent continuellement sous ces asyles de paix. Le grimpereau y fait sans cesse entendre son ramage plein de gaité. Les habitans sont trop bons et trop paisibles pour ne pas savoir jouir de ces charmantes positions. Un de leurs grands plaisirs est de se reposer sous ces berceaux; heureux plaisir, que l'avare en activité peut seul qualifier de paresse : c'est un loisir, un doux loisir, celui que la nature s'est plû à préparer à l'homme dans ces contrées.

Parmi les arbres qui se trouvent auprès de ces habitations, on en distingue un qui a une qualité remarquable; de la partie supérieure de la tige, il pousse de longues racines, aussi rondes que si elles étaient faites au tour; elles s'enfoncent en terre à dix, quinze et vingt pieds de l'arbre, après avoir formé une ligne droite, très-exacte, extrêmement élastique, et aussi tendue que la corde d'un arc, au moment que le trait va partir. Il paraît que c'est de la substance de cet arbre que les habitans font les petits morceaux d'étoffe qui leur servent de pagnes.

Cependant cette île n'a point, d'ailleurs, en si grande quantité, de ces végétaux qu'on trouve dans toutes les îles de la mer du Sud, et qui ne laissent jamais l'homme sans subsistance; mais les habitans n'en sont pas moins robustes, grands et nerveux. Ils sont d'un châtain-foncé, et ont les cheveux et la barbe si frisés, qu'on les prendraient pour de la laine.

Leur gouvernement est simple comme leurs mœurs. Ils ont des chefs à qui on obéit; mais pour qui on n'a aucune déférence extérieure, si ce n'est de lui offrir les premiers présens qu'on reçoit. Il vit, d'ailleurs, comme tous les autres insulaires.

Chaque famille, autant qu'on l'a pu juger, est gouvernée par le père ou le plus âgé. On ne s'est point apperçu qu'ils eussent quelques superstitions; on n'en a vu aucune trace particulière parmi eux.

Ils entourent d'une haie de peaux et d'arbres abattus, le sommet des montagnes où ils enterrent leurs morts.

Ils aiment leurs femmes et ils les aiment avec une fureur qui les rend extrêmement jaloux : un mari tuerait le séducteur de sa femme, un amant en ferait autant, et on leur donnerait raison dans ce pays. Je demande un peu s'ils auraient grand tort ailleurs ?

Les femmes cependant sont loin d'être d'une sévérité farouche, quoique au fond elles ne soient point faciles : elles sont coquettes. Souvent elles se sont plû à attirer, par mille agaceries, derrière des buissons, les voyageurs qui, au moment où ils s'imaginaient être à leur but, se trouvaient dupes, et voyaient fuir en se mocquant d'eux celles qu'ils croyaient avoir séduites.

On peut évaluer la population de ces hommes doux et pacifiques à cinquante mille ames. Puissent-ils trouver beaucoup de semblables !

Habillement.

Tout est simple chez ce peuple; le vêtement ne couvre presque rien, et la pudeur n'est jamais effarouchée; c'est que l'imagination est pure. L'habillement consiste, pour les hommes et les femmes, en une petite pagne qui entoure les reins : cette pagne est d'écorce de figuier. Ils aiment le bracelets d'écaille, d'os de poisson et les plumes; ils s'en parent, et leurs oreilles sont toujours ornées de pendans.

La pagne des femmes est un peu plus longue et forme un petit jupon, avec des franges de petites cordes. Elles se font des colliers et des pendans de coquillages, comme les hommes. Quelques-unes se tracent sur la figure trois lignes noires qui se prolongent longitudinalement de la lèvre inférieure jusqu'au bas du menton.

N.º 22. Otaïti.

Situation.

L'ILE d'Otaïti et située dans la mer du Sud, vers le 141.ᵉ degré de longitude septentrionale.

Des rochers de corail l'entourent de toutes parts, et forment plusieurs petites baies dans lesquelles les vaisseaux se trouvent à l'abri des vents et de l'agitation des flots.

Cette île est hérissée de hautes montages dont les sommets sont couverts d'arbres à pains; les habitations sont situées à mi-côte, et les manufactures, les plantations sont dans le fond des vallées. Les cocotiers, les cannes à sucre, les bananiers y sont en grands nombre. Chaque arbre est un arbre fruitier; il n'y a que le bois à brûler qui y soit rare; aussi est-ce la seule chose que les insulaires vendirent aux européens.

Les chiens, les chats et les rats sont les seuls quadrupèdes de l'île; mais les oiseaux domestiques y sont très-nombreux, et il n'y a peut-être pas dans la mer du Sud une côte plus poissonneuse que celle d'Otaïti.

Habitans et leurs mœurs.

La taille des otaïtiens est généralement plus élevée que celle des européens : leurs formes sont bien prises.

Les femmes de la classe supérieure sont aussi plus grandes que nos européennes; mais les femmes du peuple sont d'une stature médiocre. Le soleil et les brouillards brunissent la peau de ces insulaires, mais le fond en est absolument blanc. Leurs dents sont très-belles, mais leurs joues n'ont point ces nuances de vermillon qui donne de la vie à la beauté.

Ce peuple avait déjà de grandes connaissances avant l'arrivée des européens : il se fabriquait des étoffes assez fines; il avait quelques notions astronomiques, et comptait par dixaines répétées. Il connaissait aussi tout l'art du despotisme, et avait réduit en coutume et en loi l'esclavage de l'homme. Le peuple y est séparé par classes subordonnées les unes aux autres. D'abord vient l'*éarée-rahie*, le roi ; les *éarées*, les nobles ; les *manachounis*, qui sont les vassaux de la première classe ; et les *toutous*, qui sont les esclaves.

Un éarée a sa cour, sa livrée, et même, en tems de guerre, ses vassaux aux combats, armés de frondes, de pics et de massues.

Le roi commande à tout et est absolument despotique.

Les femmes, quoique si recherchées des hommes sous ce climat brûlant qui inspirent les passions vives, les femmes sont à peine des esclaves ; filles, on les admet à tous les plaisirs, parce qu'elles les rendent plus piquans ; devenues femmes, elles sont condamnées à une triste réclusion : ce serait un grand crime pour elles que de paraître dans une fête publique. Qu'on ne croie pas que là jalousie inventa cette loi barbare ; elle est inconnue aux Otaïtiens : ce que nous nommons une faute contre le lien conjugal, est à peine remarquée à Otaïti. Les maris eux-mêmes trafiquaient avec les matelots européens, des faveurs de leurs plus jolies femmes, et voulaient toujours que le marché fût consommé en leur présence.

S'il est une cérémonie étrange sur la terre, c'est celle du mariage à Otaïti. Cook fut témoin d'une de ces fêtes, qui seraient la plus horrible obscénité chez nous.

On conduisit deux jeunes époux à l'autel, et là, au milieu d'un peuple de curieux qui applaudissait, et dirigés par des vieillards, les deux époux jouirent, sans la moindre contrainte, des droits du mariage. Ce qui est caché pour toute la terre, devient à Otaïti une partie des fêtes publiques. Qu'un philosophe ose juger si ce peuple ou nous sommes dégradés. Certainement ce qui nous révolte, n'est pas un crime pour les Otaïtiens.

Les funérailles se font aussi avec beaucoup de cérémonies. Le défunt est appelé avec douleur par ses parens dans tous les lieux où il avait coutume de se trouver ; on porte son corps sur le bord de la mer, où on lui fait plusieurs aspersions d'eau salée ; ensuite on l'expose avec ses armes sous un angard ; et, après que chacun lui a marqué sa douleur, affublé d'un habit de deuil tout particulier, habit qui, successivement, sert à tous les membres de la famille, on se retire.

Après la danse, les fêtes et les plaisirs de l'amour, il faut voir un noble Otaïtien à sa table ; sans doute il est peu de noble en Europe qui se fasse servir avec autant de ponctualité et de respect, et cependant les nobles européens sont pour le moins aussi orgueilleux que ceux d'Otaïti.

Figurez-vous un éarée assis sous un arbre. Sa table est une grande planche qu'on place sur ses genoux. On met à ses côtés des paniers dans lesquels se trouve une multitude prodigieuse de provisions, et deux noix de cocos, l'une remplie d'eau douce, l'autre d'eau salée. Tous les esclaves du chef sont derrière lui à la file, portant dans des feuilles les mets qu'il doit successivement manger. Avant tout, il se lave avec de l'eau douce les mains et la bouche, et il renouvelle cette cérémonie à chaque changement de mets. Il prend ensuite quelques fruits à pain, qu'il pèle avec ses oncles, et dont il se remplit la bouche tant qu'elle peut en contenir. Pendant qu'il mange ce fruit à pain, il pèle un poisson, et le jète en pièce dans

l'eau

l'eau salée, puis il mange alternativement un de ces morceaux de poisson et du fruit à pain : veut-il boire, on lui apporte, d'un côté, une banane mûre; de l'autre, de l'eau; et un troisième lui offre une noix de coco verte, qu'il prend le plus souvent, et qu'il suce par un trou que ses gens y pratiquent. On lui présente ensuite le fruit des planes, qu'il découpe avec des coquilles. Mange-t-il de la viande? on lui donne de petits couteaux de bois pour la couper; et toujours le repas finit par une vaste jatte de fruits à pain, pilés avec de l'ava. Le repas dure quelquefois plus d'une heure, et, pendant tout ce tems, les domestiques, les enfans, et l'épouse du chef se tiennent debout autour de lui.

Les demeures sont toujours placées sous des ombrages. Elles sont d'un aspect agréable et faites avec une intelligence qui annonce leur industrie. A la vérité, le mobilier n'est pas riche : il consiste en un siége pour le chef de la famille, et des petits billots qui servent d'oreillers à tous les autres. Les domestiques esclaves ou toutous n'ont pas le droit d'entrer dans ces maisons; ils dorment dehors. Il y a, outre les maisons particulières, de vastes angars destinés à abriter le peuple.

Habillement.

L'habillement est un des objets que l'on soigne le plus à Otaïti. Les étoffes faites d'écorce d'arbres sont l'ouvrage des femmes : ces étoffes ne sont point faites par le même procédé que les nôtres, ce n'est qu'un tissu de fibrilles réunies et liées ensemble par une matière gluante : elles sont faites à-peu-près comme l'on fait le papier. Il y a de ces étoffes qui sont aussi minces et aussi douces que le satin.

Plus on est riche, plus on porte une grande quantité d'habits, ou plutôt de pièces d'étoffes, qui sont souvent drapées avec le plus grand art. Un nœud ou une arrête de poisson retiennent ces larges draperies flottantes au hasard. Ce sera sans doute avec étonnement qu'on remarquera dans le costume des otaïtiens de très-grands rapports avec le costume des romains.

La coëffure chez les hommes se borne le plus souvent à l'arrangement des cheveux, entre-mêlés de fleurs et de plumes. La chevelure étant trop courte chez les femmes pour soutenir les fleurs, on y supplée par un petit turban, composé de cheveux tressés. Quelques navigateurs ont apporté en Europe une de ces tresses, qui, dit-on, avait mille toises de long. Tous ont absolument les pieds et la tête nus.

Le monarque que nous avons représenté dans le grouppe d'otaïtiens que nous avons dessinés, est distingué par des habits plus amples et plus longs qu'aucun des insulaires, et par une immense coëffure de plumes qui s'élève de quelques pieds au-dessus de sa tête.

H

N.º 23. *Annamooka.*

Situation, découverte, etc.

ANNAMOOKA est du nombre d'un grouppe d'îles désignées sous le nom d'îles des Amis.

Excepté un petit nombre d'endroits, l'île est très-bien cultivée : les plantations offrent sur-tout des ignames et des bananiers. La plupart sont très-étendues et enfermées par de jolies haies de roseaux, placés, les uns sur les autres, en lignes obliques et d'environ six pieds de hauteur. En dedans de ces haies, on en trouve fréquemment de secondes qui environnent les maisons des principaux du pays. Les arbres à pain et les cocos sont épars sans beaucoup d'ordre, mais principalement près des habitations des insulaires. Tous les rochers et toutes les pierres paraissent être de la nature du corail.

Le habitans sont de l'immense famille répandue sur la mer du Sud. Ils reçurent fort amicalement le capitaine Cook ; mais en lui faisant amitié, ils ne crurent pas devoir perdre le droit de le voler. Les chefs eux-mêmes ne s'en abstinrent que lorsque Cook en eut puni un assez sévèrement pour les en dégoûter. Ces chefs paraissent avoir une autorité absolue sur le reste du peuple, qui n'est qu'un composé d'esclaves. Un d'eux frappa un homme du peuple, de manière à le tuer : lorsqu'on lui apprit que sans doute le blessé mourrait des suites de ces coups, ce petit tyran n'en fit que rire, et engagea Cook à en faire autant, lorsqu'ils viendraient pour le voler.

Les échanges se firent facilement dans cette île. On apporta aux équipages toutes sortes de fruits, et des cochons fort beaux. Le prix s'en payait en clous, en haches, et autres objets semblables.

Cook reçut à son bord et à sa table le roi du pays, et en reçut un très-bon accueil. Il se nommait Féenou.

Tous les chefs ont de petites maisons portatives, qu'ils font placer partout où ils veulent s'arrêter : ce fut dans une de ses maisons que Cook fut reçu en mettant pied à terre. Elle était revêtue en dedans de nattes joliment tressées et si propres, que le capitaine Cook n'hésite pas de dire que peu de maisons à Londres le sont autant.

Les mœurs en général ressemblent assez à celles que nous avons décrites en parlant des îles des Amis. Ces peuples aiment et connaissent les plaisirs. Les femmes les partagent avec eux, et n'y sont point méprisées.

Le vol est une passion chez eux. C'était en vain qu'on les frappait comme des bêtes de sommes ; ils sont si accoutumé aux coups que leur donnent leurs chefs, qu'ils paraissent insensibles. La honte les touchait encore moins que le bâton. Rien ne pouvait leur faire perdre l'attention de prendre. On s'avisa d'un expédient assez singulier ; ce fut lorsqu'on en saisissait un sur le fait, de lui faire raser la tête par le barbier de l'équipage ; ce moyen parut réussir un peu.

A l'arrivée de Cook, ils entourèrent son navire de leurs pirogues, et s'approchèrent sans la moindre crainte.

Habillement.

Hommes et femmes n'ont d'autres vêtemens qu'une pièce d'étoffe qui entoure leurs reins, et retombe jusqu'à mi-jambes.

N.º 24. Hapaee.

Situation.

HAPAEE est une autre île du même grouppe, et ayant également Féenou pour roi; elle est au nord-est d'Annamooka. Sous ce nom d'Hapaee les naturels comprennent quatre îles, *Haanno, Foa, Lefooga* et *Hoolaiva*.

Mœurs et fêtes.

Cook fut encore mieux reçu à Hapaee qu'à Annamooka. Les présens qu'on lui fit étaient assez considérables.

Il donne fort au long le détail des fêtes qu'on célébra à son arrivée. Ces fêtes avaient un éclat qui le surprit. On apporta en grande cérémonie les présens qu'on lui faisait. Un concours immense de peuple assistait à ce spectacle. Des combattans se présentèrent comme à nos anciens tournois, et firent des guerres simulées, où la force et l'adresse l'emportaient. Il y eut ensuite des exercices du pugilat ou du combat à coups de poing; mais ce qui étonna le plus nos voyageurs, ce fut de voir des femmes se présenter sur l'arène, et combattre si sérieusement, que Cook juge qu'elles ont dû se ressentir long-tems des coups qu'elles se sont portés.

Vinrent à la fin les danses; mais elles furent exécutées avec tant d'art, d'agilité et d'entente, que le voyageur avoue qu'un tel spectacle serait applaudie en Europe même.

L'instrument favori des habitans de ces îles est le tambour : il est fait d'un tronc d'arbre creusé. Ils ne prirent aucun plaisir à tous nos instrumens de musique, mais le tambour eut leur admiration; cependant le nôtre leur parut beaucoup au-dessous du leur.

Toutes les évolutions militaires ne les frappèrent point; Cook ne sachant plus qu'imaginer pour leur donner une idée de la supériorité des européens, s'avisa de leur présenter le spectacle d'un feu d'artifice. Alors ils convinrent que les voyageurs en savaient beaucoup plus qu'eux.

Les mœurs sont ici les mêmes qu'à Annamooka.

Habillement.

L'habillement est aussi une pièce d'étoffe entourant les reins. Les chefs seuls ont des espèces de tuniques, et portent un petit bonnet orné de plumes.

FIN.

TABLE des articles contenus dans la Description des principaux peuples des découvertes des capitaines Cook, Wilson et la Pérouse.

FIN DE LA TABLE.

A PARIS. De l'Imprimerie de SURET, rue Hyacinthe, n.º 522.

Hab.ts de Othaïn - 2. Hab.ts de la Sonde - 3. Hab.ts de l'entrée du Prince Guillaume - 4. Hab.ts de l'Isle de Pigeon - 5. Hab.ts de la Baye de Norton - 6. Hab.ts des Isles Sandwich -

Hab.ts de Tanna - 8. Hab.ts de Ste Christine - 9. Hab.ts de la Baye de Castries - 10. Hab.ts de la Baye ou Port des Français - 11. Hab.ts de Navarra - 12. Hab.ts de Macao -

Hab.ts de la Baye de l'Anse - 14. Hab.ts de la Conception - 15. Hab.ts de la Baye des Manilles - 16. Hab.ts des Isles Pelew - 17. Hab.ts d'Oonalashka - 18. Hab.ts d'Ulietea -

Hab.ts des Isles Marquises - 20. Hab.ts de l'Isle des amis - 21. Hab.ts de la Nouvelle Calédonie - 22. Hab.ts d'Eaoo - 23. Hab.ts d'Anamooka - 24. Hab.ts de Hapaï -

Par Jacques Grasset St Sauveur ancien Vice Consul de France à Hongrie

www.ingramcontent.com/pod-product-compliance
Lightning Source LLC
Chambersburg PA
CBHW071956270326
41928CB00009B/1459